westermann

Blickpunkt

Sozialkunde

**Fachoberschule (FOS) 12
Bayern**

Erarbeitet von
Christian Raps
Thomas Fraundorfner
Angela Schadhauser
Stephan von Weinrich

westermann GRUPPE

© 2018 Bildungshaus Schulbuchverlage
Westermann Schroedel Diesterweg Schöningh Winklers GmbH, Braunschweig
www.westermann.de

Das Werk und seine Teile sind urheberrechtlich geschützt. Jede Nutzung in anderen als den gesetzlich zugelassenen Fällen bedarf der vorherigen schriftlichen Einwilligung des Verlages. Hinweis zu § 52a UrhG: Weder das Werk noch seine Teile dürfen ohne eine solche Einwilligung gescannt und in ein Netzwerk eingestellt werden. Dies gilt auch für Intranets von Schulen und sonstigen Bildungseinrichtungen.
Für Verweise (Links) auf Internet-Adressen gilt folgender Haftungshinweis: Trotz sorgfältiger inhaltlicher Kontrolle wird die Haftung für die Inhalte der externen Seiten ausgeschlossen. Für den Inhalt dieser externen Seiten sind ausschließlich deren Betreiber verantwortlich. Sollten Sie bei dem angegebenen Inhalt des Anbieters dieser Seite auf kostenpflichtige, illegale oder anstößige Inhalte treffen, so bedauern wir dies ausdrücklich und bitten Sie, uns umgehend per E-Mail davon in Kenntnis zu setzen, damit beim Nachdruck der Verweis gelöscht wird.

Druck A[1] / Jahr 2018
Alle Drucke der Serie A sind inhaltlich unverändert.

Redaktion: Christian Becker, Dorle Bennöhr
Druck und Bindung: westermann druck GmbH, Braunschweig

ISBN 978-3-14-**112266**-4

01 AKTUELLE LEBENSWIRKLICHKEITEN IM POLITISCHEN SYSTEM — 6

Orientierung: Verfassung, Parteien und politische Beteiligung in der Bundesrepublik Deutschland im Vergleich mit anderen Staaten 8
1. Menschenbild und Wertgebundenheit des Grundgesetzes 9
2. Die Wehrhaftigkeit des Grundgesetzes 14
3. Verfassungsprinzipien im Vergleich 20
Training: Analyse einer politische Rede 35
4. Verfassungsstruktur und -organe 36
5. Die Parteien als Akteure des politischen Willensbildungsprozesses 50
Training: Parteienerkundung und Programmanalyse 55
Vertiefung – Extrablatt: Die Parteien in den USA 56
6. Wahlen und Volksentscheide 60
Training: Karikaturenanalyse 67
Training: Interaktives Wahltool: Wahl-O-Mat 68
7. Andere Mitwirkende am politischen Prozess 70

02 GESELLSCHAFTLICHE LEBENSWIRKLICHKEITEN DES EINZELNEN — 78

Orientierung: Modelle und Entwicklungen gesellschaftlicher Lebenswirklichkeiten 80
1. Formen sozialer Ungleichheit 81
2. Modelle zur Erfassung der Gesellschaft 96
3. Pluralismus und Individualismus als gesellschaftliche Tendenzen ... 102
Vertiefung – Extrablatt: Gesellschaftliche Segmentierung in den USA 108
4. Vielfalt der Geschlechterrollen 112
Training: Umfragen und Fragetechniken 120
5. Migration und ihre Auswirkungen auf die Lebenswirklichkeit 122
Training: Internetrecherche 131

03 EINFLUSSFAKTOREN AUF DIE LEBENSWIRKLICHKEIT — 132

Orientierung: Medien und Wirtschaft als Einflussfaktoren auf die Lebenswirklichkeit 134
1. Medien in der Bundesrepublik Deutschland 135
2. Medien in diktatorischen und autokratischen Staaten: die Beispiele China und Türkei 146
3. Medienstandort Bayern 158
Training: Nachrichtenanalyse 162
4. Wirtschaftssysteme im Vergleich 163
5. Auswirkungen unterschiedlicher Wirtschaftssysteme in Deutschland und China 172
Training: Textverstehen 184
6. Der Wirtschaftsstandort Bayern 185
Vertiefung – Extrablatt: Der Wirtschaftsstandort Nordrhein-Westfalen im Vergleich 190

04 AKTUELLE INTERNATIONALE HERAUSFORDERUNGEN — 194

Orientierung: Aktuelle internationale Herausforderungen und deren Einfluss auf die Lebenswirklichkeiten in Staat und Gesellschaft 196
1. Die Europäische Union als globaler Akteur 197
2. Die NATO – vom militärischen Verteidigungsbündnis zur multifunktionalen Sicherheitsagentur 208
3. Die UNO – eine Weltorganisation zur Friedenssicherung 214
4. Internationale Nichtregierungsorganisationen 220
Training: Einen Kommentar verfassen 225
5. Die Rolle Deutschlands in der internationalen Politik 226
Training: Einen Leserbrief schreiben 231
Vertiefung – Extrablatt: Frankreich als Interventionsmacht 238
Training: Konfliktanalyse 241
6. Globale Herausforderungen I: Globalisierung versus Regionalisierung 242
7. Globale Herausforderungen II: die ökologische Dimension der Globalisierung 248
8. Globale Herausforderungen III: die globale Bevölkerungsentwicklung 254

Minilexikon 260
Register 269
Bildnachweis 272

Übersicht Trainingsseiten

Training: Analyse einer politische Rede	35
Training: Parteienerkundung und Programmanalyse	55
Training: Karikaturenanalyse	67
Training: Interaktives Wahltool: Wahl-O-Mat	68
Training: Umfragen und Fragetechniken	120
Training: Internetrecherche	131
Training: Nachrichtenanalyse	162
Training: Textverstehen	184
Training: Einen Kommentar verfassen	225
Training: Einen Leserbrief schreiben	231
Training: Konfliktanalyse	241

Übersicht Vertiefung – Extrablatt

Vertiefung – Extrablatt: Die Parteien in den USA	56
Vertiefung – Extrablatt: Gesellschaftliche Segmentierung in den USA	108
Vertiefung – Extrablatt: Der Wirtschaftsstandort Nordrhein-Westfalen im Vergleich	190
Vertiefung – Extrablatt: Frankreich als Interventionsmacht	238

Zum Aufbau des Buches:
- Blickpunkt Sozialkunde ist in vier **Hauptkapitel** aufgeteilt: „01 Aktuelle Lebenswirklichkeiten im politischen System", „02 Gesellschaftliche Lebenswirklichkeiten des Einzelnen", „03 Einflussfaktoren auf die Lebenswirklichkeit" und „04 Aktuelle internationale Herausforderungen".
- Jedes Hauptkapitel wird mit einer **Bilddoppelseite** eingeleitet. Die hier abgedruckten Abbildungen spiegeln die thematische Vielfalt des Kapitels wider und motivieren zu einer ersten Beschäftigung mit den Inhalten.
- Es folgt jeweils eine **Orientierungsseite**, die eine knappe inhaltliche Einführung in das Kapitel bietet und die Gliederung des Kapitels in Teilkapitel (als 1. bis maximal 7. nummeriert) darstellt.
- Jedes Teilkapitel beginnt mit einem einführenden Text; in den Aufgaben als **Autorentext** bezeichnet. Er bildet das **Grundwissen** zum jeweiligen Teilkapitel ab.
- An den einführenden Autorentext schließen sich die **Materialseiten** mit kompetenzorientierten **Arbeitsaufträgen** an. Es ist jeweils angegeben, auf welche Materialien sich die Arbeitsaufträge beziehen.
- Blickpunkt Sozialkunde enthält zudem **Extrablatt**-Seiten. Sie dienen zur Vertiefung und zum Vergleich von ausgewählten Aspekten.
- **Training**-Seiten stellen wichtige Methoden vor. Die methodischen Kompetenzen werden aber auch mit den Aufgabenstellungen im gesamten Buch geschult und angewendet.
- Den Abschluss des Buches bilden ein **Minilexikon** sowie das **Register**. Das Lexikon erklärt wichtige Fachbegriffe, die im Buch eine Rolle spielen. Das Register ermöglicht ein schnelles Nachschlagen von Sachverhalten.

6　Verfassung, Parteien und politische Beteiligung

01
AKTUELLE LEBENSWIRKLICHKEITEN IM POLITISCHEN SYSTEM

Verfassung, Parteien und politische Beteiligung

M 1 **Bundeskanzlerin Angela Merkel im Deutschen Bundestag,** Regierungserklärung am 9. März 2017

M 2 **US-Präsident Donald Trump vor dem Kongress,** im Kapitol in Washington, am 28. Februar 2017

M 3 **Kein NPD-Verbot,** der Präsident des Bundesverfassungsgerichts Andreas Voßkuhle in Karlsruhe nach der Urteilsverkündung am 17. Januar 2017

M 4 **Volksentscheid in Bayern,** ein Mann und eine Frau in Tracht in einem Wahllokal in Amerang (Oberbayern) bei der Stimmabgabe zum Volksentscheid „Für echten Nichtraucherschutz" am 4. Juli 2010

M 5 **Demonstration gegen das G8-Abitur,** München, Odeonsplatz, 12. Februar 2010

M 6 **Bundesweite Razzia gegen Islamisten-Netzwerk,** hier Hamburg, 15. November 2016

I. Verfassung, Parteien und politische Beteiligung in der Bundesrepublik Deutschland im Vergleich mit anderen Staaten

Gründung der Bundesrepublik Deutschland
Die Unterzeichnung des vom Parlamentarischen Rat verabschiedeten Grundgesetzes in Bonn am 23. Mai 1949 gilt als Gründungsdatum der Bundesrepublik; im Hintergrund stehend der erste Bundeskanzler Konrad Adenauer.

Als die Bundesrepublik Deutschland 1949 auf den Pfeilern des gerade konzipierten Grundgesetzes (GG) gegründet wurde, konnten weder die Mütter und Väter der Verfassung noch die Bevölkerung ahnen, welche Erfolgsgeschichte der Demokratie sie damit eröffnet hatten. Die Lehren aus Kaiserreich, Weimarer Republik und Nationalsozialismus waren tiefgreifend genug gewesen, um die Grundlagen für einen stabilen und funktionsfähigen Staat zu schaffen. Kernstück des neu gegründeten Staates war und ist die freiheitlich-demokratische Grundordnung (FDGO). Sie umfasst unveränderbare Grundrechte für jeden einzelnen, Gewaltenteilung sowie einen föderalen Aufbau. Die Bürger haben auf verschiedenen Ebenen die Möglichkeit zur umfassenden politischen Teilhabe.

Das folgende Unterkapitel ist in sieben Abschnitte gegliedert:

Das 1. Teilkapitel ...
… beschreibt Menschenbild und Wertgebundenheit des Grundgesetzes, um die gesellschaftlich-politische Praxis vor dem Hintergrund dieses gemeinsamen Wertekonsenses zu beurteilen.

Das 2. Teilkapitel ...
… behandelt die Wehrhaftigkeit des Grundgesetzes und der deutschen Demokratie und zeigt deren Wirksamkeit und Grenzen auf.

Das 3. Teilkapitel ...
… erklärt die Verfassungsprinzipien der Bundesrepublik Deutschland und vergleicht diese Prinzipien mit der Verfassung der Weimarer Republik und der USA, auch hinsichtlich des Einflusses auf die Lebensrealität des Einzelnen.

Das 4. Teilkapitel ...
… erläutert das Zusammenspiel und die gegenseitige Kontrolle der Verfassungsorgane der Bundesrepublik Deutschland und zeigt, inwieweit das politische System in der Lage ist, auf aktuelle gesellschaftliche und politische Herausforderungen zu reagieren.

Das 5. Teilkapitel ...
… stellt die Parteien als Akteure in Staat und Gesellschaft vor.

Das 6. Teilkapitel ...
… thematisiert die Beteiligung der Bürger am politischen Geschehen durch Wahlen und Volksbegehren.

Das 7. Teilkapitel ...
… analysiert den Einfluss von Interessenverbänden auf politische Entscheidungsprozesse und beleuchtet Möglichkeiten des Einzelnen, sich außerhalb von Wahlen und Parteien politisch zu engagieren.

Bayerische Landesvertretung in Berlin
Jedes Landesregierung hat in der Hauptstadt eine Vertretung, um ihre Interessen zu wahren.

1. Menschenbild und Wertgebundenheit des Grundgesetzes

Wertgebundenheit und Menschenbild

Trotz seiner weltanschaulichen Neutralität ist das Grundgesetz (GG) nicht wertneutral. Seine Wertbindung zeigt sich sowohl im Grundsatz der Rechtsstaatlichkeit als auch im durch das Grundgesetz vermittelten Menschenbild, in dessen Mittelpunkt die Menschenwürde steht. Durch die Verwirklichung der Menschenwürde und die Wahrung der Grundrechte unterscheidet sich die freiheitliche Ordnung des Grundgesetzes von einer unfreiheitlichen Ordnung, wie sie zum Beispiel für das Dritte Reich kennzeichnend war.

Der Begriff „Menschenwürde" steht im ersten Artikel dieser Verfassung und hat in der Werteordnung der Bundesrepublik Deutschland eine hohe Priorität. „Die Würde des Menschen ist unantastbar", das heißt: Niemand darf sie aufheben, auch der Staat nicht. Wo es menschliches Leben gibt, kommt ihm Menschenwürde zu, die durch nichts beeinträchtigt oder relativiert werden kann: Jeder – vom werdenden Leben über Kinder, Jugendliche und Erwachsene bis zum Verstorbenen – genießt dabei den Schutz des Grundgesetzes. Die Verankerung der Menschenwürde im Grundgesetz kann nach Art. 79 Abs. 3 GG niemals gelöst werden.

Verletzung der Menschenwürde
Die Soldatin Lynndie England demütigt einen irakischen Gefangenen im US-Militärgefängnis Abu Ghraib, 2004.

Menschenwürde und Freiheit

Auch wenn die meisten Bürger eine Menschenrechtsverletzung an einem konkreten Beispiel sofort erkennen, ist der Begriff „Menschenwürde" inhaltlich schwer zu fassen. „Menschenwürde ist gleichzusetzen mit dem sozialen Wert- und Achtungsanspruch, der dem Menschen wegen seines Menschseins zukommt", so das Bundesverfassungsgericht. Menschen besitzen Menschenwürde also zu jeder Zeit und an jedem Ort. Eng mit der Menschenwürde verflochten ist das Recht auf die „freie Entfaltung der Persönlichkeit" (Art. 2 Abs. 1 GG) sowie auf die „Unverletzlichkeit der Freiheit der Person" (Art. 2 Abs. 2 GG). Freiheit heißt Selbstbestimmung. Dies umfasst, aus freien Stücken und ohne Zwang tun oder unterlassen zu können, was man möchte, sofern die Freiheit anderer nicht eingeschränkt wird. Freiheit ist die Basis für jede funktionierende Demokratie.

Menschen- und Bürgerrechte

Der Grundrechtskatalog der deutschen Verfassung enthält Menschenrechte und Bürgerrechte. Er unterscheidet also zwischen den Rechten, die alle Menschen genießen, die sich in Deutschland aufhalten, und den Rechten, die deutschen Staatsangehörigen vorbehalten bleiben.

Datenschutz und Datenspeicherung
Insbesondere bei Fragen der Nutzung von privaten Daten durch den Staat wird das Spannungsverhältnis von Freiheit und Sicherheit immer wieder deutlich.

Spannungsverhältnis

Die Verfassung verpflichtet den Staat dazu, alle Grundrechte und die menschliche Freiheit zu schützen. Dabei kann es allerdings zu einem Spannungsverhältnis zwischen verschiedenen Grundrechten kommen. Das bedeutet, dass Grundrechte miteinander kollidieren können. So wird mit der zunehmenden Terrorgefahr die Frage, wie stark der Staat in das Grundrecht auf Freiheit seiner Bürger (Art. 2 Abs. 1 GG) eingreifen darf, um das Grundrecht „auf Leben und körperliche Unversehrtheit" eines jeden (Art. 2 Abs. 2 GG) zu garantieren, immer brisanter.

Grundrechte und Menschenbild – Norm, Konflikte und Verstöße

M 1 Menschen- und Bürgerrechte

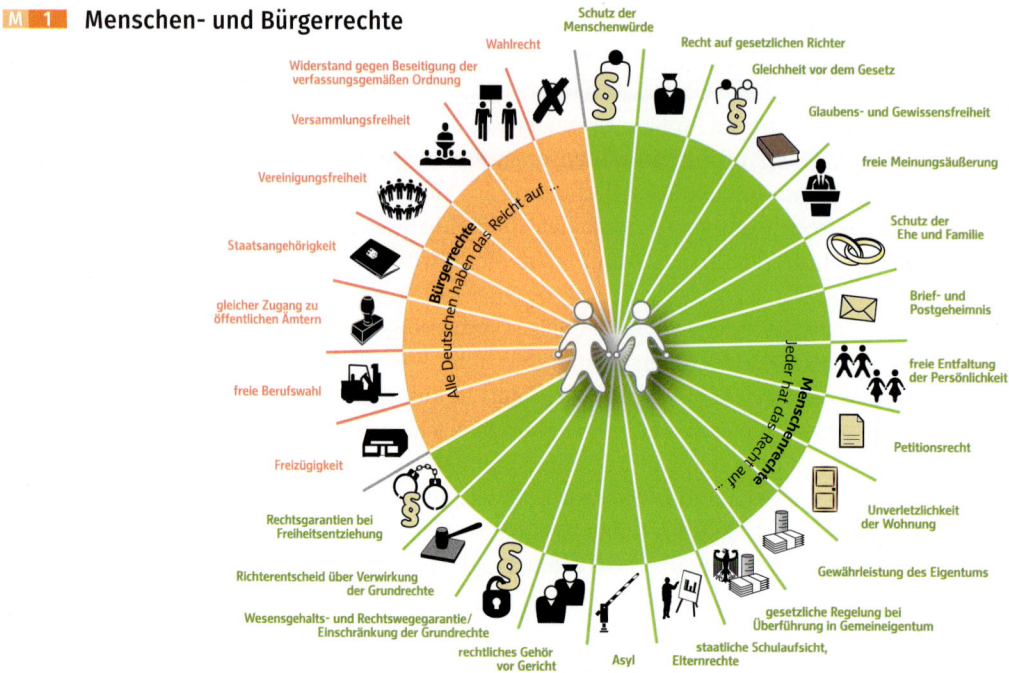

M 2 Veränderte Grundrechte, die so nicht im Grundgesetz stehen

Artikel 1:
Die Würde aller Deutschen ist unantastbar.
Artikel 2:
Jeder hat das Recht auf freie Entfaltung seiner Persönlichkeit, sofern er niemanden beleidigt.
Artikel 3:
Alle Menschen sind vor dem Grundgesetz gleich. Männer und Frauen sind gleichberechtigt. Bei der Arbeitsplatzwahl ist Frauen der Vorrang einzuräumen, vorausgesetzt, sie können die gleiche Qualifikation vorweisen wie ein Mann.

Artikel 4:
Die Freiheit des christlichen Glaubens ist unverletzlich.
Artikel 6:
Ehe und Familie stehen unter der besonderen Aufsicht der staatlichen Ordnung.
Artikel 10:
Das Briefgeheimnis sowie das Post- und Fernmeldegeheimnis sind unverletzlich. Das gilt nicht im Falle von Kindern, die noch bei ihren Eltern wohnen.
Autorentext

Aufgaben

1. Analysieren Sie die Grafik M1 und suchen Sie nach Begründungen für die jeweilige Zuordnung der einzelnen Rechte zu Menschen- und Bürgerrechten.
2. Vergleichen Sie die „veränderten" Grundrechte in M2 mit den Bestimmungen im Grundgesetz. Erörtern Sie im Anschluss, welche Auswirkungen die Änderungen in der Praxis hätten.
3. Charakterisieren Sie mithilfe von M3 Wertgebundenheit und Menschenbild des Grundgesetzes.
4. Definieren Sie den Begriff „Menschenwürde" (M3) in eigenen Worten und stellen Sie zusammen, auf wen der Begriff anwendbar ist.

M 3 Das Menschenbild im Grundgesetz

Der Verfassungsrechtler Friedhelm Hufen:

Das BVerfG hat schon früh vom Menschenbild des Grundgesetzes gesprochen und dabei die Eigenverantwortlichkeit des Menschen einerseits und die soziale Bindung andererseits hervorgehoben. [...] Einerseits nimmt das Grundgesetz den Menschen in seiner Individualität ernst und formuliert die freie menschliche Persönlichkeit als obersten Wert. Der Mensch ist also nicht staatlich betreutes und bevormundetes „Sozialobjekt". Auf der anderen Seite ist er kein isolierter „Robinson auf der Insel der Selbstentfaltung"; er ist vielmehr auch sozial eingebunden und verantwortlich für die Gemeinschaft und für seine Umgebung. So sehr im Einzelfall das Spannungsverhältnis variieren kann, und so wenig die Formel allein ausreicht, um konkrete Problemfälle zu lösen: Das „Menschenbild des Grundgesetzes" gibt bis heute der Interpretation der Menschenwürde einen sozialen und anthropologischen Rahmen und kann daher sehr wohl bei der Interpretation von Art. 1 GG herangezogen werden.

[...] Träger der Menschenwürde ist zunächst jede natürliche Person, unabhängig von Geschlecht, Alter, Herkunft, Rasse, Staatsangehörigkeit usw. Als vorstaatliches Menschenrecht gilt die Menschenwürde auch für Ausländer und Staatenlose, verlangt aber als solche nicht, dass auch alle Bürgerrechte für diese Gruppe gelten. Auch auf Mündigkeit und Bewusstsein kommt es nicht an. Kinder, geistig Behinderte und Bewusstlose sind – ebenso selbstverständlich – Träger der Menschenwürde und können sich auf dieses Grundrecht berufen. Auch auf Herkunft und Entstehen des Menschen kommt es nicht an. Wenn man mit guten Gründen das „reproduktive Klonen" für gegen die Menschenwürde verstoßend hält, so steht doch einem etwa auf diese Weise zustande gekommenen Menschen der volle Schutz der Menschenwürde zu. Hierin liegt eine teilweise Absage an die Leistungstheorie: Der Mensch ist unabhängig von seiner Leistung, seinem Bewusstsein oder auch seiner Fähigkeit zur Selbstbestimmung Träger der Menschenwürde. Es ist also keineswegs so, dass derjenige, der die Menschenwürde-Trägerschaft des frühen Embryos verneint, gleichsam am „anderen Ende des Spektrums" dies konsequenterweise auch für Komapatienten, Bewusstlose und Sterbende tun müsste. Diese Menschen sind nicht nur uneingeschränkt Träger der Menschenwürde; sie sind auch im besonderen Maße schutzbedürftig. [...] Nicht dagegen Träger der Menschenwürde sind rein virtuelle Kreaturen, also z. B. die „Zombies" in bestimmten Computerspielen. Sie können daher auch nicht erniedrigt, geschmäht, gefoltert usw. werden. Träger der Menschenwürde ist immer der konkrete Mensch, nicht eine Gruppe von Menschen, „die" Menschheit oder gar Vorstellungen des „Menschseins an sich". Die Schmähung oder Missachtung einer ganzen Gruppe von Menschen kann aber sehr wohl ein Indiz für einen Eingriff in die Menschenwürde sein (Beispiel: Antisemitismus, Rassismus). Nicht Träger der Menschenwürde dagegen sind Tiere. [...]

Auch der tote Mensch kann im weiteren Sinne noch Träger der Menschenwürde sein. Unabhängig vom exakten Zeitpunkt des Todes verliert der Tote nicht seine Würde. Diese wirkt vielmehr nach dem Tode fort. Der tote Mensch darf also nicht geschmäht, von johlenden Mengen durch die Straßen geschleift, missachtet, verspottet oder zum Objekt willkürlicher Entscheidung oder „Rohstofflieferanten" gemacht werden. Gesetzliche Vorschriften wie der Schutz der Totenruhe, das Verfahren zur Organentnahme und auch einzelne Bestimmungen des Bestattungsrechts dienen dem Schutz der Menschenwürde. [...]

Wenn Art. 1 GG die Menschenwürde für unantastbar erklärt, heißt das, dass Eingriffe nicht gerechtfertigt werden können; es heißt aber nicht, dass es in der Realität keine Eingriffe gäbe. [...] Ironisch könnte man sagen: „Wir wissen nicht, was die Menschenwürde ist, aber wir wissen genau, wann ein Eingriff in die Menschenwürde vorliegt." [...] Im Mittelpunkt der Eingriffsdefinition steht die „Objektformel", nach der der Mensch nicht zum bloßen Objekt staatlicher Willkür gemacht werden darf. [...] Auf dieser Basis kommentierte [ein Jurist] [...]: „Die Menschenwürde ist getroffen, wenn der konkrete Mensch zum Objekt, zu einem bloßen Mittel, zur vertretbaren Größe herabgewürdigt wird. Am besten zeigt vielleicht der entsetzlich an technische Vorstellungen angelehnte Wortschatz unserer materialistischen Zeit, worum es in Art. 1 geht. Es geht um [den Schutz vor der] Degradierung des Menschen zum Ding, das total ‚erfasst', ‚abgeschossen', ‚registriert', ‚liquidiert', ‚im Gehirn gewaschen', ‚ersetzt', ‚eingesetzt' und ‚ausgesetzt' (d. h. vertrieben) werden kann".

Friedhelm Hufen, Staatsrecht II, C.H. Beck, München 2011, S. 139 ff.

M 4 Verstöße gegen die Menschenwürde?

Fallbeispiel 1: Um den Aufenthaltsort eines entführten Kindes zu erfahren, spritzt die Polizei dem mutmaßlichen Täter eine Wahrheitsdroge.
Fallbeispiel 2: Auf dem Friedhof des Dorfes X dürfen aus Platzmangel keine Erd-, sondern nur noch Feuerbestattungen vorgenommen werden.
Fallbeispiel 3: Im Skilager der 9. Klasse werden die Schüler jeden Tag um 21.00 Uhr ins Bett geschickt.
Fallbeispiel 4: Staatliche Behörden verfügen, dass die siebenköpfige Familie B. in eine Einzimmerwohnung ziehen muss, da der Vater beständig die Annahme von Arbeit verweigert.

Autorentext

M 5 „Ehrenwerte Motive", aber dennoch verurteilt?

Im Jahr 2002 entführte der 27-jährige Frankfurter Jurastudent Magnus Gäfgen den elfjährigen Bankierssohn Jakob von Metzler, um seinen aufwändigen Lebensstil finanzieren zu können. Noch am Tag der Entführung tötete Gäfgen sein Opfer und versuchte dann, Lösegeld zu erpressen. Kurze Zeit nach der Lösegeldübergabe wurde Gäfgen von der Polizei festgenommen und verhört. Nach mehreren Versuchen Gäfgens, den mutmaßlichen Aufenthaltsort seines Opfers zu verschleiern, ordnete Polizeivizepräsident Wolfgang Daschner an, Gäfgen Gewalt anzudrohen, um Jakob von Metzler noch lebend zu finden. Gäfgen sagte daraufhin aus und führte die Polizei aber nur noch zur Leiche des Opfers. Im Anschluss verklagte Gäfgen Wolfgang Daschner wegen der angedrohten Folter. „Der Spiegel" schrieb dazu:

Das Frankfurter Landgericht sah es in seinem […] Urteil als erwiesen an, dass Daschner einen untergebenen Beamten zur schweren Nötigung verleitet hat. Die 27. Strafkammer unter dem Vorsitz der Richterin Bärbel Stock verurteilte Daschner zu 90 Tagessätzen je 120 Euro, also 10.800 Euro insgesamt. Der mitangeklagte Vernehmungsbeamte erhielt eine Geldstrafe von 60 Sätzen zu je 60 Euro. Die deutlich unter dem Regelstrafrahmen von einem halben bis fünf Jahren liegende Strafe wurde auf Bewährung ausgesetzt. Beide Angeklagten und die Staatsanwaltschaft nahmen das Urteil an. Die Verurteilten sind damit nicht vorbestraft. Richterin Stock machte in ihrer Urteilsbegründung deutlich, dass die Gewaltdrohung gegen Gäfgen einen Verstoß gegen die im Grundgesetz verankerte Menschenwürde dargestellt habe. Als strafmildernd wertete die Kammer die ehrenwerten Motive der beiden Angeklagten. Beiden sei es vorrangig darum gegangen, das Leben des entführten Kindes zu retten. Zu Gute hielt das Gericht Daschner und [seinem Kollegen] außerdem, dass beide zum Zeitpunkt ihrer Entscheidung unter hohem Druck gestanden hätten und dass der Täter Gäfgen die Ermittler mit immer neuen Lügen in die Irre geführt habe.
Die Gewerkschaft der Polizei begrüßte die Entscheidung des Landgerichts. „Das Urteil schafft Rechtssicherheit für die Polizei und hat die äußerst schwierige menschliche Konfliktsituation der Angeklagten berücksichtigt", sagte der GdP-Bundesvorsitzende Konrad Freiberg […] in Berlin. Auch Grünen-Politiker und Vertreter von Amnesty International zeigten sich erleichtert, dass das Frankfurter Landgericht das absolute Folterverbot bestätigte. Das Deutsche Institut für Menschenrechte kritisierte dagegen das Strafmaß als zu gering und warnte vor einer Aushöhlung des Folterverbots.
Der Erste Parlamentarische Grünen-Geschäftsführer, Volker Beck, erklärte, das Frankfurter Landgericht habe „unmissverständlich klar gemacht, dass in Deutschland die Anwendung oder die Androhung von Folter eine Straftat ist und daher geahndet werden muss." Zugleich habe das Gericht das Grundrecht auf Menschenwürde gestärkt, die auch für Straftäter gelte und nicht relativiert werden dürfe. Der „tragischen Konfliktsituation, in der sich Herr Daschner unzweifelhaft befunden hat", habe das Gericht im Rahmen der Strafzumessung nachvollziehbar Rechnung betragen, meinte Beck.

Zit. nach: Ehrenwerte Motive, mildes Urteil, 20.12.2014, www.spiegel.de/panorama/daschner-prozess-ehrenwerte-motive-mildes-urteil-a-333706.html

Der frühere Frankfurter Polizeivizepräsident Daschner
Er wurde wegen „schwerer Nötigung" auf Bewährung verurteilt.

M 6 Freispruch

Meldung zu einem Urteil vom Februar 2017:

Ein Kaarster Lehrer, der seine Schüler nicht aus der Klasse gelassen haben soll, ist am Freitag (17.02.2017) vom Düsseldorfer Landgericht freigesprochen worden. Das Amtsgericht Neuss hatte ihn in erster Instanz noch wegen Freiheitsberaubung in Form einer Verwarnung verurteilt. Der Pädagoge hatte Anfang April 2015 einer Klasse eine Strafarbeit aufgegeben und sich dann vor die Tür gesetzt, um sie zu kontrollieren. Die Schüler sollen gedrängelt, der Lehrer herumgefuchtelt und dabei vielleicht auch einen Schüler gestoßen haben. Weil einer der Schüler daraufhin die Polizei rief, ging die Sache vor Gericht. Der Vorwurf: Freiheitsberaubung. Am Freitag (17.02.2017) wurde er in zweiter Instanz vom Amtsgericht Neuss freigesprochen. In erster Instanz war der Realschullehrer tatsächlich wegen Freiheitsberaubung schuldig gesprochen worden, wurde aber nur verwarnt. Außerdem sollte er eine Fortbildung im Umgang mit undisziplinierten Schülern absolvieren. Der Lehrer legte gegen das Urteil Berufung ein. Bei der Verhandlung argumentierte die Staatsanwältin, dass Nachsitzen angekündigt werden müsse und sein Herumfuchteln eine fahrlässige Körperverletzung gewesen sei. Der Verteidiger konterte: Der Lehrer beende den Unterricht, nicht der Schulgong. Das Gericht befand schließlich: Man habe keine Straftat feststellen können. Der Lehrer war erleichtert, auch die Vorsitzende des Lehrerverbandes NRW konnte aufatmen: „Was glauben Sie, was nächste Woche in den Schulen losgewesen wäre?"

Zit. nach: Kaarster Musiklehrer freigesprochen, 17.02.2017; www1.wdr.de/nachrichten/rheinland/prozess-gegen-musiklehrer-100.html

M 7 Dem Grundgesetz verbunden

Karikatur von Erl

Aufgaben

1. Prüfen Sie auf Basis von M3 die Fallbeispiele in M4 und entscheiden Sie, ob und ggf. warum dort ein Verstoß gegen Art. 1 Abs. 1 GG vorliegt. Diskutieren Sie die Fälle anschließend im Klassenverband.
2. Erarbeiten Sie die in M5 erwähnte Urteilsbegründung der Richterin.
3. Nehmen Sie in Form eines Zeitungskommentars Stellung zu den in M5 genannten Urteilskommentierungen.
4. Überprüfen Sie unter Zuhilfenahme des Grundgesetzes, welche Grundrechte in dem in M6 dargestellten Fall verletzt wurden.
5. Führen Sie eine Diskussion zu der Frage, ob die Maßnahme des Lehrers (M6) gerechtfertigt war.
6. Interpretieren Sie die Karikatur M7 und erwägen Sie Maßnahmen, dem Schutz der Grundrechte bei Kindern Geltung zu verschaffen.

2. Die Wehrhaftigkeit des Grundgesetzes

Lehren aus der Weimarer Republik

Die Weimarer Republik war den Angriffen der beiden extremistischen Parteien NSDAP und KPD, die beide auf die Abschaffung der Demokratie zielten, mehr oder weniger wehrlos ausgeliefert. Es gab lediglich ein einfaches Republikschutzgesetz, dessen Gültigkeit 1932 auslief und das unter den Bedingungen der Präsidialdiktatur Paul von Hindenburgs auch nicht mehr verlängert oder erneuert wurde. Wie der Aufstieg der NSDAP ab 1929 verdeutlicht, bot das Republikschutzgesetz kaum Möglichkeiten, politischen Extremismus wirksam zu bekämpfen.

Nach 1945 stellten sich Staatsrechtler sowie die Väter und Mütter des Grundgesetzes daher die Frage, wie der neu zu schaffende demokratische Staat und die ihm zugrunde liegende Verfassung beschaffen sein müssten, um Feinde der Demokratie einzudämmen. Dabei galt es, die beiden Prinzipien „Freiheit" auf der einen und „Sicherheit" auf der anderen Seite sorgsam auszubalancieren. Ein Zuviel an Freiheit hätte extremistischen und antidemokratischen Kräften einen zu großen politischen Spielraum gegeben. Ein Zuviel an Sicherheit hätte die Freiheit des Einzelnen unverhältnismäßig beschränkt und Demokratieverdrossenheit fördern können.

Wehrhaftes Grundgesetz

Im Grundgesetz finden sich mehrere Artikel, die die Demokratie vor politischen Extremisten schützen sollen. Zentral ist dabei Art. 79 Abs. 3 GG, die sogenannte Ewigkeitsklausel. Sie erklärt die Grundrechte sowie die Verfassungsprinzipien, die sich in den Artikeln 1 und 20 finden und auf denen der Staatsaufbau der Bundesrepublik Deutschland fußt, für unabänderlich. In dieser Unveränderbarkeit zeigt sich auch die Gebundenheit des Grundgesetzes an die Werte Menschenwürde, Freiheit, Demokratie und Rechtsstaatlichkeit.

Daneben schützen weitere Artikel die Verfassung: So wird die wissenschaftliche Freiheit der Lehre an Universitäten oder Fachhochschulen an die Treue zur Verfassung gebunden (Art. 5 Abs. 3 GG). Professoren, die in ihren Vorlesungen antidemokratisches und extremistisches Gedankengut verbreiten, können entlassen werden.

Ebenso können einzelne Personen, die ihre Grundrechte zum Kampf gegen die freiheitlich-demokratische Grundordnung (FDGO) missbrauchen, eben diese Grundrechte verwirken (Art. 18 GG). Eine Verwirkung der Grundrechte kann aber nur durch das Bundesverfassungsgericht (BVerfG) ausgesprochen werden, das alle bisher in diese Richtung angestrebten Anträge allerdings negativ beschied, weswegen Artikel 18 GG noch nicht zur Anwendung gekommen ist.

In Artikel 20 Abs. 4 GG wird sogar jedem Deutschen das Recht zum Widerstand gegen diejenigen, die versuchen, die FDGO zu beseitigen, eingeräumt. Dieses Recht ist aber strikt daran gebunden, dass es sich um einen absoluten Ausnahme- oder Notfall handelt und auf anderen Wegen zum Beispiel ein Putsch gegen die demokratisch gewählte Regierung nicht abzuwehren wäre.

Paul von Hindenburg (1847–1934)
Hindenburg war im Ersten Weltkrieg Teil der Obersten Heeresleitung und von 1925–1934 Reichspräsident.

Info

Artikel 79 Abs. 3 GG („Ewigkeitsklausel"):
„Eine Änderung dieses Grundgesetzes, durch welche die Gliederung des Bundes in Länder, die grundsätzliche Mitwirkung der Länder bei der Gesetzgebung oder die in den Artikeln 1 und 20 niedergelegten Grundsätze berührt werden, ist unzulässig."

Parteienverbot

Die schärfste Waffe der wehrhaften Demokratie liefert Artikel 21 Abs. 2 GG. Er ermöglicht es, verfassungswidrige Parteien, „deren Zwecke oder deren Tätigkeit den Strafgesetzen zuwiderlaufen oder die sich gegen die verfassungsmäßige Ordnung oder gegen den Gedanken der Völkerverständigung richten", zu verbieten. Diese Bestimmung ist insofern das wichtigste Instrument zum Schutz der FDGO, da nur Parteien machtpolitisch dazu fähig sind, Mehrheiten zu gewinnen und diese sodann zum Umsturz der demokratischen Ordnung zu missbrauchen.

Über das Verbot einer Partei entscheidet allein das BVerfG nach einem Antrag durch Bundesregierung, Bundestag oder Bundesrat. Die Hürden für ein Verbot sind hoch: Es reicht nicht, dass die Partei nicht die FDGO anerkennt, sondern sie muss zusätzlich auch eine „aktive kämpferische, aggressive Haltung gegenüber der bestehenden Ordnung" einnehmen.

Aus diesem Grund sprach das BVerfG erst zweimal in der Geschichte der Bundesrepublik ein Parteienverbot aus: 1952 wurde die rechtsextremistische „Sozialistische Reichspartei" (SRP) verboten; sie stand programmatisch der NSDAP nahe und galt als Sammelbecken von unbelehrbaren Alt-Nazis. Zum zweiten Parteiverbot kam es 1956, als die linksextremistische und von der Sowjetunion gesteuerte Kommunistische Partei Deutschlands (KPD) verboten wurde, weil sie den Sturz des bestehenden Systems und die Diktatur des Proletariats forderte.

Rund 50 bzw. 60 Jahre später entschied das BVerfG jeweils gegen ein Verbot der rechtsextremistischen Nationaldemokratischen Partei Deutschlands (NPD). 2003 scheiterte ein erster Verbotsantrag daran, dass der deutsche Verfassungsschutz, der deutsche Inlandsgeheimdienst, noch während des Prozesses sogenannte Verbindungsleute, V-Leute, in den Führungsebenen der Partei platziert hatte und somit nicht klar beweisen konnte, ob verfassungsfeindliche Aktionen der NPD nicht indirekt vom Verfassungsschutz initiiert worden waren. Auch einen erneuten Verbotsantrag des Bundesrats lehnten die Karlsruher Richter 2017 ab. Einem ähnlichen Urteil des Europäischen Gerichtshofs (EuGH) folgend, argumentierten sie, dass die NPD zwar in ihren Zielen und ihrer Ideologie verfassungsfeindlich sei, aber wegen ihrer politischen Bedeutungslosigkeit keine wirkliche Gefahr für die Bundesrepublik darstelle, sodass ein Verbot nicht gerechtfertigt sei.

KPD-Verbot 1956
Das Haus der Bundesleitung der KPD am Morgen des 17. August 1956. Links weht eine rote Fahne aus einem Fenster, in der Mitte hängt ein Transparent mit der Aufschrift „Trotz Verbot KPD bleibt". Nachdem die KPD am 17. August 1956 vom Karlsruher Verfassungsgericht verboten worden war, besetzten Polizeieinheiten das Haus des Bundesvorstandes der Partei in Düsseldorf.

Vereinsverbot

Nicht nur Parteien, sondern auch Vereine, die eine extremistische und gegen die Verfassung gerichtete Politik betreiben, dürfen nach Art. 9 Abs. 2 GG verboten werden. Im Gegensatz zum Parteienverbot wird von diesem Instrument häufiger Gebrauch gemacht. Es ist auch leichter umzusetzen, weil über das Verbot einer Vereinigung nicht das BVerfG, sondern der Bundesinnenminister bzw. bei Regionalfällen ein Landesinnenminister per Verfügung entscheidet. Dieses Mittel wurde seit den 1980er-Jahren vor allem gegen Organisationen der rechtsextremistischen und seit Beginn des 21. Jahrhunderts der islamistischen Szene häufiger angewandt. Das Vereinsverbot ist allerdings ein zweischneidiges Schwert: Auf der einen Seite zeigt der Staat damit seine Wehrhaftigkeit im Kampf gegen den Extremismus, auf der anderen Seite fällt es Mitgliedern verbotener Organisationen relativ leicht, Nachfolgevereinigungen zu gründen oder in den Untergrund abzutauchen.

Nach Vereinsverbot
Salafisten greifen Polizisten an, Solingen, 2012

Wehrhaftes Grundgesetz – Schutz der Demokratie

M 1 Artikel des Grundgesetzes zur Wehrhaftigkeit

Art. 5 Abs. 3: Kunst und Wissenschaft, Forschung und Lehre sind frei. Die Freiheit der Lehre entbindet nicht von der Treue zur Verfassung. [...]
Art. 9 Abs. 2: Vereinigungen, deren Zwecke oder deren Tätigkeit den Strafgesetzen zuwiderlaufen oder die sich gegen die verfassungsmäßige Ordnung oder gegen den Gedanken der Völkerverständigung richten, sind verboten. [...]
Art. 18: Wer die Freiheit der Meinungsäußerung, insbesondere die Pressefreiheit (Art. 5 Abs. 1), die Lehrfreiheit (Art. 5 Abs. 3), die Versammlungsfreiheit (Art. 8), die Vereinigungsfreiheit (Art. 9), das Brief-, Post- und Fernmeldegeheimnis (Art. 10), das Eigentum (Art. 14) oder das Asylrecht (Art. 16a) zum Kampfe gegen die freiheitliche demokratische Grundordnung missbraucht, verwirkt diese Grundrechte. Die Verwirkung und ihr Ausmaß werden durch das Bundesverfassungsgericht ausgesprochen. [...]
Art. 20 Abs. 4: Gegen jeden, der es unternimmt, diese Ordnung [FDGO] zu beseitigen, haben alle Deutschen das Recht zum Widerstand, wenn andere Abhilfe nicht möglich ist. [...]
Art. 21 Abs. 2: Parteien, die nach ihren Zielen oder nach dem Verhalten ihrer Anhänger darauf ausgehen, die freiheitliche demokratische Grundordnung zu beeinträchtigen oder zu beseitigen oder den Bestand der Bundesrepublik Deutschland zu gefährden, sind verfassungswidrig. Über die Frage der Verfassungswidrigkeit entscheidet das Bundesverfassungsgericht. [...]
Art. 79 Abs. 3: Eine Änderung dieses Grundgesetzes, durch welche die Gliederung des Bundes in Länder, die grundsätzliche Mitwirkung der Länder bei der Gesetzgebung oder die in den Art. 1 und 20 niedergelegten Grundsätze berührt werden, ist unzulässig. [...]

Zit. nach: https://www.bundestag.de/gg

M 2 Das Recht auf Widerstand

[...] Der Widerstandsartikel richtet sich an die Bürger [...] „Sie sind das letzte Aufgebot zum Schutz der Verfassung. Wenn nichts anderes mehr hilft, drückt diese ihnen die Waffe des Widerstandsrechts in die Hand, um ihr eigenes Überleben zu sichern", schreibt der Staatsrechtler Josef Isensee in seinem Aufsatz „Widerstandsrecht im Grundgesetz" im 2013 erschienenen „Handbuch Politische Gewalt". So setze das Widerstandsrecht private Gewalt frei und durchbreche die Bürgerpflicht zum Rechtsgehorsam. Das Ziel: Es geht in Artikel 20 Absatz 4 um eine Nothilfe der Bürger zu dem Zweck, Angriffe auf die Verfassung und die grundgesetzliche Ordnung abzuwehren. Das Schutzgut ist damit eng umrissen: der Verfassungsstaat.
Doch in welchen Situationen ist der Widerstand durch Artikel 20 Absatz 4 legitimiert? Laut Isensee geht es um Angriffe, die sich gegen die Verfassung als Ganzes richten und die grundgesetzliche Ordnung als solche von Grund auf bedrohen. „Der Widerstandsfall ist ein Staatsstreich", schreibt er. Der Widerstandsfall trete nicht ein, wenn „bei einer Bundestagswahl Unkorrektheiten" auftauchten, die Regierung Grundrechte verletze oder der „Bundespräsident den Bundestag zu Unrecht" auflöse, argumentiert der frühere Bonner Rechtsprofessor. Das allein sei nicht ausreichend.
„Das Widerstandsrecht reagiert nicht auf einzelne Rechtsverstöße, für die ohnehin Abhilfe besteht." Daher decke es auch nicht den zivilen Ungehorsam, der sich gegen einzelne Handlungen oder Einrichtungen richte, die als „rechtswidrig, unmoralisch gefährlich" empfunden würden – die Abschiebung eines Ausländers etwa, ein Verkehrsprojekt oder der Transport von Nuklearmaterial.
Um die Frage zu beantworten, wann denn Widerstand im Sinne des Artikel 20 gerechtfertigt ist, geben die letzten sechs Wörter Aufschluss: „..., wenn andere Abhilfe nicht möglich ist." Es geht also um den absoluten Ausnahmefall: Es müssten „alle Mittel der Normallage" versagen, um die Gefahr abzuwehren, ehe die Bürger zu den „heiklen Mitteln des Rechtsbruchs und der Gewaltsamkeit greifen", betont Isensee. Doch solange „Konflikte noch in zivilen Formen" ausgetragen werden können, das demokratische System intakt ist und solange „friedlicher Protest noch Gehör" finden kann, dürften sie es nicht.

Zit. nach: www.bundestag.de/dokumente/textarchiv/2013/47878421_kw50_grundgesetz_20/214054

M 3 Strafrechtlicher Schutz der Demokratie

Der Politikwissenschaftler Hans-Gerd Jaschke zum Prinzip der streitbaren Demokratie

Neben den Bestimmungen des Grundgesetzes tragen einige Vorschriften des Strafgesetzbuchs (StGB) dazu bei, die streitbare Demokratie mit weiteren Instrumenten auszustatten: unter Strafe stehen die Fortführung einer für verfassungswidrig erklärten Partei (§ 84 StGB), Straftaten gegen Verfassungsorgane (§§ 105, 106 StGB), die Bildung terroristischer Vereinigungen (§ 129a StGB) und Volksverhetzung (§ 130 StGB). Neben diesen repressiven Möglichkeiten sprechen wir auch von einem institutionellen Demokratieschutz. Dabei geht es um besondere staatliche Einrichtungen, die den politischen Extremismus bekämpfen. Das Bundes- und die Landesämter für Verfassungsschutz beobachten Bestrebungen gegen die Freiheitliche demokratische Grundordnung, der polizeiliche Staatsschutz beschäftigt sich mit politisch motivierten Straftaten, der Generalbundesanwalt ist für schwere Straftaten aus dem Bereich des politischen Extremismus zuständig.

Im Rückblick wird man sagen können, das Konzept der streitbaren Demokratie hat sich bewährt. Als Grundverständnis findet es Eingang ins Recht, aber auch in das Bewusstsein der meisten Bürger. Extremistische Parteien und Vereinigungen sind zwar Teil des politischen Lebens, vor allem rechtsextreme Parteien haben immer wieder parlamentarische Erfolge erringen können, aber eine wirkliche Gefährdung der demokratischen Grundordnung ist dadurch nicht erfolgt. Extremistische Politik in Regierungsverantwortung findet nicht statt. Dazu beigetragen haben die Instrumente der streitbaren Demokratie: rechtliche Regelungen und abwehrbereite Institutionen.

Prof. Dr. Hans-Gerd Jaschke, Streitbare Demokratie, 19.06.2017; www.bpb.de/politik/extremismus/rechtsextremismus/41891/streitbaredemokratie

M 4 Ablauf eines Parteiverbotsverfahrens

Aufgaben

1. Bewerten Sie die Artikel im Grundgesetz, die seiner Wehrhaftigkeit dienen, bezüglich ihrer konkreten Umsetzbarkeit (M1).
2. Erarbeiten Sie aus M2, welche Voraussetzungen gegeben sein müssen, um vom Widerstandsrecht Gebrauch machen zu können.
3. Stellen Sie aus M3 die strafrechtlich relevanten Paragraphen zum Schutz der Demokratie zusammen und vergleichen Sie sie mit den Artikeln im Grundgesetz (M1).
4. Recherchieren Sie, wann die Regelungen zum Schutz der Demokratie (M3) zur Anwendung gekommen sind.
5. Ermitteln Sie aus M4 die Folgen für eine Partei im Falle ihres Verbots.

Parteien- und Vereinsverbote – NPD und Islamisten

M 5 NPD – „verfassungsfeindlich", aber nicht verboten

Die rechtsextreme NPD wird nicht verboten. Das hat das Bundesverfassungsgericht entschieden. Es wies mit seinem Urteil den Verbotsantrag der Länder im Bundesrat ab. In ihrem knapp 300 Seiten langen Urteil stellen die Karlsruher
5 Richter zwar fest, dass die NPD verfassungsfeindlich und wesensverwandt mit dem Nationalsozialismus sei – die Partei ist aus ihrer Sicht aber nicht in der Lage, die Demokratie ernsthaft zu bedrohen […] Der Bundesrat wollte die rechtsextreme NPD vom Bundesverfassungsgericht verbie-
10 ten lassen. Aus Sicht der Länder ist die Partei eine Gefahr für die demokratische Grundordnung. Im Dezember 2013 stellten die Bundesländer den Verbotsantrag, zwei Jahre später eröffnete der zuständige Zweite Senat das Hauptverfahren.
15 „Das Ergebnis des Verfahrens mag der eine oder andere als irritierend empfinden", sagte der Vorsitzende des Zweiten Senats. Ein Parteiverbot sei jedoch „kein Gesinnungs- oder Weltanschauungsgebot". Voßkuhle wies ausdrücklich auf „andere Reaktionsmöglichkeiten" hin
20 – etwa den Entzug der staatlichen Parteienfinanzierung. Dies habe aber nicht das Verfassungsgericht zu entscheiden, sondern der verfassungsändernde Gesetzgeber. Die Entscheidung der Richter gegen das Verbot fiel einstimmig.
25 Das Gericht verwies auch darauf, dass die NPD in den Parlamenten kaum eine Rolle spiele. Sie verfüge weder über die Aussicht, bei Wahlen eigene Mehrheiten zu gewinnen, noch über die Option, sich über Beteiligung an Koalitionen Gestaltungsspielräume zu verschaffen, sagte
30 Voßkuhle. Auch in den Kommunalparlamenten ist aus der Sicht des Gerichts ein bestimmender Einfluss nicht zu erwarten.
Dennoch sei nicht zu verkennen, dass die NPD durch einschüchterndes oder kriminelles Verhalten von Mitgliedern
35 punktuell eine „nachvollziehbare Besorgnis" um die Freiheit des politischen Prozesses oder Angst vor gewalttätigen Übergriffen auslösen könne, sagte Voßkuhle. Darauf müsse aber mit den Möglichkeiten von Polizei und Strafrecht reagiert werden.
40 Das Verfahren war von Beginn an umstritten. Kritiker verweisen auf den desolaten Zustand der Partei und ihre vermeintliche Bedeutungslosigkeit. Zudem argumentieren sie, dass ein Parteiverbot nichts an der Ausbreitung rechtsradikaler Ideologien ändern könne. […]

Zit. nach: mho/dpa/AFP, Bundesverfassungsgericht verbietet NPD nicht, 17.01.2017; www.spiegel.de/politik/deutschland/npd-bundesverfassungsgericht-verbietet-rechtsextreme-partei-nicht-a-1130311.html

M 6 Die Verankerung der NPD

Die NPD in den Bundesländern

Sitze in kommunalen Vertretungen und Mitglieder in:

	Sitze	Mitglieder*
Sachsen	80	600
Thüringen	58	220
Mecklenburg-Vorpommern	49	340
Brandenburg	47	290
Sachsen-Anhalt	30	220
Hessen	23	250
Niedersachsen	17	370
Nordrhein-Westfalen	16	600
Baden-Württemberg	5	410
Rheinland-Pfalz	4	200
Bayern	3	700
Saarland	3	90
Schleswig-Holstein	2	140
Bremen	1	30
Berlin	0	250
Hamburg	0	130
gesamt	**338 Sitze**	

Stand Sitze: November 2016 (BfV); Stand Mitglieder: 2015   *z. T. geschätzt
Quelle: Bundesamt für Verfassungsschutz, Landesämter für Verfassungsschutz
dpa•26144   Die Zahlen der Mandate ändern sich immer wieder leicht.

M 7 „Klein und unbedeutend"!?

Karikatur von Klaus Stuttmann

M 8 Verbot des islamistischen Vereins „Die wahre Religion"

Der Mann gilt als einer der gefährlichsten Islamisten Deutschlands. Schon 2012 ruft Ibrahim Abou-Nagie, ein gebürtiger Palästinenser, unverhohlen zum Dschihad im syrischen Bürgerkrieg auf. Bei einem Salafistentreffen in Dortmund verkündet der Hassprediger, „alle unsere Geschwister in Syrien sind Gotteskrieger. Und derjenige, der hier spendet, der rüstet einen Gotteskrieger aus." Solche Hetze haben Abou-Nagie und sein 2005 gegründeter Verein „Die wahre Religion" (DWR) hochtourig weiterbetrieben. Als Vehikel diente die 2011 gestartete, bundesweite Kampagne „LIES!", bei der Aktivisten in Fußgängerzonen deutschsprachige Gratisexemplare des Koran verteilten. Mit schaurigem Erfolg.

Mindestens 140 Salafisten sollen von Abou-Nagie und dem DWR-Verein zur Ausreise animiert worden sein, um in Syrien und dem Irak für die Terrormiliz IS und andere dschihadistische Organisationen zu kämpfen. Einige starben, einige werden vermisst. So steht es in der Verbotsverfügung, die Bundesinnenminister Thomas de Maizière (CDU) […] bekannt gegeben hat. Der Schlag traf, wie ein hochrangiger Sicherheitsexperte sagt, „die sprichwörtliche Spinne im Netz der deutschen Salafistenszene".

Die 50-seitige Verbotsverfügung ist harter Stoff. Es wimmelt von fanatischen, menschenfeindlichen Zitaten aus Reden und Youtube-Videos von Abou-Nagie und seinen Mitstreitern. „Möge Allah all diese zionistischen Medien und die Menschen, die dahinter sind und alles in die falsche Richtung steuern, möge Allah sie alle vernichten", sagt Abou-Nagie in einem „Bittgebet" in einem Film vom September 2015. Vier Monate zuvor bezeichnet Abou-Nagie in einem Video die Homoehe als „Schande für das gesamte Christentum und Schande für Europa". Ein weiterer Prediger des Vereins deklamiert im März 2015 bei einer öffentlichen Veranstaltung, „Allah vernichte die Ungerechten! Ya Allah vernichte Amerika! Ya Allah vernichte die Juden! Ya Allah vernichte Israel!"

Die Saat des Hasses ging nicht nur im Dschihad in Syrien und im Irak auf, sondern auch in Deutschland. In der Verbotsverfügung wird der Anschlag auf den Sikh-Tempel in Essen genannt. Junge Salafisten deponierten am 16. April vor dem Eingang einen Sprengsatz. Bei der Explosion wurde ein Sikh-Priester schwer verletzt, zwei weitere Opfer erlitten leichtere Wunden. Tatverdächtig sind Salafisten im Alter von 16 bis 20 Jahren.

Bei allen vier Beschuldigten gebe es „eindeutige Nachweise für Verbindungen zur LIES!-Kampagne", heißt es in der Verbotsverfügung. Auf einem Foto, das in dem Papier gezeigt wird, steht einer der mutmaßlichen Täter im März 2015 neben Abou-Nagie. An einem LIES!-Stand im Ruhrgebiet.

Zit. nach: Frank Jansen, Warum die islamistischen Hetzer verboten werden, 15.11.2016; www.tagesspiegel.de/politik/die-wahre-religion-dwr-warum-die-islamistischen-hetzer-verboten-werden/14846992.html

M 9 „Haftbefehl: Lies!"

Karikatur von Kostas Koufogiorgos

Aufgaben

1. Analysieren Sie die Grafik M4 (S. 17) vor dem Hintergrund von M5.
2. Ermitteln Sie unter Berücksichtigung von M6 die Begründung des BVerfG (M5) zur Ablehnung des NPD-Verbots und interpretieren Sie in diesem Zusammenhang die Karikatur M7.
3. Nehmen Sie in Form eines Leserbriefs Stellung zum Urteil des BVerfG (M5).
4. Erarbeiten Sie aus M8 die Begründung des Bundesinnenministers zum Verbot des Vereins „Die wahre Religion".
5. Interpretieren Sie die Karikatur M9 vor dem Hintergrund von M8.
6. Führen Sie eine Fishbowl-Diskussion zu der Frage, ob das Verbot des Vereins „Die wahre Religion" (M8) gerechtfertigt war.

Cartoon aus der Kampagne „Wählen ist wichtig"

Statue der Justitia in München

3. Verfassungsprinzipien im Vergleich

Die Verfassungsprinzipien der Bundesrepublik Deutschland

Das politische System der Bundesrepublik Deutschland stützt sich auf den zentralen Wert der Menschenwürde und die daraus abgeleiteten Grundrechte sowie auf vier Verfassungsprinzipien, die explizit im Grundgesetz verankert sind: das Demokratieprinzip, das Rechtsstaatsprinzip, das Bundesstaatsprinzip und das Sozialstaatsprinzip. Diese vier Prinzipien werden auch als „Verfassung in Kurzform" bezeichnet.

Das Demokratieprinzip legt fest, dass die gesamte Staatsgewalt vom Volk ausgeht, dieses also Träger der Souveränität ist. Diese Souveränität üben die Bürger durch ihr Wahlrecht aus: Sie wählen Vertreter für Parlamente auf Bundes-, Landes- und kommunaler Ebene, die in ihrem Namen nach dem Mehrheitsprinzip die politischen Entscheidungen treffen. Somit sind in Deutschland nur die Parlamente als Organe der legislativen Gewalt direkt vom Volk legitimiert. Die Organe der exekutiven und judikativen Gewalt sind nur indirekt legitimiert, da deren Vertreter von den Parlamenten gewählt werden.

Durch das Rechtsstaatsprinzip werden die drei Gewalten an die Verfassung gebunden. Das bedeutet zum Beispiel, dass die von der Legislative verabschiedeten Gesetze verfassungskonform sein müssen und sich auch die Exekutive in ihrem Handeln den bestehenden Gesetzen beugen muss. Die Beamten der Exekutive und Judikative wie Polizisten und Richter sind an das geltende Recht gebunden, um die Bürger vor Willkürakten zu schützen. Alle Bürger sind vor dem Gesetz gleich und genießen Rechtssicherheit. Das heißt, sie können dem geltenden Recht entnehmen, in welchen Fällen eine Straftat vorliegt und welches Strafmaß damit verbunden ist. Dies impliziert den Rechtsgrundsatz „Keine Strafe ohne Gesetz". Niemand darf also für etwas bestraft werden, ohne dass dies zuvor gesetzlich auch als Straftat definiert ist. Die Richter sind unabhängig und nicht an politische Weisungen gebunden. Die Einhaltung von Gesetzen einzuklagen, steht jedem Bürger offen.

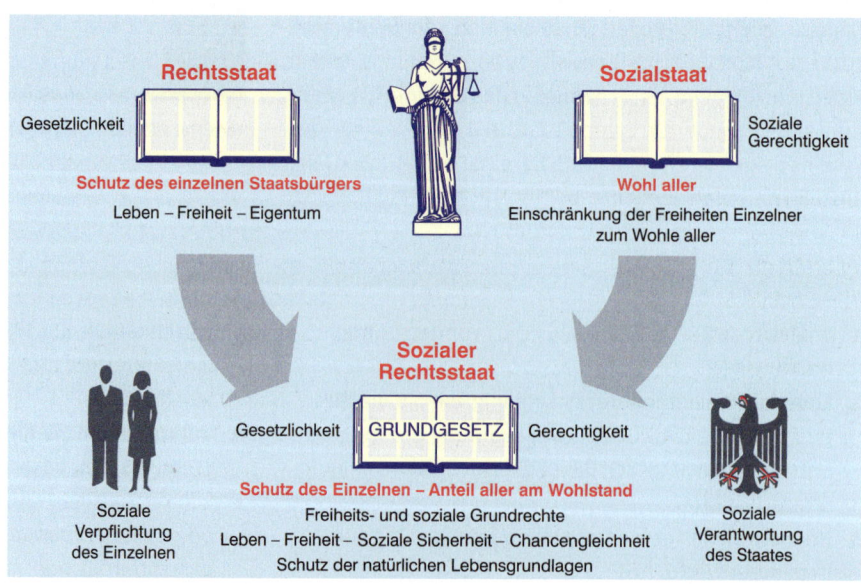

M 1 Rechtsstaat und Sozialstaat

Bei der Konzeption des Grundgesetzes 1948/49 entschied sich der Parlamentarische Rat auch aufgrund der negativen Erfahrungen mit einem starken Zentralstaat während des Nationalsozialismus für das Föderalismusprinzip mit einem bundesstaatlichen Staatsaufbau. Neben die horizontale Gewaltenteilung in Legislative, Exekutive und Judikative trat somit eine vertikale Gewaltenteilung zwischen dem Bund und den Ländern.

Die Aufgabenverteilung zwischen Bund und Ländern wird im Grundgesetz geregelt. An der Gesetzgebung des Bundes sind die Länder durch ihre Vertretung, den Bundesrat, beteiligt. Er muss den sogenannten zustimmungspflichtigen Gesetzen sein Einverständnis geben. Zwar bilden die Länder Staaten mit eigener Hoheitsmacht und eigenen Zuständigkeiten wie der Kultur- und Schulpolitik, sie sind aber keine souveränen Staaten, da sie dem Bund gegenüber zur Treue verpflichtet sind und sich ihre Landesverfassungen im Einklang mit dem Grundgesetz befinden müssen. So wurde die Todesstrafe erst 1998 aus der Bayerischen Verfassung gestrichen, sie hätte aber auch bis dahin nie ausgesprochen werden dürfen, da das Grundgesetz sie nicht vorsieht.

„Ober sticht Unter": Grundgesetz und Bayerische Verfassung:

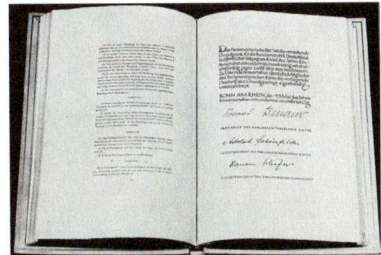

23.05.1949: Die Bundesrepublik Deutschland wird auf dem Fundament des Grundgesetzes gegründet.

M 2 Bundesstaatliche Ordnung

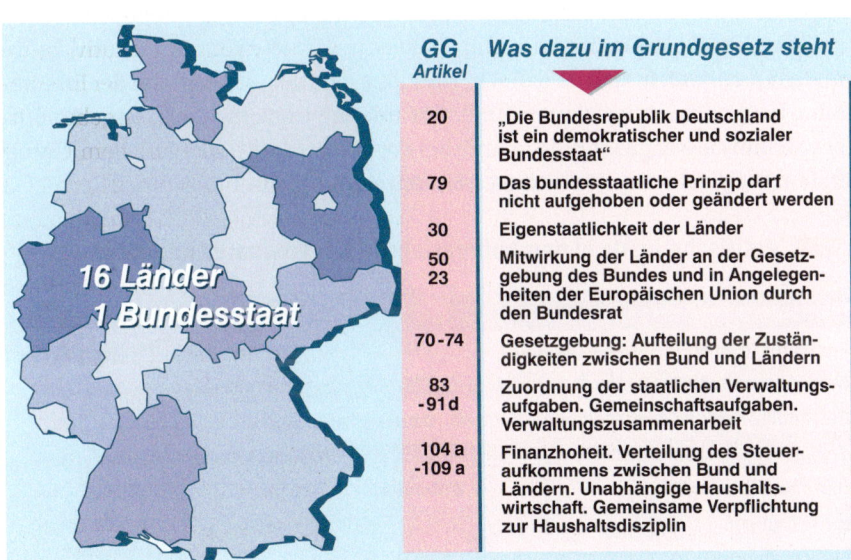

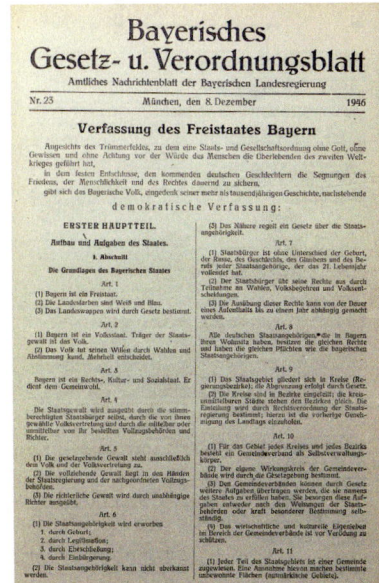

Bayerisches Gesetz- und Verordnungsblatt Nr. 23 vom 8. Dezember 1946: Veröffentlichung der Bayerischen Verfassung

Das Sozialstaatsprinzip wird im Grundgesetz zwar genannt, aber nicht konkret definiert. Damit wollten die Mütter und Väter des Grundgesetzes der jeweils aktuellen Regierung einen breiten Gestaltungsspielraum belassen, wie die Dimension des Sozialstaats zu begreifen ist. Aus der in Artikel 1 GG als unantastbar garantierten Menschenwürde lassen sich aber drei Aufgaben des Staates ableiten: die Schaffung sozialer Sicherheit durch eine Garantie des Existenzminimums, der soziale Ausgleich zwischen sozial starken und schwachen Bürgern und das Ziel der Schaffung von sozialer Gerechtigkeit.

Als weiteres kennzeichnendes Merkmal für die Verfassung der Bundesrepublik Deutschland ist der durch die Ewigkeitsklausel in Artikel 79 Abs. 3 GG garantierte Schutz der Grundrechte zu nennen. Insbesondere im Vergleich zu diktatorischen oder autoritären Regierungsformen kann die Bestandsgarantie der

Grund- und hier insbesondere der Freiheitsrechte nicht hoch genug eingeschätzt werden.

Die Weimarer Reichsverfassung (WRV)

Kennzeichnend für die Weimarer Reichsverfassung war eine Mischung aus Elementen der repräsentativen und der plebiszitären Demokratie sowie die starke Stellung des Reichspräsidenten, der daher auch als „Ersatzkaiser" bezeichnet wurde. Er wurde in einer direkten Wahl von der Bevölkerung auf sieben Jahre gewählt und bezog aus dieser Legitimation eine ungeheure Machtfülle. So konnte er zum Beispiel den Reichstag auflösen und den Reichskanzler einsetzen, auch wenn dieser vom Vertrauen des Reichstags abhängig war. Die größte Machtbefugnis des Reichspräsidenten lag aber in Artikel 48 WRV, der ihm diktatorische Vollmachten verlieh. So konnte er Notverordnungen mit Gesetzeskraft „zur Wiederherstellung der öffentlichen Sicherheit und Ordnung" erlassen, die sogar Grundrechte außer Kraft zu setzen vermochten. Der Artikel 48 erlaubte es dem Reichspräsidenten, bei unklaren Mehrheitsverhältnissen im Reichstag sogenannte Präsidialkabinette zu bilden, die allein von seinem Vertrauen abhängig waren. Zusätzlich waren die Bürger über Volksabstimmungen an der Gesetzgebung beteiligt, was die Kompetenzen des Hauptorgans der Legislative, des Reichstags, infrage stellte.

Zwar war die Weimarer Republik ein Rechtsstaat, die Vertreter der Judikative handelten aber nicht immer danach. Dies lässt sich vor allem an der Rechtsprechung bei politisch motivierten Straftaten ablesen. Der Grundsatz, dass alle Bürger vor dem Gesetz gleich sind, wurde bei der Verurteilung links gerichteter Straftäter im Vergleich zu rechtsextremen Straftätern ad absurdum geführt.

Info

Artikel 48 WRV

„Wenn ein Land die ihm nach der Reichsverfassung oder den Reichsgesetzen obliegenden Pflichten nicht erfüllt, kann der Reichspräsident es dazu mit Hilfe der bewaffneten Macht anhalten.

Der Reichspräsident kann, wenn im Deutschen Reiche die öffentliche Sicherheit und Ordnung erheblich gestört oder gefährdet wird, die zur Wiederherstellung der öffentlichen Sicherheit und Ordnung nötigen Maßnahmen treffen, erforderlichenfalls mit Hilfe der bewaffneten Macht einschreiten. Zu diesem Zwecke darf er vorübergehend die […] Grundrechte ganz oder zum Teil außer Kraft setzen."

M 3 Politische Justiz in den Anfangsjahren der Weimarer Republik

Politische Morde 1919–1922	rechts	links
Morde insgesamt	354	22
Davon unbestraft	326	4
Geständige Täter freigesprochen	23	–
Geständige Täter befördert	3	–
Haftdauer pro Mord	4 Monate	15 Jahre
Hinrichtungen	–	10
Geldstrafe pro Mord	2 Mark	–

Zahlen nach: Emil Julius Gumbel, Vier Jahre politischer Mord, Berlin 1922

Das Föderalismusprinzip wurde in der Weimarer Republik aus der Verfassung des Kaiserreichs übernommen, aber das politische Gewicht der Länder gegenüber der Zentralregierung in Berlin war deutlich geschwächt. Die im Reichsrat vertretenen Länder waren an der Gesetzgebung nur mit einem aufschiebenden Vetorecht beteiligt. Zudem konnte der Reichspräsident mittels der sogenannten „Reichsexekution" – auch militärisch – gegen ein Land vorgehen, wenn er die „Sicherheit und Ordnung" bedroht sah: Dazu konnte er die demokratisch legitimierte Regierung suspendieren und durch einen Reichskommissar ersetzen, ein Mittel, mit dem dann Hitler 1933 die Gleichschaltung der Länder betrieb.

Im Vergleich zum Kaiserreich wurde der Sozialstaat konsequent ausgebaut, so wurde das Sozialversicherungswesen in der Verfassung verändert und 1927 eine

Arbeitslosenversicherung eingeführt. Doch die sozialen Grundrechte bildeten kein in sich geschlossenes System und hatten zudem keinen Verfassungsrang, sodass sie durch einfache Gesetzgebung beschlossen, aber auch außer Kraft gesetzt werden konnten.

Gleiches galt für alle Grundrechte. Sie waren im Gegensatz zum Grundgesetz kein unmittelbares, die drei Gewalten bindendes Recht, sondern unterlagen der regulären Gesetzgebung und konnten so mit einer Reichstagsmehrheit oder einer vom Reichspräsidenten erlassenen Notverordnung jederzeit eingeschränkt oder aufgehoben werden, wie etwa durch die „Reichstagsbrandverordnung" vom Februar 1933. Ein „Reichsverfassungsgericht" als Hüter von Grundrechten und Verfassung existierte nicht. Sowohl die Grundrechte als auch die Verfassungsprinzipien der Weimarer Republik standen damit für jede neue Regierung bei einer entsprechenden Mehrheit zur Disposition.

Die Verfassung der Vereinigten Staaten von Amerika

Die Verfassung der USA ist die älteste demokratische Verfassung der Welt, die noch nahezu unverändert in Kraft ist. In ihr werden die USA als präsidiale und föderale Republik definiert. Das wichtigste Verfassungsprinzip der USA ist das der Gewaltentrennung und zwar sowohl in der Horizontalen – zwischen Legislative, Exekutive und Judikative – als auch in der Vertikalen – zwischen Zentralgewalt und Bundesstaaten.

Brand des Berliner Reichstags am 27. Februar 1933
Der Reichstagsbrand bot den Anlass für die Einschränkung der Grundrechte in der Notverordnung des Reichspräsidenten „zum Schutz von Volk und Staat".

Kennzeichnend für die Demokratie der Vereinigten Staaten ist ihr präsidialer Charakter, wobei die direkte Wahl des Staatsoberhaupts durch das Volk – ähnlich wie in der Weimarer Republik – eine große Machtfülle impliziert. Im Unterschied zum parlamentarischen System der Bundesrepublik kann der US-Präsident als Regierungschef nicht aus politischen Gründen vom Parlament aus dem Amt gewählt werden. Auf der anderen Seite kann der Präsident weder das Parlament, den Kongress, der aus zwei Kammern – dem Repräsentantenhaus und dem Senat – besteht, auflösen noch Neuwahlen anordnen.

Diese im Vergleich zur parlamentarischen Demokratie strikte Trennung der Gewalten wird durch eine engmaschige Kontrolle der Verfassungsorgane untereinander, dem System der „Checks and Balances", kompensiert. Die Verfassungsorgane des Bundes – Kongress, Präsident und der Supreme Court als der oberste Gerichtshof der USA – amtieren damit zwar getrennt voneinander, haben aber an den Grundfunktionen der Staatsgewalt wechselseitig und gemeinsam teil. Dieses System kann die Demokratie aber auch lähmen, wenn etwa der Präsident keine Mehrheit im Kongress hat (Divided Government), sodass durch gegenseitige Vetorechte keine Gesetze verabschiedet werden können.

Das Rechtsstaatsprinzip ist auch in den USA verwirklicht. Eine Gleichstellung aller Bürger, auch der afroamerikanischen Minderheit, die vor allem im Süden der USA diskriminiert wurden, erfolgte allerdings erst 1965 mit der Wahlrechtsreform. Ein wichtiger Vergleichspunkt ist auch die Gegenüberstellung des Bundesverfassungsgerichts und des Supreme Court: Beide sind die Hüter der Verfassung, aber in den USA ist der Supreme Court auch gleichzeitig das oberste Revisionsgericht, vergleichbar mit dem Bundesgerichtshof in der Bundesrepublik Deutschland.

Ähnlich wie die Bundesrepublik sind auch die USA föderal gegliedert. Wie bei der horizontalen Gewaltenteilung ist die Trennung von Bund und Bundesstaaten allerdings strikter als in Deutschland. So werden in der Verfassung dem Bund

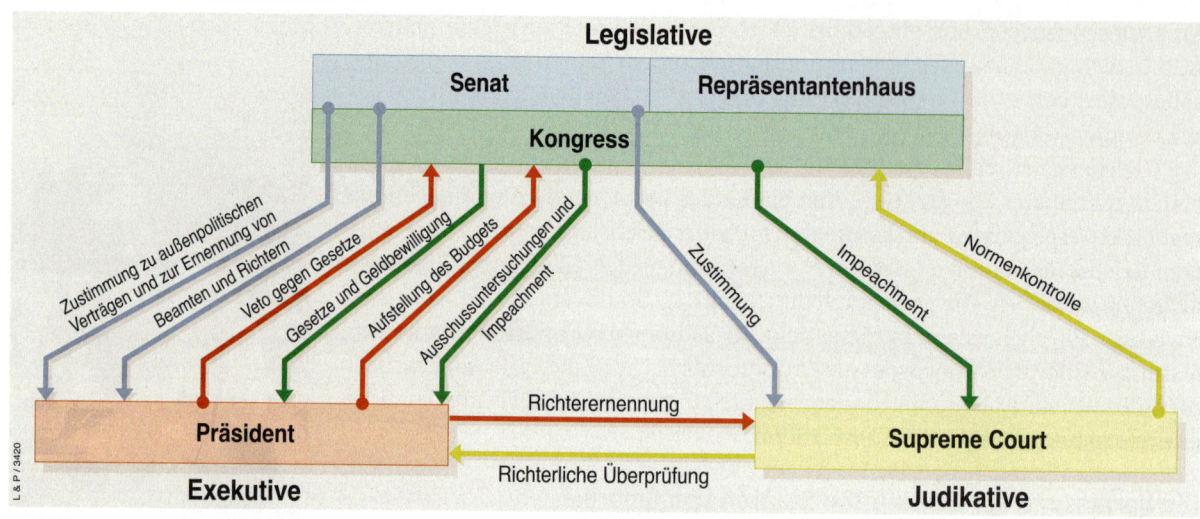

M 4 Das System der Checks and Balances in der US-Verfassung

Der Supreme Court in Washington D.C.
Der oberste Gerichtshof der USA

Plakat gegen den Ausbau des Sozialstaats in den USA
Aus dem Wahlkampf 2016

> Info
>
> **Zweiter Zusatz zur Verfassung der USA**
>
> A well regulated militia, being necessary to the security of a free state, the right of the people to keep and bear arms, shall not be infringed.

eindeutige Kompetenzen zugewiesen, was allerdings im Umkehrschluss bedeutet, dass alles, was damit nicht abgedeckt ist, automatisch in den Zuständigkeitsbereich der Bundesstaaten fällt. Dies erklärt zum Beispiel, warum in manchen Bundesstaaten die Todesstrafe eingeführt ist und in anderen nicht.

Das politische System in fast allen Bundesstaaten ist genauso konstruiert wie im Bund: An der Spitze steht ein Einzelner, der Gouverneur, und die Legislative besteht aus zwei Kammern. Zudem gibt es in den Bundesstaaten – anders als im Bund – plebiszitäre Elemente und die Möglichkeit, amtierende Amtsträger – Politiker und Richter – abzuwählen. Im Bund sind die Bundesstaaten durch die zweite Kammer des Kongresses, den Senat, politisch beteiligt.

Die Sozialstaatlichkeit als Verfassungsprinzip ist den USA fremd. Gleichwohl existieren in den Vereinigten Staaten sozialstaatliche Elemente, auch wenn sie von Bundesstaat zu Bundesstaat differieren. Soziale Absicherungsmechanismen finden sich in den Bereichen Rente, medizinische Versorgung im Alter, Erwerbsunfähigkeitsversicherung, Invalidenversicherung, Arbeitslosenversicherung und „TANF" (Temporary Assistance for Needy Families). Die letzten beiden Bereiche sind zeitlich begrenzt; nach Ablauf der Unterstützung ist der Bedürftige auf sich selbst gestellt. Das soziale Netz in den USA ist insgesamt wesentlich grobmaschiger als das deutsche Sozialwesen.

Die US-amerikanischen Grundrechte wurden in den ersten zehn Zusatzartikeln der Verfassung, der sogenannten „Bill of Rights", 1789 als unveräußerlich beschlossen. Sie besitzen damit wie die Grundrechte in der Bundesrepublik Verfassungsrang. Neben den auch in Deutschland kodifizierten Rechten wie zum Beispiel der Meinungs- oder Versammlungsfreiheit findet sich hier etwa auch das umstrittene Recht, Waffen zu besitzen und zu tragen.

Die Verfassung der Bundesrepublik Deutschland – Prinzipien

M5 Verfassungsprinzipien

Ein „Prinzip" ist eine feste Regel oder ein Grundsatz. Verfassungsprinzipien sind also die Grundsätze, die unsere Verfassung prägen.

In unserer Verfassung sind in Artikel 20 des Grundgesetzes die Verfassungsprinzipien festgelegt: Wir leben in einer Demokratie. Das heißt, dass das Volk in Wahlen bestimmt, wer regieren soll. Wir leben in einem Sozialstaat. Das heißt, dass der Staat dafür sorgen muss, dass alle Bürgerinnen und Bürger ein menschenwürdiges Leben führen können. Wir leben in einem Rechtsstaat. Das heißt, dass der Staat und alle Bürger die Gesetze achten müssen. Wir leben in einem Bundesstaat. Das heißt, dass die 16 Bundesländer, aus denen die Bundesrepublik Deutschland besteht, jeweils eine eigene Regierung, ein eigenes Parlament und eine eigene Verwaltung haben. Die Bundesländer müssen auch bei der Gesetzgebung beteiligt werden. Für unseren Staat gilt die Gewaltenteilung. Das heißt, dass die gesetzgebende Gewalt (Legislative), die ausführende Gewalt (Exekutive) und die rechtsprechende Gewalt (Judikative) voneinander getrennt sind. So soll verhindert werden, dass diejenigen, die die Macht im Staat haben, ihre Macht nicht missbrauchen.

Verfassungsprinzipien. Gerd Schneider/Christiane Toyka-Seid: Das junge Politik-Lexikon. Bundeszentrale für politische Bildung, Bonn 2017

M6 Die Säulen der Verfassung

Aufgaben

1. Erläutern Sie die Verfassungsprinzipien der Bundesrepublik Deutschland (M1, M5 und M6) und nehmen Sie in einer Blitzlichtrunde kurz Stellung zu der Frage, welches der Prinzipien Sie für das wichtigste halten.

M 7 Das Rechtsstaatsprinzip

Bezeichnung für einen Staat, in dem Regierung und Verwaltung nur im Rahmen der bestehenden Gesetze handeln dürfen. Die Grundrechte der Bürgerinnen und Bürger müssen garantiert sein, staatliche Entscheidungen müssen von
5 unabhängigen Gerichten überprüft werden können. Das Rechtsstaatsgebot gehört zu den grundlegenden Prinzipien unseres Staates. [...]
Ein wesentliches Kennzeichen des Rechtsstaates ist die Gewaltenteilung, insbesondere die Unabhängigkeit der Gerichte.
10
Für die staatliche Verwaltung, also z. B. für eine staatliche Schule oder das Finanzamt, gilt: Sie muss gesetzmäßig sein, darf also nicht ohne gesetzliche Grundlage handeln oder gar mit ihrem Handeln gegen Verfassung und Gesetze verstoßen (Grundsatz der Gesetzmäßigkeit). Insbesondere
15 muss sie auch die Grundrechte achten, die den Bürgerinnen und Bürger in der Verfassung garantiert sind. Alles staatliche Handeln muss ferner der Situation angemessen sein. Wenn der Staat eingreift, darf er nicht überreagieren.
20 Ein Falschparker darf von der Polizei nicht gleich eingesperrt werden (Grundsatz der Verhältnismäßigkeit). Bürgerinnen und Bürger, die sich von staatlichem Handeln verletzt fühlen, können in unserem Rechtsstaat unabhängige Gerichte zu ihrem Schutz anrufen [Art. 19 Abs. 4, Art. 93 Abs. 4a GG].
25
Zum Rechtsstaat gehört ferner die Rechtssicherheit. Der Einzelne muss sich auf die bestehenden Gesetze verlassen können, er muss vorhersehen können, welche rechtlichen Folgen sein Handeln hat. Im Rechtsstaat gibt es ferner umfangreiche Garantien bei einem Freiheitsentzug: Wer von
30 der Polizei vorläufig festgenommen wird, muss unverzüglich, spätestens am folgenden Tage, einem Richter vorgeführt werden, und nur der darf eine weitere Freiheitsentziehung (= Haft) anordnen. Wer im Gefängnis sitzt, darf weder körperlich noch seelisch misshandelt werden [Art.
35 104 GG]. Kommt es zur Gerichtsverhandlung, so hat der Angeklagte Anspruch auf ein faires Verfahren und muss sich angemessen verteidigen können. Sondergerichte sind unzulässig [Art. 101 und 103 GG].

Rechtsstaat, gekürzt aus: Eckart Thurich: pocket politik. Demokratie in Deutschland, überarb. Neuaufl., Bundeszentrale für politische Bildung, Bonn 2011

M 8 Das Sozialstaatsprinzip

Dieter Hesselberger war Richter am Bundesgerichtshof.

Mit der Entscheidung für den Sozialstaat wird die immer wieder gestellte Forderung nach sozialer Gerechtigkeit zu einem leitenden Prinzip aller staatlichen Maßnahmen erhoben. [...] Die Sozialstaatsklausel des GG fordert nicht die
5 Einrichtung eines totalen Wohlfahrtstaates, [...] sie erstrebt aber die annähernd gleichmäßige Verteilung der Lasten. Zwischen dem ebenfalls verfassungsrechtlich geforderten Schutz der persönlichen Freiheit des Einzelnen und der Forderung nach einer sozialstaatlichen Ordnung besteht
10 allerdings eine unaufhebbare und grundsätzliche Spannungslage. Der Gesetzgeber hat deshalb bei Entscheidungen zwischen diesen beiden verfassungsrechtlichen Grundsätzen einen gewissen Spielraum; seine Entscheidung zugunsten der Freiheit der persönlichen Entfaltung des
15 Einzelnen ist jedenfalls dann nicht zu beanstanden, wenn eine andere Lösung durch das Sozialstaatsprinzip nicht unbedingt geboten ist.
Die Entscheidung für die Sozialstaatlichkeit hat [...] in vielen Bereichen erhebliche Auswirkungen:
20 a) Aus dem Sozialstaatsprinzip ergibt sich in Verbindung mit der Würde des Menschen ein Anspruch des Einzelnen gegen den Staat, für ihn im Falle seiner – verschuldeten oder unverschuldeten – Bedürftigkeit so zu sorgen, dass sein Existenzminimum gesichert ist („Fürsorgeanspruch"). [...]
b) Der Staat ist auch verpflichtet, im weiten Bereich der
25 sogenannten Daseinsvorsorge (z. B. Versorgung mit Gas, Wasser, Strom; Gesundheitsvorsorge; Schulwesen) Leistungen zugunsten des Einzelnen zu erbringen. Er [...] kann dafür eine zumutbare Gegenleistung in Geld fordern.
c) Das Sozialstaatsprinzip beschränkt auch den Grundsatz
30 der Vertragsfreiheit (z. B. Preisgestaltung im sozialen Wohnungsbau).
d) Die Zwangsversicherung bestimmter Gruppen ist ebenfalls Ausfluss des Sozialstaatsprinzips. Die Vorsorge für Krankheit, Alter, Unfall usw. rechtfertigt die zwangsweise
35 Versicherung des Einzelnen, wenn dieser entweder nur teilweise eigene Leistungen dafür einbringt oder sonst mit hoher Wahrscheinlichkeit für den Staat eine derart hohe Belastung einträte, dass er seinen sozialen Verpflichtungen nur noch im beschränkten Umfang nachkommen könnte.
40 e) Aus dem Sozialstaatsprinzip folgt auch das Gebot einer sozialen Steuerpolitik. [...] Das Grundgesetz enthält keinen besonderen Katalog spezifisch sozialer Grundrechte.

Dieter Hesselberger: Das Grundgesetz. Kommentar für die politische Bildung, Hermann Luchterhand, Neuwied 1999, S. 176f.

M 9 Das Grundgesetz schützt die individuelle Freiheit

Der Politikwissenschaftler Roland Sturm über den Schutz der individuellen Freiheit:

Für die Staatsbürger ist der Grundrechtsschutz ein wesentliches Element der Freiheitsgarantie. Aus historischer Perspektive wird deutlich, wer die individuelle Freiheit einschränkte. Freiheit heißt vor allem Freiheit vor dem Staat: „In der Vergangenheit war es vor allem der Staat, der den Menschen in den Herrschafts- und Machtverhältnissen fesselte, ihn nicht nach seiner ‚façon selig werden ließ', sondern mit Vorschriften, Verpflichtungen und willkürlichen Maßnahmen gängelte. Heute erscheint es uns […] selbstverständlich, sich frei zu bewegen, den Wohnort zu wechseln, zu machen, was wir wollen. Wir müssen uns keine Sorgen machen, wenn ein Polizist an der Haustür klingelt." […]

Dass dies garantiert bleibt, hierfür stehen die Grundrechte, wie das Recht auf freie Entfaltung der Persönlichkeit, das Recht auf Leben und körperliche Unversehrtheit (Verbot der Todesstrafe), die Glaubens- und Gewissensfreiheit, die Meinungs- und Informationsfreiheit, die Freiheit von Kunst und Wissenschaft, der Schutz von Ehe und Familie, die Erziehungsrechte der Eltern, die Versammlungs- und Vereinigungsfreiheit, der Schutz des Post- und Fernsprechgeheimnis, die Freizügigkeit, die Freiheit der Berufswahl, die Unverletzlichkeit der Wohnung, die Gewährleistung des Eigentums und das Erbrecht oder das Asylrecht. Wie wichtig für jeden Einzelnen diese Rechte sind, macht das Gedankenexperiment klar, sich ein Land ohne solche Rechte vorzustellen. […]

Für Bürgerinnen und Bürger bleibt neben dem Vertrauen auf den Gesetzgeber aber auch die Möglichkeit, selbst aktiv zu werden, haben sie den Eindruck, ihre Grundrechte würden eingeschränkt. Das Grundgesetz sieht hierfür den Weg der Verfassungsbeschwerde vor. Sie kann von jedermann, der sich durch die öffentliche Gewalt in seinen Grundrechten verletzt fühlt, vor dem Bundesverfassungsgericht vorgebracht werden. In der Vergangenheit war die Verfassungsbeschwerde der weitaus häufigste Grund für die Anrufung des Verfassungsgerichts. Dies liegt nicht an einer allgemeinen Bedrohung der Grundrechte in Deutschland, sondern eher an der positiv zu wertenden Bekanntheit und einer entsprechenden „Grundrechtsempfindlichkeit" der Deutschen, der großen Zahl der Antragsberechtigten sowie dem hohen Ansehen des Bundesverfassungsgerichts in der Öffentlichkeit.

Roland Sturm, Die Garantien des Grundgesetzes, 31.05.2012; www.bpb.de/politik/grundfragen/deutsche-verhaeltnisse-eine-sozialkunde/138720/die-garantien-des-grundgesetzes

Karikatur von Schwarwel

Aufgaben

1. Beschreiben Sie das Föderalismusprinzip (M2).
2. Erarbeiten Sie aus M1 und M7 die Merkmale eines Rechtsstaats und überprüfen Sie, ob diese in der Bundesrepublik Deutschland verwirklicht sind.
3. Erklären Sie die Zielsetzungen, die die Verfassungsgeber mit dem Sozialstaatsgebot (M1, M8) verfolgten.
4. Ermitteln Sie aus dem Text M9 die Bedeutung des besonderen Schutzes der Grundrechte.
5. Interpretieren Sie die Karikatur in M9 vor dem Hintergrund des Textes.
6. Beurteilen Sie, wie die Verfassungsprinzipien (M1–9) Einfluss auf Ihren Alltag haben.

Die Weimarer Reichsverfassung (WRV) – ein Vergleich

M 10 Weimarer Reichsverfassung und Grundgesetz im Vergleich

Stellung der Menschenrechte in der WRV		Stellung der Menschenrechte im GG	
Vorgaben	Auswirkungen	Vorgaben	Auswirkungen
Artikel 109–165 WRV	■ keine herausgehobene Stellung der Menschenrechte, stattdessen nachrangige Fixierung im 2. Teil der Verfassung ■ Garantie der Menschenwürde nur im Zusammenhang mit der Ordnung des Wirtschaftslebens in Art. 151 (1)	Artikel 1–19 GG	■ herausgehobene Stellung der Grundrechte durch deren Fixierung zu Beginn der Verfassung, ■ Schutz der Grundrechte durch die „Ewigkeitsklausel" in Art. 79 (3) ■ Einklagbarkeit der Grundrechte vor dem BVerfG ■ keine Änderung der Grundrechte in ihrem „Wesensgehalt"

Strukturprinzipien der WRV		Strukturprinzipien des GG	
Vorgaben	Auswirkungen	Vorgaben	Auswirkungen
Art. 155, 161–163 Art. 109, 116 z. B. Art. 2, 5, 8 z. B. Art. 1, 17	■ Fixierung eines Sozialstaatsprinzips (Ziel der Schaffung einer „Wohn- und Wirtschaftsheimstätte" für alle; Schaffung eines Sozialversicherungswesens unter Berücksichtigung eines Mindestmaßes sozialer Rechte; Sorge für einen Mindestunterhalt bei fehlender angemessener Arbeitsgelegenheit) ■ Rechtsstaatsprinzip (Gleichheit vor dem Gesetz; keine Strafe ohne Gesetz) ■ Föderalismusprinzip (Rücksichtnahme auf die Erhaltung der „Lebensfähigkeit" der Länder) ■ Demokratieprinzip (Definition des Reichs als Republik; Volkssouveränität; Pflicht zur republikanischen Verfassung in den Ländern)	Artikel 20 GG	■ Demokratie-, Rechtsstaats-, Föderalismus- und Sozialstaatsprinzip als unabänderbare Strukturprinzipien der Bundesrepublik Deutschland ■ Schutz der Strukturprinzipien durch die „Ewigkeitsklausel" in Art. 79 (3)

Schutz der Verfassung in der WRV		Schutz der Verfassung im GG	
Vorgaben	Auswirkungen	Vorgaben	Auswirkungen
Verfassungsänderungen möglich bei ■ Zustimmung von mindestens zwei Dritteln der Abgeordneten, wenn mindestens zwei Drittel der Gesamtzahl der Abgeordneten anwesend ist	■ kein Bestandsschutz der Menschenrechte ■ kein Bestandsschutz der Strukturprinzipien ■ leichte Aushebelung der Verfassungsbestimmungen ■ kein in der Verfassung verankerter Schutz vor inneren Staatsfeinden ■ nur Möglichkeit zu einfachen, zeitlich befristeten Republikschutzgesetzen	Verfassungsänderungen möglich bei ■ Zustimmung von mindestens zwei Dritteln der Gesamtzahl der Abgeordneten von Bundesrat und Bundestag ■ keine Änderung möglich bei Grundrechten und Strukturprinzipien durch „Ewigkeitsklausel" ■ Recht auf Widerstand	■ Unveränderlichkeit der Grundrechte und der Strukturprinzipien ■ wertgebundene Verfassung ■ wehrhafte Demokratie

Aufgaben

1. Stellen Sie die möglichen Schwächen der WRV zusammen (M10) und vergleichen Sie sie mit den entsprechenden Bestimmungen des Grundgesetzes (Autorentext, M5–M10).
2. Analysieren Sie die Tabelle M3 und vergleichen Sie das Rechtsstaatsprinzip in der Weimarer Republik und der Bundesrepublik (Autorentext, M7).
3. Ermitteln Sie aus M11 und M12 die föderalistischen und sozialstaatlichen Kennzeichen der WRV und vergleichen Sie sie mit den Bestimmungen des GG (M2, M8, Autorentext).

M 11 Der destabilisierte Föderalismus

[Es] darf nicht übersehen werden, dass das Gewicht der Länder in Weimar entscheidend geschwächt worden war. Der Zug der Zeit wies in unitarische [= zentralstaatliche] Richtung. Schon die staatsrechtlich eigentümlich unbestimmte Formulierung „Reich und Länder" sollte die klare Überordnung des Reiches und die gegenüber der Bismarckzeit geschwächte Stellung der „Bundesstaaten" zum Ausdruck bringen. Dem entsprach auch, dass Art. 17 für die Länder eine republikanisch-demokratische Landesverfassung vorschrieb und damit die Verfassungsautonomie der Teilstaaten beschränkte.
Die Rückkehr zur Monarchie oder die Entwicklung der Räterepublik in einem einzelnen Land war durch die nationale Gesamtverfassung verboten. Zwar war das republikanische Reich ein Bundesstaat im staatsrechtlichen Sinne, weil die Länder über eine eigene Staatsgewalt (Art. 5) und über unabgeleitete Souveränität im Bereich ihrer Gesetzgebungshoheit verfügten, doch hatte die Weimarer Verfassung die Zuständigkeit des Reiches (Art. 6–12) erheblich ausgeweitet. Den Ländern verblieben im Wesentlichen die gesamte innere Verwaltung einschließlich der Regelung der Selbstverwaltung und des Kommunalrechtes, das gesamte Polizeirecht und das Schulrecht. Doch waren sie in diesem zentralen Bereich der Kulturhoheit durch die Kompetenz des Reiches zur Rahmengesetzgebung für das Schulwesen (Art. 10, Ziffer 2) begrenzt […] Zwar blieb auch im Bereich der konkurrierenden Gesetzgebung (Art. 7 und 12) den Ländern ein breiter Gestaltungsspielraum, doch galt dieser nur auf Widerruf, d. h. bis das Reich selbst aktiv wurde. Dabei fehlte in der Weimarer Verfassung eine dem Art. 72 des Bonner Grundgesetzes entsprechende inhaltliche Bindung, die das Gesetzgebungsrecht des Bundes im Bereich der konkurrierenden Gesetzgebung bestimmten Voraussetzungen unterwirft.

Theo Stammen, Die Weimarer Republik. Das schwere Erbe 1918–1923, BLZ, München 1992, S. 150

M 12 Der proklamierte Sozialstaat

In zahlreichen Bestimmungen des Grundrechtsteils wird immer wieder deutlich, dass man in Weimar nicht einen „liberalen Nachtwächterstaat", sondern einen „sozialen Volksstaat" errichten wollte: Nach liberaler Theorie soll der Staat nur Freiheit und Eigentum seiner Bürger schützen, nicht aber gestalterisch in das freie Spiel der gesellschaftlichen Kräfte eingreifen. Er hat die Wirtschaft der Selbstregulierung von Angebot und Nachfrage, von Produzenten und Konsumenten, von Arbeitgebern und Arbeitnehmern, die alle als formal gleiche Teilnehmer an diesem Spiel betrachtet werden, zu überlassen.
Die Weimarer Verfassung gestaltete dagegen den liberalen Rechtsstaat zur sozialen Demokratie, zum Sozialstaat aus, setzte ihm soziale Ziele. Diesem Programm entsprachen die zahlreichen sozialen Schutzgewährleistungen und Förderversprechungen in den Abschnitten über das Gemeinschaftsleben: Familienförderung (Art. 119,2), Mutterschutz (Art. 119,3), Unehelichenrecht (Art. 121) und Jugendschutz (Art. 122) sowie die sozialen Inhalte der Schulartikel (insbesondere Art. 145 und 146,3).
Ihren klarsten Ausdruck fand diese Staatszielbestimmung im letzten Abschnitt des Grundrechtsteils über das „Wirtschaftsleben" oder die „Wirtschaftsverfassung". [...]
An die Spitze der Bestimmungen zur Wirtschaftsverfassung stellt Art. 151 die Idee der Gerechtigkeit. Ziel der Wirtschaftsordnung müsse sein, ein menschenwürdiges Dasein für alle zu gewährleisten. [...] Weitere Ausgestaltung erfährt dieses Wirtschaftsziel durch die Betonung der Sozialpflichtigkeit des Eigentums (Art. 153,3). [...]
Wesentliche Institutionen dieses sozialen Rechtsstaates sind ferner Sozialversicherung (Art. 161), Arbeitsrecht und Arbeitsschutz (Art. 157 und 163), die jetzt verfassungsrechtlich verbürgt und Bestandteil der öffentlichen Ordnung werden. Hierher gehört weiterhin die Koalitionsfreiheit (Art. 159), die nicht nur den Staat, sondern auch Dritte bindet, also auch nicht durch freie Vereinbarung der beteiligten Arbeitnehmer und Arbeitgeber außer Kraft gesetzt werden kann.
Das Zentrum dieser Bestimmungen war ohne Frage der Art. 165 über Arbeiter- und Wirtschaftsräte, der die gleichberechtigte Mitwirkung von Arbeitern und Angestellten an der Regelung der Lohn- und Arbeitsbedingungen ausdrücklich verankerte und noch einmal Gewerkschaften und Arbeitgeberverbände verfassungskräftig anerkannte.

Theo Stammen, Die Weimarer Republik. Das schwere Erbe 1918–1923, BLZ, München 1992, S. 168

Die Verfassung der Vereinigten Staaten von Amerika – ein Vergleich

M 13 Die Befugnisse des US-Präsidenten

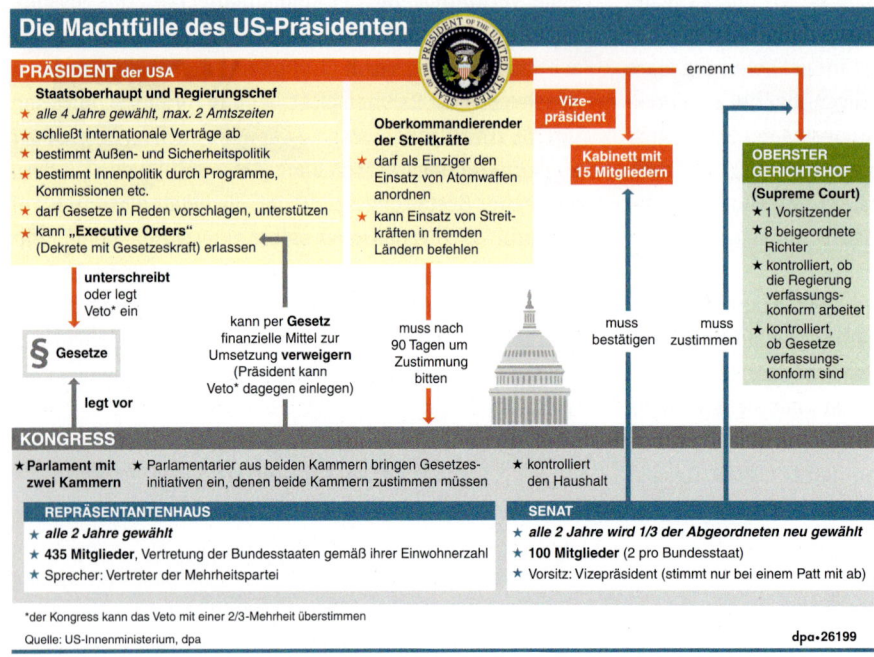

M 14 Der Supreme Court

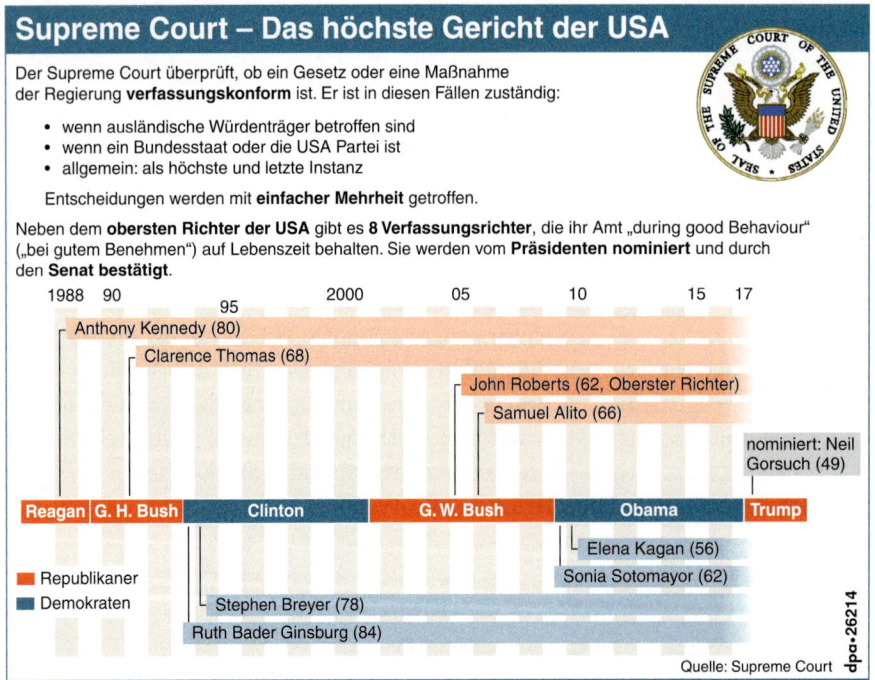

M 15 „Mit Zuckerbrot und Peitsche": Der US-Sozialstaat

Ein Gesamtpaket wie Hartz IV ist in den Vereinigten Staaten unbekannt. Die soziale Absicherung ist aufgeteilt in die großen Bereiche Rente, medizinische Versorgung (Medicare) im Alter, Erwerbsunfähigkeitsversicherung, Invalidenversicherung, Arbeitslosenversicherung und TANF, „Temporary Assistance for Needy Families", im Volksmund „welfare" genannt, was in etwa unserer Sozialhilfe entsprochen hat. TANF ist erst 1996 unter dem demokratischen US-Präsident Bill Clinton eingeführt worden und löst Einkommensbeihilfen ab, die erstmals 1935 als Reaktion auf die große Depression eingeführt wurden. Allerdings gilt es nicht in allen Bundesstaaten. Unter bestimmten Voraussetzungen wird den Staaten erlaubt eigene Programme aufzulegen. Sie sind meist rigider als die Washingtoner Gesetze.

Ziel von TANF ist es, Familien mit minderjährigen Kindern [...] eine zeitlich begrenzte Unterstützung zukommen zu lassen. Das maximale persönliche Lebenszeit-Limit ist dabei derzeit 60 Monate. Wer da herausfällt, ist auf sich selbst gestellt. US-Bundesstaaten können diesen Zeitraum zudem eigenmächtig kürzen. Überhaupt haben die einzelnen Staaten große Freiheiten, wie und ob sie Leistungen auszahlen oder was als „angemessener Wohnraum" für eine Familie definiert wird.

Nach spätestens 24 Monaten müssen erwachsene Hilfeempfänger in der Familie allerdings in der Regel einen Job gefunden haben oder in einem der staatlichen Job-Programme untergekommen sein. Sonst werden die Leistungen gekürzt. Reicht der Lohn im neuen Job nicht aus, wird er durch den Steuerzahler aufgestockt, das Phänomen der „Aufstocker" ist auch in Deutschland bekannt. Ein Großteil der Angestellten in Handelsriesen wie Walmart oder in Schnellrestaurants bekommt trotz Vollzeitjobs in den USA Zuschüsse aus mindestens einem Sozialprogramm. Schon bei der Einstellung bekommt so mancher Angestellte Anmeldeformulare für staatliche Zuschüsse in die Hand gedrückt.

Die eigentliche Arbeitslosenversicherung („Unemployment Insurance") zahlt maximal 50 Prozent des zuvor erzielten Lohns für maximal 26 Monate. [...] Wer nach Ablauf der Frist nicht etwa durch TANF-Zahlungen Unterstützung findet, kann nur noch auf die Hilfe seiner Familie oder karitativer Einrichtungen hoffen. Sonst droht die Obdachlosigkeit. Um Arbeitslosenunterstützung überhaupt beziehen zu können, muss ein Arbeitnehmer mindestens drei Monate Vollzeit in dem Jahr gearbeitet haben, für das ein Antrag gestellt wird (oder im letzten Quartal des Vorjahres), und darf nicht selbst gekündigt haben. Sonst droht der komplette Ausschluss von den Leistungen. Aus Arbeitszeit und Lohnhöhe wird das Arbeitslosengeld berechnet.

Neben finanzieller Hilfe spielen in den USA nicht-finanzielle Hilfsangebote eine große Rolle. Das bekannteste und wohl auch bedeutendste ist „Supplemental Nutrition Assistance Program", kurz „Food stamps" genannt, Lebensmittelkarten. Mehr als 44 Millionen Amerikaner bekommen Lebensmittelrationen, um zu überleben. Meistens sind es Familien, rund 50 Prozent aller Empfänger sind Kinder. [...] Um das Stigma des früheren Bezahlens mit Papiermarken zu verstecken, gibt es die Zuteilungen heute per „EBT"-Karte, die wie eine Kreditkarte im Laden funktioniert.

Zit. nach: Axel Postinett, Grundsicherung in Europa und den USA, 26.01.2015; www.handelsblatt.com/politik/international/grundsicherung-in-europa-und-den-usa-usa-mit-zuckerbrot-und-peitsche/10968098-3.html

Aufgaben

1. Analysieren Sie die Grafik M13 und vergleichen Sie die Befugnisse der Exekutive der USA mit denen der Bundesrepublik (Seite 44ff.).
2. Diskutieren Sie unter Berücksichtigung der Grafik M4, ob angesichts der Machtfülle des US-Präsidenten (M13) von einer Demokratie gesprochen werden kann.
3. Analysieren Sie die Grafik M14, vergleichen Sie die Befugnisse des Supreme Court mit denen des BVerfG (Seite 46) und bewerten Sie diese jeweils vor dem Hintergrund des Rechtsstaatsgebots und des Grundrechtsschutzes.
4. Erarbeiten Sie aus M15 die sozialstaatlichen Bestimmungen in den USA und vergleichen Sie sie mit den Leistungen des deutschen Sozialstaats (Internetrecherche).

M 16 Die Verfassung der Bundesrepublik Deutschland

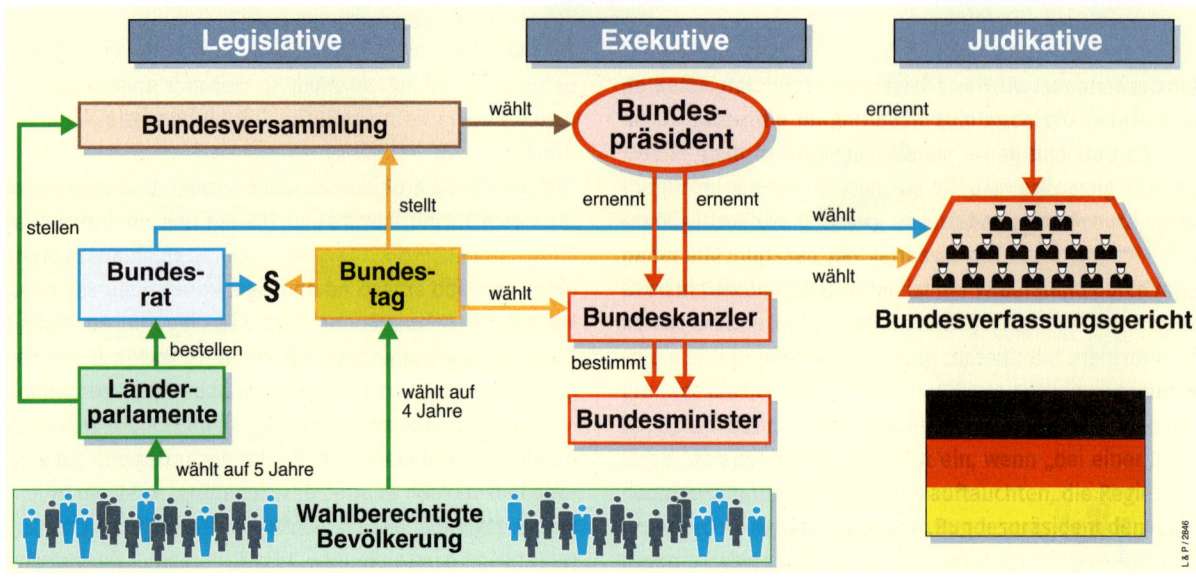

M 17 Die Verfassung der Weimarer Republik

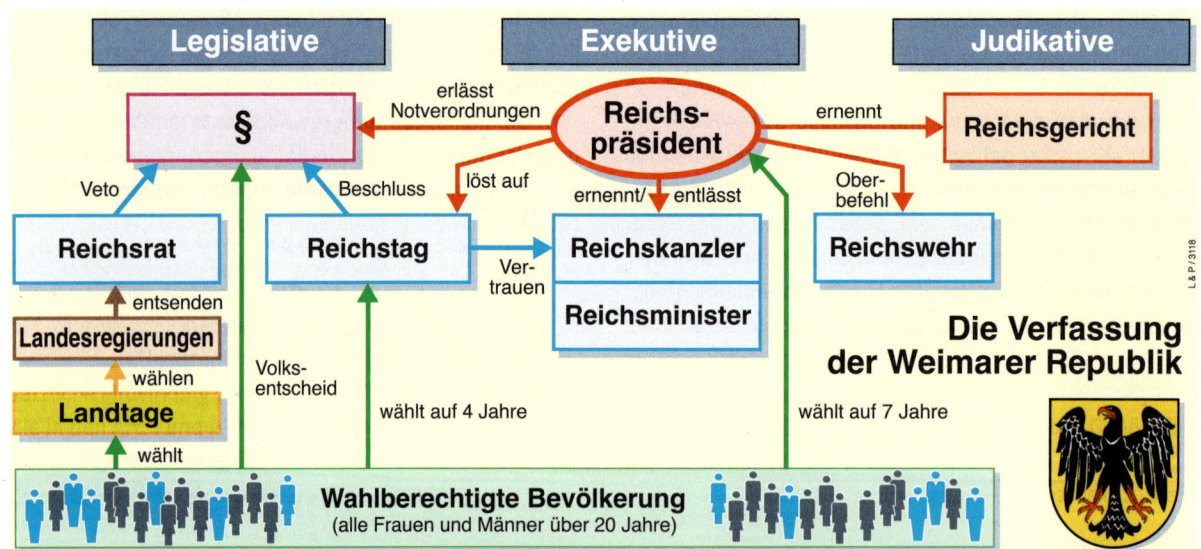

Aufgaben

1. Vergleichen Sie die drei Verfassungen in M 16 – M18 und arbeiten Sie die wichtigsten Unterschiede heraus.

2. Führen Sie eine Fishbowl-Diskussion zu der Frage, welches der in M 16 – M18 gezeigten Systeme Sie für das demokratischste halten.

M 18 Die Verfassung der USA

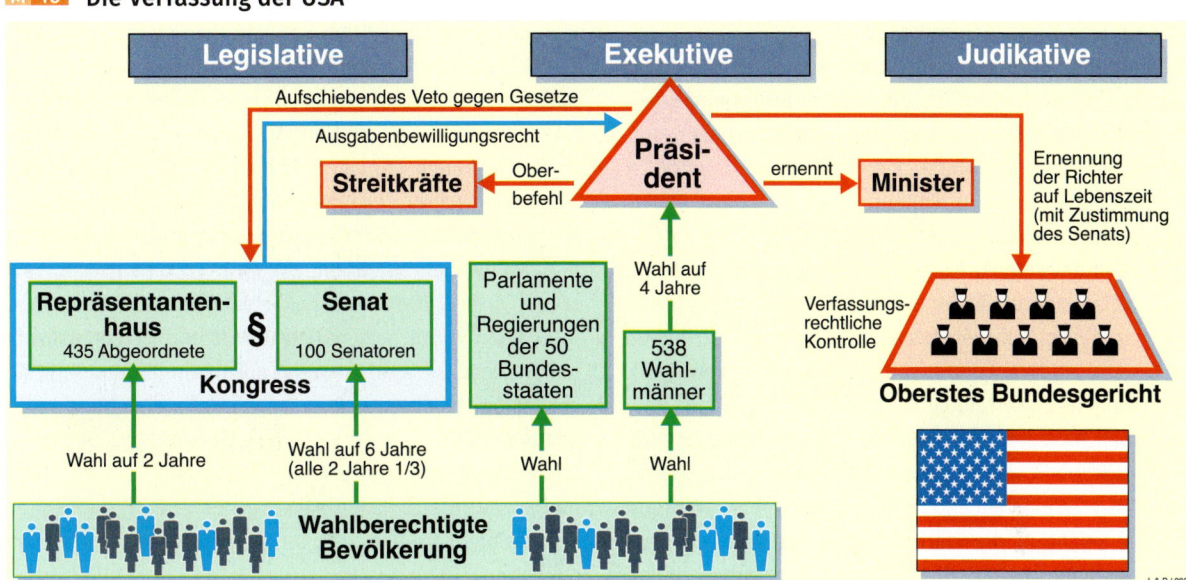

Analyse einer politischen Rede

US-Präsident Donald Trump in seiner Antrittsrede

Die sogenannte Inaugural Address im Anschluss an Donald Trumps Vereidigung am 20. Januar 2017:

„Präsident des obersten Gerichtshofes Roberts, Präsident Carter, Präsident Clinton, Präsident Bush, Präsident Obama, meine amerikanischen Mitbürger und Menschen aller Welt, ich danke euch.
5 Wir, die Bürger Amerikas, sind nun in einer großen nationalen Anstrengung geeint, unser Land wiederaufzubauen und seine Hoffnung für unser ganzes Volk wiederherzustellen. Gemeinsam werden wir den Kurs Amerikas und der Welt für viele, viele Jahre lang bestimmen. Es wird Herausforderun-
10 gen und schwierige Situationen geben, aber wir werden es schaffen.
Alle vier Jahre kommen wir auf diesen Stufen für die geordnete und friedliche Machtübergabe zusammen. [...] Die heutige Zeremonie jedoch hat eine ganz besondere Bedeu-
15 tung. Denn heute übergeben wir die Macht nicht nur von einer Regierung an die andere oder von einer Partei an die andere, sondern wir nehmen die Macht von Washington D.C. und geben sie an euch, das Volk, zurück.
Zu lange hat eine kleine Gruppe in der Hauptstadt unseres
20 Landes von der Regierung profitiert, und das Volk hat die Kosten getragen. Washington blühte, aber das Volk hat nichts von dem Reichtum gehabt.

Politikern ging es gut, aber die Arbeitsplätze wanderten ab und die Fabriken schlossen. Das Establishment schützte sich selbst, aber nicht die Bürger unseres Landes. Ihre Sie-25 ge waren nicht eure Siege, ihre Triumphe waren nicht eure Triumphe. Und während sie in der Hauptstadt unseres Landes feierten, gab es für Familien am Existenzminimum in unserem ganzen Land wenig zu feiern.
All das ändert sich hier und jetzt. Denn dieser Augenblick 30 ist euer Augenblick. Er gehört euch. Er gehört allen, die heute hier versammelt sind, und allen, die in ganz Amerika zuschauen. Dies ist euer Tag, dies ist eure Feier, und dies, die Vereinigten Staaten von Amerika, ist euer Land. [...] 35
Amerikaner wollen tolle Schulen für ihre Kinder, sichere Wohngegenden für ihre Familien und gute Jobs für sich selbst. Dies sind gerechtfertigte und vernünftige Forderungen von rechtschaffenen Menschen und einer rechtschaffenen Öffentlichkeit. 40
Doch für zu viele unserer Bürger gibt es eine andere Realität: Mütter und Kinder, die in unseren innerstädtischen Problemvierteln in Armut gefangen sind; verrostete Fabriken, die wie Grabsteine über die Landschaft unserer Nation verstreut liegen; ein Bildungssystem, das genug Geld hat, 45 das aber unsere jungen und schönen Schüler jeglichen Wissens beraubt; und das Verbrechen und die Banden und die Drogen, die zu viele Leben gestohlen und unserem Land so

viel unerfülltes Potenzial genommen haben. Dieses Massaker Amerikas endet hier und jetzt.

Wir sind eine Nation, und ihr Schmerz ist unser Schmerz. Ihre Träume sind unsere Träume. Und ihr Erfolg wird unser Erfolg sein. Wir teilen ein Herz, eine Heimat und ein ruhmreiches Schicksal. Der Amtseid, den ich heute schwöre, ist ein Treueeid an alle Amerikaner.

Viele Jahrzehnte lang haben wir ausländische Industrien auf Kosten der amerikanischen Industrie reicher gemacht; die Armeen anderer Länder finanziell unterstützt, während wir unsere eigene Armee ausgehungert haben. Wir haben die Grenzen anderer Länder verteidigt, aber uns geweigert, unsere eigene zu verteidigen.

Wir haben Billionen und Aberbillionen von Dollar im Ausland ausgegeben, während die amerikanische Infrastruktur zerfallen ist. Wir haben andere Länder bereichert, während sich der Reichtum, die Stärke und das Selbstbewusstsein unseres eigenen Landes sich über dem Horizont aufgelöst hat. [...]

Aber das ist Vergangenheit. Jetzt blicken wir nur in die Zukunft.

Wir sind heute hier zusammengekommen, um ein neues Dekret zu erlassen, das man in jeder Stadt, in jeder ausländischen Hauptstadt und in jedem Machtzentrum hören soll. Vom heutigen Tag an wird eine neue Vision unser Land regieren. Vom heutigen Tag an wird es nur noch Amerika zuerst heißen, Amerika zuerst.

Jede Entscheidung zum Handel, zur Besteuerung, zur Einwanderung, zur Außenpolitik wird zum Wohl der amerikanischen Arbeiter und amerikanischen Familien gemacht. Wir müssen unsere Grenzen vor der Verwüstung schützen, die andere Länder anrichten, die unsere Produkte herstellen, unsere Unternehmen stehlen und unsere Arbeitsplätze zerstören.

Schutzmaßnahmen werden zu großem Wohlstand und Stärke führen. Ich werde mit jedem Atemzug meines Körpers für euch kämpfen, und ich werde euch nie hängenlassen. Amerika wird wieder anfangen, zu gewinnen – gewinnen, wie nie zuvor.

Wir werden unsere Arbeitsplätze zurückbringen. Wir werden unsere Grenzen zurückholen. Wir werden unseren Wohlstand zurückbringen. Und wir werden unsere Träume zurückbringen.

Wir werden neue Straßen und Autobahnen und Brücken und Flughäfen und Tunnel und Bahnstrecken quer durch unser wunderbares Land bauen. Wir werden unsere Leute aus der Sozialhilfe holen und wieder zur Arbeit bringen, unsere Nation mit amerikanischen Händen und amerikanischer Arbeit wieder aufbauen. Wir werden zwei einfachen Regeln folgen – amerikanisch kaufen und Amerikaner anheuern.

Wir werden uns bei den Nationen der Welt um Freundschaft und Wohlwollen bemühen, aber wir tun dies in dem Verständnis, dass es das Recht aller Nationen ist, ihre eigenen Interessen vorne anzustellen. Wir streben nicht danach, jemandem unsere Lebensweise aufzuzwingen, sondern sie als Beispiel leuchten zu lassen. Wir werden leuchten, damit uns alle folgen.

Wir werden unsere alten Allianzen verstärken und neue bilden und die zivilisierte Welt gegen radikalislamischen Terrorismus vereinen, den wir vom Erdboden auslöschen werden.

Die Grundlage unserer Politik wird eine absolute Loyalität zu den Vereinigten Staaten von Amerika sein, und durch unsere Loyalität zu unserem Land werden wir die Loyalität zueinander wiederentdecken. [...]

Es sollte keine Angst geben. Wir sind beschützt und wir werden immer beschützt sein. Wir werden von den großartigen Männern und Frauen unseres Militärs und der Sicherheitskräfte beschützt werden. Und, was am wichtigsten ist, wir werden von Gott beschützt werden.

Zu guter Letzt müssen wir groß denken und noch größer träumen. In Amerika verstehen wir, dass eine Nation nur so lange lebendig ist, wie sie etwas anstrebt. Wir werden keine Politiker mehr akzeptieren, die nur reden und keine Taten setzen, die sich ständig beschweren, aber nie etwas dagegen tun.

Die Zeit für leeres Gerede ist vorbei. Nun kommt die Stunde des Handelns. [...]

Gemeinsam werden wir Amerika wieder stark machen. Wir werden Amerika wieder wohlhabend machen. Wir werden Amerika wieder stolz machen. Wir werden Amerika wieder sicher machen. Und ja, gemeinsam werden wir Amerika wieder großartig machen.

Danke. Gott segne euch. Und Gott segne Amerika."

Zeit online/dpa/mfh, Trumps Rede im Wortlaut, 20.01.2017; www.zeit.de/politik/ausland/2017-01/rede-amtsantritt-donald-trump-inauguration-komplett/komplettansicht

Analyse einer politischen Rede

Eine Rede hat die Zustimmung der Hörer zum Ziel und muss daher neben dem Verstand auch deren Emotionen ansprechen. Folgende Punkte helfen Ihnen, politische Reden zu analysieren:

- Anlass und Adressat der Rede: Aus dem historischen, gesellschaftlichen oder politischen Kontext und der konkreten Redesituation lassen sich später wertvolle Schlüsse zu Aussageabsicht und Zielgruppe ziehen. Ordnen Sie die Rede vor ihrem zeitgeschichtlich-politischen Hintergrund ein: Wo und wann bzw. zu welchem Anlass wurde die Rede gehalten? In welcher Tradition steht sie? An wen richtet sich die Rede? Sind Medien einbezogen, und falls ja, welche?
- Art der Rede: Hier sind verschiedenste Möglichkeiten denkbar. Handelt es sich um eine Programmrede, Gedenkrede, Parteitagsrede etc.?
- Sachinhalte: Einen zentralen Stellenwert hat die Frage nach den Inhalten der Rede: Welche Sachverhalte werden angesprochen? Welche Kernaussagen werden gemacht?
- Argumentation: Analysieren Sie die Sinneinheiten der Rede: Wie ist der Gedankengang gegliedert? Ist ein „roter Faden" erkennbar? Welche Argumente verwendet der Redner? Welche Thesen werden aufgestellt und wie werden sie begründet? Welche Schlussfolgerungen werden gezogen?
- Sprache und Syntax: Filtern Sie Schlüsselwörter aus der Rede heraus und prüfen Sie die Häufigkeit einzelner Begriffe. Sie können so das Anliegen der Rede besser nachvollziehen. Wird Hoch- oder Umgangssprache gesprochen? Ist die Syntax kompliziert oder einfach? Wie ist der Ton der Rede (feierlich, sachlich, kämpferisch, ermutigend etc.)?
- Zielsetzung (Intention): Bei der Analyse einer Rede gilt es, stets die Absicht zu hinterfragen, die hinter der Rede steht: Wem oder wozu dient die Rede – zur Aufwertung der eigenen Position, zur Abwertung der gegnerischen oder zum Ausgleich gegensätzlicher Sichtweisen? Soll ermutigt, informiert, kritisiert, appelliert oder polarisiert werden?
- Rhetorik: Welche rhetorischen Mittel enthält die Rede (Metaphern, Anaphern, Ironie, Antonyme, rhetorische Fragen, Euphemismen, Hyperbeln, Polysemien etc.) und welche Wirkung erzielen diese? Welche Emotionen werden geweckt?
- Bewertung: Bilanzieren Sie die Rede: Welche Grundeinstellung des Redners bzw. welche Weltsicht (Ideologie) wird deutlich? Hat die Rede unter Berücksichtigung ihres Anlasses ihren Zweck erfüllt? War sie überzeugend, mitreißend, einprägsam?

US-Präsident Trump in der Inaugural Address nach seiner Vereidigung vor dem Kapitol am 20. Januar 2017

Aufgaben

1. Lesen Sie die auf S. 33–34 abgedruckten Auszüge aus der Antrittsrede des neuen US-Präsidenten Donald Trump. Analysieren Sie die Rede gemäß der hier vorgestellten Methode.

4. Verfassungsstruktur und -organe

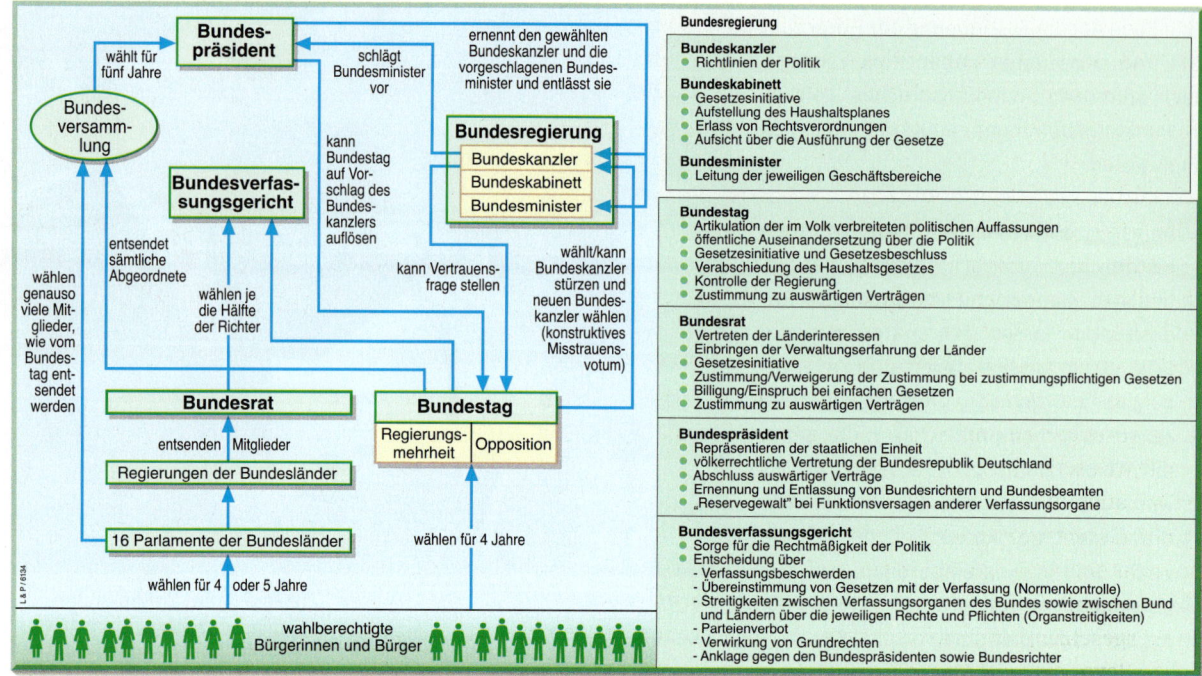

M 1 Verfassungsorgane der Bundesrepublik Deutschland

Sitz des Deutschen Bundestags
Das Reichstagsgebäude in Berlin

Der Plenarsaal im Deutschen Bundestag

Als Verfassungsorgane werden die Institutionen bezeichnet, die im Grundgesetz explizit mit ihren Rechten und Pflichten behandelt werden. Das sind: Bundestag, Bundesrat, Bundesregierung, Bundespräsident und das Bundesverfassungsgericht. Obwohl ebenfalls im Grundgesetz erwähnt, werden der Bundeskanzler und der Gemeinsame Ausschuss, der im Verteidigungsfall als Notparlament fungiert, nicht als Verfassungsorgane gewertet.

Die Verfassungsorgane lassen sich den drei Gewalten Legislative, Exekutive und Judikative zuordnen. Alle drei Gewalten sind miteinander verschränkt und in der politischen Praxis aufeinander angewiesen. Die Gewaltenverschränkung garantiert eine gegenseitige Kontrolle, um Machtmissbrauch vorzubeugen.

Die Legislative als Herzstück der Demokratie

Der Bundestag ist das einzige direkt vom Volk durch Wahlen legitimierte Verfassungsorgan. Er wird auf vier Jahre gewählt. Seine wesentlichen Aufgaben bestehen in der Gesetzgebung, der Verabschiedung des Haushalts, der Wahl des Bundeskanzlers und der Kontrolle der Regierung. Weitere wichtige Funktionen des Bundestags bestehen in der Repräsentation der Bevölkerung, deren Wahlverhalten sich im Kräfteverhältnis der im Parlament vertretenen Parteien widerspiegelt, sowie in der Kommunikation politischer Sachverhalte nach außen, also zu den Wählern, Interessenvertretungen und Medien. Bei der Erfüllung seiner Aufgaben teilt sich der Bundestag häufig in zwei Gruppierungen: die Parlamentsmehrheit, die die Regierung stellt, und die Parlamentsminderheit, die die Opposition bildet. Die Parlamentsmehrheit ist mit der Regierung verbunden und unterstützt diese.

Eine gegenseitige Lähmung zwischen Präsident, Regierung und Parlament wie z. B. in den USA wird dadurch verhindert.

Die wichtigste Wahlfunktion des Bundestags besteht in der Wahl des Bundeskanzlers, wofür eine absolute Mehrheit, die sogenannte Kanzlermehrheit, notwendig ist. Verliert das Parlament das Vertrauen in den Regierungschef, kann es den Bundeskanzler im Rahmen eines konstruktiven Misstrauensvotums auch wieder abwählen. Im Gegensatz zum einfachen Misstrauensvotum der Weimarer Republik muss beim Verfahren in der Bundesrepublik zeitgleich mit der Abwahl des bisherigen Kanzlers ein neuer gewählt werden. Im Gegenzug kann der Kanzler aber nicht den Bundestag auflösen. Es liegt im Ermessen des Bundespräsidenten, ob er den Bundestag auflöst, wenn der Bundeskanzler im Parlament nicht mehr das Vertrauen ausgesprochen bekommt.

Sitz des Bundesrats
Das ehemalige Preußische Herrenhaus in der Leipziger Straße in Berlin

Die Gesetzgebung obliegt nicht dem Bundestag allein. Neben dem Parlament haben auch Bundesregierung und Bundesrat das Gesetzesinitiativrecht, also das Recht, Gesetzesvorlagen in den politischen Prozess einzubringen. Zudem unterscheidet man zwischen Einspruchsgesetzen, bei denen ein Veto des Bundesrats mit einfacher Bundestagsmehrheit zurückgewiesen werden kann, und Zustimmungsgesetzen, bei denen der Bundesrat ein Gesetz verhindern bzw. modifizieren kann. Bevor ein Gesetz vom Bundestag verabschiedet wird, durchläuft es mehrere Stationen; am wichtigsten ist hierbei die Diskussion und Modifikation der Gesetze in den zuständigen Ausschüssen.

Die Kontrollfunktion wird in erster Linie von der Opposition wahrgenommen, wofür ihr eine Reihe von Instrumenten zur Verfügung stehen. Damit kann sie zwar die Regierung zu Stellungnahmen und öffentlichen Debatten zwingen, aber wegen der fehlenden Mehrheit die Regierungsvorhaben nicht aufhalten. Die schärfste Waffe der Opposition besteht in der Einsetzung von Untersuchungsausschüssen, die in öffentlicher Verhandlung – analog zur Beweisaufnahme vor Gericht – undurchsichtige Vorgänge oder Skandale aufklären sollen.

Plenarsaal des Bundesrats
Sitzung der Länderkammer: Im Hintergrund sind die Wappen der Bundesländer zu erkennen.

Info

Bundesrat

Der Bundesrat ist das Verfassungsorgan zur Vertretung der Interessen der Länder und damit die Verkörperung der föderalen Gliederung der Bundesrepublik Deutschland. Er ist an der Gesetzgebung beteiligt, kann aber nur bei Zustimmungsgesetzen politisch wirklich Einfluss nehmen und mitgestalten. Der Bundesrat wird nicht direkt gewählt, sondern seine Mitglieder werden von den Länderregierungen entsandt. Die Anzahl der Stimmen im Bundesrat bewegt sich zwischen drei und sechs Stimmen und hängt von der Bevölkerungsgröße des Bundeslands ab. Eine proportionale Umrechnung der Bevölkerungszahl eines Bundeslandes findet dabei aber nicht statt: So hat der Freistaat Bayern mit sechs Stimmen zwar doppelt so viele wie das Saarland mit drei Stimmen, verfügt aber über zehnmal so viele Einwohner.

Sitzung des Bundeskabinetts im März 2018

Die Aufgabenteilung in der Exekutive

Die Bundesregierung ist das politische Führungsorgan der Bundesrepublik und damit der sogenannte wirkungsmächtige Teil der Exekutive, weswegen sie auch am häufigsten im Mittelpunkt der öffentlichen Wahrnehmung und des öffentlichen Interesses steht. Die Regierung hat zwei wichtige Funktionen: die Steuerungsfunktion, das bedeutet die Übersetzung der politischen Vorstellungen der Parlamentsmehrheit in verfassungskonforme und finanzierbare Gesetze, die dann auch vom Bundestag verabschiedet werden, sowie die Durchführungsfunktion, das heißt Umsetzung der verabschiedeten Gesetze, Leitung der Verwaltungsbehörden des Bundes, Führen außenpolitischer Verhandlungen und Schließen völkerrechtlicher Verträge.

Der vom Bundestag gewählte Bundeskanzler und die von ihm vorgeschlagenen und vom Bundespräsidenten ernannten Bundesminister bilden zusammen die Bundesregierung. Drei im Grundgesetz (Artikel 65 GG) verankerte und miteinander konkurrierende Prinzipien kennzeichnen dabei die Regierungsarbeit: das Kanzler-, das Ressort- und das Kabinettsprinzip. Da nur der Bundeskanzler mittelbar demokratisch legitimiert ist, hat er eine besonders starke und herausgehobene Stellung, die sich in seiner Richtlinienkompetenz zeigt. In der Realität ist sein politischer Spielraum jedoch durch mehrere Faktoren eingeschränkt: So muss er Rücksicht auf die Forderungen etwaiger Koalitionspartner, der eigenen Partei sowie des Volkes nehmen, möglichst Wahlkampfversprechen umsetzen und politische oder finanzielle Sachzwänge berücksichtigen.

Bundespräsident Gauck gratuliert 2017 seinem Nachfolger Frank-Walter Steinmeier nach dessen Wahl zum 12. Bundespräsidenten

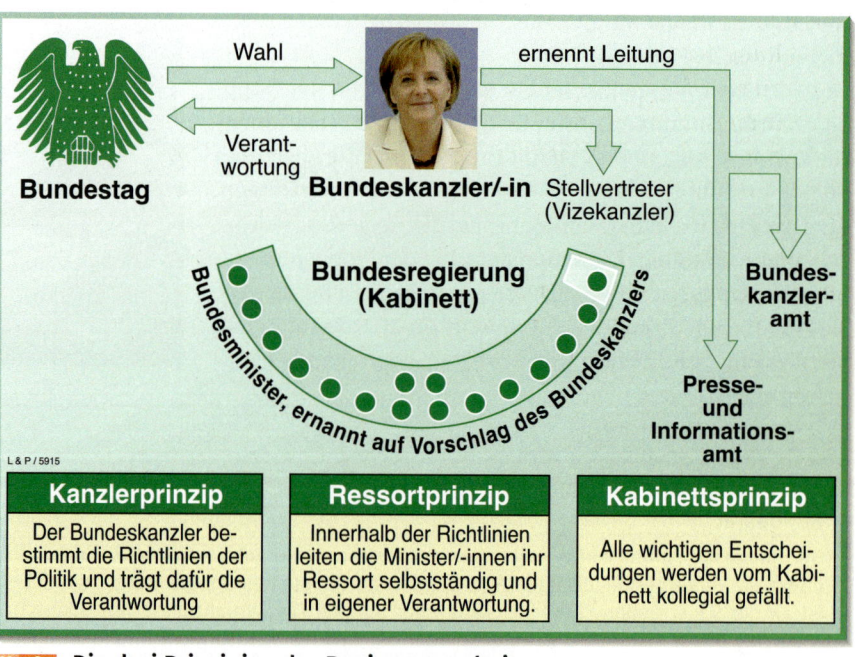

M 2 Die drei Prinzipien der Regierungsarbeit

Der Bundespräsident ist der repräsentative Teil der Exekutive und das Staatsoberhaupt der Bundesrepublik Deutschland. Wegen der negativen Erfahrungen mit der Machtfülle des Staatsoberhaupts in der Weimarer Republik sind die Kompetenzen des Bundespräsidenten im Grundgesetz vornehmlich auf repräsentative

Aufgaben und die völkerrechtliche Vertretung des Staates nach außen begrenzt. Wegen der geringen Machtfülle wird das Staatsoberhaupt auch nicht vom Volk, sondern von der eigens dafür einzuberufenden Bundesversammlung gewählt. Der Bewerber muss das 40. Lebensjahr vollendet haben und darf nur einmal wiedergewählt werden. Die maximale Amtsdauer beträgt somit zehn Jahre.

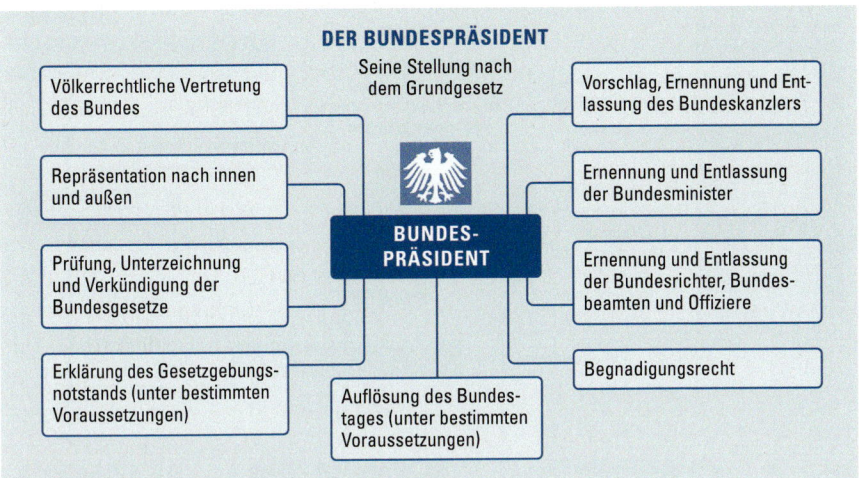

M 3   Befugnisse des Bundespräsidenten

Das Bundesverfassungsgericht als Verfassungsorgan der Judikative

Das Bundesverfassungsgericht (BVerfG) als „Hüter der Verfassung" überwacht die Einhaltung des Grundgesetzes, kann allerdings nicht von sich aus tätig werden, sondern muss von anderen Verfassungsorganen oder Bürgern angerufen werden.

Die meisten vom Bundesverfassungsgericht zu behandelnden Verfahren sind Verfassungsbeschwerden, die von jedem Bürger erhoben werden können, der sich durch die öffentliche Gewalt in seinen Grundrechten angegriffen fühlt.

Ebenso prüft es bestehende Gesetze auf seine Verfassungskonformität. Hier können Bundestag, Bundesrat oder Bundesregierung die entsprechende Überprüfung eines Bundes- oder Landesgesetzes beantragen oder es werden durch andere Gerichte Gesetze vorgelegt, wenn sie Zweifel an deren Vereinbarkeit mit dem Grundgesetz haben.

Weiterhin urteilt das BVerfG bei Verfassungsstreitigkeiten zwischen anderen staatlichen Organen, also bei Streitfragen zwischen Bundesorganen, zwischen Bundesländern oder zwischen Bund und Ländern.

Schließlich ist das Verfassungsgericht die einzige Instanz, die auf Antrag Parteien auf deren Verfassungsfeindlichkeit hin überprüft und gegebenenfalls auch verbieten kann.

Das Bundesverfassungsgericht bei einer Urteilsverkündung, 2014

Das Urteil betraf die Verfassungsmäßigkeit der 3 %-Hürde bei der Europawahl.

M 4   Regierungsübernahme

Karikatur von Adalbert Wiemers

Die Legislative – Herzstück der Demokratie

M 5 Die Aufgaben des Bundestags

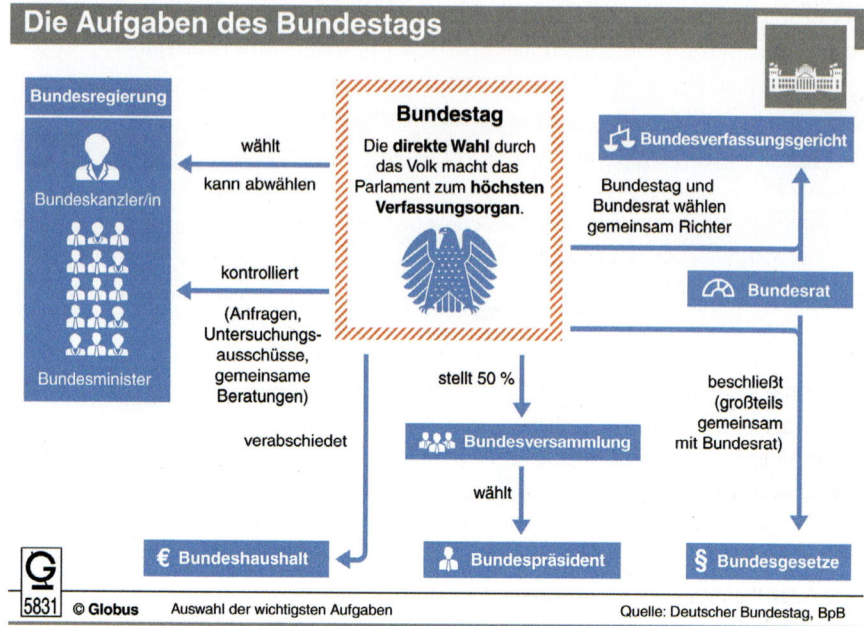

M 6 Kontrollinstrumente des Parlaments und Funktionen der Opposition

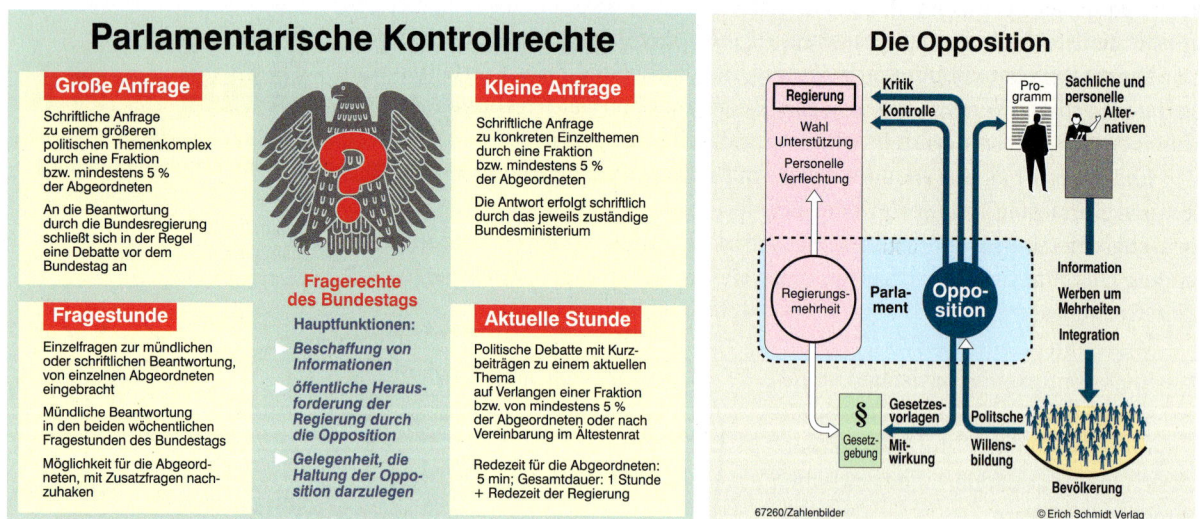

Aufgaben

1. Analysieren Sie die Grafiken M1 und M7 hinsichtlich der Aufgaben des Bundestags und der Gewaltenverschränkung mit anderen Verfassungsorganen.
2. Bewerten Sie die Parlamentarischen Kontrollrechte (M6) hinsichtlich ihrer Zielsetzung und Schlagkraft.
3. Führen Sie eine Debatte zu der Frage, ob man die Kontrollrechte der Opposition erweitern sollte.

M 7 Grundmerkmale des parlamentarischen Regierungssystems

Wolfgang Zeh ist Verwaltungswissenschaftler und war von 2002 bis 2006 Direktor beim Deutschen Bundestag:

Das Grundgesetz hat ein parlamentarisches Regierungssystem geschaffen. Das bedeutet, die Regierung kommt nicht von außen oder oben, etwa von einem Monarchen oder einem Präsidenten. Vielmehr wird sie erst vom Parlament installiert. Kanzler oder Kanzlerin müssen von einer Mehrheit der Mitglieder des Bundestages gewählt werden. Mit einer gleichen Mehrheit kann der Bundestag jederzeit jemand anderen zum Kanzler wählen (konstruktives Misstrauensvotum) und damit eine andere Regierung einsetzen. Das ist die erste und wichtigste Kontrollaufgabe des Bundestages: Wer wird Regierungschef, und wen beruft er oder sie als Minister? Die Mitglieder der Regierung sind überwiegend gewählte Abgeordnete des Bundestages und bleiben es. Die Regierung ist „Fleisch vom Fleische des Parlaments", so hatte es Gustav Radbruch gefordert, der große Staatslehrer der Weimarer Republik. Dadurch werden die Abgeordneten in ihrer Mehrheit verantwortlich dafür, wie das Land regiert wird. [...]

Es genügt nicht, die Regierung nur in dem Sinne zu kontrollieren, dass man sie angreift, ihre Versäumnisse kritisiert und ihr die Zustimmung verweigert, wenn ihre Gesetzgebungs- oder Haushaltsvorhaben jeweilige Interessen nicht berücksichtigen. Indem die Bundestagsmehrheit die Regierung in Gang setzt, verbindet sie sich mit deren Erfolg und Misserfolg. Ihre Abgeordneten und Parteien sind es, die spätestens bei der nächsten Wahl die Rechnung präsentiert bekommen. Sie sind es, die Zustimmung und Mandate verlieren, behalten oder gewinnen. Also muss die Regierungsmehrheit des Bundestages ein starkes Interesse daran haben, dass ihre Regierung ein Erfolg wird. Folglich werden ihre Abgeordneten für sie stimmen, wo es geht und solange es geht. Andernfalls vermutet die Öffentlichkeit, man wolle diese Regierung nicht mehr. Und ebenso regelmäßig werden die Fraktionen der Opposition regelmäßig gegen die Regierung stimmen, die sie nicht gewollt und nicht gewählt haben.

Das ist die grundlegende Spielregel des parlamentarischen Regierungssystems. Das Parlament steht politisch nicht als einheitliches „Staatsorgan" der Regierung gegenüber. Im Gegenteil: In seiner Mehrheit steht das Parlament auf Seiten der Regierung. Gegenüber stehen die oppositionellen Fraktionen. Der Bundestag ist mit seiner Kanzlerwahl in seinen politischen Funktionen gespalten und bleibt es für die Wahlperiode – falls nichts dazwischenkommt.

Was bedeutet das für die parlamentarische Kontrolle? Sie ist ebenfalls gespalten zwischen regierender Mehrheit und opponierender Minderheit. Dass nichts „dazwischenkommt" wollen die Koalitionsfraktionen nach Möglichkeit sicherstellen. Also kontrollieren sie „ihre" Regierung im Sinne von Beaufsichtigung, Mitsteuerung, Fehlervermeidung. Sie versuchen das meist nicht öffentlich zu tun, was nicht heißt, dass dieser Teil der parlamentarischen Kontrolle weniger wichtig wäre. [...] Die Kontrolle der Opposition ist anderer Art. Sie ist kontrovers, kritisch, will Alternativen aufzeigen und sucht insbesondere die Öffentlichkeit. [...] Bürger und Wähler müssen von Mindermeinungen und abweichenden politischen Konzepten erfahren.

Wolfgang Zeh: Im Zentrum des Systems, in: Das Parlament, Nr. 44 vom 26.10.2009, S. 1

Aufgaben

4. Charakterisieren Sie die Eigenarten des parlamentarischen Regierungssystems (M7). Gehen Sie dabei insbesondere auf das Verhältnis der Abgeordneten der Mehrheit und der Minderheit zur Regierung ein.

5. Nehmen Sie ausgehend von M6 und M7 und einem aktuellen Fall in Form eines Zeitungskommentars Stellung zu der weit verbreiteten Ansicht, dass die Opposition die Regierung um des Gemeinwohl willens zu unterstützen habe.

M 8 Der Gesetzgebungsprozess

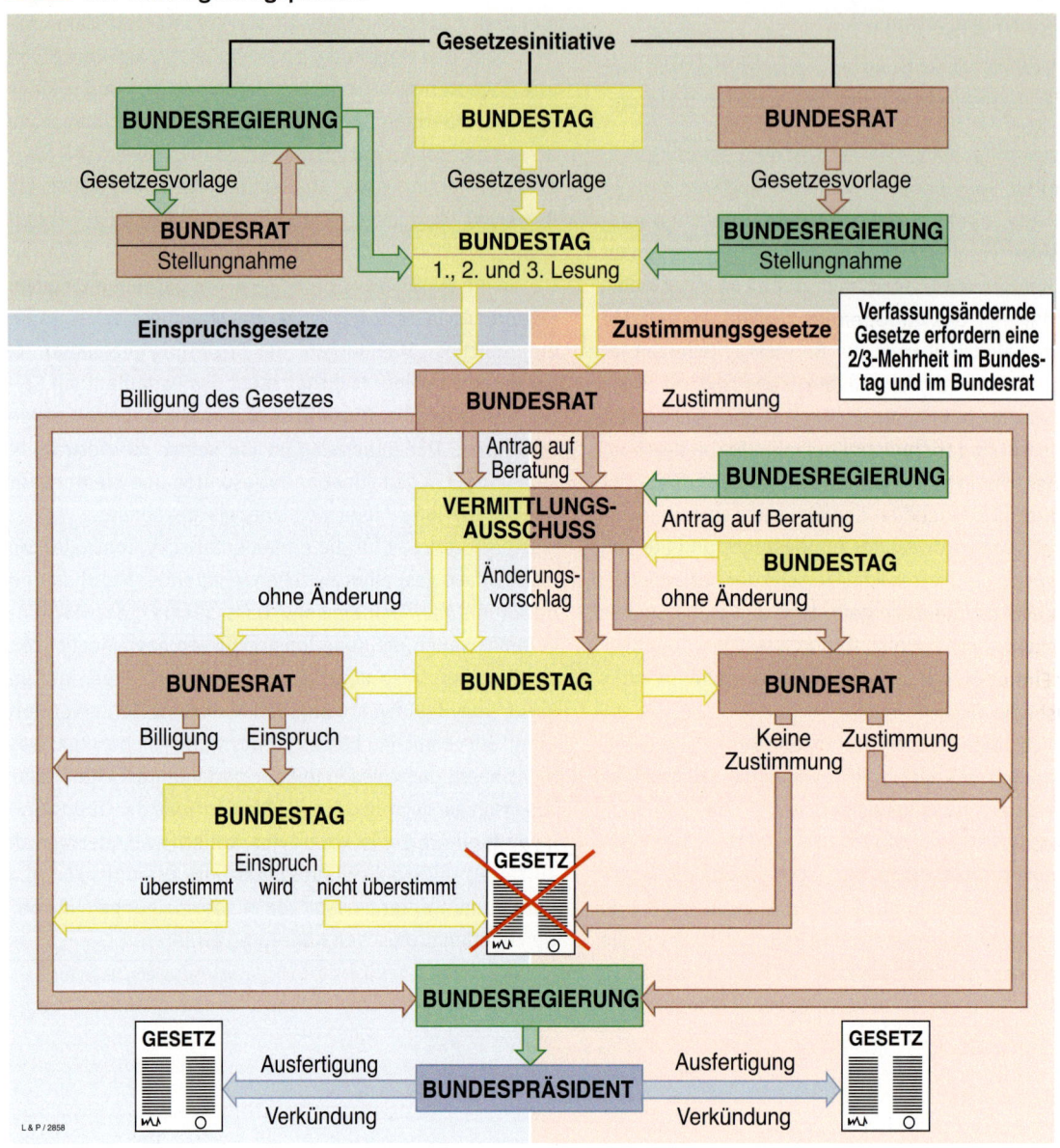

Aufgaben

1. Beschreiben Sie unter Berücksichtigung von M8 und 10 den Gang der Gesetzgebung.
2. Begründen Sie, warum es zwei Gesetzesarten, nämlich einfache (Einspruchs-) und Zustimmungsgesetze, gibt (M9).
3. Vergleichen Sie unter Zuhilfenahme von M8–M11 die Machtposition des Bundesrates bei Einspruchs- und bei Zustimmungsgesetzen.
4. Stellen Sie den Vermittlungsausschuss und seine Arbeit dar (M10).
5. Erörtern Sie im Blick auf M8–M10, ob sich das Gesetzgebungsverfahren vereinfachen ließe. Entwickeln Sie dabei Hypothesen über mögliche Folgen für die Qualität der Gesetze.
6. Erarbeiten Sie aus M11 die am Bundesrat geübte Kritik und erörtern Sie Möglichkeiten, dieser Kritik zu begegnen.

M 9 Zustimmungs- und Einspruchsgesetze

Der verfassungspolitische Rang und die Bedeutung des Bundesrates ergeben sich hauptsächlich aus seinen Mitentscheidungsrechten bei Zustimmungsgesetzen. Diese Gesetze können nur zustande kommen, wenn Bundesrat und Bundestag sich einig sind. Bei einem endgültigen Nein des Bundesrates sind Zustimmungsgesetze gescheitert. Welche Gesetze zustimmungsbedürftig sind, ist ausdrücklich und abschließend im Grundgesetz geregelt. Im Wesentlichen lassen sich drei Gruppen unterscheiden: Gesetze, die die Verfassung ändern. [...] Gesetze, die in bestimmter Weise Auswirkungen auf die Finanzen der Länder haben. [...] Gesetze, für deren Umsetzung in die Organisations- und Verwaltungshoheit der Länder eingegriffen wird.
Das Grundgesetz geht vom Grundfall des nicht zustimmungsbedürftigen Gesetzes aus. Gesetze, die der ausdrücklichen Zustimmung des Bundesrates bedürfen, sind nämlich explizit im Grundgesetz aufgeführt. Alle Gesetze, die nicht einer der dort genannten Materien zugeordnet werden können, sind demnach so genannte Einspruchsgesetze. Der Einfluss des Bundesrates ist geringer als bei zustimmungsbedürftigen Gesetzen. Er kann seine abweichende Meinung dadurch zum Ausdruck bringen, dass er Einspruch gegen das Gesetz einlegt. Der Einspruch des Bundesrates kann durch den Deutschen Bundestag überstimmt werden."

Bundesrat, Zustimmungs- und Einspruchsgesetze; www.bundesrat.de/DE/aufgaben/gesetzgebung/zust-einspr/zust-einspr-node.html

M 10 Das Vermittlungsverfahren

Das Grundgesetz sieht vor, dass bei Meinungsverschiedenheiten im Gesetzgebungsverfahren zwischen Bundestag und Bundesrat ein Ausschuss tätig wird, dem Mitglieder beider Gesetzgebungsorgane angehören (Art. 77 Abs. 2 GG). Dieser Ausschuss wird allgemein Vermittlungsausschuss genannt. [...] Die Einrichtung des Vermittlungsausschusses ist eine Folgerung aus der starken Stellung des Bundesrates im Gesetzgebungsverfahren. Er ist paritätisch besetzt mit je 16 Mitgliedern des Bundestages und des Bundesrates. Jedes Land entsendet durch Kabinettsbeschluss ein Mitglied, für das nur ein Vertreter bestellt wird. [...] Die 16 Bundestagsabgeordneten und ihre Vertreter werden nach der Fraktionsstärke vom Bundestag gewählt. [...]
Um das Vermittlungsverfahren zu erleichtern, hat schon das Grundgesetz festgelegt, dass die in den Vermittlungsausschuss entsandten Mitglieder des Bundesrates nicht an Weisungen gebunden sind. [...] Die strenge Vertraulichkeit der Sitzungen und die Unabhängigkeit der Ausschussmitglieder sollen den Versuch einer Einigung erleichtern, die ja nur zustande kommen kann, wenn bisher eingenommene Positionen aufgegeben und Kompromissvorschläge gemacht werden können. [...]
Die meisten Anrufungsbegehren kommen vom Bundesrat. Das liegt daran, dass er bei Einspruchsgesetzen den Vermittlungsausschuss einschalten muss. Bei Zustimmungsgesetzen, die er ablehnen will, hat der Bundesrat die Wahl, die Zustimmung sofort zu verweigern oder den Vermittlungsausschuss anzurufen, um wichtige Änderungen im Vermittlungsverfahren zu erreichen. [...] Wegen seiner weitgehenden Gestaltungsmöglichkeiten ist der Vermittlungsausschuss [...] als „Überparlament" oder „Überausschuss" bezeichnet worden [...].

Diether Posser, Der Bundesrat und seine Bedeutung, in: Ernst Benda/Werner Maihofer/Hans Jochen Vogel (Hrsg.), Handbuch des Verfassungsrechts. Studienausgabe Teil 2, de Gruyter, Berlin 1995, S. 1186 ff.

M 11 Parteipolitik im Bundesrat?

Die These, dass im Bundesrat Parteipolitik betrieben wird, und die Kritik an dieser Entwicklung sind im Kern [...] so alt wie der Bundesrat selbst. [...] Der Vorwurf, im Bundesrat werde Parteipolitik betrieben, wurde jedoch insbesondere in Zeiten unterschiedlicher Mehrheiten in Bundestag und Bundesrat erhoben und mit dem Vorwurf der Blockadepolitik durch die Oppositionsmehrheit im Bundesrat verbunden. Dies war erstmals während der sozialliberalen Koalition von 1969 bis 1982 der Fall, als die Regierungsparteien zu keinem Zeitpunkt über eine absolute Mehrheit im Bundesrat verfügten, während die Union über große Zeiträume hinweg eine derartige Mehrheit besaß [...]. Eine Parteipolitisierung des Bundesrates [ist] grundsätzlich nicht mit dessen ursprünglicher Zielbestimmung vereinbar [...]. Schließlich wurde der Bundesrat als Ländervertretung etabliert [...]. Wenn aber im Bundesrat keine Länderinteressen, sondern parteipolitische Interessen vertreten werden, fungiert dieser [...] (im Falle unterschiedlicher Mehrheiten in Bundestag und Bundesrat) als verfassungsrechtlich fragwürdiges Blockadeinstrument der Opposition [...]. An dieser Stelle ist hervorzuheben, dass die Verfassungsväter keine „informelle große Koalition" oder eine „zuverlässige Einbindung der Opposition" (Manfred G. Schmidt) über den Bundesrat geplant hatten.

Gerd Strohmeier, Der Bundesrat, in: Zeitschrift für Parlamentsfragen, 35 (2004) 4, S. 717 ff.

Exekutive – Aufgabenteilung

M 12 Die Aufgaben der Bundesregierung

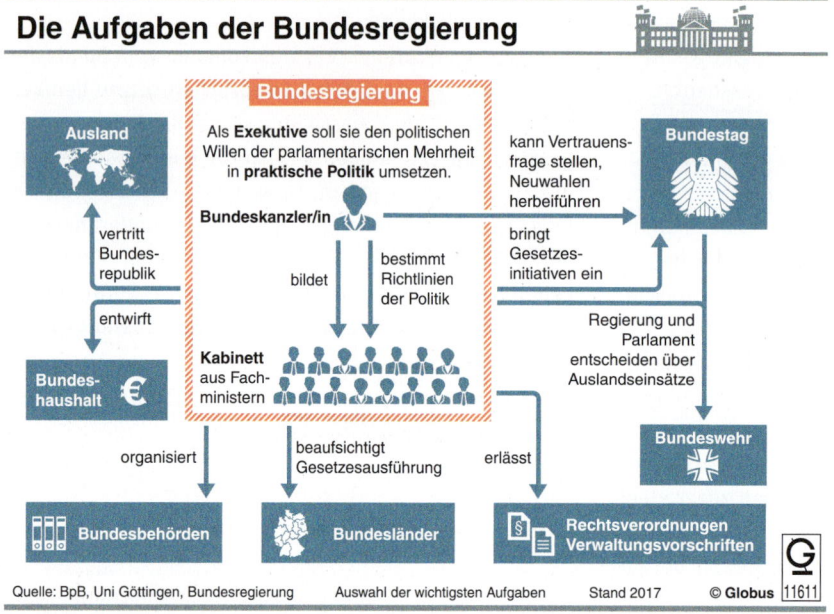

M 13 Das „Machtwort"

Hendricks fordert Machtwort von Merkel

Die Kritik am Klimaplan 2050 ist in den unionsgeführten Ministerien groß. Geht es nach Umweltministerin Hendricks, soll Kanzlerin Merkel den Koalitionsstreit beenden.

brk/dpa, Hendricks fordert Machtwort von Merkel; Der Spiegel, 2. November 2016.

M 14 „Der Staat bin ich!"

Titelbild des „Stern", Nr. 21 vom 17. Mai 1984 zum damaligen Bundeskanzler Helmut Kohl

Aufgaben

1. Erläutern Sie mithilfe der Grafik M2 die in Artikel 65 GG festgelegten Arbeitsprinzipien der Bundesregierung.
2. Analysieren Sie die Grafik M12 und beschreiben Sie die Aufgaben der Bundesregierung.
3. Klären Sie mithilfe der Grafiken M2 und M12, welche Bestimmungen den Kanzler in die Lage versetzen, ein „Machtwort" (M13) zu sprechen, und überprüfen Sie die Folgen für die Regierungsprinzipien (M2).

M 15 Der Bundespräsident als Staatsnotar

Ein deutscher Bundespräsident hat nur geringe Kompetenzen: Er regiert nicht, er befiehlt nicht, er repräsentiert nur. Doch bei Gesetzesvorhaben wird er zum obersten Staatsnotar: Ohne seine Unterschrift läuft nichts [...] Der ehemalige Verfassungsrichter und Altbundespräsident Roman Herzog hat einmal von der „staatsnotariellen Funktion" des deutschen Präsidenten im politischen System der Bundesrepublik gesprochen. Ohne die Unterschrift des Staatsoberhaupts läuft im deutschen Gesetzgebungsprozess nichts.

O-Ton Grundgesetz, Artikel 82,1: „Die nach den Vorschriften dieses Grundgesetzes zustande gekommenen Gesetze werden vom Bundespräsidenten nach Gegenzeichnung ausgefertigt und im Bundesgesetzblatt verkündet."

Daraus ist ein präsidentielles Prüfungsrecht abgeleitet worden, das dem Bundespräsidenten die Möglichkeit gibt, eine Gesetzesausfertigung zu verweigern. Allerdings „nur aus Rechtsgründen, die sich auf die verfahrensrechtliche Korrektheit des vorangegangenen Gesetzgebungsverfahrens, oder die Verfassungskonformität des Gesetzesinhalts beziehen", so der Politikwissenschaftler Wolfgang Rudzio. Heißt: Aus formalen Gründen oder jenen der Verfassungsmäßigkeit darf sich der Bundespräsident weigern, nicht aber aus politischen.

Zit. nach: sef/dpa, Das achte Nein, 08.12.2016; www.spiegel.de/politik/deutschland/bundespraesidenten-das-achte-nein-a-453425.html

M 16 Der Bundespräsident als Integrationssymbol

Am interessantesten erscheint die repräsentative Funktion – das öffentliche Auftreten bei feierlichen Anlässen, die völkerrechtliche Vertretung der Bundesrepublik nach außen, auch Ordensverleihungen. Selbst hierbei handelt der Bundespräsident nicht autonom, da seine Anordnungen und Verfügungen der Gegenzeichnung des Bundeskanzlers bzw. zuständiger Minister bedürfen. Von unabhängiger Bedeutung sind daher allein die öffentlichen Reden und Ansprachen, die ein Bundespräsident hält und die keiner Vorprüfung oder Genehmigung unterliegen. Hier ist er frei, kann Populäres oder öffentlich kaum Bestreitbares moralisch anmahnen, empfehlen oder fordern, ohne für eine Verwirklichung verantwortlich zu sein. Er vermag auf diese Weise allgemeinen Stimmungen Ausdruck zu geben, Popularität zu gewinnen und die öffentliche Meinung zu beeinflussen. Dies reicht allerdings nur so weit, wie er seine Rolle als Integrationssymbol nicht verletzt. Überschreitet ein Bundespräsident diese Grenze, ergreift er in strittigen Fragen Partei, so riskiert er Gegenäußerungen und gefährdet die erwartete Integrationsfunktion.

Die Amtsführung bisheriger Bundespräsidenten war daher überwiegend von Distanz zu tagespolitischen Konflikten geprägt. Soweit dies die traditionslos nüchterne politische Kultur der Bundesrepublik zulässt, haben sich so durchaus integrative Wirkungen des Amtes entfaltet. Stets erreichen die Amtsinhaber einen hohen, weit über ihren parteipolitischen Herkunftsraum reichenden Beliebtheitsgrad, wird das Amt des Bundespräsidenten von Bürgern ausgesprochen positiv beurteilt.

Wolfgang Rudzio: Das politische System der Bundesrepublik Deutschland, Springer VS, Wiesbaden 2006, S. 298 f.

Karikatur von Kostas Koufogiorgos

Aufgaben

4. Diskutieren Sie vor dem Hintergrund der Grafiken M3, M7 und des Autorentextes, ob eine wie in M14 gezeigte Darstellung eines Bundeskanzlers gerechtfertigt erscheint.
5. Beschreiben Sie mithilfe der Grafik M4 die Handlungsbefugnisse des Bundespräsidenten und bewerten Sie diese unter Einbeziehung des Textes M15.
6. Erarbeiten Sie aus Text M16, worauf sich die Autorität des Bundespräsidentenamtes stützt und unter welchen Bedingungen diese Autorität leidet.
7. Interpretieren Sie die Karikatur in M16 und arbeiten Sie die Erwartungshaltung des Volkes an den Bundespräsidenten heraus.
8. Führen Sie vor dem Hintergrund des Autorentexts und M15 und M16 eine Debatte, ob dem Bundespräsidenten mehr Macht verliehen werden sollte.

Das Bundesverfassungsgericht – Verfassungsorgan der Judikative

M 17 Aufgaben des Bundesverfassungsgerichts

M 18 Das BVerfG als politischer Akteur

Das Zuständigkeitsprofil veranschaulicht: Das Bundesverfassungsgericht kann tief in den politischen Prozess, in die Auseinandersetzung zwischen parteipolitischen Akteuren eingreifen und zugunsten der einen oder anderen Seite entscheiden. In solchen Fällen wird das Gericht unvermeidlich selbst zu einem „Akteur" – allerdings immer wieder mit der gewichtigen Einschränkung, dass es nie auf eigene Initiative hin aktiv werden kann, sondern darauf warten muss, von einem Antragsberechtigten angerufen zu werden. Das Bundesverfassungsgericht kann also nicht aus sich selbst heraus politische Streitfragen thematisieren oder Entscheidungen blockieren, sondern es gilt: Wo kein Kläger, da kein Richter.
Bei all seinem Entscheidungshandeln ist das Bundesverfassungsgericht die „letzte Instanz". Seine Beschlüsse können keiner weiteren Überprüfung mehr unterzogen werden. Dennoch nimmt das Gericht keine absolute Machtstellung ein, denn sein Einfluss beruht auf Gesetzen, die wiederum von anderen Akteuren gestaltet werden können.

Stefan Marschall, Das politische System Deutschlands, Bundeszentrale für politische Bildung, Bonn 2015, S. 200

Aufgaben

1. Analysieren Sie die Grafik M17 hinsichtlich Aufgaben und Aufbau des Bundesverfassungsgerichts.
2. Interpretieren Sie die Karikatur M4 und bewerten Sie deren Aussage vor dem Hintergrund von M18.

M 19 Politisch brisante Verfahren

Der Politikwissenschaftler Stefan Marschall:

Welche […] Verfahren haben eine besondere machtpolitische Relevanz – vor allem mit Blick auf die Parteienkonkurrenz? Hier sticht zunächst einmal das Parteiverbotsverfahren ins Auge: Das Gericht hat die Möglichkeit, durch ein Verbot das vorhandene Parteienspektrum der Bundesrepublik zu verändern. Dies setzt allerdings zunächst voraus, dass die Berechtigten von ihrem Antragsrecht Gebrauch machen. Die bisherige Praxis hat gezeigt, dass das Gericht nur selten vor diese Entscheidungsfrage gestellt worden ist.

Von der Idee her gibt es noch ein weiteres Verfahren, dessen parteipolitische Bedeutsamkeit offensichtlich ist: das abstrakte Normenkontrollverfahren. Wie bei der konkreten Normenkontrolle geht es hierbei darum, ein Gesetz auf seine Verfassungswidrigkeit hin zu überprüfen. Die Brisanz liegt in dem Kreis der Antragsberechtigten: Hierzu gehört neben der Bundes- und einer Landesregierung auch ein Viertel der Abgeordneten des Bundestages. Das bedeutet nichts anderes, als dass die Opposition (so sie mehr als 25 Prozent der Bundestagsmandate aufbringt) die Chance hat, jedes von der Parlamentsmehrheit verabschiedete Gesetz nach Karlsruhe zu bringen. Gegebenenfalls kann sich die Bundestagsopposition auch einer ihr nahestehenden Landesregierung als Antragstellerin bedienen.

Tatsächlich wird einem solchen Normenkontrollverfahren nur ein Bruchteil aller verkündeten Gesetze und Verordnungen unterzogen […]. So ist das Normenkontrollverfahren zwar ein Schwert in den Händen der Opposition, aber eines, mit dem effektiv nur wenig geschlagen wird und das nicht immer so scharf ist, wie es die Antragsteller gerne hätten. Wie das Gericht letzten Endes entscheidet, bleibt schwer abzuschätzen. Damit sind einer Instrumentalisierung des Bundesverfassungsgerichts durch die Opposition Grenzen gezogen; nichtsdestoweniger kann diese mit dem Gang nach Karlsruhe wirksam drohen.

Stefan Marschall, Das politische System Deutschlands, Bundeszentrale für politische Bildung, Bonn 2015, S. 201 ff.

M 20 Spannungen zwischen Politik und Verfassungsgericht

Der Politikwissenschaftler Hans Vorländer:

[Das Bundesverfassungsgericht] war noch gar nicht richtig etabliert, da wurde es in den 1950er-Jahren in die Kontroverse um die Wiederbewaffnung der Bundesrepublik Deutschland hineingezogen und drohte, zwischen Regierung und Opposition zerrieben zu werden. Und so ging es weiter: Anfang der 1960er-Jahre scheiterte Konrad Adenauers Projekt eines regierungsnahen Fernsehsenders an der Rechtsprechung in Karlsruhe. […] Konrad Adenauer erklärte daraufhin, das Kabinett habe einstimmig beschlossen, dass das Urteil des BVerfG „falsch" sei. […] Das setzte sich in der „Verfassungskrise" der 1970er-Jahre fort, als das BVerfG mehrere Reformprojekte der sozialliberalen Mehrheit des Deutschen Bundestages stoppte. Die Wehrdienstnovelle, die Reform des Abtreibungsparagrafen des Strafgesetzbuches, die Hochschulmitbestimmung oder auch der Grundlagenvertrag – diese und andere Entscheidungen setzten das BVerfG den Vorwürfen des „Obergesetzgebers", der „Konterkapitäne von Karlsruhe", der „Usurpation [= widerrechtliche Inbesitznahme] von evidenten Aufgaben des Gesetzgebers" und der „Entmächtigung des Parlaments" aus […]

Das Verfassungsgericht war in diesen immer wiederkehrenden Auseinandersetzungen nicht allein passives Objekt politischer und öffentlicher Kritik. Es suchte seinen institutionellen Rang zu behaupten und bestand in solchen Fällen auf seiner Rolle eines „Hüters der Verfassung". In diesem Sinne sah es sich befugt, Regierung und Gesetzgebung in ihre verfassungsmäßigen Schranken zu verweisen. Die einen sprachen immer wieder von einer politischen Indienstnahme des Verfassungsgerichts, die anderen von der juristischen Knebelung der Politik. Die wechselseitigen Vorwürfe einer „Politisierung der Verfassungsgerichtsbarkeit" und der „Juridifizierung der Politik" gehören von Beginn an zu den ritualisierten Einwendungen gegen die Institution der Verfassungsgerichtsbarkeit.

Zit. nach: Hans Vorländer, Regiert Karlsruhe mit? Das Bundesverfassungsgericht zwischen Recht und Politik, in: Aus Politik und Zeitgeschichte 35–36/2011, S. 15 f.

Aufgaben

3. Erläutern Sie, warum Parteiverbot und abstrakte Normenkontrolle so brisant sind (M19).
4. Erklären Sie vor dem Hintergrund von M 18 – M20, warum Kritiker von einer „politischen Indienstnahme des Verfassungsgerichts" bzw. einer „juristischen Knebelung der Politik" (M20, Z. 28–30) sprechen.
5. Erörtern Sie, in welcher Weise sich die politischen Machtverhältnisse ändern würden, wenn das Bundesverfassungsgericht abgeschafft werden würde.

Das Zusammenspiel der Verfassungsorgane – Beispiel „Atomausstieg"

M 21 Verfassungsorgane und Gewaltenverschränkung

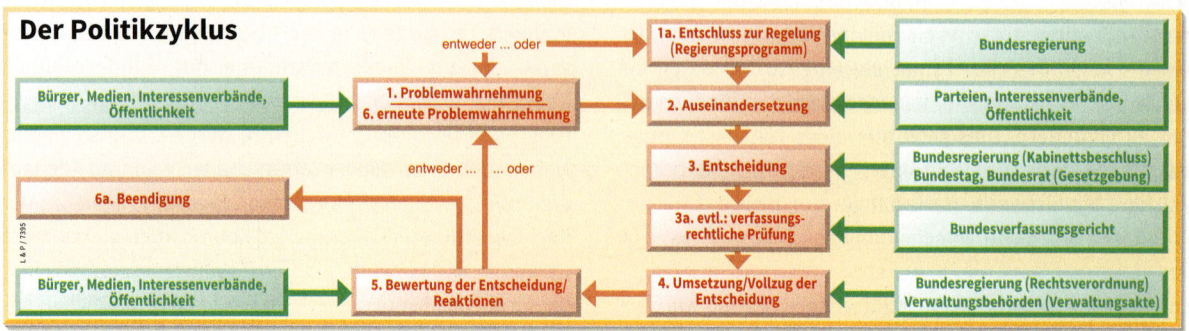

M 22 Die Verfassungsorgane befassen sich mit dem Atomausstieg

A Die Bundesregierung plant [...] einen schrittweisen Ausstieg aus der Atomkraft in den Jahren 2018 bis 2022. Dabei soll es ein kombiniertes Modell aus Reststrommengen und einem endgültigen Enddatum für jedes Kernkraftwerk geben. Die ältesten Meiler sollen nicht mehr ans Netz gehen. Dieses Vorgehen sollen Bundeskanzlerin Angela Merkel und Umweltminister Norbert Röttgen (beide CDU) favorisieren [...].

Caroline Turzer, Bundesregierung plant Aus für Kernkraft bis 2022, 4.5.2011; www.welt.de

B Als erste große Industrienation steigt Deutschland nach der Reaktorkatastrophe von Fukushima bis 2022 endgültig aus der Atomenergie aus. Der Bundestag stimmte am Donnerstag in Berlin mit einer parteiübergreifenden Mehrheit von 513 Ja-Stimmen bei 79 Nein-Stimmen und 8 Enthaltungen für diesen historischen Wendepunkt in der Energiepolitik. SPD und Grüne unterstützten den Kurs der Regierungskoalition aus Union und FDP. Als Konsequenz aus der Fukushima-Katastrophe werden acht Atomkraftwerke sofort stillgelegt und die restlichen neun Meiler schrittweise abgeschaltet. Ein 30 Jahre währendes Kampfthema wird damit im breiten Konsens befriedet.

dpa, Historischer Beschluss, 30.6.2011, www.focus.de

C Der Bundesrat hat den stufenweisen Atomausstieg bis zum Jahr 2022 gebilligt. [...] Bundesumweltminister Norbert Röttgen hatte bis zuletzt bei den Ländern um Zustimmung für Atomausstieg und Energiewende geworben.

Manuel Czauderna, Atomausstieg bis zum Jahr 2022 ist perfekt, 8.7.2011, www.welt.de

D Dem Ausstieg aus der Kernkraft steht nichts mehr im Wege: [Der] Bundespräsident [...] hat das 13. Gesetz zur Änderung des Atomgesetzes nach sorgfältiger Prüfung der Verfassungsmäßigkeit unterschrieben. Mit der Verkündung im Bundesgesetzblatt tritt es in den nächsten Tagen in Kraft.

Die Bundesregierung, 6.6.2011, www.bundesregierung.de/ContentArchiv/DE/Archiv17/Artikel/2011/06/2011-06-06-Schrittweiser%20-Atomausstieg.html

E Experten haben erhebliche Zweifel an der Rechtssicherheit des vorgesehenen Atomausstiegs geäußert. Bemängelt wird u. a., dass die Regierung die unterschiedlichen Laufzeiten von älteren und jüngeren Atomkraftwerken nicht begründen könne. [...] Justizministerin Sabine Leutheusser-Schnarrenberger hält den Gesetzentwurf für rechtlich unangreifbar. [...] Doch daran gibt es Zweifel. [...] Damit könnte das Bundesverfassungsgericht das Gesetz wieder kippen. Die Energiekonzerne [...] hatten nach dem Ausstiegsbeschluss Klagen angekündigt, weil [...] die acht ältesten Atomkraftwerke [AKW] sofort abgeschaltet werden sollen. Die Konzerne verlangen Schadenersatz in Milliardenhöhe, weil sie bis zum Abschalten der AKW nicht alle Strommengen aufbrauchen können. Aus ihrer Sicht kommt das einer Enteignung gleich.

srs, Deutsches Verfassungsgericht könnte Atomausstieg kippen. 9.6.2011, www.nzz.ch

M 23 Die Atompolitik im mehrfachen Gesetzgebungsverfahren

Änderung des Atomgesetzes I
April 1986: Katastrophe im AKW Tschernobyl
Herbst 1998: SPD und Grüne kündigen an, nach einem Wahlsieg die Versorgung mit Atomenergie zu beenden.
13.01.1999: Die rot-grüne Bundesregierung will die Nutzung der Atomenergie „geordnet und sicher" beenden.
14.06.2000: Bundeskanzler Gerhard Schröder (SPD) einigt sich mit den Energiekonzernen auf den Atomausstieg („Atomkonsens": Laufzeitbefristung auf 32 Jahre seit Inbetriebnahme, Verbot des Neubaus von AKW).
13.12.2001: Der Bundestag beschließt die Änderung des Atomgesetzes.
01.02.2002: Der Bundesrat lässt das Gesetz passieren.
22.04.2002: Bundespräsident Rau unterzeichnet das Gesetz.
27.04.2002: Das geänderte Atomgesetz tritt in Kraft.
Danach: Umweltverbände kritisieren, dass bei den langen Restlaufzeiten nicht vom Ausstieg die Rede sein könne. CDU/CSU und FDP lehnen den Ausstieg u. a. ab, da erneuerbare Energien noch nicht genug Strom erzeugten.

Änderung des Atomgesetzes II
26.10.2009: Nach der gewonnenen Bundestagswahl 2009 vereinbaren CDU/CSU und FDP, die Laufzeiten der AKW zu verlängern: bei den 7 älteren AKW um 8, bei den 10 jüngeren um 14 Jahre.
05.09.2010: Die Bundesregierung beschließt einen entsprechenden Entwurf zur Änderung des Atomgesetzes.
28.10.2010: Der Bundestag beschließt die Änderung des Gesetzes als nicht zustimmungspflichtiges Gesetz.
26.11.2010: Der Bundesrat lässt das Gesetz passieren.
08.12.2010: Bundespräsident Wulff unterzeichnet das Gesetz.
14.12.2010: Das erneut geänderte Gesetz tritt in Kraft.
Danach: Die Laufzeitverlängerung stößt auf Kritik der Opposition, einer Reihe von Bundesländern, Umweltverbänden, der Ökostromerzeuger und vieler Stadtwerke.

Änderung des Atomgesetzes III
11.03.2011: Atomunfall im japanischen Fukushima.
14.03.2011: Das Kabinett beschließt, alle AKW einer Sicherheitsüberprüfung zu unterziehen und die ältesten Anlagen für drei Monate stillzulegen („Moratorium").
22.03.2011: Die Bundesregierung beauftragt eine Ethikkommission, Möglichkeiten der Energieversorgung ohne Kernkraft zu prüfen. Im Mai empfiehlt die Kommission einen Atomausstieg binnen zehn Jahren.
06.06.2011: Die Bundesregierung beschließt einen Entwurf zur erneuten Änderung des Atomgesetzes: Die 8 ältesten AKW bleiben stillgelegt, die 9 restlichen werden stufenweise bis 2022 abgeschaltet.
30.06.2011: Der Bundestag beschließt mit breiter Mehrheit die erneute Änderung des Atomgesetzes.
08.07.2011: Der Bundesrat stimmt dem Gesetz zu.
01.08.2011: Bundespräsident Wulff unterzeichnet das Gesetz.
06.08.2011: Das erneut geänderte Gesetz tritt in Kraft.
Danach: Energiekonzerne drohen mit Klagen. Bürgerinitiativen wenden sich gegen Stromtrassen, die zukünftig die Windenergie von den Küsten nach Süddeutschland leiten sollen…

Aufgaben

1. Analysieren Sie die Grafik M21 hinsichtlich des Zusammenspiels und der Verflechtung der Verfassungsorgane.
2. Beschreiben Sie das Zusammenspiel der Verfassungsorgane beim Atomausstieg (M22).
3. Vergleichen Sie die zeitliche Dauer der drei Gesetzgebungsprozesse in M23. Entwickeln Sie dabei Hypothesen über die Ursachen der zeitlichen Unterschiede.

Info

Art. 21 Abs. 1 GG

„Die Parteien wirken bei der politischen Willensbildung des Volkes mit. Ihre Gründung ist frei. Ihre innere Ordnung muss demokratischen Grundsätzen entsprechen. Sie müssen über die Herkunft und Verwendung ihrer Mittel sowie über ihr Vermögen öffentlich Rechenschaft geben."

Grundsatzprogramme einiger Parteien

5. Die Parteien als Akteure des politischen Willensbildungsprozesses

Verankerung der Parteien im Grundgesetz

In der Bundesrepublik Deutschland wird den Parteien durch Art. 21 GG im politischen Willensbildungsprozess eine herausragende Stellung eingeräumt. Damit genießen die Parteien im Vergleich zu vielen anderen Staaten eine verfassungsrechtliche Verankerung, die im Parteiengesetz noch weiter konkretisiert wird.

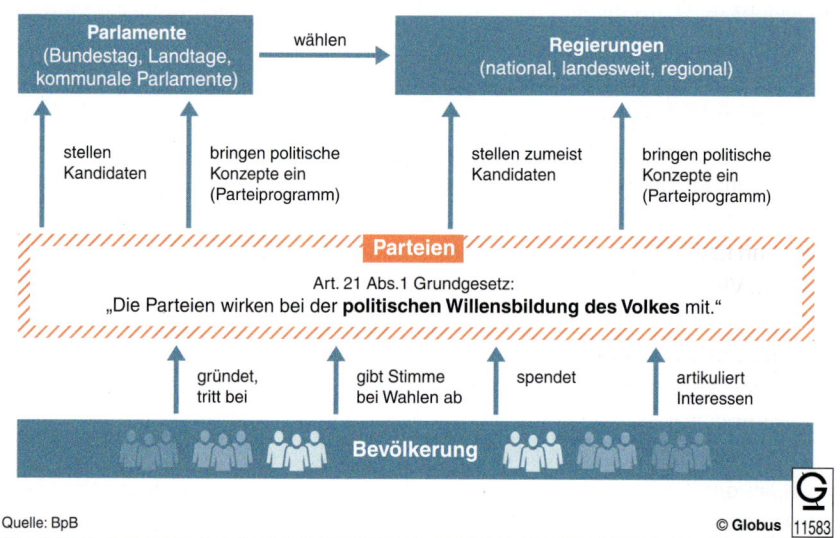

Quelle: BpB

M 1 Die Funktionen der Parteien

Die Aufgaben, die den Parteien zugewiesen werden, sind vielfältig. So stellen sie das politische Personal in den Parlamenten und Regierungen von Bund und Ländern. Zwar ist es keine Pflicht, als politischer Funktionsträger einer Partei anzugehören, aber faktisch ist es nahezu unmöglich, ohne den politischen, organisatorischen und finanziellen Rückhalt einer Partei politisch Karriere zu machen. Parteien bilden befähigte Bürger für die Übernahme öffentlicher Verantwortung aus und stellen die Kandidaten für die Besetzung politischer Ämter. Dies bezeichnet man als Personalrekrutierungsfunktion.

Die zweite wichtige Funktion der Parteien ist die Programmfunktion: Sie konzipieren politische Zielvorstellungen, die sie in Partei- oder Wahlprogrammen artikulieren und zusammenfassen, um den Bürgern damit eine Orientierung für ihr Wahlverhalten anzubieten.

Weiterhin vermitteln Parteien zwischen Staat und Gesellschaft, indem sie den Willen der Gesellschaft in politischen Willen übertragen und im Rahmen ihrer Verantwortlichkeit auch umsetzen.

Volks-, Klientel- und kleinere Parteien

Jeder Bürger kann eine Partei gründen, sofern sie in ihren Zielen die FDGO respektiert. So schreibt Art. 21 Abs. 1 GG auch eine innerparteiliche Demokratie vor, um die Bildung einer „Führerpartei", wie es die NSDAP war, zu verhindern. Das heißt, die Parteimitglieder müssen durch parteiinterne Wahlen und durch Diskussionen an der politischen Willensbildung beteiligt werden.

In den meisten Parteien finden sich die Bevölkerungs- und Berufsgruppen mit unterschiedlicher Schicht-, Konfessions- und Geschlechtszugehörigkeit und auch verschiedenen Bildungsgraden. Bei der Neugründung der Parteien nach 1945 wollten insbesondere die größeren Parteien vermeiden, nur die Interessen einer bestimmten Bevölkerungsgruppe im Blick zu haben, und nicht den Fehler der Weimarer Republik wiederholen, als Weltanschauungs- und Klientelparteien dominiert hatten. So entstanden die CDU in Deutschland und die CSU in Bayern bewusst als überkonfessionelle Parteien mit dem Anspruch, eine auf christlichen und nicht nur katholischen Werten beruhende Politik für die gesamte Bevölkerung zu machen. Nachdem sich die SPD in ihrem Godesberger Programm 1959 von ihrer Vergangenheit als reine Arbeiterpartei verabschiedet hatte, wurde auch sie zu einer Volkspartei, deren Bestreben es war, die Interessen aller Bürger zu vertreten.

Neben den beiden großen Volksparteien CDU/CSU und SPD gibt es eine Reihe kleinerer Parteien, die für sich beanspruchen, Politik für alle zu betreiben. Seit 1949 sind in der Bundesrepublik etwa 800 Parteien gegründet worden. Viele dieser Kleinparteien konzentrieren sich auf einzelne Thema und eine bestimmte Klientel.

Mit dem Aufkommen und Erstarken kleinerer Parteien wie der FDP, den Grünen, den Linken und der AfD ging ein Schrumpfungsprozess bei SPD und CDU/CSU bei den Wahlergebnissen und den Mitgliederzahlen einher.

Parteienfinanzierung

Zur Wahrnehmung ihrer politischen Aufgaben wie der Durchführung von Wahlkämpfen benötigen die Parteien finanzielle Ressourcen. Dazu erheben die Parteien Mitgliedsbeiträge und erhalten von Unternehmen und Privatpersonen Spenden. Um zu verhindern, dass die Parteien von Spendengeldern abhängig werden und damit nur noch Politik für ihre finanziellen Unterstützer machen, gibt es erstens eine Deckelung der maximalen Höhe pro Spende und zweitens die Pflicht, ab einer gewissen Summe die Spender und ihre Beträge in einem Rechenschaftsbericht offenzulegen. Zusätzlich erhalten die Parteien Gelder aus der staatlichen Parteienfinanzierung. Die Höhe der Zuwendungen bemisst sich nach den erreichten Wählerstimmen bei Europa-, Bundestags- und Landtagswahlen und der Höhe der übrigen Einnahmen.

M 2 Volksparteien in Gefahr
Karikatur von Walter Hanel

Parteien in Deutschland – Selbstverständnis und Veränderungen

M 3 Die im Bundestag vertretenen Parteien

(Christlich-Soziale Union bzw. Christlich Demokratische Union); gegründet 1945; etwa 140 000 Mitglieder (CSU) bzw. 480 000 (CDU)

CDU und CSU verstehen sich als bürgerliche Volksparteien mit liberalem, konservativem und christlich-sozialem Fundament. Obwohl sie an das katholische Milieu der früheren Zentrumspartei bzw. Bayerischen Volkspartei anknüpfen konnten, begriffen sie sich von Anfang an als konfessionsübergreifende Parteien. In diesem Sinne gelang es ihnen rasch, protestantische Wähler mit einer liberalen und konservativen Orientierung an sich zu binden. Im Laufe der Jahre wurden die Parteien zunehmend offener auch für nichtchristliche Bevölkerungsschichten. Das christliche Verständnis vom Menschen bildet aber weiterhin den programmatischen Kern der CDU/CSU zum Beispiel in der Familienpolitik. Als zentraler Grundwert gilt den Parteien die sozial gebundene Freiheit. Sie treten seit jeher für die soziale Marktwirtschaft ein und befürworten eine Sozialpolitik, die auf Eigenvorsorge, Selbst- und Nächstenhilfe der Bürger und dann erst auf staatliches Eingreifen setzt.

(Sozialdemokratische Partei Deutschlands): gegründet 1863; etwa 480 000 Mitglieder

Die SPD versteht sich als eine linke Volkspartei. Ursprünglich war sie eine Klassenpartei der Industriearbeiterschaft mit einem marxistischen Grundverständnis und strebte eine sozialistische Gesellschaftsordnung an. Mit dem Godesberger Programm von 1959 wandte sie sich einem offeneren Sozialismus zu, als dessen Grundwerte sie Freiheit, Gerechtigkeit und Solidarität bezeichnet. Zugleich nennt das Programm die christliche Ethik, den Humanismus und die klassische Philosophie als Wurzeln der Grundwerte. Die SPD erkennt die soziale Marktwirtschaft prinzipiell an. Die Wirtschaft soll allerdings durch staatliche Maßnahmen gezügelt, gesteuert und demokratisiert werden. Die Partei tritt dementsprechend auch für eine ausgebaute Sozialpolitik mit wohlfahrtsstaatlicher Tendenz ein. Sie betont die soziale Gerechtigkeit und hat deshalb viel Verständnis für eine stärkere Belastung der Besserverdienenden mit höheren Steuern.

(Freie Demokratische Partei): Gegründet 1948; etwa 60 000 Mitglieder

Die FDP versteht sich als eine wirtschafts-, rechtsstaats- und kulturliberale Partei. Entstehungsgeschichtlich ist sie ein Zusammenschluss bürgerlich-liberaler und nationalliberaler Strömungen. Die individuelle Freiheit gilt der FDP als höchster politischer Wert. Deshalb begreift sie sich als Verteidigerin der Bürgerrechte und lehnt staatliche Eingriffe in persönliche Freiheitsrechte weitgehend ab. Religionsgemeinschaften mit ihren Glaubensgewissheiten und Loyalitätsansprüchen steht sie ebenfalls distanziert gegenüber. Wirtschaftspolitisch bekennt sie sich zu einer eher freien Markwirtschaft und Steuerentlastungen. Sie tritt folglich für einen Staat ein, der möglichst wenig in Wirtschaft und Gesellschaft eingreift.

Gegründet 1980 bzw. 1993; etwa 60 000 Mitglieder

Bündnis 90/Die Grünen entstammen zum einen der westdeutschen ökologischen Bewegung der 1970er-Jahre, zum anderen den ostdeutschen Bürgerbewegungen. Letztere hatten einen maßgeblichen Anteil an der friedlichen Revolution in der DDR in den Jahren 1989 und 1990. Zum Zusammenschluss beider Gruppen kam es 1993. Die Grünen verstanden sich ursprünglich als „grundlegende Alternative" zu allen anderen Parteien. Daher traten sie anfänglich für die sogenannte reine Basisdemokratie und unbedingte Gewaltfreiheit ein. Im Laufe der Jahre schwächten sich diese Positionen jedoch deutlich ab. Der programmatische Kern der Grünen ist der ökologische, auf Nachhaltigkeit setzende Umbau der Industriegesellschaft. In diesem Sinne lehnt die Partei die Atomenergie kompromisslos ab und befürworten nachdrücklich alternative Energien. Wenn es den Umweltzielen dient, treten sie für höhere Steuerbelastungen ein. Insofern bejahen sie einen aktiven, regulierenden und auch umverteilenden Staat.

Gegründet 1946 bzw. 2007; etwa 65 000 Mitglieder.

Die Linke ist in ihrem Kern die Nachfolgeorganisation der früheren Sozialistischen Einheitspartei Deutschlands (SED), die, 1946 gegründet, auf der Basis einer marxistisch-leninistischen Ideologie die DDR diktatorisch beherrschte. Nach 1990 benannte sich die SED um in Partei des demokratischen Sozialismus (PDS). Sie vereinigte sich 2007 mit der in den alten Bundesländern aus Protest gegen die Politik der SPD entstandenen Wahlalternative Arbeit und soziale Gerechtigkeit (WASG). Die Linke strebt anders als die übrigen Parteien einen politischen und wirtschaftlichen Systemwechsel an. Ihr Fernziel ist der Sozialismus, der eine Überwindung des Kapitalismus mit der Markwirtschaft sowie der „bürgerlichen" Demokratie voraussetzt. Sie hat die Vision einer weitgehend nivellierten Gesellschaft, die durch eine massive Umverteilung privaten Vermögens bewerkstelligt werden soll. Zu diesem Zweck setzt die Partei auf umfassende staatliche Kontrollen wirtschaftlicher, politischer und gesellschaftlicher Vorgänge.

Gegründet 2013; etwa 25 000 Mitglieder

Ursprünglich als Reaktion auf die Einführung des EU-Rettungsschirms gegründet und wirtschaftsliberal ausgerichtet, wandelte sich die AfD seit Mitte 2015 zu einer Partei, die im Spektrum rechts von CDU/CSU anzusiedeln ist und als rechtspopulistisch bzw. nationalkonservativ bezeichnet werden kann. Sie ist europakritisch und fordert eine Rückgabe von Souveränitätsrechten an die Nationalstaaten sowie die Beendigung der Euro-Währung. In der Außen- und Sicherheitspolitik will die AfD die allgemeine Wehrpflicht wieder einführen und keine Soldaten und Atomwaffen verbündeter Staaten mehr in Deutschland dulden. Nach Ansicht der AfD gehört der Islam nicht zu Deutschland, weswegen die Schächtung von Tieren oder auch eine Vollverschleierung verboten werden sollen. Ebenso sollen islamische Organisationen keinen Körperschaftsstatus erhalten. Der Zuzug von Flüchtlingen soll gestoppt werden und Einwanderung nur noch „maßvoll" ermöglicht werden. Zudem verlangt die AfD einen besseren Schutz der deutschen Grenzen. Ehe und die traditionelle Familie sollen gestärkt werden. Kritisiert werden in diesem Zusammenhang Gleichstellungspolitik und Geschlechterquoten. Die AfD bezweifelt, dass es einen Klimawandel gibt, und fordert eine Laufzeitverlängerung für Atomkraftwerke.

Autorentext

M 4 Parteienfinanzierung

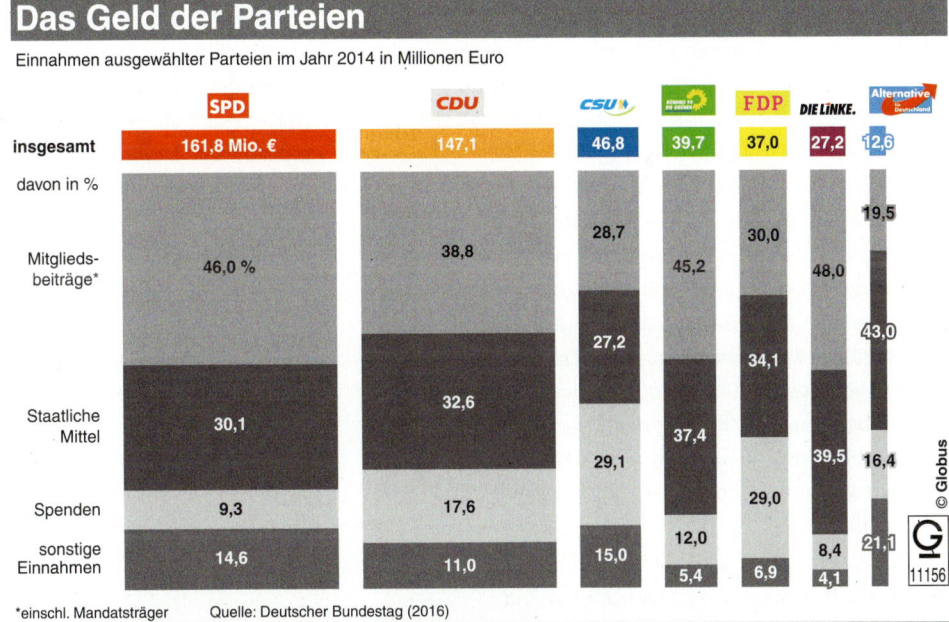

Aufgaben

1. Analysieren Sie die Grafik M1 und beschreiben Sie die Verzahnung zwischen Bürgern, Parteien und Regierungen.
2. Erschließen Sie aus M3 Überschneidungen und Unterschiede zwischen den Parteien.
3. Ermitteln Sie arbeitsteilig die Entwicklung der vorgestellten Parteien in den letzten 20 Jahren anhand folgender Kriterien: Programmerneuerung, Wahlergebnisse, Wählerschaft, Parteiflügel, Zeiten der Regierungsverantwortung und der Opposition.
4. Erläutern Sie unter Rückgriff auf den Autorentext und M4 Prinzipien und Umfang der Parteienfinanzierung.

M 5 **Parteien im Wandel**

Die Kritik an den Parteien ist allgegenwärtig und kann – nicht nur in Deutschland – auf eine lange Tradition zurückblicken. […] Sosehr der Parteienwettbewerb als Erscheinungsform der parlamentarisch verfassten Demokratie im
5 Allgemeinen akzeptiert ist, so gering bleibt das Ansehen der Parteien selbst. Umfragen zufolge erhalten Parteien unter den demokratischen Institutionen regelmäßig die schlechtesten Bewertungen. […] Wenn die Parteien in der Demokratie das Bindeglied zwischen Volk und Staat bilden,
10 müssen sie diese Verbindung organisatorisch herstellen und verstetigen. […] Als „lernende Organisationen" stehen die neuen und alten Parteien mithin vor unterschiedlichen Herausforderungen. […] Sie müssen ihre Organisationen an die veränderten Bedingungen des Wählerwettbewerbs an-
15 passen. Das stellt vor allem für die großen Parteien eine immense Herausforderung dar, die ihre Mehrheitsfähigkeit nur dann aufrechterhalten oder zurückgewinnen können, wenn es ihnen gelingt, verschiedene Bevölkerungsteile zu einer möglichst umfassenden Wählerkoalition zusammen-
20 zuschmieden. […]

Ob die Parteien […] Terrain zurückgewinnen können, hängt maßgeblich von ihrer eigenen Reformfähigkeit ab. […] Drei Anknüpfungspunkte einer Reformstrategie lassen sich benennen:

25 ■ Bessere gesellschaftliche Vernetzung durch Öffnung für Nichtmitglieder: Um die Beteiligungspotenziale der politisch interessierten Bürger zu heben, müssen die Parteien ihre Organisationsstrukturen flexibilisieren. Notwendig sind Partizipationsangebote von unter-
30 schiedlicher Intensität und Dauer jenseits der formalen Mitgliedschaft, die die Schwelle für eine Mitarbeit herabsetzen. Die Öffnung der Organisation trüge der verbreiteten Neigung zum projektbezogenen Engagement Rechnung, das gerade viele junge Menschen vom Parteieintritt abhält. […] Erleichtert wird die Vernetzung 35 durch das Internet, das eine schnelle und umfassende interaktive Kommunikation ermöglicht. […];

■ Innerparteiliche Demokratisierung durch Urwahlen und Mitgliederentscheide: Eine Antwort […] könnte darin liegen, dass man die Beteiligungsrechte der Basis 40 insgesamt ausweitet. Das heißt: Urwahlen und Mitgliederentscheide sollten nicht nur sporadisch und nach Gutdünken der Parteiführungen eingesetzt werden, sondern feste Regeln sein. Dabei könnte man innerhalb der Organisationen Abstufungen vornehmen. Bestimmte 45 Entscheidungen wären ausschließlich den Mitgliedern vorbehalten, während andere – nach dem Vorbild der US-amerikanischen Vorwahlen – auch Nichtmitgliedern oder Unterstützern offenstünden. […]

■ Ergänzung der Wettbewerbsdemokratie durch Volks- 50 abstimmungen: […] Wenn Wahlen in den parlamentarischen Parteiendemokratien an legitimierender Kraft einbüßen, dann erscheint die Einführung von zusätzlichen Formen der Abstimmungsdemokratie folgerichtig. Die Bürger hätten dann die Chance, über bestimmte 55 Sachfragen außerhalb der Wahlauseinandersetzung direkt zu entscheiden. […]

Weil sie den Zorn ihrer Wähler fürchten, machen sie [die Parteien] sich vor der oftmals maßlosen Kritik, die ihnen vonseiten der Medien entgegenschlägt, kleiner als nötig. 60 Gleichzeitig igeln sie sich in den Strukturen der eigenen Organisation und des zwischenparteilichen Wettbewerbs ein, statt diese für zusätzliche Beteiligungsformen zu öffnen. Dabei sind die Integrationsleistungen der Parteien als Willensbildungsorgane, ihre Fähigkeit, die Interessen ver- 65 schiedener gesellschaftlicher Gruppen abzugleichen und programmatisch zusammenzubinden, heute mehr denn je gefordert.

Frank Decker: Parteien und Parteiensysteme in Deutschland, W. Kohlhammer, Stuttgart 2011, S. 84–134

Aufgaben

5. Arbeiten Sie aus M5 Gründe für die Krise der (Volks-)Parteien mit eigenen Worten heraus.
6. Erläutern Sie die in M5 vorgestellten Reformvorschläge und beurteilen Sie im Anschluss, wie sinnvoll und praktisch umsetzbar diese sind.
7. Interpretieren Sie die Karikatur M2 vor dem Hintergrund von M5.

Parteienerkundung und Programmanalyse

Parteienerkundung vor Ort
Erkunden Sie – arbeitsteilig – die Aktivitäten der verschiedenen Parteien in Ihrer Gemeinde.
Entwickeln Sie dazu Fragen für Interviews mit Vorstandsmitgliedern der jeweiligen Ortsverbände, Ratsmitgliedern und „einfachen" Parteimitgliedern.

Folgende Fragen könnten sinnvoll sein:
Welche Motive geben die Parteimitglieder für ihr Engagement an?
Wie ist die Partei vor Ort organisiert?
Existiert ein Jugendverband der Partei im Ort?
Wie wird die örtliche Parteiarbeit finanziert?
Wie viele Mitglieder hat der Ortsverband der Partei?
Wie ist die Berufs- und die Altersstruktur, wie der Frauenanteil beschaffen?
Wie hat sich die Mitgliederzahl in den letzten zehn Jahren entwickelt?
Welche Gremien in der Gemeinde werden mit Personen aus der Partei besetzt?
Worin werden die Unterschiede zu den anderen Parteien in der Gemeinde gesehen?

Ergänzen können Sie die Ergebnisse Ihrer Interviews durch folgende Aktivitäten:
Besuchen Sie öffentliche Veranstaltungen der Partei.
Sammeln Sie aktuelle Pressemitteilungen über Aktivitäten der Ortspartei.
Beachten Sie die Präsentation der Ortspartei im Internet.

Überlegen Sie, wie Sie Ihre **Ergebnisse** zusammenfassend auf Schautafeln oder in einer kleinen „Parteienzeitung" präsentieren können. Erfahrungsgemäß sind Ihre Gesprächspartner, aber auch die Lokalpresse an den Ergebnissen Ihrer Recherchen interessiert.

Analyse von Partei- und Wahlprogrammen
Partei- und Wahlprogramme beschreiben den politischen Standort der Parteien und enthalten in zusammenhängender, ausführlicher Darstellung die Ziele, für die sie in der Öffentlichkeit eintreten.

Parteiprogramme kommen in der Regel erst nach einem längeren Diskussionsprozess zustande und sind notwendigerweise recht allgemein gehalten. Wahlprogramme beschreiben demgegenüber konkreter das politische Programm für die kommende Legislaturperiode.
Eine kriteriengeleitete Analyse der Programmaussagen der wichtigsten Parteien kann Ihnen Aufschluss über deren ideologisches Selbstverständnis und politische Gestaltungsabsicht geben. Nachdem Sie die Aussagen in Stichwortsätzen herausgearbeitet haben, können Sie sie z. B. auf einer Wandzeitung oder auf Folien gegenüberstellen. Dies erlaubt Ihnen einen Vergleich der Profile der Parteien.
Was viele nicht wissen: Gemäß § 6 Absatz 3 des Parteiengesetzes können Sie sich kostenlos alle oder einzelne Programme der Parteien vom Bundeswahlleiter schicken lassen. Im Gesetz heißt es zunächst, dass der Vorstand jeder Partei dem Bundeswahlleiter Satzung und Programm der Partei mitzuteilen hat und Änderungen anzeigen muss. Dann heißt es weiter: „Die Unterlagen können beim Bundeswahlleiter von jedermann eingesehen werden. Abschriften dieser Unterlagen sind auf Anforderung gebührenfrei zu erteilen."

Es bieten sich folgende Analyse- und Vergleichskriterien an.
- Menschenbild
- Grundwerte
- Demokratievorstellung
- Aufgaben des Staates
- Wirtschaftsordnung und -politik
- Familienbild
- Steuer- und Sozialpolitik
- Bildungspolitik

Beim Vergleichen sollte darauf geachtet werden, wie ausführlich die Programme die einzelnen Punkte behandeln und welchen Gruppen sich die Parteien jeweils besonders verpflichtet fühlen. Im **Abschlussgespräch** können Sie die Überzeugungskraft der Programme kritisch erörtern.

Extrablatt: Die Parteien in den USA

M 1 Die amerikanische Parteienlandschaft
Republikaner und Demokraten bilden die beiden dominierenden Parteien

Die Demokratische Partei
Sie gilt als die eher liberalere Partei in den USA. Ihr Wappentier ist der Esel.

Die Republikanische Partei
auch Grand Old Party (GOP) genannt, steht für eine konservative und wirtschaftsliberale Politik. Ihr Wappentier ist der Elefant.

Fehlende Verankerung in der Verfassung

Der erste Präsident der USA, George Washington, gehörte nie einer Partei an und warnte die Bevölkerung sogar vor der Gefahr, die von Parteien ausgehe. In der amerikanischen Verfassung werden Parteien nicht erwähnt, auch wenn sie für die Vereinigten Staaten seit ihrer Gründung unentbehrlich erschienen.

Aufgaben der Parteien in den USA

„A Party Is to Elect" – nach dieser Minimaldefinition gibt es Parteien nur dazu, Kandidaten für öffentliche Ämter aufzustellen, damit diese dann von den Bürgern gewählt werden können. Die Parteien in den USA haben also mit dem deutschen Verständnis von Parteien wenig zu tun. Die US-Parteien haben keine Mitglieder, von denen zum Beispiel Mitgliedsbeiträge erhoben werden könnten, sondern haben Unterstützer, die sich zu den Zielen einer Partei bekennen. Diese gleichen damit eher einer „Bewegung" denn einer festen Organisation. Eine Parteizugehörigkeit wird nur im Falle der Registrierung als Wähler transparent. Somit muss eine Partei auch nicht zwangsläufig ein Programm haben. Parteiausschlüsse oder Versammlungen von Ortsverbänden sind gänzlich unbekannt.

Entsprechend verhält es sich im den Parlamenten auf Staats- bzw. Bundesstaatsebene: Die Abgeordneten einer Partei unterliegen keiner Fraktionsdisziplin, was selbst bei eindeutigen Mehrheitsverhältnissen dazu führt, dass Gesetze, die von Mitgliedern der Mehrheit eingebracht worden sind, nicht zwangsläufig verabschiedet werden. US-Abgeordnete fühlen sich eher den Bürgern ihres Wahlkreises gegenüber verantwortlich als ihrer Partei.

Zwei-Parteien-System

Das Mehrheitswahlsystem begünstigt traditionell die Entstehung eines Zwei-Parteien-Systems. Die beiden großen Parteien in den USA, Demokraten und Republikaner, wechseln sich seit Jahrzehnten bei den Mehrheitsverhältnissen im Kongress und der Stellung des Präsidenten unregelmäßig ab. Dennoch gibt es kleinere „Drittparteien", die – wenn auch meist erfolglos – bei Wahlen antreten und den Wahlausgang beeinflussen können, indem sie zum Beispiel Stimmen von einer der beiden dominierenden Parteien abziehen.

Info

Fraktionsdisziplin

Auch die Abgeordneten des Deutschen Bundestages sind laut Grundgesetz nur ihrem eigenen Gewissen verpflichtet. In der Realität herrscht jedoch Fraktionsdisziplin. Das heißt, in den Fraktionen wird vorab das Abstimmungsverhalten verabredet, sodass bei der eigentlichen Abstimmung im Bundestag alle Mitglieder einer Fraktion einheitlich abstimmen. Bei bestimmten Abstimmungen, vor allem solchen zu ethischen Fragestellungen, wird die Fraktionsdisziplin allerdings aufgehoben.

M 2 What Do Parties Stand For?

Are you a Democrat or a Republican? If you can answer that question, you're ahead of the game. For many people, political parties are a puzzle. The dictionary defines them as groups of people "who control or seek to control a govern-
5 ment." So much for music and dancing.

The U.S. Constitution doesn't even mention political parties. President George Washington warned about „the danger of parties." But even then, our leaders didn't always agree. In the 1790s, a quarrel broke out between Thomas
10 Jefferson and Alexander Hamilton over how much power to grant the federal government. The argument split their followers into two separate groups – the beginning of U.S. political parties.

The argument still forms the underlying dispute between
15 our two main political parties: the Democrats and the Republicans. What does each group stand for?

The Party of the People: The Democratic Party is the oldest existing political party in the U.S. Some scholars say that it began when Jefferson founded the Democratic-Republi-
20 cans in 1792. Jefferson opposed a strong central government. The party later split. […] Today's Democratic Party takes a different stand. Democrats are sometimes referred to as „the Party of the People," attracting immigrants, blue-collar workers, women, and minorities. Democrats tend to
25 take a more liberal stand on important issues. They believe that the federal government should take a more active role in people's lives, particularly those who are in need. One example is Franklin D. Roosevelt's presidency (1933–1945). To pull the U.S. out of an economic depres-
30 sion, Roosevelt started a slew of government programs to create jobs.

The Grand Old Party: The Republican Party was formed in 1854, when a man named Alvan E. Bovay brought together antislavery leaders. These leaders opposed the Kansas-
35 Nebraska Act, which would permit slavery in these new territories if the people voted for it. The party's candidate lost in 1856. The Republicans realized they needed more than one issue to win. In 1860, they still opposed slavery in the territories, but also called for a transcontinental rail-
40 road and free land to settlers. The candidate that year, Abraham Lincoln, won. What do Republicans stand for today? In general, Republicans tend to take a more conservative stand on issues. They believe that the federal government should not play a big role in people's lives. Most
45 Republicans favor lower taxes and less government spending on social programs. They believe in less government intervention in business and the economy. […]

Other Voices in the Electoral Crowd: Over the last 40 years, Americans have seldom granted their Presidents much freedom to enact their proposals. Since 1987, for example,
50 Republican Presidents have been in the White House, while Democrats have controlled both houses of Congress. The result is what we call a divided government. Some experts say that this situation can spark trouble. Each party blames the other when things go wrong. Voters, in turn, have grown
55 disillusioned with a government that is constantly deadlocked.

While we have a two-party system, there are hundreds of political parties in the U.S. There are also people who are not linked to any party and run as independents. No third-
60 party or independent candidate has ever been elected President. But several third-party proposals have gained such widespread support that the major parties were forced to adopt them.

Adapted from „What Do Parties Stand For?". Published in JUNIOR SCHOLASTIC, January 18, 2018. Copyright © 2018 by Scholastic Inc. Used by permission

Aufgaben

1. Erarbeiten Sie aus M2 die programmatischen Schwerpunkte von Demokraten und Republikanern.
2. Analysieren Sie die Grafik M1. Erstellen Sie Lernplakate zu den Programmen der sogenannten „Third Parties" und vergleichen Sie sie mit den programmatischen Schwerpunkten von Demokraten und Republikanern (M2).

M 3 Was kennzeichnet die US-Parteien?

Der Politikwissenschaftler Peter Lösche:

Amerikanische Parteien unterscheiden sich hinsichtlich ihrer Struktur, Programmatik und Funktion wesentlich von jenen politischen Organisationen in Westeuropa, die ebenfalls als Parteien bezeichnet werden […].

Die primäre Funktion der amerikanischen Parteien spiegelt sich in der klassischen Definition von *party*, wie sie sich in einschlägigen Handbüchern zur amerikanischen Politik findet: A party is to elect – eine Partei ist dazu da, dass Kandidaten für öffentliche Ämter nominiert und gewählt werden können. Im amerikanischen Selbstverständnis ist eine Partei zunächst nicht viel mehr als eine Gruppe von Bürgern, wie locker ihr organisatorischer und programmatischer Zusammenhalt auch sein mag, die die Wahl von Bewerbern für ein öffentliches Amt unter einem bestimmten Parteietikett durchzusetzen versucht. Hinter dieser Nominierungs-, Wahl- und damit Elitenauswahlfunktion der amerikanischen Parteien treten solche Funktionen deutlich zurück, die im Parteienstaat der Bundesrepublik Deutschland […] gleichgewichtig mit im Vordergrund stehen: Aufnahme und Aggregation [= Vereinigung] divergierender gesellschaftlicher und politischer Interessen sowie deren Vermittlung in das politisch-administrative System; Artikulation von programmatischen Konzeptionen in verschiedenen Politikbereichen sowie Formulierung politischer Alternativen und die politische Bildung der Bürger. […]

[Amerikanische Parteien] rekrutieren aber zuweilen ihre Kandidaten nicht einmal selbst, sondern unterstützen hin und wieder auch solche Wahlbewerber, die von politischen Cliquen und Netzwerken oder von Interessengruppen zur Kandidatur vorgeschlagen werden. Auch finanzieren und organisieren amerikanische Parteien nicht oder nur zu einem Teil den Wahlkampf derjenigen, die unter ihrem Etikett antreten. Dies ist vielmehr in der Regel die Aufgabe der Kandidaten selbst. […]

Die typisch deutsche Frage, welche gesellschaftliche Konzeption und politische Theorie der Programmatik einer Partei zugrunde liegt, läuft bei den Parteien der USA ins Leere. Die beiden großen Parteien befürworten einen grundsätzlich durch den Markt sich regelnden, den staatlichen Eingriff aber zulassenden Kapitalismus. Dennoch unterscheiden sich Republikaner und Demokraten deutlich in ihrem programmatisch-ideologischen Profil und in ihren politischen Positionen, was mit ihrer jeweils besonderen Geschichte, mit den sie tragenden Wählergruppen sowie mit den auf sie einwirkenden Interessengruppen zusammenhängt.

So treten die Demokraten […] stärker für den Eingriff des Bundes in Wirtschaft und Gesellschaft und für die Unterstützung der Unterschichten ein. Sie gelten – in der amerikanischen Begrifflichkeit – als liberal, nämlich als eher staatsinterventionistisch. Entsprechend ihren Interessen kooperieren die Gewerkschaften und bestimmte Organisationen ethnischer Minoritäten mit den Demokraten.

Die Republikaner hingegen, den Unternehmerverbänden nicht fernstehend […], betonen die Kräfte des Marktes, opponieren gegen höhere Besteuerung sowie neue nationale Sozialprogramme und setzen sich für Steuersenkungen […] ein. Sie treten für die die Deregulierung der Ökonomie ein und gelten als konservativ, nämlich als eher staatsabstinent.

Peter Lösche, Die politischen Parteien, in: Wolfgang Jäger/Christoph M. Haas (Hrsg.), Regierungssystem der USA. Lehr- und Handbuch, 3. Aufl., C.H. Beck, München 2007, S. 289f., 301f.

M 4 Warum sind die US-Parteien so schwach?

Die Politikwissenschaftler Emil Hübner und Ursula Münch analysieren die Stellung der Parteien im politischen System der USA:

[Deutlich] kommt die Schwäche der amerikanischen nationalen Parteien in den Abstimmungen im Kongress zum Ausdruck. Abstimmungen, bei denen die Demokraten geschlossen gegen die Republikaner stehen, kommen de facto nur bei Personalentscheidungen vor; bei Sachentscheidungen verlaufen die Fronten – von Ausnahmen abgesehen – quer durch die Fronten der Fraktionen mit dem Ergebnis, dass die Wähler die Haltung der Parteien und damit die Verantwortung für die getroffenen Entscheidungen nur schwer lokalisieren können. […]

Einer […] Stärkung [der Parteien] stehen […] erhebliche Probleme entgegen:

Zunächst die […] Dezentralisierung der amerikanischen Parteien selbst. Die einzelstaatlichen, regionalen und lokalen Parteiorganisationen sind nur bedingt bereit, auf bisherige Kompetenzen zugunsten einer Stärkung der nationalen Parteiorganisationen zu verzichten. […]

Weiterhin ist die Institution der Vorwahlen zu nennen, die die Parteien zumindest teilweise einer ihrer zentralen Aufgaben – der Kandidatenaufstellung nämlich – berauben und sie Parteianhängern – und damit de facto ihren Wählern – überantworten. […]

Letztlich entscheidend für die Schwäche der nationalen amerikanischen Parteien ist jedoch […] das präsidentielle Regierungssystem. Der Präsident der USA bedarf – im Gegensatz zu einem Regierungschef in einem parlamentarischen Regierungssystem – nicht der dauerhaften Unterstützung seiner Partei im Kongress: Sie hat ihn nicht gewählt, sie kann ihn nicht entlassen. Geschlossene Parteifronten könnten im Gegenteil zu einer Gefahr für das präsidentielle Regierungssystem werden, wenn der Präsident einerseits und die Mehrheit eines oder beider Häuser des Kongresses andererseits von verschiedenen Parteien gestellt würden. Starre Parteifronten und mangelnde Kompromissbereitschaft führten dann zu einem „gridlock" oder „deadlock", zu einem Stillstand oder zur Unregierbarkeit des Systems.

Emil Hübner/Ursula Münch, Das politische System der USA. Eine Einführung, 7. Aufl., C.H. Beck, München 2013, S. 79 ff.

M 5 Zu mächtig für eine dritte Partei?

Martin Klingst, Journalist der ZEIT, zu der Frage, warum sich in den USA keine dritte Partei etablieren kann:

Schaut man sich die Riege der amerikanischen Präsidentschaftskandidaten an, kriegt man entweder das Grausen oder das Gähnen. Eigentlich wäre es darum mal höchste Zeit für eine dritte Partei, sagen sich auch die Amerikaner. Immer mehr wünschen sich, dass endlich eine dritte Partei das verkrustete politische System aufbricht. Und dass ein unabhängiger Kandidat antritt, der weder den Demokraten noch den Republikanern angehört. Mehr noch: Eine wachsende Zahl von politisch engagierten Bürgern wendet sich inzwischen von den zwei großen Parteien ab und lässt sich als sogenannte independents in den Wählerlisten registrieren, als parteipolitisch Ungebundene. ...]
Dritte Parteien, von weit links bis weit rechts, hat es in der amerikanischen Geschichte immer wieder gegeben, doch ihr Einfluss blieb meist lokal begrenzt. Ebenso wenig mangelte es an unabhängigen Präsidentschaftskandidaten, doch auch ihnen war bislang kein Erfolg beschieden. [...]
Eine weitere Hürde: Amerikanische Wahlen sind sündhaft teuer, ein Kandidat muss heute etwa eine Milliarde Dollar aufbringen, um eine Chance auf die Präsidentschaft zu bekommen. [...] Wer siegen will, muss nicht unbedingt die Mehrheit der Wähler gewinnen, aber 270 Wahlmänner. Er muss also in den wichtigsten Bundesstaaten siegen. Jeder Bundesstaat verfügt je nach seiner Bevölkerungszahl über eine festgelegte Anzahl von Wahlmännern, die am Ende den Präsidenten wählen. Bis auf wenige Ausnahmen gilt dabei folgende Regel: the winner takes it all. Das heißt, derjenige Präsidentschaftskandidat, der in einem Bundesstaat die Mehrheit der Stimmen erhält, bekommt auch alle Wahlmänner, die dort zu vergeben sind. Für unabhängige Kandidaten ist das wahnsinnig schwer, denn die allermeisten Staaten sind fest in der Hand der Demokraten oder Republikaner, nur wenige Staaten wechseln noch die politische Farbe. Seit 1968 hat kein independent mehr einen einzigen Wahlmann gewinnen können.
Was den Unabhängigen jedoch gelingen kann: Sie können einem Demokraten oder Republikaner den sicher geglaubten Sieg streitig machen. Etliche Wahlanalytiker jedenfalls behaupten, 1992 habe der konservative unabhängige Kandidat Ross Perot den Republikaner George H. Bush um seinen Wahlsieg gebracht. [...] Es gibt noch weitere Hürden für unabhängige Bewerber: So ist es für sie äußerst kompliziert, in allen 50 Bundesstaaten auf die Wahlliste zu gelangen. Denn die Regeln sind höchst unterschiedlich und absolut verworren. Dahinter steckt auch System, denn Republikaner wie Demokraten wollen es einem dritten Kandidaten so schwer wie möglich machen.

Martin Klingst, Zu mächtig für eine dritte Partei, 01.02.2016; www.zeit.de/politik/2016-01/usa-wahlen-vorwahlen-dritte-partei/komplettansicht

Aufgaben

3. Charakterisieren Sie mithilfe von M3 die amerikanischen Parteien.
4. Erklären Sie mithilfe von M4 die Schwäche der amerikanischen Parteien.
5. Ermitteln Sie aus M5 die Probleme, die sich für die sogenannten dritten Parteien in den USA ergeben.
6. Erstellen Sie Gruppen-Mind-Maps zu den Nachteilen des deutschen (S. 50–54) und des US-amerikanischen Parteienwesens und vergleichen Sie. Diskutieren Sie im Anschluss, welches System Sie für das bessere halten.

6. Wahlen und Volksentscheide

Direkte oder indirekte Demokratie?

Das Wort Demokratie ist aus dem Griechischen abgeleitet und bedeutet Herrschaft des Volkes (= Demos). Es gibt dabei zwei grundsätzliche Arten von Demokratie: In einer direkten Demokratie wird die Herrschaft direkt durch das Volk, zum Beispiel durch regelmäßig stattfindende Abstimmungen und Referenden, ausgeübt. In der indirekten Demokratie wählen die wahlberechtigten Bürger Vertreter (Repräsentanten) und übertragen damit die Herrschaft auf sie. In modernen Staatswesen mit vielen Millionen Einwohnern ist die direkte Demokratie als Regel, auch wegen der oftmals gegebenen Komplexität politischer Fragen, kaum praktizierbar. Hier lebt die Demokratie vielmehr von der möglichst breiten Mitwirkung der Bevölkerung bei Wahlen.

Wahlaufruf
Plakat der Initiative „Wählen gehen!"

Kennzeichen demokratischer Wahlen

Auch in diktatorischen Regimes wie in der damaligen DDR kann es Wahlen geben. Diese genügen dann aber nicht den demokratischen Ansprüchen. Es gibt keine oder nur eine eingeschränkte Wahlfreiheit und die Wahlergebnisse haben keinen Einfluss auf die politischen Machtverhältnisse.

Um solche Praktiken in Deutschland zu verhindern, sind die zentralen Wahlrechtsgrundsätze für die Bundesrepublik in Art. 38 GG verankert:

M 1 Wahlgrundsätze in einer Demokratie

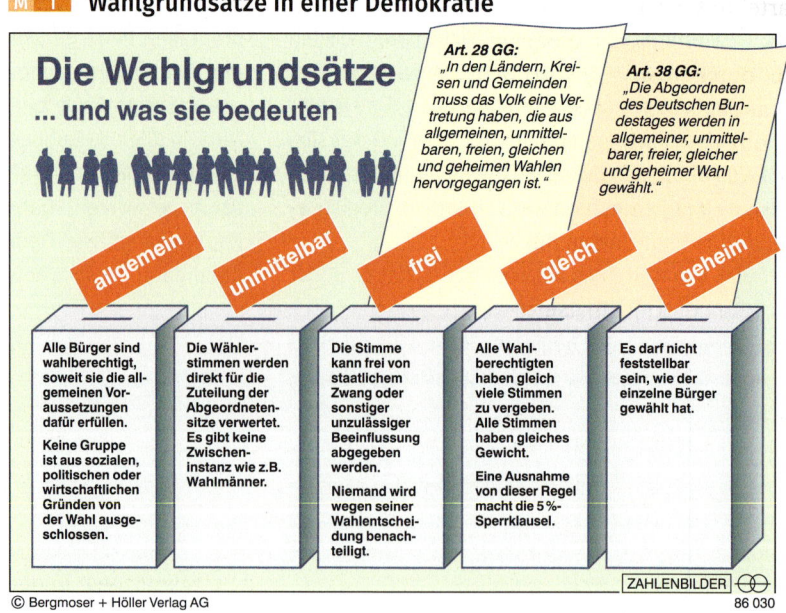

Info

Artikel 38 Abs. 1 und 2 GG

(1) Die Abgeordneten des Deutschen Bundestages werden in allgemeiner, unmittelbarer, freier, gleicher und geheimer Wahl gewählt. Sie sind Vertreter des ganzen Volkes, an Aufträge und Weisungen nicht gebunden und nur ihrem Gewissen unterworfen.

(2) Wahlberechtigt ist, wer das achtzehnte Lebensjahr vollendet hat; wählbar ist, wer das Alter erreicht hat, mit dem die Volljährigkeit eintritt.

Wahlsysteme

Es gibt zwei Grundtypen von Wahlsystemen: das Verhältnis- und das Mehrheitswahlrecht. Mit dem Verhältniswahlrecht wird eine möglichst gerechte Abbildung des Wählerwillens im Parlament angestrebt. Das heißt, dass 30 Prozent Stimmanteil bei der Wahl auch 30 Prozent der Abgeordneten im Parlament entsprechen. Die reine Verhältniswahl gab es z. B. in der Weimarer Republik. Sie führte zu einer Zersplitterung des Parlaments, was Regierungsbildungen enorm erschwerte.

Das Mehrheitswahlrecht sorgt für eine eindeutige, regierungsfähige Mehrheit im Parlament, kann im Extremfall (relative Mehrheitswahl) aber einen Großteil der Wählerstimmen missachten. Dazu kann es kommen, wenn das Land – wie in Großbritannien oder den USA – in Einerwahlkreise aufgeteilt wird und in manchen Wahlkreisen zum Beispiel fünf Parteien mit ihren Kandidaten antreten. Wenn zum Beispiel vier Kandidaten je 19 Prozent der Stimmen haben und ein Kandidat 24 Prozent, so bekommt Letzterer – nach den Wahlprinzipien „First Past the Post" oder „The Winner Takes It All" – den Parlamentssitz, obwohl 76 Prozent der Bevölkerung nicht für ihn gestimmt haben.

Die Wahl zum Deutschen Bundestag

Das deutsche Wahlsystem versucht, die Vorteile beider Wahlsysteme im sogenannten personalisierten Verhältniswahlsystem zu vereinen. So wird die Hälfte der Abgeordneten nach dem Mehrheitswahlsystem in den Wahlkreisen und die andere Hälfte über die Landeslisten der Parteien in das Parlament entsandt. Alle Wahlberechtigten haben eine Erst- und eine Zweitstimme, mit denen auch unterschiedliche Parteien gewählt werden können. Über die Sitzverteilung im Deutschen Bundestag entscheidet die Zweitstimme. Die bundesweiten Stimmenanteile der Parteien werden nach der Wahl in die Anzahl der Parlamentsmandate umgerechnet, wobei die mit der Erststimme direkt gewählten Kandidaten auf jeden Fall in das Parlament einziehen, sofern ihre Partei über die 5 %-Hürde springt oder mindestens drei Direktmandate erringen konnte. Sollten mehr Abgeordnete einer Partei mit der Erststimme in das Parlament gewählt werden, als ihr nach Anzahl der Zweitstimmen zustehen, so müssen diese sogenannten „Überhangmandate" durch „Ausgleichsmandate" für die anderen Parteien kompensiert werden. Die anderen Parteien dürfen also mehr Abgeordnete in den Bundestag entsenden, um das Verhältnis, das sich aus den Zweitstimmen ergibt, wieder herzustellen. Um eine Zersplitterung im Parlament wie in Weimar zu verhindern, gibt es die sogenannte 5 %-Hürde, die verhindert, dass Kleinstparteien in den Bundestag einziehen und so die Regierungsbildung erschweren.

Volksbegehren und Volksentscheid

Plebiszitäre Elemente auf Bundesebene sind in Deutschland nicht vorgesehen. In der Weimarer Republik hatten republikfeindliche Parteien Volksbegehren zu Propagandazwecken missbraucht, zum Beispiel beim Volksbegehren gegen den Young-Plan am 22. Dezember 1929. Vor dem Hintergrund dieser negativen Erfahrung verzichteten die Väter und Mütter des Grundgesetzes auf plebiszitäre Elemente in der Verfassung.

Anders hingegen die Verfassungsgebende Landesversammlung in Bayern: Nicht nur wurden die Instrumentarien Volksbegehren und Volksentscheid in der Bayerischen Verfassung (BV) verankert, sondern die Verfassung selbst wurde am 1. Dezember 1946 in einem Volksentscheid zur Abstimmung gestellt und dabei von mehr als 70 Prozent der wahlberechtigten Bevölkerung angenommen. Soll die Verfassung geändert werden, müssen die Vorschläge des Bayerischen Landtags seither stets durch das Volk in einem Volksentscheid bestätigt werden. Seit 1967 gab es in Bayern bislang insgesamt 20 Volksbegehren zu verschiedenen Themen. Acht Volksbegehren überwanden die Hürde zum Volksentscheid. Fünf davon wurden vom Volk positiv beschieden (Stand März 2017).

M 2 Erst- und Jungwähler

So wählten die 18- bis 24-Jährigen bei der Bundestagswahl 2017:

CDU: 19,9 %
SPD: 18,4 %
Die Linke: 10,5 %
Grüne: 14,6 %
CSU: 5,1 %
FDP: 13,2 %
AfD: 8,0 %
Sonstige: 10,4 %

Zahlen nach: Der Bundeswahlleiter

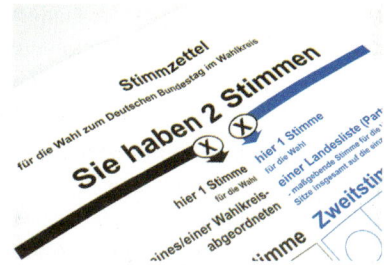

Wahlzettel zur Bundestagswahl
mit zwei Stimmen: Erststimme für die Wahl eines/einer Wahlkreisabgeordneten, Zweitstimme für die Wahl einer Landesliste

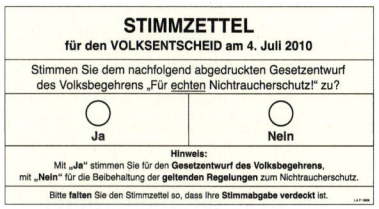

Stimmzettel zum bayerischen Volksentscheid „Nichtraucherschutzgesetz"
mit Ja- und Nein-Antwort, Juli 2010

Demokratie – die Bedeutung von Wahlen

M 3 Zum Demokratiebegriff

Der Politikwissenschaftler Hans Vorländer:

Demokratie ist nicht einfach zu definieren: Von der Antike bis zur Gegenwart unterliegt sie Deutungskontroversen. Die weltweit derzeit 120 Staaten, die sich als Demokratie bezeichnen, weisen in ihrer politischen Ordnung beträchtliche Unterschiede auf. „Die Verfassung, die wir haben [...], heißt Demokratie, weil der Staat nicht auf wenige Bürger, sondern auf die Mehrheit ausgerichtet ist." So definierte der griechische Staatsmann Perikles (circa 500 – 429 v. Chr.) die Demokratie im Athen seiner Zeit. Diese Bestimmung von Demokratie als einer Mehrheitsherrschaft scheint so klar und eindeutig zu sein, dass sie der Europäische Verfassungskonvent zu Beginn des 21. Jahrhunderts seinem Entwurf einer Europäischen Verfassung als Motto voranstellte. Aber der Eindruck der Eindeutigkeit täuscht. Dass Demokratie eine Verfassungsform ist, in der es auf die Mehrheit ankommt, mag noch relativ unumstritten sein. Aber schon die Frage, wie diese Mehrheit die Herrschaft ausüben soll, führt zu sehr unterschiedlichen Auffassungen und Formen der Demokratie. Soll die Mehrheit ihre Herrschaft direkt, durch Versammlungen und Abstimmungen, oder indirekt, durch Bestellung von Vertretern, ausüben? Auch der Rückgriff auf den griechischen Wortursprung, nach dem demos „Volk" und kratein „herrschen" bedeutet, bringt keine Klarheit. Denn er sagt weder, ob die Herrschaft des Volkes unmittelbar oder mittelbar ausgeübt werden soll, noch, ob die Herrschaft des ganzen Volkes gemeint ist, wie es der Begriff nahelegt, oder die Herrschaft der vielen, also einer qualifizierten Mehrheit, reicht – ganz abgesehen von der Frage, was mit der Minderheit geschieht.

Zit. nach: Hans Vorländer: Demokratie, in: Informationen zur politischen Bildung, Bonn, Heft 284, 2004, S. 4

M 4 Interpretationen des Demokratiebegriffs

Zum Demokratiebegriff in verschiedenen Gesellschaftsformen und Ideologien:

Marxismus: Nach marxistisch-leninistischer Auffassung hat die Demokratie ebenso wie der Staat als Element des Überbaus Klassencharakter und ist vor diesem Hintergrund zu beurteilen. Während die Demokratie in den kapitalistischen Staaten einer Minderheit, nämlich der Ausbeuterklasse, dient, ist sie im Sozialismus Demokratie für die Mehrheit, nämlich für die werktätigen Massen des Volkes. [...] Daher bedeutet die Errichtung der Diktatur des Proletariats zugleich die Einführung der bis dahin umfassendsten Demokratie, der sozialistischen Demokratie. Demokratie und Diktatur schließen sich also nicht aus, da beide Begriffe Klassencharakter haben, d.h., mit dem Begriffspaar Mehrheit und Minderheit verknüpft sind. Es ist daher stets zu fragen: Diktatur gegen wen und Demokratie für wen? Die sozialistische Demokratie ist also für die Masse des Volkes Demokratie, gegen die Bourgeoisie jedoch Diktatur. Träger der Macht ist nicht das Volk in seiner Gesamtheit, sondern das werktätige Volk.

Nationalsozialismus: Hitler definierte seine Herrschaft als „germanische Demokratie", in der das Volk – genauer gesagt, der als der eigenen „Rasse" zugehörig anerkannte Teil davon – einen „Führer" auf Lebenszeit wählt bzw. diesen per Akklamation dazu bestimmt. Nach der Wahl des Führers werden alle weiteren demokratischen Akte überflüssig und lediglich durch Beratung ersetzt.

Bundesrepublik Deutschland: Zur freiheitlich-demokratischen Grundordnung gehört [...] die Würde des einzelnen Menschen [Art. 1 GG]. In der deutschen Demokratie herrschen Freiheit und Gleichheit vor dem Gesetz. Eine Diktatur ist ausgeschlossen. In regelmäßigen allgemeinen Wahlen bestimmt das Volk selbst, wer es regieren soll. Dabei hat es die Auswahl zwischen konkurrierenden Parteien. Wer die Mehrheit der Wählerstimmen erhält, regiert anschließend – aber immer nur für einen bestimmten Zeitraum. Denn Demokratie ist nur Herrschaft auf Zeit. Eine Partei, die einmal am Ruder ist, muss auch wieder abgewählt werden können.

Marxismus: Matthias Triebel: Die sozialistischen Volksdemokratien, Erlangen 1996; Nationalsozialismus: Autorentext; Bundesrepublik Deutschland: Eckard Thurich, Freiheitlich-demokratische Grundordnung, www.bpb.de/nachschlagen/lexika/pocket-politik/16414/freiheitliche-demokratische-grundordnung

M 5 Bedeutung der Wahlen im Sozialismus

Auch in der DDR und anderen sozialistischen Staaten gab es Wahlen:

Wahlen in den sozialistischen Staaten haben nicht den Zweck, das System oder die Herrschaft der Arbeiterklasse unter Führung ihrer marxistisch-leninistischen Partei zu legitimieren. Deren Legitimation ergab sich ja aus ihrer objektiv begründeten historischen Mission. Wahlen können auch keinen Einfluss auf die Staats- und Gesellschaftsordnung nehmen, da sie Instrumente einer Ordnung sind, in der die Machtfrage [...] bereits geklärt ist. Durch die Herrschaft der Arbeiterklasse wird aber auch der Volkswille repräsentiert. Sozialistische Demokratie bemisst sich nicht nach dem Procedere, sondern nach dem für die objektiven Interessen nützlichen Ergebnis. Fehlende Zustimmung kann daher nicht zu einem Legitimations- oder Machtverlust für die Führung führen. Der darin zum Ausdruck kommende mangelnde gesellschaftliche Konsens erfordert vielmehr eine verstärkte ideologische Überzeugungsarbeit durch die Führung.

Matthias Triebel: Die sozialistischen Volksdemokratien, Erlangen 1996

M 6 Welche Funktionen erfüllen Wahlen in einer Demokratie?

- Sie erweisen die politische Ordnung als eine Demokratie.
- Sie ermöglichen einen friedlichen Machtwechsel.
- Sie führen eine Entscheidung darüber herbei, wer regieren soll.
- Sie führen eine Entscheidung darüber herbei, wer die Regierung als Opposition kontrollieren soll.
- Sie berechtigen die ins Amt gekommene Regierung, ihr politisches Programm durchzuführen.
- Sie rekrutieren die politische Elite in Parlament und Regierung.
- Sie übertragen Vertrauen an Personen und Parteien.
- Sie repräsentieren die Meinungen und Interessen der Bevölkerung.
- Sie mobilisieren die Wählerschaft für politische Ziele und Programme.
- Sie heben das politische Bewusstsein der Bevölkerung, indem im Wahlkampf politische Probleme und ihre Lösungsalternativen verdeutlicht werden.

Dieter Nohlen, Wahlrecht und Parteiensystem. Zur Theorie und Empirie der Wahlsysteme, 7. Aufl., Verlag Barbara Budrich, Opladen/Toronto 2014, S. 35 f.

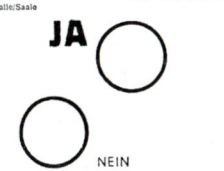

Stimmzettel für die Kandidatenliste zum „3. Deutschen Volkskongreß" in der damaligen Sowjetischen Besatzungszone, der späteren DDR, im Mai 1949

Aufgaben

1. Erarbeiten Sie aus M3 die Schwierigkeiten, den Begriff Demokratie verbindlich zu definieren, und erörtern Sie im Klassenverband Kennzeichen, die für Sie zur Demokratie gehören.
2. Stellen Sie die Demokratiedefinitionen in M4 gegenüber, ermitteln Sie zentrale Unterschiede und vergleichen Sie Ihr Ergebnis mit den von Ihnen in Aufgabe 1 erörterten Kennzeichen.
3. Vergleichen Sie die Bedeutung der Wahlen im Sozialismus und in der Demokratie (M5 und M6).
4. Analysieren Sie den Stimmzettel in M5 und überprüfen Sie ihn auf die Gültigkeit der in M1 festgelegten Wahlrechtsgrundsätze.
5. Diskutieren Sie auf Basis von M4–M5, ob es sich bei der DDR um einen demokratischen Staat gehandelt hat.
6. Prüfen Sie, in welchem Ausmaß Wahlen noch ihre Funktion nach M5 erfüllen, wenn an einer Wahl weniger als 50 % der Wahlberechtigten teilnehmen.
7. Vergleichen Sie das Wahlverhalten der Erst- und Jungwähler (M2, S. 61) mit dem Gesamtergebnis der Bundestagswahl 2017 (Recherche). Erwägen Sie Gründe für etwaige Abweichungen.

Wahlen in Deutschland – Systeme und Probleme

M 7 Mehrheits- und Verhältniswahlrecht

	Mehrheitswahl	Verhältniswahlrecht
Prinzip der Mandatszuteilung	Sieg in den Wahlkreisen	Verhältnis der Stimmenanteile im gesamten Wahlgebiet
vorrangiges Ziel	klare Mehrheitsbildung im Parlament	gerechte Vertretung des Volkes im Parlament
Vorteile	▪ Trend zu wenigen Parteien ▪ entscheidungsfähiges Parlament ▪ stabile Regierung ▪ Wahl von örtlich bekannten Persönlichkeiten	▪ spiegelbildliche Abbildung des Wählerwillens im Parlament ▪ gleicher Erfolgswert für jede Stimme (keine „Papierkorbstimmen")
Nachteile	▪ ungleicher Erfolgswert der abgegebenen Stimmen ▪ Benachteiligung kleinerer Parteien ▪ nicht selten Missverhältnis zwischen erhaltenen Stimmen und gewonnenen Mandaten	▪ unpersönliche Wahl von Listenkandidaten ▪ Trend zu vielen Parteien im Parlament ▪ Gefahr des Einzugs extremistischer Parteien ▪ Gefahr einer instabilen Koalitionsregierung

M 8 Ein Plädoyer für die Verhältniswahl

Im Prinzip geht es doch darum, ob man die gerechteste Repräsentation oder die effektivste Regierung will. Aber ob gerade Letzteres von der Bevölkerung wirklich gewollt wird, ist fraglich. Wohl kaum, sagen viele Parteienforscher und
5 bestätigen, dass die Bundesbürger mittels „Splitting" ihrer Erst- und Zweitstimme Koalitionen zwischen den Parteien ganz bewusst herbeiführen, um eine übermäßige Machtkonzentration zu verhindern und eine „moderate" Regierungspolitik quasi zu erzwingen. Was würde sich in der
10 Bundesrepublik durch die Abschaffung des Verhältniswahlsystems zugunsten eines Mehrheitswahlsystems konkret ändern? Es würde häufiger zu großen politischen Umschwüngen kommen, da für einen (vollständigen) Regierungswechsel dann bereits kleine Veränderungen der öf-
15 fentlichen Meinung ausreichen. Es wären sicher weniger Kompromisse nötig – vor allem Minderheiten in der Gesellschaft fänden so aber weniger Gehör. Jedenfalls würden die Chancen der kleineren Parteien auf eine gerechte Repräsentation in der bundespolitischen Landschaft sinken.
20 Doch nicht nur der Bundestag, auch die Landes- und Kommunalparlamente würden von den Volksparteien CDU/CSU und SPD dominiert, womit hierzulande die Entwicklung eines Zweiparteiensystems gefördert würde. In einem solchen „Kartell der etablierten Parteien" wäre es zunehmend
25 schwieriger, gesellschaftliche Wandlungen und neue politische Strömungen zu berücksichtigen. Wie soll sich das politische System aber dann an die Bedürfnisse der Gesellschaft anpassen? Sieht so Demokratie aus? Gerade in der Zusammensetzung der Parlamente spiegelt sich doch die Bandbreite der Meinungen des Volkes wider!
30
Autorentext

M 9 Ein Plädoyer für die Mehrheitswahl

Die langwierige und anstrengende Suche nach häufig nur „halbherzig" gestalteten Kompromissen gerade in Zeiten einer Großen Koalition macht eine grundlegende Wahlrechtsreform in Deutschland unerlässlich. Die Mehrheitswahl würde die Bildung von Koalitionen überflüssig ma-
5 chen und damit den unklaren, oft undefinierbaren politischen Linien der Bundesregierungen ein Ende setzen. Die Regierung würde stabiler, denn mit der Mehrheitswahl steigt die Chance auf einen vollständigen Regierungswechsel immens. Die Parteien könnten ihr Wahlprogramm um-
10 setzen, ohne dass es durch einen Koalitionspartner „verwässert" würde. Passé wären die Ausreden einzelner Politiker, ein politisches Ziel aus Rücksicht auf den Koalitionspartner „leider" nicht angehen zu können. Das Land wird also leichter regierbar – und besser reformierbar –, da
15 die Regierung nun ein von der Mehrheit der Bürger tatsächlich gewolltes (Reform-)Programm 1:1 umsetzen kann. Auch wäre die Bedrohung durch extreme Parteien gleich welcher Couleur gebannt. Extreme Parteien nämlich könnten sich nun nicht mehr auf haltlose Forderungen und populistische
20

Parolen stützen, sondern müssten in jedem einzelnen Wahlkreis mithilfe von charismatischen Kandidaten unter Beweis stellen, ob und in welcher Qualität sie sich artikulieren, engagieren und durchsetzen können. Beim Mehrheitswahlsystem interessieren nicht nur die „großen" bundespolitischen Fragen, sondern auch der politische Wille eines jeden um die Wiederwahl bemühten Delegierten, sich im Parlament für seinen eigenen Wahlkreis und die dort lebende Bevölkerung einzusetzen. Grund dafür: Im Gegensatz zur Verhältniswahl gibt es keine Absicherung über einen Listenplatz!

Autorentext

M 10 Wirkung von Mehrheits- und Verhältniswahl

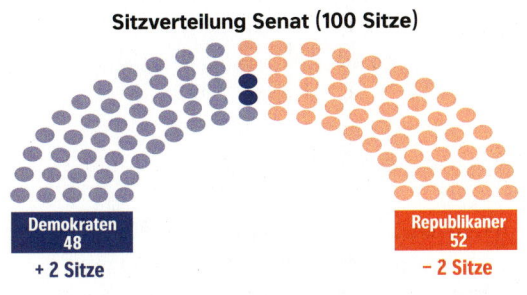

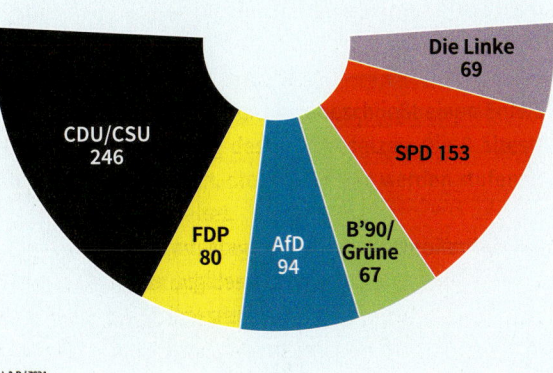

M 11 Das personalisierte Verhältniswahlrecht

Die Abgeordneten des Deutschen Bundestages werden auf der Basis des sogenannten personalisierten Verhältniswahlrechts gewählt. Jeder Wähler hat zwei Stimmen. Mit der „Erststimme" wählt der Wähler den Wahlkreisabgeordneten nach Maßgabe des Mehrheitswahlrechts. Der Bundestag setzt sich zur Hälfte aus solchen Wahlkreisabgeordneten zusammen. Mit der „Zweitstimme" entscheidet sich der Wähler für eine der Kandidatenlisten („Landeslisten"), die die Parteien in jedem Bundesland aufstellen. Die Zweitstimmen sind für die Stärke der Parteien im Bundestag maßgebend. Mithilfe eines mathematischen Verfahrens wird errechnet, wie viele Sitze jeder Partei aufgrund der auf sie entfallenden Zweitstimmen zustehen. Dies ist Ausdruck des Verhältniswahlrechts. Von der errechneten Gesamtzahl wird die Zahl der gewonnenen Wahlkreissitze abgezogen. Die verbleibenden Sitze werden den Kandidaten entsprechend der Reihenfolge auf den Landeslisten zugeteilt. Aufgrund der Fünf-Prozent-Klausel werden bei der Sitzverteilung nur die Parteien berücksichtigt, die mindestens fünf Prozent der gültigen Zweitstimmen erhalten oder mindestens drei Wahlkreise gewonnen haben.

Autorentext

Aufgaben

1. Analysieren Sie die Grafiken M10 und führen Sie ausgehend von M7–M9 eine Fishbowl-Diskussion, welches Wahlsystem aus Ihrer Sicht den Vorzug verdient.

2. Prüfen Sie, ob das personalisierte Verhältniswahlrecht (M11) eine Mischung aus Wahlsystemen ist und welches System dominiert.

Plebiszitäre Elemente in Bayern – Volksbegehren und Volksentscheid

M 12 Der Weg über das Volksbegehren zum Volksentscheid

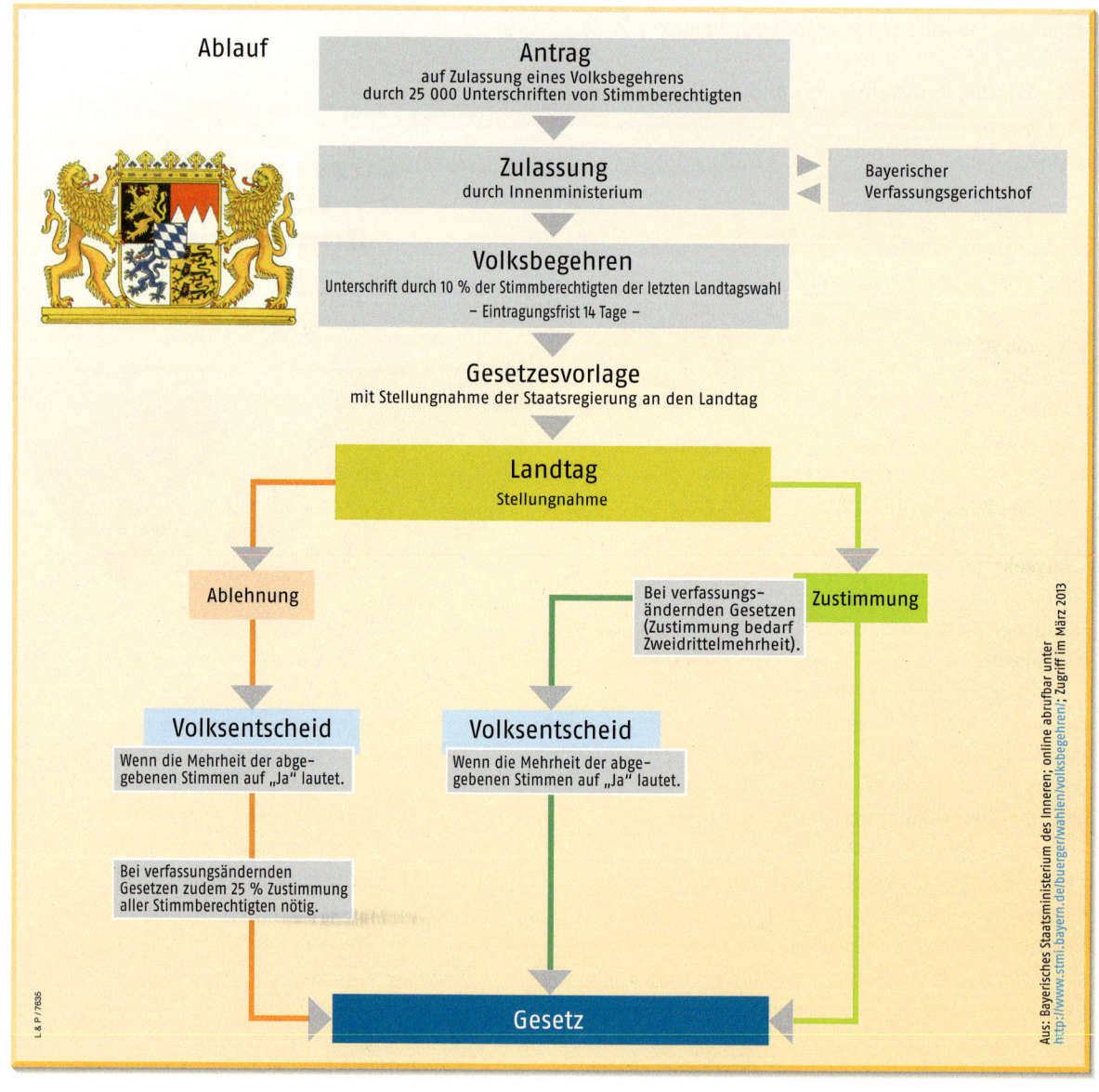

Aufgaben

1. Erläutern Sie mithilfe des Schaubilds M12, welche Verfassungsorgane in Bayern am Gesetzgebungsverfahren beteiligt sind.
2. Beschreiben Sie anhand eines selbst gewählten Beispiels die Hürden, die die Gesetzesidee eines Bürgers nehmen muss, bevor sie als bayerisches Gesetz in Kraft treten kann.
3. Diskutieren Sie im Klassenverband Vorschläge für Volksbegehren bzw. Volksentscheide, die aus der Sicht bayerischer Jugendlicher angestoßen werden sollten.
4. Gestalten Sie im Anschluss Stimmzettel wie auf Seite 61 abgedruckt und führen Sie Ihre Modell-Volksentscheide in Ihrer Klasse oder der Jahrgangsstufe durch.

Karikaturenanalyse

1. Was sind Karikaturen?
Karikaturen sind satirische Darstellungen von Menschen, gesellschaftlichen Zuständen oder politischen Problemen. Sie streben eine inhaltlich verdichtete, auf das Wesentliche konzentrierte Aussage an. Sie überzeichnen, übertreiben und deformieren die Wirklichkeit. Durch die so bewirkte Veränderung des gewohnten Wirklichkeitsbildes schaffen sie Distanz und eröffnen neue Sichtweisen. Karikaturen wollen schockieren und provozieren. Sie verstehen sich als ein kritisches Medium, das die Unvollkommenheiten der Welt aufdeckt, ohne jedoch Lösungen anzubieten.

2. Karikaturenanalyse
Karikaturen sind subjektive politische Kommentare. Sie sind folglich parteilich. Sie fordern deshalb zu einer Stellungnahme des Betrachters heraus. Eine solche Stellungnahme verlangt indes, dass der Betrachter die Karikatur zuvor genau analysiert hat, um ihre Aussage zu verstehen. Die Analyse ist nicht immer einfach, weil Karikaturen kontextgebunden sind. Der Betrachter muss ein Vorwissen über den dargestellten Sachverhalt besitzen, wenn er die Botschaft der Karikatur verstehen will.

Die Analyse folgt einem Dreischritt: beschreiben – interpretieren – bewerten.

3. Analysekriterien

(a) Beschreiben
- Name des Karikaturisten; Entstehungskontext, gegebenenfalls Veröffentlichungsdatum
- Akteure (Politiker, Prominente, typisierte Personen, gegebenenfalls Tiere)
- Körpersprache (Haltung, Aussehen, Gestik, Mimik der Personen/Tiere)
- räumliche Umgebung
- zeichnerische Stilmittel (Übertreibung, Verzerrung, Symbolisierung konkreter und abstrakter Gegebenheiten)
- Text (Sprechblasen, Unterschrift)

(b) Interpretieren
- Deutung der Stilmittel
- Einschätzung des Übertreibungs- und Verzerrungsgrades der Wirklichkeit
- Formulieren der zentralen Botschaft der Karikatur
- vermutete Wirkungsabsicht beim Betrachter

Zeichnungen: Dieter Hanitzsch

(c) Bewerten
- Qualität der Karikatur (Verständlichkeit, angemessenes Verhältnis zwischen der Wirklichkeit und der von der Karikatur gezeichneten Wirklichkeit)
- Zustimmung zur/Ablehnung der von der Karikatur vermittelten Botschaft
- Formulieren einer eigenen Meinung zur dargestellten Problematik

Aufgabe

1. Analysieren Sie die Karikaturen auf dieser Seite mithilfe der hier vorgestellten Analysekriterien.

Interaktives Wahltool: Wahl-O-Mat

Wenn man sich als Bürger, vor allem als Erstwähler, nicht im Klaren darüber ist, welcher Partei man seine Stimme geben soll, so hat man verschiedene Möglichkeiten:
- Sie richten sich nach dem Profil der Spitzenpolitiker und nach ihrer persönlichen Ausstrahlung. Sie geben also Ihre Stimme demjenigen, der Ihnen sympathisch ist und dem Sie scheinbar vertrauen können. Der Nachteil dieser Option liegt klar auf der Hand: Die wenigsten kennen die Politiker wirklich persönlich. Sie müssen also dem Eindruck vertrauen, den die Medien und die PR-Berater eines Politikers erzeugen.
- Sie richten sich nach den Aussagen von Politikern einer Partei. Dazu sollten Sie regelmäßig Zeitungen lesen oder sich im Fernsehen informieren. Diese Methode hat den Nachteil, dass Sie erstens nur Äußerungen zu aktuellen Themen erfahren und zweitens sich Politiker nicht immer an das halten, was sie sagen.
- Sie beurteilen die bisherige Arbeit der Partei, die Sie für eine Wahl in Betracht ziehen, in der Regierung oder Opposition. Hier liegen die Schwierigkeiten oft darin, dass manchmal nur schwer herauszufinden ist, wessen wirkliches Verdienst nun eine politische Tat war: Vielleicht war eine bestimmte politische Entscheidung von außen erzwungen, z. B. durch die Medien, die Öffentlichkeit oder durch Lobbyisten.
- Sie informieren sich über die Ziele einer Partei, indem Sie deren Partei- und/oder Wahlprogramm anfordern und aufmerksam lesen. Jeder Bürger kann sich diese kostenlos vom Bundeswahlleiter zusenden lassen. Dies ist eine zuverlässige Methode, die richtige „Wahl" zu treffen, auch wenn nicht immer alle Ziele eines solchen Programms verwirklicht werden können, insbesondere beim Eingehen von Koalitionen.

Nun ist eine weitere Möglichkeit hinzugekommen, die die Nachteile der letztgenannten Alternative vermeidet: das sogenannte interaktive Wahltool, der Wahl-O-Mat, der von der Bundeszentrale für politische Bildung, kurz bpb, ins Netz gestellt wird.

Was ist der Wahl-O-Mat?

Der Wahl-O-Mat ist ein interaktives Programm, mit dem jeder seine politischen Prioritäten für Parteien ermitteln kann. Der Wahl-O-Mat läuft mittlerweile auch auf mobilen Endgeräten wie Smartphones und Tablets.

Versionen des Wahl-O-Mats werden sowohl für die Bundestagswahl als auch für die einzelnen Landtagswahlen und die Europawahl mit einem entsprechenden zeitlichen Vorlauf ins Netz gestellt. Berücksichtigt werden prinzipiell alle zu einer Wahl zugelassenen Parteien, die über ein vollständiges Programm verfügen. Da sich jedoch die Parteien aktiv an der Ausgestaltung des Wahl-O-Mats beteiligen müssen, nehmen nicht alle in Frage kommenden Parteien auch teil. Der Wahl-O-Mat fragt die politischen Ansichten und Meinungen zu unterschiedlichen politischen Themenfeldern wie Innen-, Außen-, Wirtschafts-, Bildungs-, Sicherheits- oder Umweltpolitik ab. Diese Themenfelder sind nochmals in über 30 Einzelthesen, die für die Wahlentscheidung und die Politikgestaltung als wesentlich angesehen werden, gesplittet. Als Antwortmöglichkeiten stehen „stimme zu", „stimme nicht zu" und „neutral" zur Verfügung. Falls der User die These für irrelevant erachtet oder sie aus einem anderen Grund nicht gewichten möchte, kann er sie auch überspringen.

Die Auswahl der im Wahl-O-Mat online gestellten Thesen erfolgt durch ein Team von Jung- und Erstwählerinnen und -wählern im Alter zwischen 18 und 26 Jahren. Hiermit soll gewährleistet werden, dass die Thesen insbesondere die Interessen dieser Wählergruppierung, die vornehmlich angesprochen werden soll, trifft. Ein weiteres Kriterium bei der Auswahl ist, dass es sich um strittige Themen handeln sollte, bei denen die Aussagen der Parteien divergieren.

Die genannten Kriterien können allerdings auch zur Folge haben, dass die User bestimmte Themenfelder und Thesen vermissen bzw. als nicht ausreichend vertreten empfinden oder einzelne Thesen als irrelevant für ihre politische Orientierung bzw. Lebenswirklichkeit erachten.

Wie erfolgt die Zuordnung der Antworten zu den Parteien?

Den vorgegebenen Antworten sind im Hintergrund die entsprechenden programmatischen Aussagen und Festlegungen der berücksichtigten Parteien zugeordnet. Diese Zuordnung erfolgt durch die Parteien selbst, die vorab die Thesen zugeschickt bekommen und sie in einem festgelegten Zeitrahmen beantworten. Bei offensichtlichen Abweichungen dieser Antworten zu den Aussagen des Parteiprogramms werden die Parteien um eine Begründung gebeten. Letztendlich autorisieren aber die Parteien ihre Zuordnung. Diese wird also nicht von der Bundeszentrale für politische

Bildung vorgenommen. Diese Feststellung ist wichtig, da sie zugleich darauf verweist, dass die vollständige und authentische inhaltliche Auseinandersetzung mit einer Partei nur mithilfe von derem Partei- bzw. Wahlprogramm erfolgen kann. Der Wahl-O-Mat bietet hier lediglich eine Orientierung für parteipolitische Präferenzen anhand der abgefragten Thesen. Außerdem motiviert er dazu, sich mit den Parteien und ihren Aussagen im Vorfeld der Wahl intensiver zu beschäftigen und dann schließlich auch wählen zu gehen.

Das Ergebnis

Nachdem man alle Thesen beantwortet hat, kann man acht Parteien auswählen, mit denen die eigenen Positionen abgeglichen werden sollen. Im Hintergrund werden nun die angeklickten Antworten mit den Festlegungen der Parteien verglichen und nach einem bestimmten Punktesystem bewertet. Auf dieser Basis wird der Grad der Zustimmung und Nähe der angeklickten Antworten zu den acht Parteien in absteigender Abstufung in Prozentwerten angezeigt. Zudem lässt sich die Übereinstimmung mit den jeweiligen Parteien auch für alle Einzelthesen noch einmal gezielt überprüfen.

Das Ergebnis stellt aber ausdrücklich weder eine Wahlhilfe noch gar eine Wahlempfehlung dar. Für eine fundierte Wahlentscheidung ist eine tiefergehende Beschäftigung mit den Parteien unerlässlich. Hierzu findet man auf den Wahl-O-Mat-Seiten und den Unterseiten der Bundeszentrale für politische Bildung weitere Informationen und Links.

Autorentext

Eine Auswahl wichtiger Interessenverbände:

Info

Auszug aus Art. 9 GG

„(1) Alle Deutschen haben das Recht, Vereine und Gesellschaften zu bilden. [...]

(3) Das Recht, zur Wahrung und Förderung der Arbeits- und Wirtschaftsbedingungen Vereinigungen zu bilden, ist für jedermann und für alle Berufe gewährleistet. Abreden, die dieses Recht einschränken oder zu behindern suchen, sind nichtig, hierauf gerichtete Maßnahmen sind rechtswidrig. [...]"

M 1 Politische Einflussmöglichkeiten von Verbänden

7. Andere Mitwirkende am politischen Prozess

Interessenverbände

Außer der demokratischen „Minimalleistung", an Wahlen teilzunehmen, und neben dem Engagement in einer Partei gibt es in einem demokratischen Staat weitere Möglichkeiten, sich in den politischen Prozess einzubringen. Neben Parteien und Bürgerinitiativen fungieren Verbände als „Vermittlungsinstanzen" zwischen Staat und Bürgern. Ihr Ziel ist es, klar definierte Interessen einer bestimmten Bevölkerungsgruppe, die die Mitglieder dieses Verbandes stellt, politisch zu vertreten. Dazu versuchen die Interessenverbände, auf die Gesetzgebung Einfluss zu nehmen, ohne dafür aber an Wahlen teilzunehmen.

Dies gelingt, da die Abgeordneten des Bundestags in Ausschüssen Gesetzesvorlagen debattieren und dazu oft fachliche Beratung benötigen. Auch in der Regierung und den Ministerien, die meist die Gesetzesvorlagen vorbereiten, besteht ein großer Bedarf an externen Fachleuten. Diese Beratung übernehmen die Vertreter der Interessenverbände, die dabei natürlich neben der Beratung ein Augenmerk auf die Belange der Gruppierung haben, die sie vertreten. Dies nennt man Lobbyismus.

Um nicht in den Verdacht zu geraten, sich von einem Interessenverband „kaufen" zu lassen, achtet die Politik auf die Ausgewogenheit der Berater. Bei arbeitsrechtlichen Fragen werden daher zum Beispiel sowohl Lobbyisten der Arbeitgeber- als auch der Arbeitnehmerseite gehört. Lobbyismus in der Bundes- und Landespolitik wird mittlerweile nicht nur von Interessenvertretern von Industrie und Wirtschaft, sondern auch von Lobbyisten sogenannter Nichtregierungsorganisationen (NGOs) wie etwa „Greenpeace", Sozialverbänden oder auch Kirchen betrieben. Gleichwohl muss dabei festgestellt werden, dass der Einfluss eines Verbandes zwar zum einen von der Anzahl seiner Mitglieder, zum anderen aber auch von seiner Finanzkraft abhängt. Auch kann die Drohung einer größeren Firma, Arbeitsplätze abzubauen, stärkeren Druck auf Abgeordnete ausüben als die Ankündigung eines Umweltschutzverbandes, eine Demonstration zu organisieren.

Andererseits gibt es keine andere Möglichkeit, berechtigte Interessen einer größeren Gruppe von Menschen ohne die Arbeit von Lobbyisten zu vertreten. Deswegen garantiert Artikel 9 des Grundgesetzes auch das „Recht, zur Wahrung und Förderung der Arbeits- und Wirtschaftsbedingungen Vereinigungen zu bilden". Umso mehr sind die Abgeordneten in der Pflicht, die Freiheit ihres Mandats stets zu wahren und ihre Unabhängigkeit im Blick zu haben. Um nicht dem Verdacht der Bestechlichkeit zu unterliegen, müssen Abgeordnete ihre Nebeneinkünfte ab 1.000 Euro im Monat offenlegen.

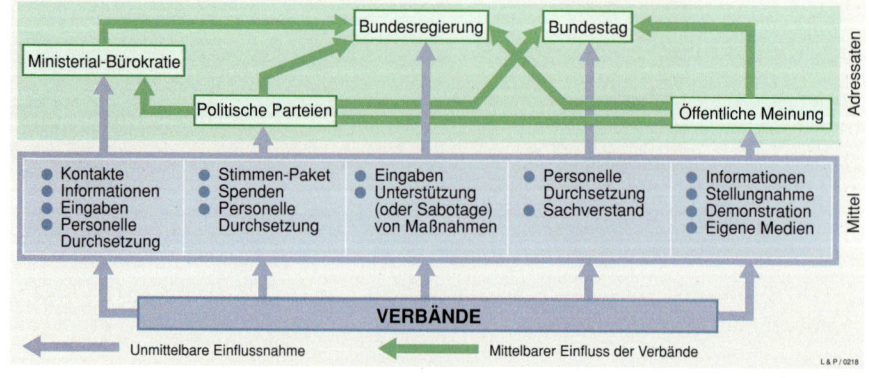

Medien

Die Medien werden in einer Demokratie auch als „vierte Gewalt" bezeichnet. Zu den klassischen Massenmedien zählen Presse, Rundfunk und Fernsehen. Sie spielen im öffentlichen Meinungsbildungsprozess die tragende Rolle, da sie nicht nur darüber entscheiden, was, sondern auch wie ein Sachverhalt veröffentlicht wird. Ergänzt werden die klassischen Medien seit wenigen Jahren immer stärker durch digitale Soziale Medien wie zum Beispiel Blogs oder Soziale Netzwerke, deren Bedeutung stetig steigt. So kommuniziert US-Präsident Donald Trump fast täglich über „Twitter", da er sich von Presse und Fernsehen falsch wiedergegeben fühlt.

Landscape der Sozialen Medien

Hinweis
Der Einfluss der Medien wird in diesem Schulbuch ab Seite 134 ausführlich thematisiert.

Weitere Möglichkeiten der politischen Teilhabe

M 2 Formen politischer Partizipation

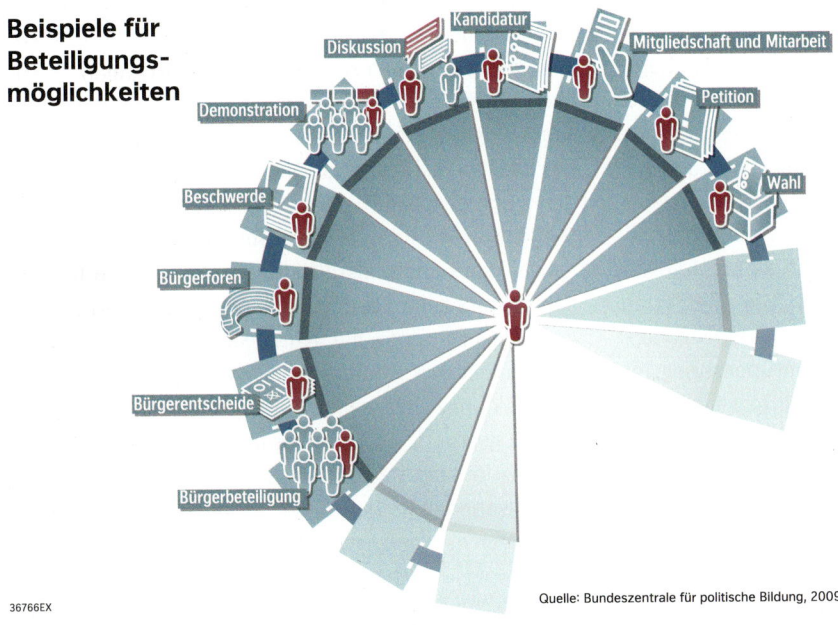

Quelle: Bundeszentrale für politische Bildung, 2009

Info
Freies Mandat

In der Bundesrepublik Deutschland gilt der Grundsatz des freien Mandats. Die Abgeordneten gelten als Vertreter des ganzen Volkes. Sie sind daher nicht an Aufträge und Weisungen ihrer Wähler, von Lobbyisten, Medien oder ihrer Partei gebunden, sondern nur ihrem Gewissen unterworfen.

Weitere Mitwirkungsmöglichkeiten für den Einzelnen in einer Demokratie bieten direktdemokratische Elemente wie etwa auf Länderebene Volksbegehren und Volksentscheid (vgl. Seite 66) und auf kommunaler Ebene der Bürgerentscheid, der die Einwohner einer Gemeinde zum Beispiel zur Abstimmung über die Ausweisung eines Gewerbegebietes aufruft.

Bürgerentscheide können etwa von Bürgerinitiativen, die sich parteiunabhängig für die Lösung eines meist kommunalen oder regionalen Problems stark machen, auf den Weg gebracht werden.

Da Artikel 8 GG allen Deutschen das Recht garantiert, „sich ohne Anmeldung oder Erlaubnis friedlich und ohne Waffen zu versammeln", ist in der Bundesrepublik auch die Demonstrationskultur fest verankert. Voraussetzung dafür ist lediglich eine polizeiliche Anmeldung.

Ebenso kann sich jeder Deutsche mit einer Petition an den Bundes- oder Landtag wenden und den Petitionsausschuss des Parlaments zur Prüfung von Sachverhalten auffordern.

Demonstrationskultur
Protest gegen die Errichtung neuer Bahntrassen im Inntal am 6. März 2017 in Rosenheim

Interessengruppen – Lobbyismus in der deutschen Politik

M 3 Wachsender Einfluss der Lobbyisten

Auf der großen Bühne der Politik sind sie die Souffleure der Macht. Sie sitzen in Verbandsbüros und PR-Agenturen, in Konzernrepräsentanzen, Denkfabriken und Anwaltskanzleien – und tragen ihren Hausausweis für den Bundestag so
5 selbstverständlich wie ein Abgeordneter auch. Wie viele Lobbyisten es in Berlin tatsächlich gibt, weiß niemand so genau. Edda Müller, die Vorsitzende der Anti-Korruptions-Organisation Transparency International, weiß nur eines: Für die Arbeit der organisierten Interessensvertreter sei
10 Deutschland „ein Eldorado".
Mit dem Umzug von Regierung und Parlament nach Berlin ist nach den Recherchen des Politologen Rudolf Speth auch der Einfluss der Einflüsterer auf die Arbeit des Parlamentes und der Ministerien enorm gewachsen. In einer neuen Stu-
15 die für Transparency beschreibt er unter anderem die Entstehungsgeschichte der 2011 eingeführten Farbtabellen für den Benzinverbrauch von Autos, die zum großen Teil vom Verband der Automobilindustrie entworfen worden seien. Und den Fall des niedersächsischen „Spielhallenkönigs"
20 Paul Gauselmann, dem es mit geschicktem Sponsoring, mit Skat-Turnieren für Abgeordnete und anderen kleinen Aufmerksamkeiten, gelungen sei, die strengen Regeln für den Betrieb von Spielhallen zu lockern und der Branche so zu einem kräftigen Umsatzplus zu verhelfen. Für Speth beides
25 Beispiele für den „eklatanten Mangel an Transparenz", den er in der Grauzone zwischen Politik und Wirtschaft sieht. „Die Öffentlichkeit", verlangt er, „muss über den Austausch von Politik und Interessen informiert werden."
War das Geschäft der Interessensvertretung in der Bonner
30 Republik in erster Linie noch Sache der etablierten Verbände, der Kirchen oder der Gewerkschaften, so beobachtet Speth in Berlin eine zunehmende Kommerzialisierung und Spezialisierung des Lobbyings. Zu den rund 4000 Verbänden und 120 Unternehmensrepräsentanzen, die versuchen,
35 Einfluss auf die Politik zu nehmen, kommen danach noch 90 PR-Agenturen mit etwa 1000 Mitarbeitern, 20 Anwaltskanzleien, 30 Unternehmensberatungen, 200 Wissenschaftler in den verschiedensten Beiräten und 300 Einzelkämpfer, die sich gerne etwas unverfänglicher als „Politikberater"
40 bezeichnen. Alles in allem dürfte die Zahl der Interessensvertreter nach verschiedenen Schätzungen bei mindestens 5000 liegen. Auf jeden der 631 Abgeordneten kämen also acht Lobbyisten [Stand 2014].

Deren Arbeit, sagt Transparency-Chefin Müller „ist nicht illegitim". [...] [Allerdings] sollen sich alle einschlägigen In-
45 teressensvertreter in ein sogenanntes Lobbyregister eintragen und einen Verhaltenskodex unterschreiben, in dem sie sich verpflichten, Abgeordneten keine Geschenke mehr zu machen und ihre Sponsoring-Aktivitäten offenzulegen. Eine „legislative Fußspur" soll nach dem Willen von Trans-
50 parency in einer Art Anhang bei jedem Gesetz dokumentieren, welche Positionen aus Verbänden und Organisationen sich darin wiederfinden und welche nicht.
Besonders aktiv sind die Lobbyisten in Deutschland nach Speths Studie in der Energiewirtschaft, im Gesundheits-
55 und im Finanzwesen sowie im Verkehrsbereich und in der Wehrtechnik – alles Branchen, in denen der Staat entweder stark eingreift und reguliert oder wie bei Rüstungsprojekten sogar selbst Kunde ist. Auch zwischen dem Bauernverband und dem Landwirtschaftsministerium sowie den Ge-
60 werkschaften und dem Arbeitsministerium herrsche seit langem eine „besondere Nähe". Zu den neuen Trends im Lobbyismus zählt Speth vor allem die wachsende Zahl von Interessensgruppen, die sich für Flüchtlinge, Asylbewerber oder andere nicht kommerzielle Anliegen einsetzen. Wie
65 einst die Umweltverbände hätten es auch diese Organisationen geschafft, durch Professionalisierung und Medialisierung im politischen Raum präsent zu sein. Eine dieser Organisationen ist Transparency International – sie lobbyiert gegen die Lobbyisten.
70

Rudi Wais, Warum der Einfluss der Lobbyisten immer größer wird, 15.10.2014; www.augsburger-allgemeine.de/politik/Warum-der-Einfluss-der-Lobbyisten-immer-groesser-wird-id31664347.html

Reichstag und Paul-Löbe-Haus in Berlin
Das Berliner Regierungsviertel ist auch für Lobbyverbände ein zentraler Ort.

M 4 Lobbyisten ante portas

Karikatur von Klaus Stuttmann

M 5 Lobbyismus als Gefahr für die Demokratie?

Dr. Christina Deckwirth, Politikwissenschaftlerin und Mitarbeiterin im Berliner Büro von LobbyControl im Berliner Tagesspiegel:

Nicht [...] alle Interessengruppen [verfügen] über den gleichen Zugang zur Macht [...]. Lobbyismus in Deutschland findet vor dem Hintergrund wachsender gesellschaftlicher Ungleichheiten und verfestigter Machtstrukturen statt.
5 Diese spiegeln sich auch bei der Interessenvertretung wider und sorgen für ungleiche Ausgangsbedingungen. Das Machtgefälle gefährdet damit einen demokratischen und am Gemeinwohl orientierten Interessenausgleich. Das pluralistische Ideal einer ausgewogenen und gleichberechtig-
10 ten Interessenvertretung, bei der sich praktisch von selbst das beste Argument durchsetzt, ist eine Illusion.
Lobbyismus in seiner gegenwärtigen Form benachteiligt diejenigen, die über weniger Ressourcen oder Zugänge verfügen. So droht etwa die wachsende Lobbyübermacht gro-
15 ßer transnationaler Unternehmen, ökologische und soziale Belange an den Rand zu drängen. Auch Machtgefälle innerhalb oder zwischen einzelnen Wirtschaftsbranchen führen zu unausgewogenen Entscheidungen. Ein Beispiel: Die Deregulierung des Finanzsektors – als eine der Ursachen der
20 jüngsten Wirtschafts- und Finanzkrise – wurde maßgeblich von der Finanzlobby vorangetrieben. Dennoch hat die gesamte Gesellschaft die Kosten der Krise zu tragen. Versuche der Einflussnahme sind vielfältig und kleinteilig. Demokratische Institutionen müssen auf eine angemessene Distanz achten und für ausreichende eigene Kapazitäten zur Abwä- 25
gung unterschiedlicher Argumente und Interessen sorgen. In der Tendenz erleben wir das Gegenteil: Staat und Parteien binden private Akteure und Lobbyisten immer enger in Entscheidungsprozesse ein. Entscheidungen werden in Expertengremien und Kommissionen ausgelagert oder Ge- 30
setzestexte gleich vollständig von Anwaltsfirmen geschrieben. Damit untergräbt der Staat seine Verantwortung für einen fairen und transparenten Interessenausgleich.
Diese Entwicklungen sind zum einen Ausdruck grundlegender Machtverschiebungen zwischen Markt und Staat, deren 35
strukturelle Ursachen in einer marktorientierten Globalisierung, Liberalisierung und Deregulierung liegen. Zum anderen entsprechen sie einem Staatsverständnis, nach dem Politik als Management betrieben wird und der Staat eher eine moderierende denn eine gestaltende Rolle hat. Trieb- 40
kräfte dieses Staatsverständnisses wiederum sind diejenigen, die vom Politikoutsourcing profitieren.

Dr. Christina Deckwirth, Ist Lobbyismus eine Gefahr für die Demokratie?, 15.12.2013; www.tagesspiegel.de/meinung/ist-lobbyismus-eine-gefahr-fuer-die-demokratie/9218984.html

Aufgaben

1. Analysieren Sie die Grafik M1 und beschreiben Sie das Geflecht zwischen Interessengruppen und Politik.
2. Bewerten Sie die einzelnen Einflussmittel der Interessengruppen (M1).
3. Beschreiben Sie die Entwicklung des Lobbyismus in den letzten Jahrzehnten (M3).
4. Interpretieren Sie die Karikatur M4 vor dem Hintergrund von M3 und M5.
5. Erstellen Sie ausgehend von M3 und M5 eine Gruppen-Mind-Map zu den Voraussetzungen, unter denen Lobbyismus legitim erscheint.

M 6 BUND – Pro Tempolimit

Tempolimit einführen!
Ist es wirklich „Freiheit", mit Tempo 200 über die Autobahn zu rasen? Die Raserei treibt nicht nur die Unfallstatistik nach oben, sondern trägt auch mit zum Klimawandel bei. Dabei liegt die Lösung so nah: Die Einführung eines generellen Tempolimits würde gleich mehrere Probleme lösen. CO_2-Ausstoß sinkt: Würde auf deutschen Autobahnen ab morgen ein Tempolimit von 120 km/h gelten, blieben der Atmosphäre bis 2020 mehr als vierzig Millionen Tonnen CO_2 erspart. Ein wichtiger Schritt, um das von der EU-Kommission anvisierte Ziel, bis 2020 die durchschnittlichen Flottenwerte für Neuwagen auf 95 Gramm CO_2 pro Kilometer zu senken, noch zu erreichen.

„Abrüstung" der Pkw-Flotte wird gefördert: Die Einführung von Tempolimits kann wesentlich zur Entwicklung effizienterer Motoren und Sprit sparender Autos beitragen. Statt superschnelle und extrem schwere Neuwagen zu konstruieren, würden die deutschen Autohersteller motiviert, ab sofort leichte und sparsame Pkw zu bauen. Eine Gewichtsreduzierung um 100 Kilogramm vermindert den Spritverbrauch eines Pkw um etwa einen Liter. Die entsprechenden CO_2-Emissionen sinken um rund 20 Gramm pro Kilometer.

Verkehr fließt besser: Ein generelles Tempolimit sorgt für gleichmäßigere Fahrtgeschwindigkeiten und verbessert so die Durchlässigkeit des Straßennetzes. Dadurch entfällt der Zwang zum Ausbau der bestehenden Straßen und Milliardenbeträge können gespart werden.

Sicherheit steigt: Untersuchungen haben bestätigt: Die Begrenzung der Höchstgeschwindigkeit verringert die Zahl schwerer und tödlicher Unfälle auf Autobahnen und Landstraßen um rund ein Drittel. [...] Über kurz oder lang muss das Tempolimit kommen, denn weder der Klimawandel noch die jährlichen Verkehrstoten können auf Dauer ignoriert werden. Nicht zu vergessen – und das dürfte besonders für Politiker interessant sein: Die Mehrheit der Bevölkerung ist für die Einführung eines generellen Tempolimits.

Bund für Umwelt und Naturschutz Deutschland (BUND), Generelles Tempolimit auf Autobahnen einführen. In: https://www.bund.net/mobilitaet/autos/tempolimit

M 7 VDA – Kontra Tempolimit

Tempolimit hätte keinen spürbaren Klimaeffekt
[...] Das Bundesumweltamt schätzt die CO_2-Einsparung bei einem km/h-Limit auf lediglich 2 % der CO_2-Emissionen des Straßenverkehrs, d. h. auf 0,3 % der deutschen CO_2-Emissionen insgesamt. [...] Durch einen bedarfsgerechten Infrastrukturausbau hingegen, der für eine Verflüssigung des Verkehrs sorgt und Stau und Stop-and-go-Verkehre im deutschen Straßennetz abbaut, könnten deutlich höhere CO_2-Minderungen erzielt werden.

Autobahnen sind die sichersten Straßen [...], da sie keinen Gegenverkehr und keinen Querverkehr aufweisen. Folglich kann man dort auch ohne Sicherheitsrisiko höhere Geschwindigkeiten fahren. [...]

Trend in anderen Ländern geht zur Lockerung von Tempolimits: [...] So hat Dänemark sein Tempolimit von 110 km/h auf 130 km/h auf allen Autobahnen heraufgesetzt. Italien setzte 2003 sein Tempolimit auf sechsspurigen Autobahnen von 130 km/h auf 150 km/h herauf. Auch die schwedische Regierung hat jetzt eine Anhebung des Tempolimits auf ausgewählten Streckenabschnitten [...] beschlossen.

Beschäftigung und Wachstum: Mit seinen hohen Lohnkosten ist Deutschland mehr als alle anderen Länder darauf angewiesen, auf dem Weltmarkt nicht den Preiswettbewerb, sondern den Qualifikationswettbewerb zu suchen. [...] Dabei spielt für die deutsche Automobilindustrie die Produktion im Premiumsegment, d. h. von Fahrzeugen, bei denen der technische Leistungsstandard signifikant über dem durchschnittlichen Niveau des Pkw-Marktes liegt – auch und gerade in der Sicherheitstechnologie – eine wichtige Rolle. Die Exporterfolge deutscher Fahrzeuge auf dem Weltmarkt können aber nicht losgelöst betrachtet werden von den Rahmenbedingungen in Deutschland. Denn diese haben auch Auswirkungen auf das Image deutscher Produkte im Ausland. Das Siegel des „Autobahntested" [...] trägt so [...] zum Glanz von „Made in Germany" bei und stärkt damit die deutschen Exporterfolge.

Verband der Automobilindustrie (VDA), Fakten gegen ein generelles Tempolimit auf deutschen Autobahnen, Frankfurt/Main 2007, S. 3, 7, 14, 17

Aufgaben

1. Arbeiten Sie die gegensätzlichen Standpunkte der Verbände zum Tempolimit heraus (M6 und M7). Beziehen Sie persönlich im Klassenverband Stellung.
2. Ermitteln Sie aus M8 die Gründe, warum arme Menschen keine Lobby haben, und überprüfen Sie Wege, dies zu ändern.
3. Interpretieren Sie die Karikatur vor dem Hintergrund des Textes M8.

M 8 Arme ohne Lobby?

Im aktuellen Entwurf des Armutsberichts [...] wird [zwar] thematisiert, dass arme Menschen weniger zur Wahl gehen als gut situierte und somit [...] „weniger über die Angelegenheiten des Gemeinwesens mitbestimmen". Jedoch enthielt der vorherige Entwurf des Armutsberichtes auch noch einen Warnruf an die politischen Parteien: „Es ist [...] denkbar, dass sich Parteien, die selbstverständlich möglichst viele Wählerstimmen gewinnen möchten, aufgrund der geringeren politischen Partizipation der Personen mit geringerem Einkommen weniger an deren Interessen ausrichten", lautete die heikle Passage, die aus dem ursprünglichen Berichtsentwurf entfernt wurde. Und weiter: „Dies kann andererseits zu einer Art ‚Teufelskreis' oder Abwärtsspirale führen: Personen mit geringerem Einkommen verzichten auf politische Partizipation, weil sie die Erfahrungen machen, dass sich die Politik in ihren Entscheidungen weniger an ihnen orientiert." [...]
Nach einer Studie der Bertelsmann-Stiftung gibt es in solch sozialschwachen Milieus besonders viele Nichtwähler. Stefan Sell, Armutsforscher an der Hochschule Koblenz, präzisiert: In Stadtteilen mit bildungsfernen Schichten gehen mitunter nur 20 bis 25 Prozent zu einer Wahl. In gutbürgerlichen Stadtteilen hingegen 70 bis 80 Prozent. „Leider haben diese Erkenntnisse der Wahlforschung auch viele Politiker erreicht. Sodass viele Politiker dieses Thema ein stückweit auch meiden wie der Teufel das Weihwasser, weil sie wissen, sie würden sich zwar nützlicherweise engagieren für Sozialschwache, aber das zahlt sich am Ende, unterm Strich, nicht in Form eines höheren Wahlergebnisses aus." Der Professor klagt, für Arme setze sich kaum jemand ein. Selbst klassische Interessenvertretungen, wie die Kirchen, kümmerten sich nur um ausgewählte Bedürftige – etwa um Behinderte oder um Pflegefälle. Für Langzeitarbeitslose etwa interessiere sich hingegen niemand. „Warum stehen die ganz unten? Weil man dort immer die Figur des ‚er ist oder sie ist am Ende doch irgendwie selber schuld an ihrer Situation' im Kopf hat – durch ihr Verhalten, durch ihre Persönlichkeit. Und das bildet sich dann eben in dieser unterschiedlichen Wertigkeit von Hilfebedürftigkeit ab." [...]
[Der Vorsitzende des paritätischen Wohlfahrtsverbandes] Schneider prognostiziert, dass die Armutsdebatte immer wichtiger wird für die Politik. Denn seit dem Einzug der AfD in zehn Landtage sei klar, dass viele Nichtwähler plötzlich doch aktiv geworden sind – als Protestwähler. [...] „Ich bin der Überzeugung, dass die ganze Flüchtlingsproblematik in Deutschland ganz anders diskutiert worden wäre und dass auch solche Erscheinungen wie AfD nicht aufgetaucht wären, wenn Deutschland sozial stabiler aufgestellt wäre. Wenn nicht so viele Menschen das Gefühl hätten: Es kümmert sich keiner mehr um mich. Wenn man den Menschen Sicherheit gibt und sagt: Wir kümmern uns endlich um bezahlbare Wohnungen für alle! Wir kümmern uns endlich um die Integration von allen Langzeitarbeitslosen – nicht nur von Flüchtlingen, sondern auch von den eine Million Langzeitarbeitslosen, die wir auch ohne Flüchtlinge in Deutschland haben. Wenn man denen erklärt: Wir kümmern uns um soziale Infrastruktur vor Ort: gute Schulen, gute Kindergärten für alle! Dann hat man auch sehr schnell die vielen politischen Probleme weg – wir müssen diese Politik nur machen!"
Wenn es bei Armut letztlich um Umverteilung geht – können die Parteien überhaupt punkten bei einer solchen Debatte? Die Grünen haben es versucht bei der letzten Bundestagswahl. [...] Die Grünen wollten unter anderem Jahreseinkommen ab 60.000 Euro stärker besteuern. Das schlechte Abschneiden der Umweltpartei beim Urnengang 2013 wird auch ihrer Steuer-Agenda zugeschrieben. [...] Im kommenden Bundestagswahlkampf wollen sie vor allem kommunizieren, wer von der Umverteilung profitiert – und weniger, wer zur Kasse gebeten wird.

Jens Rosbach, Die Bedürftigen ohne Lobby, 13,12,2016; www.deutschlandfunk.de/armut-in-deutschland-die-beduerftigen-ohne-lobby.724.de.html?dram:article_id=373877

Karikatur von Klaus Stuttmann

Politische Teilhabe – weitere Möglichkeiten

M 9 Missbrauch des Versammlungsrechts?

Schon zu Zeiten der deutschen Teilung war in West-Berlin eine große linksalternative und teilweise radikale Szene entstanden. 1987 kam es eher zufällig nach einem Straßenfest in Kreuzberg zu heftigen Zusammenstößen mit der Polizei. Die jährlichen Gewaltausbrüche entwickelten in den
5 Folgejahren eine Eigendynamik, auch weil die Polizei lange durch brutales Vorgehen mit Wasserwerfern und Schlagstöcken für eine Eskalation sorgte. [...]
In den letzten Jahren setzte ein Teil der radikalen Szene weniger auf die großen Aktionen am 1. Mai als auf gezielte
10 Kleingruppentaktik im Rest des Jahres. Dazu gehörten Brandanschläge auf Autos oder Kabelschächte der Bahn, zerstörte Scheiben von unliebsamen Geschäften in Kreuzberg, Überfälle auf Rechtsradikale oder andere politische Gegner sowie Schmierereien und Bedrohungen von Lokal-
15 politikern.
Zum harten Kern der linksextremen Szene gehören nach Einschätzung des Verfassungsschutzes etwa 2500 Menschen. Davon sind rund 1000 Menschen aktions- und gewaltorientiert. Die in den jährlichen Berichten des Verfas-
20 sungsschutzes aufgelisteten Zahlen sind seit Jahren etwa gleich hoch. Die gewaltbereite Szene schrumpft allerdings langsam, auch weil ältere Mitglieder weniger militant sind und der junge Nachwuchs fehlt. Ein Teil der linksradikalen Szene definiert sich als Autonome. Bei Demonstrationen
25 treten sie häufig in einem geschlossenen „schwarzen Block" auf. Uniformartige Kleidung mit schwarzer Hose, Kapuzenpullover und Sonnenbrille gehört zu ihrem Markenzeichen. Angriffe auf Polizisten mit Stein- und Flaschenwürfen sind ebenso wie Sachbeschädigungen in der autonomen
30 Szene akzeptiert.

dpa, Demos in Berlin, 29.04.2016; www.berliner-zeitung.de/berlin/demos-in-berlin-warum-es-am-1--mai-immer-krawalle-gibt-1016240

Ausschreitungen bei der Demonstration am 1. Mai 2012

M 10 Einschränkung des Versammlungsrechts?

Die CSU hat das Versammlungsrecht in Bayern verschärft. Wer sich künftig auf einer Demonstration maskiert oder vermummt, macht sich strafbar und muss mit einem Ermittlungsverfahren der Staatsanwaltschaft rechnen. Bisher waren Verstöße als bloße Ordnungswidrigkeit eingestuft 5 worden.
CSU und Freie Wähler stimmten am Donnerstag im Landtag für die Änderung, SPD und Grüne dagegen. Die CSU will so mögliche Ausschreitungen vermummter Gewalttäter vorbeugen. „Erstens geht es um den Schutz unserer Polizeibe- 10 amten und Polizeibeamtinnen, und zweitens wollen wir das Demonstrationsrecht erhalten, und zwar ohne Gewalt", sagte der CSU-Innenpolitiker Manfred Ländner im Landtag. Innenminister Joachim Herrmann begründete die Verschärfung bereits im Sommer mit „Erkenntnissen der letzten 15 Jahre". Immer wieder sei es in Deutschland bei Demonstrationen zu Gewalttaten vermummter Personen gekommen – vor allem von Linksextremen. Herrmann verwies auf Beispiele in Hamburg, Berlin und zuletzt bei der Eröffnung der Europäischen Zentralbank in Frankfurt, als es zu schweren 20 Ausschreitungen gekommen war.
Vergleichbare Fälle in Bayern seien jedoch nicht bekannt. Jeder habe das Recht zu protestieren, sagte Herrmann: „Aber der freie Mensch zeigt sein Gesicht." Bayern wolle an andere Länder ein Signal senden, dass man Vermummung 25 „nicht als lässliche Sünde, sondern als Straftat" betrachte. Die Grünen haben der Staatsregierung schon vor der Abstimmung mit einer Klage gedroht. Die innenpolitische Sprecherin Katharina Schulze nannte Entwurf der CSU „absolut absurd und sinnlos". 30
Die Grünen führen sowohl praktische als auch grundsätzliche Argumente ins Feld: Krawalle wie in Frankfurt habe es in Bayern bislang nicht gegeben. Zweitens zeigten die Frankfurter Krawalle, dass ein strafbewehrtes Vermummungsverbot Krawalle nicht verhindert – denn in Hessen 35 würden Verstöße als Straftat eingestuft, so wie es die CSU in Bayern wieder einführen will. Am wichtigsten ist Schulze jedoch das grundsätzliche Argument: Den Bürgern sollte die Meinungsäußerung erleichtert und nicht erschwert werden. 40

SZ.de/dpa/infu, Vermummung wird Straftat in Bayern, 12.11.2015; www.sueddeutsche.de/bayern/versammlungsrecht-vermummung-wird-straftat-in-bayern-1.2734192

M 11 Das Petitionsrecht

M 12 Online-Petitionen

Das Petitionsrecht ist in Deutschland in Art. 17 des Grundgesetzes verankert. [...] Neben dem klassischen Weg einer schriftlichen Einreichung gibt es seit 2005 das E-Petitionsportal. [...]
Seit mehreren Jahren kommen zu den offiziellen Annahmestellen immer mehr private Petitionsplattformen hinzu. Zu den bekanntesten zählen openPetition, change.org und campact. Nach eigenen Angaben nutzen jeweils knapp zwei Millionen Menschen in Deutschland change.org und openPetition. Bei campact sind es rund 1,5 Millionen. Change.org wurde bereits 2007 in den USA gegründet und existiert seit 2012 in Deutschland. OpenPetition ist hingegen ein deutsches Projekt und ging 2010 online. Seitdem wurden mehr als 9.000 Petitionen gestartet. Auch die deutsche change.org-Website läuft gut: Jede Woche kommen laut Betreiber 390 neue Petitionen hinzu.
[...] Die Erfolgsaussichten der meisten Petitionen sind gering. Vor allem bei den privaten Anbietern besteht keinerlei Recht der Petenten darauf, dass sich die Adressaten wirklich mit der Petition beschäftigen. Anders ist dies beim Bundestag: Kommt eine Petition ins parlamentarische Verfahren, muss der Petitionsausschuss das Anliegen beraten. [...]
E-Petitionen stellen zumindest eine Möglichkeit der politischen Partizipation dar, die vor allem Jüngere und auch weniger an Politik interessierte Menschen anspricht. Und schließlich verlaufen nicht alle E-Petitionen im Sande [...].

Zit. nach: http://politik-digital.de/news/online-petitionen-sinnvolle-buergerbeteiligung-oder-ueberschaetzter-klick-aktivismus-141549, 21.08.2014 (CC-BY-SA 3.0)

Aufgaben

1. Führen Sie eine Debatte, ob es sich bei den Mai-Demonstrationen in Berlin (M9) um einen Missbrauch des Versammlungs- und Demonstrationsrechts handelt und diese mit allen staatlichen Mitteln verhindert werden sollten.
2. Diskutieren Sie, ob es sich bei der in M10 vorgestellten Maßnahme der Bayerischen Staatsregierung um eine Einschränkung des Versammlungs- und Demonstrationsrechts handelt.
3. Erörtern Sie, inwieweit das Petitionsrecht eine Form der politischen Teilhabe darstellt und welche Chancen Online-Petitionen bieten (M11–M12).

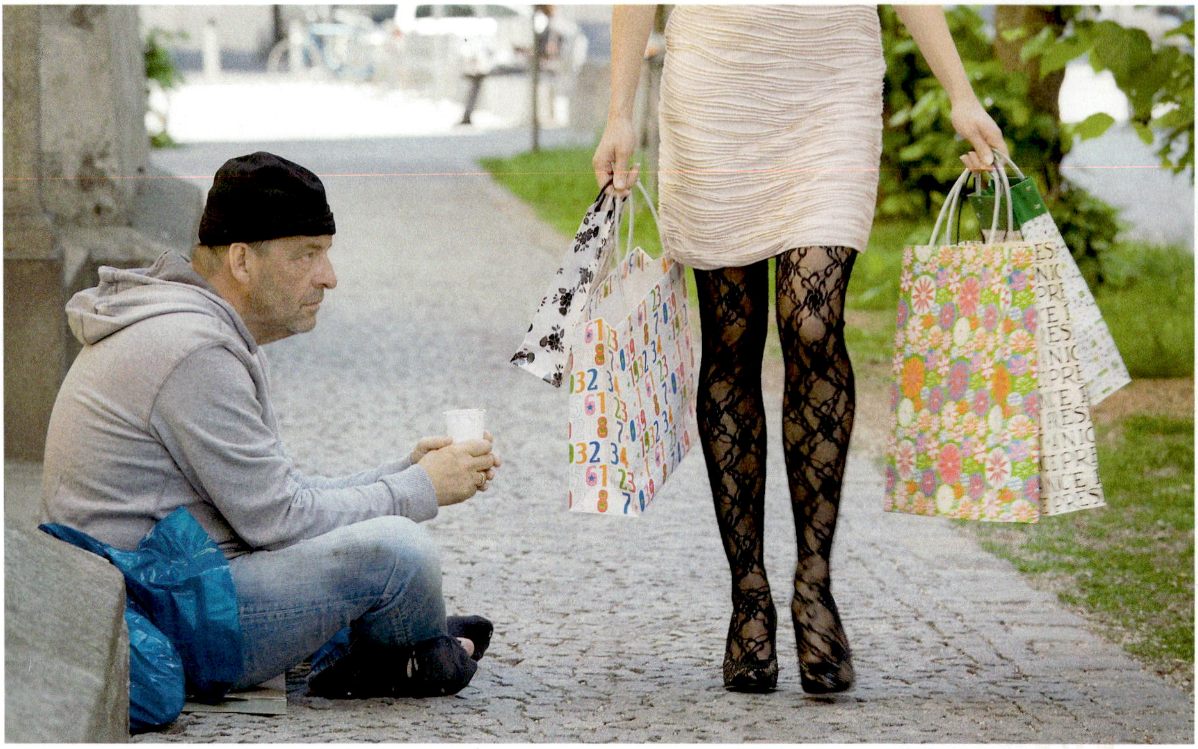

SOZIALVERBAND
VdK
DEUTSCHLAND
...und raus bist du.
AKTION GEGEN Armut
2,5 Millionen Kinder in Deutschland leben in Armut.
www.aktion-gegen-armut.de

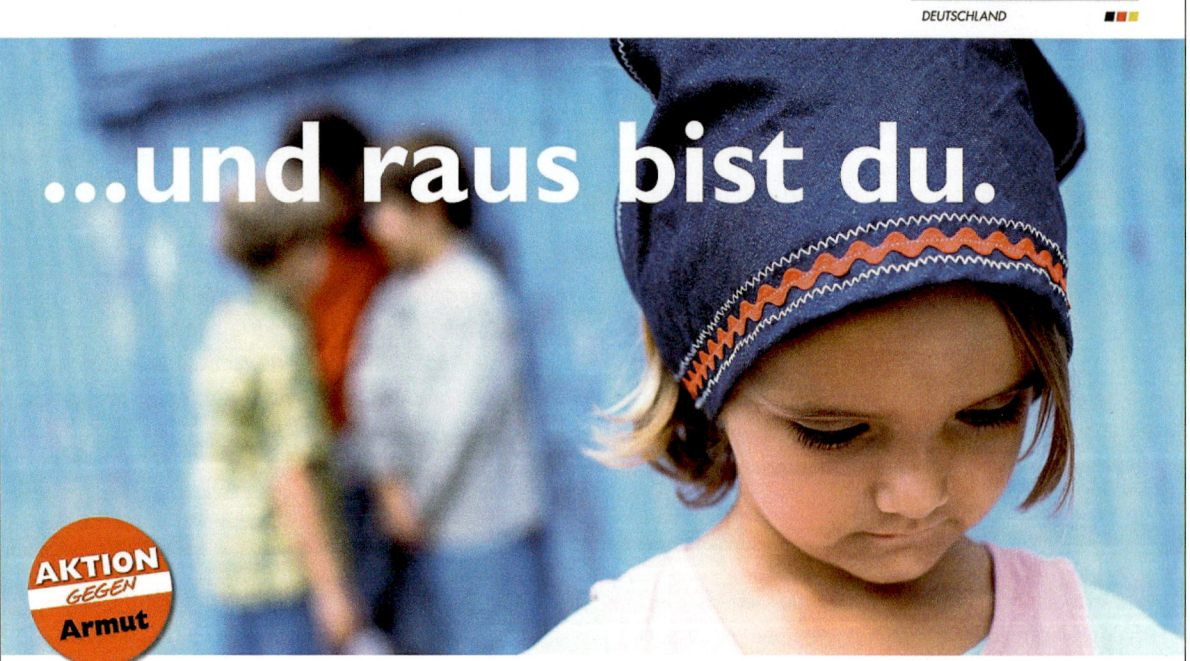

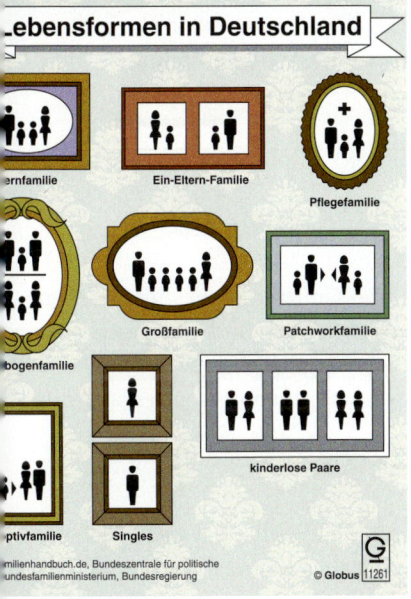

02
GESELLSCHAFTLICHE LEBENSWIRKLICHKEITEN DES EINZELNEN

Formen – Modelle – Entwicklungen

M 1 **Armut und Reichtum,** Gegensätze in einer deutschen Großstadt

M 2 **Plakat des Sozialverbands VdK Deutschland,** Kampagne gegen Armut in Deutschland

M 3 **Demonstration in München 2017,** Lesben, Schwule, Trans- und Intersexuelle protestieren im Glockenbachviertel gegen Diskriminierung und für ihre Rechte.

M 4 **Lebensformen in Deutschland,** Forscher unterscheiden bis zu 100 verschiedene Formen des Zusammenlebens.

M 5 **Projekt „WerteRaum",** die bayerische Integrationsministerin Emilia Müller (CSU) besucht einen Kurs des Projekts „WerteRaum", in dem u. a. auch Umgangsformen vermittelt werden sollen.

II. Modelle und Entwicklungen gesellschaftlicher Lebenswirklichkeiten

Im Gegensatz zu totalitären Systemen, deren Fokus auf dem Kollektiv liegt und die antiindividualistisch geprägt sind, zeichnet sich die Gesellschaftsstruktur eines freiheitlich demokratischen Staates wie der Bundesrepublik Deutschland durch die Anerkennung von Pluralismus und Individualismus aus. Das Individuum ist damit frei, sich im Rahmen der bestehenden Rechtsordnung selbst zu verwirklichen und die Lebensform zu wählen, die es möchte. Ein pluralistischer Staat impliziert, dass nicht alle Menschen gleich sind, sondern es Formen der sozialen Ungleichheit gibt. Um diese Ungleichheiten zu beschreiben, bedient sich die Soziologie verschiedener Modelle zur Erfassung der Gesellschaft.

Das folgende Unterkapitel ist in fünf Abschnitte gegliedert:

„Du bist nichts, dein Volk ist alles"
Propaganda-Spruch aus dem Dritten Reich: antiindividualistisch und antipluralistisch

Das 1. Teilkapitel …
… definiert den Begriff „soziale Ungleichheit" und zeigt Möglichkeiten auf, diese zu klassifizieren bzw. zu messen. Damit soziale Ungleichheiten, die einem marktwirtschaftlichen System immanent sind, nicht den sozialen Frieden in einem Staat bedrohen, hat die Regierung sozialstaatliche Instrumente zur Verfügung.

Das 2. Teilkapitel …
… stellt Möglichkeiten vor, die Gesellschaft in ihrer Komplexität zu erfassen und zu beschreiben.

Das 3. Teilkapitel …
… ermöglicht eine Beurteilung von Chancen und Grenzen einer individuellen Lebensplanung in einem freiheitlichen, demokratischen und pluralistischen Staatswesen wie der Bundesrepublik und bietet die Möglichkeit, gesellschaftliche Realitäten und die Gestaltungsmöglichkeiten des Einzelnen in Deutschland mit denen in den USA zu vergleichen.

Das 4. Teilkapitel (Alternative zu 5.) …
… beschreibt am Beispiel der Veränderungen und der Vielfalt der Geschlechterrollen den gesellschaftlichen Wandel als ein typisches Kennzeichen moderner Gesellschaften, um Konsequenzen für persönliche Werthaltungen und die eigene Lebensgestaltung zu diskutieren und zu bewerten.

Das 5. Teilkapitel (Alternative zu 4.) …
… beschreibt am Beispiel der Migration und den damit verbundenen Auswirkungen auf die Lebenswirklichkeit des Einzelnen den gesellschaftlichen Wandel als ein typisches Kennzeichen moderner Gesellschaften, um Konsequenzen für persönliche Werthaltungen und die eigene Lebensgestaltung zu diskutieren und zu bewerten.

1. Formen sozialer Ungleichheit

Was ist soziale Ungleichheit?

In allen menschlichen Gesellschaften gab und gibt es Unterschiede: Manche Menschen sind reicher oder mächtiger oder privilegierter als andere. Unter „sozialen Ungleichheiten" versteht man Unterschiede in den Lebensbedingungen wie etwa Bildung, Einkommen, Beruf, die es einigen Menschen ermöglichen, allgemein anerkannte Ziele wie Gesundheit, Wohlstand oder Ansehen besser oder schneller zu erreichen als andere Menschen. In erster Linie bezieht sich der Begriff der sozialen Ungleichheit auf materielle, aber auch immaterielle Güter, die in einer Gesellschaft als „wertvoll" erachtet werden und die es erleichtern, ein „gutes Leben" zu führen. Wertvoll sind in diesem Sinne aber nur solche Dinge, die knapp, d. h. nicht leicht oder nur zu einem hohen Preis zu bekommen sind. Kartoffeln als Grundnahrungsmittel z. B. waren in der Nachkriegszeit wertvoller als heute. Zweitens handelt es sich nur dann um eine Form von sozialer Ungleichheit, wenn die betreffenden Güter, z. B. die medizinische Versorgung eines Landes, einem Teil der Gesellschaft in größerem Umfang zur Verfügung stehen als einem anderen. Und schließlich bestehen soziale Ungleichheiten dort, wo sich Menschen wertvolle Güter deshalb leisten können, weil sie in der Struktur der Gesellschaft höhergestellt sind. In der zentralistischen Planwirtschaft der DDR beispielsweise konnten Parteifunktionäre die langen Wartefristen beim Erwerb eines Pkw umgehen oder hochwertigere Pkw („Wartburg") kaufen, während sich der einfache DDR-Bürger meist mit dem Typ „Trabant" zufriedengeben musste, auf den er im Durchschnitt 16 Jahre wartete.

Luxusgut Südsee-Fernreise
Hotelanlage auf Manihi, Französisch-Polynesien

M 1   Der erste Schultag
Karikatur von Ralf Stumpp

Haushaltsnettoeinkommen und Gini-Koeffizient

In einem marktwirtschaftlich orientierten Staat wie der Bundesrepublik Deutschland werden soziale Ungleichheiten u. a. durch einen Vergleich des Einkommens des Einzelnen mit dem gesellschaftlichen Durchschnittseinkommen ermittelt. Die Soziologie bezieht sich auf das Haushaltsnettoeinkommen, also alle Einnahmen, die einem Haushalt nach Abzug von Steuern und Abgaben zur Verfügung stehen. Als arm bzw. armutsgefährdet gelten demnach die Menschen, die weniger als 60 Prozent des mittleren Einkommens der Gesamtbevölkerung verdienen; als reich diejenigen, deren Einkommen mehr als doppelt so hoch ist wie das mittlere Einkommen. Das Maß der Einkommensungleichheit bestimmt dabei meist der sogenannte Gini-Koeffizient. Er ist 0 bei völliger Gleichverteilung und 1 bei maximaler Ungleichverteilung. In Deutschland bewegt sich der Koeffizient seit Jahren bei einem Wert von 0,30.

Armut in Deutschland
Schlafstätte eines Obdachlosen in Berlin

Die Schere zwischen Arm und Reich
Karikatur von Martin Erl

Ungleiche Einkommens- und Vermögensverteilung

Vermögen und Einkommen sind in Deutschland – wie in allen marktwirtschaftlich orientierten Staaten – ungleich verteilt. Von den 1970er-Jahren bis etwa 2005 öffnete sich die Schere zwischen Arm und Reich stetig: So haben die einkommensschwächeren Schichten laufend Realeinkommenseinbußen hinnehmen müssen, während die einkommensstarken Bevölkerungsanteile zugelegt haben. Seit 2005 sehen einige Statistiker eine vorsichtige Umkehrung des Trends, andere interpretieren die Statistiken dahingehend, dass sich die Schere weiter öffnet. Im Vergleich zu anderen Staaten wie Großbritannien oder den USA kann die Einkommensungleichheit in Deutschland aber als unterdurchschnittlich bezeichnet werden. Weiterhin recht stark ungleich verteilt ist allerdings das Vermögen.

Wichtige Kennzeichen sozialer Ungleichheit

Der ausgeübte Beruf gilt als wichtiges Kennzeichen für soziale Ungleichheit, da er die Höhe des Einkommens wesentlich bestimmt. Der berufliche Werdegang eines Menschen wiederum wird stark von seinem Bildungsgrad beeinflusst. Bildung als Kennzeichen sozialer Ungleichheit ist damit ein wichtiger Aspekt. Als Maßstab gelten hier die unterschiedlich langen Bildungs- und Ausbildungszeiten. Ein langer Ausbildungsgang verspricht heute mehr Prestige und ein höheres Einkommen als ein kurzer Bildungsweg. Trotz der Bildungsexpansion seit den 1970er-Jahren begünstigt die soziale Herkunft noch immer die Wahrscheinlichkeit, einen akademischen Abschluss zu erhalten und in Führungspositionen aufzusteigen. Dies liegt neben dem höheren Bildungsgrad auch am schichtspezifischen „Habitus" (Aussehen, Auftreten etc.) des gehobenen Bürgertums.

Funktionalistische Theorie der Ungleichheit

Die soziale Ungleichheit, die sich in den oben skizzierten Aspekten manifestiert, wird durch die funktionalistische Theorie der Ungleichheit der 1960er-Jahre gerechtfertigt. Die Theorie besagt, dass eine Leistungsgesellschaft ohne soziale Ungleichheit nicht auskommen kann. Wer das Leistungspotenzial eines Menschen und einer Gesellschaft mobilisieren will, muss Leistungsanreize schaffen und Leistungsunterschiede akzeptieren. Dass sich diese Theorie indirekt bestätigt hat, lässt sich an den planwirtschaftlichen Fehlversuchen aller kommunistischen Staaten ersehen.

Kompensation sozialer Ungleichheit durch den Sozialstaat

In den Grundgesetz-Artikeln 20 und 28, der rechtlichen Grundlage für die Schaffung und den Erhalt des Sozialstaats, heißt es, Deutschland sei ein „demokratischer und sozialer" Bundes- und Rechtsstaat. Das Sozialstaatsprinzip ist eines von vier Verfassungsprinzipien. Alle staatlichen Organe sind damit zu einer Politik des sozialen Ausgleichs und der sozialen Sicherheit verpflichtet. Es entspricht dem System der Sozialen Marktwirtschaft, dass diejenigen, die am Leistungswettbewerb nicht oder nur eingeschränkt teilnehmen können, unterstützt werden. Das bedeutet konkret, dass den leistungsstärkeren Mitgliedern der Gesellschaft Zahlungen in Form von Steuern und Sozialversicherungsbeiträgen auferlegt werden, von denen wiederum die leistungsschwächeren in Form von Sozialleistungen profitieren (Umverteilung). Daneben hat der Staat gegenüber seinen Bürgern die Pflicht, die Existenzgrundlage für ein menschenwürdiges Leben zu sichern.

Info

Der Sozialstaat im Grundgesetz

Artikel 20
(1) Die Bundesrepublik Deutschland ist ein demokratischer und sozialer Bundesstaat.

Artikel 28
(1) Die verfassungsmäßige Ordnung in den Ländern muss den Grundsätzen des republikanischen, demokratischen und sozialen Rechtsstaates im Sinne dieses Grundgesetzes entsprechen.

Was ist soziale Ungleichheit? – Kennzeichen und Kriterien

M 2 Aspekte sozialer Ungleichheit

Stefan Hradil ist ein deutscher Soziologe mit den Schwerpunkten Soziale Ungleichheiten und Soziale Milieus.

Man spricht von „sozialer Ungleichheit", wenn die Ressourcenausstattung (zum Beispiel der Bildungsgrad oder die Einkommenshöhe) oder die Lebensbedingungen (beispielsweise die Wohnverhältnisse) von Menschen aus gesellschaftlichen Gründen so beschaffen sind, dass bestimmte Bevölkerungsteile regelmäßig bessere Lebens- und Verwirklichungschancen als andere Gruppierungen haben. „Besser" sind Lebens- und Verwirklichungschancen dann, wenn Ressourcenausstattungen oder Lebensbedingungen bestimmten Menschen nach den jeweils geltenden gesellschaftlichen Maßstäben (zum Beispiel bezüglich Sicherheit, Wohlstand, Gesundheit) die Möglichkeit zu einem „guten Leben" und zur weiten Entfaltung der eigenen Persönlichkeit bieten, anderen Menschen jedoch nicht. Inwieweit diese Möglichkeiten individuell genutzt werden, steht dahin. [...]

Nicht als soziale Ungleichheit gelten unter anderem individuelle, momentane und natürliche Vor- bzw. Nachteile. Sie entstehen zum Beispiel durch (un-)vorteilhafte Persönlichkeitseigenschaften, Lotteriegewinne oder angeborene Behinderungen. In der Realität greifen natürliche, momentane und individuelle Vor- bzw. Nachteile einerseits und soziale Ungleichheiten andererseits jedoch oft ineinander. [...]

„*Verteilungsungleichheit*" meint die ungleiche Verteilung einer wertvollen Ressource (z. B. des Einkommens) bzw. einer (un-)vorteilhaften Lebensbedingung innerhalb der Bevölkerung insgesamt. Mit „*Chancenungleichheit*" bezeichnet man die ungleichen Möglichkeiten bestimmter Bevölkerungsgruppen (zum Beispiel von Frauen oder Migranten), an vorteilhafte oder nachteilige Stellen innerhalb solcher Verteilungen zu gelangen (zum Beispiel höhere Einkommen zu erzielen). Chancenungleichheiten und Verteilungsungleichheiten verändern sich häufig unabhängig voneinander. So ist zum Beispiel die Verteilung der Einkommen in Deutschland in letzter Zeit ungleicher geworden. Die Einkommenschancen von Frauen haben sich dagegen denen der Männer angeglichen. In vielen Fällen bergen Chancenungleichheiten, so die geringen Bildungschancen von Migrantenkindern oder die schlechten Aufstiegschancen von Frauen, mindestens so viel gesellschaftspolitischen Zündstoff wie Verteilungsungleichheiten, wie etwa wachsende Armut und zunehmender Reichtum.

Chancenungleichheiten bestehen insbesondere zwischen: Bildungs- und Berufsgruppen, Familien und kinderlosen Haushalten, Bewohnern unterschiedlicher Regionen, den Geschlechtern, Altersgruppen und ethnischen Gruppierungen. Damit sind zugleich die wichtigsten Determinanten sozialer Ungleichheit benannt. Einige von ihnen sind individuell erworben, andere gesellschaftlich zugeschrieben: Bildungsgrade, Berufe, Familien- und Lebensformen sind für die Einzelnen mehr oder minder frei wählbar.

Das Geschlecht, das Alter, soziale Herkunft oder die ethnische Zugehörigkeit sind für die Einzelnen in der Regel nicht veränderbar. Darauf beruhende Chancenungleichheiten (beispielsweise die Benachteiligung von Frauen) gelten in modernen Gesellschaften als illegitim und werden stark kritisiert. Die Vielfalt vorhandener sozialer Ungleichheiten wird in der Regel in Dimensionen gebündelt. In modernen Gesellschaften gelten der formale Bildungsgrad, die mehr oder minder sichere Erwerbstätigkeit, die berufliche Stellung, das Einkommen bzw. Vermögen und das berufliche Prestige als wichtigste Dimensionen sozialer Ungleichheit.

Stefan Hradil, Soziale Ungleichheit, in: ders. (Hrsg.), Deutsche Verhältnisse, Bundeszentrale für politische Bildung, Bonn 2012, S. 156f.

Aufgaben

1. Arbeiten Sie aus M2 heraus, was unter „sozialer Ungleichheit" zu verstehen ist.
2. Unterscheiden Sie die „Verteilungsungleichheit" von der „Chancenungleichheit" (M2).
3. Interpretieren Sie die Karikatur M1 vor dem Hintergrund von M2 und beschreiben Sie mögliche Chancen und Grenzen von „Kevins" Lebensplanung.

Soziale Ungleichheit im Bildungsbereich – Elternhaus und Schulerfolg

M 3 Bildungsabschlüsse der Bevölkerung 2015 nach Altersgruppen

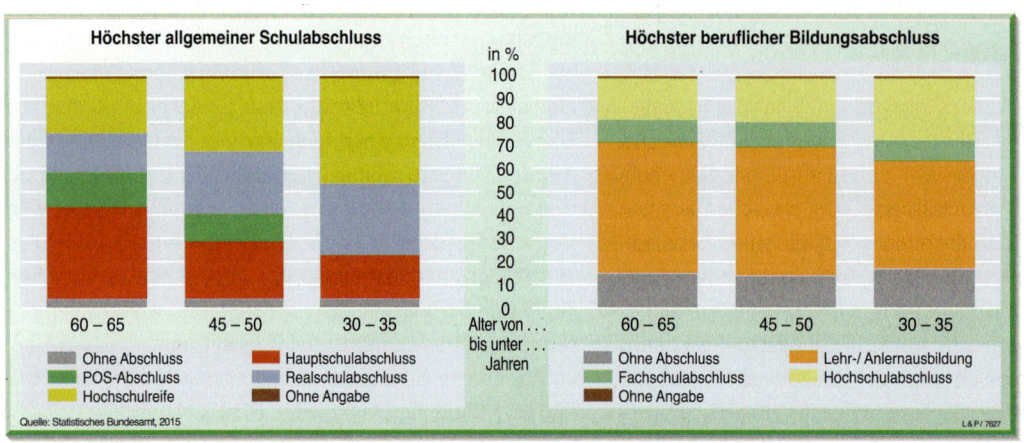

*POS = polytechnische Oberschule, die allgemeine Schulform in der DDR von der 1. bis zur 10. Klasse

M 4 Schulbesuch an verschiedenen Schularten 1952 und 2016/17

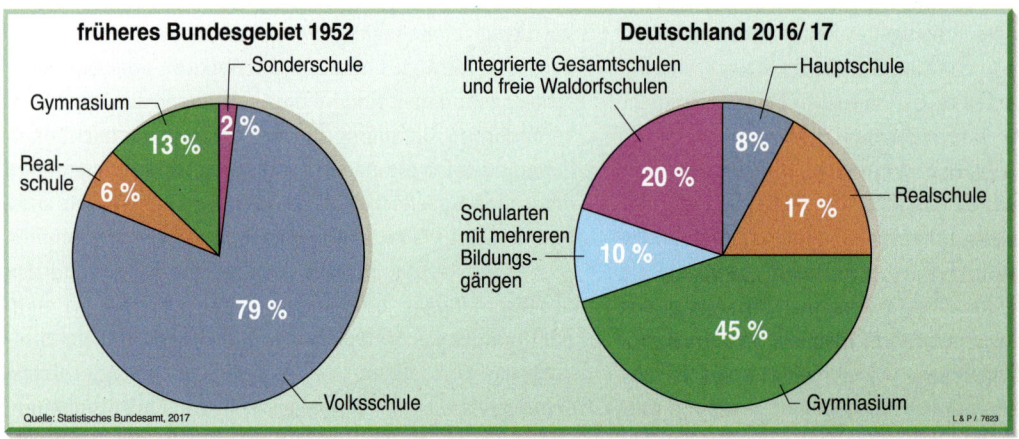

Aufgaben

1. Analysieren Sie die Grafik M3 und erklären Sie Ihre Ergebnisse.
2. Analysieren Sie die Grafik M4 und setzen Sie sie in Bezug zu M3. Erörtern Sie danach, welche Punkte für bzw. gegen eine Weiterentwicklung des Trends sprechen.
3. Entwerfen Sie mithilfe der Szenario-Methode zwei Szenarien für den Alltag in der Bundesrepublik für den Fall, dass sich der Trend aus Grafik M4 in den nächsten Jahren fortsetzt, sowie für den gegenteiligen Fall.
4. Arbeiten Sie die Ursachen für soziale Ungleichheit im Bildungswesen heraus (M5–M6).
5. Erörtern Sie ausgehend von M5 und M6 sowie vor dem Hintergrund der funktionalistischen Theorie der Ungleichheit (Autorentext), inwieweit sich soziale Ungleichheit in einer Demokratie durch Bildung nivellieren lässt.

M 5 Zusammenhang zwischen Elternhaus und Wahl der Schulart in Klasse 5

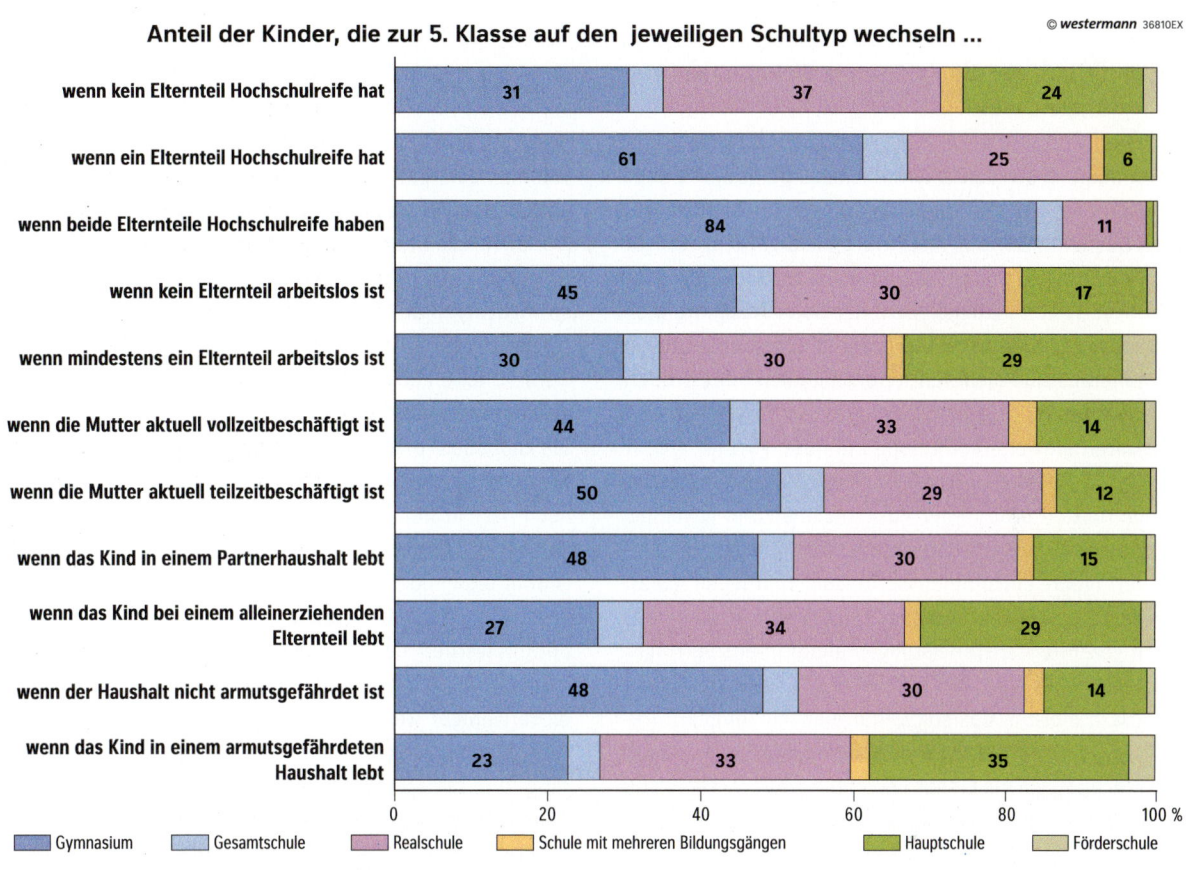

Datenquelle: 5. Armuts- und Reichtumsbericht der Bundesregierung, 2017

M 6 Soziale Herkunft und Schulerfolg

[Nach einer aktuellen Allensbach-Studie] gibt es einen deutlichen Zusammenhang zwischen der sozialen Schicht des Elternhauses und der besuchten Schule: So lernen aktuell 70 Prozent der Kinder aus gut situiertem Hause, aber nur 30 Prozent aus sozial schwächeren Elternhäusern auf einem Gymnasium, und während Erstere zu 96 Prozent das Abitur oder die Fachhochschulreife anstreben, gilt dies bei Letzteren nur für 41 Prozent. [...]

Sowohl Lehrer als auch Eltern sind sich einig: Defizite im Elternhaus sind die wesentliche Ursache dafür, dass einige Kinder schlechtere Chancen haben als andere. 84 Prozent der Lehrer und 79 Prozent der Eltern betonen vor allem das fehlende Interesse von Eltern an einer Beschäftigung mit den eigenen Kindern. Auch nennen Lehrer und Eltern Erziehungsmängel im Hinblick auf gewissenhaftes Arbeiten, eine fehlende Vorbildfunktion der Eltern und zu wenig Zeit der Eltern für ihre Kinder als Hauptursachen. Wie die Studie weiter zeigt, sind mehr als drei Viertel aller Lehrer der Meinung, Eltern aus sozial schwächeren Bevölkerungsschichten zeigen vergleichsweise wenig Interesse am schulischen Alltag ihrer Kinder. [...] „In Deutschland wird die Verantwortung für die Förderung von Kindern jedoch weitaus stärker einseitig den Eltern zugewiesen", so Prof. Dr. Renate Köcher vom Allensbach Institut. Entsprechend sieht die Realität in Deutschland aus. „Eltern werden in Deutschland weniger als in anderen europäischen Ländern bei der Förderung ihrer Kinder durch andere Institutionen unterstützt. Die frühkindliche Förderung wird weit überwiegend in den Elternhäusern geleistet. Dies trägt dazu bei, dass Kinder mit sehr unterschiedlichen Voraussetzungen in das Bildungssystem eintreten. [...]", so Köcher.

Sb, Leistungskluft zwischen Schülern verschiedener sozialer Herkunft wächst weiter. 26.04.2013; www.migazin.de/2013/04/26/leistungskluft-zwischen-schuelern-verschiedener-sozialer-herkunft-waechst-weiter

Soziale Ungleichheit beim Einkommen – Ursachen und Auswirkungen

M 7 Gründe für die wachsende Einkommensungleichheit

Einkommen ist auf den ersten Blick das persönliche Bruttoeinkommen der Menschen, das sie aus Erwerbstätigkeit oder Besitztümern auf Märkten erzielen. Diese Bruttomarkteinkommen geben zwar über die Wertschätzung der jeweiligen Erwerbstätigkeit bzw. der Güter Auskunft, nicht aber über den Lebensstandard der Einkommensbezieher. Denn hieraus sind nicht nur unterschiedlich hohe Steuern und Abgaben zu bezahlen, hiervon muss oft noch der Lebensunterhalt weiterer Personen (Kinder, Partner etc.) finanziert werden. Das Netto-pro-Kopf-Haushaltseinkommen vermittelt schon eher Auskunft über den jeweiligen Wohlstand. Dieses im Haushaltszusammenhang tatsächlich verfügbare Einkommen wurde von staatlichen Instanzen durch einbehaltene Steuern und Beiträge einerseits, durch gezahlte Transferleistungen andererseits verringert bzw. erhöht. Es wird von Wirtschafts- und Sozialwissenschaftlern meist in das sog. „Äquivalenzeinkommen" (bedarfsgewichtetes Netto-pro-Kopf-Haushaltseinkommen) umgerechnet, um die Ersparnisvorteile größerer Haushalte zu berücksichtigen. [...] Einkommenschancen sind eine Frage des Bildungsgrades, des Erwerbs- und Berufsstatus, aber auch des Geschlechts und der Lebensform. Die Einkommenshierarchie reicht von hoch qualifizierten Erwerbstätigen in leitender Stellung bis hin zu gering qualifizierten Arbeitskräften mit Zeitverträgen [...]. Internationale Vergleiche zeigen, dass die wachsende Einkommensungleichheit keine deutsche Besonderheit ist. Die Schere der Markteinkommen öffnet sich in fast allen entwickelten Ländern der Welt. Die „Äquivalenzeinkommen" spreizen sich in den meisten modernen Gesellschaften. [...] Da die wachsende Einkommensungleichheit ein weltweites Phänomen ist, liegen auch die Gründe der auseinander gehenden Einkommen zum großen Teil in supranationalen Entwicklungen. Als Hauptursache gilt die technologische Entwicklung (vor allem die Informationstechnologie), die in den Sektoren, in denen sie dominiert, sehr produktives Wirtschaften ermöglicht, zugleich aber hohe Qualifikationen erfordert. Da entsprechend hoch qualifiziertes Personal knapp ist, werden hohe Löhne gefordert. In hoch produktiven Wirtschaftsbereichen können hohe Löhne auch gezahlt werden. Die Globalisierung der Arbeitsmärkte verstärkt diese Entwicklung zur Ausweitung der Lohnbandbreite nach oben noch. Wer in Deutschland seine hohen Lohnerwartungen nicht erfüllt findet, dem wird das in anderen Ländern gelingen. In technologisch wenig entwickelten und wenig produktiven Wirtschaftsbereichen können nur niedrige Löhne bezahlt werden. Da immer mehr dieser Arbeitsplätze wegfallen, konkurrieren relativ viele gering Qualifizierte um diese weniger werdenden Arbeitsplätze. Dies drückt die Verdienstmöglichkeiten. Auch hier verstärkt die Globalisierung die soziale Ungleichheit. Gering Qualifizierte in Deutschland konkurrieren oft nicht nur mit Einheimischen, sondern auch mit Migranten und mit Beschäftigten im Ausland. [...] Neben technologischen und ökonomischen bewirken auch demografische Gründe eine wachsende Einkommensungleichheit: Die Alterung der Gesellschaft bringt es mit sich, dass immer weniger Menschen Erwerbseinkommen beziehen, von denen immer mehr ältere (zusätzlich die jüngeren) Menschen zu finanzieren sind. Immer mehr Alleinerziehende mit oft schlechten Erwerbsmöglichkeiten stehen immer mehr Doppelverdienerhaushalten mit sehr guten Einkommenschancen gegenüber.

Stefan Hradil, Soziale Ungleichheit, in: ders. (Hrsg.), Deutsche Verhältnisse, Bundeszentrale für Politische Bildung, Bonn 2012, S. 168–170

Aufgaben

1. Arbeiten Sie aus M7 die Gründe für die wachsende Einkommensungleichheit heraus.
2. Analysieren Sie die Grafiken in M8 vor dem Hintergrund von M7.
3. Überprüfen Sie die Einkommensschere zwischen Deutschland und anderen Staaten der Welt (M9).

M 8 Einkommensverteilung

Zu welcher Schicht gehöre ich?

Monatliches Haushaltsnettoeinkommen im Jahr 2014 in Euro

	Single	Paar ohne Kinder	Paar mit einem Kind	Paar mit zwei Kindern
Einkommensreiche: mehr als 250 Prozent des Medianeinkommens	mehr als 4.400	mehr als 6.590	mehr als 7.910	mehr als 9.230
Obere Mitte: 150 bis 250 Prozent	2.640 bis 4.400	3.960 bis 6.590	4.750 bis 7.910	5.540 bis 9.230
Mitte im engen Sinn: 80 bis 150 Prozent	1.410 bis 2.640	2.110 bis 3.960	2.530 bis 4.750	2.950 bis 5.540
Untere Mitte: 60 bis 80 Prozent	1.050 bis 1.410	1.580 bis 2.110	1.900 bis 2.530	2.220 bis 2.950
Einkommensarme: weniger als 60 Prozent	bis 1.050	bis 1.580	bis 1.900	bis 2.220

Werte gerundet auf 10 EUR
Medianeinkommen: Eine Hälfte der Bevölkerung hat ein höheres Einkommen, die andere Hälfte ein niedrigeres. Für Singles betrug das Medianeinkommen 2014 netto 1.758 EUR im Monat; **Kinder:** unter 14 Jahren
Ursprungsdaten: Sozio-oekonomisches Panel (SOEP)
© 2017 IW Medien / iwd

M 9 Soziale Gegensätze in Deutschland im internationalen Vergleich

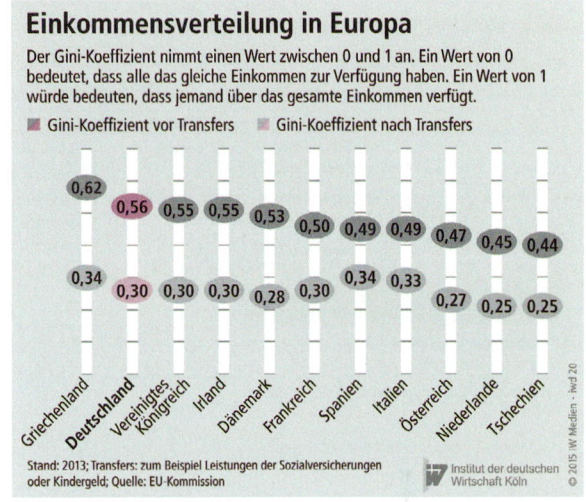

Einkommensverteilung in Europa

Der Gini-Koeffizient nimmt einen Wert zwischen 0 und 1 an. Ein Wert von 0 bedeutet, dass alle das gleiche Einkommen zur Verfügung haben. Ein Wert von 1 würde bedeuten, dass jemand über das gesamte Einkommen verfügt.

■ Gini-Koeffizient vor Transfers ■ Gini-Koeffizient nach Transfers

Griechenland 0,62 / 0,34
Deutschland 0,56 / 0,30
Vereinigtes Königreich 0,55 / 0,30
Irland 0,55 / 0,30
Dänemark 0,53 / 0,28
Frankreich 0,50 / 0,30
Spanien 0,49 / 0,34
Italien 0,49 / 0,33
Österreich 0,47 / 0,27
Niederlande 0,45 / 0,25
Tschechien 0,44 / 0,25

Stand: 2013; Transfers: zum Beispiel Leistungen der Sozialversicherungen oder Kindergeld; Quelle: EU-Kommission
Institut der deutschen Wirtschaft Köln

Beruf und Schicht

So viel Prozent der Berufsgruppe gehörten 2014 zu dieser Einkommensschicht

	Einkommensarme	Untere Mitte	Mitte im engen Sinn	Obere Mitte	Einkommensreiche	in Millionen
Gesamtbevölkerung	15,9	16,4	47,8	16,0	4,0	81,0
Un- und angelernte Arbeiter	20,8	29,6	45,5	4,1	0,0	4,6
Facharbeiter, Vorarbeiter, Meister	6,2	14,6	68,6	10,1	0,5	4,2
Einfache Angestellte	14,9	19,8	53,8	10,3	1,2	5,8
Qualifizierte Angestellte	4,3	9,9	58,7	24,6	2,5	9,9
Hochqualifizierte oder leitende Angestellte	2,2	3,3	40,8	40,7	13,1	6,3
Selbstständige ohne Mitarbeiter	9,7	9,5	37,1	28,3	15,5	2,3
Selbstständige mit Mitarbeitern	5,8	3,4	35,1	30,2	25,6	1,4
Beamte im unteren und mittleren Dienst	0,1	6,7	65,7	26,5	1,0	0,6
Beamte im gehobenen und höheren Dienst	1,7	2,5	36,9	48,3	10,7	1,9
Arbeitslose	57,9	17,4	21,3	2,4	1,0	3,4
Rentner	16,8	22,7	49,6	9,1	1,9	17,1
Pensionäre	0,0	2,3	46,8	40,6	10,3	1,5
Studenten	33,2	12,6	38,9	12,1	3,2	2,5
Sonstige	21,6	19,5	45,6	10,7	2,6	19,4

Hervorgehobene Werte: Diese Einkommensschicht ist gegenüber der Gesamtbevölkerung deutlich überrepräsentiert.
Einkommenarme: weniger als 60 Prozent ...; **Untere Mitte:** 60 bis 80 Prozent ...; **Mitte im engen Sinne:** 80 bis 150 Prozent ...; **Obere Mitte:** 150 bis 250 Prozent ...; **Einkommensreiche:** mehr als 250 Prozent ...
... des bedarfsgewichteten Medianeinkommens
Sonstige: Kinder, Auszubildende, Nichterwerbstätige etc.
Ursprungsdaten: Sozio-oekonomisches Panel (SOEP)
© 2017 IW Medien / iwd

Dezil-Ratio 90:10 im Jahr 2014

Die Dezil-Ratio 90:10 schaut sich zwei Vollzeitbeschäftigte an: Der eine steht an der Schwelle vom 9. Dezil zum 10. Dezil (bestverdienendes Zehntel), der andere an der Schwelle vom 2. zum 1. Dezil (ärmstes Zehntel). Der Faktor 3,4 für Deutschland bedeutet, dass der eine 3,4-mal so verdient wie der andere.

Italien	2,2
Schweden	2,3
Norwegen	2,4
Belgien	2,5
Schweiz	2,5
Dänemark	2,6
Finnland	2,6
Island	2,9
Japan	2,9
Griechenland	3,3
Österreich	3,3
Deutschland	3,4
Tschechien	3,5
Vereinigtes Königreich	3,6
Slowakei	3,7
Ungarn	3,7
Portugal	3,9
Irland	4,0
Polen	4,0
USA	5,0

© westermann

Armut und Reichtum – Indikatoren sozialer Ungleichheit

M 10 Das Pentagon der Armutsgründe

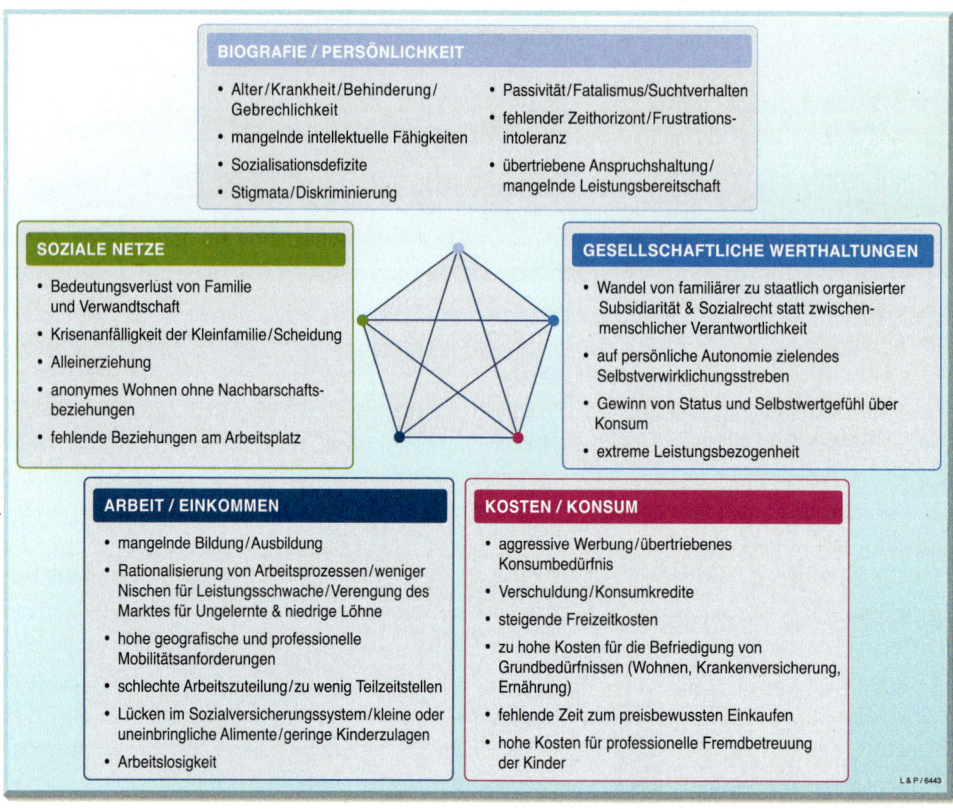

M 11 Armutsgefährdungsquoten 2008–2014

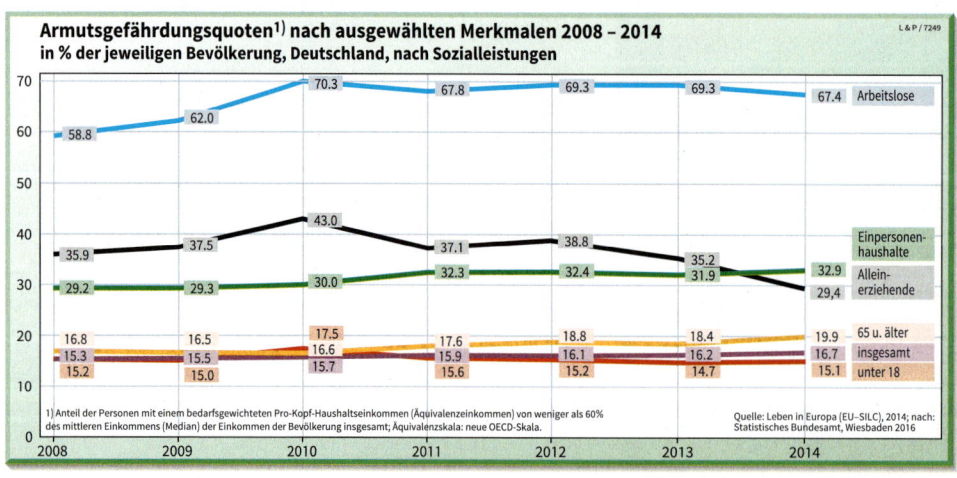

M 12 Armutsgefährdung nach Region

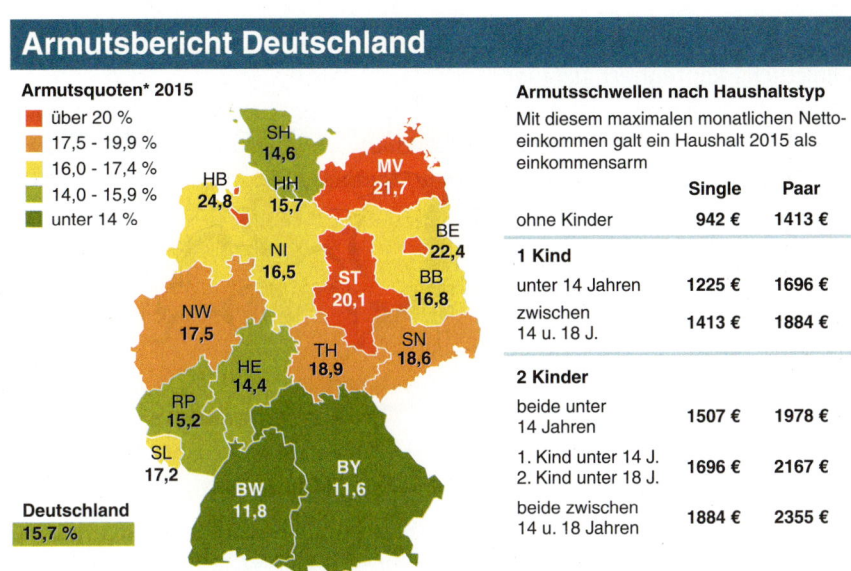

M 13 Verteilung des Vermögens in Deutschland und Europa

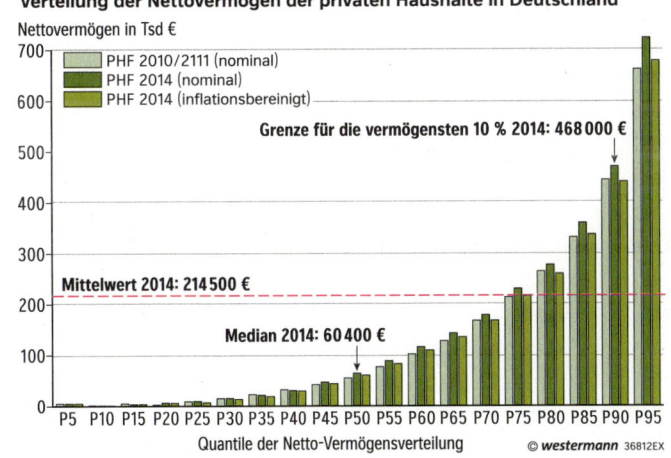

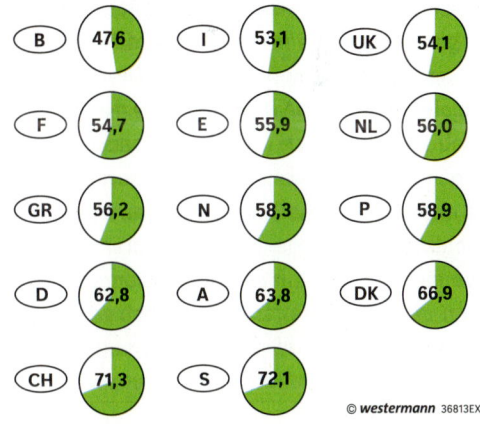

Aufgaben

1. Analysieren Sie M10 und gewichten Sie die einzelnen Bereiche nach ihrer Relevanz.
2. Werten Sie M11 und M12 aus und versuchen Sie, Merkmale der Armut in Deutschland zusammenzufassen.
3. Führen Sie im Kursverband, auch vor dem Hintergrund der Grund- und Menschenrechte, eine Debatte über den richtigen Umgang von Staat und Gesellschaft mit Armut.
4. Ermitteln Sie aus M13 die Kennzeichen der Vermögensverteilung in Deutschland und ziehen Sie einen Vergleich zu anderen europäischen Ländern.
5. Bewerten Sie die Bedeutung der Einkommens- und Vermögensverteilung für den Zusammenhalt der Gesellschaft und den ökonomischen Wohlstand (M7–M13).

Soziale Ungleichheit zwischen den Generationen – Was ist Generationengerechtigkeit?

M 14 Altersaufbau und durchschnittliche Rentenbezugsdauer

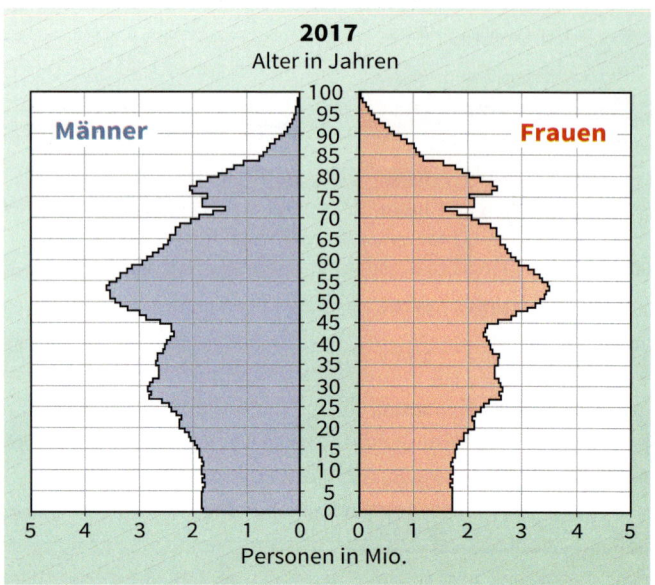

in Jahren	Männer	Frauen	insgesamt
alte Bundesländer			
1960	9,6	10,6	9,9
1970	10,3	12,7	11,1
1980	11,0	13,8	12,1
1990	13,9	17,2	15,4
1995	14,0	17,7	15,7
2001	14,3	18,3	16,2
2005	15,2	19,3	17,2
2010	16,5	20,5	18,4
2016	17,7	21,1	19,4
neue Bundesländer			
1995	11,6	19,6	16,0
2001	12,0	20,8	16,7
2005	12,9	21,6	17,5
2010	14,9	22,4	18,9
2016	17,0	23,8	20,6
Deutschland			
1995	13,6	18,2	15,8
2001	13,8	18,9	16,3
2005	14,7	19,8	17,2
2010	16,2	20,9	18,5
2016	17,6	21,6	19,6

Quelle: Deutsche Rentenversicherung, 2017

M 15 Viel für die Alten

Noch nie haben die Parteien den Rentnern im Wahlkampf so viel versprochen wie in diesem Jahr [2013]. Die Union will Milliarden für höhere Renten älterer Mütter ausgeben, die SPD die 67er-Altersgrenze erheblich lockern, die
5 Grünen versprechen eine Altersrente von mindestens 800 Euro, die Liberalen wollen bessere Zuverdienstchancen für Rentner. All das steht in eigentümlichem Gegensatz zu mehreren Studien, die zuletzt vor schwierigen Jahren
10 warnten, weil schon bald die Zahl der Älteren stark steigen wird und weniger junge Menschen für deren Alterssicherung aufkommen müssen.
Auch die Bertelsmann-Stiftung wird in der
15 kommenden Woche einen Ländervergleich vorstellen, der in diese Richtung weist. Für diese Studie […] wurden Schuldenstand, Einkommenssituation von Kindern und alten Menschen sowie Ressourcenverbrauch
20 in 29 Industrieländern verglichen. Deutschland schneidet dabei nur mittelmäßig ab. Während beispielsweise in Estland auf jedes Kind nur 6400 Dollar Staatsschulden entfallen, steht jedes deutsche Kind unter 15 Jahren heute mit rund 267 000 Euro in den Miesen. […]
25 Die Studie fragt außerdem nach dem „ökologischen Fußabdruck" einer Gesellschaft – einer Größe, in der sich Produktions- und Konsumverhalten der heutigen Erwachsenengenerationen niederschlagen. Dabei schneiden die Vereinigten Staaten, Belgien und überraschenderweise
30

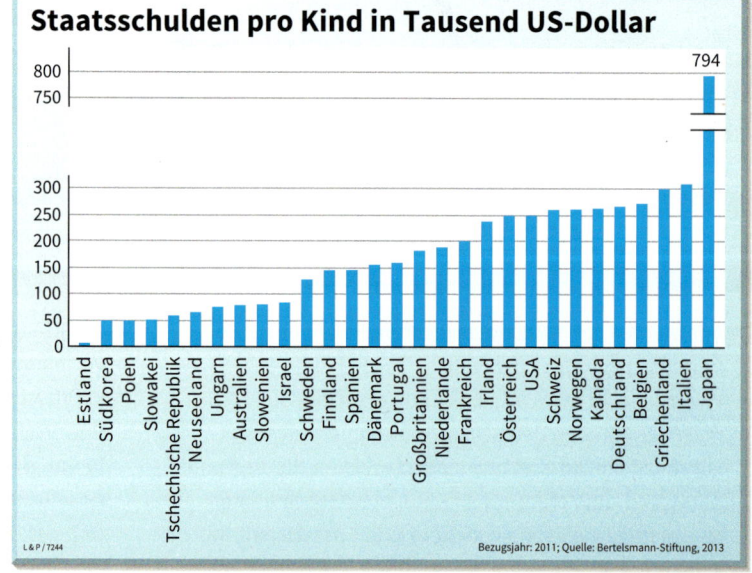

Bezugsjahr: 2011; Quelle: Bertelsmann-Stiftung, 2013

ganz besonders Dänemark schlecht ab – der Ressourcenverbrauch pro Kopf ist hier besonders hoch.

Auch der Vergleich von Kinder- und Altersarmut enthält Überraschungen: Hier hat die Stiftung beispielsweise errechnet, dass in den Niederlanden das Missverhältnis besonders groß ist – was aber vor allem daran liegt, dass die Niederländer mit einem Armutsquotienten von 1,7 Prozent bei den Älteren besonders gut dastehen, die Kinderarmut liegt mit einer Quote von 8,3 Prozent im Mittelfeld. Generell ist Kinderarmut in Nordeuropa ein deutlich kleineres Problem als in anderen wohlhabenden Regionen der Welt, der Anteil der Armen an der gesamten Altersgruppe liegt zwischen zwei und sieben Prozent. In Südeuropa hingegen geht es dem Nachwuchs schlechter. Deutschland steht mit einer Kinderarmutsquote von deutlich unter zehn Prozent weitaus besser da als die meisten Länder. In den USA liegt sie dagegen bei 21 Prozent.

Erhebliche Unterschiede gibt es auch bei den finanziellen Mitteln, die der Staat den Älteren im Vergleich zu den Jüngeren zur Verfügung stellt. Zehn der 29 untersuchten Länder geben mindestens fünfmal so viel Geld für die ältere Generation aus wie für die jüngere. Dabei gilt tendenziell, dass dieser Vorteil für die Älteren dort besonders stark ist, wo es auch besonders viele ältere Wähler gibt. [...]

Insgesamt entsteht in der Studie ein Bild, das nicht ganz zum Sound des deutschen Wahlkampfs passt: Mehr Ehrgeiz beim Schuldenabbau wäre demnach nicht nur in Südeuropa eine gute Idee, sondern auch in Deutschland. [...] Der Ländervergleich der Bertelsmann-Stiftung erinnert daran, dass staatliche Angebote nicht alles sind – auch Haushaltssanierung kann man als Anstrengung für künftige Generationen verstehen.

Elisabeth Niejahr, Viel für die Alten. Eine Studie vergleicht die Generationengerechtigkeit in 29 Ländern, in: Die Zeit, Nr. 16/11.4.2013

M 16 Sorglosigkeit

Karikatur von Gerhard Mester

Aufgaben

1. Analysieren Sie die Grafiken M14 und verorten Sie Ihren Geburtsjahrgang in der linken Grafik. Überprüfen Sie die Konsequenzen, die sich für Sie daraus ergeben.
2. Arbeiten Sie aus M15 die Ergebnisse der Studie zur Generationengerechtigkeit heraus.
3. Interpretieren Sie die Karikatur M16 und überprüfen Sie mithilfe von M14 und M15 kritisch den Wahrheitsgehalt der Aussage.
4. Diskutieren Sie im Kursverband, ob und gegebenenfalls wie in Deutschland für mehr Generationengerechtigkeit gesorgt werden sollte.
5. Nehmen Sie in Form eines Zeitungskommentars Stellung zur Generationengerechtigkeit in Deutschland.

Soziale Ungleichheit und soziale Gerechtigkeit – Faktoren und Formen

M 17 „Vor allem zählt der richtige Stallgeruch"

Der Soziologe Michael Hartmann im Gespräch mit der Wochenzeitung „Die Zeit":

Zeit online: Herr Hartmann, Sie erforschen die Elite. Wer zählt überhaupt dazu?

Hartmann: Die Kernelite in Deutschland umfasst rund 1000 Personen. Das sind alle die, die gesellschaftliche Entwicklungen über ihr Amt oder ihr Eigentum maßgeblich beeinflussen können: Minister, Staatssekretäre, Richter am Bundesverfassungsgericht, Spitzenmanager, Großunternehmer, aber auch Herausgeber und Chefredakteure von Zeitungen und Zeitschriften oder die Wissenschaftler an der Spitze der großen Wissenschaftsorganisationen.

Zeit: Welche Faktoren entscheiden darüber, ob jemand den Aufstieg nach ganz oben schafft?

Hartmann: Zunächst: Wer in die Elite will, muss an die Universität. Über 90 Prozent der deutschen Eliten haben heute einen Hochschulabschluss. Aber sobald der Hochschulabschluss in der Tasche ist, zählt vor allem der richtige Stallgeruch. In der Soziologie nennen wir das Habitus: Das Wissen um die versteckten Regeln und Mechanismen an der Spitze, um das, was dort en vogue ist, ein breiter bildungsbürgerlicher Horizont, souveränes Auftreten. Das bevorzugt Kinder aus dem Bürger- und Großbürgertum.

Zeit: Kann man sich dieses Verhalten nicht antrainieren?

Hartmann: Das ist ziemlich schwierig. Welche Kleidung angesagt ist und wie Hummer gegessen wird, kann noch vergleichsweise schnell einstudiert werden. Aber der breite bildungsbürgerliche Horizont, der Kindern aus dem Bürger- und Großbürgertum über Jahre vermittelt wird, ist nur mühsam aufzuholen. Ganz zu schweigen von der Selbstverständlichkeit, mit der gerade Kinder aus dem Großbürgertum agieren. Das ist ein zentrales Unterscheidungsmerkmal zu Arbeiterkindern. Wer aus dem Großbürgertum stammt, kann und weiß auch nicht alles, was in Spitzenpositionen wichtig ist. Aber er kann souverän mit Defiziten umgehen. [...]

Zeit: Wie könnten Aufstiegsmöglichkeiten gerechter verteilt werden?

Hartmann: Wir brauchen ein vernünftiges BAföG [= staatliche Unterstützung für Schüler und Studenten]. Das BAföG ist das wirkungsvollste Instrument, um etwas zu ändern. Es hat in den siebziger Jahren schnell und wirksam die Hochschulen für bildungsferne Schichten geöffnet. Über 40 Prozent der Studenten damals erhielten BAföG. Heute sind es nur noch gut 20 Prozent, weil die Bemessungsgrundlagen und Höchstsätze nicht regelmäßig angepasst werden. Würde das BAföG reformiert, gäbe es mehr Studenten, insbesondere aus bildungsfernen Schichten. Und mit einem größeren und gemischterem Reservoir, aus dem bei der Elitenbildung geschöpft wird, könnte auch der Zugang zu Eliten allmählich leistungsgerechter werden.

Zeit: Helfen da nicht auch Stipendien für leistungsstarke Schüler und Studenten?

Hartmann: Stipendien in Deutschland fördern diejenigen, die es nicht nötig haben. Bei der Studienstiftung des Deutschen Volkes zum Beispiel stammt gerade einmal jeder 20. Stipendiat aus sozial „niedrigen" Verhältnissen. Arbeiterkinder trauen sich meist gar nicht, eine Bewerbung um ein Stipendium abzuschicken. Wenn sie es doch ins Auswahlverfahren schaffen, scheitern sie, weil sie nicht richtig auftreten.

Zeit: Sind die Eliten in anderen Ländern durchlässiger?

Hartmann: Die Eliten in den skandinavischen Ländern sind deutlich durchlässiger als in Deutschland. Dort basiert der Zugang zu Eliten stärker auf Leistung als auf Herkunft. Und zwar in allen Eliten – von der Politik bis zur Wirtschaft.

Zeit: Was wird dort anders gemacht?

Hartmann: Dort gibt es insgesamt viel mehr Hochschulabsolventen als in Deutschland, sodass das Reservoir, aus dem geschöpft werden kann, viel größer ist. Und der bürgerlich-großbürgerliche Habitus zählt dort weniger, weil die Grundeinstellung in den skandinavischen Ländern deutlich egalitärer ist als in Deutschland. Aber auch dort zeigt sich: Allein durch Bildung geht es nicht. Die Herkunft spielt immer eine Rolle.

Interview von Julian Kirchherr mit Prof. Michael Hartmann, „Vor allem zählt der richtige Stallgeruch". Zit. nach: www.zeit.de/studium/uni-leben/2013-02/eliten-forscher-hartmann-stipendium-exzellenzinitiative/komplettansicht, 28.02.2013

Aufgaben

1. Ermitteln Sie aus M17 die Hindernisse, die einen Aufstieg in die Elite erschweren, und erläutern Sie das Gegenkonzept des Elitenforschers Michael Hartmann.

2. Recherchieren Sie die derzeitigen Sätze der BAföG-Leistungen.

M 18 Arten sozialer Gerechtigkeit

Moderne Gesellschaften unterscheiden sich von traditionalen nicht durch das Vorhandensein sozialer Ungleichheit, sondern durch ihren Anspruch, über ein legitimes Gefüge sozialer Ungleichheit zu verfügen. Ob soziale Konflikte entstehen oder der gesellschaftliche Zusammenhalt stabil bleibt, hängt daher entscheidend davon ab, inwieweit die Menschen das Gefüge sozialer Ungleichheit als gerecht ansehen. Dies wird dann umso wichtiger, wenn eine Gesellschaft immer ungleicher wird und wichtige, wahrnehmbare Mobilitätsbarrieren eher höher als niedriger ausfallen, wie das in der deutschen Gesellschaft der letzten Jahrzehnte der Fall ist. […]

Unter „sozialer Gerechtigkeit" sind allgemein akzeptierte und wirksame Regeln zu verstehen, die der Verteilung von Gütern und Lasten durch gesellschaftliche Einrichtungen (Unternehmen, Fiskus, Sozialversicherungen, Behörden etc.) an eine Vielzahl von Gesellschaftsmitgliedern zugrunde liegen, nicht aber Verteilungsregeln, die beispielsweise ein Ehepaar unter sich ausmacht. […]

Arten sozialer Gerechtigkeit:

- Vorstellungen von Leistungsgerechtigkeit fordern, dass Menschen so viel erhalten sollen (Lohn, Schulnoten, Lob etc.), wie ihr persönlicher Beitrag und/oder ihr Aufwand für die jeweilige Gesellschaft ausmachen. Konzepte der Leistungsgerechtigkeit sehen also ungleiche Belohnungen vor, um die Menschen für ungleiche Bemühungen und ungleiche Effektivität zu belohnen, sie zur weiteren Anstrengung zu motivieren und so für alle Menschen bessere Lebensbedingungen zu erreichen.
- Vorstellungen von (Start-) Chancengerechtigkeit zielen darauf ab, dass alle Menschen, die im Wettbewerb um die Erlangung von Gütern und die Vermeidung von Lasten stehen, die gleichen Chancen haben sollen, Leistungsfähigkeit zu entwickeln und Leistungen hervorzubringen. Das Konzept der Chancengerechtigkeit bezieht sich also nicht auf das Ergebnis, sondern auf die Ausgestaltung von Leistungswettbewerb. Unterstellt werden durchaus ungleiche Verteilungsergebnisse. Die Vorstellung von Chancengerechtigkeit hat nur dann einen Sinn, wenn Chancen bestehen, mehr oder weniger große Erfolge zu erzielen (zum Beispiel das Abitur statt einen Hauptschulabschluss zu absolvieren). Das Konzept der Chancengerechtigkeit erstreckt sich auf ganz unterschiedliche Startpunkte und Konkurrenzfelder.
- Als bedarfsgerecht gelten Verteilungen, die dem „objektiven" Bedarf von Menschen entsprechen, insbesondere ihren Mindestbedarf berücksichtigen. Empirisch vorzufinden ist Bedarfsgerechtigkeit zum Beispiel in den unterschiedlichen Steuerklassen des Einkommensteuerrechts. Hinter diesem Konzept steht die Einsicht, dass Chancen- und Leistungsgerechtigkeit nicht in der Lage sind, dem jeweiligen Bedarf der nicht Leistungsfähigen, das heißt der Kranken, Alten, Kinder etc. gerecht zu werden.
- Dem Konzept der egalitären Gerechtigkeit zufolge sollen Güter und Lasten möglichst gleich verteilt werden. In einer abgeschwächten Version dieser Gerechtigkeitsvorstellung werden auch Verteilungen von Gütern und Lasten, die gewisse Bandbreiten der Ungleichheit nicht überschreiten, als gerecht angesehen. Empirisch äußern sich egalitäre Gerechtigkeitsvorstellungen zum Beispiel in der Kritik an bestimmten Managergehältern allein aufgrund ihrer enormen Höhe oder an der Erwartung, dass eine „gerechte" Gesundheitsversorgung für alle Menschen gleich gut sein müsse. […]

Empirische Befunde zeigen, dass fast alle Menschen in Deutschland, allerdings leicht sinkende Anteile, Forderungen nach Leistungsgerechtigkeit zustimmen. Forderungen nach Chancengerechtigkeit und Bedarfsgerechtigkeit schließen sich die meisten und zwar steigende Anteile der Menschen an. Forderungen nach gleicher Verteilung stimmt nur eine, allerdings ebenfalls steigende Minderheit der Menschen zu.

Stefan Hradil, Soziale Ungleichheit, in: ders. (Hrsg.), Deutsche Verhältnisse, Bundeszentrale für Politische Bildung, Bonn 2012, S. 181–185

Aufgaben

3. Beurteilen Sie ausgehend von M17, warum es schwierig ist, bestehende Hierarchien aufzubrechen.
4. Arbeiten Sie aus M18 die verschiedenen Arten sozialer Gerechtigkeit heraus und erklären Sie, wann soziale Ungleichheit als „gerecht" empfunden wird.
5. Diskutieren Sie vor dem Hintergrund der Grund- und Menschenrechte die Frage, wie viel soziale Gerechtigkeit für den Zusammenhalt einer Gesellschaft notwendig ist bzw. wie viel soziale Ungleichheit als legitim gelten kann.

Kompensation sozialer Ungleichheit – Leistungen des Sozialstaats

M 19 Die Entwicklung der Sozialleistungsquoten und der Ausgaben des Sozialbudgets

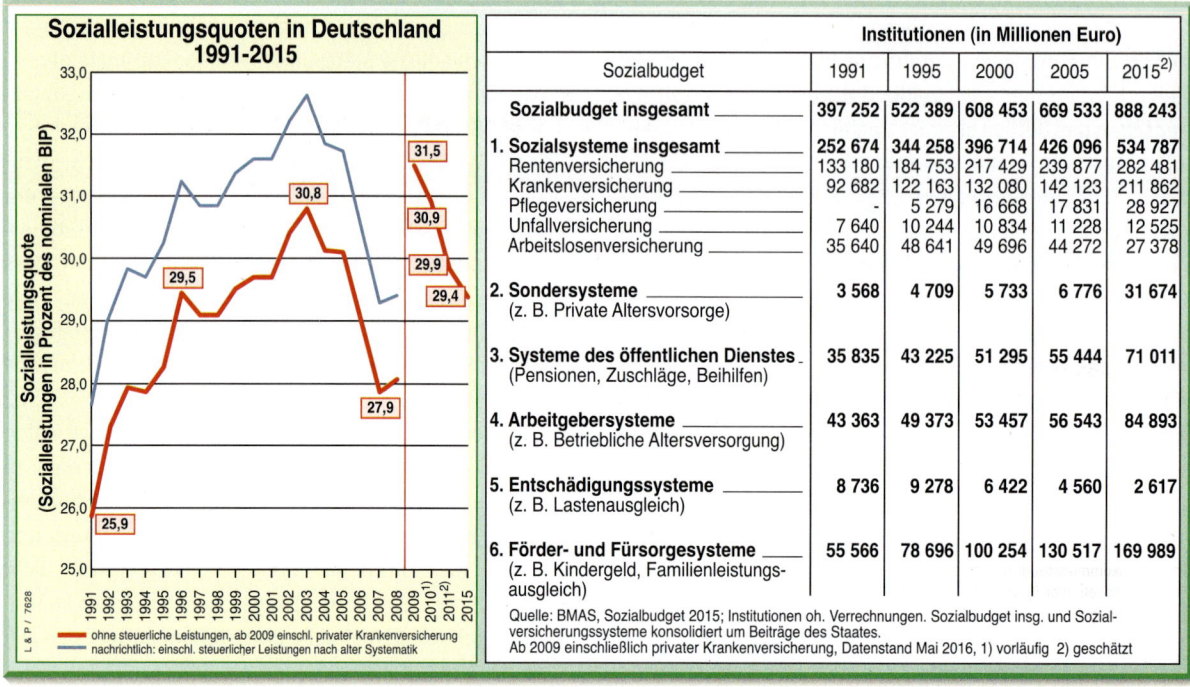

M 20 Beitragssätze in der Sozialversicherung

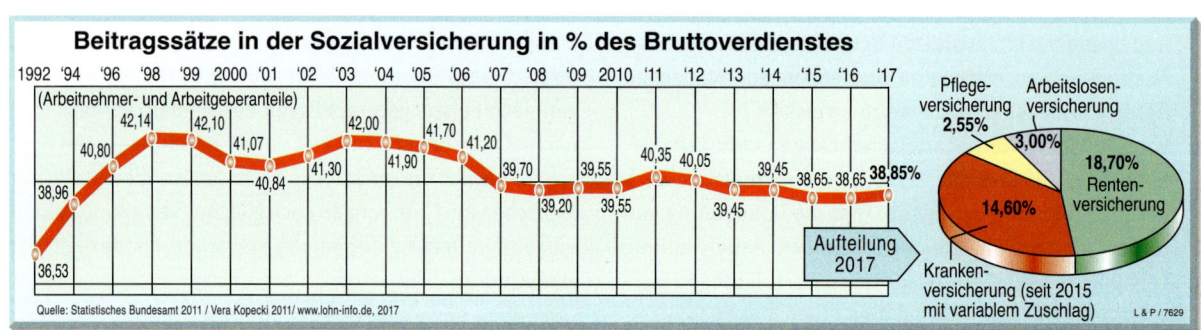

Aufgaben

1. Analysieren Sie M19 hinsichtlich wichtiger Auffälligkeiten.
2. Skizzieren Sie die Probleme, die sich aus den Daten von M19 und M20 ergeben.
3. Erläutern Sie die Grundprinzipien des sozialen Sicherungssystems (M21).
4. Analysieren Sie die Grafiken M22 und 23 und führen Sie eine Fishbowl-Diskussion zu der Frage, ob die Abzüge vom Bruttolohn in Deutschland reduziert werden sollten.
5. Beurteilen Sie Chancen und Grenzen der individuellen Lebensplanung in einem sozial verfassten Staat (M19–23).

M 21 Der Sozialstaat

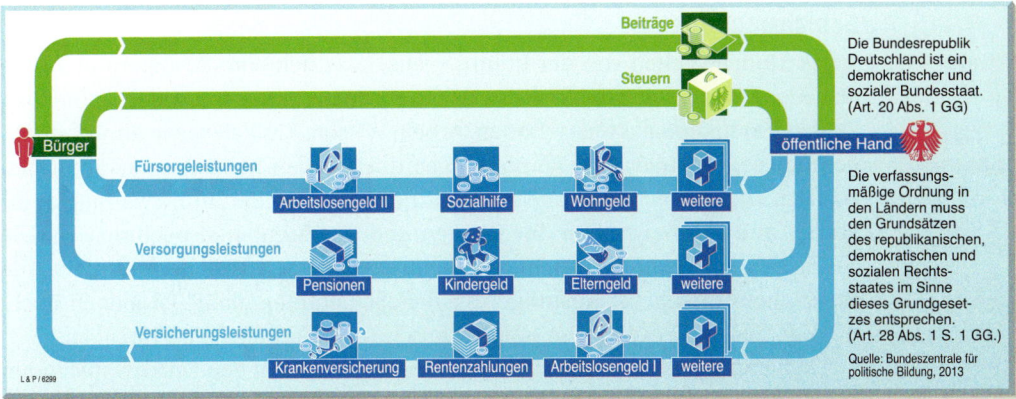

M 22 Das bleibt übrig vom Gehalt

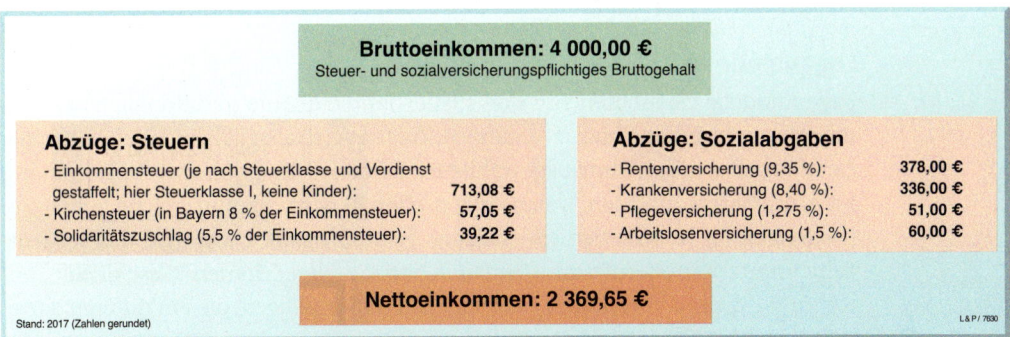

M 23 Ausgaben für die soziale Sicherung im europäischen Vergleich

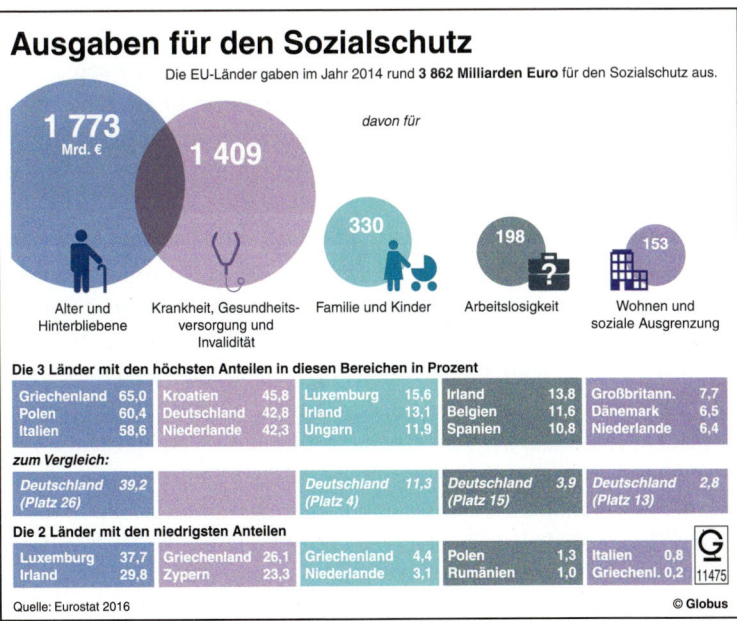

2. Modelle zur Erfassung der Gesellschaft

Schichtmodelle

Diese Modelle gehen von der Prämisse aus, dass sich eine Bevölkerung in verschiedene Schichten gliedern lässt, denen die Menschen aufgrund ihrer Stellung zu den Produktionsfaktoren (Boden, Arbeit, Wissen, Kapital) sowie ähnlichen Eigentumsverhältnissen oder Berufen zugeordnet werden. Menschen aus ähnlichen sozialen Lagen machen ähnliche Erfahrungen, die wiederum ihr Verhalten, ihr Werte- und Normensystem, ihr Denken und ihre Mentalität beeinflussen. Die Menschen sind dadurch nicht zwingend schichtspezifisch determiniert. Die Wahrscheinlichkeit der Ausprägung einer „Schichtmentalität" ist jedoch hoch. Aus der Soziallage erwachsen schichttypische Lebenschancen und -risiken.

Schichtmodelle können allerdings Veränderungen in den Lebensumständen einer bestimmten Schicht nicht wiedergeben. Unberücksichtigt bleibt auch die kulturelle Vielfalt der Menschen und zudem erfolgt eine Zuweisung zur jeweiligen Schicht nach dem Status des Hausvorstands, im Regelfall des Familienvaters, was der heutigen Vielfalt von Lebensformen nicht mehr gerecht wird.

Info

Das Klassenmodell

Der Philosoph und Gesellschaftstheoretiker Karl Marx (1818–1883) war einer der ersten, der die Bevölkerung in verschiedene Gruppen gemäß ihrer sozialen Lage gliederte. Er bezeichnete diese Gruppen als „Klassen". Auch weil das Klassenmodell aufgrund seiner ideologischen Überhöhung in Misskredit geriet, setzte der Soziologe Theodor Julius Geiger (1891–1952) im 20. Jahrhundert Marx das Konzept der sozialen Schicht entgegen.

Lagenmodelle

Lagenmodelle versuchten von den 1980er-Jahren an, die traditionellen Schichtmodelle mehrdimensional zu ergänzen. Zu den vertikalen Ungleichheiten in einer Gesellschaft wurden nun ausgewählte horizontale Ungleichheiten hinzugenommen, um herauszufinden, welche materiellen Ressourcen und welche Lebenszufriedenheit an verschiedene Soziallagen geknüpft sind. Dazu wird das vertikale Schichtkriterium „Berufsstatus" mit den horizontalen Kriterien „Geschlecht", „Alter" und „Region" verbunden. So entstehen 64 Soziallagen, die ein differenzierteres Bild bieten als das Schichtmodell.

Soziale Milieus

Ebenfalls in den 1980er-Jahren entstand ein völlig neuer Ansatz zur Analyse der Sozialstruktur: die Erforschung sogenannter „sozialer Milieus". Während die eher traditionellen Schicht- und Lagenmodelle die Menschen zunächst nach ausgewählten Merkmalen in verschiedene Gruppen einteilen und in einem zweiten Schritt die typischen Lagen z. B. mit Lebenschancen oder Lebensstilen zu verknüpfen versuchen, folgen Milieumodelle einer umgekehrten Logik: Sie gruppieren die Menschen zunächst nach Ähnlichkeiten in Mentalität oder sozialem Umfeld (Region, Berufswelt etc.) in Milieus. Erst danach fragen sie, wie diese Milieus mit sozialstrukturellen Merkmalen (Geschlecht, Alter, Lebensform etc.) zusammenhängen. Die Verfechter dieses Ansatzes setzen voraus, dass Menschen, die eine ähnliche Mentalität besitzen oder in einem ähnlichen sozialen Umfeld leben, sich auch in ihren Werthaltungen, Lebensstilen und Lebenszielen gleichen. Somit ist das Gefüge sozialer Milieus in gewisser Weise abhängig von der Schichtstruktur, es gibt z. B. typische Unterschicht- oder Oberschichtmilieus. Die Mentalität und das Werte- und Normensystem eines Menschen sind damit also auch abhängig von seiner beruflichen Qualifikation und seinem Bildungsstand. Auf der anderen Seite aber ist die Zugehörigkeit zur Schicht nicht unbedingt identisch mit der Zugehörigkeit zum Milieu, denn man findet innerhalb der einzelnen Schichten durchaus mehrere Milieus.

We are the same?
Zeichnung von Brian Fray

Schichtmodelle – Zwiebeln und Häuser

M 1 Die „nivellierte Mittelstandsgesellschaft"

In den 1950er-Jahren unternahm der konservative Soziologe Helmut Schelsky das Wagnis, die neu entstandenen Strukturen [bedingt durch den Zweiten Weltkrieg] auf eine griffige Formel zu bringen. [...] Er geht von einer hochmobilen Sozialstruktur aus, in der kollektive Auf- und Abstiegsprozesse zur Einebnung der sozialen Klassen und Schichten führen und „damit zu einer sozialen Nivellierung in einer verhältnismäßig einheitlichen Gesellschaftsschicht, die ebenso wenig proletarisch wie bürgerlich ist, d. h. durch den Verlauf der Klassenspannung und sozialen Hierarchie gekennzeichnet wird". Kollektiv aufgestiegen seien die Industriearbeiterschaft und die technischen Angestellten und Verwaltungsangestellten, von kollektiver Deklassierung seien vor allem Schichten des ehemaligen Besitz- und Bildungsbürgertums betroffen.

In dieser breiten Mittelschicht mit gleichen politischen Rechten, ähnlichen materiellen Lebensbedingungen und weitgehender Chancengleichheit sollten auch die „ehemals schichttypischen Verhaltensstrukturen" im kulturellen, sozialen und politischen Bereich eingeebnet worden sein. Der Massenkonsum von materiellen und geistigen Gütern sei eine Ursache dafür, dass sich ein „verhältnismäßig einheitlicher Lebensstil" herausbilde, den man als „kleinbürgerlich-mittelständisch bezeichnen könnte". Lediglich die sozialen Leitbilder und das soziale Selbstverständnis entzögen sich diesen Nivellierungstendenzen. Insgesamt deutete Schelsky diese Prozesse nicht als Umschichtungen, sondern „als Entschichtungsvorgang, als einen Abbau der Bedeutung gesellschaftlicher Schichten überhaupt".

Rainer Geißler, Die Sozialstruktur Deutschlands, 7. Aufl., VS Springer, Wiesbaden 2014, S. 96f.

M 2 Das „Zwiebel-Modell" nach Karl Martin Bolte (1960er-Jahre)

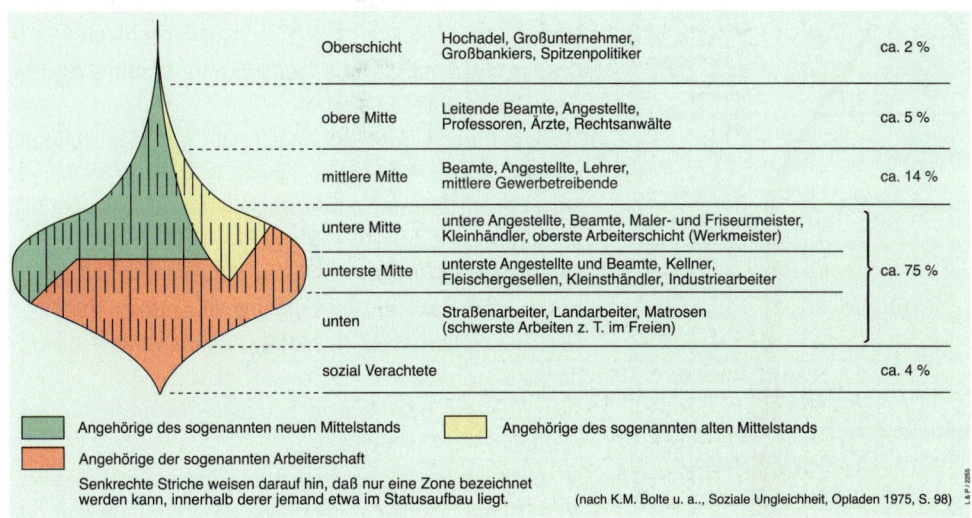

Aufgaben

1. Beschreiben Sie Schelskys Konzept der „nivellierten Mittelstandsgesellschaft" (M1).
2. Erklären Sie das „Zwiebel-Modell" (M2).
3. Vergleichen Sie die Konzepte M1 und M2 miteinander.
4. Nehmen Sie Stellung zu der Frage, ob das „Zwiebel-Modell" die deutsche Gesellschaft auch heute noch hinreichend abbildet (M2).
5. Erklären Sie das „Hausmodell" nach Dahrendorf (M3) und vergleichen Sie es mit dem Modell von Geißler (M4).
6. Beurteilen Sie die Modelle M3 und M4 mithilfe Ihrer Erkenntnisse aus Aufgabe 4.

M 3 Das „Dahrendorf-Haus" (1960er-Jahre)

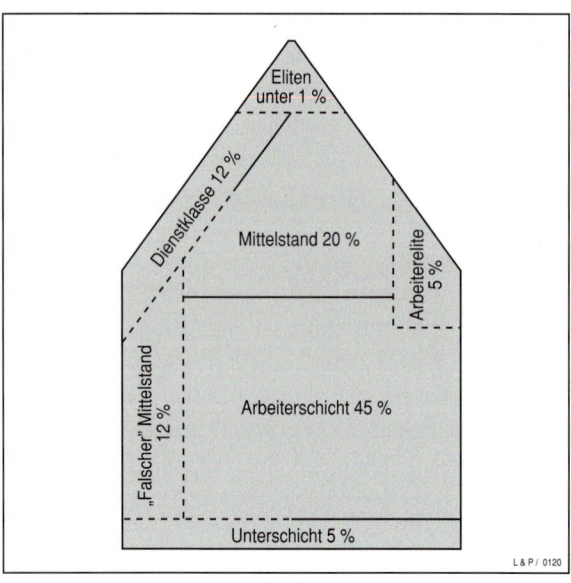

Eliten: Führungskräfte in den verschiedenen gesellschaftlichen Bereichen
Dienstklasse: z. B. nichttechnische Beamte und Verwaltungsangestellte
Mittelstand: z. B. Selbstständige als alter Mittelstand, ferner Teile des neuen Mittelstands wie Wissenschaftler und Ingenieure
„falscher" Mittelstand: z. B. Arbeitnehmer im Dienstleistungsbereich wie Kellner und Verkäufer
Arbeiterelite: z. B. Facharbeiter mit besonderen Kenntnissen
Arbeiterschicht: in sich vielfach gegliederte Schicht von Arbeitern im Produktionsbereich, auch Landarbeiter
Unterschicht: die unterste Schicht der Gesellschaft, sozial Verachtete

Autorentext

M 4 Das „Geißler-Haus" (2009)

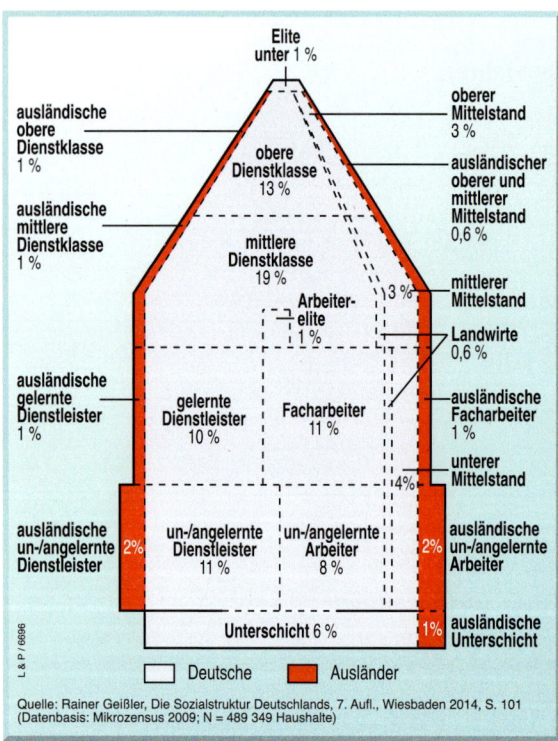

Quelle: Rainer Geißler, Die Sozialstruktur Deutschlands, 7. Aufl., Wiesbaden 2014, S. 101
(Datenbasis: Mikrozensus 2009; N = 489 349 Haushalte)

Machteliten: in Politik, Wirtschaft …
Obere Dienstklasse: abhängig Beschäftigte mit akademischer Ausbildung wie höhere Beamte oder leitende Angestellte
Oberer Mittelstand: freie akademische Berufe (Anwälte, Ärzte, größere Unternehmer)
Mittlere Dienstklasse: Berufe mit höherer Fachausbildung wie Computertechniker
Mittlerer Mittelstand: mittlere und kleinere Selbstständige in Handwerk, Handel …
Arbeiterelite: Meister
Unterer Mittelstand: Selbstständige ohne Beschäftigte
Gelernte Dienstleister: Fachkräfte in Büro, Verkauf, Gastronomie …
Facharbeiter: qualifizierte manuelle Facharbeiter und Fachhandwerker, Elektriker …
An- und ungelernte Dienstleister: gering qualifiziertes Personal für einfache Routinetätigkeiten in Büro, Verkauf …
An- und ungelernte Arbeiter: gering qualifizierte Arbeiter
Unterschicht: Haushalte, die ihren Lebensunterhalt überwiegend durch staatliche Mindestunterstützung finanzieren
Ausländer: sind in Anbauten zum deutschen Haus untergebracht, da sie rechtlich nicht gleichgestellt sind und häufig vor Integrationsproblemen stehen.

Nach: Rainer Geißler, Die Sozialstruktur Deutschlands, 7. Aufl., VS Springerm Wiesbaden 2014, S. 101f.

Lagenmodelle – die Erweiterung traditioneller Analysen

M 5 Soziale Lagen

Die Modelle der sozialen Lagen und sozialen Milieus, die in der deutschen Sozialstrukturforschung der 1980er-Jahre entwickelt wurden, versuchen, die Begrenzungen [der Klassen- und Schichtmodelle] zu überwinden. Lagenmodelle markieren die Erweiterung der traditionellen Schicht- und Klassenanalyse zur mehrdimensionalen Ungleichheitsforschung. Sie vermeiden die Beschränkung auf die vertikale Dimension und beachten neben den traditionellen vertikalen auch „horizontale" Ungleichheiten, um die Mehrdimensionalität der Ungleichheitsstruktur besser zu erfassen. Im Zentrum steht das Zusammenwirken der verschiedenen Merkmale bei der „Zuweisung" von Privilegien und Nachteilen – wie z. B. Berufsposition, Alter, Geschlecht und Region – oder typische Merkmalskonstellationen, durch die sich bevorzugte bzw. benachteiligte Soziallagen auszeichnen.

Als Theoretiker des Konzepts der sozialen Lagen ist Stefan Hradil hervorgetreten [...]. Das Lagenmodell, das in den 1980er-Jahren in der Wohlfahrtsforschung entwickelt wurde, untergliedert die erwachsene Bevölkerung nach sozial bedeutsamen Merkmalen in verschiedenen sozialen Lagen und untersucht, welche materiellen Ressourcen (Indikatoren für „objektive Wohlfahrt") und welche Lebenszufriedenheit (Indikatoren für „subjektive Wohlfahrt") an die verschiedenen Soziallagen geknüpft sind. [...]

Zur Untergliederung der Bevölkerung werden neben dem traditionellen „vertikalen" Schichtkriterium des Berufsstatus noch die drei „horizontalen" Kriterien Geschlecht, Region (West-Ost) und Alter (unter/über 60 Jahre) herangezogen. Aus der Kombination der Merkmale Beruf, Region und Alter entstehen 34 Soziallagen, die einen relativ differenzierten Einblick in die Verteilung der materiellen Ressourcen und in die Unterschiede im subjektiven Wohlbefinden der Bevölkerung in West- und Ostdeutschland eröffnen. So lassen sich etwa Arbeitslose sowie Un- und Angelernte als Problemgruppen mit geringen materiellen Ressourcen, niedriger Selbsteinstufung und einem hohen Grad an Unzufriedenheit identifizieren.

Rainer Geißler, Die Sozialstruktur Deutschlands, 7. Aufl., VS Springer, Wiesbaden 2014, S. 107 ff.

Soziale Lagen in West- und Ostdeutschland 2010

	Soziale Lagen				Haushaltseinkommen pro Kopf – oberstes Fünftel		gerechter Anteil am Lebensstandard[1]		Einstufung Oben-Unten-Skala[2]		Lebenszufriedenheit[3]		eigene wirtsch. Lage ist sehr gut/gut	
	Männer	Frauen	Männer	Frauen										
	West		Ost		West	Ost	West	Ost	West	Ost	West	Ost	West	Ost
bis 60 Jahre	in %[4]				in %				⌀				in %	
leitende Angestellte/höhere Beamte	1,6	0,6	1,4	0,6	72	–	86	–	6,9	–	8,4	–	88	–
hochqualifizierte Angestellte/gehobene Beamte	7,0	5,2	5,4	4,1	44	41	74	48	6,6	6,5	7,8	7,6	73	74
qualifizierte Angestellte/mittlere Beamte	5,5	8,6	4,6	8,0	29	14	63	43	6,1	6,1	7,5	7,5	58	52
einfache Angestellte/einfache Beamte	1,5	3,3	0,6	4,1	9	5	56	28	5,4	5,4	7,0	7,1	35	32
Meister/Vorarbeiter	1,8	0,0	1,6	0,1	6	–	47	–	6,1	–	7,3	–	47	–
Facharbeiter	4,5	1,3	8,4	2,9	13	–	45	20	5,5	5,3	7,2	6,6	40	35
un-, angelernte Arbeiter	2,7	1,9	1,5	1,4	1	2	44	20	5,0	4,4	6,6	6,7	29	16
Selbstständige, freie Berufe	3,6	2,1	3,2	2,2	35	5	67	41	6,5	5,8	7,7	6,9	51	54
Arbeitslose	1,9	1,7	3,9	4,7	5	22	28	10	4,1	4,3	5,1	5,3	10	11
Hausfrauen/-männer	0,0	6,4	0,0	0,7	12	2	72	–	5,8	–	7,5	–	54	–
Studium/Lehre	2,5	2,5	2,6	2,0	20	–	75	63	6,5	6,1	7,8	7,8	46	49
Vorruhestand	0,8	1,3	1,6	0,8	26	–	54	24	5,4	–	6,7	–	37	33
noch nie/nicht erwerbstätig	0,3	1,7	0,7	0,6	13	–	69	–	5,4	–	6,6	–	34	–
61 Jahre u. älter														
noch erwerbstätig	2,2	1,0	1,3	1,1	36	–	75	–	6,5	–	7,9	–	68	–
Rentner (ehemalige Arbeiter)	4,1	3,7	7,3	4,7	4	0	58	34	5,0	5,2	7,3	6,8	60	55
Rentner (ehemalige Angestellte/Beamte)	6,0	9,1	5,7	10,2	25	4	75	38	6,1	5,7	7,8	7,2	51	55
Rentner (ehemalige Selbstständige)	1,4	0,9	1,2	0,6	26	–	77	–	5,9	–	7,9	–	74	–

– Fallzahl zu gering
[1] Anteil am Lebensstandard „gerecht/mehr als gerecht"
[2] Mittelwerte auf der Oben-Unten-Skala von 1 bis 10
[3] Mittelwerte auf der Zufriedenheitsskala von 0 bis 10
[4] alle Männer + Frauen West sowie alle Männer + Frauen Ost jeweils 100 Prozent

Quelle: Rainer Geißler, Die Sozialstruktur Deutschlands, 7. Aufl., Wiesbaden 2014, S. 109 (Datenbasis: ALLBUS 2010)

Aufgaben

1. Beschreiben Sie, nach welchen Kriterien Lagenmodelle erstellt werden (M5).
2. Beurteilen Sie das Lagenmodell, indem Sie seine Stärken und Schwächen erarbeiten (M5).
3. Vergleichen Sie die Lagenmodelle (M5) mit den Schichtmodellen (M1–M4).

Sinus-Milieus – neue Ansätze der Gesellschaftsanalyse

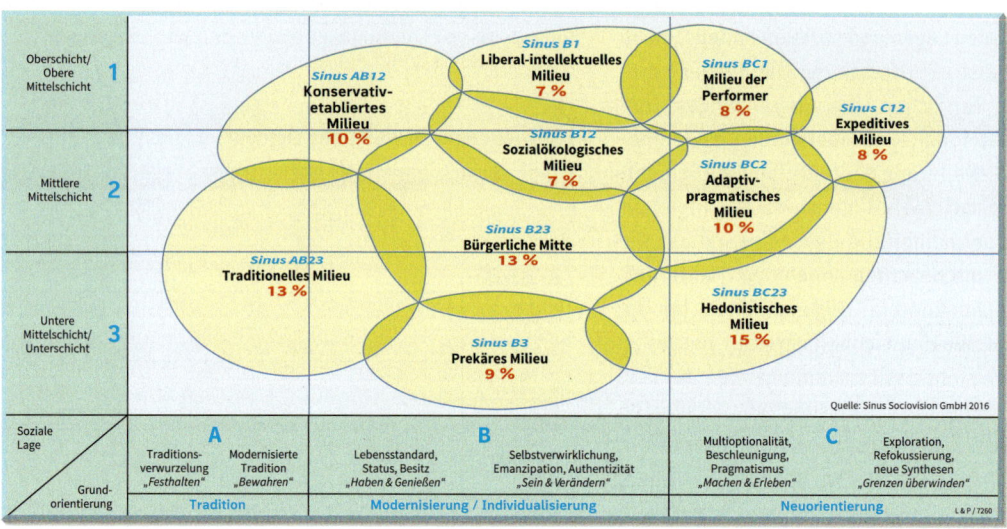

M 6 Die Sinus-Milieus in Deutschland 2016

Adaptiv-pragmatisches Milieu: moderne junge Mitte mit ausgeprägtem Lebenspragmatismus und Nützlichkeitsdenken: leistungs- und anpassungsbereit, aber auch Wunsch nach Spaß und Unterhaltung; zielstrebig, flexibel, weltoffen; zugleich Bedürfnis nach Verankerung und Zugehörigkeit;
Expeditives Milieu: ambitionierte kreative Avantgarde: transnationale Trendsetter – mental, kulturell und geografisch mobil; online und offline vernetzt, nonkonformistisch; Suche nach neuen Grenzen und Lösungen;
Bürgerliche Mitte: leistungs- und anpassungsbereiter Mainstream: generell Bejahung der gesellschaftlichen Ordnung; Wunsch nach beruflicher und sozialer Etablierung; wachsende Überforderung und Abstiegsängste;
Hedonistisches Milieu: spaß- und erlebnisorientierte moderne Unterschicht/untere Mitte: Leben im Hier und Jetzt, unbekümmert und spontan; häufig angepasst im Beruf, aber Ausbrechen in der Freizeit;
Konservativ-etabliertes Milieu: klassisches Establishment: Verantwortungs- und Erfolgsethik, Exklusivität und Führungsansprüche; Wunsch nach Ordnung und Balance;
Liberal-intellektuelles Milieu: aufgeklärte Bildungselite: kritische Weltsicht, liberale Grundhaltung und postmaterielle Wurzeln, Wunsch nach Selbstbestimmung/-entfaltung;
Milieu der Performer: multioptionale, effizienzorientierte Leistungselite: global-ökonomisches Denken, Selbstbild als Konsum- und Stilavantgarde; hohe Technik- und IT-Affinität; Etablierungstendenz, Erosion des visionären Elans;
Prekäres Milieu: um Orientierung und Teilhabe bemühte Unterschicht: Wunsch, Anschluss zu halten – aber Häufung sozialer Benachteiligungen, Ausgrenzungserfahrungen, Verbitterung und Ressentiments;
Sozialökologisches Milieu: engagiert-gesellschaftskritisches Milieu: ausgeprägtes ökologisches und soziales Gewissen; Globalisierungsskeptiker, Bannerträger von Political Correctness und Diversity (Multikulti);
Traditionelles Milieu: Sicherheit und Ordnung liebende ältere Generation: verhaftet in der kleinbürgerlichen Welt bzw. traditionellen Arbeiterkultur; Sparsamkeit und Anpassung an die Notwendigkeiten; zunehmende Resignation und Gefühl des Abgehängtseins.

Sinus-Milieus Deutschland, Sinus Sociovision; www.sinus-institut.de/fileadmin/user_data/sinus-institut/Bilder/sinus-mileus-2015/2015-09-23_Sinus-Beitrag_b4p2015_slide.pdf

Aufgaben

1. Gestalten Sie arbeitsteilig Collagen, auf denen Sie darstellen, wie Sie sich einen „typischen Menschen" aus den einzelnen Milieus vorstellen (M6).

M 7 Die Sinus-Jugendmilieus 2016

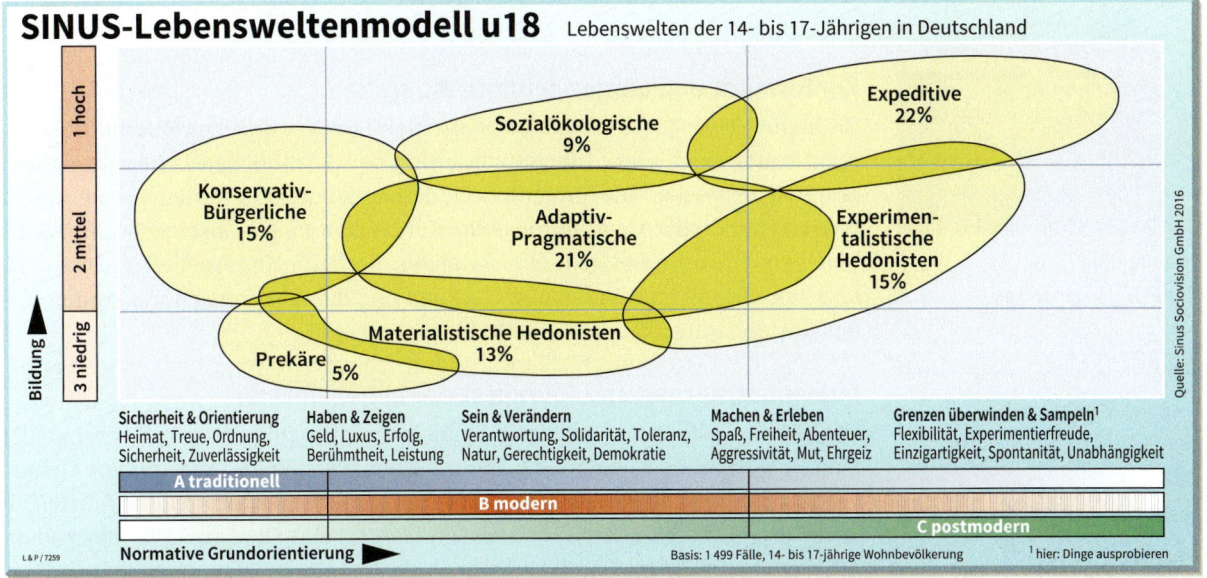

Expeditive: erfolgs- und lifestyleorientiert, Suche nach neuen Grenzen, erschließen sich große Netzwerke, feste Partnerschaft noch nicht im Blick, Abgrenzung gegenüber „Normalos" und Leistungsschwachen;
Adaptiv-Pragmatische: leistungs- und familienorientiert, hohe Anpassungsbereitschaft, enge Freundschaft wichtiger als große Netzwerke, Paarbeziehung wichtig, Abgrenzung nach „unten";
Experimentalistische Hedonisten: spaß- und szeneorientiert, Leben im Hier und Jetzt, großer Freundeskreis, Orientierung an „unangepassten" Jugendlichen, hohe Anziehungskraft von Jugendszenen;
Konservativ-Bürgerliche: familien- und heimatorientiert, Traditions- und Verantwortungsbewusstsein, fester Freundeskreis wichtig, Hinwendung zu Vereinen, Verbänden, Kirchen, Abgrenzung nach „unten";

Materialistische Hedonisten: freizeit- und familienorientierte Unterschicht, ausgeprägtes Markenbewusstsein, große, hierarchisch strukturierte Bekanntenkreise, Bekanntsein wichtig, „Abhängen" auf öffentlichen Plätzen, Abgrenzung nach „oben" und „unten";
Sozialökologische: nachhaltigkeits- und gemeinwohlorientiert, offen für alternative Lebensentwürfe, Hinwendung zu ökologisch und politisch motivierten Jugendszenen, Abgrenzung gegenüber verschwenderischen Jugendlichen und „Marken-Clowns";
Prekäre: um Orientierung und Teilhabe bemüht, schwierige Startvoraussetzungen, Durchbeißermentalität, Freundeskreis als Unterstützungsnetzwerk, oft konfliktreiche Freundschaften, kaum Kontakt zu anderen Lebenswelten.

Marc Calmbach, Silke Borgstedt, Inga Borchard, Peter Martin Thomas, Berthold Bodo Flaig, Wie ticken Jugendliche? Lebenswelten von Jugendlichen im Alter von 14 bis 17 Jahren in Deutschland, Springer, Wiesbaden 2016, S. 39, 48, 67

Aufgaben

2. Entscheiden Sie sich für ein Schichtmodell (M1–M4 auf Seite 97 f.) und ordnen Sie Personen aus Ihrem sozialen Umfeld in dieses ein. Versuchen Sie anschließend, diese Personen in die Sinus-Milieus einzuordnen (M6). Vergleichen Sie Ihre Ergebnisse.
3. Vergleichen Sie die Sinus-Milieus für Erwachsene (M6) mit den Jugendmilieus (M7).
4. Diskutieren Sie die Einteilung der Gesellschaft in soziale Milieus (M6).

3. Pluralismus und Individualismus als gesellschaftliche Tendenzen

Kleinfamilie
Mitte der 1950er-Jahre

Info

Familie
Der in Politik und Soziologie heute übliche Familienbegriff umfasst alle Eltern-Kind-Gemeinschaften, also Ehepaare, nichteheliche (gemischt- oder gleichgeschlechtliche) Lebensgemeinschaften sowie alleinerziehende Väter und Mütter mit im gemeinsamen Haushalt lebenden, ledigen Kindern. Somit bezieht sich Familie stets auf mindestens zwei Generationen.

Konformität und vorgezeichnete Biografien

Bis in die 1960er-Jahre konnte in Deutschland weder von einer Pluralität der Lebensformen noch einer Individualisierung der persönlichen Lebensgestaltung gesprochen werden. Die bürgerlich-moderne Kleinfamilie, bestehend aus einem Ehepaar mit Kindern, galt als Idealbild und als „kulturelle Selbstverständlichkeit": Man heiratete früh, ließ sich selten scheiden, der Vater ging arbeiten und die Mutter kümmerte sich meist um den Haushalt und die Kindererziehung. Andere Lebensformen waren kaum gesellschaftlich anerkannt.

Individualisierung und Pluralität der Lebensformen

Die gesellschaftliche Anerkennung alternativer Lebensformen verläuft parallel zum Rückgang der Kleinfamilie. Der mit dem „Pillenknick" verbundene Geburtenrückgang und die sexuelle Revolution im Zuge der 68er-Bewegung führten ab Mitte der 1960er-Jahre zur Abnahme von Mehrkindfamilien. Ab 1980 stieg zudem die Kinderlosigkeit an. Somit verlor auch die Institution „Ehe" an Bedeutung; sie wird heutzutage oft nur noch geschlossen, wenn ein Kinderwunsch besteht, und viel häufiger und schneller wieder geschieden, insbesondere in den großen Städten. Die Zahl der Kinder geht durch den demografischen Wandel stetig zurück. So sank die Zahl der minderjährigen Kinder zwischen 2000 und 2015 um etwa 2 Millionen auf rund 13 Millionen. Je mehr Kinder in einer Familie leben, desto eher sind die Eltern verheiratet. Circa 70 % aller Kinder leben mit beiden leiblichen Eltern zusammen.

2,7 Millionen Frauen und Männer in Deutschland gehören zur Gruppe der Alleinerziehenden (Stand: 2017). Vier typische Merkmale kennzeichnen diese Gruppe: Rund zwei Drittel haben nur ein Kind, befinden sich in einer sozioökonomisch schlechten Lage, sind einer hohen psychischen Belastung ausgesetzt und oft auf Hilfe bei der Kinderbetreuung angewiesen. In diesen Haushalten leben rund 20 % aller Minderjährigen.

Heute (Stand: 2017) lebt nahezu die Hälfte der Menschen in Deutschland in einer Familie. Während der Familiensektor jedoch stetig schrumpft, ist der Nicht-Familiensektor mit seinen unterschiedlichen Lebensformen stark angewachsen.

- Zum Nicht-Familiensektor zählen einerseits kinderlose nichteheliche (gemischt- oder gleichgeschlechtliche) Lebensgemeinschaften. Gerade die nichteheliche Lebensform hat mittlerweile einen hohen sozialen Akzeptanzgrad erreicht.
- Aber auch viele Ehen bleiben bewusst kinderlos, selbst wenn keine medizinischen Gründe dafür vorliegen.
- Die dritte Gruppe im Nicht-Familiensektor sind die Singles, d. h. die alleinstehenden Personen aller Altersgruppen. Deren Anzahl ist in den letzten 100 Jahren von einer auf 16 Millionen gestiegen. Single zu sein bedeutet nicht, außerhalb einer Partnerschaft zu leben. Vor allem die jüngere Generation der 18- bis 35-Jährigen lebt überwiegend in einer festen Beziehung, allerdings in getrennten Haushalten.

Ursachen für den Wandel der Lebensformen

Die Ursachen für den Wandel der Familie liegen vor allem in der zunehmenden Individualisierung unserer Gesellschaft. Individualisierung beinhaltet, dass die Menschen zu ihrer Existenzsicherung weniger aufeinander angewiesen sind. Möglich wurde die Individualisierung auch durch den rapiden Einflussverlust der Kirchen und des Glaubens, den zunehmenden Wohlstand, die Bildungsexpansion der 1970er-Jahre und die Emanzipation der Frau. Seit Mitte der 1990er-Jahre wächst auch die Akzeptanz gegenüber gleichgeschlechtlichen Lebensformen stetig an. Die Anforderungen der Wirtschaft an die Mobilität und Flexibilität der Menschen und der mit den genannten Faktoren einhergehende Wertewandel haben ihren Teil zur Individualisierung beigetragen.

Homosexuelles Paar
Gleichgeschlechtliche Partnerschaften und Ehen sind mittlerweile akzeptierte Lebensformen mit rechtlicher Gleichstellung.

M 1 Lebensform im Wandel
Karikatur von Thomas Plaßmann

Familie als dominierende Lebensform?

Viele Jugendliche befinden sich hinsichtlich ihres Verhältnisses zur Familie im Zwiespalt: Laut Shell-Jugendstudie (Stand: 2015) sehen sie zwar ihre eigene Familie als höchstes Gut, haben mit großer Mehrheit ein positives Verhältnis zu den eigenen Eltern und würden sogar zu 75 Prozent ihre eigenen Kinder so erziehen, wie sie selbst erzogen wurden, allerdings nimmt der Bindungs- und Kinderwunsch stetig ab: So wünschen sich nur noch etwas über 60 Prozent eigene Kinder und damit eine eigene Familie.

Staatlicherseits wird die Sozialisationsleistung der Familie gewünscht und eingefordert. Ihre Stabilisierungswirkung erfahren viele Menschen in Lebenskrisen, ihre – vom Bruttoinlandsprodukt gar nicht erfasste – ökonomische Leistung, z. B. in Gestalt des Wissens- und Erfahrungsaustauschs zwischen Jung und Alt, ist kaum abzuschätzen. Der „Leistungsträger Familie" wird daher auch von der Politik gefördert. Durch das 2007 neu eingeführte Elterngeld sowie durch den seit 2013 geltenden Rechtsanspruch auf einen Kita-Platz bzw. den alternativen Anspruch auf Betreuungsgeld in Bayern sollen vor allem wieder mehr Frauen und junge Paare dazu ermutigt werden, eine Familie zu gründen.

Betreuungsgeld in Bayern
Eltern können in Bayern Betreuungsgeld erhalten, wenn sie für ihre kleinen Kinder keinen Kita-Platz beanspruchen.

Pluralität der Lebensformen – Wie wir leben

M 2 Haushaltsgrößen in Deutschland 1900 bis 2015

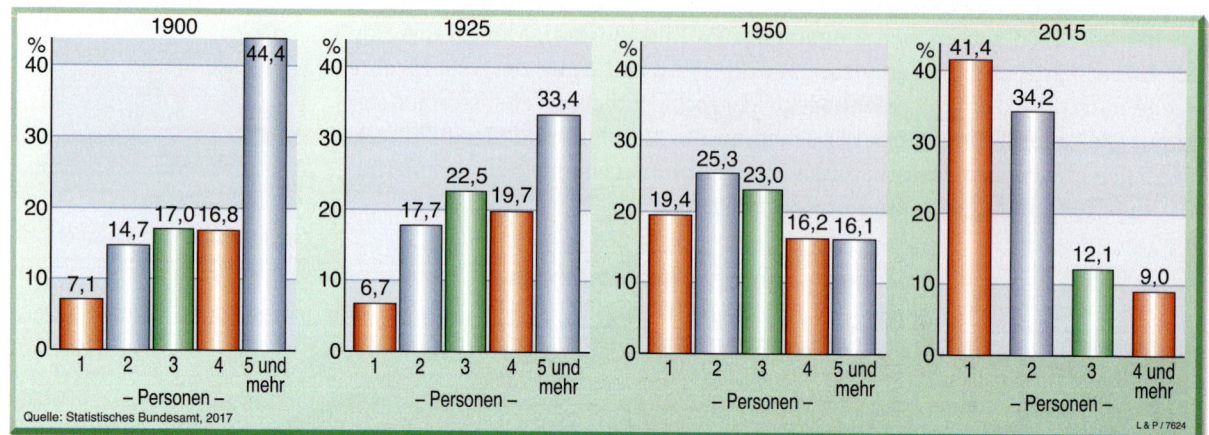

Quelle: Statistisches Bundesamt, 2017

M 3 Alleinlebende nach Alter 2015

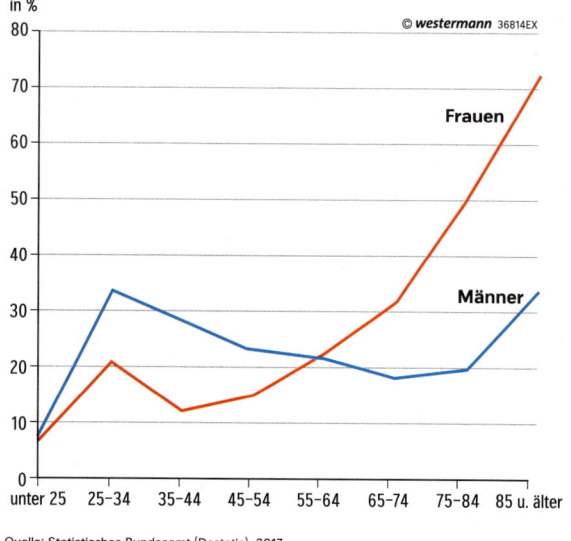

Quelle: Statistisches Bundesamt (Destatis), 2017

M 4 Kinderlosenquote

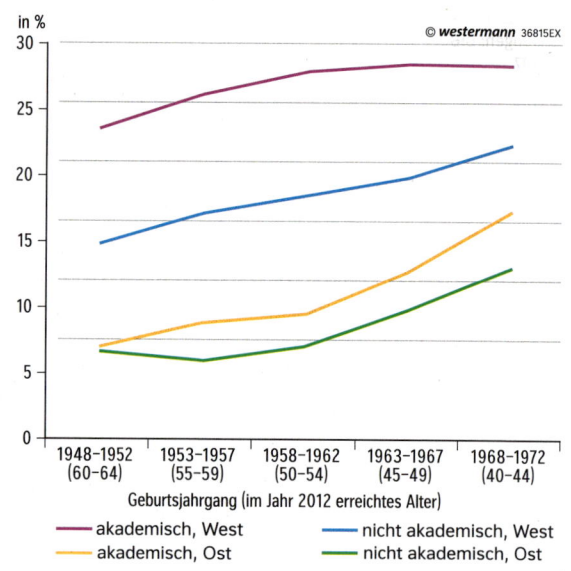

Aufgaben

1. Vergleichen Sie die in M2–M6 dargestellten Entwicklungen mit Ihren Erfahrungen im privaten Umfeld. Wo sehen Sie Übereinstimmungen, wo Unterschiede? Berücksichtigen Sie dabei, ob Sie eher in einem städtisch oder ländlich geprägten Umfeld leben.
2. Interpretieren Sie die Karikatur M1 vor dem Hintergrund von M2–M6.
3. Welche Lebensform streben Sie im Erwachsenenalter für sich persönlich an (M5)? Diskutieren Sie die Vor- und Nachteile der verschiedenen Lebensformen im Kursverband und stellen Sie die Vorstellungen aller in einem Kreisdiagramm dar.

M 5 Lebensformen in Deutschland

Bevölkerung nach Lebensformen in Deutschland, 1996 bis 2015
Anzahl in Mio.

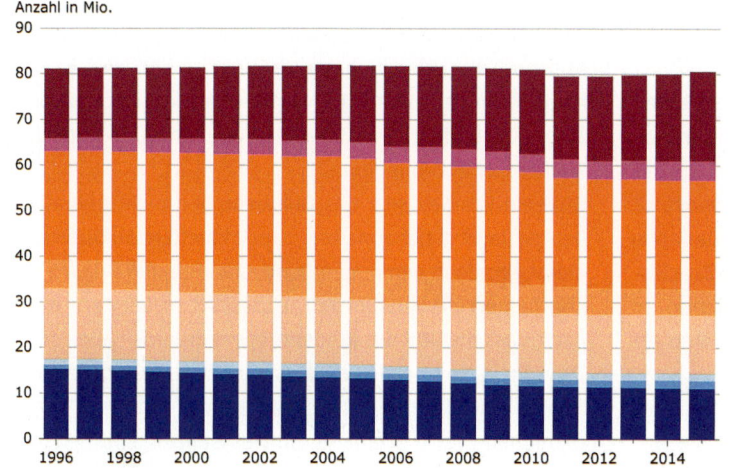

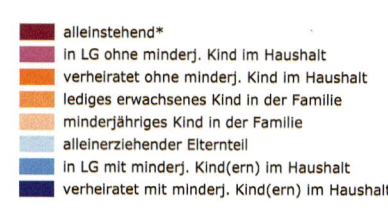

- alleinstehend*
- in LG ohne minderj. Kind im Haushalt
- verheiratet ohne minderj. Kind im Haushalt
- lediges erwachsenes Kind in der Familie
- minderjähriges Kind in der Familie
- alleinerziehender Elternteil
- in LG mit minderj. Kind(ern) im Haushalt
- verheiratet mit minderj. Kind(ern) im Haushalt

Lesebeispiel: Im Jahr 2015 lebten in Deutschland 11,1 Millionen verheiratete Männer und Frauen mit minderjährigen Kindern im Haushalt.
Datenquelle: Statistisches Bundesamt Mikrozensus (Lebensformenkonzept), Berechnungen: BIB
© BIB 2017

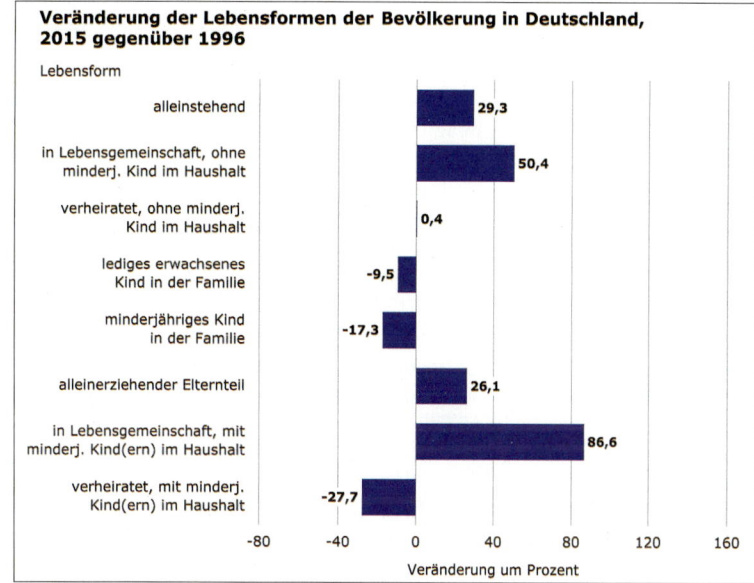

Veränderung der Lebensformen der Bevölkerung in Deutschland, 2015 gegenüber 1996

Lebensform	Veränderung um Prozent
alleinstehend	29,3
in Lebensgemeinschaft, ohne minderj. Kind im Haushalt	50,4
verheiratet, ohne minderj. Kind im Haushalt	0,4
lediges erwachsenes Kind in der Familie	-9,5
minderjähriges Kind in der Familie	-17,3
alleinerziehender Elternteil	26,1
in Lebensgemeinschaft, mit minderj. Kind(ern) im Haushalt	86,6
verheiratet, mit minderj. Kind(ern) im Haushalt	-27,7

Datenquelle: Statistisches Bundesamt Mikrozensus (Lebensformenkonzept), Berechnungen: BIB
© BIB 2017

M 6 Entwicklung der gleichgeschlechtlichen Lebensgemeinschaften (in Tausend)

	Schätzkonzept	Fragekonzept		
		zusammen	Männer/Männer	Frauen/Frauen
2004	160	56	30	26
2009	177	63	37	27
2012	194	70	39	30
2013	205	78	42	35
2014	223	87	47	39

Bezug Schätzkonzept: Bevölkerung in Privathaushalten am Haupt- und Nebenwohnsitz.
Bezug Fragekonzept: Bevölkerung in Familien/Lebensformen am Hauptwohnsitz.
Ergebnisse ab 2011 auf Basis des Zensus 2011, für die Jahre davor auf Basis früherer Zählungen.
Ergebnisse des Mikrozensus.

Pluralismus und Individualismus – Trends und Moden

M 7 Romantik oder Individualismus: Wie Familien in Deutschland leben

Ohne Trauschein, ohne Partner, aber mit Kind – so leben heute deutlich mehr Familien in Deutschland als früher. Trotzdem dominiert die Ehe noch, und ganz verschwinden werde sie nicht, sagt Jürgen Dorbritz vom Bundesinstitut für Bevölkerungsforschung (BiB) in Wiesbaden. Daneben
5 aber, das zeigen aktuelle Zahlen des Statistischen Bundesamtes (Destatis), wandelt sich das Familienleben in Deutschland – wobei nicht einmal alle Lebensformen erfasst sind.

„Die Statistik sagt nichts über Fernbeziehungen. Das
10 wäre aber eine sehr gute Frage gewesen", meint BiB-Soziologe Dorbritz. Das Motto „Living apart together" (Getrennt gemeinsam leben) passt in eine Gesellschaft, in der sich die oder der Einzelne nicht mehr so sehr an den traditionellen Werten der Familie orientiert. „Wir nennen
15 das Individualisierung der Gesellschaft", erklärt der Soziologe. [...]

„Es gibt zugleich einen Bedeutungsverlust der Ehe", erklärt der Experte – in Deutschland wie auf europäischer und internationaler Ebene. Ursache dafür sei nicht nur, dass
20 Frauen häufiger erwerbstätig sind, sondern veränderte Einstellungen. Nach einer BiB-Umfrage zum Familienleitbild von 2012 lehnen 35 Prozent der Deutschen zwischen 20 und 39 Jahren die Ehe als überholte Einrichtung gänzlich ab.

Derzeit lebt beinahe ein Drittel der 8,1 Millionen Familien in
25 Deutschland – nach den Zahlen des Mikrozensus von 2013 – nicht mehr das konventionelle Muster von Ehepaar mit Kind. Ein Fünftel der Väter und Mütter waren im vergangenen Jahr alleinerziehend, zehn Prozent leben in nichtehelichen oder gleichgeschlechtlichen Partnerschaften mit min-
30 destens einem minderjährigen Kind. Verheiratet sind 70 Prozent der Eltern. Aber 1996 waren es mit 81 Prozent deutlich mehr. Die Zahl der Alleinerziehenden wuchs seither um sechs Prozentpunkte, der Anteil der Lebensgemeinschaften verdoppelte sich.

Verschwinden werde die Einrichtung Ehe dennoch nicht, 35 sagt Dorbritz: „Die Ehe hat eine Funktion und wird sie behalten." Ein bestimmter Teil der Bevölkerung werde weiter auf die Sicherheit einer Ehe zurückgreifen. „Und auch das Romantische wird bleiben."

Ohnehin wandelt sich das Familienleben nicht überall in 40 Deutschland gleichermaßen. Laut aktuellem Mikrozensus bleibt gerade in den neuen Bundesländern die Distanz zur Ehe bemerkenswert. In den ostdeutschen Ländern wirkt nach, dass die DDR das Kinderkriegen förderte – auch ohne Trauschein. So seien in Ostdeutschland alternative Lebens- 45 formen mit Elternschaft weit verbreitet, betont die BiB-Ökonomin Evelyn Grünheid: „In Westdeutschland herrscht immer noch ein traditionelleres Familienbild vor, in dem die Ehe mit Kindern eine wichtige Rolle spielt." Aus diesem Grund seien die meisten Alleinerziehenden im Westen Ge- 50 schiedene, im Osten Ledige.

Dass die Ehe nicht überall in selbem Maße abgelöst wird von anderen Familienformen, ist auch die Erfahrung der Erzieherin Roswitha Rietsch. Sie leitet seit 20 Jahren die städtische Kindertagesstätte Kastel in Wiesbaden. In ihrem 55 Einzugsbereich habe sich die Bevölkerung seither stark verändert, sagt Rietsch. Heute sei hier der Anteil von Menschen mit Migrationshintergrund hoch. Eine Tendenz zu weniger konventionellen Familienformen beobachtet Rietsch dabei nicht: „Da ist es noch nicht so üblich, dass 60 man sich trennt."

In einem weiteren Punkt hält sich die traditionelle Rollenverteilung: Mit rund 1,45 Millionen Frauen übertrifft die Zahl der alleinerziehenden Mütter die Zahl der partnerlosen Väter weit. Von ihnen gibt es seit 1996 etwa 170.000 – dabei 65 gibt es so gut wie keine Veränderung.

Sophie Rohrmeier, Romantik oder Individualismus, 20.10.2014; www.sz-online.de/ratgeber/romantik-oder-individualismus-wie-familien-in-deutschland-leben-2954380.html

Aufgaben

1. Erarbeiten Sie aus M7 die aktuellen Trends im Bereich „Familie". Vergleichen Sie Ihre Ergebnisse mit den in Ihrem Kurs angestrebten künftigen Lebensformen (Aufgabe 3, Seite 104).
2. Erwägen Sie Ursachen für die in M2–M7 dargestellte Entwicklung.
3. Ermitteln Sie aus M8 die Begründung des Autors für seine These, dass es echten Individualismus heutzutage kaum noch gibt.
4. Nehmen Sie in Form eines Leserbriefs Stellung zu der Aussage in M8.

M 8   Ihr Individualisten seid doch alle gleich!

Natürlich ahnt man, dass er es ist. Und trotzdem schaut man zweimal hin. Denn spätestens mit diesem mutmaßlichen Millionendeal ist der Mann zum weltbesten Darsteller seiner erfolgreichsten Rolle geworden: er selbst. Johnny Depp ist das Model der Werbekampagne von „Sauvage", dem neuen Herren-Duft von Dior. „Sauvage" heißt bekanntlich wild, insofern passt die Besetzung dieses Schauspielers perfekt. [...] Ob man sich an deutschen Universitäten, in New Yorker Bioschlachtereien oder in peruanischen Szenekneipen umsieht: überall Johnny Depps. Und es sind nicht etwa nur Klamotten, Accessoires und Behaarungsdetails. Sogar die physische Doppelbotschaft aus Dünnhäutigkeit und Rauflust ist identisch. Insofern ist die Kampagne genial: Sie verspricht die Aura des Rebellischen, Ungezähmten, Individuellen. All diese zweifellos begehrenswerten Attribute aber werden hier verkörpert durch einen Mann, der haargenau so aussieht wie jeder zweite Mann auf der ganzen Welt, der so jung ist wie Depp, 52, oder jünger. Na gut: Der zweifache Sexiest Man Alive (2003, 2009) sieht immer noch ein bisschen besser aus.

„Individualität ist doch nur ein Fake", sagte der Modedesigner Nino Cerruti kürzlich. Natürlich ist es ein Privileg älterer Herren – betagte Damen sind da in der Regel weniger grantelig –, alles abzukanzeln, was nach ihnen kam: die neuen Moden, die jüngeren Generationen, die aktuelle Musik, die frischesten Sexsymbole. Aber so ganz falsch scheint seine Analyse nicht zu sein.

Und sie beschränkt sich bei Weitem nicht nur auf Mode. Das Ideal des Individualismus gilt ebenso bei Essgewohnheiten, Wohnungseinrichtung, Musikgeschmack. Und die Bestandsaufnahme ist überall die gleiche. Was gestern noch wie Eigensinn wirkte, ist spätestens heute der Standard. Bei der Einweihung des neuen Luxusapartmentkomplexes „Sapphire", den der Stararchitekt Daniel Libeskind in der Berliner Chausseestraße gebaut hat, wird das eben noch subversive Craft Beer gereicht. Und die Frage, ob nun vegane Restaurants oder Fleischlokale – beides noch vor Kurzem Hipsterrefugien – die Nase vorn haben bei der Eroberung des Massenpublikums, treibt einen Keil zwischen Genussexperten. [...]

Meister des hippen Einheitslooks ist Hedi Slimane, der bei der Marke Saint Laurent Paris den spätestens seit Courtney Love kanonisierten Rockchick/slut-Glamour einfach stur wiederholt: Tierdrucke, Glitter, Lederjacken, Lederhosen, Chelsea Boots. Versteht jeder, ist deswegen ungemein erfolgreich. „Eine Epidemie des Konformismus ist in vollem Gange.", sagt Maria Koch, Designerin und Dozentin für Sustainability in Fashion an der Berliner Kunsthochschule für Mode Esmod: „Es gibt in der Mode individuelle Gruppierungen, die aber über ,total looks' oder Komplettästhetik eine eindeutige Zugehörigkeit demonstrieren." Die ernüchternde Zwischenbilanz: Anders sein macht am meisten Spaß, wenn es genug andere auch sind. Sonst würde ja keiner erkennen, wie viel Wissen oder Geld man in dieses Anderssein investiert hat. [...]

Wer sich viele Jahre mit Konsumentenwünschen beschäftigt hat, wird entweder unglücklich oder milde. Karrer hat sich für Letzteres entschieden. „Was wir mit Individualismus meinen: dass man seine Nische findet", sagt er. „Die Hipster halten sich für Totalindividualisten – sehen aber alle gleich aus. Oder fast: Alle haben Vollbärte, aber einer ist mal ein bisschen anders geschnitten." Auch der britische Anthropologe Daniel Miller argumentiert in seinem Buch „Blue Jeans. The Art of the Ordinary", dass der Mensch sich nicht kleide, um anders zu sein. Sondern um genauso zu sein wie alle anderen. Die echten Individualisten, meint auch Karrer, seien Einzelfälle: „Wirklich alle Regeln und Dresscodes zu missachten ist nicht einfach. Es strengt an, und du bist allein."

Es sind also keine Individualisten, die uns in abgewetzten Sneakers und Armeejacken entgegenmarschieren. Es sind Menschen in Uniform. So wie die Rentner in ihren papageien-bunten Funktionsklamotten oder die Manager in ihren halbherzig getragenen Anzügen. Nur dass diese Uniformen die Anti-Uniformen von gestern sind. Wer sich jedoch mit Stil als Kommunikationsform beschäftigt, der ist schon lange woanders. Das Ziel der Mode, so noch mal Robert Pfaller, sei es, Bewunderer und Nachahmer zu finden. Es geht also gar nicht darum, einzigartig zu sein. Es reicht schon, wenn man schneller ist.

Adriano Sack, Ihr Individualisten seid doch alle gleich, 13.10.2015; www.welt.de/icon/article147498976/Ihr-Individualisten-seid-doch-alle-gleich.html

Extrablatt: Gesellschaftliche Segmentierung in den USA

Die USA sind anders
Viele Menschen in Europa betrachten die USA unter der Prämisse, es aufgrund seiner Zugehörigkeit und Führungsrolle in der westlichen Welt mit einem Land zu tun zu haben, das den Staaten Europas politisch, wirtschaftlich und gesellschaftlich gleicht. Doch dies trifft weder politisch (vgl. das Extrablatt „Die politischen Parteien in den USA") noch gesellschaftlich zu.

Gesellschaftliche Segmentierung
Im Gegensatz zur Gesellschaft in Deutschland oder auch anderen europäischen Staaten, deren Mitglieder sich meist klar einer bestimmten Schicht zuordnen lassen, ist die Gesellschaftsstruktur in den USA segmentiert, also vielfältiger und unzusammenhängender, was es erschwert, sie mit den für europäische Gesellschaften tauglichen Modellen (vgl. das Kap. „Modelle zur Erfassung der Gesellschaft") zu erfassen. Die historischen Ursachen für die soziale Segmentierung liegen in den unterschiedlichen Einwanderungsphasen auf den amerikanischen Kontinent seit dem 17. Jahrhundert, die jeweils von unterschiedlichen religiösen oder auch ethnischen Gruppen bestimmt wurden, die sich oftmals in denselben Bundesstaaten oder Gemeinden niederließen. Dort bildete sich dann eine lokal oder regional geprägte Mentalität und Wertegemeinschaft aus, die ein die ganzen USA vereinendes Solidaritätsgefühl nur schwer entstehen lässt, wenngleich der Stolz auf die Nation die Bewohner auf einer anderen Ebene eint. Vom oftmals beschworenen Schmelztiegel kann allerdings nicht die Rede sein.

Einwanderer in die USA
Ellis Island vor New York, 1905

Multiethnische Gesellschaft
Im Gegenteil: Die amerikanische Nation ist gespaltener denn je, vor allem die Kluft zwischen den einzelnen Ethnien vertieft sich stetig. So bleiben Afroamerikaner trotz rechtlicher Gleichstellung, Quotenregelungen und Förderungen in der Lebenswirklichkeit vielfach benachteiligt, was vor allem auf die Unterschicht zutrifft. Die Ausgrenzung farbiger Bürger verstärkt sich noch aufgrund der Angst der weißen Bevölkerung, die politische, gesellschaftliche und wirtschaftliche Kontrolle im Land verlieren zu können, wenn ihr eigener Anteil an der Gesamtbevölkerung weiter zurückgeht. Prognosen gehen davon aus, dass der Anteil der weißen Bevölkerung von 63 % (2012) auf 43 % 2060 sinken wird.

Spaltung der Gesellschaft
Die Spaltung der Gesellschaft lässt sich aber nicht nur zwischen den Ethnien, sondern auch in anderen Bereichen feststellen: So ist in kaum einem anderen hochentwickelten Land die Schere zwischen Arm und Reich größer als in den USA, was sich nicht nur an den Löhnen, sondern auch der Lebenserwartung zeigt: Arme US-Amerikaner haben eine deutlich geringere Lebenserwartung als reiche. Im Zuge der Finanzkrise 2007/08 rutschten zudem immer mehr Menschen aus der Mittelschicht in die Unterschicht ab; nach der Erholung der Wirtschaft gelang ihnen der Aufstieg zurück aber nicht mehr. Da in den USA der Bildungsgrad stark vom Einkommen der Eltern abhängt, ist auch in Zukunft mit einer Trendwende kaum zu rechnen. Hinzu kommt eine geografische Armutsgrenze zwischen Nord und Süd.

„America is Immigrants"
Protestplakat nach dem Wahlsieg Donald Trumps bei der Präsidentschaftswahl 2016

Diskriminierung aufgrund ethnischer Zugehörigkeit – Armut und Bildung

M1 Armutsgefährdung aufgrund ethnischer Zugehörigkeit

Percentage of Children Who Are Poor, by Race

Quelle: Child Trends

M2 Anteil der Schüler, die zeitweise vom Unterricht ausgeschlossen werden

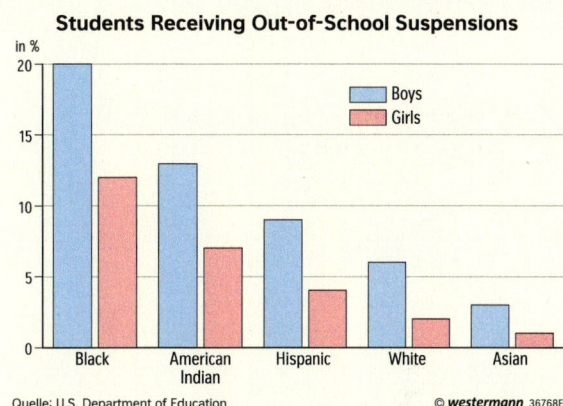

Students Receiving Out-of-School Suspensions

Quelle: U.S. Department of Education

M3 Akademische Vererbungsraten

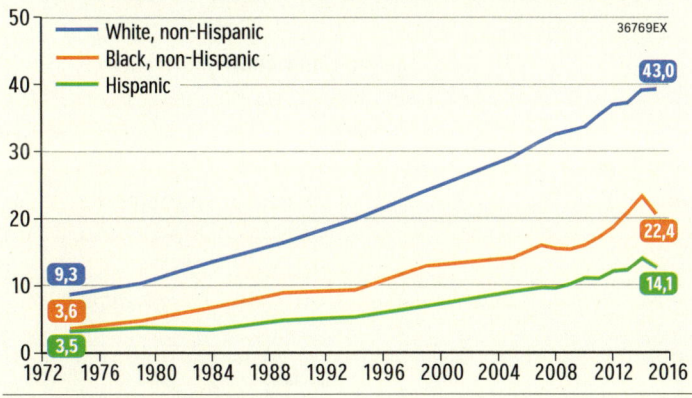

Percentage of Children, Ages 6–18, Whose Mothers had Completed a Bachelor's Degree or Higher, by Race and Hispanic Origin of Child: Selected Years, 1974–2015

Datenquelle: Childtrends Databank

Aufgaben

1. Analysieren Sie die Grafiken M1–M3 und beschreiben Sie den Einfluss der ethnischen Zugehörigkeit auf die gesellschaftliche Stellung in den USA.
2. Erwägen Sie Gründe für die in M1–M3 gezeigte Entwicklung und diskutieren Sie Lösungsmöglichkeiten.
3. Vergleichen Sie M1–M3 mit M4–M5 sowie M8 auf den Seiten 126–127.

Einkommen und Vermögen – Verteilungen und Verhältnisse

M 4 Haushaltsnettoeinkommen

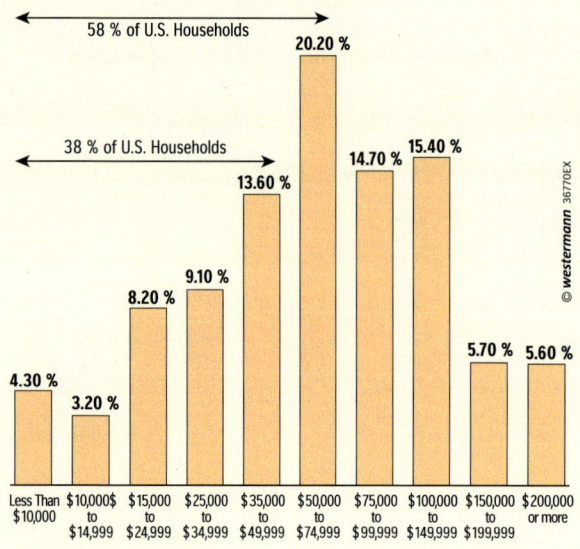

Datenquelle: mybudget360.com

M 5 Vermögensverhältnisse

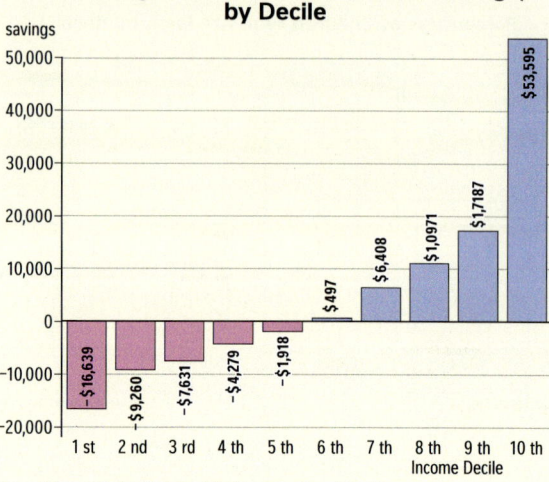

M 6 Vermögensverteilung

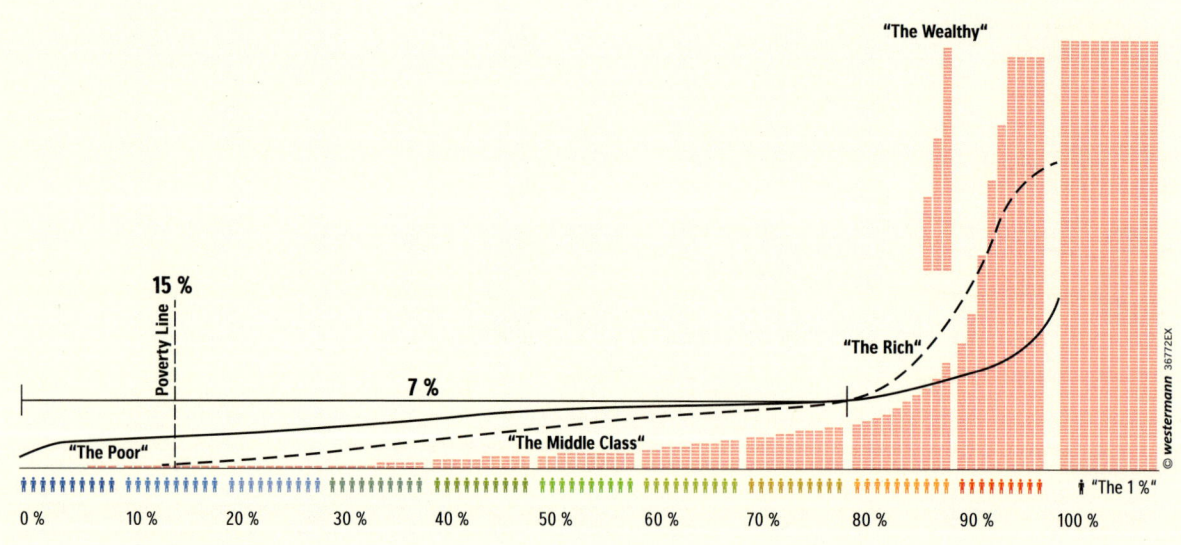

Datenquelle: static5.businessinsider.com

Aufgaben

1. Analysieren Sie die Grafiken M4–M5 und beschreiben Sie die soziale Ungleichheit in den USA.
2. Vergleichen Sie Ihr Ergebnis mit der Einkommensungleichheit in Deutschland (M8–M9, M13 auf Seite 87 und 89).

Lebensformen – demografische und geografische Bedingungen

M 7 Haushaltsgrößen in den USA

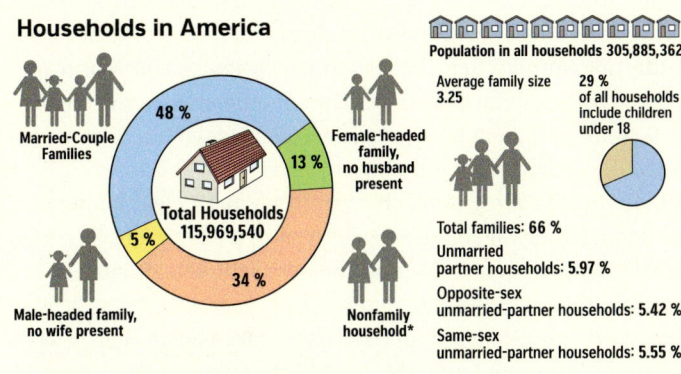

aus: http://www.catholicsun.org/wp-content/uploads/2014/09/Screen-Shot-2014-09-17-at-11.36.24-AM.png; Zugriff vom 15.05.2017

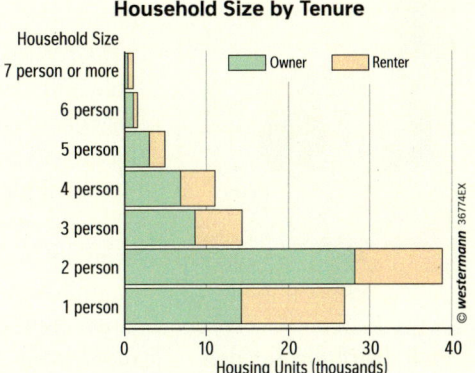

aus: http://stateoftheregion.org/wp-content/uploads/2015/09/GRAPHIC-K.jpg; Zugriff vom 15.05.2017

M 8 Demografische Entwicklung in den USA

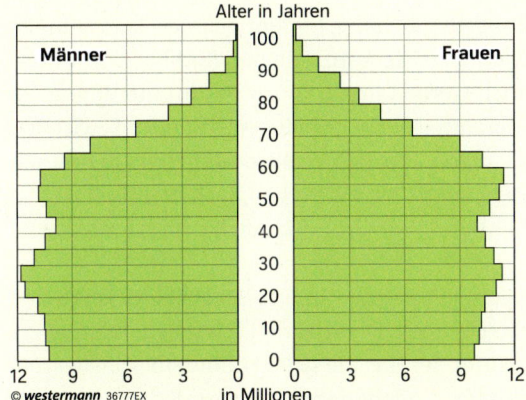

Datenquelle: indexmundi.com

M 9 Geografische Rahmenbedingungen

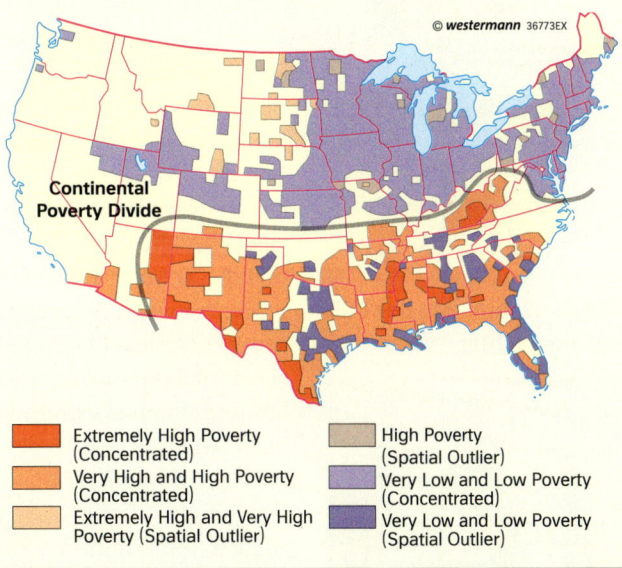

Datenquelle: theaustintimes.com

Aufgaben

1. Analysieren Sie die Grafiken M7 und vergleichen Sie Ihr Ergebnis mit M2–M5, Seite 104–105.
2. Vergleichen Sie die demografische Entwicklung in den USA (M8) mit der in Deutschland (M14, Seite 90) und erörtern Sie mögliche Folgen für beide Staaten.
3. Analysieren Sie die Karte M9 und vergleichen Sie sie mit der Karte M12, Seite 89. Diskutieren Sie Möglichkeiten, dem gezeigten Zustand in beiden Ländern entgegenzuwirken.

4. Vielfalt der Geschlechterrollen

Wandel im Selbstverständnis der Frau

Die rechtliche Angleichung im Status von Mann und Frau war ein Prozess, der sich über nahezu 100 Jahre hinzog. Erst 1977 wurde zum Beispiel die rechtliche Benachteiligung der Frau endgültig aufgehoben und sogar erst 1994 wurde der Staat per Grundgesetzänderung verpflichtet, die Gleichberechtigung von Mann und Frau durchzusetzen und Nachteile zu beseitigen. Dass geschlechtsspezifische Ungleichheiten in der Gesellschaft auch heute noch bestehen, zeigt ein Blick in das Bildungswesen und in die Arbeits- und Berufswelt:

Im Bildungssektor wurden die geschlechtsspezifischen Ungleichheiten am schnellsten und erfolgreichsten abgebaut, vor allem an den allgemeinbildenden Schulen, denn Mädchen zeigen im Durchschnitt bessere Schulleistungen als ihre männlichen Klassenkameraden. So fiel es ihnen leicht, gegenüber den Jungen einen „Bildungsvorsprung" zu erreichen, der sich z. B. daran zeigt, dass jeweils mehr junge Frauen ihre schulische Laufbahn mit der Mittleren Reife oder dem Abitur beenden als junge Männer. Auch die Wahl des Studienfachs erfolgt nach wie vor stark geschlechtstypisch: Während sich die jungen Männer eher für natur- oder ingenieurwissenschaftlichen Studienfächer immatrikulieren, tendieren die angehenden Studentinnen zu den Geisteswissenschaften.

In der Berufswelt sind die geschlechtstypischen Ungleichheiten – zum Teil bedingt durch die Studien- und Berufswahl der Frauen – stärker ausgeprägt als im Bereich der Bildung und Ausbildung. Es gibt heute Pilotinnen und Chefärztinnen, Schreinerinnen und nicht zuletzt eine Bundeskanzlerin und fünf Bundesministerinnen (Stand: Mai 2017). Dennoch werden immer noch bestimmte Berufe von Männern dominiert. So ist zwar der Anteil der berufstätigen Frauen auf zwischenzeitlich 72 % gestiegen, der Arbeitsmarkt aber ist nach wie vor geteilt, denn traditionell „männliche" Berufe wie Ingenieure, Anwälte oder Geschäftsführer werden besser bezahlt als „frauentypische" Berufe wie Grundschullehrerin, Kindergärtnerin oder Krankenschwester.

Selbst wenn es Frauen gelingt, in männerdominierte Berufsfelder vorzudringen, haben sie schlechtere Karrierechancen. Dies hat drei Ursachen: Männer zeigen oftmals eine stärkere Karriereorientierung, die sich in höherem Selbstwertgefühl und Dominanzstreben manifestiert. Zudem sind die höheren Führungsebenen nach wie vor von Männern dominiert, die Frauen oft bezüglich ihrer Kompetenz und Belastbarkeit subjektiv niedrig einschätzen. Schließlich verzichten bei einem bestehenden Kinderwunsch eher die Frauen zum Wohl der Familie auf die Karriere als die Män-

M 1 Werbung aus den 1950er-Jahren

M 2 Wahlplakat der CDU aus den 1970er-Jahren

M 3 Werbeplakat des Landesfeuerwehrverbandes Bayern, 2016

M 4 Nach dem Weltfrauentag
Karikatur von Thomas Plaßmann

ner bzw. nehmen häufiger Frauen die (Karriere bremsende) Elternzeit in Anspruch. Trotz der Emanzipationsbewegung „von unten" hält sich im Familienleben nach wie vor stark die klassische Rollenverteilung, selbst wenn beide Ehepartner berufstätig sind: Frauen wenden mehr als doppelt so viel Zeit für die Kinderbetreuung und klassische „Hausfrauentätigkeiten" auf als Männer. Daraus erwächst häufig eine hohe Doppelbelastung für die Frau, die sich eben auch beruflich bemerkbar macht: Karriere, die meist an Flexibilität und Mobilität gebunden ist, ist für Frauen oft nur durch einen Verzicht auf familiäre Bindungen zu verwirklichen. Es sind in erster Linie die junge Generation sowie die höheren und gebildeten Schichten, die im familiären Bereich umdenken. Da Frauen nach wie vor in Führungspositionen deutlich unterrepräsentiert sind, gibt es in Politik und Gesellschaft Forderungen nach Einführung einer Frauenquote, wie sie in skandinavischen Ländern bereits seit längerem existiert.

Neues Selbstverständnis des Mannes

Das neue Rollenverständnis der Frau erfordert auch von den Männern eine Neudefinition ihrer eigenen Rolle. Damit ist jedoch kein Rollentausch gemeint, was die Mehrheit beider Geschlechter zudem ablehnt. Während die neue Rolle der Frau in der Öffentlichkeit seit Jahren breit diskutiert wird, steht die Aushandlung der Männerrolle noch am Anfang und verläuft durchaus widersprüchlich. Die Mehrheit der Frauen wünscht sich Gleichberechtigung in Beruf und Familie, möchte andererseits aber keinen Pantoffelhelden als Partner haben.

M 6 **Der Hausmann in der Karikatur**
Karikatur von Markus Grolik

M 5 **Zeit für eine Männerquote?**
Karikatur von Thomas Plaßmann

Vielfalt sexueller Orientierungen

Die seit der sexuellen Revolution Ende der 1960er-Jahre voranschreitende Liberalisierung des Denkens hat inzwischen dazu geführt, dass es heutzutage in weiten Teilen der Gesellschaft kein Problem mehr ist, sich als homo- oder transsexuell zu outen. Der Wandel in den Werthaltungen ermöglicht es damit Menschen, die vom sexuellen Mainstream abweichen, offen und ohne Verfolgung durch das Gesetz so zu leben, wie sie möchten.

Wandel der Geschlechterrollen – zwischen Progression und Stillstand

M 7 Die traditionelle Geschlechterrolle im Wandel der Zeit

[Während und unmittelbar nach dem Zweiten Weltkrieg] waren die Frauen gezwungen, vermeintlich „männliche" Aufgaben zu übernehmen – und entdeckten dabei eigene Fähigkeiten! Mit zunehmender Normalisierung kehrten viele Frauen zurück in ihre Frauen- und Mutterrolle. Ganz zurückdrehen aber ließ sich das Rad nicht. Der Versuch, durch die Deklaration des Alleinverdieners wieder zu den alten Regeln zurückzukehren, gelang nur bedingt. […] Im Westen blieb der Mann bis weit in die 1960er unangefochtenes Familienoberhaupt, Alleinverdiener, Alleinentscheider und alleiniger Inhaber eines Führerscheins. Trotzdem löste sich nach und nach das Bild vom harten Mann auf. Mehr und mehr eiferten dem Bild des „Neues Vaters" nach. Manchen überforderte bald die Doppelrolle des Ernährers und des sich rührend Kümmernden. In den 1970ern wurde der Mann plötzlich mit einem Schreckensbild konfrontiert: die Emanze. Und der Mann lief Gefahr, sich im Dickicht der Rollenbilder zu verheddern. Machos waren nicht mehr gefragt. Softies leider auch nicht. Erst einmal Ruhe kehrte dann in den 1980ern ein. Sportsmann, Businessmann, verschrobener Künstler – nun war alles erlaubt und akzeptiert, sogar Männer in „Frauenrollen". Mit den 1990ern schlich sich wieder etwas mehr Verunsicherung ein, da sich traditionelle Rollenbilder endgültig aufzulösen drohten. Als Kompromiss wählten viele das Prinzip des „Rosinenpickers": Man verband ganz pragmatisch Traditionelles mit Neuem, soweit sich dies eben als nützlich oder bequem gestaltete. Man hält wenig von der Berufstätigkeit der Gattin, freut sich aber, wenn diese etwas zum Einkommen beisteuert. Man nutzt die Vorteile der Emanzipation also nur punktuell. Aber es wäre unfair zu behaupten, dass dies für Frauen nicht ebenso gelte […] Davon, dass der Erziehungsurlaub Nehmende oder Teilzeitbeschäftigte, der alle Aufgaben partnerschaftlich teilt, gesellschaftliche Akzeptanz findet, ist die Gesellschaft immer noch ein Stückchen entfernt.

Tina Denecken/Michael Fischer, Die traditionelle Geschlechterrolle im Wandel der Zeit, in: http://www.wissen.de/podcast/wie-maenner-wirklich-sind-und-was-sie-wollen-podcast-102

M 8 Rollenaufteilungen

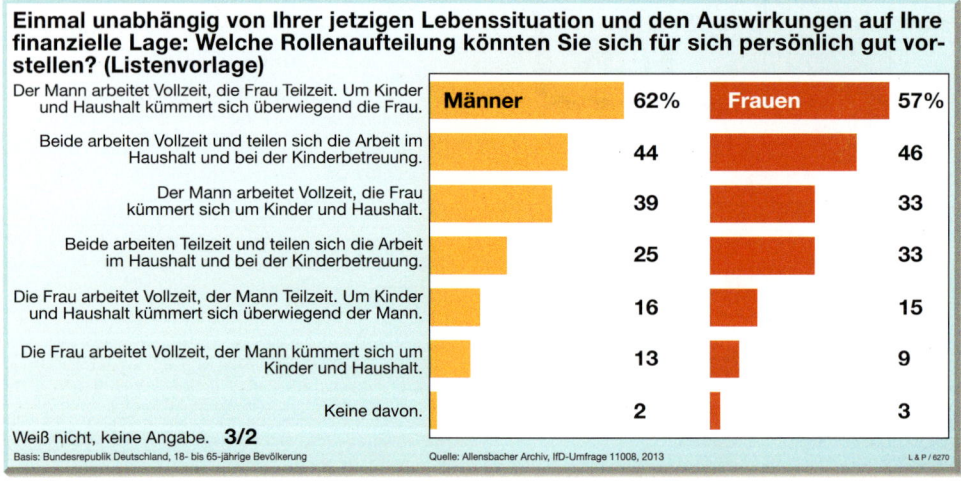

Aufgaben

1. Interpretieren Sie die Karikatur M4.
2. Berichten Sie über eigene Alltagserfahrungen zum Thema „Gleichberechtigung".
3. Beschreiben Sie den Rollenwandel von Frau und Mann seit dem Ende des Zweiten Weltkriegs (M1–M3, M7).
4. Analysieren Sie M5 und M6 im Hinblick auf das daraus ersichtliche Rollenverständnis von Mann und Frau.
5. Führen Sie eine Befragung analog zu M8 in Ihrem Kurs durch und nehmen Sie Stellung zu Ihrem Ergebnis.

M 9 Entkrampfter Umgang mit Sexualität

[...] Seit 30 Jahren behandelt der Psychiater Bernd Meyenburg an der Frankfurter Universitätsklinik Kinder und Jugendliche, die sich im falschen Körper wähnen. In den achtziger Jahren galt Transsexualität noch als Krankheit. Trat sie
5 bei Minderjährigen auf, hieß es, man müsse die Betroffenen „heilen", indem man sie in ihrem Geburtsgeschlecht bestärke. „Davon spricht heute so gut wie niemand mehr", sagt Meyenburg. Damals hatte der Psychiater vier oder fünf neue Fälle pro Jahr. Heute kommen genauso viele Kinder
10 und Jugendliche im Monat zum Erstgespräch. Gerade in den vergangenen drei, vier Jahren, so der Arzt, seien die Zahlen kräftig gestiegen. Transsexualismus oder, wie es heute heißt, Transidentität bei Heranwachsenden ist zwar kein Massenphänomen. Es gibt pro Jahr vielleicht ein paar Hun-
15 dert neue Fälle. Bemerkenswert sind jedoch die Steigerungsraten. Zumal sie nicht nur Bernd Meyenburg in Frankfurt verzeichnet, sondern ebenso seine Kollegen in Hamburg oder München, Amsterdam, London und Toronto. [...] Der Zuwachs steht für einen grundlegenden Einstel-
20 lungswandel. Traditionell waren gerade Heranwachsende auf klar definierte Geschlechterrollen fixiert: Jungen wollten richtige Männer werden, Mädchen richtige Frauen. Wich jemand von den Erwartungen ab, kannten die anderen Jugendlichen wenig Gnade. Inzwischen haben sich die starren
25 Geschlechtsbilder immer weiter aufgelöst. Heute wagen es viel mehr Jugendliche, sich zu offenbaren und Hilfe in Anspruch zu nehmen. Mittlerweile gehören schwule und lesbische Lebensformen zum modernen Biologieunterricht wie Pille und Präservativ. In den Medien wird die sexuelle Vielfalt geradezu gefeiert. Hübsche Frauen mit Bart gewin- 30
nen dort Gesangswettbewerbe, Serienhelden spielen transsexuelle Familienväter (Transparent). Mittlerweile gibt es nicht nur Kinderromane (George) zum Thema, sondern auch Bilderbücher (Teddy Tilly). Rechtskonservative mögen den „Genderwahn auf dem Lehrplan" geißeln [...] Die Kids 35
haben damit aber wenig Probleme. Während mancher Erwachsener LGBT noch für einen Mobilfunkstandard hält, entziffern sie mühelos den Buchstabensalat als Abkürzung für Lesbian, Gay, Bisexual und Transgender – und ergänzen dabei noch flink ein Q für Queer. Angesichts dieses Libera- 40
lisierungsschubs wagen es heute viel mehr Jugendliche, sich zu offenbaren und Hilfe in Anspruch zu nehmen, wenn sie mit ihrem Geschlecht hadern. Dabei erweisen sich viele von ihnen schon als überaus kundig, sagt Saskia Fahrenkrug. Früher seien die transidenten Jugendlichen nur mit 45
ihrer Verzweiflung in die Sprechstunde gekommen. Heute würden sie zum ersten Termin schon „die Spezialnamen des Hormons mitbringen, das sie für ihre Geschlechtsanpassung bitte sofort haben möchten". Diese Patienten müsse man erst einmal bremsen, so die Psychologin. 50

Martin Spiewak, Das ist kein Spleen, 24.11.2016; www.zeit.de/2016/47/transsexualitaet-kinder-jugendliche-geschlecht-umwandlung/komplettansicht

M 10 Vorsicht! Jetzt nicht übermütig werden!

Das Bundesverfassungsgericht hat zuletzt zahlreiche Urteile zugunsten der Gleichstellung Homosexueller gesprochen. So monierte es 2010 die steuerliche Ungleichbehandlung der Lebenspartner. Im Juni 2017 hat der Deutsche Bundestag beschlossen, die Ehe auch für homosexuelle Paare zu öffnen. Seit dem 1. Oktober 2017 können sich daher gleichgeschlechtliche Paare standesamtlich trauen lassen.

Karikatur von Thomas Plaßmann

Aufgaben

6. Erarbeiten Sie aus M9 den Wandel im Umgang mit sexueller Vielfalt.
7. Führen Sie eine Fishbowl-Diskussion zu der Frage, ob Geschlechtsumwandlungen schon vor Erreichen der Volljährigkeit gesetzlich erlaubt werden sollten.
8. Interpretieren Sie die Karikatur M10 und führen Sie eine Pro- und Kontra-Debatte zu der Frage, ob es zur Art von Partnerschaften überhaupt noch gesetzliche Regelungen geben sollte.

M 11 Die Schmerzensmänner

Die Journalistin Nina Pauer schrieb im Januar 2012 in der Wochenzeitung „Die Zeit" über die jungen Männer von heute:

Es könnte alles so einfach sein. Vielversprechend bricht das neue Jahr an und wartet auf nichts anderes, als ausgekostet zu werden – champagnerbeschwipst, Hand in Hand schlendernd. Doch irgendwie klappt es nicht. Einer kneift. Der junge Mann von heute feiert nicht trunken vor Glück mit seiner neuen Liebsten – er steht abseits und fröstelt. Verkopft, gehemmt, unsicher, nervös und ängstlich ist er, melancholisch und ratlos. Er hat seine Rolle verloren. Schuld an seiner jungmännlichen Identitätskrise ist, wie immer, die Gesellschaft. Sie war es schließlich, die verlangte, dass sich der Mann (natürlich der junge) verstärkt neue Attribute zulegen sollte. Einfühlsam, reflektiert, rücksichtsvoll und bedacht, gerne auch einmal: schwach sollte er sein. Den Startschuss dazu lieferte 1984 – der junge Mann spielte damals noch auf der Krabbeldecke – Herbert Grönemeyers Frage „Wann ist ein Mann ein Mann?" Es war diese Melodie, die den jungen Mann seine Adoleszenz hindurch begleitete, pünktlich zum Abitur sang Grönemeyer dann auch schon nicht mehr von Männern und Frauen, sondern nur noch, in bezaubernder Melancholie, wie der junge Mann fand, vom „Menschen". Doch was als eine begrüßenswerte Mentalitätsreform des alten Männerbildes begann, hat inzwischen groteske Züge angenommen. Das eigene Leben reflektierend und ständig bemüht, sein Handeln und Fühlen sensibel wahrzunehmen, nach außen zu kehren und zu optimieren, hat er sich auf einer ewigen Metaebene verheddert, von der er nicht wieder herunterkommt.

Die erfolgreiche Kommunikation mit seinem weiblichen Gegenüber, in Liebesdingen ohnehin notorisch unwahrscheinlich, ist damit noch ein Stück weiter in Richtung Unmöglichkeit gerückt. Denn auf die junge Frau wirkt die neue männliche Innerlichkeit, das subtile Nachhorchen in die tiefsten Windungen der Gefühlsregungen schrecklich kompliziert. Und auf die Dauer furchtbar unsexy. Dabei schien ja eigentlich gerade alles aufzugehen. Der jahrhundertelange Prozess der Häutungen von einem Rollen- und Beziehungsideal zum nächsten hatte endlich einen vermeintlich gesunden Endpunkt gefunden. Kein Gott bestimmt nun mehr die Liebe, der Minnesänger mit seiner Obsession des Unmöglichen hat Ruhe gegeben, die romantische Vollverblendung ist überkommen, und auch die rein zweckrationale Eheschließung passé. Das moderne Beziehungsideal, die frei gewählte, auf romantischen Gefühlen basierende, aber in der Form reziproke Partnerschaft führt zwei zusammen, die es als „Lebensgefährten" im Wirrwarr der komplexen Welt versuchen wollen. Sowohl die Gleichheit als auch die Ungleichheit der Geschlechter finden in dieser Idee der Liebe ihren Platz, die neuen Eigenschaften wie die alten. Als Partner wissen beide ihre Gefühle zu reflektieren und auf Augenhöhe zu kommunizieren, das Zusammenleben ist ein respektvoller Aushandlungsprozess, und nur der kleine Rest, das eben, was das Geschlechtsneutrale aus dem Team-Gedanken vertreibt, beruht auf Komplementarität. Anziehungskraft kommt erst durch Unterschied. Flirten, Umwerben, Erobern ist nichts für die Metaebene.

Doch genau an diesem letzten Punkt ist der junge Mann falsch abgebogen. Er weiß nicht mehr, wann es Zeit ist zu kommen. Statt fordernd zu flirten, gibt er sich als einfühlsamer Freund. Schüchtern in einer Baumwollstrickjacke hinter einer Hornbrille versteckt, steht er in dunklen Großstadtbars und hält sich an einem Bier fest. Als Gefährte ist er vielleicht ein bisschen grüblerisch, aber man kann gut mit ihm reden. Er achtet auf sich, ist höflich, lieb, immer gepflegt und gewaschen, benutzt Parfums und Cremes, macht Diäten und hört wunderbar melancholische Mädchenmusik. Nur wenn der entscheidende move gefragt ist, er sich herüberbeugen und die junge Frau endlich küssen sollte, fängt sein Kopfkino an. Vielleicht möchte die junge Frau gar nicht geküsst werden? Vielleicht würde sie sonst selber den ersten Schritt tun? Vielleicht sollte man die Beziehung lieber doch nicht auf die gefährliche Ebene der Erotik ziehen, sondern platonisch belassen? „Ich gebe zu, dass ich dich mag", singt es schließlich vom Mixtape, das er seiner Angebeteten aufnimmt, anstatt den ersten Schritt zu wagen. Schön klingt es, ungelenk kommt es an.

Die junge Frau fühlt sich ungewollt. Auch sie schmeißt ihr legendär destruktives Kopfkino an, sie fragt sich, wie die Songzeile über die „geteilte Einsamkeit" auf der Musikkassette zu interpretieren sei. Der junge Mann spricht nur nachts, betrunken, direkt zu ihr. Er sei verletzt worden in der Vergangenheit, er wolle seinerseits nicht verletzen, erklärt er mit ernstem Blick. Und schafft es danach schließlich doch noch, die junge Frau kurz zu küssen, nur um sich danach sofort für seine plumpe Hemmungslosigkeit zu entschuldigen. Die nächsten Treffen werden verkrampft. Spiegeln gleich stehen sich die Geschlechter gegenüber und hyperreflektieren ihre Beziehung zu Tode, bevor sie überhaupt angefangen hat. Die Körper haben keine Chance gegen ihre Köpfe, die junge Frau geht. Du machst alles richtig, murmelt sie traurig, sie meint den liebenswerten Gefährten. Du machst alles falsch, denkt sie und meint den ge-

hemmten Liebhaber. „Vielleicht bin ich beziehungsunfähig?", fragt der junge Mann entschuldigend.
Statt seinen Stolz zu nehmen und nach einem letzten romantisch-heroischen Versuch einzusehen, dass es richtig wäre aufzugeben, trauert er, wochen-, monatelang. Er weiß nicht mehr, wann es Zeit ist zu gehen. Reden will er, immer wieder, besprechen, woran es lag, wie man seine Unsicherheit therapieren könnte. Er brennt neue Mixtapes, diesmal englischsprachige, von Bands, die Iron & Wine oder The Weepies heißen. Er denkt und fühlt und leidet. In stiller Melancholie, in modernem Werthertum singt er mit Bon Iver, einem bärtigen Barden in Holzfällerhemd und Kastratenstimme, zur Akustikgitarre hymnisch seine Gefühle hinaus, wie er zieht er sich innerlich in eine Hütte im Wald zurück, um seine Trauer zu verstehen und zu artikulieren. Auf die überfordernde Doppelbotschaft, in der Partnerschaft ebenbürtig, im Geschlechterspiel selbstbewusst zu sein, kann er nur mit noch mehr Reflexion antworten. Sie lässt ihn zurückkippen, jahrhunderteweit. „Du weißt ja, eigentlich mag ich dich sehr gerne / Doch du zerredest mich so lang, bis ich nicht mehr weiß, wo ich bin und was ich will

/ Melancholie, sei endlich still", besingt er in einer Neuauflage des Minnesängers die Unmöglichkeit seiner Liebe. Die Gedanken und Unsicherheiten seien einfach zu groß, die Frau viel zu stark, als dass er ihr geben könnte, was sie brauche.
Die junge Frau indes schimpft vor ihren Freundinnen, die böse Waschlappen-Metapher fällt. Als der junge Mann bei ihr klingelt, ihr ein letztes Tape mit seiner Bardenmusik übergibt und sie hoffnungsvoll um eine neue Chance bittet, regt sich nichts als der Wunsch, ihn tröstend in den Arm zu nehmen, anstatt sich flammend an seine starke Brust zu werfen.
Und so stehen sie am Ende zusammen, die verhinderten Partner, sich selber im Wege, freundschaftlich Arm in Arm. Bis sie sich nach einem letzten klärenden Gespräch endgültig trennen.
„Es könnte alles so einfach sein", singt Herbert Grönemeyer für sie. „Ist es aber nicht."

Nina Pauer, Die Schmerzensmänner, 05.01.2012; www.zeit.de/2012/02/Maenner/komplettansicht

M 12 Umfragen

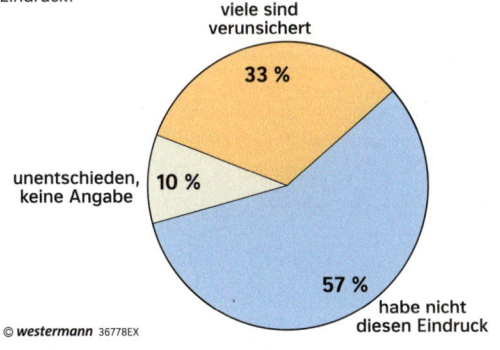

Datenquelle: Allensbach

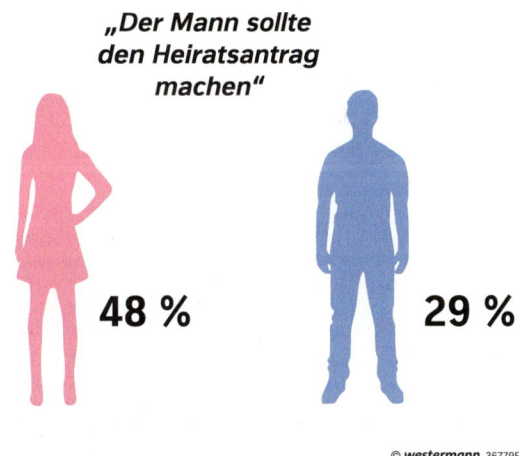

Datenquelle: Elitepartner

Aufgaben

1. Führen Sie im Kurs ein Blitzlicht zur Definition „Die Rolle des Mannes" durch.
2. Erarbeiten Sie aus M11 das hier beschriebene männliche Rollenbild und ermitteln Sie im Anschluss mithilfe der Think-Pair-Share-Methode die Schwierigkeiten, die sich aus der Rollenfindung des modernen Mannes ergeben.
3. Analysieren Sie die Grafiken in M12 vor dem Hintergrund von M11.

Geschlechterrollen – Bildung, Ausbildung und Beruf

M 13 Schulabgänge nach Geschlecht

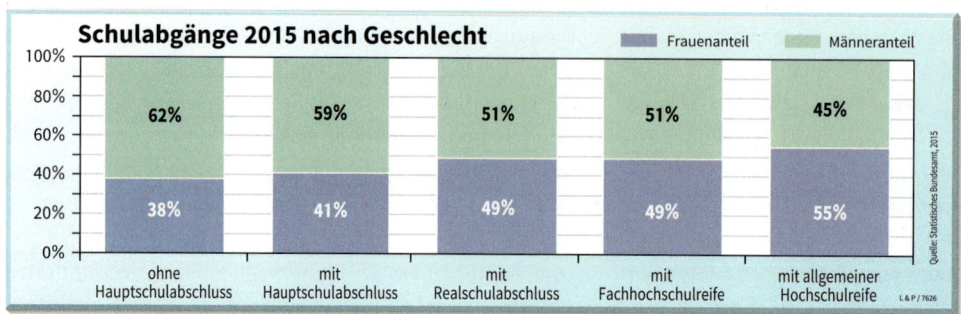

M 14 Geschlechtsspezifische Wahl der Studienrichtung

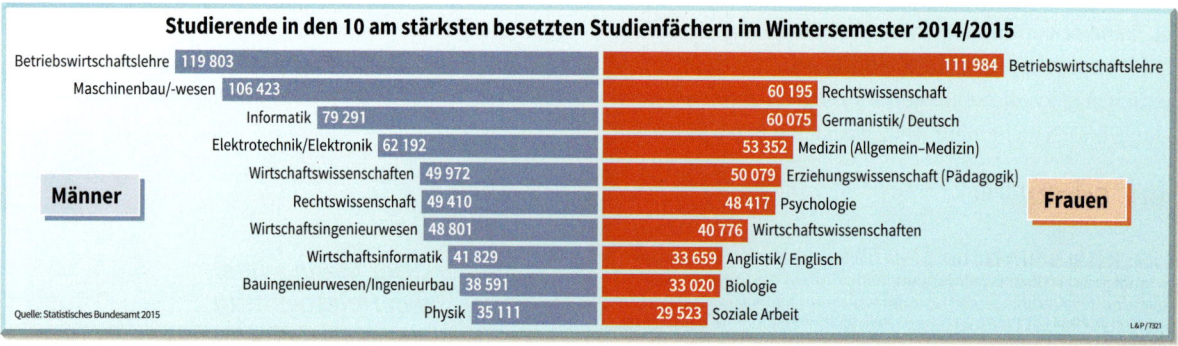

M 15 Top Ten der Ausbildungsberufe

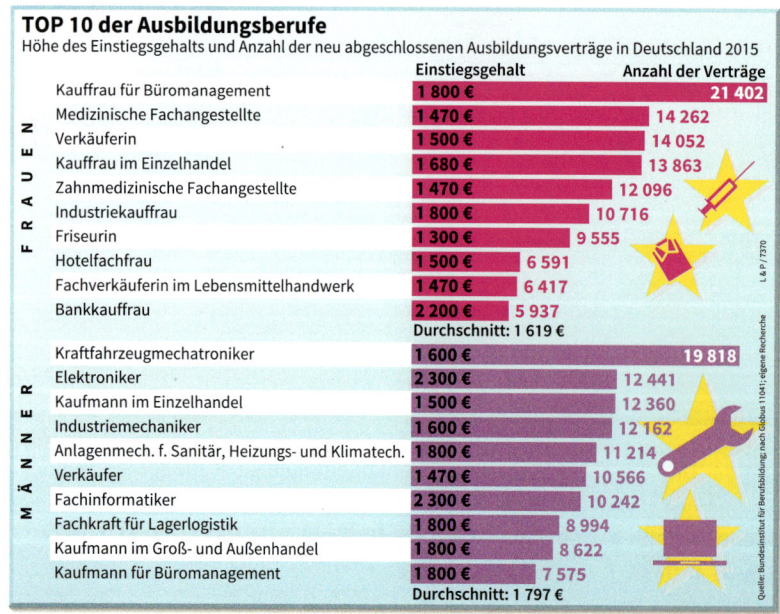

M 16 Wie arbeiten Väter und Mütter

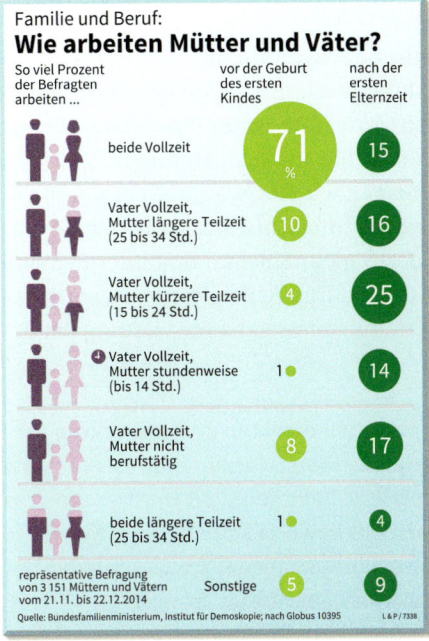

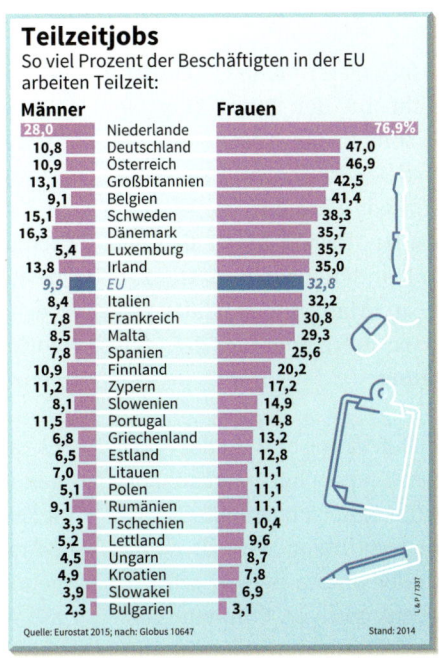

M 17 Gehaltslücke

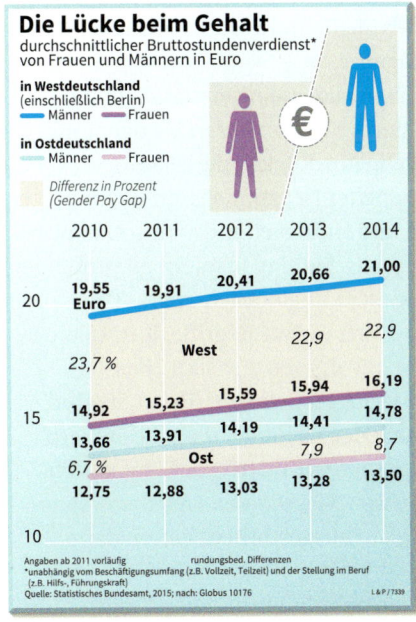

M 18 „Achtundsechzig Cent"

Karikatur von Thomas Plaßmann

Aufgaben

1. Analysieren Sie M13–M15 in Bezug auf die Chancengleichheit von Frauen und Männern im Bildungssystem.
2. Analysieren Sie die Grafiken M13–16 bezüglich möglicher Ursachen für die Verdienstabstände zwischen Mann und Frau und erörtern Sie mögliche Lösungen.
3. Beschreiben Sie die Grafik M17 und erklären Sie Auffälligkeiten.
4. Interpretieren Sie M18 vor dem Hintergrund von M17.

Umfragen und Fragetechniken

Die Durchführung von Umfragen ist eine wesentliche Forschungsmethode nicht nur der Sozial- und Geschichtswissenschaften, sondern auch weiterer Geisteswissenschaften oder der Wirtschaftswissenschaften. Diese Methode kann vor allem im Seminarfach effizient angewendet werden. Ebenso bietet sich hier eine Zusammenarbeit mit anderen Fächern, wie z. B. „Wirtschaft und Recht" an. Man unterscheidet zwischen der **standardisierten Befragung** und der **nicht standardisierten Befragung**.

Bei der **standardisierten Befragung** besteht der Fragebogen aus geschlossenen Fragen mit vorgegebenen Antwortmöglichkeiten und fester Fragenabfolge. Die Anzahl der Personen, die vom Interviewer persönlich, schriftlich, telefonisch oder online befragt wird, ist groß. Der Zeitrahmen ist eng gesteckt. Probleme ergeben sich durch die Künstlichkeit der Interviewsituation und die geringe Flexibilität des Interviewers bzw. der interviewten Person.

Bei der **nicht standardisierten Befragung** existiert statt eines vorstrukturierten Fragebogens lediglich ein Leitfaden zur Gesprächsführung. Dies gestattet dem Interviewer ein hohes Maß an Flexibilität. Die Anzahl der Personen, die vom Forschenden persönlich befragt wird, ist klein. Das Interview dauert erheblich länger als bei der standardisierten Variante. Probleme ergeben sich bei der Auswertung der Daten und der Definition der Messkriterien.

Grundsätzlich unterscheidet man vier **Fragetypen**:
- **Einstellungsfragen** können auch als Alternativfragen gestellt werden, indem zwei Antwortmöglichkeiten vorgegeben werden (Bsp.: „Jugendliche streben nach Sicherheit: ja/nein.").
- **Überzeugungsfragen** können offen gestellt werden, in Multiple-Choice-Form oder als Alternativfragen (Bsp.: „Was denken Sie, wie viele Jugendliche blicken positiv in ihre Zukunft?").
- **Verhaltensfragen** sollen die Dauer, Häufigkeit und Art eines bestimmten Verhaltens erfassen (Bsp.: „Wie häufig benutzen Sie Ihren PC?").
- **Sozialstatistische Fragen** können offen gestellt werden, in Multiple-Choice-Form oder als Alternativfragen (Bsp.: „Wie hoch ist Ihr durchschnittliches monatliches Haushaltsnettoeinkommen?").

Bei den **Frageformen** wird zwischen **offenen** und **geschlossenen Fragen** unterschieden. Je offener die Fragestellung ist, desto mehr Spielraum hat der Befragte bei der Beantwortung. Das Fehlen fester Antwortkategorien erschwert andererseits die Auswertung der Ergebnisse.

Es kann ferner zwischen **direkten** und **indirekten Fragen** unterschieden werden. Mithilfe indirekter Fragen sollen Erkenntnisse zu Tage gebracht werden, die dem Befragten selbst nicht bewusst sind. In diese Kategorie gehören z. B. Assoziationsfragen (Bsp.: „Woran denken Sie, wenn Sie das Wort ‚Sozialstaat' hören?").

Folgende Regeln sollten Sie bei der **Ausarbeitung Ihres Fragenkatalogs** beachten:
- Die Fragen sollten kurz und prägnant formuliert sein. Vermeiden Sie Fremdwörter, Fachausdrücke und Abkürzungen.
- Die Fragen sollten allgemein verständlich und positiv formuliert sein. Vermeiden Sie daher umgangssprachliche Ausdrücke oder Dialekt.
- Fragen mit doppelter Negation lassen Raum für Vermutungen und Unterstellungen und erschweren das Verständnis. Sie sind insofern zu vermeiden (Bsp.: „Sind Sie nicht unglücklich über …?").
- Vermeiden Sie wertbesetzte Begriffe; formulieren Sie neutral (Bsp.: „Vorgesetzter" statt „Boss").
- Stellen Sie keine Suggestivfragen (Bsp.: „Sie sind doch sicher auch der Meinung, dass die Steuern gesenkt werden müssen, oder?") bzw. hypothetischen Fragen (Bsp.: „Gesetzt den Fall, der Archaeopteryx wäre nicht ausgestorben, hätten dann nicht …?").
- Stellen Sie keine mehrdimensionalen Fragen, sondern pro Sachverhalt stets nur eine.
- Überfordern Sie Ihren Interviewpartner nicht (Bsp.: „Wie viel Prozent Ihres Bruttogehalts geben Sie täglich für Lebensmittel aus?").

Beim **Aufbau Ihres Fragebogens** sollten Sie folgende Regeln beherzigen:

Jeder Fragebogen beginnt mit einer *Eröffnungsfrage*, die dazu dient, das „Eis" zwischen Interviewer und Partner zu „brechen"; diese Frage muss nicht zwangsläufig zielgerichtet sein.

Da die Aufmerksamkeit Ihres Gegenübers mit zunehmender Fragedauer sinkt, sollten die wichtigsten Fragen im zweiten Drittel des Fragebogens stehen.

Arbeiten Sie – wenn nötig – mit sogenannten *Trichterfragen*, indem Sie während der Befragung vom Allgemeinen schrittweise zum Besonderen vordringen.

Schalten Sie den einzelnen Frageblöcken sogenannte *Filterfragen* vor. Diese gewährleisten, dass bestimmte Fragenkomplexe nur von Personen beantwortet werden, die zu diesem Thema tatsächlich etwas beitragen können (Bsp.: „Gehen Sie noch zur Schule?"). Wird eine solche Frage verneint, können Sie zum nächsten Fragenblock übergehen.

Den Filterfragen ähnlich sind die sogenannten *Gabelfragen*: Sie selektieren in unterschiedliche Anschlussfragen (Bsp.: „Sind Sie a) Schüler, b) berufstätig oder c) arbeitslos?"). Auf Antwort a) folgt ein anderer Fragenblock als auf Antwort b). Mit Antwort c) wird der Fragenblock übersprungen. Filter- und Gabelfragen helfen, überflüssige Fragen zu vermeiden.

Mischen Sie, so möglich, offene und geschlossene Fragestellungen.

Stellen Sie heikle Fragen erst am Ende des Interviews und nur dann, wenn sich vorher eine positive Gesprächsatmosphäre eingestellt hat.

Prüfen Sie kritisch die Länge Ihres Fragebogens; überlegen Sie, ob gegebenenfalls Kürzungen nötig sind.

Bei der **praktischen Vorbereitung des Interviews** sollten Sie im Vorfeld überlegen, ob die Interviews von einem oder mehreren (Hilfs-)Interviewern durchgeführt werden sollen. Entscheiden Sie sich für mehrere Interviewer, so hat dies den Vorteil, dass Sie sich selbst entlasten und damit aufnahmefähiger sind: Die Bedienung des Aufnahmegeräts und das Führen des Protokolls lenken Sie nicht von der Gesprächsführung ab. Der Nachteil liegt darin, dass die Anwesenheit einer dritten Person die Gesprächssituation grundsätzlich ändert; dies kann, muss sich aber nicht negativ auf die Gesprächsatmosphäre auswirken.

Bevor Sie Ihren ersten Interviewtermin wahrnehmen, sollten Sie Ihr Arbeitswerkzeug auf Funktionalität prüfen. Die Aufnahme der Interviews erfolgt in der Regel mit einem Diktafon oder einem Smartphone bzw. einem vergleichbaren Gerät. Prüfen Sie aber im Vorfeld, auf wie viele Minuten die Aufnahme begrenzt ist. Kleiden Sie sich der Situation angemessen: Bei staatlichen und behördlichen Würdenträgern oder auch bei Vertretern von Industrie und Handel wird ein gepflegte Auftreten in Anzug und eventuell Krawatte bzw. entsprechender Damenbekleidung erwartet. Ebenso sollten Sie auf Pünktlichkeit achten. Kommen Sie unverschuldet zu spät, so informieren Sie Ihren Interviewpartner so schnell wie möglich, am besten mit einem kurzen Telefonanruf.

Bevor Sie mit dem Interview beginnen, sollten Sie Ihrem Gegenüber in einer „Aufwärmphase" die Möglichkeit geben, sich in die Situation einzufinden. Ein kurzer *„Small Talk"* erleichtert das Gespräch – auch für Sie. Ihr Auftreten sollte dabei freundlich und zurückhaltend sein. Sichern Sie Ihrem Gesprächspartner eingangs zu, dessen Aussagen bzw. Daten vertraulich zu behandeln und stellen Sie ihm/ihr jederzeit frei, auf eine Frage nicht zu antworten. Holen Sie in diesem Zusammenhang auch die Erlaubnis zur Tonbandaufzeichnung ein.

Aufgabe

1. Entwerfen Sie – angelehnt an die Umfragen in M8 sowie M12 – einen Fragebogen zur Erfassung der Rollenauffassungen Ihrer Mitschülerinnen und Mitschüler an Ihrer Schule.

5. Migration und ihre Auswirkungen auf die Lebenswirklichkeit

Flüchtlinge bei Simbach am Inn an der österreichisch-bayerischen Grenze
Oktober 2015

Migrationsphasen

Seit ihrer Gründung hat die Bundesrepublik Deutschland verschiedene Phasen der Migration – von der Anwerbung der ersten „Gastarbeiter" bis zum starken Anstieg der Anzahl von Flüchtlingen insbesondere aus Bürgerkriegsländern seit 2015/16 – durchlaufen; inzwischen ist sie zum beliebtesten Einwanderungsland nach den USA geworden (laut OECD-Zuwanderungsranking 2014).

Auswirkungen auf die Gesellschaft

Durch die Einwanderung von Menschen aus verschiedensten Herkunftsländern und -kulturen hat sich die Gesellschaft tiefgreifend verändert. Nicht nur ist es heute selbstverständlich, dass eine breite Auswahl kulinarischer Angebote zur Verfügung steht oder Menschen unterschiedlicher Herkunft zusammen arbeiten oder lernen – das Aufeinandertreffen von Menschen verschiedener Herkunft hat zu einer Vielfalt von Perspektiven in der Gesellschaft beigetragen. Auch die Lebens- und Arbeitsbedingungen der Einwanderer in Deutschland haben sich seit den 1960er-Jahren kontinuierlich verbessert. Heute sind Angehörige der zweiten und dritten Generation der ehemaligen „Gastarbeiter" z. B. erfolgreiche Sportler, Unternehmer, Politiker, Journalisten oder Wissenschaftler.

Mesut Özil, deutscher Fußball-Nationalspieler
Özil wurde 1988 in Gelsenkirchen geboren; seine Großeltern und sein Vater immigrierten aus der Türkei in die Bundesrepublik.

Teilintegration

Allerdings konnten nicht alle mit den mittleren und oberen Schichten der einheimischen Bevölkerung gleichziehen. Soziologen sprechen daher von einer „Teilintegration": Der soziale Aufstieg ist für viele Migrantinnen und Migranten in Deutschland nach wie vor nur bedingt möglich. Dies erschwert eine gelungene Integration neben ohnehin bestehenden spezifischen Problemen der Zuwanderung wie Sprachbarrieren, Traumata bei Flüchtlingen etc.

Die „Teilintegration" hat mannigfaltige Ursachen:

- So haben Migranten, die (noch) nicht eingebürgert sind, einen minderen Rechtsstatus, d. h., sie besitzen keine vollen politischen Teilhaberechte; Bürgern aus den EU-Staaten wurden Teile dieser Rechte 1992 mit dem Vertrag von Maastricht eingeräumt, so das kommunale aktive und passive Wahlrecht.
- Etwa ein Drittel der in Deutschland lebenden Ausländer gehört laut Statistik zur Einkommensunterschicht, während nur ein Fünftel der Deutschen in dieser Schicht zu finden sind.
- Viele Menschen mit Migrationshintergrund sind am Arbeitsplatz (noch immer) einer besonders starken körperlichen und psychischen Belastung ausgesetzt, da sie oftmals Stellen besetzen, die vielen Deutschen gerade wegen dieser Belastungen als unattraktiv erscheinen. Zuwanderer sind darüber hinaus stärker von Arbeitslosigkeit bedroht als Deutsche: Ihre Arbeitslosenquote liegt bei 16 %, während die Arbeitslosenquote bei den Deutschen ohne Migrationshintergrund 5,7 % beträgt (Stand 2016).
- Die Wohnverhältnisse von Ausländern sind im Vergleich zu denen von Deutschen schlechter. So steht laut Statistik Personen mit Migrationshintergrund im Vergleich zur Gesamtbevölkerung im Durchschnitt 20 % weniger Wohn-

Türkischstämmiger Angestellter bei der Müllabfuhr

raum pro Person, die Wohnlage ist zudem meist qualitativ schlechter und nur ein Viertel der Migranten verfügt über Wohneigentum. Der Anteil der Deutschen mit Immobilieneigentum liegt dagegen bei etwa der Hälfte.
- Als zentrale Ursache für sämtliche Integrationsprobleme gelten die schlechteren Bildungs- und Berufschancen von Migrantenkindern. Der Hauptgrund dafür liegt in der Tatsache begründet, dass die Eltern von Kindern mit Migrationshintergrund häufiger bildungsfernen Schichten angehören als die Eltern deutschstämmiger Kinder. Probleme, die aus versäumten Bildungschancen entstehen, werden beim Wechsel in Berufsausbildung und Arbeitsmarkt weitergetragen.

Integration: ein Prozess auf Gegenseitigkeit

Integration ist ein kontinuierlicher, gegenseitiger Prozess, den alle Beteiligten wollen und unterstützen müssen, wenn er funktionieren soll. Um das Entstehen von „Parallelgesellschaften" und „Ghettoisierung" zu vermeiden und um der Jugendkriminalität in „sozialen Brennpunkten" vorzubeugen, sind Hilfestellungen seitens der Politik erforderlich, insbesondere im Bildungsbereich und in der Jugendarbeit. Dazu zählen die gezielte Förderung der Sprachkompetenz von Migrantenkindern bereits ab dem Kindergarten oder Beratungsangebote beim Übertritt an weiterführende Schulen. Auch der Bau und Ausbau von Ganztageskindergärten und -schulen kann zur besseren Integration beitragen. Für ein erfolgreiches Gelingen von Integration sind aber vor allem Eigeninitiative und Eigenverantwortung gefragt. Dies beinhaltet den festen Willen zur Integration genauso wie das Bekenntnis zu den Grundwerten der deutschen Gesellschaft und zu den Grundlagen unserer Verfassungsordnung. Auf der anderen Seite sind Toleranz und Akzeptanz ethnischer Minderheiten durch die einheimische Bevölkerung erforderlich. Allerdings stößt die Bereitschaft der Deutschen zur Aufnahme von weiteren Zuwanderern vielfach an Grenzen, mit der Folge von sozialer Ausgrenzung oder Diskriminierung von Migranten. Unterschiedliche Vorstellungen von Ehre, Religion sowie von Sitten und Moral können die Integrationsprobleme verstärken.

Deutschunterricht in Margetshöchheim (Bayern)
Ein Lehrer mit Flüchtlingskindern beim Sprachunterricht

Teil einer Parallelgesellschaft?
Muslimas mit Kopftüchern

M 1 Auf Nummer sicher
Zeichnung von Thomas Plaßmann

Migration – Auswirkungen im Schul- und Bildungswesen

M 2 Lehrerverband fordert Migranten-Quote für Schulklassen

Der Deutsche Philologenverband sorgt sich angesichts des Flüchtlingsandrangs um die Ausbildung der Kinder in deutschen Schulen. „Schon wenn der Anteil von Kindern nicht deutscher Muttersprache bei 30 Prozent liegt, setzt ein
5 Leistungsabfall ein", warnte Verbandschef Heinz-Peter Meidinger in der „Neuen Osnabrücker Zeitung". „Dieser wird ab 50 Prozent dramatisch." Diese Entwicklung sei durch eine Pisa-Studie und andere Untersuchungen belegt. Meidinger, dessen Organisation rund 90.000 Gymnasialleh-
10 rer vertritt, fordert deshalb eine Quotierung. Nur so könne die Integration der Flüchtlinge gelingen. Er unterstrich zwar die Notwendigkeit von „Willkommens- oder auch Sprachlernklassen" für Flüchtlingskinder. Es wäre nach seiner Ansicht aber „fatal", wenn diese zu 100 Prozent aus Flücht-
15 lingskindern bestehenden Klassen auch in den Regelklassen der verschiedenen Schularten wieder auflebten. Dies fördere Parallelgesellschaften.
Meidinger warnte außerdem davor, die Fehler zu wiederholen, die Deutschland im Umgang mit Gastarbeitern gemacht
20 habe. Migrantenkinder sofort und unvorbereitet in Regelklassen zu schicken, habe sich als grundlegenden Fehler erwiesen. „Das ist gescheitert, und daraus sollten wir lernen." Nach seinen Angaben sind bis zu 25.000 Lehrer nötig, um den Zustrom von Flüchtlingskindern zu bewältigen.

als, Lehrerverband fordert Migranten-Quote für Schulklassen, 15.10.2015; www.spiegel.de/politik/deutschland

M 3 Flüchtlingsquoten für deutsche Schulklassen?

Willkommen in Deutschland, willkommen in der Schule: Immer mehr junge Flüchtlinge brauchen Unterricht. Lernen deutsche Schüler weniger, wenn in ihrer Klasse viele junge Menschen sitzen, die erst seit Kurzem im Land sind?
5 Das suggeriert der Chef des Philologenverbandes, Heinz-Peter Meidinger. Er bringt eine Migrantenquote für Schulklassen ins Gespräch. Ist das sinnvoll? Oder alarmistisch? […]
Schaut man in die Studien, auf die Meidinger sich nach ei-
10 gener Aussage bezieht, ist es etwas komplizierter. Die Bildungsforscherin Petra Stanat hatte in ihrer Untersuchung Pisa-Daten für Hauptschulen aus dem Jahr 2000 ausgewertet. Sie kommt zu dem Ergebnis: Bei einem Migrantenanteil von 40 Prozent und mehr sinken zwar die Leistungen der ganzen Klasse – allerdings hat das vor allem mit dem nied-
15 rigen Berufsstatus und Bildungsstand vieler Zuwandererfamilien zu tun. Die Nachteile scheinen jedenfalls „nicht spezifisch an den Migrantenanteil gekoppelt zu sein". Zum Teil zeigen sich sogar gegenteilige Effekte: In Schulen mit hohem Migrantenanteil ist der Ehrgeiz der Schüler besonders 20 hoch. In Schulen mit hohem Zuwandereranteil scheinen die Jugendlichen einen höheren Bildungsabschluss anzustreben.
Auch eine weitere Studie von 2010, auf die Meidinger sich bezieht, hält fest: Es bestehe „kein eigenständiger Einfluss 25 des Migrantenanteils auf den Kompetenzerwerb". Wieder ist es nicht das Geburtsland, sondern vor allem die soziale Herkunft der Schüler, die das Lernklima in den Klassen bestimmt.
Die Leistungen der Migranten in Deutschland haben sich in 30 den vergangenen Jahren übrigens deutlich verbessert – sie sind keineswegs mehr automatisch Bildungsverlierer. In vielen großen Vergleichsstudien konnten sie enorm aufholen.
Der „Verband Bildung und Erziehung" (VBE) warnt vor einer 35 Flüchtlingsquote für Schulklassen. Diese Forderung sei „realitätsfremd", sagte VBE-Vorsitzender Udo Beckmann. Eine Quote könnte bedeuten, dass Kinder, die durch die Fluchterlebnisse oft traumatisiert sind, mit Bussen über Land verschickt und auf Schulen verteilt werden müssten. Philo- 40 logen-Chef Meidinger stellt klar, dass auch er keine explizite Quote verlangt. Es dürften aber nicht in einigen Klassen nur deutschstämmige Schüler, in anderen nur Flüchtlinge sitzen. „Das Ziel muss sein, ein ausgeglichenes Verhältnis zu bekommen" […]. 45
Bisher gehen Migranten und Deutschstämmige tatsächlich häufig in unterschiedliche Klassen: 41 Prozent der Grundschüler aus Einwandererfamilien besuchen eine der Schulen, an denen mehr als die Hälfte der Schüler einen Migrationshintergrund haben. 15 Prozent aller deutschen Kinder 50 und Jugendlichen haben wiederum überhaupt keinen Mitschüler mit ausländischen Wurzeln in ihrer Klasse.
Wie kommt es zu dieser sogenannten Segregation? Viele Migranten wohnen oft in denselben Stadtteilen und damit im Einzugsbereich derselben Schule. Aber auch deutsch- 55 stämmige Eltern tragen dazu bei: Sie meiden Schulen mit einem hohen Migrantenanteil, weil sie – oft vorschnell, oft

irrtümlich – annehmen, dass ihre Kinder dort schlechter lernen. Besonders eindrücklich hat eine Detailauswertung der Berliner Schulbezirksdaten dieses Verhalten belegt. Sinnvoller als eine Migrantenquote wäre daher vielleicht eine Deutschenquote an Schulen, wo Zuwandererkinder unter sich zu bleiben drohen.

Bernd Kramer, Schaden Flüchtlinge wirklich deutschen Schülern?, 16.10.2015; www.spiegel.de/lebenundlernen/schule/schaden-fluechtlinge-wirklich-deutschen-schuelern-a-1057919.html

M 4 Schulabschlüsse an allgemeinbildenden Schulen in Deutschland

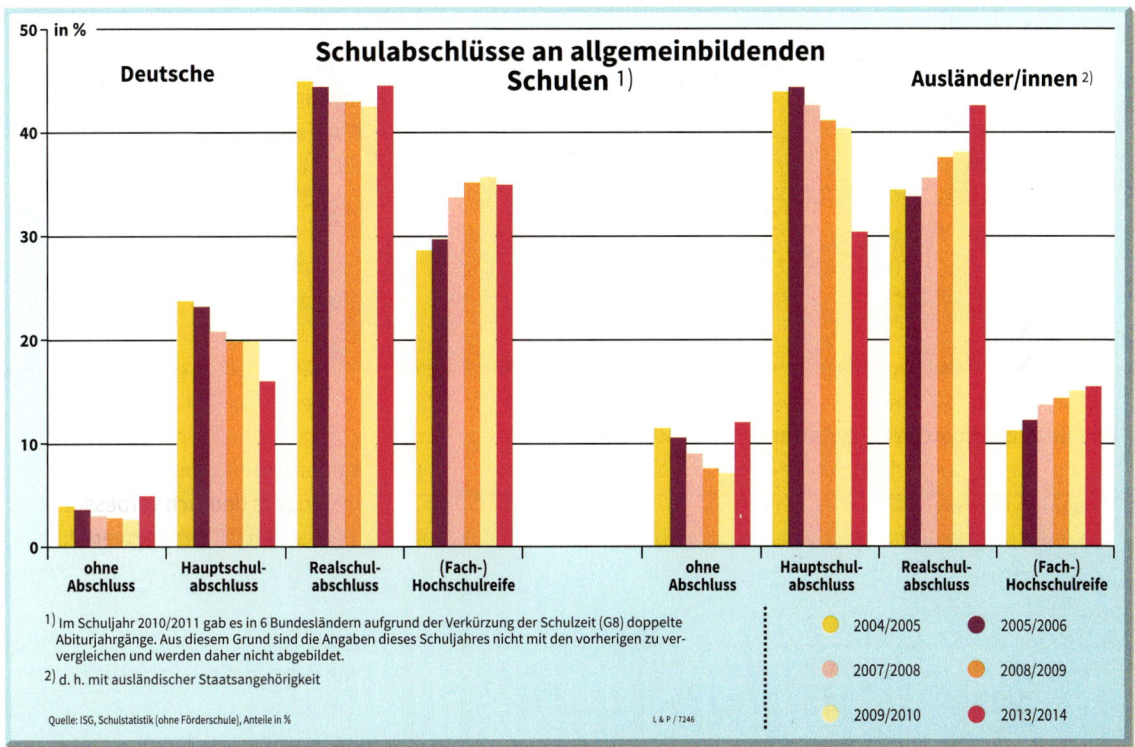

M 5 Berufliches Bildungsniveau mit und ohne Migrationshintergrund (Stand: 2013, Angaben in Prozent)

	Personen ohne Migrationshintergrund	Personen mit Migrationshintergrund					
		Gesamt	Türkei	Länder des ehemaligen Jugoslawiens	Südwesteuropa	(Spät-) Aussiedler	Osteuropa
Ohne Abschluss	14	37	65	40	53	29	25
Frauen	17	38	72	44	55	32	21
Berufsausbildung	64	43	30	50	35	54	43
Frauen	64	42	25	50	31	51	43
Akademischer Abschluss	22	20	5	10	12	17	32
Frauen	19	20	3	6	14	17	36

Aufgaben

1. Stellen Sie die Argumentationen in M2 und M3 einander gegenüber.
2. Analysieren Sie M4–M5 und erwägen Sie Ursachen für Ihre Ergebnisse.

Migration und Integration – Statistiken und Umfragen

M 6 Entwicklung der Zu- und Abwanderung

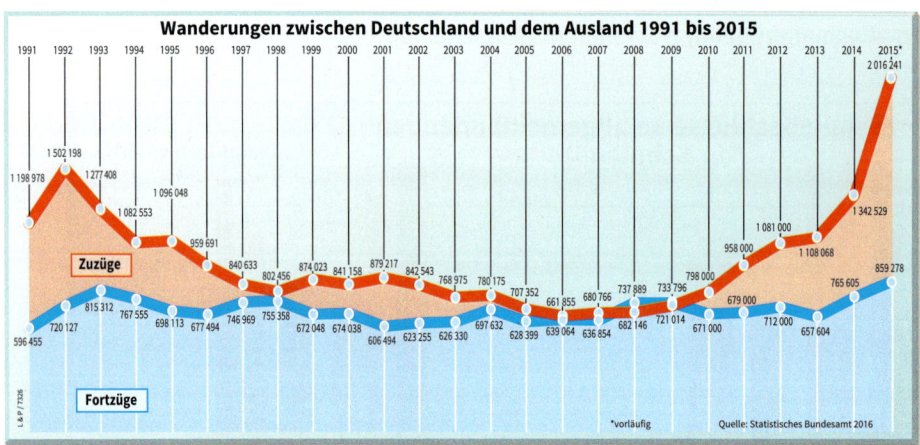

M 7 Anzahl ausländischer Staatsbürger in Deutschland

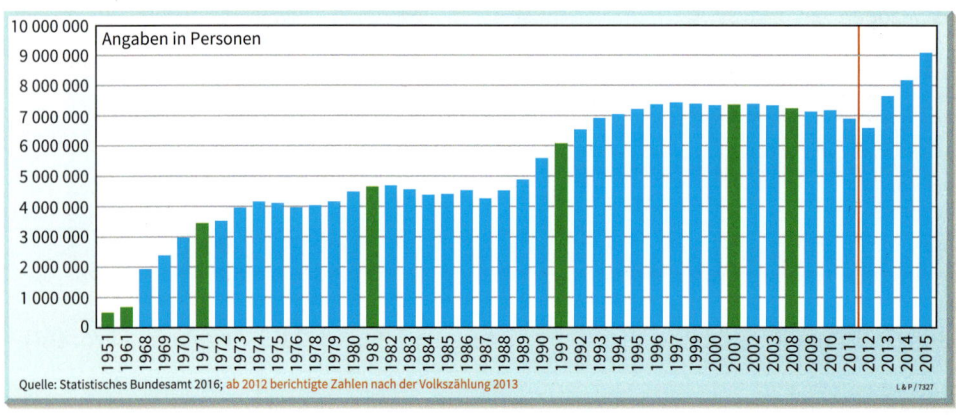

M 8 Armutsgefährdung mit und ohne Migrationshintergrund

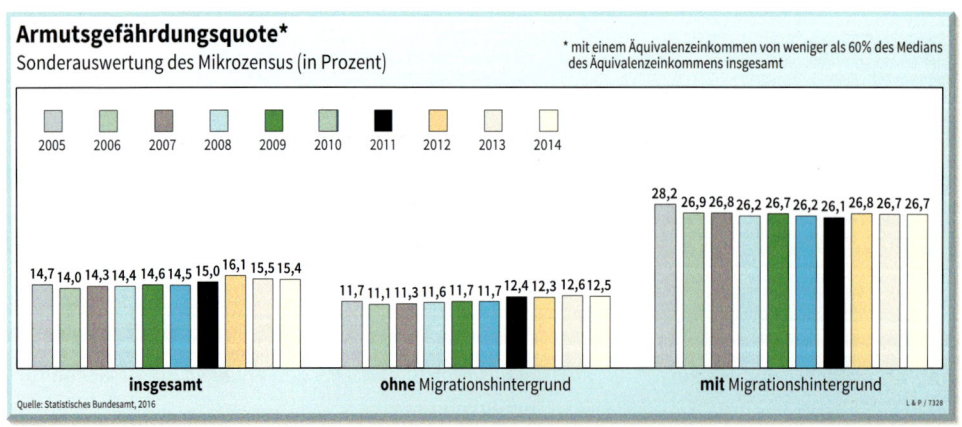

M 9 Grundsicherung

Anteil ausländischer Bezieher von Grundsicherung (SGB II) an allen Ausländern in den Bundesländern und Deutschland 2014 (in Prozent)

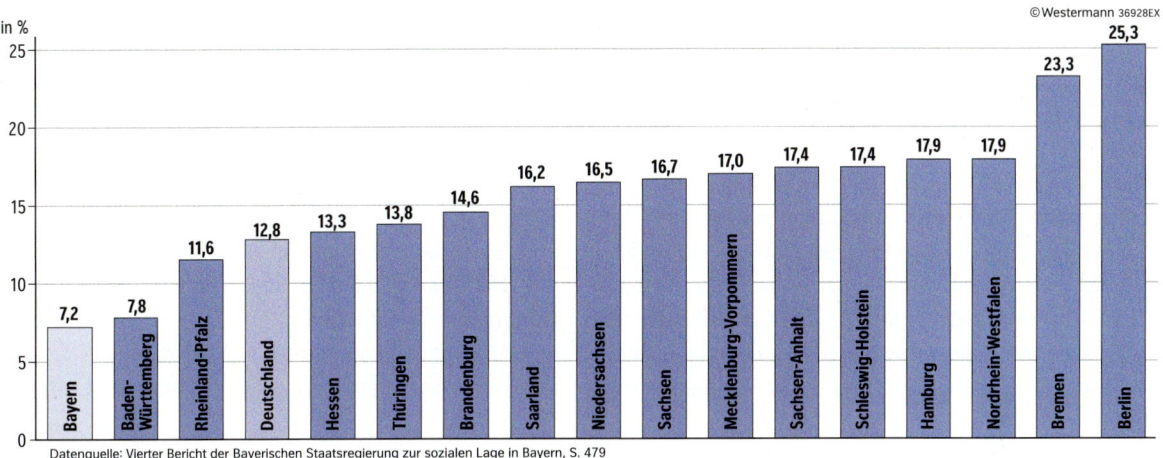

Datenquelle: Vierter Bericht der Bayerischen Staatsregierung zur sozialen Lage in Bayern, S. 479

M 10 Lebenszufriedenheit von Ausländern in Deutschland und Bayern

Die Angaben sind jeweils bezogen auf den Maximalwert 10.

Zufriedenheit mit der Lebensituation in Deutschland

Personen	ohne Migrationshintergrund	mit Migrationshintergrund
mit dem Lebensstandard	7,5	7,3
mit dem Haushaltseinkommen	6,7	6,4
mit der Wohnsituation	7,9	7,6
mit dem Leben heute	7,1	7,3
mit dem Leben in 5 Jahren	7,2	7,6

Datenbasis: Deutsches Statistische Bundesamt, 2016

Übersicht: Zufriedenheit mit der Lebenssituation in Bayern

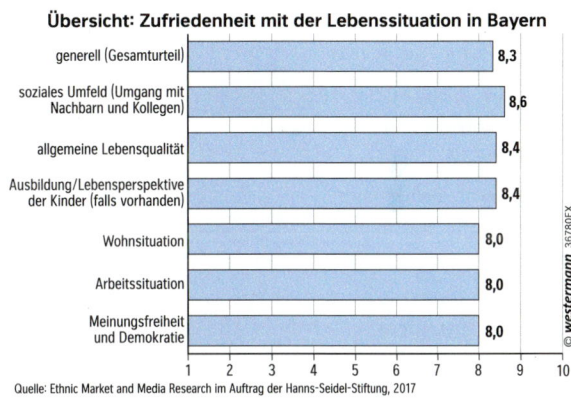

Quelle: Ethnic Market and Media Research im Auftrag der Hanns-Seidel-Stiftung, 2017

Aufgaben

1. Berechnen Sie die Salden zwischen Zuzügen und Fortzügen (M6) und übertragen Sie diese in ein Liniendiagramm. Recherchieren Sie mögliche Ursachen für Auffälligkeiten.
2. Analysieren Sie die Grafik M7 und recherchieren Sie mögliche Ursachen für auffällige Anstiege beim Ausländeranteil an der Gesamtbevölkerung.
3. Erläutern Sie anhand von M8–M10 die Situation von Menschen mit Migrationshintergrund in der Bundesrepublik und ziehen Sie einen Vergleich zur Situation in Bayern, soweit das Material dies zulässt.
4. Diskutieren Sie über Möglichkeiten zur Überwindung von Integrationshindernissen.
5. Ermitteln Sie mithilfe des Internets Fallbeispiele zu den einzelnen Aspekten in M8 bis M10 und gestalten Sie eine Wandzeitung zum Thema.
6. Analysieren Sie die Grafiken M10. Führen Sie eine analoge Umfrage in Ihrem Kurs durch und vergleichen Sie das Ergebnis mit M10.
7. Führen Sie eine Expertenbefragung z. B. mit dem Ausländerbeauftragten oder dem Leiter einer Flüchtlingsunterkunft Ihrer Stadt zur Situation von Migranten vor Ort durch.

Integrationserfolge und -probleme – Beispiele, Standpunkte und Szenarien

M 11 „Wir sind zu Freunden geworden"

Seit knapp eineinhalb Jahren lebt und arbeitet Bascheer Al Ramadan in Hemau. Zusammen mit seiner Frau Joumana und zwei Kleinkindern kam der Syrer im November 2014 auf Initiative von Kurt und Veronika Unger nach Deutschland.
5 Optimist Unger, Chef der mittelständischen CNC-Metallverarbeitungsfirma am Gewerbering, ließ sich angesichts der humanitären Katastrophe im Syrienkonflikt nicht lange bitten. Zusammen mit dem gemeinnützigen Verein „Orienthelfer", der 2012 vom Kabarettisten Christian „Fonsi" Springer
10 in München gegründet wurde, entschied sich die Familie, schnell und unbürokratisch zu helfen. Aber entgegen der üblichen Vorgehensweise setzte sich der Unternehmer be-
15 wusst dafür ein, eine direkt betroffene Familie aus dem Krisengebiet zu unterstützen, die noch
20 nicht wie viele andere bereits in Deutschland war und einen Asylantrag gestellt hatte.
25 „Die meisten Kriegsflüchtlinge haben ja finanziell gar nicht die Möglichkeit, ihr Heimatland beziehungsweise das nächstliegende Nachbar-
30 land zu verlassen", sagte Unger damals [...].
Sämtliche Kosten für den Flug und die Überführung vom Libanon nach Deutschland hat die Familie Unger übernommen. Untergebracht wurden die Syrer in einer Wohnung, die am Ungerschen Wohnhaus in Altenlohe angebaut ist.
35 Ein ganzer Aktenordner voll mit Unterlagen hat sich inzwischen bei Kurt Unger angesammelt, der die Flüchtlingsfamilie tatkräftig unter anderem bei sämtlichen Behördengängen, Arztbesuchen oder bei der Wohnungssuche unterstützt hat.
40 Bascheer und Joumana Al Ramadan lebten in Syrien in der Region Homs. Sie mussten tagtäglich mit ansehen, wie Menschen aus ihrem kleinen Dorf verschwanden und nicht mehr wiederkamen. So beschloss das verzweifelte Paar, ihre Heimat mit dem heute fünfjährigen Sohn Armeen zu verlassen. Nach einem Jahr auf der Flucht kamen sie in ei-
45 nem Flüchtlingslager im Libanon unter. Dort wurde die Tochter Farah geboren. Nach zwei Jahren im Lager waren alle Ersparnisse aufgebraucht. Die Situation war nur noch hoffnungslos. Mit der Aufnahme durch die Familie Unger hat sich die Lage grundlegend geändert. „Wir haben großes
50 Glück", sagt Bascheer Al Ramadan, der inzwischen die deutsche Sprache sehr gut beherrscht. Der Syrer fräst, bohrt und dreht und erledigt als Maschinenbediener auch Sonderaufgaben in der Firma. [...]
Seine Frau Joumana kümmert sich um die drei Kinder. Die
55 im Oktober vergangenen Jahres in Deutschland geborene Tochter hat den Namen Sabine bekommen. Auch
60 eine eigene Wohnung hat die Familie Al Ramadan inzwischen in Hemau bezogen und steht auf eigenen
65 Beinen. „Sie wollten selbstständig werden und haben es geschafft", ergänzt der Firmen-
70 inhaber Unger stolz. Durch den Umzug ist auch

der Weg für den Nachwuchs in die Krippe oder den Kindergarten besser zu bewältigen. Zusätzlich versucht Bascheer
75 Al Ramadan derzeit noch, den deutschen Führerschein zu machen. Die Familie ist bestens integriert, die Kinder sind aufgeweckt und offen und pflegen den guten Kontakt zu den Ungers weiter. Dazu hat die optimale Ausgangsbasis bei der Hemauer Familie beigetragen. Schließlich gab es
80 in den vergangenen Monaten zusätzlichen Sprachunterricht von allen Familienmitgliedern. Auch der Arbeitsalltag ist von gegenseitigem Respekt und Wertschätzung geprägt. „Wir sind zu Freunden geworden", erklärt der 67-jährige Unger.

Dietmar Krenz, So sieht gelungene Integration aus, 20.02.2016; www.mittelbayerische.de/region/regensburg-land/gemeinden/hemau/so-sieht-gelungene-integration-aus-21387-art1344378.html

M 12 „Das ist unser Problem"

Polizisten werden immer häufiger angepöbelt und beschimpft – vor allem, wenn sie weiblich sind, sagt die Polizistin Tania Kambouri. Die Täter seien meistens Jugendliche aus muslimischen Familien. Kambouri sieht das als Symptome der Entwicklung von Parallelgesellschaften. Polizistinnen werden beleidigt, Frauen missachtet, der Rechtsstaat nicht akzeptiert: Die Bochumer Polizistin Tania Kambouri beklagt in ihrem Buch „Deutschland im Blaulicht" zunehmende Probleme vor allem mit Jugendlichen aus muslimisch geprägten Familien. Die meisten Migranten seien zwar vorbildlich integriert. Doch vor den echten Problemen ducke sich die Politik bislang weg – aus Angst, in die rechte Ecke gestellt zu werden.

„Du Bullenschlampe hast mir nichts zu sagen" – solche Sätze hört die Bochumer Streifenpolizistin Tania Kambouri immer öfter. Oft von jungen Männern aus muslimisch geprägten Familien. Sie hat ein Buch über die Missstände der
5 Integration geschrieben und beklagt […] eine zunehmende Respektlosigkeit: gegenüber Beamten im Allgemeinen und weiblichen Polizistinnen im Besonderen. Sie werde beleidigt und angepöbelt, so beschreibt die Autorin den Polizei-Alltag.
10 Mit Fremdenfeindlichkeit oder Ausländerhass habe sie nichts am Hut, betont Tania Kambouri. Populistische Thesen […] bezeichnet sie klipp und klar als „Schwachsinn". Und sie formuliert: „Die meisten hier lebenden Migranten sind hart arbeitende Menschen. Sie haben sich vorbildlich
15 integriert, respektieren das Land und die Gesetze, Regeln und Normen, ohne dabei ihre Herkunft und Identität zu verleugnen."
Doch von einem „Wohlfühl-Multikulti" hält die Bochumer Polizistin auch nichts. „Klar gibt es auch ‚asoziale' Deut-
20 sche", sagt sie im […] Interview, aber „diese Parallelgesellschaft, diese Abschottung vom Staat, das Nichtakzeptieren der Regeln, dass wir hier gleichberechtigt sind, das wird immer mehr."

Was sind die Ursachen? „Die kulturelle Prägung und das Sozialverhalten: Einige von denen, mit denen wir solche 25 Probleme haben, wachsen in archaischen Strukturen auf, in denen Gewalt herrscht und Frauen nicht respektiert werden." Die Menschen seien zwar hier geboren, sagten aber: „Ich scheiße auf dieses Land." Weil sie aber nicht nur hier aufgewachsen, sondern oft Deutsche seien, dürfe man die- 30 se Probleme nicht zu „deren" Problemen erklären. Kambouri stellt klar: „Das ist unser Problem."
Tania Kambouri fordert ein politisches Umdenken. Jahrelang seien Probleme verschwiegen worden […]. Jetzt sei wichtig, dass die Politik klar benenne: „Wir haben Probleme 35 mit einigen Migranten. Und es müssen Gesetze verschärft werden, damit man starke Hemmungen hat, Polizeibeamte, Rettungssanitäter oder Lehrer anzugreifen."

Zit. nach: Notruf einer „Bullenschlampe", Tania Kambouri im Gespräch mit Christian Rabhansl, 05.12.2015; www.deutschlandradiokultur.de/misslungene-integration-notruf-einer-bullenschlampe.1270.de.html?dram:article_id=338911

Tania Kambouri
Die Polizistin beklagt eine zunehmende Gewalt und Gewalt gegenüber der Polizei.

Aufgaben

1. Ermitteln Sie aus M11 Faktoren für eine gelingende Integration und stellen Sie die in M12 aufgezeigten Faktoren für eine misslingende Integration gegenüber.
2. Interpretieren Sie die Karikatur in M11 vor dem Hintergrund der Texte M11 und M12 und diskutieren Sie deren Aussage.
3. Erörtern Sie Lösungsstrategien zum Abbau von Vorurteilen und Fremdenfeindlichkeit.

M 13 Ausländer raus – und dann?

Millionen Menschen haben Deutschland verlassen – zumindest in unserem Buch. Denn dort fällt eine imaginäre rechtspopulistische deutsche Regierung die radikale Entscheidung: Alle Ausländer müssen zu einem bestimmten
5 Stichtag raus aus Deutschland. Frankfurt verlöre jeden vierten Einwohner, Nürnberg jeden fünften und Nordrhein-Westfalen jeden zehnten. […] Einen solchen Exodus hätte es seit Kriegstagen nicht mehr gegeben. […]
Da die ausländischen Paare ihre Kinder trotz eines deut-
10 schen Passes mitnehmen, verliert Deutschland auch einen Großteil seines Nachwuchses und insgesamt sogar neun Millionen seiner Bewohner. Überhaupt ist jeder Fünfte der Ausländer in Deutschland geboren. Mehr als eine halbe Million ausländische Kinder und Jugendliche besuchen hier
15 die Schule. Deutschland ohne Ausländer ist ein Deutschland der leeren Klassenzimmer. Ein solcher Aderlass hat massive Auswirkungen in allen Bereichen der Gesellschaft. Die deutsche Bundesliga ist eine Liga ohne [ausländische Stars]. Eine Bundesliga ohne Ausländer – das ist eine Liga
20 von weit schwächerer Qualität, mit geringen Chancen auf europäischer Ebene. 228 Bundesliga-Spieler müssten aus den Kadern der ersten Liga gestrichen werden. Der Anteil der Ausländer unter den 18 Clubs lag in der Spielsaison 2012 bei 43 Prozent.
25 Doch das wäre noch das geringste Problem. Denn am Abend des Tages, an dem die Ausländer das Land verlassen, bricht in deutschen Pflegeheimen der Notstand aus. Laut Bundesgesundheitsministerium haben etwa 11 Prozent der Pflegekräfte aus Pflegediensten einen Migrationshintergrund und
30 etwa 15 Prozent in Pflegeheimen. Als erstes brechen die Dienstpläne der Pflegestationen zusammen. Sie sind ohne das ausländische Personal nicht mehr in der Lage, die alten Menschen zu Hause zu betreuen. Zigtausende müssen in Heime und Krankenhäuser verlegt werden – doch auch hier
35 fehlen überall Arbeitskräfte. Die Sterberaten in den Heimen steigen sprunghaft an. […] Wer sich noch selbst versorgen kann und gerne außer Haus isst, hat andere Probleme: Nach der Ausweisung aller Ausländer verschwinden plötzlich unzählige Lokale. Zehntausende von Pizzerien, Döner-
40 buden und Hamburger-Bratereien bleiben geschlossen. In vielen Städten haben überhaupt keine Restaurants mehr geöffnet. Das Gastgewerbe ist der Wirtschaftszweig mit dem höchsten Ausländeranteil. Mit knapp 169 000 Menschen stellen sie mehr als 21 Prozent der Beschäftigten in
45 Gaststätten und Hotels. Ohne Ausländer verwandelt sich Deutschland in ein dreckiges Land. Das Gebäudereinigerhandwerk ist der größte Arbeitgeber für ausländische Bürger in Deutschland. Etwa zehn Prozent der ausländischen Beschäftigten arbeiten in den entsprechenden Betrieben.
50 Bleibt Deutschland zumindest ein reiches Land? Nein, meinen Finanzexperten. Nach der Ausweisung der Ausländer gäbe es sofort einen Börsencrash. Deutschland droht in diesem Szenario eine Kapitalflucht. Das Land müsste sich an den Märkten zu deutlich höheren Zinsen als heute ver-
55 schulden und würde zu einem Problemstaat mit Verschlechterung der Bonität, Unternehmenspleiten und Rezession. […] Am Ende bleibt also die wissenschaftliche Erkenntnis: Die Ausweisung von Ausländern aus der Wohnbevölkerung in Deutschland würde das Kriminalitätspro-
60 blem in Deutschland nicht lösen. Steuer- und Rentenausfälle, eine Vergreisung der Gesellschaft, die Isolierung der Forschung und Wissenschaft, der kulturelle Verlust: Ein Deutschland ohne Ausländer – „das wäre eine grauenhafte Vorstellung", sagt der Schriftsteller Günter Wallraff. „Es
65 gäbe neue Verteilungskämpfe. Man würde sich mit Sicherheit auf die Alten als überflüssige Esser stürzen. Es würde erneut und wahrscheinlich massenhaft debattiert werden, wer da noch ein Überlebensrecht hat und wer nicht mehr durchgefüttert werden kann", sagt Wallraff. „Das ist ein
70 grausames Science-Fiction-Szenario, vor dem man sich retten müsste […].

Matthias Thieme: Ausländer raus – und dann?, 16.11.2014, www.stern.de/wirtschaft/job/deutschland-ohne-auslaender-waere-schlecht-fuer-die-republik-3235168.html

Aufgaben

1. Erarbeiten Sie aus M13 die Folgen einer plötzlichen Ausweisung sämtlicher ausländischer Mitbürger aus Deutschland und erwägen Sie weitere Folgen dieses Szenarios.

2. Erörtern Sie, welche Konsequenzen dieses Szenario für ihre eigene Lebensgestaltung hätte – auch unter dem Blickwinkel, wenn alle Staaten der Welt so handeln würden.

Internetrecherche

Die Recherche im Internet löst im Rahmen von schulischen oder universitären Arbeitsaufträgen immer mehr die althergebrachte Literaturrecherche ab. Gegen diese schnelle und bequeme Methode der Informationsbeschaffung ist auch nichts einzuwenden, solange man als Anwender einige wichtige Grundregeln beachtet.

Die wichtigste Grundregel lautet, dass nichts zitierfähig und damit im Rahmen eines schulischen Rechercheauftrags verwendbar ist, was nicht auf seriösen Seiten veröffentlicht wurde. Dabei ist es schwierig zu definieren, was unter einem „seriösen" Anbieter zu verstehen ist. Als vertrauenswürdig gelten

- Webseiten staatlicher Institutionen (Bundes- und Landesministerien, Bundesämter wie etwa das Statistische Bundesamt) oder von Institutionen, die vom Staat gefördert werden oder mit ihm kooperieren (zum Beispiel die Bundeszentrale für politische Bildung),
- Internetangebote wissenschaftlicher Institutionen wie etwa Universitäten oder Museen (zum Beispiel das „Haus der deutschen Geschichte"),
- Internetauftritte der öffentlich-rechtlichen Rundfunksender (alle Anstalten der ARD, ZDF, Phoenix, 3SAT, Arte); bei der Informationsbeschaffung bei den Privatsendern sollte man Vorsicht walten lassen und den betreffenden Sender genau prüfen; so sind Informationen der Nachrichtensender NTV oder N24 im Normalfall bedenkenlos verwendbar,
- alle deutschen, überregionalen Zeitungen und Zeitschriften, die ihre Inhalte im Internet anbieten und bei welchen man davon ausgehen kann, dass alles, was sie veröffentlichen, nach den Regeln des seriösen Journalismus sauber und einwandfrei recherchiert wurde. Hierzu gehören in erster Linie „Der Spiegel", „Focus", „Stern", „Die Welt", „Die Süddeutsche", „Die Zeit", die „Frankfurter Allgemeine Zeitung" (FAZ), der „Tagesspiegel", das „Handelsblatt", die „Wirtschaftswoche". die „Tageszeitung" (taz); vor der Informationsbeschaffung aus sogenannten Boulevardblättern sei hingegen gewarnt;
- alle ausländischen überregionalen Zeitungen und Zeitschriften, die ihre Inhalte im Internet anbieten und bei welchen man davon ausgehen kann, dass alles, was sie veröffentlichen, nach den Regeln des seriösen Journalismus sauber und einwandfrei recherchiert wurde. In diesen Fällen ist es allerdings schwierig festzustellen, welcher Quelle man wirklich bezüglich des Wahrheitsgehalts trauen kann. Hier muss den jeweiligen Internetauftritt der fraglichen Zeitschrift kritisch beurteilen: Bei allzu reißerisch gestalteten Schlagzeilen oder „bunten" Homepages sollte man generell Zurückhaltung üben. So ist etwa „The Times" immer zitierfähig, die Boulevardzeitung „Daily Mirror" in der Regel nicht.

Vor Medien, deren redaktioneller Standort sich in diktatorischen oder semidemokratischen Staaten befindet, sei generell gewarnt (zum Beispiel „Russia Today" oder „China Daily").

Wenn Sie also im Internet mittels einer Suchmaschine wie zum Beispiel „Google" recherchieren, so können Sie als Vorfilter den Suchbegriff, zum Beispiel „Migration in Deutschland", gleich mit der von Ihnen bevorzugten Quelle verbinden, also etwa „Migration Deutschland Spiegel online".

Vor allem bei Wikipedia, dem im Netz am meisten verwendeten Nachschlagewerk, kann man nie sicher sein, aus welcher Motivation ein Eintrag entstanden ist und wie vertrauenswürdig der Autor bzw. die Autoren sind. Aus diesem Grund sind Wikipedia-Artikel, so gut manche von ihnen für eine schnelle Information sein mögen, nicht als Quellen für schulische oder wissenschaftliche Arbeiten bzw. Recherchen verwendbar oder gar unkritisch zitierfähig. Gleiches gilt für Homepages, die Privatpersonen oder unseriöse Organisationen betreiben. Informationen aus den Sozialen Medien, wie zum Beispiel „Twitter", können als Quelle nützlich sein (wie etwa die Tweets von US-Präsident Trump), dürfen aber niemals Basis einer schulischen Arbeit sein, da sich der Wahrheitsgehalt nicht sicher überprüfen lässt.

Medien und Wirtschaft als Einflussfaktoren

03
EINFLUSSFAKTOREN AUF DIE LEBENSWIRKLICHKEIT
Medien und Wirtschaft

(1) Das Eigentum und das Erbrecht werden gewährleistet. Inhalt und Schranken werden durch die Gesetze bestimmt.

(2) Eigentum verpflichtet. Sein Gebrauch soll zugleich dem Wohle der Allgemeinheit dienen.

(3) Eine Enteignung ist nur zum Wohle der Allgemeinheit zulässig. Sie darf nur durch Gesetz oder auf Grund eines Gesetzes erfolgen, das Art und Ausmaß der Entschädigung regelt.

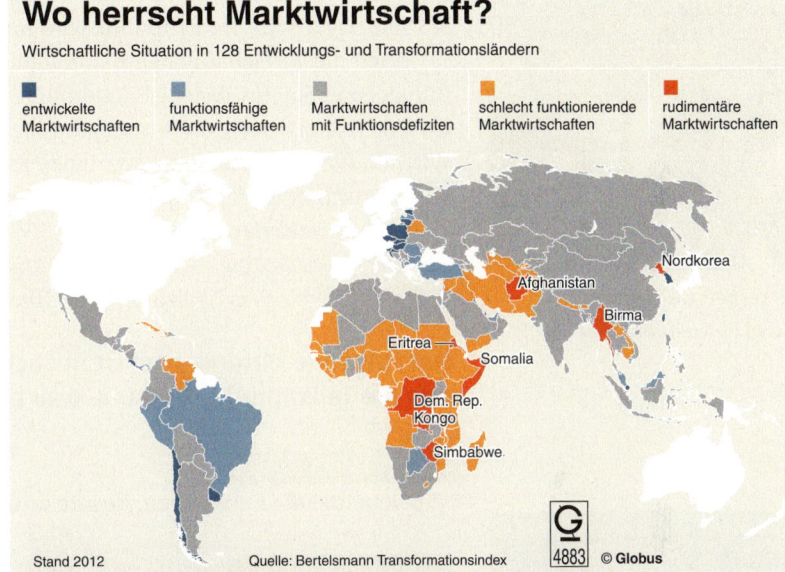

M 1 **TV-Duell,** Angela Merkel (CDU) und Martin Schulz (SPD) am 3. September 2017

M 2 **Demonstration in Istanbul,** für die Freilassung von Journalisten der türkischen regierungskritischen Zeitung „Cumhurriyet", Juli 2017

M 3 **Grundgesetz für die Bundesrepublik Deutschland Art. 14,** „Eigentum verpflichtet"

M 4 **Marktwirtschaft,** Überblick über den Stand der Marktwirtschaft in Entwicklungs- und Transformationsländern, 2012

M 5 **Chinas Wirtschaft,** Symbolbild für das Nebeneinander von Tradition und Moderne in der größten Volkswirtschaft der Welt

Internetcafé in Deutschland
Hamburg

Internetcafé in China
Xi'an in der Provinz Shaanxi

III. Medien und Wirtschaft als Einflussfaktoren auf die Lebenswirklichkeit

Wir nutzen tagtäglich eine Vielzahl moderner Medien. Doch inwiefern sind Medien und Mediennutzung wichtig für das Funktionieren einer Demokratie wie der Bundesrepublik und welche Wechselwirkungen gibt es dabei?

Dass Massenmedien von Regierungen zur politischen Beeinflussung der Bevölkerung zensiert werden, zeigte sich etwa im Nationalsozialismus. Heute, im digitalen Zeitalter, müssen Regime im Bereich der Medien weitaus größere Anstrengungen unternehmen, um Staat und Gesellschaft zu kontrollieren. An den Beispielen China und Türkei sollen diese Zusammenhänge verdeutlicht werden. In Deutschland nimmt Bayern eine herausgehobene Stellung als Medienstandort ein. Die bayerische Medienpolitik wird im dritten Teilkapitel beleuchtet.

Auch die wirtschaftlichen Rahmenbedingungen beeinflussen das Leben der Bürger eines Staates. Welche Funktionen muss aber jedes Wirtschaftssystem erfüllen? Nach dem Verschwinden beinahe aller Planwirtschaften weltweit haben neue Wirtschaftssysteme deren Platz eingenommen. Insbesondere die zweitgrößte Volkswirtschaft der Welt, China, hat dabei einen großen Sprung vollzogen hin zu einer „sozialistischen Marktwirtschaft". Wie sieht dort die Arbeitswirklichkeit aus?

Zur Einschätzung dieser Entwicklungen ist der Blick auf die eigene Lebensrealität hilfreich. Was ist also kennzeichnend für den Wirtschaftsstandort Bayern?

Das folgende Unterkapitel ist in sechs Abschnitte gegliedert, von denen die Teilkapitel 1–3 oder 4–6 zu bearbeiten sind:

Das 1. Teilkapitel ...
... beleuchtet die Funktionen, Rechte und Pflichten der Medien in Deutschland.

Das 2. Teilkapitel ...
... befasst sich mit Medien in Staaten, die sich auf dem Weg zu einer autoritären Verfassung befinden wie die Türkei und den Medien in nichtdemokratischen Staaten wie China.

Das 3. Teilkapitel ...
... zeigt Aspekte des Medienstandortes Bayern auf.

Das 4. Teilkapitel ...
... stellt die Funktionen einer Volkswirtschaft in den Fokus. Diese Funktionen können in unterschiedlichen Wirtschaftssystemen erfüllt werden.

Das 5. Teilkapitel ...
... beleuchtet insbesondere die Auswirkungen der unterschiedlichen Wirtschaftssysteme in der Bundesrepublik Deutschland und China auf den Einzelnen und ihre gesellschaftlichen Auswirkungen.

Das 6. Teilkapitel ...
... beschäftigt sich schließlich mit dem Wirtschaftsstandort Bayern.

Ludwig Erhard
Der Wirtschaftsminister (1949–1963) und spätere Bundeskanzler (1963–1966) war einer der Mitbegründer der Sozialen Marktwirtschaft.

1. Medien in der Bundesrepublik Deutschland

Medien und Demokratie im Wechselspiel

Den modernen Massenmedien, also Presse, Rundfunk, Fernsehen und Internet, wird häufig die Rolle zugewiesen, die öffentliche Meinung wiederzugeben. Damit stellen die Medien eine wichtige Verbindung zwischen Bevölkerung und Politik dar. Zugleich haben die Medien in einer Demokratie eine Kontrollfunktion. Sie gelten als „vierte Gewalt" neben den drei klassischen Staatsgewalten Legislative, Exekutive, Judikative. Die Vorstellung einer strikten Trennung zwischen Politik und Medien ist allerdings allzu schematisch und vereinfachend. Politik und Medien sind häufig eng miteinander verwoben. Einerseits nutzen Politiker die Medien, um Themen zu setzen und ihre Anliegen zu präsentieren, andererseits können die Medien mit dem, was sie drucken, senden oder ins Internet stellen, selbst Politik betreiben. Politische Prozesse sind heute daher vielfach nur zu verstehen, wenn die Rolle der Medien berücksichtigt wird.

Demonstration für die Pressefreiheit
Berlin, 2015

Rechtsgrundlagen und Auftrag der Medien in der Bundesrepublik

Grundlegend dafür, wie Medien und Demokratie in der Bundesrepublik zusammenhängen, ist Artikel 5 des Grundgesetzes. Er garantiert die Meinungs- und Pressefreiheit und schließt Zensur aus. Weitere Gesetze und Verordnungen, etwa die Pressegesetze der Bundesländer oder der Programmauftrag für den öffentlich-rechtlichen Rundfunk, konkretisieren diese zentralen Grundrechte: Die Medien sollen im Rahmen ihrer Berichterstattung Informationen beschaffen, aufbereiten und auch kommentieren, um die politische Willensbildung des einzelnen Bürgers zu unterstützen, damit dieser informiert am demokratischen Prozess teilnehmen kann. Zugleich üben Medien eine politische Kontrollfunktion aus, sollen Missstände aufdecken und Debatten über Gesellschaft und Politik anregen.

Was Medien dürfen: Grundlagen und Grenzen der Medienfreiheit

Im Bereich der Medien unterscheidet man zwischen Printmedien wie Zeitungen und Zeitschriften, Rundfunk und Fernsehen, die von öffentlich-rechtlichen oder privaten Sendern ausgestrahlt werden, und den digitalen Angeboten im Internet.

Printmedien unterliegen keiner speziellen Zulassungsbeschränkung; für sie gelten spezielle Pressegesetze. Hier ist unter anderem geregelt, dass im Impressum erkennbar sein muss, wer der Verantwortliche im Sinne des Presserechts ist. Bei falscher Berichterstattung kann die Veröffentlichung einer Gegendarstellung gefordert werden. Behörden haben gegenüber der Presse eine Auskunftspflicht, die nur bei klar eingegrenzten Fällen verweigert werden kann. Die Berufung auf den Schutz der Persönlichkeit ist gerade bei Politikern, die in der Öffentlichkeit stehen, kein pauschaler Verweigerungsgrund. Printmedien finanzieren sich in der Regel durch den Verkauf am Kiosk oder im Abonnement und über Anzeigenerlöse.

Die öffentlich-rechtlichen Rundfunkorganisationen unterliegen einer strengen Reglementierung. Sie finanzieren sich zu einem beträchtlichen Teil durch die Rundfunkgebühren, deren Höhe eine unabhängige Kommission und nicht die Politik festsetzt. Die Aufsicht erfolgt durch einen Rundfunkrat. Die „Grundversorgung" der Bevölkerung mit Informationen sowie das Angebot vielfältiger und unterschiedlicher Berichte und Meinungen (Binnenpluralität) sind Vorgaben, denen sie nachzukommen haben.

> **Info**
>
> **Meinungs- und Pressefreiheit**
>
> **Artikel 5 des Grundgesetzes**
>
> (1) Jeder hat das Recht, seine Meinung in Wort, Schrift und Bild frei zu äußern und zu verbreiten und sich aus allgemein zugänglichen Quellen ungehindert zu unterrichten. Die Pressefreiheit und die Freiheit der Berichterstattung durch Rundfunk und Film werden gewährleistet. Eine Zensur findet nicht statt.
>
> (2) Diese Rechte finden ihre Schranken in den Vorschriften der allgemeinen Gesetze, den gesetzlichen Bestimmungen zum Schutze der Jugend und in dem Recht der persönlichen Ehre.
>
> (3) Kunst und Wissenschaft, Forschung und Lehre sind frei. Die Freiheit der Lehre entbindet nicht von der Treue zur Verfassung.

Private Sender sind genehmigungspflichtig. Die Zulassung wird durch die Landesmedienanstalten erteilt. Bei einem Marktanteil von über 30 Prozent ist sicherzustellen, dass eine gewisse Programmvielfalt gewährleistet ist. Private Sender sind rein werbefinanziert. Deshalb spielen hier Einschaltquoten und Werbeclips eine große Rolle. Werbung muss aber stets als solche zu erkennen sein.

Als Instanz der freiwilligen Medienselbstkontrolle gibt es den deutschen Presserat. Er ist den Grundsätzen der Wahrheit, der Menschenwürde und der Achtung von Privatleben und Intimsphäre verpflichtet und wacht über die Trennung von Anzeigenteil und redaktionellem Teil. Bei Verstößen kann er eine Rüge erteilen, die auch im gerügten Medium erscheinen muss.

Meinungsvielfalt und Meinungswettbewerb

In einer pluralistischen Demokratie gibt es nicht die eine, einheitliche öffentliche Meinung. Stattdessen existiert Meinungsvielfalt und die Medien haben in der Bundesrepublik den Auftrag, diese unterschiedlichen Positionen nicht nur zu Wort kommen zu lassen, sondern auch zur Meinungsbildung anzuregen. Dazu muss aber eine breite „Medienlandschaft" gegeben sein, in der diese unterschiedlichen Positionen auch eine Stimme finden. Die im Artikel 5 des Grundgesetzes verankerten Freiheiten sind hierfür eine wichtige Voraussetzung, aber noch keine Garantie für Meinungsvielfalt. Diese ergibt sich erst durch die verschiedenen öffentlich-rechtlichen und privaten Anbieter, die sich im Wettbewerb um Leser, Zuschauer und Zuhörer politisch und gesellschaftlich unterschiedlich positionieren.

Pressevielfalt
In Deutschland gibt es immer noch über 300 Tageszeitungen, auch wenn ihre Auflagen rückläufig sind.

Meinungsbildung und mediale Wirklichkeit

Die Medien tragen Tag für Tag zur Meinungsbildung bei: Worüber wird überhaupt berichtet? In welcher Ausführlichkeit und an welcher Stelle passiert das? Welcher Politiker wird in welche Talkshow zu welchem Thema eingeladen? Diese Entscheidungen der Redaktionen und Programmverantwortlichen haben immense Auswirkungen auf unsere Meinungsbildung, was der Mehrheit der Bevölkerung jedoch gar nicht bewusst ist.

Medien prägen unser Bild von Politik entscheidend, da nur die wenigsten Menschen politische Abläufe, gesetzliche Vorgaben und die Rahmenbedingungen von politischen Entscheidungen ohne Vermittlung durchschauen können. Wir nehmen also primär eine mediale Wirklichkeit von Politik wahr, die durch die Vorauswahl der Inhalte und die Perspektive der Berichterstattung mitgeprägt ist. Umso wichtiger ist eine möglichst breite Nutzung einer vielfältigen Medienlandschaft, die sich nicht ausschließlich an der Erhöhung von Quoten und Auflagen orientiert.

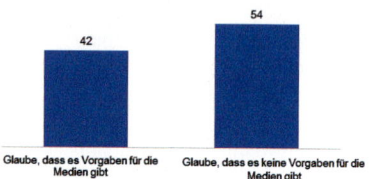

Frage: Und glauben Sie, dass den deutschen Medien von Staat und Regierung vorgegeben wird, worüber sie berichten sollen?

Grundgesamtheit: Wahlberechtigte Bevölkerung in Deutschland / Angaben in Prozent
Fehlende Werte zu 100 %: Weiß nicht / keine Angabe

Glaubwürdigkeit der Medien
Umfrage von 2016

Politische Kommunikation im digitalen Zeitalter

Das Internet als multifunktionales Medium hat die Medienlandschaft und die Informationsmöglichkeiten revolutioniert: Es gestattet, sofern keine staatliche Zensur erfolgt, einen breiten und schnellen Zugang zu Informationen, die Inhalte werden multimedial als Text, Bild, Audio- oder Videoclip aufbereitet, mit weiteren Informationen vernetzt und der Nutzer erhält verschiedene interaktive Möglichkeiten, die Angebote zu kommentieren und weiterzuverbreiten. Soziale Medien erlauben es, ohne großen Aufwand aktiv an gesellschaftlichen und politischen Diskussionen teilzunehmen. Die Einbahnstraße bei der Informations- und Meinungsvermittlung vom Sender zum Empfänger wird somit – zumindest theoretisch – aufgehoben.

Entsprechend euphorisch waren in den 1990er-Jahren die Hoffnungen und Erwartungen an die Entwicklung der politischen Kommunikation im Zeitalter des Internets: Die politische Aufklärung der Bürger werde demokratischer, umfassender und direkter. Dies wiederum würde das politische Engagement der Bevölkerung und ihre Beteiligung an politischen Prozessen steigern.

Einige dieser prognostizierten Veränderungen sind tatsächlich eingetreten. Der politische Diskurs in Demokratien wie der Bundesrepublik ist offener und dynamischer geworden; politische Akteure und Organisationen stehen online viel stärker in der Pflicht, ihre Entscheidungen zu erläutern und transparent zu machen. Das Internet ermöglicht zudem die rasche Bildung von Interessengruppen, die auf Mitsprache und Partizipation pochen und sich zu Aktionen im Netz, aber auch „offline" zusammenfinden.

Aber das Internet hat mit seiner Offenheit und Anonymität auch demokratiegefährdende Entwicklungen verstärkt. Die Verbreitung von Fake News, also gefälschten Nachrichten, und Hassbotschaften ist durch das Internet erleichtert worden. Das Internet kann auch zu Diskursblasen führen: Was online und dann gesamtgesellschaftlich diskutiert wird, entscheidet sich auch durch den Internet-Aktivismus kleiner, aktiver Gruppierungen. Die Informationsflut im Internet führt zudem häufig dazu, dass stark selektiert und gefiltert wird: Man besucht regelmäßig bestimmte Seiten oder Blogs, die einen in der vorgefassten Meinung bestätigen, abweichende Informationen und Kommentare blendet man aus.

Politiker, Parteien und das Internet

Mittlerweile haben auch die Politiker die Chancen erkannt, die ihnen das Internet bietet, um die Bürger direkt anzusprechen und für ihre Positionen und Anliegen zu gewinnen. Erstmals gezielt genutzt wurde dieses Mittel bei den Präsidentschaftswahlen in den USA in den 1990er-Jahren. Bei der US-Präsidentschaftswahl 2000 gab es dann erstmals die Möglichkeit für Online-Spenden. Politische Blogs setzten die Diskussionsthemen im Wahlkampf.

Barack Obama zeigte schließlich, welche vielfältigen Möglichkeiten das Internet im Wahlkampf bietet: Er kündigte seine Kandidatur für die US-Präsidentschaft 2008 zuerst über Youtube an, hatte auf Facebook über zwei Millionen Follower und sammelte im Netz rund 500 Millionen US-Dollar, um seinen Wahlkampf zu finanzieren. Der heutige US-Präsident Donald Trump setzte in seinem Wahlkampf 2016 auf regelmäßige Twittermeldungen, um die konventionellen Medien zu umgehen, und konnte so Wähler direkt für sich gewinnen.

In der Bundesrepublik, in der die Parteien als politische Mittler fester verankert sind als zum Beispiel in den USA, nutzten Politiker das Internet erst mit einer gewissen zeitlichen Verzögerung, doch mittlerweile wird auch in Deutschland eine Internetpräsenz und -aktivität aller Parteien, Politiker und Abgeordneten erwartet.

Chancen und Risiken des Internets für die Politik und die Parteien lassen sich noch nicht abschließend einschätzen, zumal die digitalen Entwicklungen weiterhin im Fluss sind.

Wahlplakat der Piraten-Partei zur Bundestagswahl 2013

Die Piraten-Partei entstand aus der Debatte um das Urheberrecht; sie vertritt die Idee einer „liquid democracy", also einer direkten politischen Willensbildung ohne politisch dominierende Abgeordnete und mittels moderner digitaler Medien. Nach anfänglichen Wahlerfolgen bei Landtagswahlen ist die Partei in der Wählergunst wieder gesunken.

Info

Blog

Unter einem Blog (Abkürzung für Weblog) versteht man eine Art von öffentlichem Internettagebuch. Blogs sind oft untereinander vernetzt. Sie stellen ein neuartiges und wichtiges Mittel der individuellen Meinungsäußerung dar und können viele Menschen erreichen.

Medienfreiheit – Bestandteil der Demokratie

M 1 Pressefreiheit und Demokratie

Der Journalist Thomas Darnstädt schreibt in der Zeitschrift „Der Spiegel" über das Verhältnis von Pressefreiheit und Demokratie:

[Das] Verfassungsgericht hat stets betont, dass die Aufgabe des ungestörten Verbreitens von Informationen „schlechthin konstituierend" für das Funktionieren einer Demokratie ist. Es gibt keine gute und keine böse Öffentlichkeit, so wenig wie es ein bisschen Öffentlichkeit gibt. Nur das vollständige Wissen-Können aller Bürger über im Prinzip alles – sagt jedenfalls das Bundesverfassungsgericht – ermöglicht die Bildung einer öffentlichen Meinung. Und die ungehinderte Bildung einer öffentlichen Meinung erlaubt es, das Ergebnis von Wahlen als repräsentativ für den Willen des Volkes zu betrachten.
Darf der Staat Geheimnisse vor seinen Bürgern haben? Dürfen die Bürger solche Geheimnisse ausplaudern? Die Antwort ist nach alledem ganz einfach. Sie lautet: ja. Natürlich darf der Staat Geheimisse haben. Es gehört zum umsichtigen Handeln jedes Staatsdieners, Entscheidungen im Stillen vorzubereiten, so dass die gewünschten Ergebnisse nicht von Unbefugten vorab vereitelt werden können. Das gilt für die Planung von Außenministerkonferenzen nicht anders als für den geplanten Zugriff auf Terroristen.
Zum verantwortungsvollen Handeln aller Politiker, Beamten und Richter gehört es darum auch, auf sensible Informationen von Fall zu Fall aufzupassen. Dies ist umso wichtiger, als der Staat sich eben nicht darauf verlassen kann, im rechtlich geschützten Dunkeln zu arbeiten. Die Intimsphäre des Staates als solche ist rechtlich nicht geschützt, der Staat hat, anders als seine Bürger, kein Privatleben. Die Rechte der Bürger verdienen Schutz, die Interna des Staates nicht. [...]
Dies ist die Antwort auf die zweite Frage: Ebenso, wie es für den Staat legitim ist, Informationen unter dem Deckel zu halten, ist es legitim für die Presse, Informationen, die sie gleichwohl aus dem Bauch des Staates bekommen hat, öffentlich zu machen.
In Deutschland [bedurfte es] eines Urteils des Bundesverfassungsgerichts, den Unterschied zwischen Geheimnisbruch und Veröffentlichung zu erklären. Als mit Billigung des SPD-Innenministers Otto Schily 2005 die Redaktion der Zeitschrift „Cicero" durchsucht wurde, weil das Blatt über ein vertrauliches Dossier des Bundeskriminalamtes berichtet hatte, rechtfertigten die Ermittler ihren Vorwurf gegen den verantwortlichen Redakteur mit einer komplizierten Konstruktion: Es gebe zwar kein ausdrückliches Gesetz gegen die Veröffentlichung vertraulicher Amtspapiere, aber den BKA-Beamten, die auf solche Papiere aufpassen müssen, sei es bei Strafe verboten, sie herauszugeben. Zu diesem Amtsdelikt habe der Journalist „Beihilfe" geleistet – schon dadurch, dass er sich die Papiere geben ließ. Und Beihilfe zu einer Straftat ist auch eine Straftat.
Das Verfassungsgericht verwarf diese Argumentation mit dem erneuten Verweis auf die „schlechthin konstituierende Bedeutung" der Pressefreiheit für die Demokratie. Was die Presse hat, darf sie auch drucken: Diese Regel im Umgang mit Geheimnissen des Staates muss gelten – mit ganz engen Ausnahmen im Bereich des Landesverrats. [...] Um der freien Veröffentlichung von Geheimnissen willen, so sieht es das Grundgesetz, müssen die Journalisten sogar berechtigt sein, die Informanten in den Behörden zu schützen.

Thomas Darnstädt: Verrat als Bürgerpflicht?, 13.12.2010; www.spiegel.de/spiegel/print/d-75638334.html

M 2 Pressefreiheit in Deutschland

Karikatur von Harm Bengen

M 3 Bayerisches Pressegesetz (BayPrG)

Fassung vom 19. April 2000

Art. 1

(1) Das Recht der freien Meinungsäußerung und die Pressefreiheit werden durch die Art. 110, 111 und 112 der Verfassung gewährleistet.

(2) Sondermaßnahmen jeder Art, die die Pressefreiheit beeinträchtigen, sind unstatthaft. [...]

Art. 3

(1) Die Presse dient dem demokratischen Gedanken.

(2) Sie hat in Erfüllung dieser Aufgabe die Pflicht zu wahrheitsgemäßer Berichterstattung und das Recht, ungehindert Nachrichten und Informationen einzuholen, zu berichten und Kritik zu üben.

(3) Im Rahmen dieser Rechte und Pflichten nimmt sie in Angelegenheiten des öffentlichen Lebens berechtigte Interessen im Sinn des § 193 des Strafgesetzbuchs wahr.

Art. 4

(1) Die Presse hat gegenüber Behörden ein Recht auf Auskunft. Sie kann es nur durch Redakteure oder andere von ihnen genügend ausgewiesene Mitarbeiter von Zeitungen oder Zeitschriften ausüben.

(2) Das Recht auf Auskunft kann nur gegenüber dem Behördenleiter und den von ihm Beauftragten geltend gemacht werden. Die Auskunft darf nur verweigert werden, soweit auf Grund beamtenrechtlicher oder sonstiger gesetzlicher Vorschriften eine Verschwiegenheitspflicht besteht.

Art. 5

(1) Bei jeder Zeitung muss mindestens ein verantwortlicher Redakteur bestellt werden. [...]

Art. 8

(1) Zeitungen und Zeitschriften müssen auf jeder Nummer außerdem den Namen und die Anschrift des oder der verantwortlichen Redakteure enthalten.

Zit. nach: http://www.gesetze-bayern.de/Content/Document/BayPrG

M 4 Ein Grundrecht auf Netzanschluss?

Volker Beck, Politiker der Partei „Die Grünen/Bündnis 90", in der Frankfurter Allgemeinen Zeitung über das Internet als Informationsmedium:

Wer Twitter liest, weiß nicht zwingend mehr, aber vieles früher. Der politische Schlagabtausch wird durch Tweets schneller und kompakter. Politiker lernen plötzlich, sich in 140 Zeichen kurzzufassen. Selbstverständlich hat auch Twitter seine Grenzen. Differenzierte Debatten leiden zuweilen unter Oberflächlichkeit. [Aber die belehrende] Kommunikation [von oben] hat ausgedient.

Man muss sich auf den Dialog einlassen: Für Menschen, die am öffentlichen Leben [...] teilhaben, führt heute kein Weg an sozialen Netzwerken vorbei [...].

Eigentlich muss man den Menschen nur einen Internetanschluss geben. Von da an gehen sie ihren Weg im WorldWideWeb allein [...].

Zentrale Fragen der Netzintegrität, des „Anspruchs auf kommunikative Grundversorgung" [...] und eines Grund- und Menschenrechts auf Netzzugang werden die Agenda einer freiheitlichen und sozialen Politik zu Beginn dieses Jahrhunderts revolutionieren.

Volker Beck, Netzanschluss ist Menschenrecht, 31.10.2015; www.faz.net/aktuell/feuilleton/debatten/internetregulierung-volker-beck-netzanschluss-ist-menschenrecht-11511465.html

---

Aufgaben

1. Führen Sie im Klassenverband eine Umfrage zur Mediennutzung durch. Unterscheiden Sie dabei nach Art des Mediums und der Häufigkeit seiner Nutzung.
2. Arbeiten Sie die Argumentation Thomas Darnstädts (M1) heraus.
3. Informieren Sie sich im Internet über das angesprochenen Verfassungsurteil (M1) und dessen zentrale Bedeutung für das Presserecht.
4. Analysieren und interpretieren Sie die Karikatur (M2).
5. Ermitteln Sie aus dem Bayerischen Pressegesetz (M3), welche Funktion der Presse hier zugewiesen wird und wie die Pressefreiheit durch Rechte und Pflichten ausgestaltet ist.
6. Vergleichen Sie das Bayerische Pressegesetz (M3) mit dem eines anderen Bundeslandes. Arbeiten Sie Unterschiede und Gemeinsamkeiten heraus.
7. Diskutieren Sie die Thesen Volker Becks (M4) zum Grundrecht auf Netzanschluss. Formulieren Sie dabei stützende, aber auch kritische Argumente.
8. Schreiben Sie einen ergänzenden Artikel zum Bayerischen Pressegesetz, in dem das Recht auf einen Netzanschluss mit juristischen Argumenten im Sinne eines demokratischen Grundrechts festgeschrieben wird.
9. Verfassen Sie einen knappen Kommentar, in dem das Recht auf Netzanschluss (Aufgabe 6) einer skeptisch-kritischen Prüfung unterzogen wird.

Auf dem Weg zur Mediendemokratie? – Die Politik und die Medien

M 5   Inszenierung von Politik

Wolfram Schrag ist ausgebildeter Jurist und arbeitet als Journalist beim Bayerischen Rundfunk. In seinem Buch „Medienlandschaft Deutschland" untersucht er auch die Wechselwirkung von Politik und Massenmedium Fernsehen.

Angenommen, ein aufstrebender Bundestagsabgeordneter hat eine zündende Idee. Wie wird er diese an den Mann bzw. an die Frau bringen? Früher waren es Parteigremien, die sich als erste mit diesem Thema befassen durften. Dort
5   wurde der Vorschlag dann angenommen (eher selten), eingehend diskutiert (häufiger) und dann bis zur Unkenntlichkeit verändert (sehr häufig), so dass der wahre Autor, der aufstrebende Abgeordnete, persönlich nichts davon hatte. Heute lesen auch Parteifreunde vom Vorschlag erstmals
10   aus der Zeitung oder wundern sich über eine entsprechende Nachricht, die sie morgens unter der Dusche hören.
Dieses mögliche Szenario ist nur eines von vielen ähnlich gelagerten Beispielen, die zu der These führen, dass die Parteiendemokratie sich immer stärker zur Mediendemo-
15   kratie entwickelt. Zu erkennen ist dies seit den 1990er Jahren. Damals attestierte der Bericht zur Lage des Fernsehens, erstellt für den Bundespräsidenten, zum einen eine gestiegene Professionalität von Politikern im Umgang mit den Medien, und zwar einerseits, was die Sachinformatio-
20   nen anginge, aber auch in Bezug auf Platzierung und Inszenierung von Ereignissen:
„Im Verlauf dieser Metamorphose wandelt sich sachbezogene, auf verbindliche Entscheidungen bezogene Politik zunehmend in symbolische Politik. [...] Diese vom Fernse-
25   hen provozierte Politik entspricht einer Rückkehr zur höfischen Öffentlichkeit. [...] Von den Politikern verlangt der Fernsehauftritt zudem vor allem darstellerische Qualitäten, die in keinem notwendigen Zusammenhang zu politischen Leistungen stehen, aber über den politischen Erfolg
30   entscheiden. Denn als erfolgreich gilt der Politiker mit den darstellerischen Fähigkeiten auch dann, wenn seine politischen Leistungen deutlich dahinter zurückbleiben. Umgekehrt verblassen politische Leistungen, sobald das Talent zur Media Performance fehlt."
35   Dieser Prozess hat sich in den vergangenen Jahren noch beschleunigt. [...] Welche Themen eine Chance haben, wer in einer Partei Aufstiegschancen hat, wer die Führung mit welchen Zielsetzungen übernimmt, wird durch mediale Vermittelbarkeit und Mediencharisma mitentschieden. Wo
40   beides nicht gegeben ist, haben Themen und Interessen, auch wenn sie für die Zukunft wichtig wären, wenig Aussicht auf Berücksichtigung. „Politainment schneidet ins Fleisch der guten Politik", sagt der Dortmunder Politikwissenschaftler Thomas Meyer.

<small>Wolfgang Schrag, Medienlandschaft Deutschland, München 2006, S. 312–313 (Hg. Bayer. Landeszentrale f. polit. Bildungsarbeit)</small>

M 6   Alles nur Politik-Show?

In der Online-Ausgabe der Zeitung „Tagesspiegel" analysiert der Journalist Ernst Gäbler das TV-Format Polit-Talkshow:

Heute gibt es mehr als zwanzig Formate. Aus dem inflationären Geschehen haben sich drei Große: „Hart aber fair" mit Frank Plasberg und „Anne Will" in der ARD sowie „Maybrit Illner" (ZDF) mit Marktanteilen von jeweils mehr als
5   zwölf Prozent herausgemendelt. [...] Von der „Deutungshoheit" des TV-Talks wird kaum noch jemand reden. Schon wegen der großen Zahl und des verhältnismäßig geringen Personalangebots hat der Polit-Talk an Gewicht für den nationalen politischen Diskurs verloren. Dennoch sind es
10   regelmäßig politische Gespräche mit großer Reichweite, zumindest beim älteren Publikum. Für den Zuschauer, das ist eine Eigenheit des Mediums, wird dabei häufig weniger die Logik des Arguments transparent als die Verfassung der Argumentierenden.
15   Zum relativen Bedeutungsverlust trägt bei, dass die Redaktionen zu sehr in der selbst gestellten Falle verharren: Immer müssen es dieselben, immer die vermeintlich wichtigsten Politiker sein, die da reden. Die Talkshows entdecken zu

wenig. Interessante junge Wissenschaftler, kommunale Reformer, Ideengeber spielen eine zu geringe Rolle. Dies schwächt die Sendungen, weil immer mehr Zuschauer nur eine routinierte Selbstinszenierung der Politiker und eine Dominanz von Phrasen und Taktik argwöhnen.

Die Kluft zwischen politischem Diskurs und eigenem Leben wächst oder wird zumindest so wahrgenommen. Viele spüren auch, dass zwar tagespolitische Fragestellungen aller Art wie Steuern, Rente, Hartz IV und Gesundheit immer wieder thematisiert werden, aber eigentlich fundamentalere Herausforderungen unserer Lebensweise erörtert werden müssten. [...]

Wie immer hängt auch hier der Charakter der Sendung stark vom Protagonisten ab. Die heutigen Matadore der nationalen gesellschaftspolitischen Selbstverständigung via TV [...] kommen aus der Sport- oder der Regionalberichterstattung.

„Anne Will" ist unter den Talkshows der Salon. Hauptsache, die Konversation gleitet flüssig dahin. Sie moderiert ruhig, organisiert das Hin und Her, tut dies häufig assoziativ, seltener steuert sie klar erkennbare Ziele an. Von einigen Irrwegen der Anfangszeit, wie der Zuladung von „Promis", hat sie sich befreit, für Schnickschnack ist sie nicht anfällig. Die [...] Redaktion wirkt trotz gelegentlicher Recherchefehler am stärksten klassisch öffentlich-rechtlich.

Frank Plasberg dagegen ist ein Dompteur. Er steht und geht, während die Tiger auf ihren Podesten sitzen die Krallen ausfahren. Er hat gute Rituale entwickelt und die kleinen Einspielfilme sind manchmal gute Erinnerungsposten, manchmal bloße Spielerei. Sein behaupteter Dualismus von „Politik und Wirklichkeit" sei demagogisch, argwöhnen Kritiker, zumindest neige er zum Populismus. Dabei spürt man hier vor allem seine Herkunft: Bürgernähe war der Schlüssel im Regionalen. [...] Zumindest kann man bei „Hart aber fair" immer sicher sein, dass etwas los ist.

Wie Anne Will stammt auch Maybrit Illner ursprünglich aus dem Sportjournalismus. Während jene in den „ARD-Tagesthemen" Politikerfahrung gesammelt hat, tat Maybrit Illner dies in jahrelanger Moderation und Leitung des ZDF-„Morgenmagazins". Ihre Sendung ist nicht Salon, nicht Zirkus, sondern eine Bühne. Sie wirkt energischer als Will, gelegentlich auch hektischer, agiert aber sehr selbst- und zielbewusst. Sie ist am nächsten dran an den Einzelheiten des politischen Prozesses vor und hinter den Berliner Kulissen, was auch an dem mit allen Wassern gewaschenen alten Hasen Wolfgang Klein liegen mag, der umsichtig die Redaktion führt. Er hat schon Sabine Christiansen durch stürmische See gesteuert.

Neben den reichweitenstarken „großen drei" und dem inflationären Talk-Gewimmel ist wenig Platz für Gleichartiges. Dennoch wird es den Politik-Talk noch lange und immer wieder geben. Wie in der Welt des Printjournalismus auch, wird aber vermutlich das Bedürfnis nach Intensität wachsen.

Bernd Gäbler, Was ist die Polit-Talkshow, 30.08.2009; www.tagesspiegel.de/medien/medien-was-ist-die-polit-talkshow/1590716.html

M 7 Die meisteingeladenen Politiker in Talkshows 2016

Ausgewertet wurden die Talkshows „Anne Will", „Hart aber fair", „Maybrit Illner" und „Maischberger":

Platz	Person	Partei	Auftritte 2016
1	Sahra Wagenknecht	Die Linke	9
2	Markus Söder	CSU	8
2	Katja Kipping	Die Linke	8
2	Thomas Oppermann	SPD	8
5	Cem Özdemir	Bündnis 90/ Die Grünen	7
5	Ursula von der Leyen	CDU	7
5	Jens Spahn	CDU	7

Datenquelle: www.meedia.de

Aufgaben

1. Erläutern Sie die in M5 formulierte These „Politainment schneidet ins Fleisch der guten Politik" (Zeile 42–43).
2. Erörtern Sie, ob und wie man der Entwicklung, dass „Politainment" an die Stelle von Politik tritt, entgegenwirken könnte.
3. Fertigen Sie eine tabellarische Übersicht zu den in M6 genannten Polit-Talkshows an, in der Sie die wesentlichen Unterschiede herausarbeiten.
4. Erarbeiten Sie die in M6 formulierten Kritikpunkte an den Polit-Talkshows.
5. Verfolgen Sie die genannten Polit-Talkshows eine Woche im Fernsehen. Überprüfen Sie Ihre Ergebnisse aus Aufgabe 3 und 4 und ermitteln Sie analog zu M7, welche Politiker gehäuft in bekannten Talkshows auftreten.

Politische Kommunikation im Internet – Auswirkungen auf den politischen Diskurs

M 8 Das Leistungsspektrum der sozialen Medien

In einem Bericht des Instituts für Medien- und Kommunikationsmanagement der Universität St. Gallen heißt es zu den Nutzungsmöglichkeiten der Sozialen Medien:

Das Internet ist das Leitmedium des 21. Jahrhunderts. Zwar zeigen Studien, dass klassische Massenmedien noch immer intensiv genutzt werden – ihre Bedeutung für den öffentlichen Diskurs und das gesellschaftliche Agenda Setting ist nicht zu unterschätzen. Dennoch ist das Internet das Medium, in dem sich Nachrichten blitzschnell verbreiten, unzählige Menschen ihre Beobachtungen beschreiben, Meinungen äußern, in dem sich Bürger organisieren – sei es zu privaten, professionellen oder politischen Zwecken. [...] Richtig ist auch: Soziale Medien senken die Transaktionskosten der Medienproduktion. Nicht jeder Bürger, aber deutlich mehr als in der Vergangenheit produzieren mediale Inhalte – Artikel, Kommentare, Analysen. In Sozialen Medien ist es die Norm, dass Inhalte nicht nur aufgenommen, sondern auch beurteilt oder kommentiert werden. [...] Es entsteht ein partizipativer Modus, der auf Mitsprache beruht und der eine größere Widerspruchsbereitschaft zur Folge hat. Der politische Diskurs wird dadurch breiter, dynamischer und unübersichtlicher. Welche Diskurse lohnt es sich aber zu beobachten? Auf welche Kommentatoren im Netz sollte gehört werden? [...] Wird im Netz politische Kommunikation tatsächlich dialogischer?

Institut für Medien- und Kommunikationsmanagement (Universität St. Gallen); Politiker im Netz. Treiber und Hürden der Social-Media-Nutzung unter Bundes- und Landtagsabgeordneten. Abschlussbericht, Juli 2013, S. 11 ff.

M 9 Reine Kritik ohne Vernunft

In der Wochenzeitung DIE ZEIT äußert sich der Journalist Lars Weisbrod über den Zusammenhang von Internetnutzung und Kritiksucht.

Dem Denk-Emoji ist etwas Schlimmes zugestoßen. Sie wissen schon, diesem gelben Gesicht mit hochgezogener linker Braue. Die Hand am Kinn, der Zeigefinger den Mund streichelnd. Die Pose des scharf nachdenkenden Menschen als niedliches Internetgesicht. Das Symbol sollte eigentlich stehen für: Ich überlege gerade, bitte nicht stören. In der Realität des Internets [...] sieht es einen dort an, wo einem aufgewühlten Twitter-Nutzer oder Facebook-Kommentator eine andere Meinung so gar nicht passt. Wo er einen echten oder vermeintlichen Widerspruch entdeckt hat in einer Position, die er sowieso ablehnt. Und sich darüber freut. [...] Wir sind im Netz alle zu Satirikern geworden. Es macht ja auch so viel Spaß. Hier noch eine spitze Bemerkung droppen, da noch einen Gag platzieren. [...] All das geschieht zudem in ewiger Echtzeit. Wir kritisieren live und direkt, just in time. Ob ein Flugzeug abstürzt, ein Amokläufer um sich schießt oder Terroristen einen Anschlag verüben [...] Dann werden zum Beispiel die Öffentlich-Rechtlichen dafür angeblafft, dass sie Sondersendungen schalten, obwohl sie nichts Neues sagen können; oder wahlweise dafür, dass sie keine Sondersendungen schalten und Regionalkrimis zeigen, als wäre nichts gewesen. In solchen Stunden offenbart sich, wie unser kritischer Denkapparat in einem Medium ins Schleudern kommt, für dessen Hochgeschwindigkeit der Apparat nie gebaut wurde. [...] Wie wäre es, wenn wir einmal Kritik fasten? Der Vorschlag mag in diesen hochpolitisierten Tagen absurd wirken. Aber gerade jetzt ist weniger mehr. [...] Und für die Zukunft brauchen wir neue Formen der Kritik, die für die schmutzige Realität der sozialen Medien gewappnet sind. Bildungssysteme sind langsam, langsamer als das Internet. Sie brauchen Zeit, um sich an neue Gegebenheiten anzupassen. [...] Wie sähe eine kritische Bildung fürs Netzzeitalter aus? Man müsste sie erfinden.

Lars Weisbrod, DIE ZEIT, Nr. 12 vom 16. März 2017, S. 68 f.

Aufgaben

1. Arbeiten Sie die wesentlichen Aussagen von M8 zum Umgang der Nutzer mit dem Internet heraus.
2. Klären Sie, welche Fragen zur Internetnutzung am Ende der Quelle M8 thematisiert werden. Diskutieren Sie diese Fragen.
3. Formulieren Sie schriftlich die zentrale These von M9 und erörtern Sie diese auf der Basis eigener Erfahrungen.
4. Am Ende von M9 heißt es: „Wie sähe eine kritische Bildung [in der Schule] fürs Netzzeitalter aus? Man müsste sie erfinden."
Entwerfen Sie Eckpunkte für eine solche zeitgemäße Bildung von verantwortungsbewusster Kritikfähigkeit im Internetzeitalter. Stellen Sie Ihre Ergebnisse im Kurs vor.

Fake News und Hassbotschaften in den Sozialen Medien – Was tun?

M 10 Ein Gesetz gegen Fake News und Hassbotschaften

Am 1. Oktober 2017 ist ein Gesetz in Kraft getreten, mit dem Betreiber von Sozialen Netzwerken verpflichtet werden, Fake News und Hassbotschaften schnell zu löschen.

Bundesjustizminister Heiko Maas (SPD) will Facebook und Twitter per Gesetz zwingen, besser und schneller strafbare Inhalte zu löschen. Beide Unternehmen hätten die Chance nicht genutzt, ihre Löschpraxis zu verbessern, erklärte Maas […] in Berlin.
Der SPD-Politiker stellte daher einen entsprechenden Gesetzentwurf vor. Der Entwurf hat vor allem die folgenden Punkte zum Inhalt:

- 24-Stunden-Frist: Die Unternehmen sollen verpflichtet werden, offensichtlich strafbare Inhalte innerhalb von 24 Stunden nach Eingang der Beschwerde zu löschen oder zu sperren.
- Löschberichte der Konzerne: Der Entwurf sieht eine vierteljährliche Berichtspflicht über den Umgang mit Beschwerden über strafrechtlich relevante Inhalte vor.
- Geldbußen in Millionenhöhe: Die Internetkonzerne müssen sich dem Gesetzentwurf zufolge auf Geldbußen von bis zu 50 Millionen Euro einstellen, wenn sie Hassbotschaften im Netz ignorieren.
- Verantwortliche benennen: Neben den Strafen für die Konzerne sollen auch die für Beschwerden verantwortlichen Manager ins Visier geraten. Ihnen drohen Bußen in Höhe bis zu fünf Millionen Euro, falls sie untätig bleiben.

Der Internetverband eco hatte im Jahr 2016 eine deutliche Zunahme von Beschwerden über Hasskommentare und sogenannte Fake News registriert.
„Es werden weiter zu wenige Kommentare gelöscht. Und sie werden nicht schnell genug gelöscht." […] Das größte Problem sei nach wie vor, dass Facebook und Twitter die Beschwerden ihrer eigenen Nutzer nicht ernst genug nähmen, sagte Maas. Deshalb seien gesetzliche Regelungen nötig. […]
Der Facebook-Chef sieht sich indes als Opfer von gefälschten Nachrichten. Mark Zuckerberg versicherte nun, dass das Online-Netzwerk aufrichtig die Ausbreitung gefälschter Nachrichten auf seiner Plattform stoppen wolle. „Wir sind auch ein Opfer davon, und wir wollen es nicht in unserem Service", sagte Zuckerberg am späten Montag bei einem Auftritt vor Studenten im Bundesstaat North Carolina. Vorwürfe, Facebook drücke bei den sogenannten Fake News ein Auge zu, weil die Firma von der Aufmerksamkeit und den Klicks finanziell profitiere, seien „Unsinn".

epd/dpa/rtr/les, Maas kündigt Gesetze gegen Hetze auf Twitter und Facebook an, 14.03.2017; www.morgenpost.de/politik/article209928839/Maas-kuendigt-Gesetz-gegen-Hetze-auf-Twitter-und-Facebook-an.html

M 11 Eine zustimmende Reaktion

Kommentar des „General-Anzeigers" Bonn:

Facebook und andere soziale Netzwerke haben sich lange geweigert, Verantwortung für die Inhalte ihrer Plattformen zu übernehmen. Das ist hoffentlich vorbei, wenn der Gesetzentwurf der Bundesregierung geltendes Recht wird. Heiko Maas' Entwurf eröffnet den Opfern von Falschmeldungen, Mobbingkampagnen und Hassbotschaften die Möglichkeit, sich gegen die Verbreitung solcher Meldungen zu wehren. Das ist wenig genug, aber ein Fortschritt in die richtige Richtung. Bisher waren sie auf das Gutdünken von Facebook angewiesen. Facebook verdient zwar Geld mit der Verbreitung solcher Nachrichten, entzog sich jedoch der Verantwortung, indem es die Nutzer des Netzwerkes auf umständliche Beschwerdewege schickte oder sie einfach ignorierte. Es herrschte Willkür. In Zukunft müssen die Unternehmen Transparenz schaffen, sie haben klare Fristen und ihnen drohen Strafen, wenn sie ihr zynisches Geschäft ungebremst weiter betreiben. Schon der Entwurf markiert einen wichtigen Wendepunkt. […] Dass es nötig sein würde, Twitter und Co. mit Strafen zu drohen, war schon länger klar, denn die großen Konzerne zeigten keinerlei Bereitschaft, sich selbst um die negativen Folgen ihrer Arbeit zu kümmern. Die Politik machte einen großen Bogen um das Problem, obwohl es inzwischen Kernbereiche des gesellschaftlichen Zusammenlebens unterminiert. Nach Monaten des Zauderns wird die Regierung endlich tätig.

Helge Matthiesen, Ein längst überfälliger Schritt, 15.03.2017; www.general-anzeiger-bonn.de/news/politik/deutschland/Ein-l%C3%A4ngst-%C3%BCberf%C3%A4lliger-Schritt-article3508544.html

Aufgaben

1. Fassen Sie das Gesetzesvorhaben (M10) und die damit verbundenen Zielsetzungen thesenartig zusammen.
2. Formulieren Sie schriftlich in einem kurzen begründeten Statement, wie Sie selbst zu diesem Vorhaben stehen.

M 12 Eine differenzierte Reaktion

Neben Zustimmung gibt es auch zahlreiche kritische Stimmen zum Gesetzesvorhaben:

Es hat ein paar Tage gedauert, bis Internetexperten den Gesetzentwurf gelesen und eine Haltung dazu entwickelt haben. Doch jetzt fällt ihr Urteil ziemlich einhellig aus: Maas' Gesetzentwurf ist ein Schnellschuss und eine Gefahr für die Meinungsfreiheit. Zu diesem drastischen Urteil kommen – und das macht die Sache für Maas politisch schwierig – ausgerechnet seine eigenen Experten, der Verein D64. Er ist zwar unabhängig von der SPD, steht den Sozialdemokraten nach eigenen Angaben aber nah. [...] „Der Gesetzentwurf ist unausgegoren, er missachtet zum wiederholten Male Grundsätze des Internets", kritisieren die Experten. Die Begründung: Mit der Meinungsfreiheit werde kurzer Prozess gemacht.

Soziale Netzwerke wie Facebook sollten eindeutig rechtswidrige Kommentare binnen 24 Stunden löschen, sonst drohen Bußgelder. Das aber könne dazu führen, dass Facebook proaktiv und schnell alle möglichen Kommentare lösche und sie erst danach prüfe. „Insbesondere sehen wir Upload-Filter generell sehr kritisch. Sie sind der erste Schritt in Schaffung einer Zensurinfrastruktur und schaden damit dem Ziel, Meinungsfreiheit im Internet langfristig zu sichern", sagt Laura-Kristine Krause, Co-Vorsitzende von D64.

Upload-Filter – damit meint Krause zum Beispiel eine Art Datenbank, die soziale Netzwerke aufbauen könnten. In ihr könnten etwa blutrünstige Bilder, die Nutzer hochgeladen haben, gespeichert und digital markiert werden. [...] Doch ein solches Instrument könnte in den Händen eines totalitären Staates Schaden anrichten, kritisiert auch der Verein „Reporter ohne Grenzen". Diktatoren aller Welt könnten sich derartige Auflistungen zum Vorbild nehmen, um mit ähnlichen Vorgaben gegen Journalisten und Oppositionelle vorzugehen, heißt es in einem Statement des Vereins.

Wann ist ein Inhalt bei Facebook eindeutig strafbar? Wann ist der Straftatbestand Beleidigung, üble Nachrede oder Volksverhetzung erfüllt? Reporter ohne Grenzen-Vorstandsmitglied Matthias Spielkamp fordert, dass Inhalte nur gelöscht werden dürfen, wenn unabhängige Gerichte das verlangen. Das Gesetz von Heiko Maas überlasse diese Prüfung allerdings Netzwerken wie Facebook selber. „Facebook und andere soziale Netzwerke dürfen nicht zum Hüter über die Meinungsfreiheit werden", sagt Spielkamp. „Dass ausgerechnet der Justizminister diese private Rechtsdurchsetzung in Gesetzesform gießen will, ist beschämend."

Zit. nach www.heute.de/spd-naher-verein-d64-kritisiert-gesetz-von-heiko-maas-gegen-hasskommentare-scharf-46780030.html

M 13 Eine polemische Reaktion

In einer Fotomontage der rechtspopulistischen Partei AfD wird Heiko Maas direkt angegriffen:

Quelle: AfD-Landesverband Bayern

Aufgaben

3. Stellen Sie die Argumente der beiden Quellen M11 und M12 einander gegenüber. Entwerfen Sie dazu eine geeignete graphische Darstellungsweise.
4. Zeigen Sie auf, in welcher Weise sich beide Positionen auf das Grundgesetz bzw. die darin festgeschriebenen demokratischen Grundwerte berufen!
5. Die Bildmontage M13 unterstellt Heiko Maas einen „Verfassungsbruch". Überprüfen Sie diese Behauptung mithilfe des Artikels 5 des Grundgesetzes.
6. Informieren Sie sich über die AfD, ihre Ziele und ihre Internet-Auftritte. Diskutieren Sie auf dieser Basis, weshalb die AfD den Gesetzesentwurf des Bundesjustizministers so vehement angegriffen hat.

M 14 Karikaturen zum Thema

Das Gesetzesvorhaben gegen Fake News und Hassbotschaften hat zahlreiche Karikaturisten zu unterschiedlichen Bildaussagen animiert:

Karikatur von Jürgen Janson

Karikatur von Heiko Sakurai

Karikatur von Christiane Pfohlmann

Karikatur von Martin Erl

Aufgaben

7. Analysieren Sie die vier Karikaturen und fassen Sie deren Aussagen jeweils in einem Satz zusammen.
8. Erläutern Sie, welcher Aspekt des Gesetzes jeweils kritisiert wird.
9. Führen Sie eine Pro- und Kontra-Debatte zum Thema „Zensur der Sozialen Medien" durch.
10. Verfassen Sie selbst einen Kommentar zum Thema. Vergleichen Sie diesen Kommentar mit Ihrem begründeten Statement aus Aufgabe 1.
11. Das „Netzwerkdurchsuchungsgesetz" (M10) ist mittlerweile in Kraft getreten. Informieren Sie sich über Fälle, in denen das Gesetz zur Anwendung kam, und stellen Sie Ihr Ergebnis vor.
12. Fassen Sie in einer Gruppen-Mindmap Chancen und Probleme der Politikvermittlung durch Medien in einer Demokratie zusammen.

Liberté de la Presse
Die Pressefreiheit ist ein Erbe der Französischen Revolution und unverzichtbarer Bestandteil der Demokratie. 1795 erklärte der Konvent das Recht auf freie Meinungsäußerung, besonders der Presse, zeitgenössische Radierung.

2. Medien in diktatorischen und autokratischen Staaten: die Beispiele China und Türkei

Medienpolitik und gesellschaftliche Entwicklung

Medien, das jeweilige politische System und die Entwicklung von Staaten und Gesellschaften stehen in einer engen Wechselwirkung. Für die Durchsetzung von Demokratie und Menschenrechten in Europa waren Pressefreiheit und ein breites Medienspektrum wesentliche Voraussetzungen. Diese Entwicklung begann mit der Vermittlung der Aufklärungsideen im 18. und 19. Jahrhundert und setzte sich im folgenden Jahrhundert fort, sodass heute als Aufgaben der Medien bei den politischen Akteuren und bei den Medienvertretern selbst die unabhängige Information, die Kommentierung auch des staatlichen Handels und die Sicherung des demokratischen Systems fest verankert sind. Die Zeit des Nationalsozialismus, in der die Medien – wie viele andere Bereiche auch – einer rigorosen staatlichen Kontrolle unterworfen waren, hat die Sensibilität für die Erhaltung der Freiheit der Medien in der Bundesrepublik und in anderen demokratischen Staaten eher noch vergrößert. Heute gibt es in den demokratischen Ländern eine ausdifferenzierte Medienlandschaft, die sich als „vierte Gewalt" im Staat fest etabliert hat und diese Position, mit Zustimmung der Bevölkerung, auch selbstbewusst beansprucht und verteidigt.

Im Unterschied dazu betreiben autokratische und diktatorische Staaten eine gezielte Medienpolitik, in der die Kontrolle und die Instrumentalisierung der Medien zum Machterhalt im Mittelpunkt stehen. Das wird umso leichter durchsetzbar, je weniger gefestigt demokratische Strukturen in der jeweiligen Gesellschaft ausgeprägt bzw. historisch gewachsen sind. Dies kann an einem vergleichenden Blick auf die Funktion der Medien in der Bundesrepublik, in China und der Türkei aufgezeigt werden.

China: Kommunistische Parteidiktatur und Kapitalismus?

In der Volksrepublik China herrscht seit 1949 ununterbrochen eine kommunistische Kaderpartei. Dies bedeutet, dass die Medien dort seit vielen Jahrzehnten einer strikten Kontrolle unterworfen sind. Eine breitere gesellschaftliche Bewegung für den Erhalt der Presse- und Medienfreiheit, wie sie beispielsweise in der Türkei beobachten werden kann, ist in China nicht zu verzeichnen. Vielmehr wird die Kontrolle der Presse, des staatlichen Fernsehens und vor allem der neuen Medien von den Machthabern dazu genutzt, die Bevölkerung zu indoktrinieren und den freien Zugriff auf Informationen von außerhalb Chinas zu verhindern. Nach dem Untergang der kommunistischen Staaten Osteuropas ist der Machterhalt der chinesischen KP in einer globalisierten Welt zum zentralen Ziel dieser Führungskader geworden. In der momentanen Situation Chinas, wo sich wirtschaftliche Freiheiten und individuelle Konsummöglichkeiten eines wachsenden Mittelstandes einerseits und nach wie vor strenge politische Kontrolle und Ausschluss von politischer Mitwirkung andererseits entgegenstehen, ist deshalb vor allem das Internet im Fokus der politischen Führung.

Medienfreiheit in China: Verfassung und Wirklichkeit

Die chinesische Verfassung von 2004 garantiert die „Freiheit der Rede [und] Publikation", doch in der Praxis ist dies stark eingeschränkt. Die „öffentliche Ordnung" sowie „die Sicherheit, die Ehre und die Interessen des Vaterlandes" dürfen

Chinesischer Internetpolizist
JingJing ist die Comicfigur eines chinesischen Internetpolizisten, der User vor dem Besuch bestimmter Webseiten warnt und zur Einhaltung der staatlichen Gesetze ermahnt.

durch Medienberichte nicht in Frage gestellt werden. Zudem ist die Veröffentlichung von „Staatsgeheimnissen" streng unter Strafe gestellt, wobei das im Zweifelsfall bedeuten kann, dass alle vom chinesischen Staat nicht freigegebene Informationen nicht veröffentlicht werden dürfen. Außerdem geben staatliche Stellen Richtlinien aus, welche Nachrichten in den Medien prominent zu platzieren sind und worüber nicht recherchiert werden darf. Absolute Tabus sind Berichte über die drei T: Tibet, Taiwan, Tiananmen.

Zeitung und Fernsehen in China: Unterhaltung statt Information

Die Vielzahl von Printmedien und Fernsehprogrammen auf dem umkämpften privaten Markt kann nicht darüber hinwegtäuschen, dass auch hier staatliche Kontrolle herrscht, allerdings eher durch Ausblenden politischer Themen. Dafür spielen Unterhaltung und mittlerweile auch Werbung eine zentrale Rolle. Eigens produzierte Spielfilme und Serien werden eingesetzt, um den Patriotismus zu steigern oder politische Maßnahmen populär zu machen.

Das Internet in China: Kampf gegen die Globalisierung im Netz

Gegenüber den weit über 100 Millionen Internetnutzern in China bedient sich der Staat einer Doppelstrategie: Das Netz wird genutzt, um eigene Positionen zu verbreiten, zugleich wird mit unvorstellbarem Aufwand versucht, unerwünschte Inhalte zu zensieren. Chinas „Golden Shield Projekt" soll das sicherstellen: Filtersoftware, Blockaden bestimmter server und websites (z.B. Wikipedia) und deren Ersetzung durch chinesische Seiten, Internetpolizei und das Bestreben, die freie Nutzung sozialer Netzwerke (YouTube, Twitter, Facebook) zu unterbinden, sind hier zu nennen. Inwieweit dieser Kampf gegen eine freie Mediennutzung erfolgreich ist, wird die Zukunft zeigen.

Die Türkei: vom säkularen Staat zur islamischen Autokratie?

In der Türkei scheint die Medienfreiheit nicht stabil verankert zu sein, wohl auch weil die Ansätze zur Modernisierung und Säkularisierung nach dem Ende des ersten Weltkriegs durch den Staatspräsidenten Kemal Atatürk sehr rasch und ausschließlich von oben erfolgten. Zwar wurde die 1923 gegründete Türkei ein laizistischer Staat, in dem per Verfassung Staat und Religion streng getrennt bleiben und Pressefreiheit garantiert ist, doch entwickelten sich seit Beginn des 20. Jahrhunderts sehr heterogene gesellschaftliche Milieus: eine städtische, an westlichen Vorstellungen auch von Mitsprache und Meinungsfreiheit ausgerichtete Elite und eine immer noch religiös geprägte Landbevölkerung, für die Demokratie und Medienfreiheit kaum von Bedeutung waren und sind. Parallel zur Entstehung einer bürgerlich-anatolischen Mittelschicht in den letzten Jahrzehnten konnte die neu gegründete AKP unter Recep Tayyip Erdogan schrittweise zur Macht gelangen. Nun werden die Medien gezielt genutzt, um nationaltürkische und islamisch geprägte Vorstellungen zu vermitteln, kritisch berichtende Journalisten und politische Gegner auszuschalten und die Position des Regierungschefs Erdogan populistisch abzusichern.

Der Angriff der AKP auf die Medienfreiheit in der Türkei

Die Garantie der Pressefreiheit ist ein wesentliches Kriterium für einen Beitritt zur Europäischen Union. Seit 1999 hat die Türkei den Status eines Beitrittskandidaten, doch die damit verbundenen Hoffnungen der EU-Staaten auf eine Verbesserung

---

Info

Die Internetseite www.china-insider.de listet folgende Internetseiten auf, die in China 2017 gesperrt bzw. zensiert waren:

Gesperrte Seiten:

Youtube, Twitter, Facebook, Flickr, Wikipedia, Amnesty International, Radio Free Asia, Voice of America, die chinesische Ausgabe von BBC News, eine Reihe von Seiten zum Thema Tibet, einige chinesische Studentenforen

Manipulierte Seiten:

Microsoft, Apple, Yahoo, Google

Manipulieren meint hier, dass der Inhalt des Internet so angezeigt wird, wie er von der chinesischen Regierung gebilligt ist. Google.com und Google.cn zeigen also verschiedene Ergebnisse an, zumindest was kritische Keywords angeht.

Info

AKP

Die AKP (deutsch: Partei für Gerechtigkeit und Aufschwung) ist nach eigener Auffassung eine „konservativ-demokratische" Partei. 1998 wurde der jetzige AKP-Vorsitzende Erdogan wegen des Zitats „Die Demokratie ist nur der Zug, auf den wir aufsteigen, bis wir am Ziel sind", rechtskräftig verurteilt. Schon ein Jahr nach ihrer Gründung im Jahr 2001 konnte die AKP bei den Parlamentswahlen die absolute Mehrheit der Stimmen erringen Mit dem gescheiterten Militärputsch 2016 und dem Erfolg bei einem Verfassungsreferendum verstärkte sich das gezielte Vorgehen der Regierung gegen Journalisten und Medien.

Can Dündar
Türkischer Journalist und Buchautor. Er wurde im Mai 2016 der Veröffentlichung von Staatsgeheimnissen für schuldig befunden und zu einer mehrjährigen Freiheitsstrafe verurteilt. Dündar legte Revision ein, das Urteil ist bislang nicht rechtskräftig.

Info

Anti-Terror-Gesetz

Das Anti-Terror-Gesetz, seit 1991 in Kraft und wiederholt reformiert, definiert Terrorismus als organisierten, gewalttätigen oder gewaltandrohenden Akt mit der Zielsetzung, die „Charakteristika der Republik" zu verändern, die „unteilbare Einheit des Staates mit seinem Territorium und seiner Nation" zu zerstören, „fundamentale Rechte und Freiheiten" abzuschaffen oder die „interne und externe Sicherheit des Staates, der öffentlichen Ordnung oder allgemeinen Gesundheit" zu schädigen. Die Verbreitung von Informationen, die als „terroristische Propaganda" eingestuft werden, ist strafbar.

Fethullah Gülen
Kopf der weit verbreiteten, finanzkräftigen „Gülen"-Bewegung mit über 4 Millionen Mitgliedern, lebt in den USA. Er sieht seine Bewegung als Teil eines aufgeklärten Islams. Andere sprechen von einer sektenartigen Organisation.

der journalistischen Arbeitsbedingungen in der Türkei sowie auf freie Berichterstattung in Rundfunk, Fernsehen und Zeitungen haben sich nicht erfüllt. Vielmehr wird durch die türkische Regierung die Medienlandschaft zunehmend kontrolliert. Dass diese autoritäre Medienpolitik unter Präsident Erdogan durchsetzbar ist, liegt auch an – im Vergleich zu demokratischen Staaten wie der Bundesrepublik – unterschiedlichen Rahmenbedingungen.

Aushöhlung der Pressefreiheit

Zwar ist laut türkischer Verfassung die Pressefreiheit gewährt, aber Nachrichten, die die innere und äußere Sicherheit des Staates gefährden, die Einheit von Staatsgebiet und Staatsvolk bedrohen oder zur Begehung einer Straftat, zu Aufstand oder Aufruhr auffordern, sind unter Strafe gestellt. Damit eröffnen sich Regierung und Justiz große Möglichkeiten, die Pressefreiheit einzuschränken. Der türkische Literaturnobelpreisträger Orhan Pamuk beispielsweise, der über den von türkisch-osmanischenen Soldaten 1915 und 1916 begangenen Genozid an den Armeniern geschrieben hatte, wurde wegen „öffentlicher Herabsetzung des Türkentums" strafrechtlich verurteilt. Bis heute werden auf der Basis dieser Rechtsgrundlagen immer wieder zahlreiche Fernsehsender und Zeitungsverlage geschlossen.

Wirtschaftliche Verbindungen von Großindustrie und Medien

Bis vor kurzem gab es in der Türkei eine bunte Medienlandschaft mit beispielsweise 55 nationalen Tageszeitungen. Seit einiger Zeit ist jedoch zu beobachten, dass sich große, regierungsnahe Wirtschaftsunternehmen im Mediensektor engagieren und dort investieren. Diese Verflechtungen erschweren die unabhängige journalistische Arbeit zusätzlich, da diese Großkonzerne aus wirtschaftlichen Gründen an guten Beziehungen zur Regierung interessiert sind. Auch der Staat selbst nutzt, in enger Verbindung mit den Justizbehörden, seine wirtschaftspolitischen Machtmittel, um regierungskritische Medien zu zerschlagen: Eine extrem hohe Strafe wegen Steuerhinterziehung zwang beispielsweise den Medienkonzern Dogan Media Group 2011, die auflagenstarke Zeitung Milliyet sowie den Fernsehsender Star TV zu verkaufen.

Das Anti-Terror-Gesetz

Anti-Terror-Gesetze wurden nach dem Aufkommen des internationalen Terrorismus von vielen Staaten verabschiedet und auch die Türkei wurde wiederholt Ziel terroristischer Anschläge. Die Besonderheit in der Türkei ist jedoch die Anwendung eines derartigen Gesetzes auf Regierungskritiker, vor allem Journalisten, durch eine Justiz, die eng mit der Ministerialbürokratie verflochten ist. Zudem wurden viele Richter und Staatsanwälte nach dem Putschversuch von 2016 als vermeintliche Anhänger der Gülen-Bewegung, die für den Putsch verantwortlich gemacht wurde, aus dem Staatsdienst entfernt. So konnten in zahlreichen Gerichtsverfahren Journalisten zu langjährigen Haftstrafen verurteilt werden, schon wenn sie über Terroranschläge berichteten. Zudem geht von diesen Urteilen auch eine einschüchternde Wirkung aus. Die Organisation „Reporter ohne Grenzen" stufte die Türkei deshalb 2017 in der Rangliste der Pressefreiheit auf Rang 155 von 180 untersuchten Staaten ein; Schlusslicht ist Nordkorea.

Pressefreiheit in China und Deutschland – unterschiedliche Einschätzungen erkennen

M 1 Deutsch-chinesisches Journalistentreffen

Die „Frankfurter Allgemeine Zeitung" berichtet über den deutsch-chinesischen Mediendialog:

Shen Weixing sieht in China eine schöne, grüne Wiese. Doch die deutschen Medien, beklagt er, würden den Blick immer nur auf die Bakterien im Gras richten, statt über das satte Grün zu berichten. „Teilwahrheiten" nennt der stellvertretende Chefredakteur der Zeitung „Guangming Daily" das. Und fordert: Die Deutschen sollten nur über „konstruktive Wahrheiten" berichten. Schließlich betonten die chinesischen Medien in ihrer Berichterstattung über Deutschland ja auch das Positive. Die „Gesamtwahrheit" nennt Shen das.
Der Vorwurf ist nicht neu, er wird seit Jahren von Peking erhoben. Doch die Vehemenz, mit der er beim sechsten deutsch-chinesischen Mediendialog in Peking wiederholt wird, nicht nur von Herrn Shen, sondern von verschiedenen Rednern in immer neuen Variationen, ist ein gezielter Affront. Eine Demonstration der Stärke. Denn eigentlich hatten sich das Auswärtige Amt in Berlin und das Presseamt beim Staatsrat der Volksrepublik China auf eine ganz andere Agenda verständigt. „Moderne Journalistenausbildung" und „Qualitätskontrolle von Nachrichten in der neuen Medienära" lauten die – bewusst unverfänglich formulierten – Themen, über die sich die deutschen und chinesischen Medienvertreter in der vergangenen Woche in Peking austauschen sollten. Aber geht das überhaupt? Ein Dialog zwischen freien Medien und gelenkten Staats- und Parteiorganen?
Beispiel „Fake News": Der Umgang mit gefälschten Nachrichten, so heißt es an diesem Tag immer wieder, sei eine gemeinsame Herausforderung, der China und Deutschland gleichermaßen begegnen müssten. Wirklich? Kritische Wortmeldungen im Internet werden in China als „Verbreitung von Gerüchten" kriminalisiert. Gleichzeitig setzt Peking im großen Stil Trolle im Internet ein, um die öffentliche Meinung zu beeinflussen. Sichtlich genervt lässt die chinesische Delegation deutsche Redebeiträge über eine mündige Öffentlichkeit und die Bedeutung glaubwürdiger, unabhängiger Medien über sich ergehen. „Wir sehen hier heute, dass die deutschen Medien auf China herabsehen", sagt Jiang Heping vom Staatssender CCTV. [...]
[Immer wieder] wird auf angeblich umfangreiche „Kooperationen" mit deutschen und internationalen Medien oder gar mit den „besten Journalistenschulen der Welt" verwiesen [...] Man arbeite in Deutschland mit dem ZDF, der ARD und dem Bayerischen Rundfunk zusammen, wird vollmundig berichtet. Auf Nachfrage heißt es, man strahle deutsche Kinderprogramme aus und tausche Aufnahmen von Musikveranstaltungen aus. In den vergangenen zwei Jahren sei die Zusammenarbeit aber „ehrlich gesagt" etwas eingeschlafen.
Nicht erwünscht sind hingegen die Berichte der Deutschen Welle, deren Programme und Webseiten in China gesperrt sind. [...]. Vielleicht sei es das Problem der Deutschen Welle, dass sie sich nicht an die chinesischen Gesetze halte, sagt Gastgeber Guo Weimin, der stellvertretende Leiter des Presseamtes beim chinesischen Staatsrat. Wie so oft in solchen Fällen bemüht er das Bild vom „Entwicklungsland" China, das in anderen Zusammenhängen gern Augenhöhe mit den Vereinigten Staaten einfordert. In einem Entwicklungsland, so Guo, sei es wichtig, „ein positives Meinungsumfeld zu schaffen". Das wolle auch die chinesische Bevölkerung.
„Wollen Sie wissen, warum die Deutsche Welle in China gesperrt ist?", fragt in der Pause Liu Jiawen, der stellvertretende Online-Chef von Xinhua. Man sei noch immer „gekränkt", weil „die deutschen Medien" 2008 zum Boykott der Olympischen Spiele in Peking aufgerufen hätten, obwohl man sich doch seinerzeit geöffnet habe. Außerdem fürchte die chinesische Regierung sich vor Umsturzbewegungen. Schließlich habe sich bei den Umbrüchen in der arabischen Welt die schädliche Wirkung von „Gerüchten" gezeigt. Es klingt, als wolle er sagen, die Deutsche Welle produziere „Fake News".

Friederike Böge, Medien in China: Schreiben Sie die „Gesamtwahrheit"!, 24.01.2017; www.faz.net/aktuell/feuilleton/medien-in-china-fordern-schreiben-sie-die-gesamtwahrheit-14735876.html

Aufgaben

1. Arbeiten Sie die unterschiedlichen Vorstellungen der deutschen und chinesischen Pressevertreter von der Funktion der Presse bzw. der Medien heraus. Zeigen Sie auf, inwiefern diese unterschiedlichen Vorstellungen auch mit den unterschiedlichen politischen Systemen in beiden Staaten in Verbindung zu bringen sind.
2. Informieren Sie sich zum Thema staatlich beauftragte „Trolle im Internet" und stellen Sie Ihre Ergebnisse der Klasse vor.

M 2 Menschenrechte versus Wirtschaftsbeziehungen?

Beide Karikaturen von Jürgen Tomicek

Aufgaben

3. Beschreiben und interpretieren Sie die beiden Karikaturen M2.
4. Überprüfen Sie die in den Karikaturen M2 formulierte Kritik an der Regierung der Bundesrepublik und problematisieren Sie das Verhältnis von Außenhandelspolitik und Menschenrechtspolitik am Beispiel Bundesrepublik-China.
5. Recherchieren Sie, inwiefern „Tibet, Taiwan, Tiananmen" (vgl. Autorentext, Seite 148) in der staatlich kontrollierten Medienberichterstattung Chinas absolute Tabus sind.

Big Data in China – ein Fallbeispiel untersuchen

M 3 Digitale Punkte zur Menschenerziehung

Der folgende Text ist ein längerer Auszug einer mehrseitigen Zeitungsreportage aus der „Süddeutschen Zeitung" vom 20./21. Mai 2017, die Motive und Maßnahmen der chinesischen Regierung beleuchtet, um mithilfe modernster Informationstechnologie den Einzelnen und die Gesellschaft nicht nur zu kontrollieren, sondern auch zu formen.

Es ist doch ganz einfach, sagt der Pekinger Professor [Zhang Zheng]. „Es gibt gute Menschen, und es gibt schlechte Menschen. Nun stell dir eine Welt vor, in der die Guten belohnt und die Schlechten bestraft werden." Eine Welt, in der der
5 eine stets den Vortritt hat, weil er Vater und Mutter ehrt, immer über den Zebrastreifen geht und alle seine Rechnungen bezahlt. In der ein solcher Mensch im Zug ein Bett der „Weich schlafen"-Klasse kaufen darf und bei der Bank Kredit bekommt, der andere aber nicht: der Nachbar, der
10 bei der Hochschulaufnahmeprüfung geschummelt hat, der raubkopierte Filme herunterlädt und dessen Frau trotz Ein-Kind-Politik gerade ein vom Staat unerwünschtes Kind zur Welt gebracht hat.
Eine Welt, in der ein digitaler Mechanismus mehr weiß über
15 dich als du selbst. Ein Mechanismus, der dir dabei helfen kann, dich zu bessern, weil er dir zu jedem Zeitpunkt genau sagt, was du tun kannst, um doch noch ein Ehrlicher, ein Vertrauenswürdiger zu werden. Sag, wäre das nicht eine gerechte, eine harmonische Welt?
20 Ehrlichkeit. In Shanghai gibt es dafür jetzt eine App. „Ehrliches Shanghai". Du lädst sie herunter. Dann meldest du dich an. Die App scannt dein Gesicht. Erkennt dich. Und ruft die Daten ab. Im Moment könne sie pro Bürger exakt 5198 Einzelinformationen von insgesamt 97 Ämtern und Behör-
25 den liefern, teilt die Shanghaier Kommission für Wirtschaft und Information mit. Das ist die Behörde, bei der die Daten zusammenlaufen; sie hat die App vorgestellt. Stromrechnung bezahlt? Blut gespendet? Aber mit den Steuern im Rückstand? Schwarz mit der U-Bahn gefahren? Die App
30 speist dein Handeln ein. Rechnet. Und spuckt das Resultat deiner Einträge aus: Gut. Ohne Kommentar. Oder schlecht. [...] Die App ist eine Spielerei, freiwillig. Die Teilnahme am System, das dahinter steht, ist es nicht. „System für soziale Vertrauenswürdigkeit", so heißt es offiziell. Jener digitale
35 Mechanismus, der in ganz China für jeden einzelnen Bürger bis zum Jahr 2020 Wirklichkeit werden soll. In Shanghai erfasst er schon jetzt jeden einzelnen Bürger. Shao Zhiqing von der Wirtschafts- und Informationskommission legt Wert auf die Feststellung, dass es nicht seine Behörde ist, welche die Menschen bewerte. Das, sagt er, machen die
40 Drittanbieter, denen sie die Daten nur weiterreichen. Die Algorithmen bewerten, entscheiden über gut oder schlecht. Das System, das die Daten liefert, werde China allerdings ohne jeden Zweifel verändern. „Erst einmal geht es uns um die Frage: Bist du ein vertrauenswürdiger Mensch?", sagt
45 Shao. „Es geht um die Ordnung des Marktes. Und letztlich geht es um nicht weniger als um die Ordnung der Gesellschaft." [...]
China probiert gerade etwas komplett Neues. Eine Gesellschaft, wie sie die Welt so noch nie gesehen hat. Eine Dik-
50 tatur, die sich digital neu erfindet. Die den Menschen bis in den letzten Winkel seines Gehirns durchleuchtet. Mithilfe von Big Data. Und ihn dann bewertet, nach Wohlverhalten, und zwar mithilfe von Computerprogrammen, in jedem Augenblick seines Daseins. Ein jeder Bürger erhält einen Be-
55 wertungsstempel aufgedrückt, der seine neue Identität wird, der letztlich über seine Teilhabe am Alltagsleben und über seinen Zugang zu gesellschaftlichen Ressourcen entscheidet.
[...] In Deutschland, sagt [Zhang Zheng], habe man doch
60 auch ein Auskunftssystem, mit dem Banken und Unternehmen die Kreditwürdigkeit eines Antragstellers überprüfen. Die Schufa? Stimmt, Schufa, sagt er. Jetzt stellen Sie sich eine Schufa vor, bloß größer. Also viel größer. Eigentlich: allumfassend. „Natürlich ist Ihr Umgang mit Geld wichtig.
65 Also, ob Sie Ihre Schulden pünktlich bezahlen." Zhang blickt den Reporter an. „Wie Sie aber Ihre Eltern behandeln und Ihren Ehepartner, all Ihr soziales Handeln, ob und wie Sie moralische Regeln einhalten – sagt das nicht auch Entscheidendes aus über Ihre Vertrauenswürdigkeit?"
70 Rongcheng, sagt der Professor dann „Rongcheng. In der Provinz Shandong. Fabelhaft." Eine kleine Stadt an Chinas Ostküste. 670 000 Einwohner. Ein Schwanenreservat. Ein Atomkraftwerk. Ein Amt für Ehrlichkeit. Ein Amt für was? „Das Amt für Ehrlichkeit in Rongcheng. Fahren Sie hin.
75 Schauen Sie sich das mal an. Pioniere sind das." [...]
Dann erklärt er das System. Jedes Unternehmen und jeder Bürger [...] nimmt teil. Jeder wird bewertet. Jederzeit. Dafür erhält er ein Punktekonto. In Rongcheng etwa startet einer mit 1000 Punkten. Dann kann er sich verbessern. Oder ver-
80 schlechtern. Wird hochgestuft oder abgewertet. Du kannst

ein AAA-Bürger sein („Vorbild an Ehrlichkeit", mehr als 1050 Punkte). Oder ein AA („Ausgezeichnete Ehrlichkeit"). Du kannst aber auch abrutschen zu einem C mit unter 849 Punkten, „Warnstufe". Oder gar zu einem D mit weniger als 599 Punkten, also „unehrlich". In dem Fall kommt dein Name auf eine schwarze Liste, die Öffentlichkeit wird informiert, du wirst zum „Objekt signifikanter Überwachung". So steht's im Handbuch der „Verwaltungsmaßnahmen zur Vertrauenswürdigkeit natürlicher Personen" der Stadtverwaltung Rongcheng. [...]

Warum [dieser Versuch in] China? „Unsere Gesellschaft ist noch unreif, unser Markt chaotisch", sagt Professor Zhang Zheng. Er nennt Landflucht und Verstädterung, die sozialen und wirtschaftlichen Umwälzungen der letzten Jahrzehnte. Tatsächlich steckt China in einer Vertrauenskrise. Jeder misstraut jedem. „Der Ehrliche ist der Dumme", so beschrieb Wang Junxiu vor vier Jahren die Stimmung im Land, Wang war einer der Autoren eines Berichtes der chinesischen Akademie für Sozialwissenschaften (CASS) über den „Seelenzustand der chinesischen Gesellschaft" [...] Betrüger werden nicht zur Rechenschaft gezogen, die Staatsmacht selbst verletzt das Gemeinwohl. Der CASS-Bericht stellte fest, der Gesellschaft fehle ein Schiedsrichter, der Fairness garantiert. Und schlug als Lösung den Ausbau des Rechtsstaates vor. 2013 war ein Jahr, in dem solche offenen Worte noch möglich waren. Das Jahr, in dem im Netz der Aufsatz eines bekannten Pekinger Soziologen herumgereicht wurde, in dem es hieß: „Ein Land, in dem selbst Lehrer und Mönche korrupt sind, ist bis in den Kern verrottet." Es war aber auch das Jahr, in dem der neue Partei- und Staatschef Xi Jinping sein Amt aufnahm. Xi erkannte die Herausforderung: ein kompletter Vertrauensverlust, der die Herrschaft der KP zu untergraben droht und zugleich einem verträglichen Ausbau des Marktes in China im Wege steht, ein fortgesetztes Wirtschaftswachstum gefährdet. Giftige Lebensmittel, verseuchte Umwelt, Pfusch am Bau – in Chinas Wildwest-Kapitalismus rechtfertigt der Profit noch immer fast jede Schandtat.

Zum Rechtsstaat allerdings hat der Staatschef ein eigenes Verhältnis. Er schätzt ihn vor allem als „Griff des Messers in der Hand der Partei". Eine unabhängige Justiz ist seine Sache nicht. Er begegnete der Herausforderung auf andere Art. [...]

Big Data und der immer weiter wachsende digitale Kosmos sollen die Informationen liefern, dazu kommt noch das Internet der Dinge. Die Leihradfirma Ofo etwa stellte im Mai ihr neuestes Fahrradmodell vor und verkündete stolz, der Datensender des Rads übermittle in Echtzeit nicht nur das Bewegungsprofil, sondern auch „die Körperhaltung" das Radlers an die Cloud. Jäger und Richter im System ist bei alldem der nie ruhende Algorithmus, der alle digitalen Informationen ununterbrochen sammelt, einordnet, bewertet. Die Richtlinien führen im Punkt „Beschleunigung der Bestrafungssoftware" aus, das Ziel sei „die automatische Verifizierung, die automatische Überwachung und die automatische Bestrafung" eines jeden Vertrauensbruchs. Egal wo, egal zu welchem Zeitpunkt. [...]

In China denken manche schon weiter. Vielleicht müsse man in einigen Jahrzehnten gar nicht mehr über das System und seine Regeln sprechen, hatte in Shanghai Zhao Ruiying gesagt, als Abteilungsleiterin zuständig für die Umsetzung des Systems in der Stadt. „Vielleicht gelangen wir an einen Punkt, an dem keiner es mehr wagt, an einen Vertrauensbruch zu denken. Ein Punkt, an dem keiner mehr überhaupt auf die Idee kommt, unserer Gemeinschaft zu schaden. An dem Punkt wäre unsere Arbeit getan." [...]

Kai Strittmatter, Schuld und Sühne. „Süddeutsche Zeitung" vom 20./21. Mai 2017, Seite 11–13

M 4 Das Ratingsystem

Das dargestellte Punktesystem stammt aus dem Pilotprojekt der Stadt Rongcheng in der Provinz Shandong. Bis zum Jahr 2020 will China ein solches „System der sozialen Vertrauenswürdigkeit" landesweit einführen.

System der Ab- und Aufwertung. Jeder Bürger startet mit 1000 Punkten

Charakter-Rating	
AAA (vorbildliche Ehrlichkeit)	1050 Punkte und mehr
AA (ausgezeichnete Ehrlichkeit)	1049–1030 Punkte
A (ehrlich)	1029–960 Punkte
B (relativ ehrlich)	959–860 Punkte
C (Verwarnung)	859–600 Punkte
D (unehrlich)	599 Punkte und weniger

Beispiele für Sanktionen und Belohnungen

Sanktionen	Belohnungen
■ kein Schnellzug erster Klasse	■ keine Kaution bei Leihfahrrädern
■ kein Zugang zu Flugzeugen	■ gute Beförderungschancen im Beruf
■ keine Ausreise aus China	■ Rabatte im Internet
■ Einschränkungen beim Hauskauf	■ günstige Kredite bei Banken
■ keine teuren Schulen für die Kinder	■ billige Flugreisen

Beispiele für schlechte Taten	
auf öffentlichem Rasen einen Hundehaufen hinterlassen	–5 Punkte
Seine alten Eltern nicht gut behandeln, sich nicht um sie kümmern	–50 Punkte
Verstoß gegen Familienpolitik (z. B. ein Kind zu viel)	–50 Punkte
„Gerüchte" und „negative Informationen" im Internet verbreiten	–50 Punkte
„illegale religiöse Aktivität" (z. B. Falungong praktizieren)	–100 Punkte

Beispiele für gute Taten	
Blut spenden	+5 Punkte
Geld anderer Leute finden und zurückgeben (bei mehr als 5000 Yuan)	+5 Punkte
Knochenmark spenden	+50 Punkte
Geld spenden für „guten Zweck", mehr als 5000 Yuan	+50 Punkte
Eine Auszeichnung vom Staat bekommen (z. B. „Held der Arbeit")	+100 Punkte

Datenquelle: „Süddeutsche Zeitung" vom 20./21. Mai 2017, Seite 12–13

Aufgaben

1. Arbeiten Sie aus der Reportage M3 heraus, welche Ziele die chinesische Regierung mit diesem Programm verfolgt und welche Motive dafür genannt werden.
2. Diskutieren Sie, inwiefern die Kontrolle der Neuen Medien für die Verwirklichung dieses Projekts unabdingbar ist.
3. Stellen Sie Punkte dieses Projekts heraus, die mit unseren gesellschaftlichen Wertvorstellungen, der freiheitlich-demokratischen Grundordnung des Grundgesetzes sowie der Rolle der Medien als „Vierte Gewalt im Staat" nicht vereinbar sind.
4. Untersuchen Sie die Tabellen in M4 und zeigen Sie auf, dass hier durch Sanktionen und Belohnungen tatsächlich eine „Erziehung" des chinesischen Bürgers vorgenommen werden soll.

Der Umgang mit der Pressefreiheit in der Türkei – Presseartikel auswerten

M 1 Justiz gegen Presse

Im „Amnesty Journal", der von der Menschenrechtsorganisation Amnesty International herausgegebenen Zeitschrift, wird das Vorgehen der türkischen Justiz gegen kritische Medien beleuchtet.

„Tutuklu" – „Verhaftet". Mit dieser Schlagzeile erinnerte die regierungskritische Internetzeitung „Diken" Anfang März [2017] an mehrere Journalistinnen und Journalisten, die in der Türkei in Haft sitzen. Zu ihnen gehören auch der Investigativjournalist Ahmet Sik und Kadri Gürsel, Kolumnist der Tageszeitung „Cumhuriyet". Beiden wird die Unterstützung terroristischer Organisationen vorgeworfen.

„Tutuklandik" – „Wir sind verhaftet" lautet zudem der türkische Titel eines Buches von Can Dündar aus dem Jahr 2016. Der ehemalige Chefredakteur der „Cumhuriyet" wurde 2015 zusammen mit dem Hauptstadtbüroleiter der Zeitung, Erdem Gül, festgenommen. Dündar war drei Monate in Untersuchungshaft und wurde später wegen Geheimnisverrats zu mehreren Jahren Gefängnis verurteilt. In seinem Buch prangert er nicht nur die eigene Festnahme an, sondern auch eine Inhaftierung in einem viel weiteren Sinne: die „immer schwerer und länger werdende Inhaftierung der Gesellschaft" durch die islamisch-konservative AKP-Regierung.

Die Verhaftung von Medienschaffenden ist inzwischen zu einem Gradmesser für die staatliche Repression geworden, die Oppositionellen in der Türkei entgegenschlägt. [...]

„Diese Situation ist leider nicht neu", sagt Baris Yilmaz [Name geändert], „die Pressefreiheit hatte es in der Türkei nie einfach." Der Fotojournalist [...] hat in den vergangenen zwei Jahren regelmäßig von den Kämpfen zwischen dem türkischen Militär und der Kurdischen Arbeiterpartei PKK im Südosten der Türkei berichtet. Auch er geriet durch seine Arbeit in das Visier der Behörden.

Das Jahr 2016 war für ihn und seine Kollegen eines der schwierigsten Jahre seit langem. Nach Angaben des unabhängigen Nachrichtennetzwerks „Bianet" stieg die Zahl der Inhaftierungen von 31 auf 131. Insgesamt 29 Rundfunkverbote wurden verhängt, 179 Internet- und Printmedien geschlossen und 788 Presseakkreditierungen annulliert.

Die Vorwürfe lauten meist „Beleidigung" von staatlichen Organisationen sowie Unterstützung oder Propaganda für eine „illegale oder terroristische Gruppierung". [...]

Die Zahl der Inhaftierungen ist auch deshalb so hoch, weil die türkische Regierung ihre Machtposition gegenüber der Justiz ausbauen konnte. Bereits am Tag nach dem Putschversuch [vom 15.7.2016] wurde rund ein Fünftel der türkischen Richterschaft abgesetzt oder suspendiert. Im Februar 2017 kamen weitere 227 Juristinnen und Juristen hinzu. Nach Angaben der staatlichen Nachrichtenagentur Anadolu stieg die Zahl damit auf 3886 suspendierte Richter und Staatsanwälte. [...]

Ein Beispiel für diesen Machtkampf: Im Jahr 2013 erhob die Justiz weitreichende Korruptionsvorwürfe gegen Personen im Umkreis des damaligen Premierministers Recep Tayyip Erdogan, darunter die Söhne mehrerer AKP-Minister. Erdogan sprach von einem „Putsch der Justiz" und machte Fethullah Gülen dafür verantwortlich. Die Krise resultierte in einer Reform des Hohen Rats der Richter und Staatsanwälte (HSYK), ein wichtiges Gremium der türkischen Justiz. Der Rat kann Richter und Staatsanwälte befördern oder Disziplinarmaßnahmen einleiten. Durch die Reform ist der Einfluss von Justizminister und Präsident auf den Rat vergrößert worden. [...]

Nils Muiznieks, Menschenrechtskommissar des Europarats, äußerte im Februar [2017] deutliche Kritik an der türkischen Justiz. Sie sei zum Teil ein „Instrument richterlicher Schikane" geworden, mit dem legitime Kritik unterdrückt werde, sodass von ihr selbst mittlerweile Menschenrechtsverstöße wie die Einschränkung der Pressefreiheit ausgingen. Die türkische Regierung dementierte: Im Gefängnis säßen keine Journalisten, sondern Terroristen.

Dabei gibt es einige Beispiele für die Einflussnahme auf die Justiz, zum Beispiel im Fall von Can Dündar und Erdem Gül. Im Februar 2016 entschied das Verfassungsgericht über ihre Freilassung aus der Untersuchungshaft. Der türkische Präsident drohte den Richtern, die Legitimität der Gerichts infrage zu stellen, sollten sie eine solche Entscheidung treffen. Das Verfassungsgericht, das als AKP-kritisch gilt, ordnete dennoch die Freilassung an.

Die Retourkutsche folgte nur wenige Monate später, als nach dem Putschversuch zwei Richter des Verfassungsgerichts, lparslan Altan und Erdal Tercal, festgenommen wurden. Seitdem hat das Gericht deutlich weniger Entscheidungen im Widerspruch zur Regierung gefällt. Man könne nicht mehr von einem Rechtsstaat sprechen, wenn sogar Mitglieder des Verfassungsgerichts festgenommen werden, kommentierte Can Dündar. [...]

Zudem wartet ein Großteil der inhaftierten Journalisten

bereits seit Wochen und Monaten auf die Eröffnung der Verfahren. „Während die Zeit vergeht, wird unsere Inhaftierung zur Strafe", schrieb Kadri Gürsel im Januar in einem Brief aus dem Gefängnis. Gürsel ist bereits seit dem 5. November 2016 in Untersuchungshaft. „Der Prozess wird aus Mangel an Beweisen hinausgezögert, weil gewünscht ist, dass wir in Haft bleiben", schreibt Gürsel weiter, „das ist wohl das Merkmal der Zeit, in der wir leben."

Ralf Rebmann, Erdogans Redaktionsschluss, 28.03.2017; Amnesty Journal 4/5, 2017; https://www.amnesty.de/journal/2017/april/erdogans-redaktionsschluss

M 2 „Mehr Urteil geht nicht"

In der Wochenzeitung „Die Zeit" wird die Situation der Medien in der Türkei nach dem gescheiterten Putschversuch von 2016 wie folgt kommentiert:

So düster war er noch nie, der Tag der Pressefreiheit. [...] Angriffe auf Medien sind alltäglich geworden, in autoritären Regimen sowieso, doch zunehmend auch in Demokratien wie den USA. Die Organisation Reporter ohne Grenzen spricht von einem traurigen „Wendepunkt". Ein Land ist besonders abgestürzt: die Türkei.

Der EU-Beitrittskandidat und Nato-Mitgliedsstaat bricht gerade Rekorde. Nirgendwo in der Welt sind mehr Journalisten inhaftiert. In der Türkei werden Zeitungen und Sender geschlossen, Internetseiten gesperrt, zuletzt sogar die Webseite Wikipedia. Ohne weitere Begründung war das Online-Lexikon auf einmal nicht mehr zugänglich. [...] Und derzeit spitzt sich die Lage zu.

Ende April hat der 13. Strafgerichtshof von Istanbul die Anklage gegen 30 Mitarbeiter und freie Kolumnisten der Zeitung Zaman zugelassen, die 2016 geschlossen wurde. Zaman war einst die auflagenstärkste Zeitung der Türkei, sie gehörte Geschäftsleuten, die dem Sufi-Prediger Fethullah Gülen nahestehen. Die türkische Regierung beschuldigt Gülen, den Putsch vom Juli 2016 angezettelt zu haben.

Die 64-seitige Anklageschrift fordert dreimal lebenslänglich für die Angeklagten. Eine Strafe, die sonst nur Mördern in schwersten Fällen vorbehalten ist. Unter den Betroffenen sind neben den Zaman-Redakteuren auch der Menschenrechtsanwalt Orhan Kemal Cengiz, der Politikprofessor Sahin Alpay, die Journalistin Lale Kemal und andere, die nicht der Gülen-Bewegung angehören. Doch allen wirft die Anklage vor, Teil einer bewaffneten Organisation zu sein und das türkische Parlament mit Gewalt zerstören zu wollen. Türkische Regierungspostillen zitierten seitenlang aus der Anklageschrift. Das ist eigentlich verboten in der Türkei, aber mittlerweile üblich.

Deshalb kann aber auch jeder bezeugen, dass die Anklageschrift notdürftig zusammengeschustert wurde. Beweise für die ungeheuerlichen Vorwürfe sind nicht zu finden. Gearbeitet wird mit allgemeinen Unterstellungen gegen alle Angeklagten und mit Zitaten aus Artikeln und Tweets. Mit einer simplen Logik: Für Zaman schreiben = Gülen-Anhänger sein = putschen. Kritische Kommentare und Analysen über die Regierung reichen schon als Beweis für die Mitgliedschaft in einer Verschwörertruppe. [...]

Wie willkürlich die Verhaftungen sind, zeigt ein Justizskandal. Mangels Beweisen sollten Ende März 21 Journalisten freigelassen werden. Vor dem Gefängnistor warteten schon die Verwandten. Doch dann wurden die Journalisten erneut verhaftet und einige von ihnen als Terroristen und Putschisten angeklagt. Die Richter, die ihre Freilassung verfügt hatten, wurden auf Wink von oben unehrenhaft entlassen. So viel zur „Unabhängigkeit der Justiz", von der die türkische Regierung gern redet.

Der oberste Richter der Nation ist kein anderer als der Chef der Exekutive und der größten Partei im Parlament. Alle Gewalt in einer Hand, der Hand von Recep Tayyip Erdogan. Der Präsident führt längst einen persönlichen Rachefeldzug gegen Journalisten, die es gewagt haben, ihn zu kritisieren.

Viele kennt er aus Interviews und Gesprächen, manche haben vor Jahren zu seinen Unterstützern gehört und ihn verteidigt – wie die Zaman-Redakteure. Gerade die lässt er nun am härtesten bestrafen.

Nur der Präsident entscheidet. Nur er setzt faktisch in letzter Instanz Richter ein und ab. Nur er stigmatisiert öffentlich Journalisten in Untersuchungshaft. Erdogan sagt, die Eingesperrten seien gar keine Journalisten. Sie seien „Diebe, Kinderschänder und Terroristen".

Mehr Urteil geht nicht.

Michael Thumann, Präsident und Richter, 03.05.2017; http://www.zeit.de/2017/19/pressefreiheit-tuerkei-recep-tayyip-erdogan-gefaengnis

Aufgaben

1. Erarbeiten Sie aus M1–M2, wie die türkische Regierung unter Staatspräsident Erdogan gegen Presseorgane und Journalisten vorgeht.

2. Diskutieren Sie im Kurs das Urteil des UN-Menschenrechtskommissars Nils Muiznieks über die türkische Justiz (M1, Z. 60–66).

M 3 Das Deutschlandbild in Teilen der türkischen Presse

Die regierungsnahe türkische Zeitung „Günes" erschien am 17. März 2017 mit einer Fotomontage von Bundeskanzlerin Angela Merkel mit Hitlerbart und SS-Uniform. Hintergrund war der Konflikt um Wahlkampfauftritte türkischer Regierungspolitiker in Deutschland anlässlich des Referendums zur Verfassungsänderung der Türkei; Staatspräsident Erdogan und der türkische Außenminister hatten in diesem Zusammenhang von „Nazi-Praktiken" gesprochen. Bundeskanzlerin Merkel sagte darauf, solche „deplatzieren Äußerungen" könne man „ernsthaft eigentlich gar nicht kommentieren."

M 4 Eingriffe in die Medienfreiheit

Keine Chance für die Liebe: Die türkische Regierung hat die im Land beliebten Kuppelshows verboten. Sendungen in Radio und Fernsehen, in denen Menschen einander vorgestellt werden, um einen Partner zu finden, „können nicht zugelassen werden", hieß es in einem am Samstag im Amtsblatt veröffentlichten Dekret.

Vizeregierungschef Numan Kurtulmus hatte das Verbot im März angekündigt und gesagt, derartige Sendungen passten nicht zu den türkischen Sitten und Traditionen. „Es gibt einige merkwürdige Sendungen, die die Institution der Familie beschädigen und ihr die Würde und Heiligkeit nehmen", hatte er gesagt.

Regierungsgegner in der Türkei fürchten eine immer stärkere Ausrichtung der Politik nach einem konservativen Verständnis des Islam. Anhänger der Regierungspartei AKP argumentieren, Kuppelshows erhielten jedes Jahr Tausende Beschwerden von Bürgern, weshalb ein Verbot im öffentlichen Interesse sei.

Ebenfalls am Samstag hatte die türkische Regierung den Zugang zum Online-Lexikon Wikipedia gesperrt. Grund sei, dass die Türkei auf der Internetplattform mit Terrororganisationen gleichgesetzt worden sei und dass Wikipedia solche Formulierungen nicht gelöscht habe, hieß es in einer Erklärung des zuständigen Ministeriums, aus der die Nachrichtenagentur Anadolu zitierte. Die Seite sei damit Teil einer „Hetzkampagne gegen die Türkei auf der internationalen Bühne".

AFP/AP/ith, Türkei macht Schluss mit Kuppelshows im Fernsehen, 29.04.2017; www.welt.de/politik/ausland/article164131206

M 5 Positionen türkischstämmiger Bürger in der Bundesrepublik

Im folgenden Artikel aus der „Frankfurter Allgemeinen Zeitung" vom März 2017 wird die Gespaltenheit der in Deutschland lebenden Türken gegenüber dem türkischen Staatspräsidenten Erdogan und seiner Medienpolitik unmittelbar vor dem Verfassungsreferendum vom 16. April 2017 in der Türkei deutlich.

Rüsselsheim/Köln, 19. März. Die Tore der Moschee öffnen sich, der letzte Gebetsruf des Freitagsgebets ist gerade verklungen. Die Männer treten unter das Vordach, streifen sich die Schuhe über, zünden eine Zigarette an. Wer nicht gleich wieder in das Industrieviertel in Rüsselsheim muss, setzt sich in das Teehaus neben der Moschee. [...] Ohne Umschweife ist man mittendrin im Thema. „Was hat denn Erdogan getan, dass die deutschen Medien immer von einem ‚Diktator Erdogan' schreiben?", sagt ein Arbeiter. Saddam Hussein sei ein Diktator gewesen. Erdogan aber werde nun wieder mit mehr als 50 Prozent gewählt. Zum 13. Mal in Folge und zu Recht. Er habe die Türkei entwickelt, nicht nur wirtschaftlich. „Mit ihm kam die Demokratie", ruft er aus. Nur das mit dem Nazi-Vergleich, da liege Erdogan falsch. [...] Wer gegen Erdogan sei, wolle nicht, dass die Türkei politisch und wirtschaftlich gestärkt werde. „Denken Sie denn, dass die Leute, die Erdogan wählen, dumm sind? Dass ich dumm bin?" Er verabschiedet sich. [...]

Alle hier bestreiten, dass es in der Türkei keine Pressefreiheit mehr gibt. „Wer im Gefängnis sitzt, hat gegen die Türkei gearbeitet", glaubt [ein türkischer] Unternehmer. So wie Can Dündar, der heute in Berlin lebt und dem zum Verhängnis wurde, dass er über türkische Waffenlieferungen an islamistische Extremisten in Syrien berichtet hat. Wenn Dündar glaube, er habe nichts gegen die Türkei gemacht, solle er doch in die Türkei zurückkehren und sich der Justiz stellen, rät er. [...]

In einem Kölner Hotel versammeln sich abends Erdogans säkulare Gegner, die in der Türkei keinen Platz mehr finden und im Exil einen Nachrichtensender gegründet haben. „Arti TV" geht an diesem Abend auf Sendung. Gegründet haben ihn prominente türkische Intellektuelle aus ganz Europa und einige, die weiter in der Türkei leben. Sie übernehmen das Studio von einem der zwölf Fernsehsender, die bis kurz nach dem Putschversuch im Juli 2016 in Köln produziert hatten, denen der Entzug ihrer türkischen Lizenz aber den Boden unter den Füßen weggezogen hat. So muss „Arti TV" nicht bei null beginnen.

„Wenn es in der Türkei noch einen Funken Hoffnung gibt, ist Arti TV Teil davon", sagt Yavuz Baydar, eine der bekanntesten liberalen Stimmen der Türkei. Heute lebt er in einem südeuropäischen Land. [...] Nach UN-Schätzungen beziehen bis zu 90 Prozent der Türken ihre Nachrichten ausschließlich über das Fernsehen. Daher waren die Proteste um den Gezi-Park im Sommer 2013 für Erdogan der Anlass, unliebsame Fernsehsender entweder zu verbieten oder zu konfiszieren. Nur noch einer der 30 nationalen Fernsehsender ist unabhängig. [...]

Es sind zwei türkische Welten, die sich gegenüber stehen. Auf der einen Seite die Männer der Moschee, die Tee trinken, auf der anderen Frauen und Männer, die Wein und Raki trinken. Die einen herrschen nach ihren Regeln über die Türkei, die anderen überleben im Exil. Der Politologe [Baskin] Oran glaubt indes nicht, dass Erdogan so stark ist, wie er zu sein scheint. Denn wer sich in begrenzter Zahl Feinde aufbaue, schare Anhänger um sich. Wer sich aber wie Erdogan fast alle zum Feind mache, überreize – und das System breche irgendwann zusammen. „Noch aber identifizieren sich die einfachen Leute mit ihm", sagt Baydar. „Sie sagen: Er ist wie ich, spricht wie ich."

Noch also geht Erdogans Kalkül auf, mit Feindbildern seine Anhänger um sich zu scharen.

Rainer Hermann, Der Kampf um die Zukunft der Türkei, Frankfurter Allgemeine Zeitung vom 20.03.2017

Arti TV in Köln
Der Chefredakteur Celal Baslangic im Kölner Studio

Aufgaben

3. Ermitteln Sie, was unter „Boulevardisierung" der Medien zu verstehen ist, und analysieren Sie unter Heranziehung Ihrer Ergebnisse die Zeitungsseite M3.
4. Recherchieren Sie Reaktionen auf die Fotomontage in M3 und bewerten Sie diese.
5. Erörtern Sie die Begründungen für ein Verbot von sogenannten „Kuppelshows" (M4) im türkischen Fernsehen. Diskutieren Sie, ob ein solches Verbot in der Bundesrepublik juristisch, aber auch gesellschaftspolitisch durchsetzbar wäre.
6. Erarbeiten Sie aus M5 die unterschiedlichen Positionen von türkischstämmigen Bürgern in der Bundesrepublik zum medienpolitischen Vorgehen der türkischen Regierung.
7. Informieren Sie sich über den Sender „Arti-TV" und referieren Sie im Kurs.

3. Medienstandort Bayern

Medien als Wirtschaftsfaktor

Bayern und besonders die Landeshauptstadt München zählen zu den führenden Medienstandorten in Deutschland und nehmen auch international einen Spitzenplatz ein. Alleine im Großraum München sind laut Industrie- und Handelskammer mehr als 29.000 Medienunternehmen ansässig. Sie stammen von den klassischen Bereichen Buch- und Zeitschriftenverlag, Fernseh- und Rundfunkanbieter, Filmstudios und Filmvertrieb über die Informations- und Kommunikationstechnologie bis hin zum Wachstumsmarkt Video- und Computerspielindustrie. Mit über 300.000 Arbeitsplätzen stellt die Medienindustrie in Bayern einen wichtigen Wirtschaftsfaktor dar, der über verschiedene Förderinstrumente von der Landesregierung gezielt angesiedelt und unterstützt wird.

Rechtliche Regelungen ...

Die Aufsicht über die öffentlich-rechtlichen Rundfunkanstalten erfolgt durch den Rundfunkrat. Um eine ausgewogene Interessensvertretung zu gewährleisten, entsenden verschiedene weltanschauliche und gesellschaftliche Gruppen wie Kirchen, Parteien, Gewerkschaften, aber auch Arbeitgeber und Arbeitnehmer, die Kommunen, Elternvereinigungen, Bayerischer Jugendring sowie Musik- und Sportverbände ihre Delegierten für fünf Jahre in den Rat.

Für die privaten Medien gilt in Bayern Artikel 111a der Bayerischen Verfassung, wonach der private Rundfunk nur in öffentlich-rechtlicher Trägerschaft veranstaltet werden darf. Damit ist – anders als in den anderen Bundesländern – eine starke Kontrollfunktion des bayerischen Staates durch die dafür geschaffene Bayerische Landeszentrale für neue Medien (BLM) gesichert: Verschiedene Gremien der BLM prüfen Lizenzverträge mit Privatanbietern, führen die Programmaufsicht durch und sorgen für die Einhaltung der Werbebestimmungen.

... und staatliche Aktivitäten

Der Freistaat Bayern unternimmt eine Vielzahl von Aktivitäten, um den Medienstandort zu stärken und bei der Digitalisierung zu begleiten. Von zentraler Bedeutung ist dabei der flächendeckende Ausbau der schnellen Internetverbindungen. Ziel ist eine Hochgeschwindigkeitsversorgung mit einer Mindestbandbreite von 50 Mbits/s bis 2018. Im Bereich der Ausbildung für Medienberufe werden durch den MedienCampus Bayern die Bildungsangebote koordiniert und bekannt gemacht. Das MedienNetzwerkBayern, eine Initiative, die unter anderem vom Freistaat Bayern, dem FilmFernsehFonds Bayern und der Vereinigung der Bayerischen Wirtschaft getragen wird, soll ein günstiges Klima für Firmenansiedlungen sichern.

Anreize werden auch durch Events und Preise geschaffen: Die Medientage München sowie die Bayerischen Preise für Fernsehen, Rundfunk, Film, Printmedien und Buch haben auch bundesweit eine große Reputation.

Die neuen Medien wirken in alle Lebensbereiche hinein und werden insbesondere von jungen Menschen intensiv genutzt. Das heißt aber auch, dass Schule und Staat in der Pflicht sind, Medienkompetenz zu stärken und Medienpädagogik zu betreiben. Durch den „Medienführerschein Bayern" der Bayerischen Staatsregierung für Schüler aller Schularten soll das sichergestellt werden.

Die Bayerische Landeszentrale für neue Medien in München
Die Bayerische Landeszentrale für neue Medien hat die öffentlich-rechtliche Aufsicht über die privaten Rundfunk- und Fernsehsender.

Bayerischer Filmpreis
Alljährlich wird in München der Bayerische Filmpreis vergeben. Hier die Schauspielerin Lea van Acken, bekannt geworden durch die Darstellung der Sophie Scholl im gleichnamigen Film, bei der Preisverleihung im Januar 2017.

Medienführerschein Bayern
Die Urkunde wurde mittlerweile bereits über 150.000 Mal verliehen.

Förderpolitik in einer Demokratie – Eine Regierungserklärung analysieren

M 1 Aus der Regierungserklärung des bayerischen Ministerpräsidenten Horst Seehofer vom 12.11.2013

[...] Die Möglichkeiten der digitalen Technik verändern alle Lebensbereiche. Mit dem digitalen Aufbruch stehen wir vor historischen Chancen für die Verbindung von lokalem Mittelstand und globalen Märkten, Arbeit und Familie, Stadt und Land. Die digitale Erschließung ist dabei genauso wichtig wie die offensive Gestaltung der damit einhergehenden Veränderungen – rechtich, sozial, ökonomisch. Deshalb ist ein umfassender politischer Ansatz erforderlich. Was müssen wir tun, um mit einem digitalen Aufbruch in die Weltspitze vorzustoßen?

1. Digitaler Aufbruch landesweit in allen Regionen
Mit unserer Strategie BAYERN DIGITAL machen wir Bayern zur Leitregion für den digitalen Aufbruch. Wir investieren bis 2018 massiv in das digitale Zeitalter. Damit sichern wir Arbeitsplätze von morgen und Chancen überall im Land. Ich nenne zum Beispiel das „Zentrum für digitalisierte Produktion" in Nürnberg mit weiteren Standorten in ganz Bayern. Ich nenne das „Zentrum für vernetzte Mobilität" in Garching – ebenfalls mit Außenstellen und Kooperationen im ganzen Land.

2. Flächendeckendes Hochgeschwindigkeitsnetz
Wir schaffen bis 2018 ein digitales Hochgeschwindigkeitsnetz – und zwar flächendeckend. Das Geld dazu stellen wir bereit. Wir müssen aber die Strukturen ändern, damit wir unsere Mittel für den Ausbau investieren können. Wir brauchen hier eine grundsätzliche neue politische Weichenstellung in der Bundesrepublik: Das schnelle Internet darf nicht mehr vom Wohnort abhängen und darf auch kein Zufall sein. Das modernste Breitbandnetz muss in Bayern Standard werden. [...]

3. Management der digitalen Anwendung von Bildung bis Staatsverwaltung
Der digitale Aufbruch umfasst aber viel mehr als den Breitbandausbau. Die digitalen Möglichkeiten verändern alle Zukunftsfelder – Lernen und Arbeiten, Mobilität und Gesundheit, Wohnen und sicheres Datenmanagement. Wir nutzen die neue Technik für den digitalen Unterricht, zum Beispiel mit einem virtuellen Bildungsmedienzentrum. Unsere rund 6100 Schulen werden wir an ein zentrales Bildungsnetz anbinden. Unsere jungen Menschen sollen die Neuen Medien von Anfang an mit altersentsprechender Kompetenz und Fertigkeit benutzen können und nicht umgekehrt von den Medien beherrscht werden. Wir wollen sie in unseren Bildungseinrichtungen von Anfang an dafür fit machen und damit die Medienkompetenz der Schülerinnen und Schüler weiter ausbauen.

In Medizin und Pflege eröffnen wir für Patienten und Pflegebedürftige ganz neue Möglichkeiten der Behandlung und Betreuung. Ich nenne als Beispiel die Modellregion Digitale Gesundheitswirtschaft Franken. Wir bauen die Telemedizin aus und nutzen die digitalen Chancen in Krankenhäusern und Pflegeeinrichtungen. Wir wollen die gesamte Staatsverwaltung umstellen und fit machen für das digitale Zeitalter. Dafür schaffen wir auch eine zentrale Serviceplattform für staatliche und kommunale Dienstleistungen.

4. Schutz der Kommunikationsdaten
Das digitale Bayern muss ein sicheres Bayern sein. Private Daten der Bürger, Daten der Wirtschaft und Verkehrsnetze, Telekommunikation und Energieversorgung sind verletzlich. Um den staatlichen Schutzauftrag in der digitalen Welt zu gewährleisten, greifen wir zu neuen Maßnahmen. Neben einer entsprechenden Ausstattung der Polizei gehören dazu eine bessere Koordination der Maßnahmen und neue Einrichtungen wie das Cyber-Allianz-Zentrum [seit Juli 2013]. Mit einem Forschungszentrum für IT-Sicherheit von europäischer Bedeutung wollen wir die wirtschaftlichen Chancen in diesem wachsenden Markt für Bayern sichern. Kriminalitätsbekämpfung, Freiheit und Datenschutz – dieser Dreiklang muss das Leitbild unserer Informationsgesellschaft sein. [...]

Zit. nach: Bayern. Die Zukunft. In: http://www.bayern.de/bayern-die-zukunft

Aufgaben

1. Arbeiten Sie aus M1 die zentralen Zielsetzungen der Bayerischen Staatsregierung sowie die vorgesehenen Maßnahmen zur Förderung der Digitalisierung heraus.
2. Vergleichen Sie mit dem Autorentext: Inwiefern fügen sich die dort skizzierten medienpolitischen Aktivitäten in die in der Regierungserklärung vom 12.11.2013 formulierten Zielsetzungen ein?
3. Stellen Sie diese Zielsetzungen und Maßnahmen in Bayern der Medienpolitik Chinas und der Türkei gegenüber (vgl. Seiten 146–157). Erläutern Sie Gründe für die offensichtlichen Unterschiede.

Breitbandausbau als Medienpolitik – Positionen der Parteien

M 2 Eine Landtagsdebatte zum Breitbandausbau

Der Breitbandausbau in Bayern ist derzeit das vorrangigste Förderinstrument für den ländlichen Raum. 97 Prozent der Kommunen haben staatliche Hilfe beantragt und ein Viertel davon hat den Ausbau bereits abgeschlossen. Doch der neue Internetausbauboom auf dem Land hat auch Schattenseiten, kritisierten die Freien Wähler in einer von ihnen beantragten Aktuellen Stunde. Sie beklagen einen zu langsamen Ausbau des Internets, weil von den Telekommunikationsunternehmen Ausbauversprechen nicht eingehalten werden. Auch die anderen Oppositionsparteien im Landtag forderten eine schnellere Umsetzung des Breitbandausbaus mit größeren Datenraten.

Als Bayern den Breitbandausbau auf dem Lande zu verschlafen drohte, begann die CSU-Staatsregierung zu klotzen. 2014 wurde ein bundesweit einmaliges 1,5 Milliarden Euro-Förderprogramm gestartet. Eine Erfolgsgeschichte ohne Beispiel, rühmte Markus Blume von der CSU. Die Internetgeschwindigkeit im Freistaat sei schon beachtlich.

Das reicht aber der Wirtschaft, vor allem im ländlichen Raum, nicht, hielt der Freie Wähler-Abgeordnete Torsten Glauber dagegen.

„50 Prozent der Unternehmer sagen in Niederbayern, der Breitbandausbau ist zu niedrig. In der Oberpfalz sind es nur 45 Prozent, die zufrieden sind mit dem Breitbandausbau. In Oberfranken sind wir bei 37 Prozent. Das ist einfach deutlich zu wenig."

Der Fraktionsvorsitzender der Freien Wähler, Hubert Aiwanger, berichtete von unzufriedenen Reaktionen aus dem ländlichen Raum beim Ausbau des schnellen Internets in Bayern: „Bürgermeister müssen sich Anwälte nehmen, um die von den Netzbetreibern vertraglich zugesagten Übertragungsleistungen einklagen zu können."

Auch Markus Ganserer von den Grünen versuchte die Erfolgsstory vom boomenden Internet in Bayern zu relativieren. Bei wirklich schnellen Datenleistungen spiele der Freistaat bundesweit nur im Mittelfeld.

Sind wir in Bayern wirklich für die Herausforderungen des schnellen Internet gerüstet, sorgte sich die SPD-Abgeordnete Annette Karl und sie zitierte wie mehr und mehr Bürger die digitale Zukunft nutzen werden:

„Vom Smartphone über die Fitnessuhr, über den Fernseher, den Kühlschrank – alle diese Daten müssen ja gesammelt, verarbeitet und genutzt werden. Ich glaube, die Größe der Herausforderung, die das an die Netze stellt, ist vielen noch gar nicht bewusst."

Wir wollen das aber schaffen, antwortete der für den Breitbandausbau in Bayern zuständige Finanz- und Heimatminister Markus Söder. Drei Viertel der bayerischen Kommunen hätten bereits ihren beantragten Förderbescheid. Ein weiteres Viertel habe die Glasfaserkabel schon verbaut. Ein Drittel des staatlichen 1,5-Milliarden-Euro-Breitbandfördertopfes sei also ausgegeben. Aber die Telekommunikationsunternehmen haben Probleme, die erwartete Schnelligkeit des Ausbaus zu halten, gestand Söder zu:

„Die [Telekommunikations]Unternehmen müssen aus anderen Bundesländern Mitarbeiter holen, um überhaupt die Aufträge in Bayern abzuarbeiten. Tiefbaufirmen werden aus ganz Deutschland und dem Ausland engagiert, um das Ganze zu schaffen. Es ist ein Erfolgsmodell. Schlimmer wäre es, wenn ein Programm da ist und keiner will es."

Gesamtbayerisch gebe es bereits bei 62 Prozent der Haushalte ein schnelles Internet mit 100 Megabit. Dazu im ländlichen Raum noch 15 Prozent mit 50 Megabit. Der Breitbandausbau sei eben rein technisch nicht überall so einfach, erklärte Söder:

„Bayern hat topograpisch und siedlungstechnisch die größte Herausforderung zu leisten. In der Lüneburger Heide Leitungen zu verlegen, ist einfacher als zum Beispiel im Alpenraum. Oder bei Großstädten ist es leichter, Leitungen anzubieten als bei vielen kleinen Gemeinden."

Die geforderte Nachrüstung bei der Breitbandgeschwindigkeit sei auf dem Weg, versicherte Söder. Ab Juli gibt es dann auch ein Sonderprogramm zum Breitbandausbau für abgelegene ländliche Weiler und Höfe in Bayern.

Rudolf Ehrhard, „Schwieriger Breitbandausbau in Bayern", 09.02.2017; www.br.de/nachrichten/landtag-breitband-tdt-100.html

Aufgaben

1. Stellen Sie Argumente von Regierung und Opposition zum Breitbandausbau in Bayern zusammen (M2).
2. Legen Sie dar, inwiefern Berichterstattung des BR in M2 dem Informationsauftrag der Medien gerecht wird.
3. Verfassen Sie einen eigenen Redebeitrag zum momentanen Stand des Breitbandausbaus in Bayern.
4. Diskutieren Sie, ob und warum der Breitbandausbau zur Stärkung des (Medien-)Standorts Bayern beiträgt.

Laptop und Lederhose – Ein politischer Slogan und seine Folgen

M 3 Laptop und Lederhose historisch

Auf der Internetseite www.historisches-lexikon-bayern.de, betreut von der Bayerischen Staatsbibliothek in München und finanziert aus Mitteln des Bayerischen Staatsministeriums für Bildung und Kultus, Wissenschaft und Kunst, findet sich folgender Artikel:

Die von Roman Herzog im Jahr 1998 geprägte Metapher „Laptop und Lederhose" bekräftigt seit dem Ende der 1990er-Jahre auf spielerische Weise die Auffassung, in der Entwicklung Bayerns „vom Agrarland zum High-Tech-Staat" sei die
5 Verbindung von Tradition und Moderne in besonderer Weise geglückt. Vor allem Vertreter von Christlich-Sozialer Union (CSU) und bayerischer Staatsregierung verwenden „Laptop und Lederhose" als eine zeitgemäß aktualisierte Formulierung für Inhalte und Zielvorstellungen bayerischer Regie-
10 rungspolitik seit den 1950er Jahren. [...]
In seiner Rede am 12. Februar 1998 zur Eröffnung der „Neuen Messe München" würdigte Bundespräsident Roman Herzog (CDU, 1934–2017, Bundespräsident 1994–1999) Bayern als Land, in dem „Technikbegeisterung und Tradition,
15 Innovationsfreude und Bodenständigkeit keine unüberbrückbaren Gegensätze" seien [...]. Er fasste dies zusammen mit der Bemerkung: „Wäre ich nicht selbst Bayer, würde ich sagen: Hier sind Lederhose und Laptop eine Symbiose eingegangen." [...]
20 Herzogs Formulierung fand in der umgekehrten Form von „Laptop und Lederhose" äußerst rasch Eingang in die bayerische Tagespolitik. Sowohl die Staatsregierung, besonders Edmund Stoiber (CSU, geb. 1941, Ministerpräsident 1993–2007), als auch die Christlich-Soziale Union (CSU)
25 verwendeten den einprägsamen Slogan fortan. Sie charakterisierten damit ihren Politikstil und eigene Leistungen für die erfolgreiche wirtschaftliche Modernisierung Bayerns, die ohne schwere soziale und kulturelle Verwerfungen gelungen sei und die sie in entsprechender Weise auch in
30 Zukunft fortführen wollten.
In der Medienberichterstattung vielfach wiederholt, erreichte der Slogan unverzüglich große öffentliche Aufmerksamkeit und fand breite Akzeptanz auch außerhalb der bayerischen Regierungspolitik. Sein Gebrauch in anderen gesellschaftlichen Bereichen spiegelt dies wider. Um sich
35 mit einem „modernen bayerischen Lebensgefühl" zu identifizieren, machte ihn sich zum Beispiel die Tourismuswerbung ebenso zu eigen wie Kommunen, Vereine oder einzelne Personen. [...]
In „Laptop und Lederhose" steht „Laptop" für Assoziatio-
40 nen wie modern, innovativ, Hightech, zukunftsweisend. „Lederhose" verweist sowohl auf bayerische Traditionen seit dem 19. Jahrhundert als auch auf ein selbstbewusst präsentiertes Heimatbewusstsein einer jüngeren Generation.[...] Die Alliteration „Laptop und Lederhose" wurde vari-
45 iert und parodiert, auch in kritischer Absicht wie beispielsweise in „Laptop ohne Lederhose" (Stern, 11. September 2008) [oder] „Laptop, Lederhose, tote Hose" (Merkur-online, 10. November 2010) [...].

Gabriele Wolf, Laptop und Lederhose, publiziert am 07.09.2012; in: Historisches Lexikon Bayerns, http://www.historisches-lexikon-bayerns.de/Lexikon/Laptop und Lederhose

M 4 Miniatur-Bayern

Im Miniatur-Wunderland in Hamburg wird Bayern unter anderem so dargestellt:

Aufgaben

1. Stellen Sie stichpunktartig die Entstehung und die Geschichte des Slogans „Laptop und Lederhose" dar (M3, M4). Diskutieren Sie, ob Sie diesen Slogan für Bayern für zutreffend halten.

2. Entwerfen Sie neue Slogans, die Ihre Heimatregion in Bayern selbstbewusst und witzig präsentieren.

Nachrichtenanalyse – in Kooperation mit dem Fach Deutsch

Um die Ursachen und Zusammenhänge von politischen Ereignissen besser verstehen und beurteilen zu können, gilt es, einen genauen Blick auf die Nachrichten zu werfen. Zu berücksichtigen ist dabei, dass die Medien nicht bloße Nachrichtenübermittler sind, sondern auch einen Filter darstellen, der unsere Wahrnehmung prägt, da sie entscheiden, welche Ereignisse überhaupt berichtenswert sind. Zudem gibt es unterschiedliche journalistische Formate, die jeweils spezifischen Regeln gehorchen und verschiedene Wirkungen erzielen; diese werden Ihnen im Deutschunterricht vermittelt.

Im Wissen über die Wirkungen von Medien versuchen diverse Akteure, z. B. Politiker, die Berichterstattung auch aktiv in ihrem Sinne zu beeinflussen, wobei dem in einem demokratischen Staat schon durch die Pressefreiheit (Art. 5 GG) klare Grenzen gesetzt sind. Daher unterscheiden sich die Medien auch zum Teil deutlich in ihrer Art der Darstellung, ihren Inhalten, ihrer Aufmachung, ihrem Stil und in ihrer politischen Ausrichtung. Mithilfe einer gründlichen Nachrichtenanalyse können wir mehr über diese unterschiedliche Vermittlung von politischen Ereignissen und Informationen durch die Medien erfahren und so einen bewussteren Umgang damit erlernen, der uns, z. B. durch den kritischen Vergleich verschiedener Medien, auch bei der Einschätzung politischer Sachverhalte hilft.

1. Vorbereitung
- Bilden Sie Arbeitsgruppen und entscheiden Sie, welche Art von Nachrichtsendung oder -format Sie jeweils analysieren wollen. Am besten verwenden Sie hierbei sowohl Sendungen aus dem öffentlich-rechtlichen als auch aus dem Privatfernsehen, z. B. die „Tagesschau" in der ARD, die „heute"-Sendung im ZDF und „RTL aktuell". Zudem können Sie das Internet einbeziehen, z. B. die Webseiten regionaler oder überregionaler Zeitungen und Nachrichtenmagazine.
- Legen Sie fest, welche Nachrichtenthemen Sie auswerten wollen. Im Rahmen des Themas „Presse- und Meinungsfreiheit" können Sie z. B. einzelne Länder (Deutschland, USA, Türkei, Russland, China etc.) oder Medien (Print, Internet, Soziale Medien etc.) untersuchen.
- Bestimmen Sie, in welchem Zeitraum Sie welche Anzahl von Sendungen analysieren möchten (mind. zwei Nachrichtensendungen oder Online-Berichte vom selben oder von mehr als einem Tag).
- Entwickeln Sie gemeinsam Kriterien, die Sie an den jeweiligen Sendungen oder Online-Nachrichten interessieren und die Sie später miteinander vergleichen wollen.
- Berücksichtigen Sie dabei u. a. folgende Fragen:
  - Was ist der Inhalt bzw. Themenschwerpunkt der Nachrichten (siehe oben)?
  - Wie häufig wird das jeweilige Thema erwähnt und in welcher Form bzw. in welchem Stil (Kommentar, Schlagzeile, Bilder, Film) wird darüber berichtet?
  - Welche Personen oder Organisationen werden erwähnt (z. B. beim Thema „Presse- und Meinungsfreiheit" Amnesty International, Reporter ohne Grenzen etc.)?

2. Umsetzung
Führen Sie jeweils in Ihren Gruppen die Nachrichtenanalyse entlang der gemeinsam beschlossenen Kriterien durch und halten Sie Ihre Ergebnisse anhand von Schlagzeilen, Sprechertexten oder zentralen Aussagen in einer übersichtlichen Form (als Tabelle, Mindmap etc.) fest.

3. Auswertung
Präsentieren und vergleichen Sie Ihre Ergebnisse u. a. im Hinblick auf die wichtigsten Gemeinsamkeiten und Unterschiede zwischen den Nachrichtensendungen bzw. -formaten, auf die damit angesprochenen Zielgruppen sowie auf mögliche Wirkungen auf Politik und Gesellschaft.

Aufgaben

1. Führen Sie eine Nachrichtenanalyse zum Thema „Presse- und Meinungsfreiheit" durch.

4. Wirtschaftssysteme im Vergleich

Funktionen der Wirtschaft

Wirtschaft braucht Ordnung. Ohne eine solche Ordnung versinkt ein Land im Chaos, es regiert das Recht des Stärkeren, die gesellschaftliche Funktion der Wirtschaft geht verloren. Wenn aber eine Gesellschaft vor der Aufgabe steht, die Wirtschaft zu ordnen, müssen zunächst einige Fragen beantwortet werden: Was soll überhaupt im Land produziert werden und in welchen Mengen? Wie wird produziert? Für wen wird produziert? Und wer entscheidet all dies?

Wirtschaftssysteme

Die letzte Frage führt direkt zur Entscheidung über das grundlegende System, das in der Wirtschaft zur Anwendung kommt. Es gibt zwei sich diametral gegenüber stehende Wirtschaftssysteme: die freie Marktwirtschaft und die Zentralverwaltungswirtschaft bzw. Planwirtschaft. Darüber hinaus haben sich in verschiedenen Ländern Mischformen dieser beiden Systeme etabliert.

In der politischen Realität sind Wirtschaftssystem und Staatsform eng miteinander verbunden. Freiheitliche Demokratien sind eher marktwirtschaftlich organisiert, kommunistische und autoritär regierte Länder eher zentralverwaltungswirtschaftlich. Die bei einer Planwirtschaft auftretenden Missstände und Engpässe haben zum Scheitern des Kommunismus als Staatsform beigetragen.

M 1 Marktwirtschaft und Zentralverwaltungswirtschaft im Vergleich

Ordnungselemente	Freie Marktwirtschaft	Zentralverwaltungswirtschaft
Eigentumsverhältnisse	Privateigentum	Kollektiveigentum
Vertragsverhältnisse	Vertragsfreiheit	Vertragsunfreiheit
Koordinationsprinzip	Markt	Plan
Preisbildung	Freie Preisbildung	Preisfestsetzung
Lohnbildung	Freie Lohnbildung	Lohnfestsetzung

Nach: Günter Schiller, Volkswirtschaftslehre – Eine entscheidungsorientierte Einführung, 1998[6]

Die freie Marktwirtschaft

Kern einer Marktwirtschaft ist, wie der Name sagt, der Markt. Alle Wirtschaftsentscheidungen werden darüber abgewickelt. Auf einem Markt – und in einer Volkswirtschaft gibt es davon viele – treffen sich Angebot und Nachfrage. Anbieter und Nachfrager verhandeln einen Preis. Dieser Preis hat Auswirkungen auf andere Marktteilnehmer. Sollten zum Beispiel Nachfrager feststellen, dass der Preis für ein Gut steigt, so werden sie im Zweifel ihre Konsumentscheidung vorziehen, um vom noch niedrigen Preis zu profitieren. Die Anbieter dagegen stellen fest, dass mit einem bestimmten Gut mehr Geld zu verdienen ist und produzieren mehr davon. Zudem drängen neue Anbieter auf den Markt. Insofern ist der Preis das Informationssystem von Märkten, die Entscheidungen aber werden von den Wirtschaftssubjekten selbst getroffen: Jeder plant das Seine. Sowohl Anbieter als auch Nachfrager stehen untereinander im Wettbewerb.

Wochenmarkt
Auch hier gilt das marktwirtschaftliche Prinzip, dass Angebot und Nachfrage den Preis bestimmen.

Waschmaschine 1950er-Jahre

Waschmaschine 2000er-Jahre

Warteschlange in der DDR
Erdbeerverkauf in der Schönhauser Allee in Ost-Berlin, Juni 1984

Alfred Müller-Armack (1901–1978)
Deutscher Nationalökonom und Mitbegründer der Sozialen Marktwirtschaft

Ein wesentlicher Effekt der freien Marktwirtschaft ist der Druck zur beständigen Weiterentwicklung und Verbesserung. Der österreichische Ökonom J. Schumpeter spricht daher sogar von einer „kreativen Zerstörung": Das Bessere ist des Guten Feind. Allerdings führt diese Selektion auch dazu, dass zum Beispiel aufgrund fehlender Anpassungs- und Innovationsfähigkeit Marktteilnehmer ihren Arbeitsplatz verlieren und Unternehmen Insolvenz gehen können.

Eine Marktwirtschaft benötigt zum Funktionieren den Preis als Koordinator. Für einige Güter, zum Beispiel frei verfügbare Naturressourcen, existiert aber kein Preis. Man spricht hier von „öffentlichen Gütern". Wenn aber der Preis gleich Null ist, führt dies zu einer exzessiven Nutzung des Gutes, in diesem Fall zu Raubbau und Umweltverschmutzung.

Die Zentralverwaltungswirtschaft

In einer Zentralverwaltungswirtschaft übernimmt die Informations- und Entscheidungsfunktion eine Planungsbehörde. Sie muss die Vorstellungen der einzelnen Wirtschaftssubjekte aufeinander abstimmen und die Produktion steuern. In der Praxis geschieht dies durch immer genauer werdende Pläne. Dafür aber braucht die Planwirtschaft einen großen Verwaltungsapparat und wird unflexibel. Die Entscheidungsfreiheit der Wirtschaftssubjekte wird stark eingeschränkt.

Als Vorteile der Zentralverwaltungswirtschaft werden häufig die Abschaffung des Privateigentums, eine gerechtere Einkommens- und Vermögensverteilung sowie die gesteuerte Vollbeschäftigung genannt.

In der Realität haben sich aber große Diskrepanzen zwischen Theorie und Praxis der Zentralverwaltungswirtschaft gezeigt. So ist die genaue Definition eines Gutes für den Plan oftmals schwierig, wenn zum Beispiel ästhetische Aspekte eine Rolle spielen, oder politische Zielsetzungen die wirtschaftlichen überlagern. Weil sich überdurchschnittlicher Einsatz für den Einzelnen aufgrund des Fehlens von Privateigentum oder anderer Anreize nicht lohnt, neigt die Planwirtschaft zu mangelndem Fortschritt und teilweiser Unterversorgung.

Die Soziale Marktwirtschaft in der Bundesrepublik Deutschland

Nach dem Zweiten Weltkrieg standen die drei Westzonen vor der Aufgabe, das Wirtschaftssystem festlegen zu müssen. Die Reichsmark war nahezu wertlos geworden und wurde auf Betreiben der Alliierten von der Deutschen Mark (DM) abgelöst. Beinahe über Nacht füllten sich daraufhin die Läden, die Zwangsbewirtschaftung konnte aufgehoben werden. Allerdings war der Konsumwunsch der Deutschen größer als die zur Verfügung stehende Anzahl an Gütern, es kam daher zu erheblichen Preissteigerungen. In der Folge entbrannte ein Richtungsstreit, ob die Bundesrepublik eher einen marktwirtschaftlichen oder eher den planwirtschaftlichen Weg der DDR gehen sollte.

Den Richtungsstreit konnte der damalige Leiter der Wirtschaftsverwaltung und spätere Bundeswirtschaftsminister und Bundeskanzler Ludwig Erhard für sich entscheiden: Gemeinsam mit Alfred Müller-Armack und anderen Mitstreitern entwickelte er die Soziale Marktwirtschaft. Bemerkenswert ist, dass im Grundgesetz keine Festlegung auf ein Wirtschaftssystem erfolgte. Allerdings wäre die Einhaltung einzelner Regelungen des Grundgesetzes wie zum Beispiel des Eigentumsrechts in einer Zentralverwaltungswirtschaft kaum möglich.

Im Zentrum der Sozialen Marktwirtschaft stehen Markt und Wettbewerb. Der Staat übernimmt eine Doppelfunktion: Einerseits ist er Faktor des sozialen Ausgleichs. Er gleicht soziale Fehlentwicklungen aus, indem er in die Märkte über eine Eigentums- bzw. Arbeits- und Sozialordnung eingreift. Ein Beispiel dafür ist die Daseinsvorsorge für Bürger, die dafür selbst nicht in der Lage sind, durch den Staat (Hartz IV). Grundlage dafür ist das Sozialstaatsprinzip.

Zum anderen ist der Staat Hüter des Wettbewerbs. Denn ohne einen funktionierenden Wettbewerb kommt der Austausch auf den Märkten in eine Schieflage, es bilden sich Monopole und Kartelle. Der Staat greift hier über eine Wettbewerbsordnung ein, in der er zum Beispiel Regelungen zu Monopolen erlässt.

Allerdings hat sich gerade im Zuge der Finanzkrise im Jahr 2008 die Kritik an der Sozialen Marktwirtschaft verstärkt. Während die eine Seite den sozialen Aspekt mittlerweile als verwässert ansieht und eine größer werdende Schere zwischen Arm und Reich anprangert, kritisiert die andere Seite ein Ausufern des Sozialstaats mit einem immer höheren Anteil der Sozialausgaben am Gesamthaushalt.

Info
Hartz IV
Eigentlich „Viertes Gesetz für moderne Dienstleistungen am Arbeitsmarkt". Eine Kommission unter der Leitung des damaligen VW-Arbeitsdirektors Peter Hartz erarbeitete 2003 im Auftrag von Bundeskanzler Gerhard Schröder (SPD) Vorschläge zu einer Reform des Arbeitsmarktes. Hartz IV bezeichnet dabei im Wesentlichen die Zusammenführung von Sozialhilfe und Arbeitslosengeld für Langzeitarbeitslose auf der Basis des Prinzips „Fördern und Fordern".

Die sozialistische Marktwirtschaft Chinas

Die 1949 neu ausgerufene Volksrepublik China war ein Agrarstaat feudaler Prägung und es war durchaus fraglich, welche Funktionen der Staat in der Wirtschaft einnehmen würde. Dem späteren Staatspräsidenten Mao Tse-tung ging es darum, sein Land möglichst schnell zu industrialisieren. Als Weg wählte er die Zentralverwaltungswirtschaft. Allerdings trug die Fokussierung auf die Industrie zur Verarmung großer Bevölkerungsgruppen bei, was in der Folge zu Hungersnöten mit Millionen Toten führte.

Nach dem Tod Maos im Jahr 1976 kam es unter seinem Nachfolger Deng Xiaoping zur schrittweisen Wiedereinführung des Privateigentums. Einzelne freie Märkte konnten entstehen. Eine beinahe vollständige Freigabe der Preise führte jedoch zu Inflation und in der Folge 1989 zu Unruhen. Im Jahr 1992 stellte Deng schließlich seine „sozialistische Marktwirtschaft" vor. Sie sah vor, dass die staatliche Regulierung zurückgefahren würde und staatliche Unternehmen – soweit sie nicht von strategischer Bedeutung waren – privatisiert würden. Insgesamt sollten wirtschaftliche Entscheidungen nicht mehr unter dem Primat der Politik stehen.

Mao Tse-tung
Vorsitzender der Kommunistischen Partei (1943–1976) und Staatspräsident (1954–1959) Chinas, Foto, 1967

Trotz der Größe seiner Volkswirtschaft gilt China nach wie vor als Entwicklungsland, sein Pro-Kopf-Einkommen beträgt etwa ein Viertel des Pro-Kopf-Einkommens in Deutschland. Zudem ist das Vermögen extrem ungleich verteilt. Weitere Herausforderungen stellen die Umweltverschmutzung in den industrialisierten Regionen und die massive Landflucht mit all ihren Folgen dar. In den letzten Jahren hat sich das Wirtschaftswachstum zudem deutlich verlangsamt.

Immer noch ist der Kommunismus das offizielle Staatsziel Chinas, die „sozialistische Marktwirtschaft" wird hierfür lediglich als Vorstufe betrachtet. Dabei steht der gegenwärtig zu beobachtende Kapitalismus chinesischer Prägung allerdings im Widerspruch zum Alleinherrschaftsanspruch der Kommunistischen Partei Chinas. Zugleich gewinnt die gesellschaftliche Funktion der Wirtschaft zunehmend an Bedeutung. Insoweit ist die Bezeichnung „sozialistische Marktwirtschaft" zwar Programm, aber auch irreführend.

Widerspruch zwischen Ideologie und Realität
Vor einem Luxus-Kaufhaus in Shanghai, China

Wirtschaft und Wirtschaftssysteme – Grundlagen

M 2 Wozu Wirtschaft?

Wilhelm Röpke gilt einer der geistigen Väter der Sozialen Marktwirtschaft:

Man stelle sich einmal das Problem der täglichen Versorgung einer Millionenstadt mit allen Gütern vor, deren ihre Bewohner zur Fristung, Verschönerung und Erheiterung des Lebens bedürfen: soundso viele Tonnen Mehl, Butter, Fleisch, so-
5 undso viel Millionen Zigaretten und Zigarren, soundso viel tausend andere Dinge müssen täglich beschafft werden, ohne dass an der einzelnen Ware Mangel oder Überfluss herrscht. Sie müssen stündlich, täglich, monatlich oder jährlich (je nach dem Charakter der Ware) in Menge und Qualität
10 auf die Nachfrage der Millionenbevölkerung abgestimmt werden. Dieser ungeheuer ausgedehnte und komplizierte Prozess kann nur vonstattengehen, wenn alles in jedem Augenblick so sehr aufeinander abgestimmt ist, dass größere Unordnung vermieden wird. Wäre das nicht der Fall, so wäre
15 die Versorgung von Millionen mit einem Schlage gefährdet.

Wilhelm Röpke, Die Lehre von der Wirtschaft, J. Springer, Berlin 1937, S. 3.

M 3 Die Wirtschaftsordnung

In einer Wirtschaftsordnung konkretisieren sich die theoretischen Überlegungen eines Wirtschaftssystems:

In einer Wirtschaftsordnung sind die wirtschaftlichen Entscheidungsbefugnisse – insbesondere die Verfügungsrechte über die Produktionsfaktoren, die Entscheidungsrechte über die Produktion [...] und die Entscheidungsrechte über
5 die Befriedigung von Bedürfnissen – in bestimmter Weise zwischen Staat und Individuen, zwischen verschiedenen staatlichen Einrichtungen und zwischen den Individuen verteilt. [...] Derartige unterschiedliche Verteilungen wirtschaftlicher Entscheidungs- und Handlungsspielräume bedeuten
10 gleichzeitig unterschiedliche Verteilungen politischer Entscheidungs- und Handlungsspielräume zwischen Staat und Individuen bzw. unterschiedlich große Entscheidungs- und Handlungsspielräume zwischen den Individuen.
Für eine Marktwirtschaft ist es z.B. typisch, dass sich das
15 Eigentum an Produktionsmitteln zum überwiegenden Teil nicht in staatlicher Hand befindet, und dass die Wirtschaftssubjekte in ihren wirtschaftlichen Entscheidungen frei sind. Regierung und Parlament haben nur in dem Umfang Verfügungsmacht über wirtschaftliche Güter und Pro-
20 duktionsfaktoren, in dem sie sich diese Güter durch den Einsatz von Kaufkraft beschaffen können. Diese Kaufkraft können sie sich [in einer marktwirtschaftlichen Ordnung] nur mittelbar beschaffen, nämlich auf dem Steuer-, Anleihe- oder Kreditweg. Überdies kann die Finanz- und Wirt-
25 schaftspolitik in einer Mehrparteiendemokratie parlamentarisch wirksam kontrolliert werden. Daher ist die Wirtschaft in diesem Fall in weit geringerem Umfang ein Mittel für staatliche Zwecke als in einer Verwaltungswirtschaft, in der sich entweder die Produktionsmittel überwiegend in
30 Staatseigentum befinden oder der Anweisungsbefugnis staatlicher Planbehörden unterliegen, so dass staatliche Ziele [...] durch direkten Zugriff auf diese wirtschaftlichen Mittel erstrebt werden können, ohne dass die Privatpersonen als Verbraucher oder Unternehmer mit dem Staat in
35 wirtschaftliche Konkurrenz um die knappen Güter treten können. Privatpersonen haben in einer Verwaltungswirtschaft nur so viele wirtschaftliche Alternativen, nur so viel wirtschaftliche Freiheit, wie es die politischen Entscheidungsträger für richtig und zuträglich halten.
40 Die Wirtschaftsordnung entscheidet auch über die Möglichkeiten der Realisierung politischer Rechte: ob das Recht auf Pressefreiheit und freie Meinungsäußerung faktisch verwirklicht werden kann, hängt davon ab, ob Druckerzeugnisse frei hergestellt werden können. Wenn die Produktionsmittel,
45 also auch Druckereien, Staatseigentum sind, kann der Staat die Druckerzeugnisse wirtschaftlich kontrollieren.
Auch zwischen Wirtschaftsordnung und persönlicher Freiheit bestehen enge Zusammenhänge: Wenn z.B. die Verfassung eines Landes persönliche Freizügigkeit und freie Entfaltung
50 der Persönlichkeit als Grundrechte vorsieht, dann ist [dies] an die Existenz einer Wirtschaftsordnung gebunden, in der keine Devisenbewirtschaftung und Devisenzuteilung besteht. [Ansonsten kann] die Bewegungsfreiheit und die Möglichkeit des Bezugs ausländischer Güter [...] mehr oder minder beschränkt
55 werden. Denn ins Ausland kann nur reisen, ausländische Literatur sich nur beschaffen, wer Devisen bekommt. Volle Bewegungsfreiheit und volle Informationsfreiheit für jeden Bürger bestehen also nur, wenn jeder in dem Umfang, in dem er inländisches gegen ausländisches Geld seiner Wahl umtau-
60 schen will, auch Devisen bekommt (volle Konvertibilität). Auch die freie Entfaltung der Persönlichkeit ist mehr, als wir uns üblicherweise klarmachen, an die Wirtschaftsordnung gebunden: für die Erreichung der meisten menschlichen Zwecke, für musikalische, sportliche, religiöse, ästhetische, hygienische
65 Zwecke sind wirtschaftliche Güter erforderlich, nämlich Mu-

sikgeräte, Sportgeräte [...] usw. Ohne Konsum- und Produktionsfreiheit ist die Entfaltung der Persönlichkeit gehemmt, die ja immer auch eine Entfaltung von Individualität ist und daher außer von der Freiheit des Verbrauchs auch von der Freiheit
70 der Berufswahl und der Freiheit, die wirtschaftlichen Fähigkeiten zu entfalten, abhängt. [...]
Aufgrund dieser Zusammenhänge zwischen Wirtschaftsordnung und anderen Ordnungsbereichen kommt der Wirtschaftsordnung auch eine gesellschaftspolitische Funktion
75 zu, nämlich die Aufgabe, die Erreichung gesellschaftspolitischer Ziele, insbesondere die Verwirklichung der Grundrechte, zu unterstützen.

Heinz Lampert, Die Wirtschafts- und Sozialordnung der Bundesrepublik Deutschland, C.H. Beck, München 1995[12], S. 25–27

M 4 Leserbrief: Die Vorteile der Vollbeschäftigung

Aus einem Leserbrief in der Thüringer Allgemeinen zur Planwirtschaft in der DDR.

Bei der Privatisierung der Apoldaer Brauerei mussten einfach Menschen „gehen". [...] Zwangsläufig muss man an die Vollbeschäftigung in der DDR denken. Und an die Argumente, die von den Vertretern einer freien, privat gesteuerten
5 Wirtschaft dagegen eingebracht werden. Richtig ist, dass die Produktivität gemessen am Weltmaßstab nicht vergleichbar war. Doch die ideellen und finanziellen Vorteile für den Einzelnen wie für das System führt kaum jemand an. Zum einen war jeder Bürger in der Lage, seinen Lebensunterhalt gene-
10 rell durch sein erarbeitetes Einkommen zu bestreiten. Dadurch bedingt waren die Fälle von Lebensausweglosigkeit die Ausnahmen. Man war eingebunden in die Arbeitsgemeinschaft [...]. Wer morgens arbeitet, lässt sich in der Regel abends nicht „volllaufen". Für den Staat wurde das Steuer-
15 einkommen berechenbar, wer arbeitet und verdient, zahlt Steuern und regelmäßig seine Sozialabgaben. Wer Geld verdient, erwirbt Waren, die wiederum in den Betrieben – mit Überbesetzung an Arbeitskräften – hergestellt wurden.

An den Staat gehen Umsatzsteuern [...]. All dies geht aber nur in einer Gesellschaftsform, in der Produktionsmittel sowie
20 der gesamte Geldumlauf – planbar – in staatlicher Hand sind – und dies muss nicht automatisch mit dem verhassten Begriff „Sozialismus" verbunden sein.

Leserbrief von Hans-Georg Thomassek: Die Vorteile der Vollbeschäftigung, 5.03.2013: www.thueringer-allgemeine.de/web/zgt/suche/detail/-/specific/Leserbrief-Die-Vorteile-der-Vollbeschaeftigung-1452908173

M 5 Preise DDR und Bundesrepublik

Preise in der DDR in Prozent der Preise in der Bundesrepublik Deutschland im Jahr 1988

Was dort viel teurer war:	
Kassettenrekorder	600
Ananas	550
Spiegelreflexkamera	530
Damenstrumpfhose	510
Taschenrechner	490
Bohnenkaffee	390
Lederjacke	380
Farbfernseher	320
Schokolade	310
Pkw	240
Was dort viel billiger war:	
Bier in der Kneipe	40
Kino	32
Porto	25
Strom	24
Miete	18
Braunkohlebriketts	17
Zeitung	17
Herrenhaarschnitt	15
Straßenbahn	10
Kindergarten	5

Quelle: Wolfgang Larmann, Krisenfest?, in: Wirtschaft und Unterricht. Informationen aus dem Institut der deutschen Wirtschaft Köln, Nr. 2/2009

Aufgaben

1. Arbeiten Sie aus M2 heraus, welche grundsätzlichen Fragen in jeder Volkswirtschaft geklärt werden müssen.
2. Erläutern Sie, was Röpke mit der zu vermeidenden „größere[n] Unordnung" (M2, Z. 13-14) meint, und erschließen Sie daraus die gesellschaftliche Funktion der Wirtschaft.
3. Erarbeiten Sie aus M3 die Unterschiede zwischen einer Marktwirtschaft und einer (Zentral-)Verwaltungswirtschaft und gleichen Sie Ihr Egebnis mit M1 ab.
4. Diskutieren Sie vor dem Hintergrund der Ergebnisse aus Aufgabe 3 die Vor- und Nachteile der beiden Wirtschaftssysteme.
5. Erwägen Sie mithilfe des Kopfstand-Modells vor dem Hintergrund von M3 auf Seite 133 sowie M4 und M5, was für die Einführung einer Zentralverwaltungswirtschaft spricht. Schreiben Sie einen Leserbrief, in dem Sie dem Autor von M4 die möglichen Konsequenzen verdeutlichen.

Die Soziale Marktwirtschaft – Kennzeichen und Einschätzungen

M 6 Die Soziale Marktwirtschaft

Die Soziale Marktwirtschaft will die Vorzüge beider Wirtschaftssysteme nutzen, deren Nachteile aber möglichst vermeiden. Sie wird deshalb oft auch als „dritter Weg" bezeichnet:

Das Ordnungsprinzip der Sozialen Marktwirtschaft beruht auf wenigen, aber konsequent umgesetzten Erkenntnissen und Grundregeln. Die wichtigste Einsicht lautet: Wirtschaftlicher Wohlstand wird nicht durch staatliche Planung und Lenkung von oben, sondern durch Menschen und Märkte von unten bewirkt. [...]
Das funktioniert aber nur, wenn es privates Eigentum gibt und die Menschen frei darüber verfügen können. Beides muss gewährleistet und geschützt werden. Denn getauscht werden die Verfügungsrechte über Eigentum. So entstehen Nachfrage und Angebot und finden durch freie Preise ihren Ausgleich. Und wo Angebot und Nachfrage zusammenkommen, existiert ein Markt. [...]
Diese Freiheit sicherzustellen und andere wichtige Rahmenbedingungen zu schaffen, ist die unverzichtbare Rolle der Regierung in einer Sozialen Marktwirtschaft. [...] In einem Punkt ist der Staat auf alle Fälle gefordert. Er muss Garant des Wettbewerbs sein, eine verbindliche Wettbewerbsordnung schaffen und auch konsequent durchsetzen. [...]
Die Marktwirtschaft [...] basiert grundsätzlich auf Leistungs- und Chancengerechtigkeit. Doch nicht jeder schafft es, dabei Erfolg zu haben. [So] fallen einige durch das Raster und können beim besten Willen den Anforderungen des Marktes nicht genügen oder geraten unverschuldet in Not. Es kann kein Zweifel bestehen, dass in solchen Fällen die Gesellschaft gefordert ist und den Notleidenden helfen muss. Die Soziale Marktwirtschaft bedarf deshalb einer Sozialordnung, die die Solidarität mit den wirklich Schwachen regelt.

Randolf Rodenstock, Chancen für alle. Die Neue Soziale Marktwirtschaft, Institut der Deutschen Wirtschaft, Köln 2001, S. 19–25

M 7 Gesetz gegen Wettbewerbsbeschränkungen (GWB)

§ 1 Verbot wettbewerbsbeschränkender Vereinbarungen
Vereinbarungen zwischen Unternehmen, Beschlüsse von Unternehmensvereinigungen und aufeinander abgestimmte Verhaltensweisen, die eine Verhinderung, Einschränkung oder Verfälschung des Wettbewerbs bezwecken oder bewirken, sind verboten.
§ 2 Freigestellte Vereinbarungen
(1) Vom Verbot des § 1 freigestellt sind Vereinbarungen zwischen Unternehmen, Beschlüsse von Unternehmensvereinigungen oder aufeinander abgestimmte Verhaltensweisen, die unter angemessener Beteiligung der Verbraucher an dem entstehenden Gewinn zur Verbesserung der Warenerzeugung oder -verteilung oder zur Förderung des technischen oder wirtschaftlichen Fortschritts beitragen [...]

Zit. nach: https://www.gesetze-im-internet.de/gwb/BJNR252110998.html

M 8 „Was ist sozial?"

Karikatur von Walter Hanel

M 9 „Knete" vom Staat?

Karikatur von Klaus Stuttmann

M 10 Das Subsidiaritätsprinzip

Das Subsidiaritätsprinzip entstammt der katholischen Soziallehre und findet mittlerweile auch in der Zusammenarbeit innerhalb der Europäischen Union Anwendung:

Namensgeber sind die alten Römer. Das lateinische Wort Subsidum bezeichnete die dritte Reihe in der Schlachtordnung der Legionäre – jene Kämpfer, die erst dann eingreifen, wenn die Soldaten vor ihnen nicht mehr ausreichen. Seine heutige Bedeutung verdankt das Subsidiaritätsprinzip dem Vatikan, wo unter Papst Pius XI 1931 in der Enzyklika „Quadragesimo anno" Subsidiarität als sozialphilosophischer Grundsatz definiert wurde. Übergeordnete Institutionen sollten nur bemüht werden, wenn die kleineren Einheiten überfordert sind. Und auch in diesem Fall lediglich Hilfe zur Selbsthilfe bieten statt entmündigender Dauerbetreuung oder therapeutischer Bevormundung.

Was ist eigentlich das Subsidiaritätsprinzip?; www.brandeins.de/archiv/2004/harmonie/was-ist-eigentlich-das-subsidiaetsprinzip

M 11 Die Soziale Marktwirtschaft – aktueller denn je?

Michael Sommer, ehemaliger Vorsitzender des Deutschen Gewerkschaftsbundes:

Wir erleben aktuell keine Krise der sozialen Marktwirtschaft, sondern die Folgen eines entfesselten Kapitalismus. Shareholder-Value, Renditen von 25 Prozent und mehr; Zocken an der Börse, hemmungslose Deregulierung und sinnlose Privatisierung sowie das immer weitere Auseinanderklaffen bei Einkommen und Vermögen waren eine Perversion der sozialen Marktwirtschaft. Insofern kann die Lehre aus der Krise nur heißen, dass wir zurückkehren müssen zu den bewährten Grundsätzen der sozialen Marktwirtschaft und des Sozialstaats, die beide jahrzehntelang in Deutschland für relativen Wohlstand und für sozialen Frieden im Inneren gesorgt haben. Wir brauchen dafür einen starken und finanzkräftigen Staat, der den Primat der Politik gegenüber Wirtschaft und Finanzwelt sichert, verbindliche Regeln schafft und durchsetzt. Es geht national, europaweit und global darum, eine Wirtschafts- und Finanzordnung zu installieren, die sich vorrangig am Wohl der Menschen und nicht an kurzfristiger Rendite orientiert. Das beinhaltet nachhaltiges, ökologisches und vor allem Beschäftigung schaffendes Wirtschaften sowie regulierte Finanzmärkte und Finanzprodukte. [...] Unter diesen Umständen könnte die soziale Marktwirtschaft nicht nur in Deutschland eine Renaissance erleben, sondern sogar zu einem weltweiten Exportschlager werden.

Kai Carstensen, ehemaliger Bereichsleiter am Institut für Wirtschaftsforschung, München:

Die soziale Marktwirtschaft hat Deutschland im Verlauf der vergangenen 60 Jahre nicht nur ein enormes Wohlstandsplus gebracht, sie hat im Großen und Ganzen auch soziale Stabilität garantiert. Der Untergang der Planwirtschaft hat gezeigt, dass unfreiheitliche Systeme keine Alternative sind. Die gegenwärtige Krise verdeutlicht, dass auch der Markt ohne ausreichende Regeln und Kontrollen nicht funktioniert. Es geht nun darum, die Regulierung der Finanzmärkte neu zu justieren. Das bedeutet nicht, dass das Prinzip der sozialen Marktwirtschaft nichts taugt. Wir befinden uns vielmehr ständig auf der Suche nach den Regeln, die am besten zur Erreichung der beiden Ziele Wohlstand und sozialer Ausgleich beitragen. Werden Fehlentwicklungen offenbar, können sie korrigiert werden. Diese Flexibilität ist ein wichtiger Vorteil gegenüber unfreiheitlichen Systemen. Die Diskussion sollte daher darum gehen, wie wir unsere Wirtschaftsordnung konkret ausgestalten, und nicht um alte oder neue Utopien. Es ist zwar einfach, die Marktwirtschaft zu kritisieren. Aber ein besser funktionierendes Wirtschaftssystem diesseits des Paradieses hat noch niemand gefunden.

Michael Sommer/Kai Carstensen in: Dietmar, Neuerer, Warum die Marktwirtschaft alternativlos bleibt, 15.05.2009; www.handelsblatt.com/archiv

Aufgaben

1. Erarbeiten Sie aus M6 die wesentlichen Merkmale der Sozialen Marktwirtschaft und grenzen Sie diese von Marktwirtschaft und Zentralverwaltungswirtschaft (M1, M3) ab.
2. Begründen Sie, warum in der Sozialen Marktwirtschaft Regelungen wie Art. 14 GG (Seite 133) und das Gesetz gegen Wettbewerbsbeschränkungen (M7) sinnvoll sind. Erläutern Sie, warum die eine Regelung im Grundgesetz steht, die andere nur Gesetzescharakter hat.
3. Interpretieren Sie die Karikaturen M8 und M9. Beziehen Sie in Ihre Überlegungen M10 mit ein.
4. Argumentieren Sie auf der Grundlage von M8 – M11 in einem eigenen Leitartikel für eine Tageszeitung für notwendige Änderungen an der Sozialen Marktwirtschaft.

Die sozialistische Marktwirtschaft Chinas – Kennzeichen und Gefährdungen

M 12 Das Wirtschaftssystem der Volksrepublik China

Seit 1978 befindet sich China auf dem Weg von einer Zentralverwaltungswirtschaft zu einer Marktwirtschaft Hierzu der Wirtschaftsgeograph Maximilian Benner:

Das Wirtschaftssystem der Volksrepublik China in seiner heutigen Erscheinungsform zeichnet sich im Grundsatz durch eine [...] Kombination an weitgehend dezentraler Ressourcenallokation [= Zuweisung von Ressourcen] im
5 Sinne einer Marktwirtschaft und einem bedeutenden Anteil des Staates am Eigentum an Produktionsmitteln, allerdings bei der gleichzeitigen Möglichkeit des Privateigentums an Produktionsmitteln, aus. Insofern lässt es sich als „sozialistische Marktwirtschaft" bezeichnen.
10 Die Transformation des chinesischen Wirtschaftssystems begann im Jahr 1978. Zu Beginn dieses Reformprozesses war es der Zweck von Wirtschaftsreformen, im Rahmen der bestehenden Zentralverwaltungswirtschaft Wachstum und Beschäftigung zu erhöhen [...]. Zu Beginn des Transformati-
15 onsprozesses standen Reformen in der Landwirtschaft im Vordergrund [...]. Zu Beginn der 80er Jahre wurden marktwirtschaftliche Elemente auch in der Industrie eingeführt, in deren Rahmen auch Preise teilweise freigegeben wurden. Eine vollständige Freigabe der Preise scheiterte aller-
20 dings, und nach den Protesten auf dem Tiananmen-Platz im Jahr 1989 setzten sich Reformgegner vorerst durch. [...] Im Jahr 1992 begann eine neue Phase wirtschaftlicher Reformen, die [...] zu einer Ausweitung privater Wirtschaftstätigkeit führte. Im Laufe dieser Reformschritte entwickelte
25 sich das Wirtschaftssystem in Richtung einer stärker marktwirtschaftliche[n] Orientierung. Neben der Inflationsbekämpfung und der Reform des Finanzsektors gestaltete sich die mangelnde Effizienz der Staatsunternehmen als erhebliches Problem der chinesischen Wirtschaftspolitik in
30 den 90er Jahren. [Deswegen] beschloss die Regierung schließlich, sich [...] vom Eigentum an der Mehrheit der Staatsunternehmen zu trennen, sofern diese nicht in als strategisch wichtig erachteten Branchen tätig waren, und kleinere Staatsunternehmen zu privatisieren oder zu schlie-
35 ßen. Als Folge dieses Prozesses verschärfte sich das Problem der städtischen Arbeitslosigkeit, wodurch die Notwendigkeit deutlich wurde, kollektive soziale Sicherungssysteme aufzubauen, anstatt die soziale Sicherung von Arbeitnehmern innerhalb von Unternehmen zu organisieren.

40 Im Ergebnis hat sich das Wirtschaftssystem Chinas im Zuge dieses Reformprozesses grundsätzlich in Richtung einer Marktwirtschaft entwickelt, allerdings mit einer nach wie vor erheblichen Bedeutung von Staatsunternehmen in Branchen, die die Regierung als strategisch wichtig erach-
45 tet.
[Man] erkennt eine klare Tendenz, dass sich der Anteil des staatlichen Sektors am gesamten industriellen output zwischen 1993 und 1997 deutlich reduziert hat und der des privaten Sektors deutlich gestiegen ist, doch überwog der
50 staatliche und kollektive Sektor immer noch deutlich den privaten Sektor.

Maximilian Benner, Das Wirtschaftssystem der Volksrepublik China. Essay für das Junge Forum der Gesellschaft für Außenpolitik e.V., München, April 2010

M 13 Chinas gigantischer Wirtschaftsdeal droht zu platzen

Lange galt Chinas Wirtschaftsmodell als ernsthafte Alternative zur Marktwirtschaft westlicher Prägung. Doch in letzter Zeit häufen sich die Krisenerscheinungen:

„China hat eine Generation Zeit, um reich zu werden. Die Pekinger Führung wird deshalb alles tun, um das Wachstum auf Touren zu halten." Zwei Sätze, die sich mir eingeprägt haben, gesprochen vom Chefstrategen eines der größten Staatsfonds der Welt. [...]
5 Es war ein dreiseitiger Deal – zwischen der Führung, dem chinesischen Volk und der globalen Businesselite. Die Führung versprach den Chinesen Wohlstand, die im Gegenzug auf demokratische Freiheitsrechte verzichteten. Ein stabiles Arrangement, das globale Investoren so glaubwürdig
10 fanden, dass sie bereit waren, große Summen darauf zu setzen.
Tatsächlich war das chinesische Modell lange Zeit enorm erfolgreich. Es entwickelte globale Strahlkraft, stieg gar zur Systemalternative zur westlichen Marktdemokratie auf, ge-
15 rade in afrikanischen Ländern, aber auch unter deutschen Industriemanagern. Der entfesselte Kommandokapitalismus chinesischer Prägung schien beides zu verbinden: marktwirtschaftliche Dynamik und weise, vorausschauende Planung durch versierte Technokraten.
20 Und jetzt das: Die chinesischen Börsen schmieren ab, Kapital fließt ins Ausland, und die Behörden wirken kopflos. Diese Woche brachen sie gleich an zwei Tagen den Handel ab, um den freien Fall der Kurse zu stoppen. [...]

Auch der Wechselkurs des Yuan verliert immer weiter an Wert gegenüber dem Dollar. Anders als vor zehn Jahren, als die Notenbank den Kurs niedrig hielt, hat sie sich in den vergangenen Monaten alle Mühe gegeben, den Kurs zu stützen. Eine teure Intervention: Allein im Dezember setzte sie Währungsreserven von mehr als 100 Milliarden US-Dollar ein, um eine stärkere Abwertung zu verhindern.

Binnen anderthalb Jahren hat China, das immer noch die größten Währungsreserven der Welt besitzt, rund eine halbe Billion Dollar in die Devisenmärkte gepumpt. Inzwischen aber scheint sich der Abwärtstrend so stark zu beschleunigen, dass die Notenbank lieber die Währung in den Keller rauschen lässt, als ihre Stützungsmaßnahmen aufrecht zu erhalten.

Unendliche Weisheit der chinesischen Wirtschaftsstrategen? Nun ja. Die jetzige Krise hat eine lange Vorgeschichte. Und die ist durchzogen von staatlichen Eingriffen in die Finanzmärkte. Sie beginnt in den 2000er Jahren mit massiven Interventionen am Devisenmarkt: Damit die Exportmaschine immer weiter laufen konnte, kaufte die Zentralbank immer größere Mengen an Dollars vom Markt, um die Währung unterbewertet zu halten. [...]

In der Spitze standen Währungsreserven im Wert von fast vier Billionen Dollar in den Büchern. Das sicherte einerseits das schnelle Wachstum der Industrie. Andererseits verzerrte es die Wirtschaftsstrukturen: Chinas Wirtschaft wurde extrem abhängig vom Export und hat über Jahre zu viel investiert.

Als in der Rezession von 2008/09 das Wirtschaftswunder jäh zu Ende zu gehen drohte, entfachte Peking einen binnenwirtschaftlichen Boom, der vor allem auf Pump finanziert war. Die Kreditvergabe sei „seit der globalen Finanzkrise dramatisch gestiegen", so der Internationale Währungsfonds. Insbesondere die Unternehmen sind hoch verschuldet. [...]

Ein endliches Spiel, dessen Folgen nun unübersehbar sind: große Überkapazitäten in der Industrie, Preisverfall, leer stehende Immobilien, Schulden. Die Auswirkungen erschüttern derzeit die Weltwirtschaft.

Dass es bei allen unbestreitbaren Qualitäten der chinesischen Volkswirtschaft soweit kommen konnte, liegt nicht zuletzt an den Einmischungen der Politik, die stets das Ziel verfolgte, das Wirtschaftswunder in Gang zu halten. Auch zu einem Zeitpunkt, als bereits absehbar war, dass die rasche Industrialisierung und Verstädterung an Grenzen nicht unendlich weitergehen könnte. Ob weise Technokraten am Werk waren, darf bezweifelt werden. Ebenso, ganz prinzipiell, ob ein mächtiger Staat in einem System ohne freie Meinungsäußerung, ohne freie Presse, ohne vehemente öffentliche Kritik vernünftig funktionieren kann.

Gut möglich, dass der Deal zwischen Führung, Volk und Big Business auch weiterhin hält, auch wenn er im Zuge der notwendigen Anpassungen derzeit einem Stresstest unterzogen wird. Das chinesische Modell des Kommandokapitalismus jedoch wird schwerlich noch anderen Ländern als Vorbild dienen können.

Henrik Müller, Chinas gigantischer Wirtschaftsdeal droht zu platzen. 10.01.2016; www.manager-magazin.de/politik/weltwirtschaft/

M 14 Wechselkurs Euro-Yuan

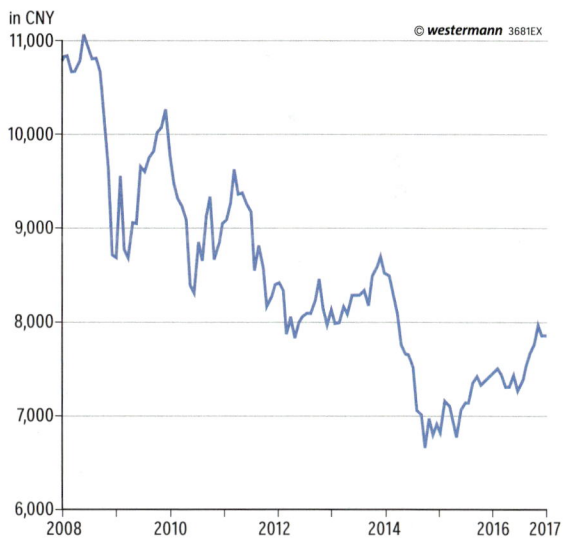

Aufgaben

1. Erläutern Sie die Unterschiede zwischen einer sozialistischen Marktwirtschaft (M12) und der Sozialen Marktwirtschaft.
2. Definieren Sie den Begriff „Kommandokapitalismus" (M13, Zeile 17–18) und analysieren Sie die Argumentationskette des Autors, indem Sie den Text in Teilabschnitte gliedern und mit Überschriften versehen.
3. Erläutern Sie die Entwicklung des Yuan (M13, M14). Erörtern Sie, wie ein schwächelnder Yuan auf die chinesische Wirtschaft wirkt und welche systemischen Gefahren davon ausgehen könnten.
4. Führen Sie im Klassenverband eine Debatte, in der Sie begründet für eine der besprochenen Wirtschaftsformen Stellung beziehen (M1–M14).

5. Auswirkungen unterschiedlicher Wirtschaftssysteme in Deutschland und China

Die Wahl des Wirtschaftssystems und seine konkrete Ausgestaltung haben Auswirkungen auf jeden einzelnen Bürger. Im Folgenden werden beispielhaft Deutschland und China in einzelnen Themenbereichen einander gegenübergestellt.

M 1 Deutschlands Außenhandel
M 2 Jobmotor Export

Globalisierung
Sowohl Deutschland als auch China sind sogenannte Global Player. Beide Länder profitieren von Freihandel und Export.

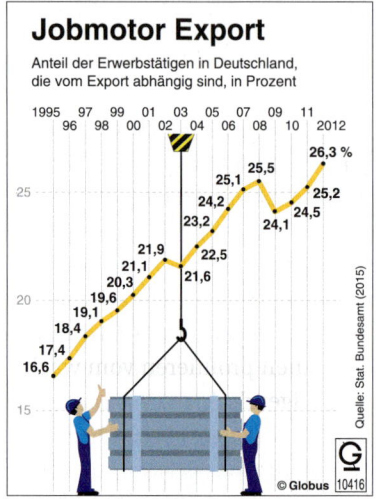

Info

Bruttoinlandsprodukt

Das Bruttoinlandsprodukt (BIP) misst den Wert aller Güter und Dienstleistungen, die in einem Jahr innerhalb der Landesgrenzen einer Volkswirtschaft erwirtschaftet werden.

Während Deutschland vor allem Autos, Maschinen und Chemieprodukte exportiert, sind es in China vorrangig Computer, Bekleidung und technische Ausrüstungen. Ein Exportrückgang würde sich in beiden Ländern negativ auf die Zahl der Arbeitsplätze auswirken. Der Wandel zu einer Industriegesellschaft hat in China zu einem stetig wachsenden Bruttoinlandsprodukt und damit zu Wohlstand geführt. Dieser Wohlstand ist in China allerdings ungleich verteilt, die reichsten 5 Prozent der Bevölkerung verdienen mehr als die ärmsten 75 Prozent zusammengenommen. In Deutschland liegt die Vergleichszahl bei unter 45 Prozent.

Grundlage der deutschen Exportstärke sind zum einen die Qualifikation und Produktivität der Beschäftigten, zum anderen die Intensität von Forschung und Entwicklung und der auch historisch bedingte gute Ruf deutscher Produkte („Made in Germany"). Chinas Vorzug lag lange Zeit in den günstigen Produktionskosten. Allerdings sind die Löhne in den letzten Jahren stark gestiegen, sodass mittlerweile einzelne Unternehmen ihre Produktion sogar wieder nach Deutschland zurückholen.

Strukturwandel in Deutschland

Nach dem Zweiten Weltkrieg war Deutschland noch stark agrarwirtschaftlich geprägt: Rund ein Viertel aller Beschäftigten war im primären Sektor (Landwirtschaft) tätig. Mittlerweile beträgt der Anteil nur mehr 1,4 Prozent. Dafür ist der Dienstleistungssektor (tertiäre Sektor) von einem Drittel auf drei Viertel der Beschäftigten gestiegen. Der Anteil des produzierenden Gewerbes (sekundärer Sektor) stieg während der Wirtschaftswunderzeit auf beinahe 50 Prozent, mittlerweile beträgt er nur mehr ein knappes Viertel. Dies hat natürlich Auswirkungen auf die Berufswahl, führt aber auch zu schwierigen Anpassungsphasen mit strukturell bedingter Arbeitslosigkeit. Gegenwärtig hat die Arbeitslosigkeit allerdings insbesondere in Bayern einen Stand erreicht, bei dem man von Vollbeschäftigung sprechen kann.

Es sind dennoch viele Arbeitsplätze insbesondere für Geringqualifizierte weggefallen und zum Teil auch von Maschinen übernommen worden. Dies stellt den Arbeitsmarkt und jeden einzelnen Arbeitnehmer vor erhebliche Anstrengungen. Deutschland ist zu einer Wissensgesellschaft geworden. Um im Beruf Erfolg zu haben, bedarf es neben einer fundierten Ausbildung und der Bereitschaft zu stetem Weiterlernen auch der Kompetenzen der Selbstorganisation, Eigenverantwortung und der Kooperationsfähigkeit.

Landwirtschaft in Deutschland
Getreideernte, um 1950

Strukturwandel in China

China hat in der Zeit seit den Reformen unter Staatspräsident Deng Xiaoping (1904–1994) einen enormen Strukturwandel von einer beinahe reinen Agrarwirtschaft zu einer Industriegesellschaft erlebt. Dieser Wandel blieb aber sehr lange Zeit auf wenige Industrieregionen beschränkt, die von einer zunehmenden Landflucht profitierten. Vor allem im Osten des Landes entstanden riesige Megacitys. So leben beispielsweise im Großraum Shanghai etwa 170 Mio. Menschen. Viele Menschen profitieren vom wachsenden Wohlstand. Damit einhergehen wiederum steigende Ansprüche der chinesischen Bevölkerung an Konsum und Ernährung und letzten Endes damit auch steigende Löhne.

Diese zu erwirtschaften wird allerdings mit dem bisherigen Geschäftsmodell Chinas immer schwieriger. Ein chinesischer Manager hat es so auf den Punkt gebracht: „Man kann nicht die größte Volkswirtschaft der Welt werden, indem man billige Schuhe produziert". Waren es bisher die Lohnfertigung von Produkten für westliche Länder oder die Herstellung von eher einfachen Produkten oder gar Kopien, so will sich China jetzt zu einem Hersteller mit eigener Entwicklungstätigkeit und zum Dienstleister für andere entwickeln. Dies gelingt unterschiedlich gut. So ist der chinesische Computerhersteller Lenovo mittlerweile Weltmarktführer. Von den rund 400.000 Ingenieuren, die pro Jahr in China ihren Hochschulabschluss erwerben, werden aber nur 10 Prozent ausreichende Qualifikationen nachgesagt.

Schuhfabrik in Dongguan, China
Arbeiterinnen bei der Produktion von Sportschuhen für den Weltmarkt

Um diese Defizite auszugleichen, investiert China massiv in die Bildung der jungen Generation. So hat die Regierung im Jahr 2016 einen Fünfjahres-Innovationsplan vorgestellt. Für ältere Beschäftigte mit niedriger Qualifikation und die einfache Landbevölkerung wird der Strukturwandel aber zur kaum zu bewältigenden Herausforderung. Um diese zu unterstützen, hat China in den letzten Jahren den Aufbau einer Infrastruktur mit Bahnlinien, Straßen und Flughäfen auch im Landesinneren vorangetrieben. Ziel ist eine Ausdehnung des Wirtschaftswachstums in strukturschwächere Gebiete.

Der Arbeitsmarkt in Deutschland

Die Arbeitslosenzahlen in Deutschland gehen seit rund zehn Jahren stetig zurück. So waren in Deutschland im Jahr 2017 noch ca. 2,53 Mio. Menschen arbeitslos gemeldet. Gleichzeitig blieben aber auch rund 1,2 Mio. Stellen unbesetzt, für die

Work-Life-Balance
Insbesondere jüngere Arbeitnehmer legen Wert darauf, Arbeits- und Privatleben zu harmonisieren.

Info

DAX
Der Deutsche Aktienindex gibt die Kursentwicklung der 30 größten und umsatzstärksten Unternehmen wieder.

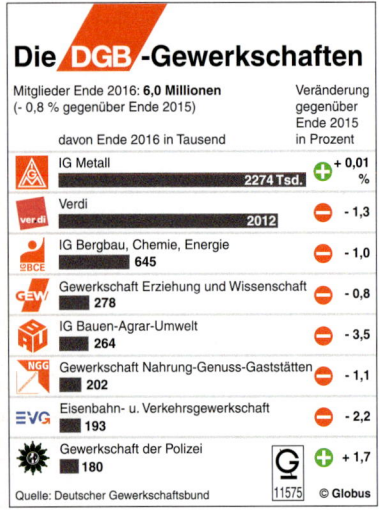

Dem Deutschen Gewerkschaftsbund gehören acht Einzelgewerkschaften mit rund sechs Millionen Mitgliedern an.

kein geeigneter Bewerber gefunden wurde. Die Lage in den einzelnen Bundesländern ist dabei allerdings keinesfalls homogen: So lag die Arbeitslosenquote in Bremen bei 10,2 Prozent, in Bayern nur bei 3,2 Prozent. Die Jugendarbeitslosigkeit in Deutschland betrug 6,8 Prozent, was den niedrigsten Wert Europas darstellt. Im Vergleich dazu lag der Wert beim Spitzenreiter Griechenland bei 43,6 Prozent.

Arbeitsbedingungen in Deutschland

Viele Arbeitsbedingungen sind in Deutschland vom Gesetzgeber festgeschrieben. Es gibt beispielsweise Regelungen zu Raumhöhen, zur zulässigen Lärmbelästigung und vieles mehr, was dem Schutz von Arbeitnehmern dient. Ein gesetzlicher Urlaubsanspruch ist sogar im Bürgerlichen Gesetzbuch festgeschrieben. Das Sozialgesetzbuch regelt die Teilhabe von Menschen mit Behinderungen am Arbeitsmarkt.

Seit 2015 gilt in Deutschland der Mindestlohn. Im Vorfeld war lange darum gerungen worden: Befürworter wollten damit soziale Verwerfungen im Niedriglohnbereich abschaffen und zusätzliche Kaufkraft generieren. Gegner befürchteten, dass bei steigenden Arbeitskosten auch die Arbeitslosigkeit zunehmen könnte sowie ein Abwandern in die Schattenwirtschaft. Als weitere Gefahr wurde die Umwandlung regulärer Beschäftigungsverhältnisse in Minijobs oder Leiharbeit gesehen.

Ein weiteres Thema ist die berufliche Gleichstellung der Geschlechter. Im Schnitt verdienten im Jahr 2015 bei gleicher Tätigkeit, Ausbildung und Erfahrung Frauen in Deutschland ca. 5,5 Prozent weniger als Männer. Zudem war nur knapp ein Drittel aller Führungspositionen von Frauen besetzt, bei Vorstandspositionen waren es sogar weniger als 10 Prozent. Für Aufsichtsräte in DAX-Konzernen ist daher 2016 eine Frauenquote eingeführt worden.

Auf der Basis der relativen sozialen Sicherheit und der geringen Arbeitslosigkeit spielen mittlerweile für qualifizierte Arbeitnehmer bei der Arbeitsplatzwahl andere Aspekte als früher eine zunehmend wichtige Rolle: So ist heute für viele, vor allem jüngere Arbeitnehmer die sogenannte Work-Life-Balance von Bedeutung. Darunter versteht man den Anspruch, Arbeits- und Privatleben in Einklang bringen zu können.

Die Rolle der Gewerkschaften in Deutschland

Die gesetzliche Grundlage für Gewerkschaften findet sich in Art. 9 Abs. 1 GG. In Verhandlungen mit Arbeitergeberverbänden und teilweise einzelnen großen Unternehmen vertreten sie die Arbeitnehmerbelange. Regelmäßige Streitpunkte sind dabei Arbeitszeit und Entlohnung. Es gibt in Deutschland als Dachorganisation den Deutschen Gewerkschaftsbund (DGB) mit einzelnen, nur für bestimmte Berufszweige zuständigen Spartengewerkschaften.

Ihre Bedeutung erlangen Gewerkschaften durch die in Deutschland in Art. 3 Abs. 3 GG garantierte Tarifautonomie. Darunter versteht man das Recht der Tarifparteien, also der Arbeitgeber und Arbeitnehmer, losgelöst von staatlicher Einflussnahme die Arbeitsbedingungen ihrer Mitglieder in Tarifverträgen zu regeln. Zur Durchsetzung ihrer Interessen haben die Gewerkschaften die Möglichkeit Streiks auszurufen, worauf die Arbeitnehmerseite mit Aussperrungen reagieren kann. In der Regel verlaufen Tarifverhandlungen in Deutschland aber friedlich und diszipliniert.

Daneben haben Arbeitnehmervertreter aber auch die Möglichkeit, über Mitbestimmungsverfahren im Unternehmen selbst direkt Einfluss zu nehmen. Beispiele dafür sind die Einrichtung von Betriebsräten oder die Besetzung von bis zu der Hälfte der Aufsichtsratsposten einer Kapitalgesellschaft durch Arbeitnehmervertreter.

Der Arbeitsmarkt in China

Der Arbeitsmarkt in China ist sehr heterogen und intransparent. Die sehr ländlichen Regionen und die Ballungsräume unterscheiden sich dabei stark. Zudem gehen Experten davon, aus dass die von China zur Verfügung gestellten Zahlen nicht der Realität entsprechen. Während in offiziellen Statistiken von rund vier Prozent Arbeitslosigkeit gesprochen wird, gehen Experten davon aus, dass sowohl auf dem Land als auch in den Städten die Arbeitslosigkeit wesentlich höher ausfällt.

Arbeitsbedingungen in China

Die Arbeitsbedingungen in China sind von einem stellenweise frühkapitalistischen Umgang mit Arbeitskräften und der Natur geprägt. So arbeiten viele Chinesen unter nach unseren Vorstellungen unwürdigen Bedingungen. Das Thema Arbeitsschutz, zum Beispiel die Einhaltung von strengen Sicherheitsvorschriften, ist stark unterrepräsentiert.

Wanderarbeiter in China auf Jobsuche
In Tudi, China, eigentlich einem kleinen Dorf, sind Tausende von Wanderarbeitern beschäftigt.

Es gibt zwar gesetzliche Regelungen zur Arbeitszeit mit einer 40 Stunden-Woche von Montag bis Freitag und drei Wochen Urlaub im Jahr. Aber die meisten Unternehmen halten sich nicht daran und fordern von ihren Arbeitern unbezahlte Überstunden ein. Die Unternehmer haben dabei leichtes Spiel, denn die meisten Wanderarbeiter sind in den Städten nicht gemeldet und damit quasi illegal. Insgesamt ist der Umgang mit Wanderarbeitern, die ihr Glück zum Teil ohne Versorgung und angemessene Unterkunft in den Städten suchen, ausbeuterisch. Auch die Umwelt leidet unter den Produktionsbedingungen. Der Einsatz von Filteranlagen und Maßnahmen zum Umweltschutz ist vielerorts nicht vorgeschrieben.

Auf der anderen Seite gibt es aber auch viele Wohlstandsgewinner. So hat China mehr Dollar-Milliardäre als die USA. Eine vorher nicht existente Mittelschicht konnte entstehen, die über ihr Konsumverhalten wiederum die Binnennachfrage treibt. Mit gestiegenen Ansprüchen ändern sich auch Mentalitäten, Sozialbeziehungen und gegebenenfalls das politische Verhalten, was die chinesische Führung vor neue Herausforderungen stellt.

Die Rolle der Gewerkschaft in China

Die Rolle der Gewerkschaft – des All-Chinesischen Gewerkschaftsbundes ACGB – ist traditionell eng mit der staatstragenden Kommunistischen Partei Chinas verbunden. Gewerkschaftsmitglieder sind eher Sprachrohr der Regierung als Arbeitnehmervertreter. Zudem sieht das chinesische Gewerkschaftsgesetz kein Streikrecht vor. Allerdings haben sich in den letzten Jahren immer mehr gut informierte Aktivisten gefunden, welche die Interessen der Arbeitnehmer bündeln und durch unterschiedliche Aktionen in Erscheinung treten. Dies hat zu illegalen Streiks mit teilweise tätlichen Auseinandersetzungen und Polizeieinsätzen geführt. Diese Entwicklung ist allerdings weder im Interesse der Arbeitgeber noch der Regierung und so nimmt der ACGB immer mehr die Rolle einer echten Gewerkschaft ein.

Smog in Peking
Dezember 2015

Globalisierung und Strukturwandel – Deutschland und China im Vergleich

M 3 Anteil am weltweiten Export

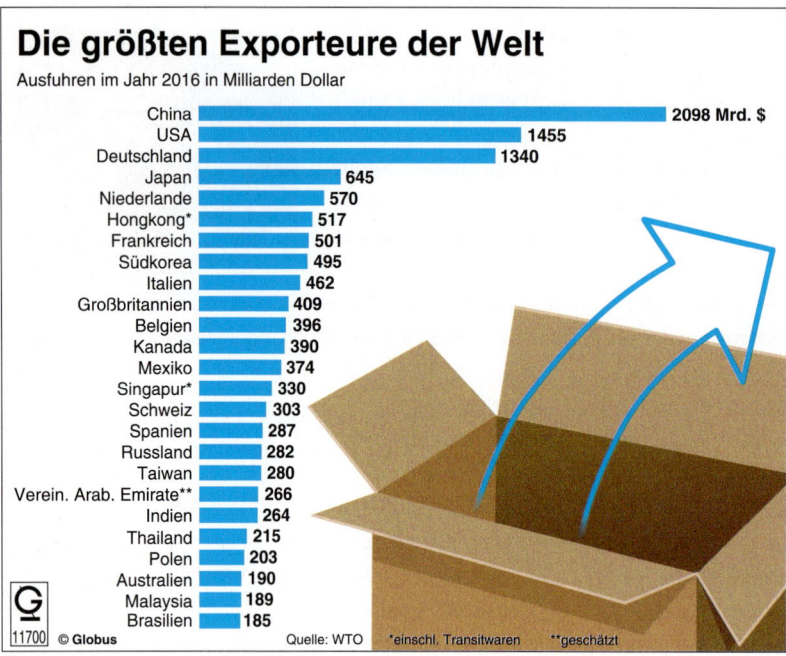

M 5 Bruttoinlandsprodukt pro Kopf ausgewählter Länder

Land	BIP pro Kopf	Welt-rang
Katar	145.000 USD	1
Luxemburg	102.900 USD	2
Liechtenstein	89.400 USD	3
Norwegen	68.400 USD	11
USA	56.300 USD	19
Deutschland	47.400 USD	29
Frankreich	41.400 USD	38
Großbritannien	41.200 USD	40
Japan	38.200 USD	42
EU	37.800 USD	44
China	14.300 USD	112
Somalia	400 USD	228

Datenquelle: www.laenderdaten.de (Stand: April 2017)

M 4 Bruttoinlandsprodukt im Vergleich

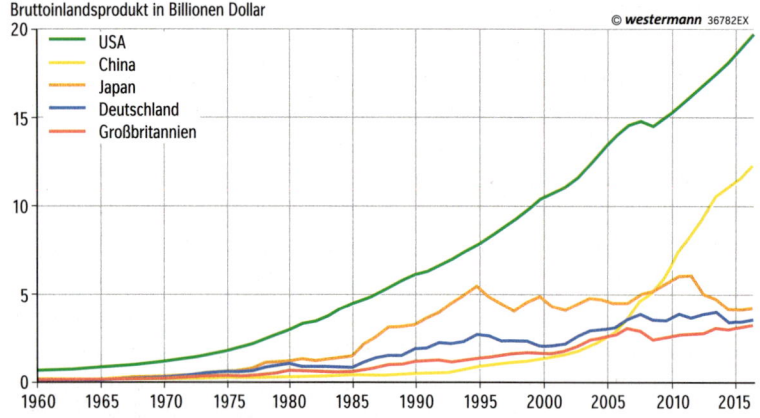

Aufgaben

1. Analysieren Sie die Grafiken M1 bis M3 und erläutern Sie, welche wirtschaftlichen Auswirkungen ein Exportrückgang insbesondere für Deutschland und China haben könnte.
2. Beschreiben Sie die in M4 dargestellte Entwicklung des Bruttoinlandsprodukts für die angegebenen Länder. Kontrastieren Sie Ihre Ergebnisse mit den Zahlen in M5 und erklären Sie die Unterschiede.
3. Erschließen Sie nach der Think-Pair-Share-Methode die Grafik M6 und erklären Sie die Auswirkungen der dargestellten Entwicklungen auf Ihre eigene Lebensgestaltung.

M 6 Einflussfaktoren der Arbeitswelt

Die Arbeitswelt von morgen wird durch vier zentrale Trends geprägt:

Wirtschaftlicher Strukturwandel
- Übergang in wissensbasierte Dienstleistungsgesellschaft
- Anstieg des Qualifikationsniveaus

Globalisierung
- Zunahme internationaler Konkurrenz
- Verkürzung der Produktzyklen
- Verringerung der Halbwertszeit von Fachwissen

Neue Technologien
- Dominanz der Verbundtechnologien
- IuK-Technologie erlaubt Flexibilität von Arbeitszeit und -ort sowie dezentrale Produktion

Demographischer Wandel
- Stagnation/Rückgang des Erwerbspersonenpotenzials
- Verlängerung der Lebensarbeitszeit
- Anstieg der Erwerbsbeteiligung

Im Zentrum (Raute):
- Projektzentrierte Arbeitsorganisation
- Selbstbeschäftigung
- Flexibilisierung der Unternehmensorganisation
- Diskontinuität der (Erwerbs-)biographien
- Wechselhäufigkeit des Fachwissens

An den Seiten der Raute: Eigenverantwortung, Selbstorganisation, Kooperationsfähigkeit, lebenslange Lernfähigkeit

Quelle: Prognos AG 2008

Bundesministerium für Bildung und Forschung (Hrsg.), Auswirkungen von demographischen Entwicklungen auf die berufliche Ausbildung, Bonn 2009, S. 16

M 7 Was bedeutet „Wissensgesellschaft"?

Das Konzept der „Wissensgesellschaft" hebt die Bedeutung von Information und Wissen als wichtigen Produktionsfaktor in der Wirtschaft, aber auch als ein relevanter, die moderne Gesellschaft (mit-)bestimmenden Faktor hervor. [...]
Freilich sind auch die Grenzen einer Wissensgesellschaft erkennbar. Obwohl Informationen und Wissen in einem bisher nicht gekannten Maße zu einem öffentlichen Gut werden, das grundsätzlich weltweit und für jeden zur Verfügung steht, partizipieren nicht alle daran: Viele Menschen – auch in Deutschland – nehmen dieses wichtige Gut nicht in ausreichendem Maße wahr. Es gibt Hinweise, dass diese „bildungsfernen" Gruppen zunehmen. Während die Milieus der bürgerlichen Mitte mit Erfolg den Bildungsanschluss an die gesellschaftlich gehobenen Milieus geschafft haben, drohen sozial schwache Schichten abzudriften. Der Begriff der „Wissensgesellschaft" muss relativiert werden und erscheint unter diesem Aspekt eher als eine „Informationsangebotsgesellschaft". Nur wenn es gelingt, die Ambitionen, die mit dem Begriff der „Bildungsgesellschaft" verbunden sind, umzusetzen, und zwar so, dass sozial schwache Milieus nicht benachteiligt werden, kommt man der sozial verträglichen Realisierung der Wissensgesellschaft entscheidend näher. Die Förderung der frühkindlichen Bildung und Erziehung, die Reformen des Schulsystems sowie die Stärkung der beruflichen Bildung gehören zu den wichtigen bildungspolitischen Reformkonzepten, um diesen Defiziten entgegenzuwirken. [...]
Die Gefahr, dass langanhaltender Wohlstand innovationsmüde macht, ist nicht ganz von der Hand zu weisen. Auch viele Risikodebatten, die in den letzten Jahren geführt wurden, erscheinen als wohlstandsinduziert. Innovationen sind eine gesamtgesellschaftliche Aufgabe – und nicht nur eine Aufgabe etwa für Wissenschaft und Wirtschaft. Bildung kommt dabei eine Schlüsselfunktion zu. Umfassende Bildung, spezialisiertes Wissen und fachliches Know-how werden vor dem Hintergrund des globalen Wettbewerbs immer wichtiger, um Lebensqualität und Wohlstand zu sichern.
Die „innovierende" Wissensgesellschaft wird damit zur modernen Ausprägung der Industriegesellschaft unter den Bedingungen der Globalisierung.

Norbert Arnold, Was bedeutet „Wissensgesellschaft"?, In: ANALYSEN & ARGUMENTE, Ausgabe 112, November 2012. S. 3-5

M 8 Bildungsausgaben in China

Seit 1998 hat die Volksrepublik ihre Bildungsausgaben von Jahr zu Jahr gesteigert: 2010 waren es bereits 3,7 Prozent des Bruttoinlandsprodukts, drei Jahre später lagen sie bereits bei vier Prozent. China ist hungrig, und damit die Wirtschaft
5 weiter wächst, setzt die Führung in Peking auf Fortschritte in Wissenschaft und Forschung. Die ersten Knospen dieser Saat gehen schon auf und können besichtigt werden: in Regionen wie der Xianlin Science Town, wo neben der Nanjing Foreign Language School noch weitere neue Universi-
10 täts- und Schulkomplexe stehen. [...] Diese Entwicklung vollzieht sich im gesamten Reich. Die Zahl der staatlich anerkannten regulären Universitäten hat sich seit 2000 mehr als verdoppelt, und im Jahr 2013 gab es erstmals 6,99 Millionen Uni-Absolventen – dreimal mehr als 2003. Das Ziel für
15 die nächsten Jahre ist ausgegeben: Bis 2020 soll der Anteil von Jugendlichen, die in höheren Bildungseinrichtungen eingeschrieben sind, von 15 auf 25 Prozent steigen. [...] Dabei ist der Zugang zu Bildung nur eine Seite der Medaille. Was die chinesische Wirtschaft im globalen Wettbewerb wirklich
20 braucht, ist Nachwuchs, der sein Wissen kreativ anwenden kann. [...] Bisher ist das chinesische Bildungssystem auf überprüfbare Ergebnisse angelegt – empirisches Wissen also, mit dem sich Wettbewerbe gewinnen lassen.

Sonja Gillert, Wo Kinder auf Knopfdruck schlau werden sollen, 04.12.2013; www.welt.de/politik/ausland/article122526148/Wo-Kinder-auf-Knopfdruck-schlau-werden-sollen.html

M 9 Bildungsausgaben im Vergleich

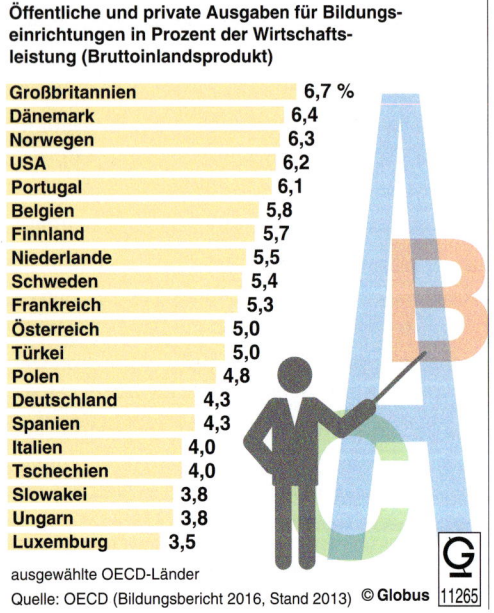

Öffentliche und private Ausgaben für Bildungseinrichtungen in Prozent der Wirtschaftsleistung (Bruttoinlandsprodukt)

Land	%
Großbritannien	6,7
Dänemark	6,4
Norwegen	6,3
USA	6,2
Portugal	6,1
Belgien	5,8
Finnland	5,7
Niederlande	5,5
Schweden	5,4
Frankreich	5,3
Österreich	5,0
Türkei	5,0
Polen	4,8
Deutschland	4,3
Spanien	4,3
Italien	4,0
Tschechien	4,0
Slowakei	3,8
Ungarn	3,8
Luxemburg	3,5

ausgewählte OECD-Länder
Quelle: OECD (Bildungsbericht 2016, Stand 2013) © Globus 11265

M 10 Innovationsindikator 2015

Der Innovationsindikator setzt sich aus verschiedenen Faktoren aus den Bereichen Wirtschaft, Bildung, Wissenschaft, Staat und Gesellschaft zusammen:

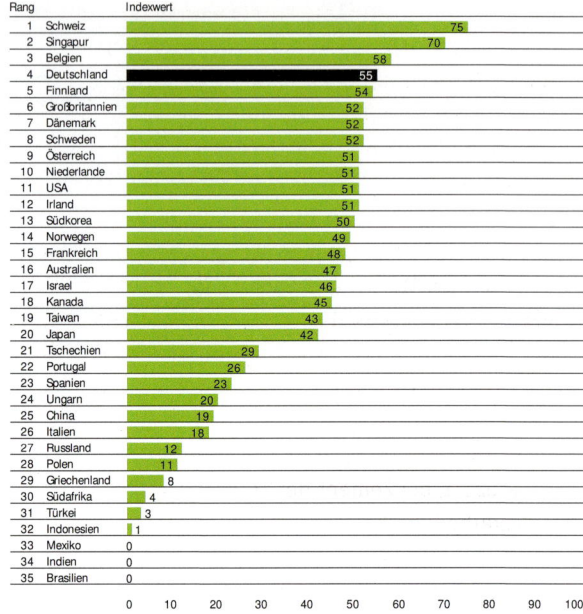

Gesamtergebnis des Innovationsindikators

Rang	Land	Indexwert
1	Schweiz	75
2	Singapur	70
3	Belgien	58
4	Deutschland	55
5	Finnland	54
6	Großbritannien	52
7	Dänemark	52
8	Schweden	52
9	Österreich	51
10	Niederlande	51
11	USA	51
12	Irland	51
13	Südkorea	50
14	Norwegen	49
15	Frankreich	48
16	Australien	47
17	Israel	46
18	Kanada	45
19	Taiwan	43
20	Japan	42
21	Tschechien	29
22	Portugal	26
23	Spanien	23
24	Ungarn	20
25	China	19
26	Italien	18
27	Russland	12
28	Polen	11
29	Griechenland	8
30	Südafrika	4
31	Türkei	3
32	Indonesien	1
33	Mexiko	0
34	Indien	0
35	Brasilien	0

Quelle: www.innovationsindikator.de/2015/home/#!/Home

M 11 Der Strukturwandel in Deutschland

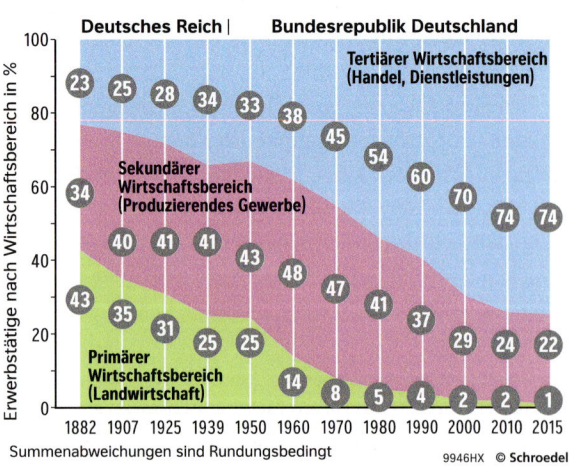

Eigene Berechnung nach Daten des Statistischen Bundesamtes

M 12 „Chinas Wirtschaft an sehr kritischem Punkt angelangt"

Chinas Exporte haben kräftig zugelegt. Doch Experten warnen: Das Reich der Mitte steht vor großen Herausforderungen. Mache die Regierung noch mehr Fehler, könne das in einer Katastrophe enden.

„Die chinesische Wirtschaft ist noch immer keine echte Marktwirtschaft", sagt Oliver Rui, Professor für Finanzen an der China Europe International Business School (CEIBS) in Shanghai, einer der führenden Universitäten der Stadt. „Es ist eine Wirtschaft, die sich in den Grenzen bewegt, die die Regierung festlegt", erklärt er. [...]

In den kommenden Jahren steht China vor der schwierigen Aufgabe, aus dem alten, auf Schwerindustrie und Produktion basierenden Wirtschaftsmodell eine moderne Service- und Dienstleistungsgesellschaft zu machen. Das bedeutet, dass die Überkapazitäten abgebaut werden müssen, die im Zuge des Infrastrukturprogramms nach der Finanzkrise entstanden sind. Wie aktuelle Zahlen der Europäischen Handelskammer in China zeigen, liegen sie im Bereich Stahl bei 29 Prozent, bei Zement bei 27 Prozent und im Bereich der Ölverarbeitung bei sogar 36 Prozent. „Die Regierung will, dass sich die Arbeiter in diesen Branchen weiterbilden, sodass sie neue Jobs in der Serviceindustrie finden", erklärt Oliver Rui.

Dafür fehlt es jedoch an kurzfristigen Weiterbildungsmöglichkeiten. „Sie können die Angestellten in der Stahl-, Kohle- und Schwerindustrie nicht innerhalb von drei oder sechs Monaten umschulen", sagt Rui. Das liege nicht nur an den fehlenden Kapazitäten an weiterbildenden Schulen, sondern auch daran, dass der Dienstleistungssektor in vielen Teilen Chinas ein schlechtes Ansehen genießt. „Ein Stahlarbeiter wird nicht in einem Restaurant arbeiten wollen", so Rui.

Die Regierung muss jedoch sicherstellen, dass der Strukturwandel gelingt, ohne dass allzu viel Arbeitslosigkeit entsteht. Rund eine Million Jobs sind der CEIBS zufolge bereits in der Stahl- und Kohleindustrie abgebaut worden, es könnten weitere fünf Millionen Arbeitsplätze wegfallen. [Die] Zentralregierung [setzte] deshalb einen Strukturfonds in Höhe von umgerechnet 13,9 Milliarden Euro auf, um Arbeiter umzuschulen, die im Zuge der Strukturreformen ihren Arbeitsplatz verloren haben.

Jochen Siebert, Leiter der Unternehmensberatung JSC Automotive in Shanghai, sieht in der Umschulung große Herausforderungen: „Viele der Stahl- und Kohlearbeiter sind über 45 Jahre alt, sie haben eine schlechte Schulausbildung", sagt der Deutsche. „Es erscheint kaum vorstellbar, dass aus den Arbeitslosen aus diesen Sektoren plötzlich Facharbeiter, EDV-Angestellte oder Finanzberater werden."

Überkapazitäten gibt es auch in der Autoherstellung, sie beträgt den Berechnungen von JSC Automotive bei den chinesischen Herstellern rund 50 Prozent. Das entspricht rund 7,5 Millionen Fahrzeugen im Jahr.

Exportieren lässt sich zumindest dieses Problem aber nicht. Die Nachfrage nach chinesischen Fahrzeugen außerhalb Chinas ist nach wie vor gering. Im vergangenen Jahr wurden offiziellen Exportstatistiken zufolge nur rund 360.000 Pkw und leichte Nutzfahrzeuge aus rein chinesischer Herstellung ins Ausland exportiert. „Seit 2011 wird die Wirtschaft vor allem durch eine höhere Verschuldung und den Ausbau von Kapazitäten angetrieben, während die Produktivität zurückgeht", sagt Unternehmensberater Siebert.

Nina Trentmann, „Chinas Wirtschaft an sehr kritischem Punkt angelangt", 13.04.2016; www.welt.de/wirtschaft/article154296094/Chinas-Wirtschaft-an-sehr-kritischem-Punkt-angelangt.html

---

Aufgaben

1. Argumentieren Sie aus der Perspektive des chinesischen Bildungsministers für eine Erhöhung der Bildungsausgaben. Beziehen Sie dabei M5–M10 in Ihre Überlegungen mit ein.
2. Vergleichen Sie den Strukturwandel in Deutschland und China (M11, M12). Erläutern Sie die besonderen Herausforderungen, vor denen China steht.
3. Erarbeiten Sie in einer Blitzlichtrunde die wirtschaftlichen Unterschiede zwischen Deutschland und China und begründen Sie auf der Basis Ihrer bisherigen Ergebnisse, welche Chancen und Probleme sich für den einzelnen daraus ergeben.

Arbeitsmarkt und Lebensgestaltung – Deutschland und China im Vergleich

M 13 Arbeiten in Deutschland

[…] Seit zuerst die Transportkosten dramatisch gesunken sind und inzwischen mit Hilfe der neuen digitalen Techniken Produktionsprozesse rund um die Welt koordiniert und neu gestaltet werden können, verlagern die Unternehmen
5 immer mehr Arbeiten in Länder, wo die Löhne niedrig und die Arbeitszeiten lang sind. Das betrifft längst selbst hochtechnisierte Branchen. Deutschland hat bisher von dieser Entwicklung profitiert. Hierzulande konzentrieren sich viele Jobs, die hohe Qualifikationen voraussetzen und ent-
10 sprechend gut bezahlt werden. Und die Zahl der Beschäftigten ist selbst in Zeiten der Finanzkrise nicht gesunken, sondern liegt mit 43 Millionen so hoch wie noch nie. […]
[Aber] selbst bei den erfolgreichsten deutschen Konzernen sind viele Beschäftigte nicht mehr direkt im Unternehmen
15 angestellt, sondern nur noch als Leiharbeiter. Bricht die Konjunktur ein, verlieren die als erste ihren Job. Und immer mehr Produktionsschritte werden in Zulieferfirmen verlegt, wo Löhne und betriebliche Sozialleitungen geringer ausfallen. So spaltet sich die deutsche Arbeitnehmerschaft in im-
20 mer mehr unterschiedlich gut abgesicherte Gruppen auf. Am unteren Ende der sozialen Leiter stehen vier Millionen Menschen, die ausschließlich von Minijobs leben müssen. […]
Die deutschen Gewerkschaften haben einen hohen Preis gezahlt, um die gute Beschäftigungslage aufrecht zu erhal-
25 ten. Jahrelang haben sie sich mit Lohnforderungen zurückgehalten, um die Wettbewerbsfähigkeit der hiesigen Betriebe nicht zu gefährden. Dabei blieb oft die Solidarität mit den Kollegen in den ausländischen Zweigwerken auf der Strecke, kritisiert der Politologe Michael Fichter […]. „Transnati-
30 onale Unternehmen aus Europa mit starken Betriebsräten errichten in den USA zum Beispiel am liebsten Werke in den Südstaaten, wo die Gesetze eine gewerkschaftliche Interessensvertretung erheblich erschweren. Und die deutschen Betriebsräte protestieren nicht, weil sie hoffen, dass das
35 hilft, neue Märkte für das Unternehmen zu erschließen."
Doch früher oder später werden die Belegschaften gegeneinander ausgespielt. Wenn etwa ein Autohersteller ein neues Modell auflegt, wird dieser Auftrag im Konzern ausgeschrieben, damit sich alle Zweigwerke weltweit darum
40 bewerben. Liegen die Arbeitskosten andernorts niedriger, können die deutschen Standorte nur mit einer höheren Produktivität punkten. Das heißt für die Beschäftigten: noch mehr Leistung und oft auch Sonderschichten. […]
Auch deshalb, weil Arbeit für immer mehr Menschen nicht nur Broterwerb ist. Sie suchen im Job auch Erfüllung, wollen 45 Karriere machen. Doch Aufstiegschancen hat oft nur, wer zu zahlreichen Überstunden bereit ist. Das heizt nicht nur die Konkurrenz innerhalb der Belegschaften an. […] Für Jutta Allmendinger, Soziologin und Präsidentin des Wissenschaftszentrums Berlin, ist dies der Hauptgrund dafür, dass 50 Frauen in Deutschland gut ein Fünftel weniger verdienen als Männer. „Wir wissen, dass dieser Gender Pay Gap hauptsächlich darauf zurückzuführen ist, dass Frauen wenig und Männer sehr viel arbeiten und Frauen von daher auch nicht in die Führungspositionen kommen. Wir reagieren darauf 55 mit einer Quotierung, die aber an den Symptomen ansetzt, nicht an den Grundlagen dieses Ungleichgewichts." […]
Viel sinnvoller fände sie es, die Unternehmen würden Arbeitszeitmodelle anbieten, die es Frauen wie Männern erlaubten, kürzer zu arbeiten, gerade in jungen Jahren, und 60 trotzdem später noch Karriere machen. Dann könnten sich beide Geschlechter mehr um ihre Familien kümmern. Zum Ausgleich ließe sich ja die Lebensarbeitszeit verlängern. […]
„Weil eine Zufriedenheit von Arbeitnehmern auch leicht zu einer Zufriedenheit von Arbeitgebern werden kann, weil sie 65 natürlich produktivitätserhöhend ist."

Andreas Beckmann, Leben und Arbeiten in eine gute Balance bringen, 07.04.2016; www.deutschlandfunk.de/arbeitsbedingungen-leben-und-arbeit-in-eine-gute-balance.1148.de.html?dram:article_id=350602l

M 14 Arbeitsbedingungen in Deutschland

Umfrageergebnisse in %
Wenn Sie Ihre **Arbeitsbedingungen neu verhandeln** könnten, für welche Veränderung würden Sie sich am ehesten entscheiden?

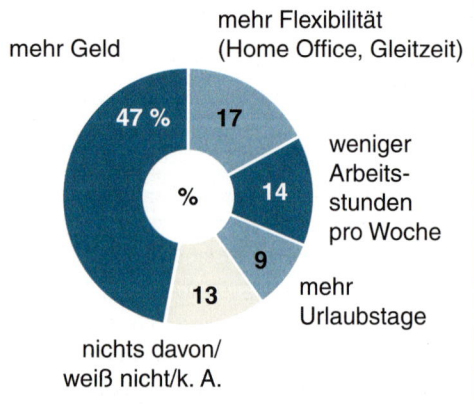

Quelle: YouGov/dpa (Umfrage von November/Dezember 2016)

M 15 Arbeitsbedingungen in China

2013 ging der Fall der jungen chinesischen Fabrikarbeiterin Tian Yu weltweit durch die Medien. Sie arbeitete für den Apple-Zulieferer Foxconn – bis zu ihrem Selbstmordversuch 2010:

Am Montagmorgen des 17. März 2010 hält Tian Yu es nicht mehr länger aus. Gegen acht Uhr steigt sie in den vierten Stock des Wohngebäudes der Arbeiter von Foxconn in Longshua, Shenzhen, und springt. Als die damals 17-Jährige zwölf Tage später aus dem Koma erwacht, ist sie ein Krüppel: Der Aufprall hat Frakturen an Wirbelsäule und Hüfte verursacht, von der Taille abwärts ist Yu fortan gelähmt. Yu war eine der 400.000 Fließbandarbeiterinnen in Foxconns Fabrik in Longshua, wo Smartphones und Tablets für Elektronikkonzerne wie Samsung, Dell, Sony und vor allem für Apple zusammengebaut werden. Als Yu für den Zulieferer schuftet, sind es laut dem britischen „Guardian" täglich 137.000 iPhones, 90 Stück pro Minute. Um die hochgesteckten Vorgaben zu halten, musste das Mädchen sechs Tage die Woche 12-Stunden-Schichten schieben – und trotzdem noch Mahlzeiten ausfallen lassen. Als Lohn blieben ihr umgerechnet rund 160 Euro, selbst in China ist das nicht viel. Gestrandet in einer seelenlosen Arbeiterbehausung, weit weg von der Heimat, teilte sie sich ein Zimmer mit sieben Frauen. Tagsüber wurde sie von den Vorarbeitern für jeden Fehler angeschrien, abends sank sie völlig erschöpft ins Bett. Einen Monat, nachdem sie aus dem 700 Kilometer entfernten Dorf ihrer Eltern voller Hoffnung auf ein besseres Leben aufgebrochen war, sah sie nur noch einen Ausweg: Selbstmord.

Yu war nicht die einzige. 18 ihrer Kollegen, keiner älter als 25, versuchten, sich in dem Jahr in Foxconns Fabriken das Leben zu nehmen, 14 von ihnen starben. Die Selbstmordserie löste eine Debatte um die Arbeitsbedingungen bei Apples wichtigstem Zulieferer aus. Fotos, die Netze unter den Fenstern der Schlafgebäude zeigten, wurden gedruckt und Arbeiter interviewt, die vom Dauereinsatz am Fließband erzählten. Davon aufgerüttelt ging eine Menschenrechtsgruppe aus Hong Kong Yus Schicksal nach: Drei Jahre begleiteten sie das Mädchen und sprachen mit vielen ihrer Leidensgenossen. [...] Herausgekommen ist nicht nur eine erschütternde Erzählung von Yus Leidensgeschichte, sondern auch ein tiefer Einblick in das System der Ausbeutung bei chinesischen Auftragsfertigern, die unzählige arme Landarbeiter mit dem Versprechen von Wohlstand und Glück in die Großstädte locken.

Dem Bericht zufolge haben sich die Bedingungen bei Foxconn seit 2010 kaum verbessert. Bis zu Selbstmordwelle habe die Firma nie den Grundlohn über das gesetzlich vorgeschriebene Minimum erhöht, danach sei die Vergütung immerhin um neun Prozent über dem Mindestlohn in Shenzhen gestiegen. Allerdings beschäftige der Zulieferer weiter bevorzugt Arbeiter zwischen 16 und 25 Jahren aus der Landbevölkerung. Außerdem sei die Produktionsintensität weiter erhöht worden.

AS, Das Mädchen, das sich wegen Apple umbringen wollte, 06.08.2013; www.stern.de/wirtschaft/news/unmenschliche-arbeitsbedingungen-in-china-das-maedchen--das-sich-wegen-apple-umbringen-wollte-3368888.html

M 16 Die weltweite Wohlstandsverteilung

Der Gini-Koeffizient misst den Grad der Ungleichverteilung in einer Gesellschaft. 0 bedeutet dabei absolute Gleichheit – alle haben das Gleiche. 100 bedeutet maximale Ungleichverteilung, einer hat also alles, alle anderen nichts.

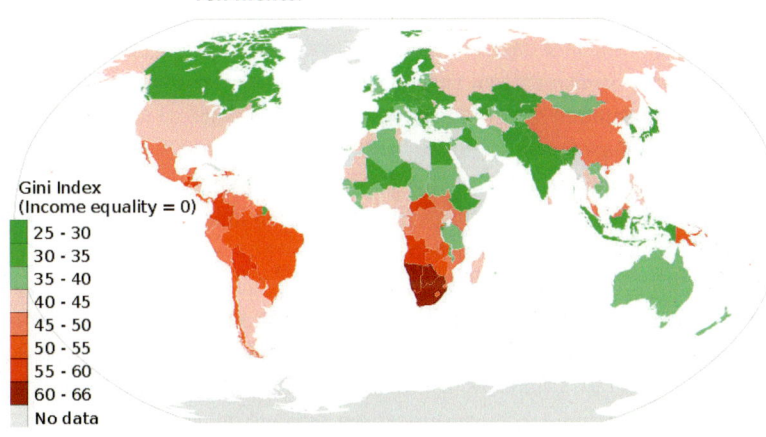

Aufgaben

1. Erarbeiten Sie die wesentlichen Argumente aus M13 und stellen Sie Ihre Ergebnisse der Grafik M14 gegenüber. Beantworten Sie aus Ihrer gegenwärtigen Lebensperspektive die Frage, welche Arbeitsbedingungen Ihnen wichtig sind und erwägen Sie mögliche Auswirkungen auf Ihre eigene Lebensgestaltung.
2. Kontrastieren Sie die dargestellten Lebenssituationen in M13 und M15. Beziehen Sie M4, M5 und M16 mit ein.
3. Diskutieren Sie, wie eine Verbesserung der Arbeitsbedingungen in China erreicht werden könnte.

Arbeitnehmerrechte und Arbeitslosigkeit – Deutschland und China im Vergleich

M 17 Deutschland und der Arbeitskampf

Auch in Deutschland sind Streiks ein Mittel im Arbeitskampf. Allerdings gilt Deutschland als streikarm:

Der Streik ist in Deutschland nicht Teil der Nationalkultur wie in Frankreich, und das Vertrauen darauf, man könne die Dinge, die in der Arbeitswelt schief laufen, per Massenprotest über den Druck der Straße regeln, ist hierzulande nicht
5 ausgeprägt. Grund dafür sei die „typisch deutsche" Konfliktscheu, heißt es oft. In der Weimarer Republik freilich war das Konfliktniveau in Deutschland unglücklicherweise so hoch wie in den streikreichsten Zeiten Italiens.
Dass die Bundesrepublik ein streikarmes Land geworden
10 ist, liegt an drei glücklichen institutionellen Arrangements: Es gibt erstens eine ordentliche betriebliche Mitbestimmung; anders als in Großbritannien werden Konflikte im Betrieb meist schiedlichfriedlich ausgetragen. Es gibt zweitens eine funktionierende Arbeitsgerichtsbarkeit; Rechts-
15 fragen müssen daher nicht, wie in Spanien, per Streik ausgefochten werden. Und es gibt drittens ein ausgebautes Sozialversicherungssystem: Krankenversicherung und Altersversorgung müssen nicht, wie in den USA, per Streik erzwungen werden.
20 Tu felix Germania – ein Land das keine Streiks braucht? Irrtum! Der Streik, besser gesagt das Recht zum Streik, ist eine Conditio sine qua non: Man kann sich das Streikrecht nicht wegdenken, ohne dass der Erfolg der Bundesrepublik entfiele. Ohne Streikrecht und ohne die gelegentlich prak-
25 tische Demonstration seiner Wucht und Wirksamkeit hätten sich die genannten institutionellen Arrangements nicht so glücklich entwickelt. Gerade die Existenz des Streikrechts und seine richterliche Ausgestaltung hat den inneren Frieden in Deutschland gesichert.
30 Ohne das Recht auf Streik würde es einen guten Teil der Regelungen nicht geben, die im Vorfeld eines Arbeitskampfs den Streik überflüssig machen können. Ohne dieses Recht wären die Arbeitnehmer Bittsteller; der Satz „Gemeinsam sind wir stark" wäre ein bloßer Werbespruch. Erst
35 das Streikrecht macht sie zum respektierten Verhandlungspartner der Arbeitgeber. Es bringt die Arbeitnehmer auf Augenhöhe; es ist Teil der Demokratie. Ohne ordentliches Streikrecht wäre die Arbeitsgesellschaft ein Dampfkochtopf ohne Ventil.
40 Die Bedeutung des Streikrechts wird unterschätzt, wenn man sie an der Zahl der Streiks misst; wichtig ist nicht der Streik, sondern sein Drohpotential. Ein Streik [...] ist fast immer eine Fehlleistung der Verhandlungspartner. Jeder von ihnen weiß, dass der Schaden des Streiks größer sein kann als der Nutzen: Der eine riskiert Marktanteile, der
45 andere Arbeitsplätze.

Kommentar von Heribert Prantl in der Süddeutschen Zeitung vom 3.11.2007

M 18 Die Rolle der Gewerkschaft in China

Grund für die Bemühungen der Chinesen, die Arbeitnehmerrechte zu stärken, sind die zunehmenden Unruhen. Immer wieder gibt es wilde Streiks, und das verunsichert die Parteikader, die um ihre eigene Macht fürchten. Zwischen
5 2011 und 2013 hat die Nichtregierungsorganisation China Labour Bulletin [...] 1171 Streiks und Proteste registriert.
Gründe seien häufig unbezahlte Löhne und Überstunden sowie unbezahlte Sozialversicherungsbeiträge, die der Arbeitgeber für seine Mitarbeiter entrichten muss. Im Frühling etwa hatte eine Streikwelle in der südchinesischen
10 Schuhindustrie aus diesem Grund zu Produktionsausfällen auch bei Nike, Adidas oder Puma geführt. Aber auch um richtige Arbeitsverträge oder höhere Löhne zu erhalten, hätten die Arbeitnehmer gestreikt, so China Labour Bulletin.
15 Da Streiks zwar nicht ausdrücklich verboten, aber eigentlich auch nicht vorgesehen sind und der ACGB [Allchinesischer Gewerkschaftsbund] trotz seiner über 280 Millionen Mitglieder in den Betrieben sehr schwach ist, enden die Aktionen oft im Chaos. Es ist nicht ungewöhnlich, dass die
20 Polizei einschreitet und Streikende festnimmt.
Die staatliche Gewerkschaft soll nun stärker werden in den Betrieben, um regulierend und moderierend eingreifen zu können. Diese Rolle ist immer noch neu für die Riesenorganisation, das gibt auch [Vorstandsmitglied]
25 Guo Jun offen zu. „Früher gab es in China nur staatseigene Unternehmen, heute ist die Mehrheit in privater Hand. Dadurch ändert sich unsere Rolle, wir müssen umdenken. Früher hatten wir nur eine politische Rolle, jetzt haben wir auch eine ökonomische", sagt er. „Arbeitnehmerinteres-
30 sen werden manchmal vernachlässigt. Dann kann es zu Konflikten zwischen Arbeitnehmern und der Regierung kommen und zu Streiks."

Flora Wisdorff, Wenn der DGB chinesischen Gewerkschaftern hilft; 10.04.2014 www.welt.de/wirtschaft/article132061365/Wenn-der-DGB-chinesischen-Gewerkschaftern-hilft.html

M 19 Arbeitslosenquote in Deutschland

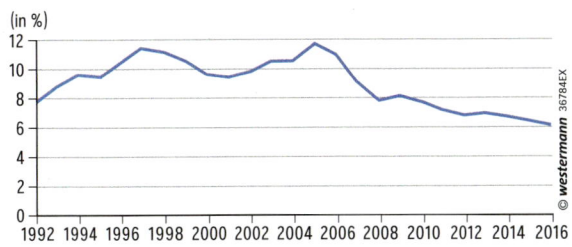

Datenquelle: Destatis

M 20 Arbeitslosenquote in China

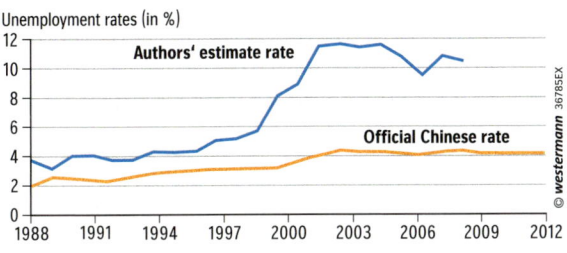

Datenquelle: www.nber.org

M 21 Chinas Wanderarbeiter

Die neue Arbeitswelt macht viele Wanderarbeiter in China überflüssig.

Chinas altes Erfolgsmodell als längste Werkbank der Welt funktioniert nicht mehr. In den vergangenen Jahren sind Millionen Jobs in der Industrie verlorengegangen. Das Land befindet sich im wirtschaftlichen Umbruch. Will nicht mehr
5 billige Massenware wie Schuhe oder Spielzeug produzieren, sondern setzt auf Hochtechnologie und mehr Dienstleistung.
Aber der Übergang in das neue Wirtschaftsmodell ist schwierig. Vor allem für die Wanderarbeiter, die nicht ausreichend qualifiziert sind. [Die Provinz] Guizhou will die
10 Überflüssigen systematisch auffangen.
[Der zuständige Arbeitsbetreuer Zhou Yi]: „Es gibt zwei Ansätze für die Rückkehrer: den Wanderarbeitern bei der Arbeitssuche zu helfen oder beim Weg in die Selbständigkeit.
15 Wer sich selbständig machen will, hat die Möglichkeit, zinsfreie Kredite und Steuererleichterungen von uns zu bekommen. Um die Qualifikation der Menschen zu erhöhen, bieten wir außerdem kostenlose Fortbildungen und Trainingsmaßnahmen an. Gemeinsam mit den Unternehmen,
20 z. B. für Tätigkeiten in der Landwirtschaft, für Elektriker oder Schweißer. Und wir informieren: zum Frühlingsfest plakatieren wir an Bahnhöfen und Busstationen. Also dort, wo die ganzen Wanderarbeiter ankommen." […]
Die Urbanisierung findet weiter statt, aber zunehmend in
25 der eigenen Provinz. Auch, weil die Bedingungen in den Megastädten schwierig sind, sagt [der Wirtschaftsberater] Tom Miller.
„Die größte Herausforderung ist es, Chinas Wanderarbeitern einen annehmbaren Lebensstil zu ermöglichen. Von
30 den rund 700 Millionen Menschen, die derzeit in den Städten leben, sind etwa 250 Millionen Wanderarbeiter, die als Bürger zweiter Klasse behandelt werden. Sie leben in Slums oder Arbeiterbaracken. Diese Leute haben nicht das, was wir eine Wohnung nennen. Und das ist die große Heraus-
35 forderung für die nächsten 20 Jahre: diesen Menschen eine würdige Unterkunft zu bieten."

Axel Dorloff, Chinas überflüssige Wanderarbeiter, 19.12.2016; www.deutschlandradiokultur.de/zurueck-aufs-land-chinas-ueberfluessige-wanderarbeiter.979.de.html?dram:article_id=374133

M 22 Arbeitsmarktpolitische Vorgaben

Chinas Premier stimmt die Wanderarbeiter auf härtere Zeiten ein.

Karikatur von Andreas Prüstel

Aufgaben

1. Entwickeln Sie aus M17 und M18 Ratschläge an die chinesische Regierung zur Weiterentwicklung des Streikrechts.
2. Vergleichen Sie die Entwicklung der Arbeitslosigkeit in Deutschland und China. Erarbeiten Sie mögliche Erklärungen für die dargestellten Entwicklungen (M19–M21).
3. Interpretieren Sie die Karikatur M22.
4. Erstellen Sie in Gruppenarbeit Lernplakate zu den angesprochenen Themen dieses Unterkapitels (M1–M22).

Textverstehen

Texte über politische Ideen befassen sich mit Gegenständen, die häufig sehr weit von der Lebenswirklichkeit der Menschen entfernt sind. Ihre Argumentationsweise ist oft nicht leicht zu verstehen. Die Erschließung solcher Texte erfordert ein sorgfältiges, aus mehreren Phasen bestehendes Lesen, für das die **Hermeneutik**, die **Lehre des Verstehens oder Auslegens**, die Instrumente bereithält.

Der hermeneutische Prozess beginnt mit dem Bewusstwerden des **Vorverständnisses** der betreffenden Sache. Dieses gewinnt man aus der bisherigen Beschäftigung mit der Sache, insbesondere aus der Lektüre von Texten und dem gemeinsamen Gespräch über den Gegenstand. Es empfiehlt sich, das Vorverständnis in einigen Sätzen schriftlich festzuhalten.

Dann folgt das Gewinnen eines **vorläufigen Textverständnisses**. Dieses ergibt sich aus einem intensiven Lesen des zugrunde liegenden Textes. Dabei sollte das Lesen grundsätzlich „mit dem Bleistift bzw. Markierer" vorgenommen werden. Denn so lässt sich Auffälliges unterstreichen, Fragliches mit Zeichen markieren und können Eindrücke sofort notiert werden. Hilfreich ist die Beachtung einiger Tipps für diese Phase der Texterschließung.

Unterstreichungen im Text	Rot = deskriptive Kernaussagen
	Blau = normative Kernaussagen
Markierungen am Rand	! = Zustimmung
	?! = Zweifel
	? = Unklarheit
	D = Definition
	N = Nachlesen und Klären

Schwierige Textstellen müssen notfalls mehrfach gelesen werden. Das kostet Zeit, ist aber unerlässlich. Ob man einen Satz verstanden hat, lässt sich daran ersehen, dass man in der Lage ist, ihn **mit eigenen Worten wiederzugeben**. Gegebenenfalls sollte dieser Test auf Absätze angewendet werden, die man zusätzlich mit **Überschriften** versieht.

Verbessert wird das vorläufige Textverständnis, wenn man verstandene Zusammenhänge durch **einfache Grafiken** darstellt. Empfehlenswert ist es weiterhin, seine Ergebnisse **mit anderen auszutauschen**. Auf diese Weise lassen sich eventuell Verstehensschwierigkeiten beheben und ergeben sich möglicherweise neue und besser begründete Sichtweisen. Eine Ursache für diese Ausdehnung des Verstehenshorizontes liegt darin, dass in das vorläufige Textverständnis der anderen Vorverständnisse eingegangen sind, die sich vom eigenen unterscheiden.

Zu einem **vertieften Textverständnis** gelangt man, wenn man den Umstand berücksichtigt, dass jeder Text in einen **Handlungszusammenhang** eingebettet ist und insofern die Antwort des Autors auf eine Frage oder ein Problem darstellt. Falls der Autor seine Problemstellung nicht selbst klar ausspricht, muss man sie rekonstruieren. Die Ermittlung der **Frage-Antwort-Relation** führt auch zum Erfassen der **Intention des Autors**. Sinnvoll ist ebenso die Frage, an welche **Adressaten** der Autor wohl gedacht hat und zu welchen Einsichten und Einstellungen er sie vermutlich bringen will. Erweitert wird das Textverständnis schließlich durch Einbeziehung der **Biografie des Autors**, der **zeitgeschichtlichen Situation**, in der er schrieb, und der **Wirkungsgeschichte** des Textes von seiner Erstveröffentlichung bis zur Gegenwart.

Zu einer Art **Gesamtverständnis** gelangt der hermeneutische Prozess, wenn der Leser den Text abschließend **auf sich selbst bezieht** und sich fragt, welche Bedeutung der Text für das eigene politische Denken hat und ob er gegebenenfalls eine Antwort auf eine als wichtig angesehene Frage darstellt.

6. Der Wirtschaftsstandort Bayern

Bayern hat nach dem Zweiten Weltkrieg innerhalb von wenigen Jahrzehnten eine Entwicklung vom Agrar- zum High-Tech-Standort gemacht. Für Bill Gates, dem Gründer von Microsoft, ist Bayern gar das „High-Tech-Mekka Europas".

Wirtschaftliche Rahmenbedingungen

Bayern erarbeitete im Jahr 2016 ein Bruttoinlandsprodukt (BIP) in Höhe von rund 568 Mrd. Euro und damit knapp ein Fünftel des BIP der gesamten Bundesrepublik. Das BIP pro Kopf liegt um ca. 16 Prozent über dem deutschen Durchschnitt; damit würde Bayern für sich betrachtet in einer weltweiten Rangliste vor Saudi-Arabien Platz 21 einnehmen. Die Produktivität liegt um ca. 6,4 Prozent über der Gesamtdeutschlands.

Dabei ist Bayern sehr stark exportorientiert. Etwa 53 Prozent des Umsatzes der bayerischen Industrieunternehmen macht Bayern mit dem Ausland (Bundesdurchschnitt 46 Prozent). Entsprechend wirken sich politische Ereignisse und Krisen weltweit auch auf bayerische Unternehmen und ihre Beschäftigten aus.

High-Tech-Standort Bayern
Vorstellung des Forschungssatelliten Cryosat-2 in Ottobrunn bei München

Entwicklungen

Bayern profitiert heute von den politischen Weichenstellungen zur Industrie- und Technologie-Ansiedlung der 1970er- und 1980er-Jahre. Der Ende der 1990er-Jahre geprägte Slogan von „Laptop und Lederhose" dominiert noch immer die öffentliche Wahrnehmung von Innovation und Tradition der bayrischen Wirtschaft und zieht auch ausländische Investoren an. So gibt es allein in Oberbayern über 56.000 ausländische Unternehmen, wobei 70 Prozent aus Mitgliedsländern der Europäischen Union stammen. Um weitere Unternehmen zu gewinnen, wurde vom Freistaat die Agentur „Invest in Bavaria" gegründet.

Dabei ist insbesondere der Standort München sowohl mit seinen alteingesessenen Großunternehmen wie Allianz, BMW oder Siemens als auch mit seiner Gründerszene attraktiv. Insgesamt haben 9 der 30 im DAX notierten Unternehmen ihren Firmensitz in Bayern.

Allerdings gibt es in den einzelnen Regierungsbezirken deutliche Unterschiede. Der strukturschwächste Bezirk Oberfranken erwirtschaftet nur rund zwei Drittel des BIP von Primus Oberbayern. Die Oberpfalz und Niederbayern haben dafür in den letzten 10 Jahren mit Zuwächsen von 41 bzw. 37 Prozent deutlich aufgeholt. Der bayernweite Durchschnittszuwachs lag bei 35 Prozent.

Zukunftsbranche Biotechnologie
Das Innovations- und Gründerzentrum Biotechnologie IZB in Martinsried, 2017

Forschung

Um den Bedarf an entsprechenden Fachkräften zu decken, ist Bayerns Hochschullandschaft gut aufgestellt: 11 Universitäten und 17 Hochschulen für angewandte Wissenschaften bilden Nachwuchswissenschaftler aus. In Bayern werden 3,26 Prozent des BIP für Forschung und Entwicklung aufgewendet, mehr als in jedem anderen Bundesland. Als Resultat stammen fast ein Drittel aller bundesdeutschen Patente aus Bayern.

- **U** 11 Universitäten, darunter
- **U** 6 Exzellenz-Universitäten/-Projekte
- **F** 17 Hochschulen für Angewandte Wissenschaften
- **M** 15 Max-Planck-Einrichtungen
- **H** 6 Helmholtz-Einrichtungen
- **FI** 9 Institute & Einrichtungen der Fraunhofer-Gesellschaft
- **FA** 14 Fraunhofer-Projekt- und Arbeitsgruppen
- **L** 5 Leibniz-Institute
- **S** 17 Sonstige Forschungseinrichtungen

Hochschul- und Forschungslandschaft in Bayern

Der Wirtschaftsstandort Bayern – Eckdaten im Vergleich

M 1 Bayerns Weg zum High-Tech-Standort

Bayern hat nach dem Zweiten Weltkrieg einen erstaunlichen Wandel vom Agrar- zum High-Tech-Land gemacht:

1945 war Bayern nur Bauernland. Mehr als 500.000 Landwirte, überwiegend Kleinbauern, prägten den Freistaat. Mit diesen kleinräumigen Agrarstrukturen wären Wiederaufbau und Aufschwung nie zu schaffen gewesen.
Es fehlte auch an Schwerindustrie. Bayern war weder Stahl- noch Kohleland. Das sollte sich in den Nachkriegsjahren als ein glücklicher Umstand erweisen. Der Freistaat konnte den Neuaufbau beginnen ohne industrielle Altlasten und veraltete Monostrukturen. […]
Mit der Schließung der Kohlegruben Hausham und Penzberg in Oberbayern, mit dem Bau einer Pipeline von Triest zum neuen Raffineriezentrum Ingolstadt und schließlich mit dem forcierten Ausbau der Kernenergie, läutet Bayern den Wandel vom Agrar- zum Industrieland ein. Ohne den Klotz Montanindustrie am Bein, wie an Ruhr und Saar, ist das leichter als anderswo in Deutschland.
Die Modernisierung Bayerns gelingt durch moderne Industrien, erfolgreiche Unternehmen, und nicht zuletzt durch die Integration der Flüchtlinge und Heimatvertriebenen [aus den ehemals deutschen Ostgebieten]. Sie treiben den Auf- und Umbau des Freistaates entscheidend voran. Fritz Schösser, Gewerkschaftsvorsitzender:
„Diese qualifizierten Menschen für eine industrielle Entwicklung kamen in erster Linie aus dem Sudetenland, dort war die Industrialisierung viel weiter fortgeschritten als in großen Teilen Bayerns. Und sie kamen vor allem ab Beginn der 60er-Jahren über die Menschen, die wir einst als Gastarbeiter bezeichnet hatten und heute als ausländische Arbeitnehmer bezeichnen, die vor allem einfachere Tätigkeiten im Industriebereich erledigt habe, teilweise für geringes Geld erledigt haben." […]
Früh schon zog ein Mann die Fäden, der ab 1955 als deutscher Atom-, später als Verteidigungsminister, und ab 1961 als CSU-Chef und Bundesfinanzminister Einfluss wie Macht auch zum Wohle des Freistaats Bayern einsetzt: Franz Josef Strauß [Bayrischer Ministerpräsident 1978–1988]: „Warum Wiederaufarbeitungsanlage [für abgebrannte Brennstäbe aus Kernreaktoren in Wackersdorf]? Damit die Oberpfalz aus ihrer wirtschaftlichen Misere herauskommt. Warum Rhein-Main-Donau-Kanal? Damit Bayern eine gleichwertige Großwasserstraße erhält, wie es die norddeutschen Länder haben. Warum der Ausbau unserer Autobahnen? Warum der Ausbau des Großflughafens? […]" […]
Wie kaum ein anderes Land der Bundesrepublik ist Bayern von Beharren und Aufbruch gekennzeichnet. Der Freistaat entwickelte sich vom Nehmer- zum Geberland [beim Länderfinanzausgleich; dieser soll die unterschiedliche Finanzkraft der Länder ausgleichen], die Rückständigkeit wich Spitzenpositionen in Schlüsselbereichen. […]

Rudolf Erhard, Wie Bayern wurde …, 11.02.2013; www.deutschlandradiokultur.de/wie-bayern-wurde-was-es-heute-ist.1001.de.html?dram:article_id=237154

M 2 Bayern im Länderfinanzausgleich

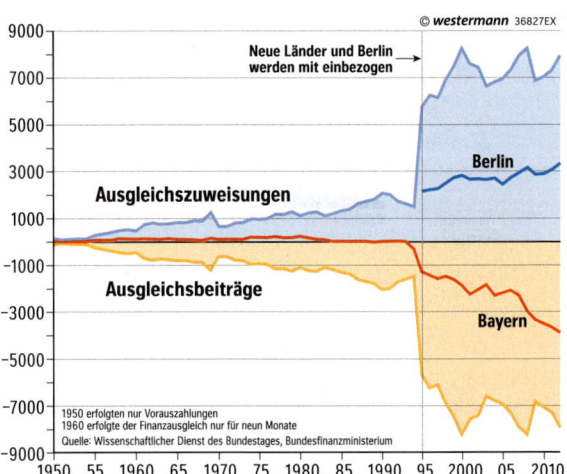

M 3 Wachstumsraten Bayern und Deutschland im Vergleich

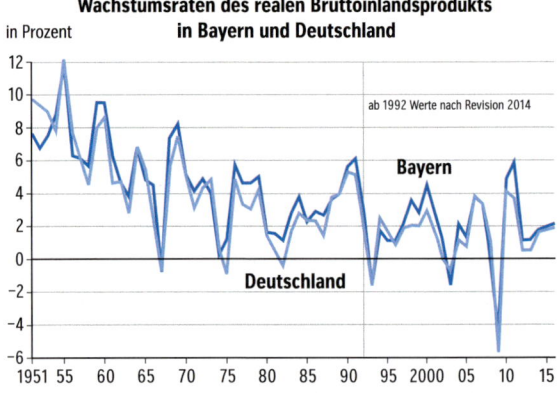

Die Ergebnisse von 1951 bis 1970, 1971 bis 1991 und 1992 bis 2014 sind wegen konzeptioneller und definitorischer Unterschiede nicht voll miteinander vergleichbar. 1951 bis 1970 in Preisen von 1991, seit 1971 in Preisen des Vorjahres als Kettenindex.
Bayerisches Landesamt für Statistik, Fürth 2017

M 4 BIP im Bundesländervergleich

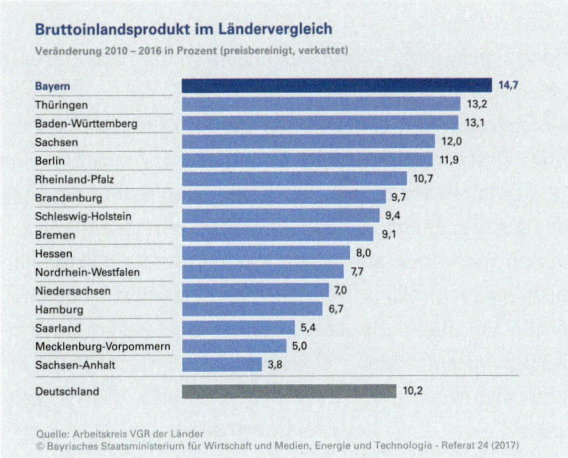

M 6 Beschäftigte im Ländervergleich

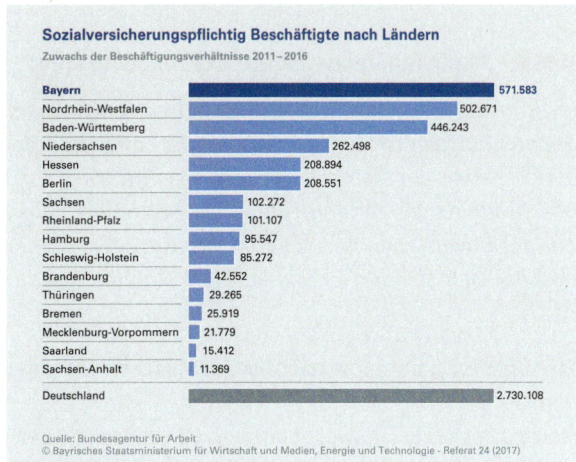

M 5 Arbeitslosigkeit im Ländervergleich

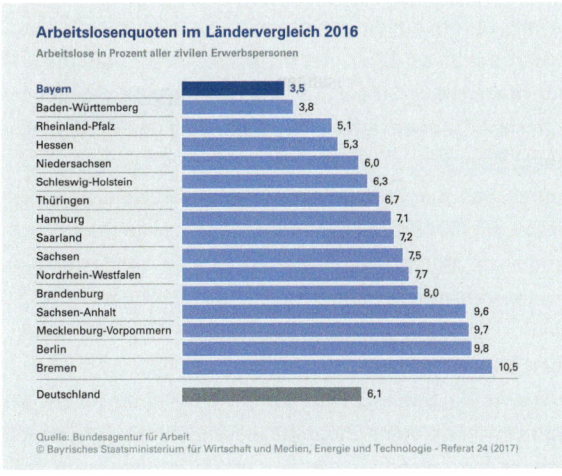

M 7 Bayerns Exporte und seine Zielländer

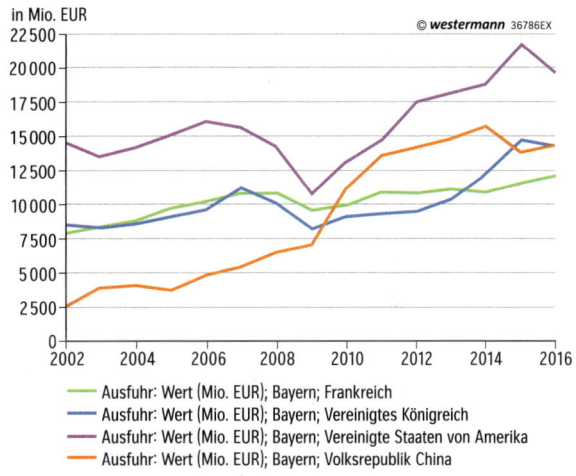

Aufgaben

1. Erarbeiten Sie aus M1 die historische Entwicklung der bayerischen Wirtschaft seit 1945 und bestimmen Sie die Erfolgsfaktoren auf diesem Weg. Berücksichtigen Sie dabei auch M3 auf Seite 161.
2. Der bisherige Länderfinanzausgleich wird 2020 abgeschafft und durch eine Bund-Länder-Finanzreform ersetzt. Recherchieren Sie die Hintergründe und mögliche Folgen für den Freistaat Bayern.
3. Vergleichen Sie das Wachstum des Bruttoinlandsprodukts in Bayern und Deutschland (M3 und M4). Erläutern Sie mögliche Gründe für Abweichungen.
4. Analysieren Sie die Lage der bayerischen Wirtschaft (M4–M7). Benennen Sie mögliche aktuelle und zukünftige Herausforderungen für Bayerns Wirtschaft.

Bayerns wirtschaftliche Zukunft – Auf dem Weg zum High-Tech-Land?

M 8 „München bekommt ein Silicon Schwabing"

Im Jahr 2015 hat IBM bekannt gegeben, eine seiner Entwicklungszentralen in Schwabing anzusiedeln, gleich neben der Deutschlandzentrale von Microsoft. Die Süddeutsche Zeitung führte ein Doppelinterview mit der Bayerischen Wirtschaftsministerin Ilse Aigner und der Deutschland-Chefin von IBM Martina Koederitz.

Frau Koederitz, warum hat sich IBM für München entschieden?
Martina Koederitz: […] Wir haben ja bereits in den USA Center, in denen [der Supercomputer] Watson arbeitet. Und wir
5 haben festgestellt, dass die Nachfrage unserer Kunden, sich mit unseren Designern, Entwicklern, Datenwissenschaftlern in den Centern zusammenzusetzen, rapide zunimmt.
Deshalb haben wir entschieden: Wir brauchen auch ein
10 Center in Europa, das wir zudem als Brückenkopf in den asiatischen Markt nutzen. Innerhalb Europas haben wir uns mehrere Standorte angeschaut. Aber in München scheint alles zusammenzufinden: München als Standort ist attraktiv, vor allem, was das Umfeld betrifft: Universitäten, For-
15 schungs- und Entwicklungseinrichtungen, und hier gibt es die besten Talente und kreativen Köpfe.
Ilse Aigner: Wir haben uns natürlich auch politisch bemüht, dass wir das Center nach München bekommen. Ein wichtiger Punkt ist das Zentrum für Digitalisierung an der TU in
20 Garching, das wir im Sommer eröffnet haben. Entscheidend für Ansiedlungen sind aber vor allem die Kunden, die hier vor Ort sind: die großen Wirtschaftsunternehmen. Die Industrie und die leistungsstarken Mittelständler. Aber auch Branchen wie die Versicherungswirtschaft, hier sind wir in
25 München weltweit führend.
Koederitz: Wir setzen auf das Internet der Dinge. In Deutschland wird das unter dem Schlagwort Industrie 4.0 diskutiert, in der die realen Produkte und die virtuelle Welt eins werden sollen. Und natürlich gibt es hier in München viele
30 namhafte, weltweit agierende Unternehmen, die diese Diskussion ganz aktiv betreiben. Es gibt schon erste gemeinsame Projekte, unter anderem mit Siemens und Airbus. […]
Aigner: Das Charmante ist ja, dass auch andere Firmen den Standort München attraktiv finden. Und deshalb kann so
35 eine Entscheidung, mit 1000 hochwertigen Arbeitsplätzen nach München zu kommen, weiter beispielgebend sein. Ich bin mir sicher, das hätten auch viele andere Standorte in Europa gern.

**München war seit dem Zweiten Weltkrieg ein starker Pro-
40 duktionsstandort. Jetzt gibt es immer mehr Jobs für reine Denker. Für Höchstqualifizierte, aber weniger für Arbeiter. Was tun Sie, damit es auch einfachere Jobs gibt?**
Aigner: Wir haben auch noch Produktionsstandorte, vielleicht nicht direkt in der Innenstadt, aber um München
45 herum. Vor allem aber können wir in ganz Bayern die Produktion voranbringen. 26 Prozent der Wertschöpfung erfolgt nach wie vor im industriellen Bereich, das ist Weltspitze.
Hier kann man jetzt beides zusammenbringen. Wir brau-
50 chen die Vernetzung der Metropole, die stark im Forschungsbereich ist, mit dem produzierenden Gewerbe, mit Versicherungen und dem Gesundheitsbereich im übrigen Bayern. Darum beneiden uns viele – zum Beispiel Berlin.

**In Berlin gibt es dafür viel mehr kreativere Start-ups. In
55 München sind vor allem Start-ups erfolgreich, die technologische Lösungen liefern. Wie wollen Sie das kreative Moment fördern?**
Aigner: Das machen wir ja auch, zum Beispiel mit dem Werk 1 am Münchner Ostbahnhof, wo es sehr stark um In-
60 ternet und Medien geht – und wir wollen mindestens ein Gründerzentrum zusätzlich in jedem Regierungsbezirk. […] Die Gründerszene wächst ganz deutlich – vielleicht anders, aber größer.
Koederitz: Bei Start-ups hat Berlin vielleicht die Nase vorn,
65 aber wir sehen mehr und mehr, dass es für Start-ups interessant wird, wenn sie gemeinsam mit großen Unternehmen ihre Entwicklung vorantreiben. Da hat München auch mit der Vielfältigkeit der angesiedelten Großunternehmen viel voraus. Start-ups können sich hier in Systemen bewe-
70 gen, die ihnen helfen, bestimmte Schwierigkeiten zu überwinden, die man als Kleiner hat.

Und die Großen, die nutzen die Nähe zu den innovativen Kleinen?
Koederitz: Für einige unserer großen Kunden sind die Start-
75 ups der Think tank, denn es ist nicht einfach, in großen gewachsenen Strukturen innovativ zu sein. […] Wir haben viele Ideen, wie wir Gründer einladen, vielleicht sogar mit ansiedeln. Wir wollen ja, dass unsere Technologie auch von Start-ups genutzt werden kann.

**Mancher sieht hier im Münchner Norden schon ein neues
80 Silicon Valley für die Digitalisierung großer Unternehmen**

entstehen. Mit IBM, mit Microsoft, mit dem stark erweiterten Forschungszentrum von BMW und dem Campus in Garching. Ist das überspitzt?

Koederitz: Nein. Wir stehen im Moment am Anfang einer völlig neuen Dekade, die vor allem von großen Datenmengen getrieben ist. Man kann sich heute nicht mehr leisten, dass ein Industrieprodukt sieben Jahre Entwicklungszeit braucht. Also suchen alle Unternehmen neue Impulse, neue Motoren. Man denkt stärker in Partnerschaften. Die Frage ist: Welche Wirtschaftsregion wird die führende sein?

Aigner: Jetzt geht es um das Internet der Dinge, also darum, die Industrieprodukte intelligenter zu machen und zu vernetzen. Und wer hat die Dinge? Die stecken in jedem Auto, in jeder Maschine. Die alte und die neue, digitale Wirtschaft zusammenzubringen, darum geht es. In Bayern gibt es beides. Und es wird nicht nur München profitieren, sondern ganz Bayern. Das sind ja verglichen mit dem Silicon Valley, wo sie auch locker einmal anderthalb Stunden herumfahren, keine Entfernungen.

Interview von Katja Riedel, Was der IBM-Umzug für Bayern bedeutet. 18.12.2015; www.sueddeutsche.de/muenchen/hightech-standort-was-der-ibm-umzug-fuer-muenchen-bedeutet-1.2789311

M 9 Das Studium von MINT-Fächern in Bayern

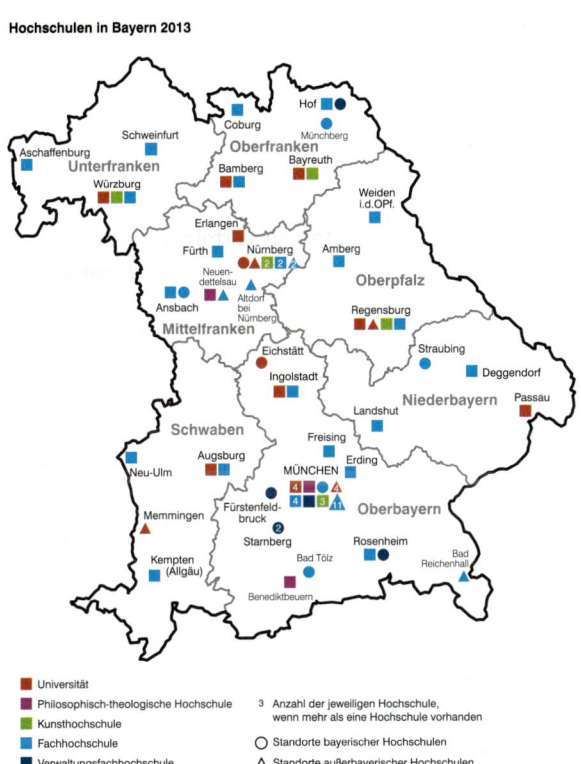

M 10 Regionalranking

Vom Institut der deutschen Wirtschaft wurden 402 Städte und Kreise in Deutschland nach Wirtschaftsstruktur, Arbeitsmarkt und Lebensqualität untersucht. Die blau markierten Punkte weisen die zehn bestplatzierten Regionen aus, die rot markierten die 10 schlechtesten.

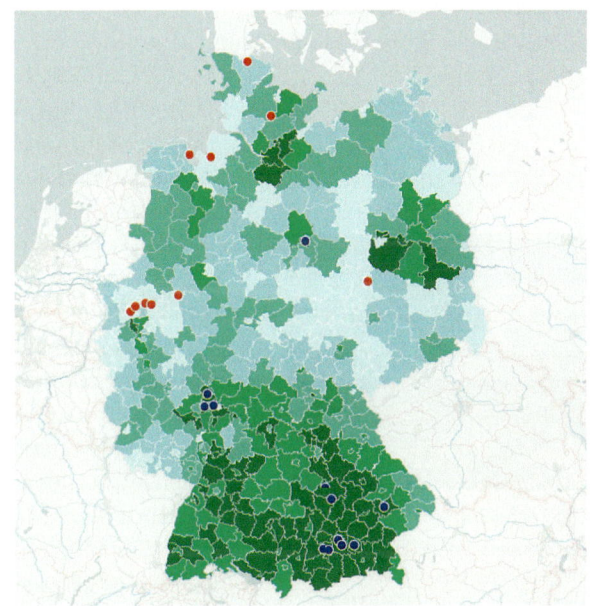

Aufgaben

1. Erarbeiten Sie aus M8 die Motive von IBM für die Standortentscheidung Schwabing.
2. Die Rede ist vom „Silicon Schwabing" (M8). Erläutern Sie mögliche Gründe dafür.
3. Begründen Sie den Zusammenhang zwischen M8 und M9. Erarbeiten Sie in einer Blitzlichtrunde mögliche wirtschaftliche und persönliche Auswirkungen dieser Entwicklungen.
4. Recherchieren Sie, welche Regionen Bayerns sich auf den Top-Platzierungen in M10 befinden und welche zu den schwächeren Regionen gehören. Ermitteln Sie die die Situation in Ihrem Heimatlandkreis.

Info
Montanunion
(auch Europäische Gemeinschaft für Kohle und Stahl EGKS); Vorläufer der Europäischen Union, der die Kontrolle der Alliierten über die westdeutsche Stahlindustrie durch Einbindung in eine europäische Kooperation ablöst.

Bergleute beim Schichtwechsel
Zeche Zollverein in Essen, 1979

Die Zeche Zollverein heute
Die ehemals größte Steinkohlezeche der Welt ist mittlerweile UNESCO-Weltkulturerbe und beherbergt Museen sowie ein Veranstaltungszentrum.

Extrablatt: Der Wirtschaftsstandort Nordrhein-Westfalen im Vergleich

Die Wirtschaftsgeschichte Nordrhein-Westfalens ist eng verbunden mit der Schwerindustrie. Als Kernstück der Montanunion lag ihr Schwerpunkt lange – manche sagen: zu lange – auf der Steinkohlegewinnung und der Stahlindustrie. So wurde die Steinkohle über Jahrzehnte subventioniert, in der Summe geht man von rund 200 Milliarden Euro aus. Dadurch konnte der Niedergang zwar hinausgeschoben, aber nicht verhindert werden. Im Jahr 1958 schloss die erste Zeche, Ende 2018 wird die letzte geschlossen sein.

Wirtschaftliche Rahmenbedingungen

Nordrhein-Westfalen erarbeitete im Jahr 2016 ein Bruttoinlandsprodukt (BIP) in Höhe von rund 670 Mrd. Euro. Damit ist NRW nicht nur das Bundesland mit den meisten Einwohnern, sondern auch dem absolut gesehen höchsten BIP, vergleichbar in etwa mit dem der Türkei. Das BIP pro Kopf liegt knapp unter dem bundesdeutschen Durchschnitt, allerdings um rund 15 % unter dem Bayerns. Auch die Produktivität liegt auf dem Niveau Gesamtdeutschlands. Die Arbeitslosenquote lag 2016 bei 7,7 %, und damit über der Deutschlands (6,1 %) und Bayerns (3,5 %).

Die Exportquote der Industrieunternehmen, also das Verhältnis der Exporte zum Gesamtumsatz, ist mit 44 % im bundesdeutschen Vergleich (46 %) leicht unterdurchschnittlich. Dabei schrumpft der Gesamtanteil NRWs an den bundesdeutschen Exporten: Betrug er 1991 noch gut 23 %, so lag er 2015 bei nur mehr 15 %. Als Gründe dafür werden die Fokussierung auf Exporte in die EU sowie negative Standortfaktoren wie mangelhafte Infrastruktur oder Kostenbelastungen angeführt. Die größten Handelspartner NRWs sind die Niederlande, Frankreich und das Vereinigte Königreich.

Entwicklungen

NRW ist heute mit den Schattenseiten des Strukturwandels konfrontiert. In den Wirtschaftswunderjahren prosperierend, führte die einseitige Ausrichtung auf die Schwerindustrie im weiteren Verlauf zu großen Problemen. Die jeweiligen Landesregierungen versuchten durch staatliche Unterstützung, den Abschwung aufzufangen, was unter anderem zu einem Schuldenberg in Höhe von rund 180 Milliarden Euro führte. Im Vergleich dazu hat Bayern 19 Milliarden Schulden. Eine Folge der Situation in NRW ist die marode Infrastruktur.

Allerdings gibt es deutliche Unterschiede. Würde man das Ruhrgebiet ausklammern, so läge das BIP pro Kopf 5 % über dem Bundesschnitt. Im Ruhrgebiet selbst beträgt der Wert aber nur rund 90 % des Bundesschnitts.

Forschung und Entwicklung

68 Hochschulen bilden in NRW rund 500.000 Studierende aus. Gemeinsam mit 50 außeruniversitären Forschungseinrichtungen bilden sie das dichteste Forschungsnetzwerk Europas. Allerdings werden nur 1,98 % des nordrhein-westfälischen BIP (im Vergleich Bayern 3,26 %) für Forschung und Entwicklung aufgewendet. Als Resultat stammen auch nur knapp 15 Prozent aller bundesdeutschen Patentanmeldungen aus NRW.

Geschichte und Eckdaten des Wirtschaftsstandorts Nordrhein-Westfalen

M 1 Wie durch eine Zwangsheirat NRW entstand

Seit 70 Jahren gibt es das „Kunstland" Nordrhein-Westfalen. Es war der Grundstein für das westdeutsche Wirtschaftswunder.

Die Grundsatzentscheidung, den Nordteil der preußischen Rheinprovinz mit der ebenfalls preußischen Provinz Westfalen zusammenzufügen, war schon am 21. Juni 1946 in London im Overseas Reconstruction Commitee gefallen […].
5 Ziel war es, das rheinisch-westfälische Industrierevier mit ausreichend großen agrarischen Gebieten zu verbinden, um so die Versorgung der menschenreichen Städte an Rhein und Ruhr mit Lebensmitteln sicherzustellen. […]
Die Briten legten mit ihrer „Operation marriage" den
10 Grundstein für das westdeutsche Wirtschaftswunder. Denn binnen kurzer Frist wurde Nordrhein-Westfalen zum Kraftraum für (West-) Deutschland. Dass Bonn 1949 Hauptstadt der Bundesrepublik Deutschland wurde, unterstrich die Bedeutung des Landes zusätzlich. Ohne die Briten hät-
15 te es Nordrhein-Westfalen nicht gegeben. Ohne Nordrhein-Westfalen wäre die Entwicklung im Westen Deutschlands anders verlaufen, und vermutlich hätte es ohne die Gründung Nordrhein-Westfalens mit der Kernregion Ruhrgebiet nicht die Montanunion und auch nicht die europäische In-
20 tegration gegeben.

Reiner Burger, Wie durch eine Zwangsheirat NRW entstand,23.08.2016; www.faz.net/aktuell/politik/geschichte-der-gruendung-von-nordrhein-westfalen-14401061-p3.html?printPagedArticle=true#pageIndex_3

M 2 NRW als Verlierer der Globalisierung?

Wäre NRW ein Land der Euro-Zone, hätte die Währungsgemeinschaft vermutlich einen neuen Problemfall.

Wenn Nordrhein-Westfalen (NRW) ein eigenständiger Staat wäre, würde es eine der größeren Volkswirtschaften der Euro-Zone stellen. Mit einer Wirtschaftsleistung von 670 Milliarden Euro hat das bevölkerungsreichste deutsche
5 Bundesland eine höhere Wirtschaftskraft als zum Beispiel Belgien oder Österreich.
Zugleich würde NRW in der Währungsunion vermutlich als potenzielles Problemland auffallen. In den vergangenen Jahren ist das Wachstum der Region deutlich hinter den
10 Bundesschnitt zurückgefallen. Zahlreiche Städte an Rhein und Ruhr gelten als besonders strukturschwach und armutsgefährdet, auch die Verschuldung ist höher als anderswo.
Im vergangenen Jahr hat das Bruttoinlandsprodukt (BIP) von Nordrhein-Westfalen zwar zugelegt, mit einem Plus von 15 1,8 Prozent blieb es jedoch erneut hinter dem bundesweiten Durchschnitt von 1,9 Prozent zurück.
Die Südländer Baden-Württemberg und Bayern, aber auch Berlin und Sachsen sind deutlich schneller gewachsen. Insgesamt setzt sich der wirtschaftsstarke Süden Deutsch- 20 lands immer mehr vom Westen und Norden ab, wo sich die neuen Armenhäuser der Republik finden. Das geht aus Daten hervor, die der Arbeitskreis Volkswirtschaftliche Gesamtrechnungen der Länder am Donnerstag vorgelegt hat.
Mit 17,7 Millionen Menschen ist Nordrhein-Westfalen nicht 25 nur das einwohnerstärkste Bundesland, sondern auch das mit dem größten BIP. Die in NRW erzeugten Güter und Dienstleistungen tragen insgesamt mehr als ein Fünftel zur deutschen Wertschöpfung insgesamt bei.
So imposant diese Zahl anmutet: Pro Kopf sieht die Rech- 30 nung ganz anders aus. Obwohl Bayern zum Beispiel eine um fünf Millionen geringere Bevölkerung hat, bringt es der Freistaat auf eine Wirtschaftsleistung, die nur etwa 100 Milliarden oder 15 Prozent niedriger ist als die von NRW.
„Während Baden-Württemberg und Bayern Motoren des 35 allgemeinen Aufschwungs in Deutschland sind, ist NRW immer noch auf der Suche nach einem neuen gewinnbringenden Wirtschaftsmodell", sagt Carsten Brzeski, Chefvolkswirt der ING DiBa. Die Wirtschaft im Süden werde nicht nur durch die exportstarke Automobilindustrie angetrieben. 40 Dort siedelten sich auch immer mehr neue Technologien und Dienstleistungen an, mit denen deutsche Unternehmen auf dem Weltmarkt punkten.
Aus Sicht von Ökonomen leidet Nordrhein-Westfalen unter dem Verfall der Rohstoffpreise, energieeffizienteren Pro- 45 duktionsprozessen und dem Abschwung der Schwerindustrie. Wirtschaftlich gesehen ähneln viele Regionen NRWs dem „Rust Belt", jenem Rostgürtel der USA, wo Donald Trump auf Wählerfang ging.
Der Abschwung des Westens währt schon fast 20 Jahre. 50 „Seit Ende der 90er-Jahre hat NRW wirtschaftlich deutlich an Boden verloren", sagt Brzeski. Er hält es für plausibel, dass das Land mit den Herausforderungen der Globalisierung nicht so gut zurechtkommt wie zum Beispiel Baden-Württemberg oder Bayern. 55
Wie sehr Nordrhein-Westfalen zurückgefallen ist, zeigt der langfristige Vergleich: Im Jahr 2016 lag die gesamte Wirtschaftsleistung nur 4,5 Prozent höher als 2008, dem Jahr vor

der Finanzkrise und der folgenden Rezession. Das BIP von Baden-Württemberg ist mehr als doppelt so schnell gestiegen (plus 10,7 Prozent), das BIP von Bayern sogar über dreimal so schnell (plus 14,8 Prozent). Kritiker bemängeln zudem, dass ein Teil der jüngeren NRW-Konjunkturbelebung mit neuen Haushaltsdefiziten erkauft wurde. [...]

Nach Berechnungen des IW Köln ist die Gefahr, sich schlichte Alltagsgüter nicht leisten zu können, zum Beispiel in Gelsenkirchen mit 28,4 Prozent so hoch wie sonst kaum irgendwo in der Republik. Auch Köln und Duisburg zählen zu den deutschen Städten mit dem größten [...] Armutsrisiko.

Daniel Eckert, Das ist der deutsche Globalisierungsverlierer, 30.03.2017; www.welt.de/wirtschaft/article163277621/Das-ist-der-deutsche-Globalisierungsverlierer.html

M 3 NRW im Länderfinanzausgleich

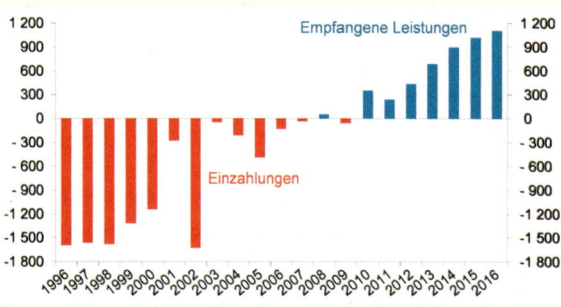

M 4 BIP/Kopf im Vergleich: Nordrhein-Westfalen, Bayern und Deutschland (≙ 1,00-Linie)

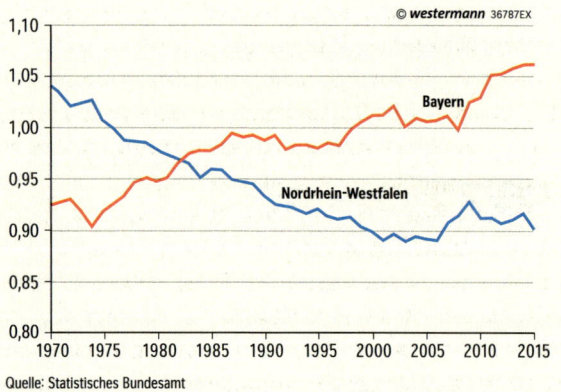

Quelle: Statistisches Bundesamt

M 5 Nordrhein-Westfalen im Vergleich

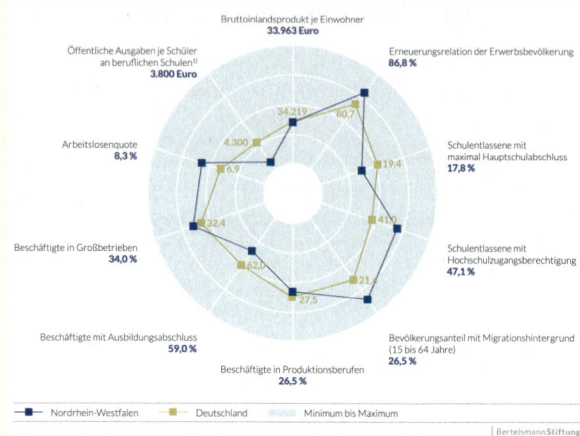

Abbildung 1: Ausgewählte Kontextindikatoren 2013 in Relation zu den höchsten und niedrigsten Länderwerten sowie dem Bundesdurchschnitt – **Nordrhein-Westfalen**

M 6 Nordrhein-Westfalens Exporte

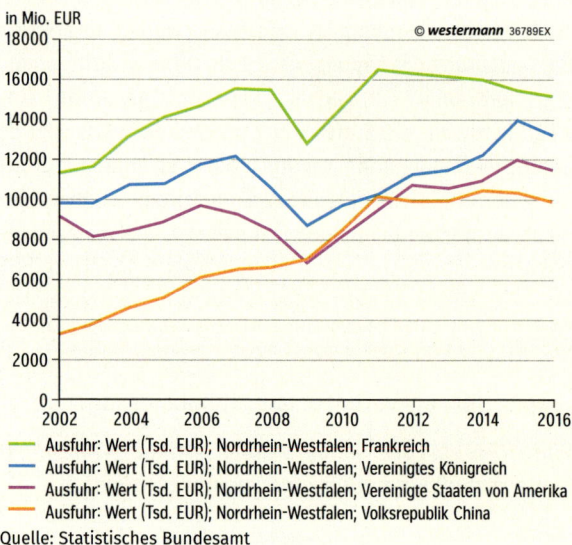

Quelle: Statistisches Bundesamt

M 7 Rheinisch-Westfälisches Industriegebiet – um 1960 (Ausschnitt)

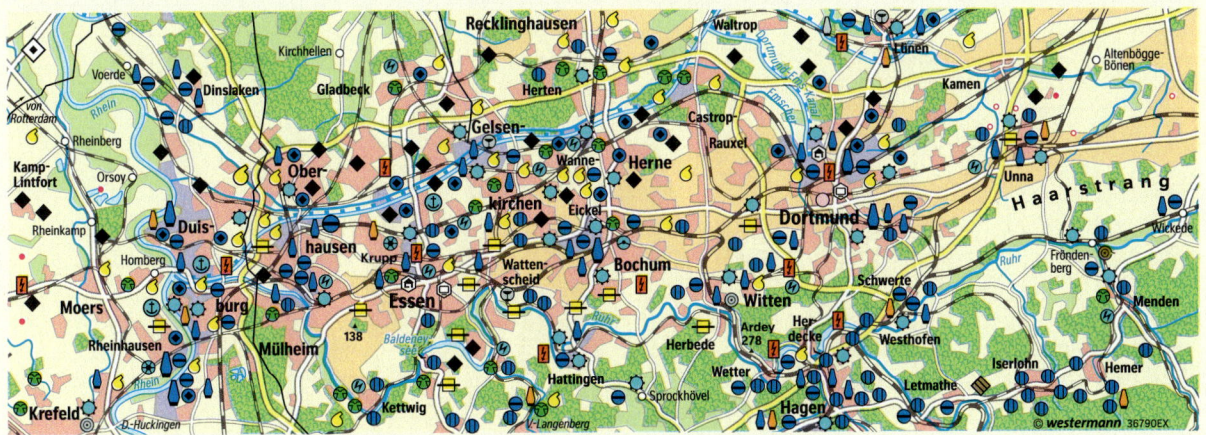

M 8 Rheinisch-Westfälisches Industriegebiet – 2015 (Ausschnitt)

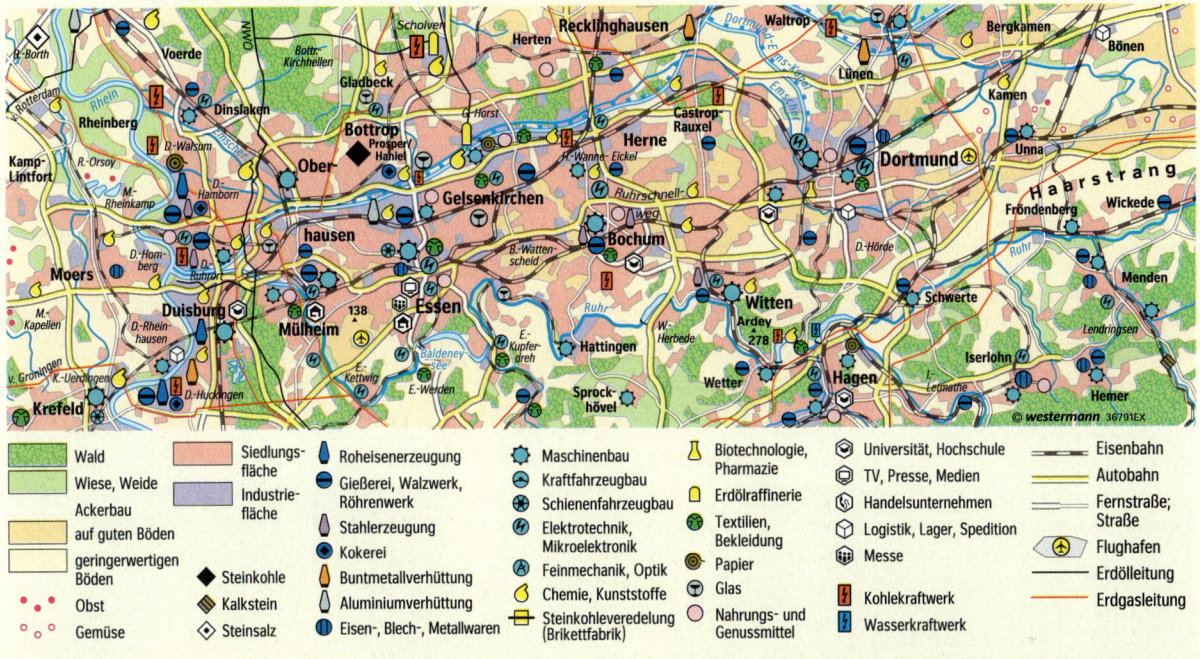

Aufgaben

1. Erarbeiten Sie aus M1 und M7 die Erfolgsfaktoren der wirtschaftlichen Entwicklung in Nordrhein-Westfalen in der Wirtschaftswunderzeit.

2. Nordrhein-Westfalen ist beim Länderfinanzausgleich vom Geber- zum Nehmerland geworden (M3). Vergleichen Sie M7 mit M8 und arbeiten Sie wesentliche Unterschiede heraus. Erläutern Sie anhand von M2 mögliche Gründe für diese Entwicklung.

3. Vergleichen Sie die Entwicklung beim Export Nordrhein-Westfalens (M6) mit Bayern (M7 auf S. 187) und erörtern Sie mögliche Konsequenzen.

4. Analysieren Sie die Lage der Wirtschaft in Nordrhein-Westfalen (M2–M8). Beziehen Sie dazu auch M4–M6 auf S. 187 und M10 auf S. 189 mit ein. Benennen Sie mögliche aktuelle und zukünftige Herausforderungen für die Wirtschaft in Nordrhein-Westfalen.

5. Erarbeiten Sie unter Einbeziehung von M5 mögliche Ansätze für ein Gelingen des Strukturwandels in Nordrhein-Westfalen und entwerfen Sie für den Ministerpräsidenten Nordrhein-Westfalens eine kurze Ansprache vor einer Versammlung von Wirtschaftsvertretern, in der diese Chancen betont werden.

Aktuelle Herausforderungen und die Rolle Deutschlands

04
AKTUELLE INTERNATIONALE HERAUSFORDERUNGEN

Internationale Organisationen, die Rolle Deutschlands und globale Herausforderungen

M 1 „Die Zukunft der Welt liegt in unserer Hand", Fotomontage

M 2 **Bundeskanzlerin Angela Merkel vor der UN-Generalversammlung,** in New York zu den UN-Millenniumszielen, 22. September 2010

M 3 **Flaggen vor dem Gebäude des Europäischen Rats,** Gipfeltreffen der EU-Staats- und Regierungschefs, Brüssel, 22. Juni 2017

M 4 **Deutscher Soldat der NATO Response Force (NRF),** 2015, die NRF ist die schnelle Eingreiftruppe („Speerspitze") des Militärbündnisses

M 5 **Flüchtlinge auf dem Mittelmeer,** deutsche Marinesoldaten retten Flüchtlinge aus einem Boot auf dem Mittelmeer, 15. April 2017

M 6 **Die Nichtregierungsorganisation „Ärzte ohne Grenzen",** in einem Krankenhaus in Afghanistan

IV. Aktuelle internationale Herausforderungen und deren Einfluss auf die Lebenswirklichkeiten in Staat und Gesellschaft

Islamistischer Terror in Europa
Seit den Anschlägen auf das World Trade Center in New York am 11. September 2001 steht auch Europa immer wieder im Fokus inslamistischer Terroristen. Insbesondere seit 2015 erschüttern Anschläge des sogenannten „Islamisitschen Staates" europäische Metropolen.

Das 21. Jahrhundert ist geprägt von vielfältigen Herausforderungen, die den Nationalstaat an seinen Grenzen kommen lassen. Ob Globalisierung, Klimawandel, internationaler Terrorismus, Bürgerkriege, atomare Bedrohungen oder expansiv-aggressives Verhalten von Einzelstaaten – es bedarf der internationalen Zusammenarbeit, um diesen Problemen begegnen zu können. Wie diese Zusammenarbeit jeweils gestaltet ist, hängt von der Bereitschaft der Einzelstaaten ab, multilateral zu agieren und sich auf gemeinsame Zielsetzungen einzulassen. Bereits Mitte des letzten Jahrhunderts gab es unter dem Eindruck der Schrecken zweier Weltkriege mit der Gründung der Vereinten Nationen (UN) ein deutliches Bekenntnis der Weltgemeinschaft dazu, globale Probleme gemeinsam, friedlich und nachhaltig lösen zu wollen. Ansätze zur Überwindung nationalstaatlichen Handelns werden auch in der Europäischen Union umgesetzt, einem Zusammenschluss von 28 europäischen Staaten, die auf der Basis gemeinsamer Grundwerte in etlichen Politikfeldern Souveränitätsrechte an die Gemeinschaft abtreten, um aktuellen internationalen Herausforderungen besser begegnen zu können. Das außenpolitische Handeln der Bundesrepublik Deutschland ist eingebettet in wichtige internationale Organisationen wie EU, UNO und NATO.

Das folgende Unterkapitel ist in acht Abschnitte gegliedert:

Das 1. Teilkapitel …
… beschreibt Funktionsweise und Aufbau der Europäischen Union, um die Wirksamkeit und Grenzen ihres internationalen Handelns beurteilen zu können.

Das 2. Teilkapitel (Alternative zu 3.) …
… gibt einen Überblick über die Funktionsweise der NATO und die Möglichkeiten und Grenzen ihres Handlungsspielraums.

Das 3. Teilkapitel (Alternative zu 2.) …
… behandelt die UNO und ihre Einflussmöglichkeiten im Spannungsfeld der internationalen Politik.

Das 4. Teilkapitel …
… stellt Nichtregierungsorganisationen als globale Akteure vor.

Das 5. Teilkapitel …
… beschreibt die Rolle Deutschlands in der internationalen Politik und beurteilt seine Einflussmöglichkeiten auf und innerhalb internationaler Organisationen.

Das 6.–8. Teilkapitel (mind. eines dieser Teilkapitel ist zu bearbeiten)…
… analysiert die Auswirkungen globaler Herausforderungen und ihren Einfluss auf die Lebenswirklichkeit des Einzelnen in Staat und Gesellschaft.

Hurrikan Irma
Der Hurrikan Irma tobte im September 2017 über dem Atlantischen Ozean und sorgte für Verwüstungen in mehreren mittelamerikanischen Staaten und im US-Bundesstaat Florida.

1. Die Europäische Union als globaler Akteur

„Die Einheit Europas war ein Traum von wenigen. Sie wurde eine Hoffnung für viele. Sie ist heute eine Notwendigkeit für uns alle." Dieser Ausspruch des ersten deutschen Bundeskanzlers Konrad Adenauer aus dem Jahr 1954 ist heute angesichts der vielfältigen globalen Herausforderungen immer noch aktuell. Die Zusammenarbeit nach innen und ein gemeinsames Auftreten als „Europa" nach außen sind nötiger denn je, will die EU international auf wirtschaftlicher und politischer Ebene mitreden können und sie hat dafür auch einiges Potenzial:

Mit ihren 510 Millionen Bürgern bildet die EU einen der stärksten Wirtschaftsräume der Welt. Politisch hat Europa unter dem Eindruck der Schrecken des Zweiten Weltkrieges einen einzigartigen Aussöhnungs- und Friedensprozess hinter sich, der Vorbildcharakter für andere konfliktreiche Regionen der Welt haben kann. Der Einsatz für Frieden, Versöhnung, Demokratie und Menschenrechte dient als Wertekonzept für das internationale Handeln der heutigen EU. 2012 wurde sie dafür sogar mit dem Friedensnobelpreis ausgezeichnet.

Die Flaggen der EU und Deutschlands
Vor dem Reichstag, dem Sitz des Deutschen Bundestages in Berlin

Was ist die EU?

Die EU ist ein „supranationales Staatengefüge", also eine Union von Staaten, in der jeder Staat in definierten Politikfeldern nationale Souveränität abgibt und auf europäischer Ebene gemeinsam ausübt. Die Idee dahinter ist, dass in diesen Bereichen ein übernationales Vorgehen als Union sowohl global gesehen als auch innereuropäisch mehr bewirken kann als ein nationales. Darüber hinaus versteht sich die Union als demokratische Wertegemeinschaft.

Die EU hat derzeit 28 Mitgliedsstaaten (Stand: 2018), die auf der Grundlage des Vertrags von Lissabon von 2009 zusammenarbeiten. Der Sitz der meisten Organe ist die belgische Hauptstadt Brüssel. Seit 2002 gibt es mit dem „Euro" eine Gemeinschaftswährung, mit der zurzeit in 19 Staaten der EU bezahlt wird. Seit 1995 existiert der „Schengen-Raum", in dem freier Personenverkehr ohne Grenzkontrollen möglich ist. Er umfasst 25 EU-Staaten (Stand: 2018).

> **Info**
>
> **Die Bundesrepublik und die EU**
>
> Die Bundesrepublik Deutschland war zusammen mit Frankreich, Italien und den Benelux-Staaten 1951 Gründungsmitglied der EGKS (Montanunion), dem Vorläufer der heutigen EU.

Wie funktioniert die EU?

Die EU ist gemäß dem Vertrag von Lissabon eine eigene Rechtspersönlichkeit, d. h. sie kann für ihre Mitgliedsstaaten politisch handeln, Gesetze erlassen und durchsetzen. Dies ist der Gemeinschaft jedoch nur in den Politikfeldern möglich, in denen ihr die Mitgliedsstaaten die Zuständigkeit selbst übertragen haben. Je nach Politikfeld unterscheiden sich die Gesetzgebungskompetenzen der EU:

Die ausschließliche Zuständigkeit hat die Union unter anderem bei den Zöllen, dem Wettbewerbsrecht im Binnenmarkt, der gemeinsamen Handelspolitik sowie bei der gemeinsamen Währung Euro.

Gemeinsame Zuständigkeit bedeutet, dass die Länder hier Gesetze erlassen, solange es die EU nicht tut. Dies gilt u. a. im Bereich Umwelt, Verbraucherschutz, Energie und der polizeilichen und justiziellen Zusammenarbeit.

Unterstützende Zuständigkeit übt die EU z. B. in der Gesundheitspolitik, dem Bereich Kultur und dem Katastrophenschutz aus.

In der Europäischen Union wirken zahlreiche Institutionen zusammen: Das Europäische Parlament wird als einziges Organ seit 1979 direkt von den wahlberechtigten EU-Bürgern alle fünf Jahre gewählt und umfasst 751 Abgeordnete, die

Das EU-Ratsgebäude in Brüssel
Der Neubau in der Mitte wird auch „Space-Egg" genannt.

Donald Tusk
Der frühere polnische Ministerpräsident ist seit 1. Dezember 2014 Präsident des Europäischen Rates.

Info
Doppelte Mehrheit
Um die Effizienz der Entscheidungsfindung zu erhöhen, wurde, gemäß dem Vertrag von Lissabon, 2014 das Abstimmungsverfahren der „Doppelten Mehrheit" im Rat der Europäischen Union eingeführt. Ein Beschluss gilt demnach als angenommen, wenn ihm 55 % der Staaten zustimmen und diese zugleich 65 % der EU-Bevölkerung repräsentieren.

Jean-Claude Juncker
Der frühere Premierminister Luxemburgs ist seit 2014 EU-Kommissionspräsident. Seine Amtszeit beträgt fünf Jahre. Als Bindeglied zwischen Ministerrat und Parlament nimmt er an den wichtigsten Sitzungen dieser beiden Gremien teil.

in nationenübergreifenden Fraktionen organisiert sind. Die Zahl der Abgeordneten pro Land richtet sich nach dessen Bevölkerungsgröße. Kleine Länder wie Malta verfügen über sechs, große wie Deutschland über 96 Abgeordnete. Zusammen mit dem Ministerrat ist das Parlament für die Legislative zuständig. Es ist mitverantwortlich für den Haushalt und wählt den „Regierungschef", in der EU also den Kommissionspräsidenten. Ferner stimmt es der Einsetzung der Kommission zu. Spricht das Parlament der Kommission mit Zweidrittelmehrheit das Misstrauen aus, so zwingt es diese zum Rücktritt.

Im Rat der Europäischen Union, auch „Ministerrat" oder „Rat" genannt, sitzen die Fachminister der Mitgliedsländer. Je nach Sachgebiet tagt der Rat also in unterschiedlicher Zusammensetzung, u. a. als Rat der Außen-, Wirtschafts- oder Finanzminister, die dann jeweils verbindlich für ihre Regierung handeln. Als Kammer der Mitgliedsstaaten fungiert der Rat in 95 % der Fälle zusammen mit dem EU-Parlament als Gesetzgeber, d. h., er verabschiedet die von der Kommission vorgeschlagenen Richtlinien und Verordnungen. Je nach Politikfeld entscheidet der Rat einstimmig oder mit einfacher, meist jedoch mit qualifizierter Mehrheit, die seit 2014 eine „doppelte Mehrheit" ist. Der Ratsvorsitz rotiert halbjährlich zwischen den Mitgliedsstaaten.

Der Europäische Rat setzt sich aus den Staats- und Regierungschefs der Mitgliedsstaaten zusammen. Er übt in der EU die politische Führung aus, hat die Richtlinienkompetenz und legt grundsätzlichen Ziele der EU fest. Dabei müssen Entscheidungen in politisch sensiblen Bereichen wie der Aufnahme neuer Staaten, der Änderung von Verträgen oder auch die meisten Entscheidungen in der Außen- und Sicherheitspolitik einstimmig getroffen werden. Seit Inkrafttreten des Vertrags von Lissabon steht dem Europäischen Rat ein hauptamtlicher Präsident mit einer Amtsdauer von zweieinhalb Jahren vor, der die regelmäßigen Ratstreffen koordiniert und leitet.

Die EU-Kommission ist das supranationale Exekutivorgan der EU. Sie hat das alleinige Initiativrecht bei der Gesetzgebung, trägt die Alleinverantwortung für den Vollzug der Richtlinien und Verordnungen und vertritt die EU in Wirtschaftsfragen auf internationaler Ebene. Die Kommission wacht als „Hüterin der Verträge" außerdem über die Einhaltung des Gemeinschaftsrechts und verwaltet den EU-Haushalt. Die EU-Kommissare, die „Fachminister" der EU, werden von den nationalen Regierungen nominiert und vom Europäischen Parlament bestätigt. Ihre Amtszeit beträgt fünf Jahre und fällt mit der Legislaturperiode des Parlaments zusammen. Jedes Land stellt einen EU-Kommissar.

Hat ein nationales Gericht Zweifel an der Auslegung oder Gültigkeit einer Rechtsvorschrift der EU bzw. der Vereinbarkeit von nationalem Recht mit EU-Recht, so kann es sich an den Europäischen Gerichtshof (EuGH) wenden. Ihm gehören 28 Richter an, die jeweils von den nationalen Regierungen für sechs Jahre berufen werden. Sitz des EuGH ist Luxemburg. Die Europäische Zentralbank (EZB) in Frankfurt am Main ist die Notenbank der EU und als „Hüterin der Währung" verantwortlich für die Geldpolitik. Oberstes Ziel dabei ist die Preisniveaustabilität.

EU-Wirtschaftschaftspolitik

Mit einem Anteil von 16,5 Prozent an den weltweiten Ein- und Ausfuhren, als wichtigste Quelle und Hauptziel ausländischer Direktinvestitionen und drittgrößter Energieerzeuger der Welt (Stand: 2017) ist die EU wirtschaftlich ein globales Schwergewicht. Sie will das Weltwirtschaftssystem nach ihren Vorstellungen mitgestalten und tritt u.a. für offene Märkte, Umweltschutz, Sozialstandards und menschenwürdige Arbeitsbedingungen ein. Anders als im Bereich der Außen- und Militärpolitik hat die EU-Kommission hierzu auch die entsprechende Kompetenz von den Mitgliedsstaaten übertragen bekommen. Das heißt, sie vertritt die EU z. B. in Fragen der Handels- und Wettbewerbspolitik nach außen. Gerade die Freihandelsabkommen mit anderen Wirtschaftsräumen werden jedoch von Globalisierungsgegnern stark kritisiert. Ihre Durchsetzungskraft zeigte die EU in jüngerer Zeit insbesondere gegenüber Großkonzernen wie Google und Facebook. Sie setzte sich hierbei gegen deren Marktdominanz und den Missbrauch von Nutzerdaten zur Wehr.

> **Info**
>
> **EU gegen Großkonzerne**
>
> 2017 verhängte die EU z. B. ein Bußgeld von 110 Mio. Euro gegen Facebook, weil das Unternehmen bei der Übernahme des Messengerdienstes WhatsApp entgegen seiner ursprünglichen Ankündigung die Telefonnummern von WhatsApp-Nutzern mit Facebook-Profilen abgeglichen hat.

M 1 Die EU als Wirtschaftsmacht

EU-Außenpolitik

Erst seit dem Vertrag von Maastricht 1993, mit dem eine wirtschaftliche und politische Vertiefung der Union vereinbart wurde, existiert eine „Gemeinsame Außen- und Sicherheitspolitik" (GASP). Diese wurde mit dem Vertrag von Lissabon deutlich aufgewertet, nicht zuletzt durch die Stärkung der Kompetenzen des EU-Außenbeauftragten. Jedoch sind der EU im Bereich der Außenpolitik deutlich höhere Grenzen gesetzt als in Wirtschaftsfragen: Die GASP funktioniert zwischenstaatlich, nicht supranational. Die Regierungen der Mitgliedsländer bestimmen durch ihre Beschlüsse im Ministerrat, ob und inwieweit die Gemeinschaft in einem außenpolitischen Politikfeld tätig wird, wobei die Beschlüsse in der Regel einstimmig erfolgen müssen. Das Europäische Parlament wird in außenpolitischen Fragen lediglich angehört.

Ein wichtiges Instrument der Außenpolitik der EU war und ist die Beitrittspolitik. Prinzipiell kann jeder europäischer Staat Mitglied der EU werden, wenn er die „Kopenhagener Kriterien" von 1993 erfüllt. Dazu zählen Demokratie, Rechtsstaatlichkeit und eine funktionierende Marktwirtschaft. So hat zum Beispiel Kroatien, das 2013 als bisher letztes Land in die EU aufgenommen wurde, sich in den oben genannten Kriterien vorbildlich entwickelt. Auch die mittel- und osteuropäischen Staaten, allen voran Polen und Ungarn, bildeten nach dem Zusammenbruch des Ostblocks funktionierende Demokratien aus und konnten schon 2004 in die EU aufgenommen werden, wovon sie auch wirtschaftlich enorm profitierten. Jedoch haben in jüngerer Zeit antidemokratische, antieuropäische und nationalistische Tendenzen insbesondere in diesen Ländern, aber auch in der EU insgesamt zugenommen, was die Zusammenarbeit in der Union vor große Herausforderungen stellt und verdeutlicht, dass die Zugehörigkeit zur EU an Attraktivität eingebüßt hat. Die Konsequenzen daraus wurden nicht zuletzt in der Volksabstimmung der Briten am 23. Juni 2016 für einen Austritt aus der Europäischen Union, dem „Brexit", augenscheinlich. Ganz entgegen dieser Entwicklungen forderte Kommissionpräsident Jean-Claude Juncker in seiner europapolitischen

EU-Außenbeauftragte Federica Mogherini

Die italienische Politikerin übt das Amt seit 2014 aus. Sie ist für fünf Jahre bestellt und das „Gesicht" der EU-Außenpolitik. Als Außenbeauftragte repräsentiert sie die EU nach außen, wird vom Europäischen Rat ernannt und ist gleichzeitig Vizepräsidentin der Europäischen Union.

> **Info**
>
> **Kampf gegen Schleuser im Mittelmeer**
>
> Der Kampf gegen Schleuserkriminalität ist ein Beispiel für die GASP der EU. 2017 beschlossen die EU-Mitglieder eine Verlängerung der „Operation Sophia". Sie soll die Schleuser vor der libyschen Küste bekämpfen und Flüchtlinge aus Seenot retten.

Info

Ukraine-Konflikt

Das Assoziierungsabkommen zwischen der EU und der Ukraine gilt als Auslöser der politischen Krise in der Ukraine im November 2013 und des Konflikts mit Moskau. Nachdem die prorussische Regierung das Assoziierungsabkommen nicht unterzeichnet hatte, kam es auf dem Majdan im Zentrum der Hauptstadt Kiew zu pro-europäischen Protesten, im Zuge derer die prorussische Regierung unter Präsident Viktor Janukowitsch abdanken musste. Es folgten bewaffnete Auseinandersetzungen zwischen prorussischen Separatisten und dem ukrainischen Militär. Russland hatte gegen die Annäherung der Ukraine an die EU protestiert.

Info

EU-Türkei-Flüchtlingsabkommen

Seit Beginn des syrischen Bürgerkrieges 2011 hat die Türkei knapp drei Millionen Flüchtlinge aufgenommen. Nach Ausbruch der „Flüchtlingskrise" 2015 vereinbarten EU und Türkei ein Abkommen zur Kontrolle der Flüchtlingsströme nach Europa. Hierfür stellt die EU bis 2018 sechs Milliarden Euro zur Verbesserung der Lebensumstände von Flüchtlingen in der Türkei bereit.

Der französische Staatspräsident Emmanuel Macron forderte im September 2017 in einer Grundsatzrede eine Vertiefung der EU.

Grundsatzrede 2017 eine Vertiefung und Erweiterung der Union mit glaubhafter Beitrittsperspektive für die Länder des westlichen Balkans.

Einen besonderen Fall stellt die Türkei dar, die seit 2005 offizieller Beitrittskandidat der EU ist. Seit dem Putschversuch gegen Präsident Erdogan im Sommer 2016 sind grundlegende demokratische Prinzipien wie die Unabhängigkeit der Justiz und die Pressefreiheit dort in Gefahr, sodass innerhalb der EU ein Abbruch der Beitrittsverhandlungen diskutiert wird. Dies hätte jedoch den Nachteil, dass die EU-Staaten noch weniger Einfluss auf die Entwicklung in diesem Land nehmen könnten, das für die Gemeinschaft eigentlich ein wichtiger strategischer Partner, u.a. in der Flüchtlingsfrage, ist.

Ein weiteres Instrument der Außenbeziehungen der EU ist die ENP, die Europäische Nachbarschaftspolitik. Diese ist vorgesehen für Staaten an den Außengrenzen der EU, die derzeit keine Aussicht auf Mitgliedschaft haben. Jedoch gestaltet sich z. B. im Osten das Vorhaben der ENP schwierig, was nicht zuletzt im Streit mit Russland um das Assoziierungsabkommen mit der Ukraine 2014 augenscheinlich geworden ist. Die „strategische Partnerschaft", welche die EU mit Russland in den Bereichen Wirtschaft, äußere und innere Sicherheit, Forschung, Bildung und Kultur anstrebt, liegt seither auf Eis.

Die Entwicklungs- und humanitäre Hilfe ist ebenfalls Teil der EU-Außenpolitik. Mit einem Beitrag von 68 Mrd. Euro ist die EU der größte Entwicklungshilfegeber weltweit und unterstützt Maßnahmen, die Armut und Unterentwicklung überwinden und damit auch „Fluchtursachen" bekämpfen helfen sollen.

Die EU als „Verteidigungsunion"?

Seit Beginn der Amtszeit von US-Präsident Donald Trump ist das Verhältnis der EU zu ihrem engsten weltpolitischen Partner von Verunsicherung geprägt, z. B. dadurch, dass das Bekenntnis zum Artikel 5 des NATO-Vertrags (= Beistandspflicht) von Trump infrage gestellt wird. Diese Entwicklungen haben in der EU die Überzeugung reifen lassen, dass sich die Europäer auch auf militärischem Gebiet stärker gemeinschaftlich engagieren müssen, um für ihre Belange einzutreten. Somit ist die 1954 gescheiterte Idee einer „Europäischen Verteidigungsgemeinschaft" wieder aktuell. 2017 wurde mit dem „Europäischen Verteidigungsfonds" ein erster Schritt in Richtung „Verteidigungsunion" unternommen, auch wenn deren Verwirklichung noch in ferner Zukunft liegt. Die Ebene einer „Gemeinsamen Sicherheits- und Verteidigungspolitik" (GSVP) existiert im Rahmen der GASP zwischenstaatlich bereits seit 1999. Die Zusammenstellung von Truppen muss auf EU-Ebene zwischen den Mitgliedsstaaten verhandelt werden, was mühsam ist und auch immer wieder auf Widerstände stößt. Trotzdem war und ist die EU bereits heute in Stabilisierungsmissionen tätig, zum Beispiel seit 2013 in Mali oder seit 2008 zur Abwehr von Piratenüberfällen vor Somalia.

Das Bewusstsein für den Wert der Europäischen Union, nämlich ihr Einsatz für eine friedliche Weltordnung, Multilateralismus, offene Märkte und demokratische Werte ist in Zeiten der mannigfachen globalen Herausforderungen wieder gewachsen. Spitzenpolitiker wie Jean-Claude Juncker oder der französische Staatspräsident Emmanuel Macron fordern ein „Mehr an Europa" als Antwort auf Flüchtlingskrise, Brexit, Nationalismus und Abkehr von multilateralen Konfliktlösungen. Die „Einheit Europas" ist dabei, um mit Adenauer zu sprechen, eine „Notwendigkeit", wenn Europa die Globalisierung mitgestalten möchte.

Warum Europa? – Motive und Werte

M 2 Gründungsmotiv der europäischen Union

Aus der Rede Herman Van Rompuys, damaliger Präsident des Europäischen Rates, anlässlich der Verleihung des Friedensnobelpreises an die EU 2012 in Oslo:

[...] In Zeiten der Unsicherheit erinnert dieser Tag die Menschen in Europa und der ganzen Welt an den ureigensten Zweck der europäischen Union: die Brüderlichkeit zwischen den europäischen Nationen jetzt und in Zukunft zu stärken. Dies ist unsere Aufgabe. Dies war die Aufgabe der Generationen vor uns und dies wird die Aufgabe der Generationen nach uns sein. [...] Der Krieg ist so alt wie Europa. Unser Kontinent trägt die Narben von Speeren und Schwertern, Kanonen und Gewehren, Schützengräben und Panzern. [...] Nach zwei schrecklichen Kriegen, die unseren Kontinent und die Welt in den Abgrund gestürzt haben, verwirklichte Europa doch einen dauerhaften Frieden. [...] Wie kühn war die Idee der europäischen Gründerväter, diesen endlosen Kreislauf der Gewalt, die Logik der Vergeltung beenden und gemeinsam eine bessere Zukunft aufbauen zu können. [...] Wir haben dauerhaften Frieden, keinen frostigen Waffenstillstand. Was so besonders daran ist, ist die Versöhnung.

Europäische Kommission, 10.12.2012; https://europa.eu/european-union/sites/europaeu/files/docs/body/npp2013_de.pdf

M 3 Die EU als Wertegemeinschaft
Vertrag von Lissabon, Art. 2

Die Werte, auf die sich die Union gründet, sind die Achtung der Menschenwürde, Freiheit, Demokratie, Gleichheit, Rechtsstaatlichkeit und die Wahrung der Menschenrechte einschließlich der Rechte der Personen, die Minderheiten angehören. Diese Werte sind allen Mitgliedstaaten in einer Gesellschaft gemeinsam, die sich durch Pluralismus, Nichtdiskriminierung, Toleranz, Gerechtigkeit, Solidarität und die Gleichheit von Frauen und Männern auszeichnet.

Zit. nach: https://dejure.org/gesetze/EU/2.html

M 4 Die Entwicklung des EU-Raums

Die Erweiterung der Europäischen Union
Beitrittsjahr der EU-Mitgliedstaaten

1958 Gründerstaaten: Belgien, Deutschland, Frankreich, Italien, Luxemburg, Niederlande

1973: Dänemark, Großbritannien, Irland

1981: Griechenland

1986: Portugal, Spanien

1995: Finnland, Österreich, Schweden

2004: Estland, Lettland, Litauen, Malta, Polen, Slowakei, Slowenien, Tschechien, Ungarn, Zypern

2007: Rumänien, Bulgarien

2013: Kroatien

Beitrittskandidaten: Albanien, Mazedonien, Montenegro, Serbien, Türkei

© Globus 10147 Quelle: Europäische Kommission Stand 2015

Aufgaben

1. Stellen Sie mithilfe von M2 zentrale Motive zur Gründung der europäischen Union dar und konkretisieren Sie die „Europäische Wertegemeinschaft" anhand von M3.

2. Analysieren Sie M4 und recherchieren Sie die politischen Hintergründe und Motive für die große Erweiterungsrunde 2004.

Wie funktioniert die EU? – Felder und Zuständigkeiten

M 5 Politikfelder der EU

1993 wurden im Vertrag von Maastricht die Vertiefung der Union in wirtschaftlicher und politischer Hinsicht vereinbart und die drei Säulen der Union geschaffen. Mit dem 2009 in Kraft getretenen Vertrag von Lissabon wiederum wurden die drei Säulen in der EU zusammengeführt und in Politikbereiche integriert.

M 7 Die EU-Institutionen und ihr Zusammenwirken

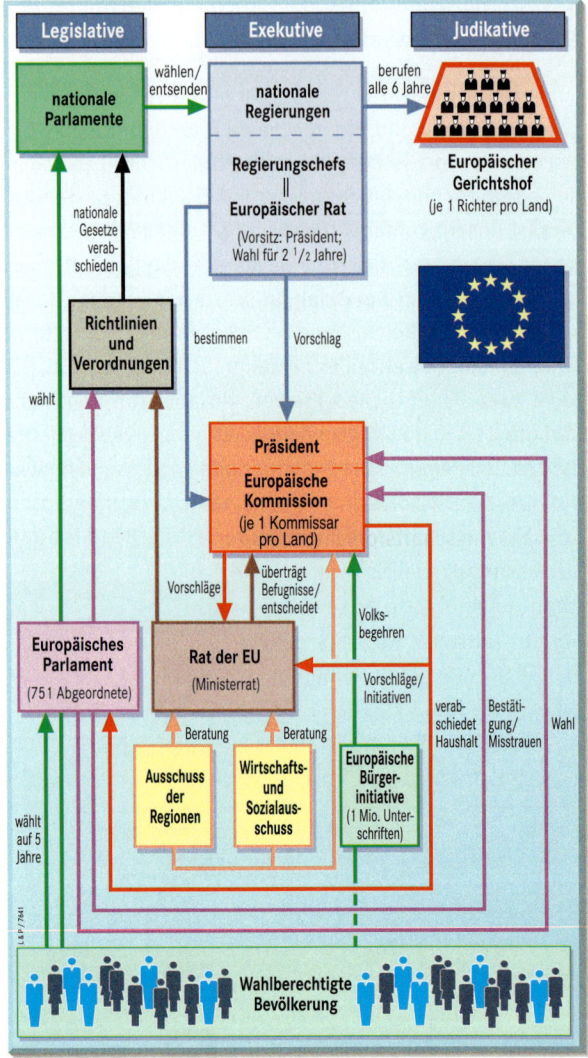

M 6 Delegation oder Arbeitsteilung?

Karikatur von Burkhard Mohr

Aufgaben

1. Erläutern Sie auf Basis von M5 die Politikfelder, in denen die EU tätig ist. Überprüfen Sie mithilfe des Autorentextes die Möglichkeiten der EU als Gemeinschaft, in den jeweiligen Politikfeldern Einfluss zu nehmen.
2. Analysieren Sie die Karikatur M6 vor dem Hintergrund von M5 und des Autorentextes.
3. Charakterisieren Sie die zentralen Institutionen der EU hinsichtlich ihrer Aufgaben und Bedeutung (M7 und Autorentext).
4. Erläutern Sie das Gefüge der Organe in der EU und ihr Zusammenspiel (M7).
5. Vergleichen Sie M7 mit dem Verfassungsschema der Bundesrepublik (Seite 32 in diesem Schulbuch) und arbeiten Sie zentrale Unterschiede heraus.
6. Diskutieren Sie, ob oder inwieweit man der EU ein „Demokratiedefizit" anlasten kann.

Die EU als globaler Akteur – das Beispiel Freihandelsabkommen

M 8 Die Diskussion um CETA

CETA ist ein Wirtschafts- und Handelsabkommen zwischen der EU und Kanada. [...] Das Ziel lautet: Unternehmen aus Kanada und der EU sollen gegenseitig einen verbesserten Marktzugang erhalten, zum Beispiel für Industriegüter, Agrarprodukte, Dienstleistungen und bei öffentlichen Aufträgen. Durch CETA sollen Handelshemmnisse abgebaut werden, zum Beispiel sollen 99 Prozent der Zölle wegfallen. Das alles soll Investitionen von Unternehmen erleichtern. [...] Die EU-Kommission und die Mitgliedstaaten erhoffen sich von dem seit 2009 verhandelten Pakt mit Kanada mehr Handel und Wachstum [...]. Die Kommission rechnet damit, dass der Handel zwischen der EU und Kanada durch CETA um 23 Prozent steigen könnte. [...] Das hat auch positive Auswirkungen auf die deutsche Wirtschaft: „Das CETA-Abkommen wird sich positiv auf die Exporte und die deutsche Wirtschaft auswirken", sagte der Chef des Deutschen Instituts für Wirtschaftsforschung, Marcel Fratzscher [...]. Nach Auffassung der Verbraucherzentrale ist zudem zu erwarten, dass das CETA-Abkommen langfristig zu einer größeren Produktauswahl und möglicherweise auch zu geringeren Preisen führen kann. Außerdem wird CETA als Grundstein für weitere Handelsabkommen weltweit angesehen. [...]
Welche Nachteile könnte CETA haben? Die Verbraucherzentrale fürchtet, dass durch CETA die Qualität der Produkte leiden wird. Die Gegner von CETA warnen grundsätzlich vor einer Senkung von Verbraucher- und Umweltstandards. Ein Aspekt dabei ist die Angst um das in der EU geltende Vorsorgeprinzip: Das besagt, dass Produkte nachweislich unschädlich sein müssen, bevor sie auf den Markt kommen dürfen. Kritiker fürchten, dass durch CETA dieses Prinzip ausgehebelt wird – und Produkte ohne entsprechende Nachweise auf den Markt kommen können.
Tatsächlich wird im CETA-Abkommen nicht explizit auf das generelle Vorsorgeprinzip eingegangen. [...] Für Lebensmittel sehen die Verbraucherschützer das Vorsorgeprinzip aber weitgehend gesichert, weil sich das Abkommen auf entsprechende Regelungen der Welthandelsorganisation beruft. Das Bundeswirtschaftsministerium weist die Kritik mit deutlichen Worten zurück: „Das Vorsorgeprinzip ist im EU-Primärrecht (Art. 191 AEUV) verankert. Es kann durch einen völkerrechtlichen Vertrag wie CETA nicht abgeschafft werden." Auch das Thema Gentechnik steht auf der Liste der Kritiker. Diese fürchten, dass nach Abschluss von CETA gentechnisch veränderte Produkte den europäischen Markt fluten könnten. Zwar sieht das Abkommen vor, dass die EU-Gesetzgebung zur Gentechnik unangetastet bleibt. Dennoch fürchten Kritiker, dass dies auf Dauer umgangen werden kann. Denn durch CETA werden sogenannte Dialogforen festgeschrieben, mit denen die EU und Kanada im Gespräch über die Weiterentwicklung von Biotechnologie und entsprechenden Handel bleiben wollen.
Eine weitere Befürchtung der Kritiker: Unternehmen würden durch CETA gestärkt, die Demokratie geschwächt. CETA stärke „den ohnehin zu dominanten Einfluss der Konzerne und schwächt die demokratischen Rechte der Bürger", heißt es in einer [von verschiedenen Organisationen] veröffentlichten Erklärung.
Besonders kritisch sehen die Gegner die Errichtung eines ständigen, internationalen Schiedsgerichtes, das an den ordentlichen, nationalen Gerichten vorbei agieren kann. Vor diesem Gericht können Unternehmen beispielsweise auf Schadenersatz klagen, wenn sie den Eindruck haben, dass neue Gesetze oder Regeln ihren Gewinn in ungerechtfertigter Weise schmälern. [...]
Damit das CETA-Abkommen von EU und Kanada unterzeichnet werden kann, bedarf es der Zustimmung aller Regierungen der 28 EU-Mitgliedsstaaten. Auch das EU-Parlament muss dem Vorhaben zustimmen. Darüber hinaus müssen langfristig auch die jeweiligen Parlamente in den einzelnen Mitgliedsstaaten das Abkommen absegnen [...]. [Die Unterzeichnung erfolgte im Oktober 2016.]

Julia Böhling, CETA – was wichtig ist, 26.10.2016; www.tagesschau.de/wirtschaft/ceta-faq-101.html

Aufgaben

1. Stellen Sie die Vorteile und befürchteten Risiken des Freihandelsabkommens CETA einander gegenüber (M8). Ermitteln Sie unter Einbeziehung von M1 Wirksamkeit und Grenzen der EU als Handlungspartner in diesem Prozess.

2. „CETA ist ein Schritt beim Versuch, die Globalisierung zu gestalten statt sich ihr zu ergeben. Denn die findet statt, auch in Europa – und zwar mit oder ohne CETA", so ein Kommentar des Bayerischen Rundfunks. Nehmen Sie hierzu in Form eines Leserbriefes Stellung.

Die EU als globaler Akteur – das Beispiel Beitrittspolitik

M 9 **Die EU hat auf dem Balkan viel an Reiz verloren**

[...] In dem unruhigen Jahr 2016 hat der Trost, den die Aussicht auf einen EU-Beitritt versprach, seine Wirkung weitgehend verloren. Nicht nur die Europäische Union steckt nach dem Brexit in einer Zerreißprobe, die ganze Welt hält seit dem Amtsantritt von Donald Trump in den USA den Atem an. [...]
Aber ist das nicht chronische Schwarzseherei? Offiziell gilt noch immer das große Versprechen für die Länder des Westbalkan, für Serbien, Bosnien, Albanien, Mazedonien, Kosovo und Montenegro, dass sie Mitglieder der EU werden sollen. Abgegeben wurde das Versprechen 2003 auf dem Gipfel in Thessaloniki. Mit Serbien zum Beispiel wird konkret verhandelt. Aber, so der Belgrader Historiker und Publizist Branislav Dimitrijević: „Das sind Rituale, und die werden auch dann noch vollführt, wenn sie jeden Sinn verloren haben. [...]"
Auf dem Balkan macht sich über die ethnischen und nationalen Grenzen hinweg wieder Sarkasmus breit – wenigstens unter den Bürgern. Die Regierungen in der Region versprühen dagegen munter weiter Zuversicht. Der aufgesetzte Optimismus kommt sowohl ihnen wie den EU-Ländern zupass. Brüssel darf sich freuen, dass die Kandidaten nicht zu sehr drängeln. Und die Regierungen freuen sich über den nachlassenden Druck aus der Europäischen Union, ihre Staaten EU-reif zu machen, die Korruption zu bekämpfen, gründliche Reformen in Angriff zu nehmen. Die einen tun so, als wollten sie sich erweitern, die anderen tun so, als wollten sie beitreten. [...]
In Mazedonien ist [die Hoffnung] schon zerbrochen. Als sich die Regierung des kleinen Balkanlandes vor zwei Jahren nach mehreren gefälschten Wahlen, nach Verhaftungen von Oppositionellen, nach Druck auf die Medien und auf unabhängige Richter in Richtung Diktatur zu bewegen drohte, griff Brüssel zwar ein. Aber eben nicht, damit es dem offiziell noch Beitrittskandidaten nun europäische Regeln, Gesetze und Überwachung vorschrieb. Weil die EU den Mazedoniern auch nach einem vollen Jahrzehnt Kandidatenstatus nichts versprechen wollte, nicht einmal die Aufnahme von Beitrittsverhandlungen, konnte sie von seiner Regierung auch nichts verlangen. [...] Nicht Europäisierung war das Ziel, sondern Ruhe im Hinterhof.
Einen Trumpf hat die so zögerliche Europäische Union tatsächlich noch auf dem Balkan: Aus den Töpfen Brüssels und einiger Beitrittsländer fließen erheblich mehr Mittel nach Südosteuropa als aus jedem anderen Machtzentrum. Russland hat allenfalls billige Energie zu bieten, die Türkei ist nur an lukrativen Großaufträgen interessiert.
[Florian Bieber, Professor für Südosteuropa in Graz:] „Das ‚Problem' des Geldes aus der Europäischen Union ist, dass es an Bedingungen geknüpft ist, dass man gewisse Standards einhalten muss, was Transparenz angeht, was Ausschreibungen angeht. Das Geld aus China, aus der Türkei oder den Vereinigten Arabischen Emiraten ist sicherlich weniger als das aus der EU, aber da gibt's sehr viel Möglichkeiten, dass das Geld dann auf Konten von Politikern oder Geschäftsleuten landet, ohne dass da jemand nachfragt. Das macht dieses Geld, auch wenn es vielleicht weniger ist, für politische und wirtschaftliche Eliten attraktiver."
Aber auch die Verheißung, mit der EU einem Klub der Reichen beizutreten, hat vieles von ihrem Glanz verloren. [Florian Bieber:] „Damit man nach Deutschland exportiert, muss man gewisse Marktvorteile haben, und der einzige tatsächliche Marktvorteil für Länder wie die Slowakei, für Ungarn, Rumänien, Bulgarien, Kroatien, Serbien und die anderen ist die billige Arbeitskraft." [...]
Rumänen, Bulgaren, Kroaten können sich in der EU frei einen Arbeitsplatz suchen, die übrigen Balkanländer lockt immerhin die Aussicht darauf. Wird auch dieser Ausweg verstopft, verliert die Europäische Union für die Balkanländer noch weiter an Attraktivität. [...]
Österreich, eines der wichtigsten Zuzugsländer für Arbeitnehmer vom Balkan, fordert bereits offiziell, die Freizügigkeit sogar für Arbeitnehmer aus ärmeren EU-Ländern einzuschränken. [...]
Aber statt auf die Versäumnisse der eigenen Erweiterungspolitik richtet sich der Blick Europas vornehmlich auf Russland. Wo stehen die Balkanländer in den Konflikten, die Moskau und die EU mit einander austragen? Will Wladimir Putin den Balkan in seine Einflusszone ziehen? [...]
Wo Russland als Sympathieträger ausfällt, in den islamisch geprägten Regionen des Balkan, wie dem größeren Teil Bosniens, in Albanien, dem Kosovo und im Westen Mazedoniens, gilt der kritische Blick von Westen dagegen dem Islamismus – und dem Liebeswerben des türkischen Präsidenten Recep Tayyip Erdogan.
Aber die Türkei nutzt die Sympathien, die ihr vom Balkan aus entgegenschlagen, bislang nur wirtschaftlich. Politi-

scher Islam ist vor allem im albanischen Raum noch immer ein Tabu, und gerüttelt wird daran einstweilen nur sehr zaghaft. Im Kosovo zumindest aber droht, wenn der Einfluss der EU schwindet, weniger eine Hinwendung zum Islamismus als vielmehr eine Verhärtung des verbreiteten Nationalismus. Der von der EU erzwungene Dialog zwischen den einstigen Kriegsgegnern Serbien und Kosovo steht inzwischen vor dem endgültigen Abbruch. Ein schon erreichtes Abkommen, nach dem die serbische Minderheit im Kosovo eine weitgehende Autonomie erhalten soll, erweist sich als nicht durchsetzbar. […]

Nach Mazedonien rutscht auch das größte Balkanland, Serbien, unter seinem starken Mann, Regierungschef Aleksandar Vučić, allmählich in die Autokratie – nicht so offen und deutlich wie in Mazedonien, aber dafür umso nachhaltiger. […]

Oppositionelle werden nicht verhaftet, sie verstummen einfach. Journalisten, die Vučić und die Regierung kritisieren, müssen mit teuren Zivilprozessen rechnen. Häufige vorgezogene Wahlen dienen der Akklamation, dem Beweis dafür, dass es außer der allmächtigen Regierungspartei nichts und niemanden gibt, der hier etwas zu sagen hätte. […]

An Warnungen hat es nicht gefehlt. Man möge die Balkanstaaten möglichst rasch in die EU aufnehmen und nicht darauf bestehen, dass sie alle ihre gegenseitigen Probleme vor dem Beitritt lösten – schließlich sei die EU ja auch dazu da, zwischenstaatliche Probleme zu relativieren und durch ihre bloße Existenz zu entschärfen: Das war jahrelang die Formel. Aber die Gunst der Stunde ist vorbei. […].

Florian Bieber: „Die Diskussion in der EU, die geht im Moment immer in die Richtung: Wir müssen auf mehr Standards, höheren Standards bestehen, aufgrund der vergangenen Erfahrungen. Aber es gibt keine Standards der Welt, die hoch genug wären, dass man für alle Zukunft versichern kann, dass es keine Rückschritte gibt. Das heißt: Das ist eigentlich eine illusorische Hoffnung. Man muss die Mechanismen in der EU stärken, wie man damit umgeht, wenn Regierungen systematisch rechtsstaatliche Normen brechen. Dann kann man sagen: Na gut. Wenn das gesichert ist, dann kann man vielleicht auch leichter Staaten aufnehmen, wo man nicht hundertprozentig sicher ist, weil man einen Mechanismus in der Hand hat, etwas zu tun nach einem Beitritt."

Norbert Mappes-Niediek, Die EU hat auf dem Balkan viel an Reiz verloren, 08.02.2017; www.deutschlandfunk.de/beitrittskandidaten-die-eu-hat-auf-dem-balkan-viel-an-reiz.724.de.html?dram:article_id=378458

M 10 Kopenhagener Kriterien

Allgemeine Kriterien	Prüfungskatalog für Beitrittsreife
Demokratisches System	■ Stand des politischen Reformprozesses in Bezug auf: – Institutionen – Medien – Verbände – Parteien – Rechtspflege
	■ Verwaltungssystem
	■ Orientierung in der Außen- und Sicherheitspolitik
	■ verfassungsrechtliche Mindeststandards, insb.: – Grundrechtsschutz – Rechtsstaatlichkeit – Minderheitsrechte
Wirtschaftliche Leistungsfähigkeit	■ Stand der Reformen zur Schaffung einer Marktwirtschaft, insb.: – Agrarpolitik – Wettbewerbspolitik – Außenhandel – Geldpolitik
	■ Stand des Strukturwandels besonders in Bezug auf Privatisierung
Acquis communautaire (Besitzstand der Gemeinschaft)	■ Stand des rechtlichen Harmonisierungsprozesses, insb. in – Wirtschaftsrecht – Handelsrecht – Zivilrecht
	■ Bereitschaft zur Aufgabe eigener Kompetenzen und staatlicher Souveränität
	■ Einstellung der Bevölkerung; Grad der Identifikation mit der EU

Nach: Michael Piazolo: Das integrierte Deutschland. Europäische und internationale Verflechtungen, München 2006, S. 145

Aufgaben

1. Ermitteln Sie aus M9 Gründe dafür, dass ein EU-Beitritt bei den Westbalkanstaaten „viel an Reiz" verloren hat und stellen Sie diesen die Erwartungen und Hoffnungen, die mit einem Beitritt verbunden wären, anhand von M10 gegenüber.

2. Jean-Claude Juncker forderte in seiner europapolitischen Grundsatzrede im September 2017 eine zügige Aufnahme der Westbalkanländer in die EU. Führen Sie eine Fishbowl-Diskussion zu der Frage, welche Chancen und Risiken sich aus einem derartigen Schritt ergeben würden (M9, M10).

Die EU als globaler Akteur – das Beispiel Nachbarschaftspolitik

M 11 Die Europäische Nachbarschaftspolitik

Jede Erweiterung der EU machte frühere Nachbarn zu Mitgliedstaaten und verlagerte die Grenzen der Gemeinschaft ein Stück weiter nach außen. Nach der großen Beitrittsrunde von 2004 stellte sich die Frage, wie die Gemeinschaft mit
5 jenen neuen Anrainerstaaten umgehen sollte, denen das Tor zu einer EU-Mitgliedschaft aller Voraussicht nach verschlossen bleiben würde. Dazu legte die EU-Kommission noch im Mai 2004 ein Strategiepapier vor, in dem sie die Grundlagen einer Europäischen Nachbarschaftspolitik
10 (ENP) entwarf. Diese Politik zielt darauf ab, die angrenzenden Staaten zu Partnern der wirtschaftlichen Entwicklung, des kulturellen Dialogs, der Stabilität und der Sicherheit in der EU zu machen, ohne damit das Versprechen eines späteren Beitritts zu verbinden. Hat sie Erfolg, so die dahinter
15 stehende Überlegung, ist die EU von einem Kranz eng mit ihr verbundener Staaten umgeben und zieht auch erheblichen sicherheitspolitischen Gewinn daraus. Das Angebot privilegierter Beziehungen richtet sich an die östlichen und südlichen Nachbarstaaten – von der Ukraine über die Staa-
20 ten des südlichen Kaukasus bis zu den Mittelmeerländern. Ausgangspunkt der ENP ist die Verpflichtung auf gemeinsame Grundwerte: Demokratie und Menschenrechte, Rechtstaatlichkeit, Marktwirtschaft, verantwortliche Staatsführung und nachhaltige Entwicklung. Auf der Grundlage schon
25 bestehender Kooperations- und Assoziierungsabkommen vereinbart die EU mit den Partnerländern maßgeschneiderte Aktionspläne, in denen die Felder der Zusammenarbeit abgesteckt werden. Dazu gehören u.a. ein regelmäßiger politischer Dialog, die Intensivierung der
30 wirtschaftlichen Beziehungen, Projekte auf dem Energie- und Verkehrssektor, im Umweltschutz und in der Forschung, in der Verwaltung und im Sozialwesen, nicht zuletzt aber eine enge Kooperation an den gemeinsamen Grenzen. Die Aktionspläne legen eine Agenda für politische und wirt-
35 schaftliche Reformen in den Partnerländern fest. Im Gegenzug gewährt die EU finanzielle, wirtschaftliche und politische Unterstützung.

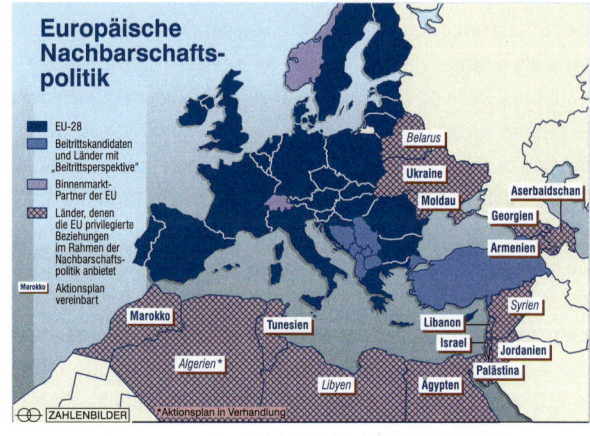

Text und Grafik: Zahlenbilder 725598, Bergmoser + Höller, Aachen

M 12 Möglichkeiten und Grenzen der ENP am Beispiel der Ukraine

Karikatur von Horst Haitzinger

Aufgaben

1. Stellen Sie die Eckpfeiler der Europäischen Nachbarschaftspolitik dar (M11) und erwägen Sie, welche Vorteile sich für die EU daraus ergeben könnten.

2. Analysieren Sie M12 vor dem Hintergrund des Infokastens zum Ukraine-Konflikt auf Seite 200 in diesem Schulbuch.

Die EU als globaler Akteur – das Beispiel Sicherheit- und Verteidigungspolitik

M 13 Drei Szenarien für die gemeinsame Sicherheit

Keine EU-Soldaten, keine Panzer mit dem Sternenkreis auf blauem Grund: Die Vorschläge der EU-Kommission für eine europäische „Verteidigungsunion" seien nicht die Gründung einer neuen Streitmacht, kontrolliert von Brüssel aus,
5 in Konkurrenz zur Nato, sagt der EU-Kommissar Jyrki Katainen.
„Entspannt euch", so der freundliche Finne. Beim Militär würden sie wohl sagen: Rührt euch. Denn was die EU-Kommission vorschlägt, ist vor allem ein Denkanstoß, ein Teil
10 des großen Weißbuches zur Zukunft der EU, das im März vorgelegt wurde.
Nach Ideen zur Sozialpolitik, Globalisierung und Währungsunion ist nun die gemeinsame Verteidigung dran. Ein Projekt, das schon in den 50er-Jahren beim Beginn der euro-
15 päischen Zusammenarbeit Thema war – aber nie umgesetzt wurde, zuletzt vor allem wegen britischer Bedenken. Nun sei die Zeit reif, so Kommissar Katainen.
Drei mögliche Szenarien entwirft die Kommission in ihrem Papier. Das Minimum: sehr begrenzte, freiwillige Koopera-
20 tion von Fall zu Fall, kleine Auslandseinsätze zum Aufbau der Sicherheitsapparate in Partnerländern außerhalb der EU und mehr Informationsaustausch. Das Maximum: die volle Verteidigungsunion, mit echten EU-geführten Missionen, EU-Cyberabwehr, voll ausgebautem Grenzschutz, enge
25 Zusammenarbeit mit der Nato und gemeinsamer Rüstungsfinanzierung.
Allerdings nie in Konkurrenz zur Nato, wie die EU-Außenbeauftragte Federica Mogherini hervorhebt. Die Vorschläge seien ein „Menü", aus dem die Länder wählen könnten. Ein
30 appetitanregendes Häppchen serviert die Kommission schon jetzt: den EU-Verteidigungsfonds. Brüssels Lösung für die derzeit 28 nationalen Rüstungshaushalte, die kaum aufeinander abgestimmt sind – was völlig ineffizient sei und unnötige Mehrausgaben von bis zu 100 Milliarden Euro
35 jährlich verursache, so die Kommission. Zum Vergleich: Die US-Streitkräfte brauchen nur 30 Waffensysteme, wo die Europäer 178 verschiedene angeschafft haben. Allein bei den Kampfpanzern kämen die europäischen Armeen 17 unterschiedliche Modelle – die Amerikaner lediglich eines.
40 Mehr Koordination soll die Lösung bringen: Rüstungsprojekte sollen in Zukunft von mehreren EU-Mitgliedern gemeinsam umgesetzt werden – mit Hilfe der EU. Die will bis 2019 insgesamt 590 Millionen Euro für Forschung und Entwicklung neuer gemeinsamer Waffensysteme bereitstellen:
45 von Drohnen bis moderner Soldatenausrüstung. Ab heute können Projekte eingereicht werden – sofern mindestens drei Firmen aus mindestens zwei EU-Ländern mitmachen. Ab 2020 soll der Rüstungsfonds dann enorm wachsen: Auf bis zu 5,5 Milliarden Euro im Jahr – wobei die EU nur 1,5
50 Milliarden beisteuern soll. Den Rest müssen die Länder aufbringen.
Ein „Paradigmenwechsel", sagt EU-Kommissar Katainen – und zwar nicht nur ob der schieren Menge an Geld, sondern auch, weil erstmals EU-Mittel für Rüstung ausgegeben wer-
55 den soll. Das gab es so noch nie. Weswegen es auch massive Kritik gibt. [...]

Sebastian Schöbel, Drei Szenarien für die gemeinsame Sicherheit, 07.06.2017; www.br.de/nachrichten/europa-verteidigungsunion-militaer-100.html

M 14 Die EU und der Syrien-Konflikt

Karikatur von Schwarwel

Aufgaben

1. Soll sich die EU zu einer Verteidigungsunion weiterentwickeln? Nehmen Sie zu diesem Szenario vor dem Hintergrund von M13 und M14 Stellung.

2. „Mehr Europa?" – Diskutieren Sie Wirksamkeit und Grenzen des internationalen Handelns der EU vor dem Hintergrund aktueller Herausforderungen und der inneren Beschaffenheit der Union.

Das neue NATO-Hauptquartier in Brüssel

NATO-Generalsekretär Jens Stoltenberg
Der frühere norwegische Ministerpräsident ist seit Oktober 2014 Generalsekretär der NATO.

Info

Der Zerfall Jugoslawiens

1945 wurde Jugoslawien als ein kommunistisch geführter Vielvölkerstaat gegründet. Nach Zusammenbruch des Ostblocks entluden sich die ethnischen Spannungen in blutigen Konflikten. Jugoslawien zerfiel ab 1991 in die sieben Staaten Slowenien, Kroatien, Bosnien-Herzegowina, Serbien, Montenegro, Kosovo und Mazedonien.

2. Die NATO – vom militärischen Verteidigungsbündnis zur multifunktionalen Sicherheitsagentur

Die NATO – ein Kind des Kalten Krieges

Als die NATO (= North Atlantic Treaty Organization) am 4. April 1949 in Washington D.C. von zwölf Staaten – den USA, zehn westeuropäischen Staaten und Kanada – gegründet wurde, war ihre Zielsetzung ganz klar: Verteidigung des Territoriums und der Werte des „Westens" gegen den „Ostblock" mithilfe eines starken Militärbündnisses, das auf dem Prinzip der kollektiven Verteidigung basiert. Die rechtliche Grundlage hierfür bildet Artikel 5 des NATO-Vertrags, in dem es heißt, dass ein Angriff eines Drittstaates gegen einen der NATO-Staaten als Angriff auf das gesamte Bündnis gewertet wird, welches zum Beistand verpflichtet ist. Dabei unterstellt sich die NATO gemäß Artikel 1 des Nordatlantikvertrags den von der UN-Charta vorgegebenen Grundsätzen. Die Bundesrepublik Deutschland gehört dem Nordatlantikpakt seit 1955 an, die DDR war bis 1989 Mitglied des von der Sowjetunion geführten „Warschauer Paktes", dem „Gegenbündnis" zur NATO in der Zeit des Kalten Krieges.

Die NATO nach Ende des Ost-West-Konflikts

Nach dem Zusammenbruch des Ostblocks verlor die NATO zunächst zwar ihre ursprüngliche Rechtfertigung, löste sich jedoch nicht auf, sondern entwickelte sich zu einer „multifunktionalen Sicherheitsagentur". So rückte in den 1990er-Jahren nach dem Zusammenbruch der Sowjetunion die Bündnisverteidigung als ursprüngliche Aufgabe der NATO stark in den Hintergrund. Stattdessen passte sich die NATO ihrem neuen Sicherheitsumfeld an und stellte im Sinne eines erweiterten Sicherheitsbegriffs in den strategischen Konzepten von 1991 und 1999 Krisenbewältigung

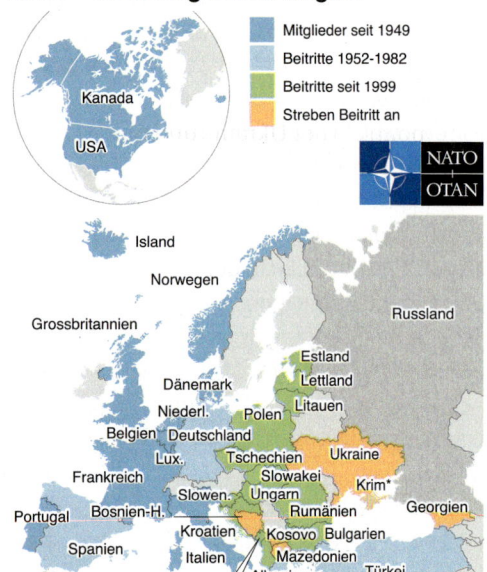

M 1 NATO-Mitgliedsländer und -Beitrittskandidaten (Stand: 2018)

und Friedenserhaltung in den Mittelpunkt ihrer Aktivitäten. Ferner begann sich das Bündnis auch auf Wunsch etlicher ehemaliger „Ostblockstaaten" nach Osten auszudehnen, wobei diese Entscheidung bereits damals von Russland stark kritisiert wurde. Einen ersten „out of area"-Einsatz, also einen Einsatz außerhalb ihres Bündnisgebietes, führte die NATO auf dem Balkan durch, auf dem sich der Vielvölkerstaat Jugoslawien in den 1990er-Jahren im Zuge mehrerer Kriege aufzulösen begann. 1995 flog die NATO Luftschläge gegen serbische Militäreinheiten in Bosnien-Herzegowina. Völkerrechtlich hochumstritten war der Einsatz der NATO im Kosovokrieg 1999, als Russland eine UN-Resolution zu einem Militärschlag der NATO im Sicherheitsrat verhinderte und das Bündnis anschließend ohne UN-Mandat einen Luftschlag durchführte, um gravierenden Menschenrechtsverletzungen Einhalt zu gebieten.

Im Zuge des Terrorangriffs auf das World Trade Center am 11. September 2001 wurde erstmals in der Geschichte der NATO der Bündnisfall nach Artikel 5 des Nordatlantikvertrags festgestellt. Infolgedessen marschierte ein von den USA geführtes Bündnis unter Beteiligung von NATO-Truppen in Afghanistan ein. Heute reicht das Spektrum der NATO-Operationen von der robusten Friedenssicherung über Ausbildungsmissionen, humanitäre Hilfseinsätze und Unterstützungsmissionen für andere Organisationen bis zur Anti-Terror-Bekämpfung auf Basis des 2010 in Lissabon beschlossenen Strategiekonzepts „aktives Engagement, moderne Verteidigung". Als Kernaufgaben werden die Bereiche „kollektive Verteidigung", „Krisenmanagement" und „kooperative Sicherheit" definiert.

Aktuelle Herausforderungen für die NATO

Aktuelle Herausforderungen ergeben sich für die NATO auf verschiedenen Ebenen: Zum einen gilt es, den unterschiedlichen sicherheitspolitischen Interessen der 29 Mitgliedsländer gerecht zu werden. So rückte insbesondere für die osteuropäischen Mitgliedsstaaten die Bedeutung der NATO in ihrer ursprünglichen Aufgabe als militärisches Verteidigungsbündnis wieder in den Vordergrund. Ausschlaggebend dafür waren die von Russland seit 2014 betriebene Destabilisierungspolitik in der Ukraine und die damit verbundene völkerrechtswidrige Annexion der Krim. Auf den NATO-Gipfeln in Wales 2014 und Warschau 2016 wurde daher die Stationierung „robuster multinationaler Truppenverbände" in Polen und den drei baltischen Staaten vereinbart. Eine weitere Herausforderung stellt die u. a. von Moskau in der Ukraine angewandte „hybride Kriegsführung" dar, die durch militärische Eingriffe ohne Hoheitsabzeichen und gezielt aus dem Internet gesteuerte Desinformationskampagnen gekennzeichnet ist. Die NATO erklärte auf ihrem Gipfel in Wales 2014 daher auch den Cyberraum zu einem eigenständigen Operationsgebiet. Angriffe über Datennetze werden nun wie solche durch Land-, See- oder Luftstreitkräfte behandelt. Dies bedeutet, dass virtuelle Attacken den Bündnisfall nach Artikel 5 des Nordatlantikvertrages auslösen können.

NATO-Manöver in Polen
Gemeinsame Übung von über 6 000 Soldaten aus 17 NATO-Ländern an der polnischen Ostsee, Juni 2016

Zum anderen hat sich nach dem Arabischen Frühling 2011 die politische Landkarte in Nordafrika und im Nahen Osten stark verändert. Die durch Krieg und Instabilität entstehenden Flüchtlingsströme werden von den NATO-Partnern im Süden Europas als Sicherheitsproblem wahrgenommen. Dementsprechend fordern sie das Engagement des Bündnisses in dieser Frage. Ferner beteiligt sich die NATO seit 2017 offiziell an der „Internationalen Koalition gegen den IS" in Libyen, Syrien und dem Irak.

Auch das transatlantische Verhältnis steht vor neuen Herausforderungen. So fordern die USA schon länger einen erhöhten Beitrag der europäischen NATO-Partner zu den Verteidigungsausgaben des Bündnisses. So wurde 2014 auf dem Gipfel in Wales beschlossen, dass 2 % des BIP eines Landes dafür verwendet werden. Auch ein stärkeres militärisches Engagement der Europäer, insbesondere auch Deutschlands, wird von den Amerikanern bereits seit geraumer Zeit gefordert. Eine deutliche Verschärfung der Tonlage erfuhren diese Konflikte seit Beginn der Präsidentschaft Donald Trumps 2017, der das Bündnis im Wahlkampf noch als „obsolet", also überflüssig, bezeichnet hatte.

Nicht auf einer Linie
Bundeskanzlerin Merkel und US-Präsident Donald Trump auf dem NATO-Gipfel in Brüssel 2017

Die NATO – Herausforderungen im Wandel

M 2 Nordatlantikvertrag vom 4. April 1949

Präambel: Die Parteien dieses Vertrags bekräftigen erneut ihren Glauben an die Ziele und Grundsätze der Satzung der Vereinten Nationen und ihren Wunsch, mit allen Völkern und Regierungen in Frieden zu leben. Sie sind entschlossen, die Freiheit, das gemeinsame Erbe und die Zivilisation ihrer Völker, die auf den Grundsätzen der Demokratie, der Freiheit der Person und der Herrschaft des Rechts beruhen, zu gewährleisten. Sie sind bestrebt, die innere Festigkeit und das Wohlergehen im nordatlantischen Gebiet zu fördern. Sie sind entschlossen, ihre Bemühungen für die gemeinsame Verteidigung und für die Erhaltung des Friedens und der Sicherheit zu vereinigen. Sie vereinbaren daher diesen Nordatlantikvertrag:

Artikel 1: Die Parteien verpflichten sich, in Übereinstimmung mit der Satzung der Vereinten Nationen, jeden internationalen Streitfall, an dem sie beteiligt sind, auf friedlichem Wege so zu regeln, daß der internationale Friede, die Sicherheit und die Gerechtigkeit nicht gefährdet werden, und sich in ihren internationalen Beziehungen jeder Gewaltandrohung oder Gewaltanwendung zu enthalten, die mit den Zielen der Vereinten Nationen nicht vereinbar sind. […]

Artikel 5: Die Parteien vereinbaren, daß ein bewaffneter Angriff gegen eine oder mehrere von ihnen in Europa oder Nordamerika als ein Angriff gegen sie alle angesehen werden wird; sie vereinbaren daher, daß im Falle eines solchen bewaffneten Angriffs jede von ihnen in Ausübung des in Artikel 51 der Satzung der Vereinten Nationen anerkannten Rechts der individuellen oder kollektiven Selbstverteidigung der Partei oder den Parteien, die angegriffen werden, Beistand leistet, indem jede von ihnen unverzüglich für sich und im Zusammenwirken mit den anderen Parteien die Maßnahmen, einschließlich der Anwendung von Waffengewalt, trifft, die sie für erforderlich erachtet, um die Sicherheit des nordatlantischen Gebiets wiederherzustellen und zu erhalten.

Vor jedem bewaffneten Angriff und allen daraufhin getroffenen Gegenmaßnahmen ist unverzüglich dem Sicherheitsrat Mitteilung zu machen. Die Maßnahmen sind einzustellen, sobald der Sicherheitsrat diejenigen Schritte unternommen hat, die notwendig sind, um den internationalen Frieden und die internationale Sicherheit wiederherzustellen und zu erhalten.

Zit. nach: www.nato.int/cps/en/natohq/official_texts_17120.htm?selectedLocale=de

M 3 Die NATO nach Ende des Ost-West-Konflikts

M 4 Die NATO 1989

Karikatur von Jupp Wolter

M 5 NATO-Strategiepapier 2010

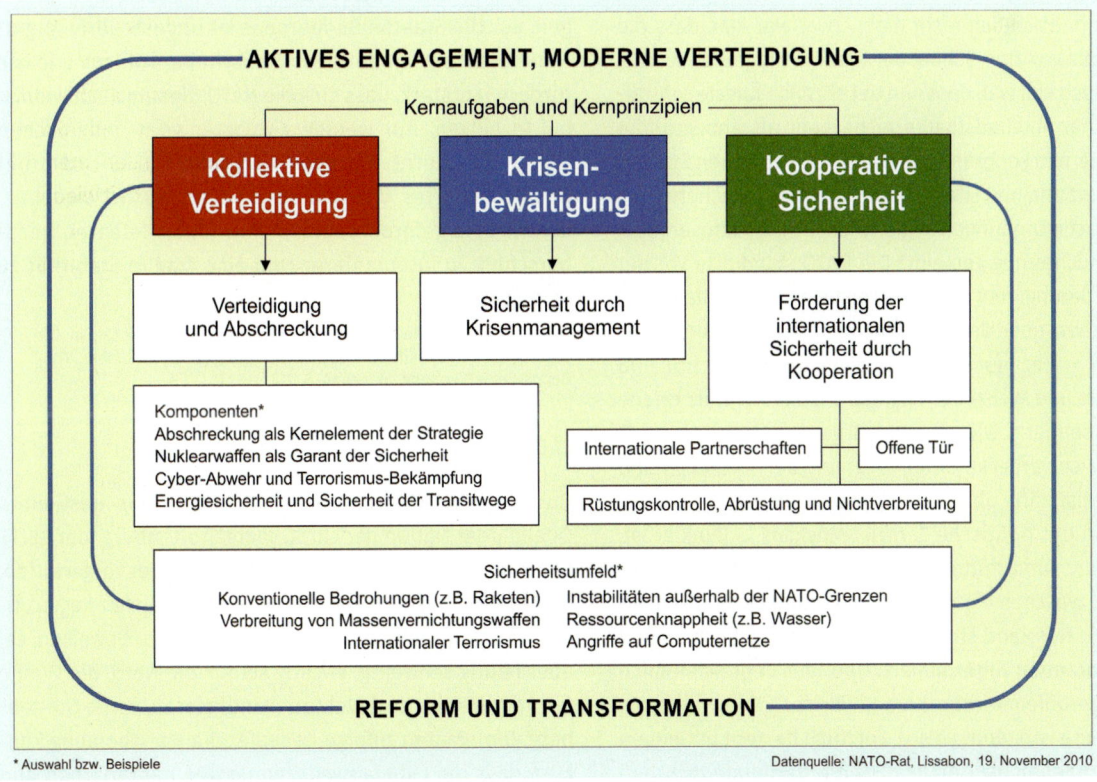

*Auswahl bzw. Beispiele
Datenquelle: NATO-Rat, Lissabon, 19. November 2010

Aufgaben

1. Erarbeiten Sie aus M1 das aktuelle Bündnisgebiet der NATO und vergleichen Sie Ihre Ergebnisse mit M3. Erwägen Sie die Auswirkungen dieser Verschiebungen auf das Verhältnis zu Russland.
2. Ermitteln Sie aus M2 das Wertekonzept, auf das sich die NATO verpflichtet und erklären Sie das Eintreten des NATO-Bündnisfalls.
3. Interpretieren Sie die Karikatur M4 vor dem Hintergrund der Grafik M5 und zeigen Sie daran den Wandel in der strategischen Ausrichtung der NATO auf.

M 6 Herausforderungen der NATO nach 2014

a) Russlands „hybride" Bedrohung

2014 [ist] ein Wendejahr für die NATO und ihre militärische Planung. Die russische Aggression gegen die Ukraine – kein NATO-Staat, aber im Annäherungsprozess an die Europäische Union befindlich – war ein historischer Tabubruch. Zum ersten Mal seit dem Ende des Zweiten Weltkrieges 1945 und zum ersten Mal seit der Unterzeichnung der KSZE-Schlussakte von Helsinki 1975 sah Europa eine zwar verdeckte, doch nicht zu leugnende Invasion eines souveränen Staates durch seinen Nachbarn. Bereits die KSZE-Schlussakte hatte fundamentale Prinzipien für das europäische Sicherheitssystem definiert, darunter das Verbot, territoriale Grenzen mit Gewalt zu ändern, sowie das Recht auf freie Bündniswahl. [...] Die Unverletzlichkeit der Grenzen Europas, von Russland akzeptiert und gegenüber der Ukraine mehrfach garantiert, galt nun offensichtlich nicht mehr. Zwar war klar, dass die NATO nicht aktiv zum Schutz der Ukraine eingreifen würde, aber genauso klar war, dass nun tief sitzende Ängste zentraleuropäischer Mitgliedstaaten nicht mehr als unbegründet abgetan werden konnten. Wer wollte den baltischen Staaten Estland, Lettland und Litauen nun glaubhaft versichern können, russische Drohungen seinen nicht ernst, Manöver nicht zur Einschüchterung gemeint? Die NATO stand also vor der Herausforderung, zum ersten Mal seit einem Vierteljahrhundert ernsthaft über die Verteidigung ihrer östlichen Bündnispartner nachzudenken. Zu diesem Tabubruch trat und tritt die Art und Weise der Aggression, die nicht als offene Invasion, sondern, wie es nun oft genannt wird, „hybrid" geschah, also verdeckt, unter Leugnung der Tatsachen und durch Spezialkräfte ohne Hoheitsabzeichen. [...]
Auch wenn das politische Fernziel Moskaus [...] unklar ist, scheint kurz- und mittelfristig im Mittelpunkt zu stehen, einen Keil zwischen die westlichen Bündnispartner zu treiben, indem Russland strukturelle Unsicherheit schürt und Bündnisgarantien unterminiert. Und hier liegt schließlich auch der problematische Kern „hybrider" Kriegsführung, wie sie heute verstanden wird: Letztlich besteht mit einem solchen Vorgehen die Gefahr, dass die Trennlinie zwischen Friedens- und Kriegszustand bewusst und nachhaltig verwischt wird. Die NATO muss sich also auf die Verteidigung des Bündnisgebietes vorbereiten, ohne davon ausgehen zu können, den Luxus einer klaren Unterscheidung von Krieg und Frieden zu haben.

Martin Zapfe: Zwischen Ost und Süd. Die NATO nach Warschau, in: Die Zukunft der NATO, Politische Studien 470 (November–Dezember 2016), Hanns-Seidel-Stiftung, München, S. 23–25

b) Herausforderung im Süden

Zu der Bedrohung im Osten des Bündnisgebietes [...] tritt die Instabilität im „Süden", also großzügig definiert in Nordafrika und dem zerfallenden Staatensystem in Mittelost. [...] Nicht nur aufgrund des syrischen Krieges, sondern auch wegen fortgesetzter Instabilität in Teilen Afrikas und dem Wegfall eines effektiven libyschen Staates nach dem Ende von Gaddafis Gewaltregime 2011 drängten sich im Laufe des Jahres 2015 [...] Migrations- und Flüchtlingsströme auf die Agenda der NATO. Das galt bis zum Abkommen der EU mit der Türkei im März 2016 vor allem für die Ägäis zwischen Griechenland und der Türkei. Aber auch nach dem Abebben der Flüchtlingswelle dort wagen weiterhin Zehntausende die Überfahrt über das Mittelmeer, um nach Italien und damit nach Europa zu gelangen. Für die Staaten Südeuropas ist ungesteuerte Migration somit ein eindeutiges Sicherheitsproblem und sie fordern lautstark, dass sich die NATO diesem auch widme. [...] In Libyen, nur wenige Kilometer vom italienischen Festland entfernt, kämpfen Einheiten des IS und droht ein dauerhaftes Vakuum staatlicher Macht. Die NATO könnte also gefordert sein, in ihrer unmittelbaren Nachbarschaft zu intervenieren, um eine fragile Stabilität zu erzeugen [...].

Martin Zapfe: Zwischen Ost und Süd. Die NATO nach Warschau, in: Die Zukunft der NATO, Politische Studien 470 (November–Dezember 2016), Hanns-Seidel-Stiftung, München, S. 26

c) Cyberwar

Die Nato-Cyberabwehr sei nicht gegen eine bestimmte Quelle oder Nation gerichtet, sagte Stoltenberg [der ZEIT]. China und Russland werde zwar immer wieder vorgeworfen, mithilfe von Hackern in Datensysteme westlicher Regierungen und Unternehmen einzudringen. Dies zu beweisen, sei aber häufig schwierig. Wichtig sei für die Nato, die Quelle für Angriffe aus dem Netz zu identifizieren, sagte Stoltenberg. Diplomaten zufolge bedeutet die Entscheidung konkret, dass die Cyberabwehr nun in alle militärischen und strategischen Planungen des Bündnisses einbezogen wird. [...] Es gehe auch darum, Datennetzwerke der Nato und ihrer Verbündeten bei kleineren Operationen wirksam zu schützen.

ZEIT ONLINE/afp/haw, NATO erklärt virtuellen Raum zum Kriegsgebiet, 15.06.2016; www.zeit.de/politik/ausland/2016-06/cyberwar-nato-jens-stoltenberg-operationsgebiet

M 7 Militärausgaben im Vergleich

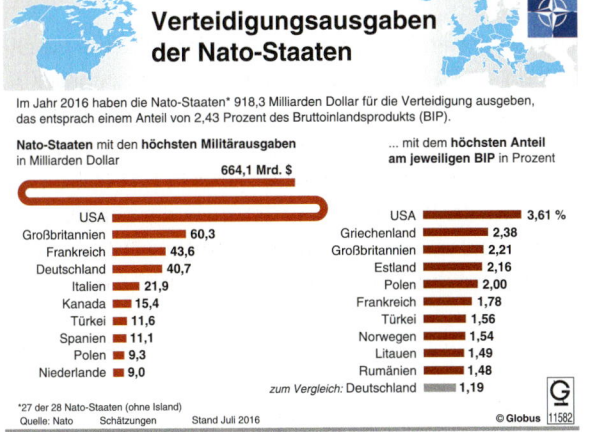

M 8 Streit um die Lastenteilung in der NATO

Donald Trump hat bei seinem ersten Nato-Gipfel die Partner des Verteidigungsbündnisses aufgefordert, mehr Geld zu zahlen. „Die Nato-Mitglieder müssen endlich ihren gerechten Anteil beitragen und ihre finanziellen Verpflichtungen erfüllen", sagte Trump.
Die mangelnde Beteiligung vieler Staaten sei „nicht fair" gegenüber den amerikanischen Steuerzahlern, ergänzte er. „23 der 28 Mitgliedsstaaten zahlen immer noch nicht das, was sie für ihre Verteidigung zahlen sollten".
Trump hatte die Nato im Wahlkampf immer wieder kritisiert und sogar die Zukunftsfähigkeit des Bündnisses infrage gestellt. Mittlerweile ist er von seiner Äußerung abgerückt, die Nato sei obsolet. Er fordert aber, dass die anderen Mitglieder ihre Verteidigungsausgaben deutlich erhöhen. „Viele dieser Länder sind aus den vergangen Jahren massive Geldsummen schuldig."
Die USA dringen schon seit Längerem darauf, dass andere Nato-Staaten ihre Verteidigungsausgaben erhöhen. Trump hat diesen Forderungen aber eine von vorigen US-Regierungen nicht gekannte Schärfe verliehen. [...]

Die Staats- und Regierungschefs der Nato-Staaten hatten 2014 in Wales gemeinsam festgelegt, dass jedes Mitglied seine Verteidigungsausgaben innerhalb eines Jahrzehnts auf mindestens zwei Prozent des Bruttoinlandsprodukts steigern soll. Die Nato-Partner hatten unmittelbar vor dem Gipfeltreffen ein Konzept zur Verbesserung der Lastenteilung innerhalb des Bündnisses beschlossen.

dpa/AFP/Reuters/rav, Trump fordert von Partnern massive Nachzahlungen. 29.5.2017; http://www.zeit.de/politik/ausland/2017-05/nato-gipfel-donald-trump-verteidigungsausgaben-partner

M 9 Die NATO in der Karikatur

Karikatur von Kostas Koufogiorgos

Karikatur von Harm Bengen

Aufgaben

4. Erarbeiten Sie aus M6a–c arbeitsteilig die aktuellen welt- und sicherheitspolitischen Herausforderungen, die sich für die NATO ergeben.
5. Analysieren Sie die Grafik M7 vor dem Hintergrund von M8, auch in Hinblick auf das machtpolitische Verhältnis zwischen den Bündnispartnern.
6. Interpretieren Sie die beiden Karikaturen M9 und erläutern Sie die dargestellten Probleme vor dem Hintergrund von M6 und M8.
7. Braucht Deutschland die NATO? Verfassen Sie einen Leserbrief zu diesem Thema, indem Sie entweder für oder gegen die Zugehörigkeit zu diesem kollektiven Verteidigungsbündnis argumentieren.

Ban Ki Moon
Der Südkoreaner war von 2007 bis 2016 UN-Generalsekretär.

3. Die UNO – eine Weltorganisation zur Friedenssicherung

Für das Verhalten der Vereinten Nationen (UN) im Syrien-Konflikt fand der damalige Generalsekretär Ban Ki Moon am 14. Dezember 2016 klare Worte: „Unser kollektives Versagen, grauenhafte Gewalttaten in Syrien […] zu verhindern, wird mit Blick auf das Ansehen der Vereinten Nationen und ihrer Mitgliedstaaten eine schwere Last bleiben."

Führt man sich vor Augen, dass die UN unter dem Eindruck der Gräuel zweier Weltkriege am 26. Juni 1945 in San Francisco vor allem deshalb gegründet wurde, um sich für den „Weltfrieden und die internationale Sicherheit" (Art. 1, UN-Charta) einzusetzen, wird klar, wie Ban Ki Moon zu seiner Einschätzung kam.

Die Ursachen für die Schwäche der UNO sind nicht zuletzt in ihrer Struktur zu suchen.

Aufgaben und Aufbau der UNO im Überblick

Waren es bei der Gründung 1945 51 Staaten, gehören den Vereinten Nationen heute 193 Staaten an. Das ist der größte Zusammenschluss von Staaten weltweit. Die Mitglieder verpflichten sich auf die Prinzipien der Charta der Vereinten Nationen, geben jedoch keine Souveränitätsrechte an die UNO ab. Deutschland ist seit 1973 Mitglied der UN.

Im Sinne eines positiven Friedensbegriffs sieht die UNO neben der Sicherung des „Weltfriedens" im Schutz der Menschenrechte, der Weiterentwicklung des Völkerrechts, der Förderung der nachhaltigen wirtschaftlichen und sozialen Entwicklung sowie dem Einsatz für Bildung, Gesundheit sowie Umwelt- und Naturschutz ihre Hauptaufgaben.

Wird ein Land Mitglied der Vereinten Nationen, so erhält es – unabhängig von seiner Größe – eine Stimme in der Generalversammlung. Diese tagt in der Regel einmal im Jahr am Sitz der UNO in New York. Die Generalversammlung als zentrales Beratungsorgan der UN verfügt unter anderem über das Recht, Resolutionen [= Beschlüsse] zu weltpolitischen Fragen zu verabschieden. Diese Beschlüsse sind zwar im Gegensatz zu den Resolutionen des Sicherheitsrates völkerrechtlich nicht bindend, jedoch durchaus in der Lage, politischen Druck zu entfalten.

Der UN-Generalsekretär wird für fünf Jahre gewählt. Er ist das „Gesicht" der UN und repräsentiert diese nach außen. Neben seiner Verwaltungstätigkeit zur Koordination des laufenden Tagesgeschäfts ist er der „Chefdiplomat" der UNO und versucht, über direkte Gespräche, Verhandlungen und Reden politischen Einfluss im Sinne der UN-Charta auszuüben. Für die Durchsetzung seiner Ziele ist er jedoch immer auf die Unterstützung der einzelnen Mitgliedstaaten sowie der UN-Institutionen wie Generalversammlung und Sicherheitsrat angewiesen.

Das machtvollste Gremium ist dabei der UN-Sicherheitsrat. Ihm obliegt es nach Kapitel VII der UN-Charta, „Maßnahmen bei Bedrohung oder Bruch des Friedens und bei Angriffshandlungen" vorzunehmen. Der UN-Sicherheitsrat setzt sich heute aus 15 Mitgliedern zusammen, von denen zehn Staaten alle zwei Jahre von der Generalversammlung nach einem informellen kontinentalen Verteilungsschlüssel neu gewählt werden. Fünf Mitglieder des Sicherheitsrats jedoch, nämlich die vier Siegermächte des Zweiten Weltkriegs, also Großbritannien, Frankreich, USA und Russland, sowie China sind dauerhaft im Sicherheitsrat vertreten.

Das UN-Hauptquartier in New York
Im Vordergrund das Mahnmal „Knotted Gun"

Info

Positiver und negativer Friede

Die Unterscheidung von „positivem" und „negativem" Frieden geht auf den norwegischen Politologen Johan Galtung zurück. Während der negative Frieden die bloße Abwesenheit von Krieg bezeichnet, hat positiver Frieden eine weitergehende Qualität: Er meint die Abwesenheit von jeglicher struktureller Gewalt, also aller Faktoren, die Menschen daran hindern, ihre Anlagen und Möglichkeiten voll zu entfalten.

Diese fünf Staaten verfügen über ein sogenanntes Vetorecht. Das heißt, sie können eine Resolution des Sicherheitsrates unterbinden, auch wenn eine Mehrheit der Staaten für eine entsprechende Maßnahme gewesen wäre.

Die Zusammensetzung des UN-Sicherheitsrats ist einer der Hauptkritikpunkte an den Vereinten Nationen, weil dieser die machtpolitischen Realitäten des Jahres 1945 abbildet. So fordern wichtige Geldgeber wie Deutschland bereits seit längerem einen festen Sitz im UN-Sicherheitsrat. Auch sind Schwellen- und Entwicklungsländer sowie muslimische oder afrikanische Länder darin nicht dauerhaft vertreten. Jedoch haben die fünf UN-Vetomächte kein Interesse an einer Reform des Systems.

Antonio Guterres
Der Portugiese ist seit 1. Januar 2017 UN-Generalsekretär.

UN-Peacekeeping-Missionen

2017 waren über 120.000 sogenannte Blauhelmsoldaten zusammen mit Polizei- und Zivilkräften in 16 Peacekeeping-Missionen im Einsatz und trugen damit erfolgreich zur Sicherung des „Weltfriedens" bei. Rund 3.500 Sicherheitskräfte stellt dabei die Bundesrepublik Deutschland (Stand: 2017).

Eine klassische UN-Peacekeeping-Mission besteht aus leicht bewaffneten Soldaten oder unbewaffneten Militärbeobachtern, die vom UN-Sicherheitsrat in Konfliktregionen entsandt werden und als Art Puffer zwischen den Konfliktparteien agieren. Nach Ende des Ost-West-Konflikts haben sich jedoch, nicht zuletzt durch die Zunahme innerstaatlicher Konflikte, die Anforderungen an eine UN-Friedensmission verändert. Insbesondere im Zuge der gescheiterten Missionen von Ruanda (1994) und Srebrenica (1995), wo unter den Augen der hilflosen Blauhelm-Soldaten tausende Menschen Völkermorden zum Opfer fielen, wurde klar, dass es die Ausstattung mit robusten militärischen Mandaten benötigt, um vor allem den Schutz der Zivilbevölkerung auch mit Waffengewalt sicherstellen zu können.

Veto im UN-Sicherheitsrat
Mit seinem Veto verhindert der Vertreter Russlands eine Resolution der UN zur Untersuchung des mutmaßlichen Giftgasanschlages der syrischen Führung gegen die eigene Bevölkerung (2017).

Die „Responsibility to Protect"

Darüber hinaus entwickelte die UNO ab 2005 das Konzept der „Responsibility to Protect". Ausgangspunkt dieser internationalen „Schutzverantwortung" ist die Tatsache, dass jeder Staat der Welt dafür verantwortlich ist, seine Bürger vor schwersten Menschenrechtsverletzungen zu schützen. Kommt ein Staat dieser Vorgabe nicht nach, so kann in den vier Fällen Völkermord, Kriegsverbrechen, ethnische Säuberungen und Verbrechen gegen die Menschlichkeit ein Eingriff in die Souveränität von Staaten durch den Sicherheitsrat der Vereinten Nationen beschlossen werden. Dies war zum Beispiel in Libyen 2011 der Fall.

Heute ist „Peacekeeping" multidimensional, das heißt, die Friedensmissionen umfassen auch ziviles, polizeiliches oder administratives Engagement wie die Unterstützung beim Aufbau demokratischer Institutionen. Nicht zuletzt mangels eigener personeller und finanzieller Ressourcen arbeiten die UN zunehmend mit regionalen Organisationen zusammen und übertragen die Umsetzung der Friedenseinsätze zum Beispiel an die NATO, die EU oder die Afrikanische Union.

Info

UN-Peacekeeping-Missionen – Personal und Finanzierung

Die Friedenseinsätze der UNO werden von ihren Mitgliedstaaten finanziert. Ferner ist die UNO auf die freiwillige Beteiligung der Staaten an Friedensmissionen angewiesen. Problematisch an dieser Struktur ist, dass die UNO damit chronisch unterfinanziert ist, da viele Mitglieder hohe Zahlungsrückstände aufgebaut haben. Zum anderen hängt die Beteiligung an Friedenseinsätzen in der Realität auch von den Eigeninteressen der Mitgliedstaaten ab.

Die UNO – Intentionen und Institutionen

M 1 Ziele und Grundsätze der UN

Artikel 1 der UN-Charta vom 26. Juni 1945:

Die Vereinten Nationen setzen sich folgende Ziele:
(1) den Weltfrieden und die internationale Sicherheit zu wahren und zu diesem Zweck wirksame Kollektivmaßnahmen zu treffen, um Bedrohungen des Friedens zu verhüten und zu beseitigen, Angriffshandlungen und andere Friedensbrüche zu unterdrücken und internationale Streitigkeiten oder Situationen, die zu einem Friedensbruch führen konnten, durch friedliche Mittel nach den Grundsätzen der Gerechtigkeit und des Völkerrechts zu bereinigen oder beizulegen;
(2) freundschaftliche, auf der Achtung vor dem Grundsatz der Gleichberechtigung und Selbstbestimmung der Völker beruhende Beziehungen zwischen den Nationen zu entwickeln und andere geeignete Maßnahmen zur Festigung des Weltfriedens zu treffen;
(3) eine internationale Zusammenarbeit herbeizuführen, um internationale Probleme wirtschaftlicher, sozialer, kultureller und humanitärer Art zu lösen und die Achtung vor den Menschenrechten und Grundfreiheiten für alle ohne Unterschied der Rasse, des Geschlechts, der Sprache oder der Religion zu fördern und zu festigen;
(4) ein Mittelpunkt zu sein, in dem die Bemühungen der Nationen zur Verwirklichung dieser gemeinsamen Ziele aufeinander abgestimmt werden.

Zit. nach www.unric.org/html/german/pdf/charta.pdf.

M 3 Aufbau der UN – Überblick

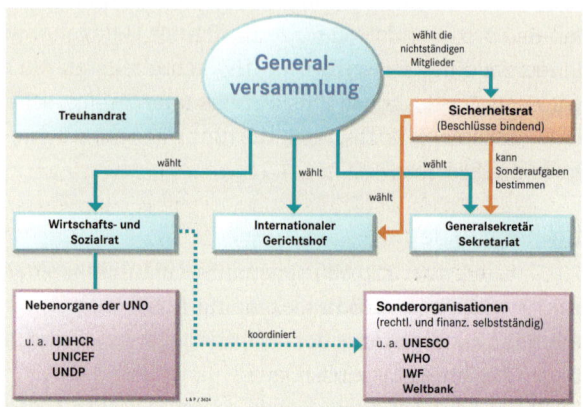

M 4 Zusammensetzung des UN-Sicherheitsrates

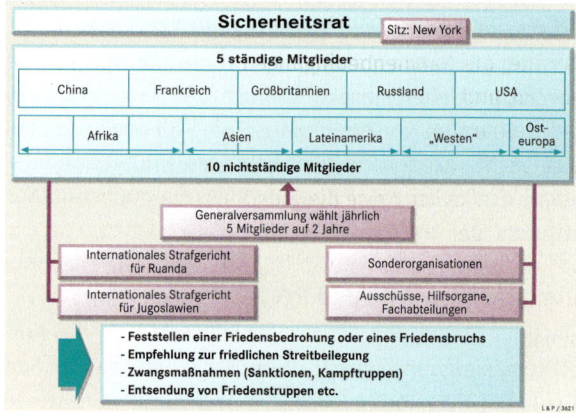

M 2 UN-Millenniumsziele aus dem Jahr 2000

M 5 Schutzverantwortung: Anspruch und Wirklichkeit

Siddharth Mallavarapu, Professor für internationale Beziehungen, zur „Responsibility to Protect":

Auf den ersten Blick scheint sich R2P [= Responsibility to Protect] mit den schwersten Verstößen der Menschheit zu befassen. Es geht darum, gemeinsam gegen die Möglichkeit von „Völkermord, Kriegsverbrechen, Verbrechen gegen die Menschlichkeit und ethnischen Säuberungen" vorzugehen, wie es das Ergebnisdokument des Weltgipfels der Vereinten Nationen 2005 präzise formuliert. [...] [Jedoch] wird [sie] ihrem eigenen Auftrag nicht gerecht und aus meiner Sicht sprechen drei Gründe dafür, dass sich voraussichtlich wenig daran ändern wird.

Erstens agiert R2P politisch gesehen nicht im luftleeren Raum. Sie stellt sich als neutrales Bemühen um Wiederherstellung der Menschlichkeit auf schlimmen Kriegsschauplätzen dar. Aber in Wirklichkeit ist sie zwangsläufig in der Parteipolitik der Großmächte verhaftet. Wenn viel auf dem Spiel steht (strategische Interessen), versuchen die Großmächte, die Rahmenbedingungen eines Schauplatzes zu ändern, und leiten manchmal – weit über ihr Mandat hinaus – einen „Regimewechsel" ein. Wenn wenig auf dem Spiel steht, reagieren sie gleichgültig oder ablehnend. Dabei wird in keiner Weise die grundlegende strukturelle Dimension der Herrschaftsverhältnisse thematisiert, die überhaupt erst diese groben Übertretungen verursacht. Es ist unwahrscheinlich, dass diese strukturellen Ungleichheiten leicht verändert werden können, da sie die Privilegien der dominierenden Akteure im internationalen System zementieren.

Zweitens mutet der Anspruch, bis zu einem gewissen Grad allgemeingültig zu sein, verdächtig an. Die gegenwärtige Konstellation des [UN]-Sicherheitsrats [...] lässt vermuten, dass es keinen Konsens darüber gibt, welche Bedingungen für die Geltendmachung von R2P eintreten müssen. [...] China, Russland, Brasilien, Deutschland und Indien enthielten sich bei der Abstimmung zur [UN]-Resolution 1973 im Jahr 2011. Sie gaben so ihrem Unbehagen angesichts der „Begeisterung" der USA, Großbritanniens und Frankreichs Ausdruck, mit der diese Länder R2P im Falle Libyens geltend machen wollten. Mehrfach wird vertreten, dass die Intervention in Libyen 2011 offensichtlich weit über das genehmigte Mandat hinausging.

Drittens generiert [= erzeugt] die Neutralitäts- und Universalitätskrise grundlegende Legitimitätsprobleme für die R2P-Doktrin. Im R2P-Arsenal gibt es ein interessantes Sprachrepertoire an gestaffelten Reaktionen auf humanitäre Krisen. Die Anwendung von Gewalt wird als allerletztes Mittel betrachtet. Die Versuchung, die militärische Option früher als gerechtfertigt zu nutzen, wenn viel auf dem Spiel steht, ist jedoch sehr hoch. Auch tiefer liegende Ängste um Wohl und Sicherheit ausgewählter Mächte im internationalen System können solche verfrühten Geltendmachungen hervorrufen und stellen eine ernsthafte Herausforderung dar, wenn es um die Operationalisierung [= Präzisierung] der Doktrin geht.

Aus all diesen Gründen sollten wir zurückhaltender mit R2P umgehen und sie nicht als Allheilmittel gegen die schlimmsten Auswüchse der Menschheit betrachten. Damit will ich keineswegs sagen, dass wir keine einschränkenden Mechanismen brauchen, um die dunklen Seiten menschlichen Verhaltens zu zügeln. Damit jedoch Prinzipien über politisches Kalkül siegen können, braucht es den ehrlichen Willen, wirklich multilateral und inklusiv zu sein – Eigenschaften, die eher selten und nicht im Einklang mit dem herrschenden Zeitgeist zu sein scheinen.

Siddharth Mallavarapu: „Schutzverantwortung als neues Machtinstrument", 02.09.2013; in: APuZ 37/2013, BZBP, Bonn, S. 3f.

Aufgaben

1. Erarbeiten Sie aus M1 und M2 die Hauptaufgaben, denen sich die Vereinten Nationen verschrieben haben.
2. Erklären Sie, nach welchen Grundsätzen die Zusammenarbeit der Staaten untereinander gemäß Artikel 1 der UN-Charta erfolgen soll (M1).
3. Beurteilen Sie, inwiefern die in M1 und M2 dargestellten Ziele und Grundsätze der Zusammenarbeit zur Sicherung eines „positiven Friedens" (vgl. Infokasten Seite 208) beitragen können.
4. Beschreiben Sie den Aufbau der UN im Überblick (M3). Erklären Sie dabei, warum die Sonder- und Spezialorgane der UN existieren.
5. Problematisieren Sie den Aufbau des UN-Sicherheitsrates (M4). Erwägen Sie Reformansätze.
6. Der Autor des Textes M5 stellt die These auf, dass die „Responsibilty to Protect" ihrem eigentlichen Auftrag nicht gerecht wird. Analysieren Sie seinen Argumentationsgang und nehmen Sie dazu begründet Stellung.

Die UNO – Reformbedarf für die Weltregierung?

M 6 Eine Schnecke namens UNO

Karikatur von Silvan Wegmann

M 7 Vorschläge zur Reform der UN

Seit Jahren wird über eine Reform der UN, die vor allem den Sicherheitsrat betrifft, diskutiert. Bundeskanzlerin Angela Merkel hat 2015 noch einmal begründet, warum auch sie eine Reform befürwortet:

Bundeskanzlerin Angela Merkel (CDU) hat sich [am Rande des UN-Nachhaltigkeitsgipfels 2015] mit Nachdruck für eine Reform des UN-Sicherheitsrates ausgesprochen. Um aktuelle Probleme wie Terror, zerfallende Staaten, Naturkatastrophen und Flüchtlingsströme zu lösen, müsse das Gremium erweitert werden. Derzeit fehle es ihm an Legitimität; seine ständigen Mitglieder könnten die Welt nicht vollständig repräsentieren. In deutschen Regierungskreisen hieß es, der neue Vorstoß habe vorerst wenig Aussicht auf Erfolg.
Bei einem Treffen der sogenannten G-4-Staaten (Deutschland, Brasilien, Indien, Japan) in New York sagte Merkel: „Nicht nur wir vier, sondern auch viele andere sind mit der Struktur und der Arbeitsmethode des Sicherheitsrats nicht einverstanden." Die G-4-Staaten drängen seit Jahren auf eine umfassende Erweiterung des Sicherheitsrats der Vereinten Nationen und streben selbst jeweils einen ständigen Sitz an. Gemeinsam mit Dilma Rousseff (Brasilien), Narendra Modi (Indien) und Shinzo Abe (Japan) erinnerte Angela Merkel daran, dass es nach der Zusage aller UN-Regierungen für eine „baldige Reform" im Jahr 2005 keine nennenswerten Fortschritte gegeben habe. Die G 4 drängen nun auf einen verbindlichen Zeitplan für eine Reform.
Die vier Staaten unterstützen sich gegenseitig in ihrem Bemühen, als ständige Mitglieder in den Sicherheitsrat aufgenommen zu werden. Außerdem soll sich nach Wunsch der G 4 die wachsende Bedeutung Afrikas und Asiens in der Zusammensetzung des Gremiums widerspiegeln. Der Sicherheitsrat gibt die völkerrechtliche Zustimmung etwa für Militärinterventionen und Sanktionen.
Bisher haben nur die fünf Siegermächte des Zweiten Weltkrieges – die USA, China, Russland, Frankreich und Großbritannien – einen ständigen Sitz mit Vetorecht. Dazu kommen zehn nicht-ständige Mitglieder ohne Vetorecht, die alle zwei Jahre wechseln. Deutschland ist seit der Wiedervereinigung nur etwa alle acht Jahre an der Reihe – aber auch nur dann, wenn die Kandidatur für einen nicht-ständigen Sitz Erfolg hat. Zuletzt gehörte es in den Jahren 2011 und 2012 dem Sicherheitsrat an; der nächste Termin wäre 2019.

Die USA, China und Russland blockieren eine Reform
Eine Reform müsste von der UN-Vollversammlung mit Zweidrittelmehrheit angenommen sowie von zwei Drittel der Mitgliedstaaten ratifiziert werden – darunter die fünf Veto-Mächte. Grundlegende Veränderungen scheiterten bisher immer wieder an der Frage, welches Land einen ständigen Sitz erhalten und wie die restlichen Plätze verteilt werden sollten. So lehnte die UN-Vollversammlung schon vor Jahren einen Antrag der G-4-Staaten auf zwei ständige Sitze für Afrika und vier zusätzlicher nicht-ständiger Sitze ab.

Vor allem die USA, China und Russland sträuben sich gegen eine Erweiterung. Sie wollen an ihrem Vetorecht festhalten, um ihre Interessen zu schützen. Zudem gibt es regionale Differenzen: So ist Italien gegen einen zusätzlichen deutschen Sitz, Argentinien gegen einen brasilianischen, China gegen einen japanischen. Die afrikanischen Staaten konnten sich bisher nicht einigen, wer den Kontinent in einem erweiterten Sicherheitsrat vertreten soll.

dpa/rtr/afp/ces: Merkel besteht auf Erweiterung des UN-Sicherheitsrates, 27.09.2015; www.zeit.de/politik/ausland/2015-09/vereinte-nationen-angela-merkel-fordert-erweiterten-sicherheitsrat

M 8 Brauchen wir die Vereinten Nationen?

Der anhaltende Reformbedarf der Weltorganisation sollte […] nicht den Blick dafür verstellen, dass die Vereinten Nationen für die Stabilität des internationalen Systems unverzichtbar sind.
Zwar hält die politische Praxis nur recht selten mit den Erfordernissen einer immer komplexer werdenden internationalen Problemagenda Schritt. Tragfähige Antworten auf die zentralen Menschheitsprobleme sind im 21. Jahrhundert (aber) allenfalls multilateral zu geben, und in dem Geflecht mulitinationaler Regime und Organisationen spielen die Vereinten Nationen trotz alledem eine herausragende Rolle.
Auch im Bereich der Friedenssicherung sind die oft gescholtenen Vereinten Nationen unverzichtbar: Wer nicht die Rückkehr des Faustrechts in die internationale Politik will, wer nicht weltweite Instabilität möchte, weil sich auch andere Staaten das Recht zum unilateralen Handeln nehmen werden, wer nicht einen weltweiten Rüstungswettlauf riskieren möchte, der muss für einen Mechanismus werben, bei dem nicht grundsätzlich einzelne Staaten allein über die Zulässigkeit der Gewaltanwendung entscheiden. Einer erneuerten Weltorganisation kommt daher die Aufgabe zu, die in der Charta formulierten Ziele und Grundsätze einzulösen. Um dies erfolgreich leisten zu können, müssen die Mitgliedstaaten ihre Vereinten Nationen jedoch stärker unterstützen.

Sven Gareis/Johannes Varwick, Die Vereinten Nationen. BZPB, Bonn 2014, S. 357f.

M 9 Scherbenhaufen UNO?

Karikatur von Brigittte Schneider

Aufgaben

1. Analysieren Sie die Karikatur M6 hinsichtlich der Kritik, die hierdurch an der Rolle der UN im Syrien-Konflikt geübt wird.
2. a) Erarbeiten Sie aus M7 die deutsche Haltung zur Reform des UN-Sicherheitsrates.
   b) Problematisieren Sie auf Basis von M7 die Realisierbarkeit der Reform des UN-Sicherheitsrates. Diskutieren Sie auch unter Einbeziehung des Autorentextes weitere Reformansätze.
3. „Brauchen wir die Vereinten Nationen?" (M8) – Nehmen Sie vor dem Hintergrund von M8 und M9 hierzu begründet Stellung.
4. „Im ewigen Kampf um Vorteil, Macht und Dominanz ist das Organ der Völkergemeinschaft längst auch nur ein Werkzeug unter vielen", so der Journalist Stefan Kornelius in der Süddeutschen Zeitung vom 13./14. April 2017. Diskutieren Sie auf der Basis dieser Aussage Möglichkeiten und Grenzen der UN als System kollektiver Friedenssicherung.

Aktuelle Herausforderungen und die Rolle Deutschlands

4. Internationale Nichtregierungsorganisationen

NGO bzw. NRO

Eine einheitliche Definition des Begriffes „Nichtregierungsorganisation" (abgekürzt NRO bzw. auf Englisch NGO für „Non Governmental Organization") konnte sich bis jetzt in der Öffentlichkeit und Wissenschaft noch nicht durchsetzen. Auf jeden Fall handelt es sich bei NGOs um größere Vereinigungen von Menschen, die anstreben, ihre Ziele unabhängig von staatlicher Einmischung oder Trägerschaft durchzusetzen. Dazu versuchen sie, diese Ziele möglichst öffentlichkeitswirksam einer breiten Masse mitzuteilen, um mehr Mitstreiter zu gewinnen und Staaten bzw. staatliche Organisationen auf diese Weise zum Handeln in ihrem Sinne zu bewegen. Sie sind aber auch an internationalen Verhandlungen beteiligt, betreiben Lobbying und stellen ihr Wissen und ihre Erkenntnisse der Öffentlichkeit frei zur Verfügung.

Greenpeace-Protest gegen die US-Klimapolitik, beim G7-Gipfel im italienischen Taormina 2017

Katalysator Globalisierung

Die Anfänge der NGOs als wichtige Akteure in der internationalen Politik reichen bis ins 19. Jahrhundert zurück, auch wenn der Begriff erst nach dem Zweiten Weltkrieg gebräuchlich wurde. So ist die 1863 gegründete Organisation „Rotes Kreuz" eine der ältesten Nichtregierungsorganisationen. Der erste Entwicklungsschub für die NGOs erfolgte Ende der 1970er-, Anfang der 1980er-Jahre im Zuge der Politisierung und eines Bewusstseinswandels breiter Massen infolge des Wettrüstens und der Gefährdung der Umwelt. Begünstigt durch die beschleunigte Globalisierung seit Anfang der 1990er-Jahre verdoppelte sich die Zahl der NGOs von etwa 4000 auf rund 8000 Organisationen. Umwelt-, Sozial- und Entwicklungspolitik werden seit dieser Zeit zunehmend als globale Probleme begriffen, die nur durch weltweit koordiniertes Handeln gelöst werden können.

Mitgliederwerbung des amerikanischen Roten Kreuzes, Plakat aus dem Ersten Weltkrieg

UNO und NGOs

Größere NGOs sind mit dem System der UNO vernetzt, wofür Artikel 71 der UN-Charta die Grundlage bildet:

Info
Zusammenarbeit mit der UNO

NGOs, die im Bereich der wirtschaftlichen und sozialen Entwicklung tätig sind, können einen Konsultativ-, also Beratungsstatus bei der UNO erlangen.

Den „allgemeiner Status" erhalten NGOs, die in fast allen Bereichen des Wirtschafts- und Sozialrats tätig sind. Den „besonderer Konsultativstatus" erhalten NGOs, die in mehreren Bereichen tätig sind.

Der „Listenstatus" wird NGOs für die Kompetenz in einzelnen Feldern gewährt.

M 1 Einbindung der NGOs in die UNO

Nichtregierungsorganisationen – Fakten und Definitionen

M 2 **Was sind und wie arbeiten NGOs?**

Im Zuge der Globalisierung organisieren sich zivilgesellschaftliche Akteure zunehmend grenzüberschreitend und nehmen Einfluss auf die globale Politikgestaltung. Diese Entwicklung führt dazu, dass immer häufiger von einer globalen bzw. transnationalen Zivilgesellschaft die Rede ist. Zur Zivilgesellschaft gehören gemeinnützige Initiativen, Vereine und Organisationen, die weder dem Staat oder Markt noch rein der Privatsphäre zugeordnet werden können. Die Zivilgesellschaft beruht auf verschiedenen Formen des kollektiven Handelns im öffentlichen Raum, „zwischen" den etablierten Institutionen und dem privaten Bereich. Die Zivilgesellschaft wird deswegen auch als intermediärer oder Dritter Sektor bezeichnet.

Der transnationalen Zivilgesellschaft kommt im Rahmen der Global Governance-Ansätze, also dem Regieren im globalen Mehrebenensystem, eine zentrale Bedeutung zu. Die Hauptakteure sind dabei transnational vernetzte Nicht-Regierungsorganisationen (NGOs), die vorwiegend in den Bereichen Umwelt- und Sozialstandards, Menschenrechte sowie Entwicklungspolitik aktiv sind (zum Beispiel Greenpeace, Amnesty International, Oxfam).

Auf globaler Ebene existieren für die NGOs prinzipiell drei Ansätze, um auf die politische Agenda Einfluss zu nehmen: Erstens betätigen sie sich als Lobbyisten, zum Beispiel durch Kampagnen, Protestaktionen oder informelle Lobbytätigkeit. Zweitens nehmen sie an Verhandlungen teil, bei denen es um die Entwicklung globaler Standards und Normen geht (Verhandlungsnetzwerke). Hier sind sie unmittelbar an politischen Entscheidungsprozessen beteiligt. Drittens stellen sie als Dienstleister und Experten ihre Ressourcen zum Beispiel in Public Private Partnerships (PPPs) zur Verfügung (Monitoring-, Koordinations- und Beratungsnetzwerke).

Die NGOs sind in vielen Politikbereichen aktiv, dazu gehören unter anderem die Korruptionsbekämpfung, die Verhandlung von Umwelt- und Sozialstandards (z. B. Global Reporting Initiative – GRI), der Klimawandel (z. B. Global Environmental Facility – GEF) sowie der Kampf gegen Infektionskrankheiten (z. B. The Global Fund to Fight AIDS, Tuberculosis and Malaria – GFATM).

Bezogen auf das Institutionensystem der Vereinten Nationen (UN – United Nations) gibt es für NGOs drei Möglichkeiten der Einbindung: Konsultativstatus beim Wirtschafts- und Sozialrat (ECOSOC – Economic and Social Council), Assoziierung mit der UN-Hauptabteilung Presse und Information (DPI – Department of Public Information), Anschluss an das UN-Programm ‚Non-Governmental Liaison Service (UN-NGLS)', das die Beziehungen zwischen der UN und der Zivilgesellschaft fördert und weiterentwickelt. Der Konsultativstatus beim Wirtschafts- und Sozialrat ermöglicht die engste Zusammenarbeit mit den UN. […] Der ‚allgemeine Status' wird großen, internationalen NGOs gewährt, die in fast allen Arbeitsbereichen des Wirtschafts- und Sozialrats tätig sind. Der ‚besondere Konsultativstatus' wird den NGOs eingeräumt, die Kompetenzen in mehreren Tätigkeitsbereichen aufweisen. Den ‚Listenstatus' erhalten NGOs, wenn der Rat der Auffassung ist, dass sie nützliche Beiträge zu bestimmten Anlässen leisten können.

Von den akkreditierten NGOs, die einer Region zugeordnet werden konnten, entfielen knapp zwei Drittel auf Europa und Nordamerika. Lediglich 12 bzw. 15 Prozent entfielen auf Afrika bzw. Asien. Die restlichen NGOs stammten aus Lateinamerika, der Karibik sowie Ozeanien. Dass die Verteilung der NGOs der globalen Verteilung der ökonomischen Ressourcen folgt, begrenzt die öffentliche Legitimation der NGOs auf transnationaler Ebene. Zudem sind die NGOs nicht demokratisch legitimiert. Selbst die NGOs, die sich für mehr Demokratie auf globaler Ebene einsetzen, sind nicht gewählt. Auch intern müssen NGOs nicht demokratisch strukturiert sein und ihre Spendenabhängigkeit kann in Widerspruch zu ihrer Autonomie und Glaubwürdigkeit stehen.

NGOs – Nicht-Regierungsorganisationen. 01.10.2017, BZPB, Bonn; www.bpb.de/nachschlagen/zahlen-und-fakten/globalisierung/52808/ngos

Aufgaben

1. Erarbeiten Sie aus M1–M2 Arten, Tätigkeitsfelder, Einwirkungsmöglichkeiten und Defizite der NGOs und entwerfen Sie eine eigene Definition.

NGOs – humanitär, aber intransparent?

M 3 „Wie transparent sind NGOs?"

Sie helfen Kindern, wollen Hunger und Armut aus der Welt schaffen. Sie kämpfen gegen Tierversuche, fahren Kampagnen gegen das Freihandelsabkommen TTIP. Sie sehen sich als Anwälte von Themen, die ohne ihr Engagement kein
5 Gehör finden würden. Und sie verschaffen sich mit spektakulären Aktionen Aufmerksamkeit für ihr Anliegen. Ihr Adressat ist die breite Öffentlichkeit, ihr Ruf ist oft tadellos, sie gelten als uneigennützig und moralisch integer. Doch wie Nichtregierungsorganisationen, kurz NGOs, ihren Ein-
10 satz finanzieren, was beispielsweise Campact, Greenpeace oder Attac mit Spenden genau machen, welche Interessen sie verfolgen: Das wird kaum diskutiert. Obwohl NGOs immer einflussreicher werden.
Wie transparent sind NGOs? […] Es war an Edda Müller
15 [Vorsitzende von Transparency International], die Grundlage der Debatte zu liefern. Ihr Urteil: In Sachen Transparenz haben etliche Organisationen Nachholbedarf. Denn: In Deutschland gibt es keine einheitlichen Veröffentlichungspflichten für Vereine, also für eine Organisations-
20 form, die die NGOs mehrheitlich für sich gewählt haben. Sie sind demnach nach dem geltenden Vereinsrecht nicht verpflichtet, nach außen über die Herkunft und Verwendung ihrer Mittel zu informieren. Rechenschaft sind sie nur ihren Mitgliedern schuldig. Kontrolle findet bislang
25 nur durch das Finanzamt statt, das die Gemeinnützigkeit prüft. Außerdem vergibt das Deutsche Zentralinstitut für soziale Fragen (DIZ), ein staatlicher geförderter Zusammenschluss von gemeinnützigen Organisationen, auf Antrag ein Spenden-Siegel. Müller fand das schon 2010 nicht
30 ausreichend und gründete die Initiative Transparente Zivilgesellschaft. Mit dem Ziel, dass sich möglichst viele NGOs auf feste Parameter für mehr Transparenz einigen. Bislang haben sich 671 Unterzeichner dazu verpflichtet, im Internet offenzulegen, welche Ziele ihre Organisation ge-
35 nau verfolgt, woher ihre Gelder stammen, wie sie verwendet werden und wer darüber entscheidet. Der BUND ist dabei, Campact, Greenpeace und Amnesty International nicht. Obendrein solle der Gesetzgeber aktiv werden und das Vereinsrecht reformieren, sagte Müller. „Im Vereins-
40 recht muss das Prinzip der Transparenz verankert werden." Ähnlich wie beim Parteiengesetz. Und auch bei der Vergabe von öffentlichen Fördergeldern will Müller Änderungen sehen. Wer Geld vom Staat erhält, solle sich an transparente Parameter halten und das auch öffentlich
45 dokumentieren.
Transparenz, auch das wurde in der Debatte klar, ist allein deshalb ein Gebot, weil der Einfluss der NGOs wächst. „Es sind wahnsinnig viel mehr geworden mit den Jahren", sagte Thomas Krüger, Präsident der Bundeszentrale für politische Bildung (bpb) […]. Rund 8000 gebe es weltweit. Und sie
50 spielten in der modernen Demokratie eine wichtige Rolle. „NGOs sind zwingend notwendig für die partizipative Demokratie", sagte Krüger. Weil sie Interessen in den Fokus rückten, die sonst vergessen werden würden. Und weil Menschen dadurch sähen, dass auch ihre Belange einen
55 Wert hätten. „Eine lebendige Demokratie sollte sich das leisten." So positiv wie Krüger beurteilten nicht alle die demokratische Legitimation der NGOs – und schon gar nicht die Wahl ihrer Mittel. […] Holger Lösch vom Bundesverband der Industrie (BDI) meldete an dieser Stelle Wider-
60 spruch an. „Wenn ich glaube, dass mein Interesse nicht ausreichend wahrgenommen wird, kann ich dann auch mal aggressiv sein?", fragte er mit Blick auf NGO-Kampagnen. „Das finde ich schon schwierig." Grundsätzlich kritisierte Lösch, NGOs und Wirtschaftsverbände würden in der Öf-
65 fentlichkeit mit zweierlei Maß gemessen – obwohl alle Interessen vertreten. „Wenn Sie für ökologische und soziale Interessen eintreten, sind Sie eine NGO. Wenn Sie ökonomische Interessen vertreten, sind Sie ein Lobbyist."

Marie Rövekamp, Nur bedingt transparent, 07.07.2015; www.tagesspiegel.de/themen/agenda/arbeit-von-ngos-nur-bedingt-transparent/12020726.html

M 4 Das Beispiel „Ärzte ohne Grenzen"

Ärzte ohne Grenzen [...] ist eine Nichtregierungsorganisation, die medizinische Nothilfe leistet, wenn Menschen unter kriegerischen Konflikten, Naturkatastrophen, Epidemien oder Hungersnöten leiden und die Gesundheitsversorgung in den Krisengebieten überfordert oder zusammengebrochen ist. Sie hilft mit medizinischer Grundversorgung, chirurgischen Operationen, Impfungen und psychologischer Behandlung, aber auch mit Ausrüstung, Medikamenten, Nahrungsmitteln, Wasser und dem Bau von Latrinen. Die Gründung der Organisation erfolgte vor dem Hintergrund der seit den 1960er Jahren in der Dritten Welt um sich greifenden Bürgerkriege. Erfahrungen eines französischen Rotkreuz-Teams im Biafra-Krieg (1968–70) hatten die Grenzen aufgezeigt, denen das Internationale Komitee vom Roten Kreuz (IKRK) in solchen Konflikten unterworfen war: Seine Verpflichtung auf Neutralität verbot es dem IKRK, öffentlich gegen Massaker der nigerianischen Armee an Zivilisten Stellung zu beziehen. Außerdem darf das IKRK nur mit Genehmigung der jeweiligen Regierung in einem Land tätig werden. Etwa zur gleichen Zeit (1970) wurde ein französisches Ärzteteam nach einem Wirbelsturm in Ost-Pakistan mit den Defiziten der internationalen Nothilfe konfrontiert. Auf Grund dieser Erfahrungen schlossen sich die beiden Gruppen am 20.12.1971 in Paris zur neuen Organisation „Médecins Sans Frontières" (MSF) zusammen.
In der Gründungscharta verpflichtet sich MSF auf die medizinische Ethik, auf politische Unabhängigkeit und auf Neutralität in Konflikten, aber auch darauf, bei schweren Menschenrechtsverletzungen öffentlich Anklage zu erheben. Von einer zunächst kleinen Organisation wuchs MSF seit dem Ende der 1970er Jahre rasch an. Heute gliedert sich MSF in 24 unabhängige nationale oder regionale Mitgliedsverbände, die unter dem Dach von MSF International mit Sitz in Genf operieren. Höchstes Organ ist die jährlich tagende Internationale Generalversammlung, auf der Grundsatzentscheidungen getroffen werden. 2014 leistete MSF humanitäre Hilfe in über 60 Ländern. [...]

Das Personal für die Einsätze wird mehrheitlich vor Ort angeworben und besteht hauptsächlich aus Ärzten und anderen medizinischen Fachkräften, aber auch Logistikern, Wasser- und Hygienefachkräften, Mechanikern usw. Die Finanzierung erfolgt überwiegend durch private Spenden; so ist die Unabhängigkeit der Ärzte ohne Grenzen gewährleistet.

Text und Grafik: Zahlenbilder, Bergmoser + Höller, Aachen 2014

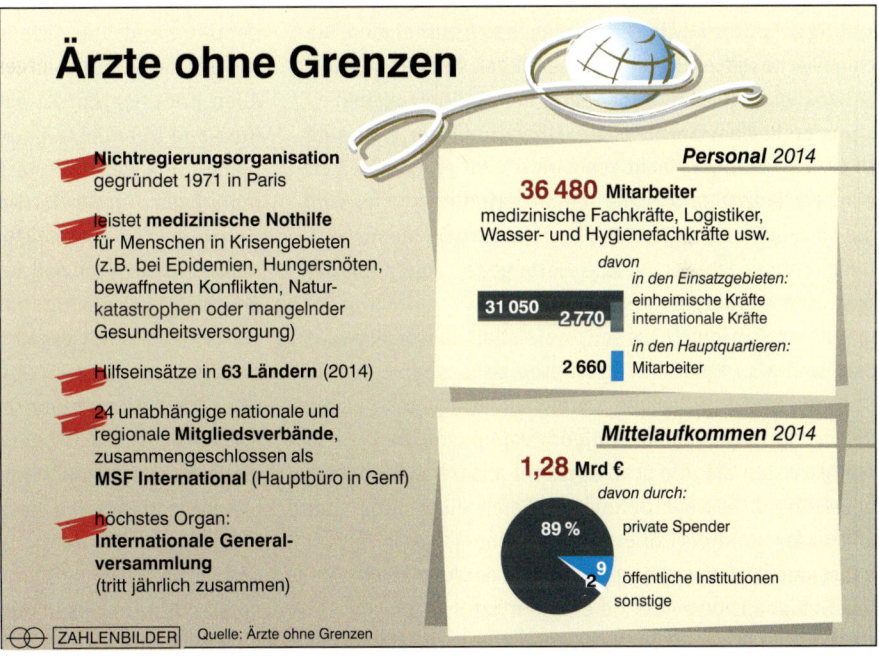

Aufgaben

1. Erarbeiten Sie aus M3 die an NGOs geübte Kritik.
2. Führen Sie ausgehend von M3 eine Debatte zu der Frage, wie transparent NGOs sein müssen.
3. Stellen Sie „Ärzte ohne Grenzen" (M4) dem Internationalen Komitee vom Roten Kreuz einander gegenüber und führen Sie eine Fishbowl-Diskussion darüber, welcher der beiden Organisationen Sie eher eine Spende zukommen lassen würden.
4. Erstellen Sie Lernplakate zu weiteren NGOs Ihrer Wahl und überprüfen Sie dabei auch deren finanzielle Transparenz (M3).

NGOs – weltweit unter Beschuss

M 5 NGOs als „Agenten der Freiheit"

Das neue Gesetz, das Chinas Verhältnis zum Rest der Welt drastisch verändern wird, trägt einen harmlosen Titel: „Gesetz über die Verwaltung ausländischer Nichtregierungsorganisationen" (NGOs). Danach müssen sich künftig alle ausländischen Organisationen einer Prüfung durch die chinesischen Sicherheitsorgane unterziehen, bevor sie in China aktiv werden dürfen. Welche „Aktivitäten" gemeint sind, ist dem Ermessen der Sicherheitskräfte überlassen. Jeglicher Austausch mit dem Ausland steht damit unter dem Vorbehalt der Staatssicherheit, ganz gleich, ob es sich um Entwicklungshilfe, Podiumsdiskussionen oder Konzerte handelt. Es wäre ein Freibrief für Kontrolle und Schikane, jederzeit, überall. [...] Kontrolle ausländischer NGOs gab es schon immer. Doch nun will die Regierung auch den einheimischen NGOs noch näher zu Leibe rücken: Sie müssen künftig ganz offiziell eine Parteizelle in sich aufnehmen. Die chinesische Regierung ist offenbar dabei, von der Kontrolle der Zivilgesellschaft zum Angriff auf sie überzugehen.

China steht damit nicht allein. Überall auf der Welt sind NGOs ins Visier der Mächtigen geraten. Wir erleben derzeit eine antiemanzipatorische, teilhabefeindliche Offensive, die weit über die Bedeutung einzelner NGOs hinausgeht. Umkämpft ist schlicht, welche Werte gelten sollen auf der Welt. Und wer darüber entscheidet.

In Russland werden NGOs seit zweieinhalb Jahren gezwungen, sich als „Agenten" registrieren zu lassen, wenn sie Spenden aus dem Ausland annehmen. In Ägypten hat die Regierung Al-Sisi eine Verfolgungskampagne begonnen, die Aktivisten als „die schlimmste in unserer Geschichte" bezeichnen. Die vage definierte „Gefährdung nationaler Interessen" und der „öffentlichen Ordnung" kann mit lebenslanger Haft bestraft werden, wenn der Angeklagte einmal Gelder aus dem Ausland erhalten hat.

Mittlerweile folgen aber auch Demokratien, die sich unter Druck fühlen, dem autokratischen Rezept: In Indien hat sich das Klima für internationale NGOs unter der nationalistischen Regierung von Premierminister Narendra Modi, die seit Mai 2014 im Amt ist, spürbar verschlechtert. Ein Bericht des Inlandsgeheimdienstes macht die Sozial- und Umweltaktivitäten von NGOs für den Verlust von zwei bis drei Prozent Wirtschaftswachstum verantwortlich – eine absurde Zahl, die nur das Ausmaß des staatlichen Misstrauens gegen den nicht staatlichen Aktivismus belegt. In Ungarn hetzte Präsident Viktor Orbán gegen Menschenrechtsgruppen als „ausländische Einflussagenten", die „fremde, gegen die Nation gerichtete Interessen" verfolgten. Und in Israel hat die neue Koalition von Ministerpräsident Netanjahu im Koalitionsvertrag ein Gesetz vereinbart, das es dem Verteidigungsministerium überlassen will, über die Steuerbefreiung von NGOs zu entscheiden. [...]

Die internationale Organisation Freedom House, selbst eine NGO mit Sitz in Washington, stellt seit Jahrzehnten Berichte über den Stand der Freiheit in der Welt zusammen. Die neueste Ausgabe, vor Kurzem veröffentlicht, liest sich deprimierend: Die Akzeptanz der Demokratie als Regierungsform ist auf dem niedrigsten Niveau seit 1989. Auf allen Kontinenten sei ein Rückgang festzustellen – von Russland über China und die arabischen Länder (mit Ausnahme Tunesiens) bis nach Venezuela und Ungarn. Das ermutigt die Feinde der Demokratie: Bislang, so Freedom House, hätten die meisten autoritären Regierungen sich immerhin noch offiziell zu Meinungsfreiheit, fairen Wahlen und Menschenrechten bekannt. Nun aber stellen sie sich zunehmend offen gegen die liberal-demokratische Weltordnung, denunzieren sie als dekadent und werben für die Überlegenheit autokratischer Führung. [...]

Die Hoffnung auf Öffnung, Liberalisierung, Emanzipation, die letztlich alle NGOs antreibt, hat viele Rückschläge hinnehmen müssen. Die Welle der Demokratisierung, die von 1989 bis zur iranischen Grünen Revolution und hin zum Arabischen Frühling schwappte, ist verebbt. Wo nach den Aufständen religiöser Bürgerkrieg und Chaos kamen, hat die Freiheit heute einen schweren Stand gegen diejenigen, die Ordnung versprechen [...].

Alice Bota, Angela Köckritz, Jörg Lau, Jan Roß, Agenten der Freiheit, 12.06.2015; www.zeit.de/2015/24/menschenrechte-ngo-druck-nationalismus

Aufgaben

1. Erarbeiten Sie aus M5 die Ursachen und Formen staatlichen Vorgehens gegen NGOs.
2. Nehmen Sie in Form eines Zeitungskommentars Stellung zu staatlichen Restriktionen gegen NGOs (M5).
3. Begründen Sie auf der Grundlage des „Kopfstandmodells" aus Sicht von Regierungen die Restriktionen gegen NGOs.

Einen Kommentar verfassen – in Kooperation mit dem Fach Deutsch

Ein Kommentar ist eine besondere Textsorte, die auch optisch häufig durch eine andere Schriftart oder einen Kasten vom Darstellungs- und Nachrichtenteil abgehoben ist. Eine weitere Besonderheit besteht darin, dass ein Kommentar immer namentlich gekennzeichnet ist, um ihn als Meinungsäußerung einer Person zuordnen zu können.

Ein Kommentar stellt daher eine persönliche Meinungsäußerung eines Autors oder einer Autorin zu einem bestimmten Thema oder Ereignis dar. Ziel ist nicht die reine Information, sondern von der eigenen Meinung zu überzeugen oder dem Leser zumindest Denkanstöße zu liefern.

Auch wenn ein Kommentar eine Meinungsäußerung bildet, kann zur Überzeugung nicht auf sachliche Argumente und die Entkräftung der Gegenargumente verzichtet werden. Erst auf dieser Basis kann die eigene Schlussfolgerung präsentiert werden.

Tipps und Tricks zum Verfassen eines Kommentars:
- Formulieren Sie eine aussagekräftige Überschrift zu Ihrem Kommentar.
- Haben Sie beim Schreiben des Kommentars stets die potenzielle Leserschaft vor Augen.
- Zuspitzung, Ironie oder Übertreibung sind erlaubt. Schmähen oder beleidigen Sie dabei aber niemanden, auch keine Institutionen.
- Wenn möglich, geben Sie Belege und zitieren Sie anerkannte Studien. Dies steigert Ihre Glaubwürdigkeit.
- Verwenden Sie Sprichwörter, Metaphern und sprachliche Bilder, um den Lesern den Zugang zur Thematik zu erleichtern.
- Gestalten Sie Ihren Kommentar nicht zu lang und achten Sie darauf, dass er einem roten Faden folgt. Dazu ist es wichtig, dass Sie einen einfachen Satzbau verwenden und vor dem Schreiben die Gesamtargumentation in Stichpunkten zusammentragen.
- Verwenden Sie nur Fachbegriffe, bei denen Sie davon ausgehen können, dass die Leserschaft sie versteht.
- Verwenden Sie rhetorische Fragen, um die Leser in die Problematik zu integrieren.
- Spitzen Sie Ihre Schlussfolgerung bewusst zu, um Ihre Position zu verdeutlichen.

Sequenz	Standardvorgehen	Tipps und Möglichkeiten der Variation
Einstieg	kurz den Sachverhalt darstellen; originellen Einstieg wählen; zum Weiterlesen anregen; Ausblick auf den Kern des Kommentars/das Fazit geben	zu klärende Fragen: – Worum geht es? – Was will ich? – Wie wecke ich Interesse? Vorgriff bzw. Ausblick auf Argumentation und Fazit geben, um die Leserschaft zu motivieren und Spannung aufzubauen
Hauptteil (Argumentation)	logische Argumentationskette einhalten; keine Gedankensprünge vornehmen; Gegenargumente widerlegen; zur Schlussfolgerung überleiten	eigene Argumentation durch schlüssige Nachweise, Zitate von Experten und empirische Belege untermauern, um Glaubwürdigkeit zu erreichen und mehr Eindruck bei der Leserschaft zu hinterlassen
Schluss (Conclusio)	klare und eindeutige Formulierungen verwenden; zum Nachdenken anregen	eigenen Lösungsvorschlag propagieren; sprachlich interessante Wendung zum Ende, evtl. mit einem Appell, formulieren

5. Die Rolle Deutschlands in der internationalen Politik

Außenpolitik: Ziele und Einflussfaktoren

Die Außenpolitik eines Staates verfolgt in der Regel zum einen nationale Interessen, zum anderen aber auch übergreifende Ziele, die mit anderen Staaten geteilt werden. Ihre Ausgestaltung wird von nationalen Einflüssen wie von globalen Bedingungen geprägt. Zu ihren Handlungsfeldern zählen Sicherheit, Militär, Wirtschaft, Handel, Kultur, Umwelt und Technik. Die Außenpolitik hat zudem die Aufgabe, an der Gestaltung der internationalen Ordnung mitzuwirken, Entwicklungen im internationalen System zu beobachten und zu beurteilen, zwischen außenpolitischen Handlungsmöglichkeiten abzuwägen und geeignete Instrumente zur Verwirklichung der nationalen Ziele vorzuschlagen und einzusetzen. Die Durchsetzungs- und Gestaltungsfähigkeit der Außenpolitik wird maßgeblich von den verfügbaren Ressourcen bestimmt, die sich zum Beispiel aus Bevölkerungszahl, territorialer Größe, Handelsvolumen, Währungsreserven, Bruttosozialprodukt, Militärhaushalt, Technologieentwicklung und Stand der Wissenschaft ergeben.

Wie sich Staaten gegenüber anderen staatlichen oder nichtstaatlichen Akteuren verhalten und ihrerseits von diesen wahrgenommen werden, hängt auch von „weichen", kaum messbaren Faktoren ab. Die innenpolitische Stabilität eines Staates, seine kulturelle und ideelle Anziehungs- oder Überzeugungskraft, die Mentalität und Sozialisation der Bevölkerung sowie das Image im Ausland wirken sich unterschiedlich auf die Außenpolitik aus. Ebenso haben die Rahmenbedingungen des internationalen Systems, wozu gegenwärtig vor allem die Globalisierung, die Machtverschiebungen nach dem Ende des Kalten Krieges und der internationale Terrorismus zu zählen sind, erhebliche Konsequenzen für die Außenpolitik eines Staates.

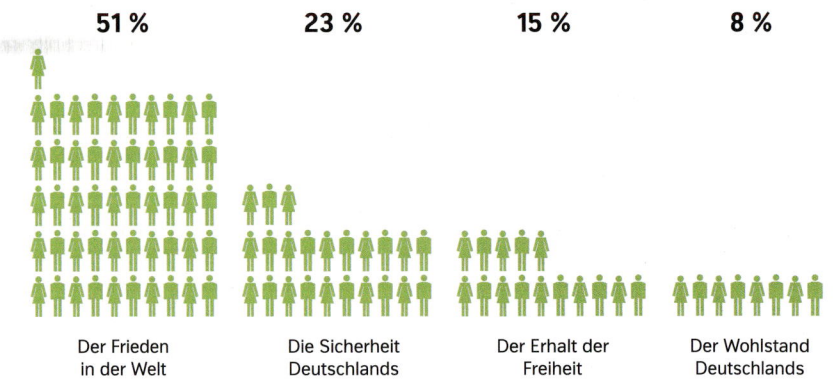

Was sehen die Deutschen als wichtigstes Ziel deutscher Außenpolitik?

51 %	23 %	15 %	8 %
Der Frieden in der Welt	Die Sicherheit Deutschlands	Der Erhalt der Freiheit	Der Wohlstand Deutschlands

Quelle: Körber-Stiftung/TNS Infratest / 1000 Befragte, 24. April bis 4. Mai 2014

M 1 Ziele der deutschen Außenpolitik nach einer Umfrage im Auftrag der Körber-Stiftung,

Einflussfaktoren auf die deutsche Außenpolitik

Die Leitlinien der bundesdeutschen Außenpolitik sind maßgeblich von den Lehren aus der nationalsozialistischen Herrschaft und den Erfahrungen des Zweiten Weltkrieges geprägt. So sollen nationale Alleingänge und eine einseitige Machtpolitik vermieden werden. Die Bundesrepublik möchte als verantwortungsvolle Gestaltungsmacht in Europa und in der Weltpolitik wahrgenommen werden. Diese historische Verpflichtung ist fest in ihrem außenpolitischen Selbstverständnis verankert. Maximen der Außenpolitik sind unter anderem:
- die enge Abstimmung mit Frankreich,
- die Orientierung an einem partnerschaftlichen Bündnis mit den USA,
- die Mitgliedschaft in internationalen Organisationen wie EU, UNO, NATO, OSZE,
- die Verständigung mit den östlichen Nachbarstaaten, insbesondere mit Polen durch Verträge über die gemeinsame Grenze (1990) sowie über Freundschaft und gute Nachbarschaft (1991),
- die Pflege der wegen des nationalsozialistischen Völkermords besonderen Beziehungen zu Israel sowie
- die Beachtung des historisch wichtigen Verhältnisses zu Russland.

Deutsch-französische Aussöhnung

Konrad Adenauer und Charles de Gaulle umarmen sich nach der Unterzeichnung des Élysée-Vertrags 1963, mit dem die regelmäßige Abstimmung auf Regierungsebene und der Jugendaustausch zwischen beiden Staaten vereinbart wurden.

Verfassungsrechtliche Vorgaben

Vor dem Hintergrund der historischen Verpflichtungen deutscher Außenpolitik wurden im Grundgesetz zentrale Leitlinien verankert, die bis heute den Kern der Außenpolitik jeder Bundesregierung bilden: „als gleichberechtigtes Glied in einem vereinten Europa dem Frieden der Welt zu dienen" (Präambel) und sich „zur Wahrung des Friedens einem System gegenseitiger kollektiver Sicherheit" einzuordnen (Art. 24 Abs. 2 GG). Damit ist die Bereitschaft verbunden, der Beschränkung von Hoheitsrechten durch einen entsprechenden Souveränitätsverzicht zuzustimmen. Die Einbindung in souveränitätsbegrenzende Organisationen wie die Europäische Union, die Vereinten Nationen oder die NATO zählt seit der Gründung der Bundesrepublik zu einer wichtigen Traditionslinie. Neben der Verpflichtung zur europäischen Integration (Art. 23 GG) und der Orientierung der Außenpolitik am Völkerrecht weist das in Art. 26 Abs. 1 GG formulierte Friedenspostulat darauf hin, dass außenpolitische Sonderwege wie im Kaiserreich oder das Führen von Angriffskriegen für Deutschland künftig ausgeschlossen bleiben.

Deutschland als Zivilmacht

Der im September 1990 unterzeichnete Zwei-plus-Vier-Vertrag markierte auch für die deutsche Außenpolitik eine entscheidende Wende, da die Bundesrepublik nun erheblich an außenpolitischem Handlungsspielraum gewann. Auf der Basis der genannten normativen Vorgaben im Grundgesetz und der außenpolitischen Grundorientierung, zum Beispiel der Integration in der Gemeinschaft westlicher Demokratien („Westbindung") und der Überwindung des Nationalismus durch Souveränitätsverzicht, hat sich Deutschland zu einer auch weltpolitisch bedeutsamen Zivilmacht entwickelt.

Zwei-plus-Vier-Vertrag

Unterzeichnung des Vertrags am 12. September 1990 in Moskau, mit dem das vereinte Deutschland als „gleichberechtigtes und souveränes Glied in einem vereinigten Europa" anerkannt wurde.

Außenpolitische Herausforderungen für Deutschland

Die äußeren Bedingungen haben sich im Zuge der weltpolitischen Umbrüche des 21. Jahrhunderts für Deutschlands Außenpolitik deutlich gewandelt. Hierzu zäh-

Aktuelle Herausforderungen und die Rolle Deutschlands

len vor allem die Entwicklung der Weltwirtschaft und ihre Auswirkungen auf die Eurozone, der Aufstieg neuer Schwellenländer, globale energie- und klimapolitische Herausforderungen, Bedrohungen durch einen religiös angeheizten transnationalen Terrorismus (Stichwort sogenannter Islamischer Staat), Mängel in der Gesundheitsversorgung armer Weltregionen (Stichwort Ebola) sowie neuere Konflikte und Bedrohungen an den europäischen Außengrenzen von Nordafrika über den Nahen und Mittleren Osten bis nach Osteuropa (Stichwort Ukraine).

Spätestens mit der Finanz- und Eurokrise 2008/09, in der sich Deutschland als erstaunlich stabil erwiesen hat, sind Macht und Einfluss der Bundesrepublik in Europa und der Welt weiter gestiegen. Eine stärkere Führungsrolle Deutschlands wird nicht nur von der internationalen Gemeinschaft gewünscht, sondern zunehmend auch von Politik und Bevölkerung akzeptiert. Mit der Wahl Donald Trumps zum amerikanischen Präsidenten und seiner Leitlinie „America First", die unter anderem ein stärkeres Engagement der Bündnispartner in der NATO fordert, wird Deutschland vermutlich für die politische und militärische Führung auf dem europäischen Kontinent eine größere Verpflichtung zufallen. Diese Entwicklung korrespondiert mit der von deutschen Spitzenpolitikern geforderten „neuen deutschen Außenpolitik", nach der die Bundesrepublik entsprechend ihrer gestiegenen weltpolitischen Bedeutung mehr Verantwortung übernehmen und selbstbewusster auftreten soll.

Träger der Außenpolitik

Die Bewältigung der komplexen außenpolitischen Aufgaben und Ziele wird in der Bundesregierung koordiniert. Sie hat einen umfassenden Handlungsauftrag und das Initiativrecht und ist somit die wichtigste Trägerin der Außenpolitik. Die starke verfassungsmäßige Stellung des Bundeskanzlers gibt der Bundesregierung vor allem in Gestalt des Auswärtigen Amtes (AA) eine vielfältige Entscheidungskompetenz.

Auch der Bundestag verfügt über außenpolitische Kompetenzen. So hat das Bundesverfassungsgericht 1994 festgestellt, dass die Bundeswehr eine „Parlamentsarmee" ist, deren Einsatz im Ausland einen Bundestagsbeschluss erfordert. Der Bundestag besitzt somit einen „konstitutiven Parlamentsvorbehalt".

Rettung von Flüchtlingen durch deutsche Marinesoldaten
Vor der libyschen Küste, April 2017

Die Bundeswehr in Mali
Die Bundeswehr bildet im Rahmen der European Union Training Mission Mali (EUTM) die malische Armee aus.

M 2 **Karikatur von Heiko Sakurai**
Auf der Karikatur sind rechts Bundeskanzlerin Merkel und der frühere Verteidigungsminister Jung dargestellt.

Deutsche Außenpolitik – historische und rechtliche Bedingungen

M 3 Aus dem Zwei-plus-Vier-Vertrag vom 12. September 1990

Artikel 1 (1) Das vereinte Deutschland wird die Gebiete der Bundesrepublik Deutschland, der Deutschen Demokratischen Republik und ganz Berlins umfassen. [...] (2) Das vereinte Deutschland und die Republik Polen bestätigen die zwischen ihnen bestehende Grenze in einem völkerrechtlich verbindlichen Vertrag. (3) Das vereinte Deutschland hat keinerlei Gebietsansprüche gegen andere Staaten und wird solche auch nicht in Zukunft erheben. [...]
Artikel 2 Die Regierungen der Bundesrepublik Deutschland und der Deutschen Demokratischen Republik bekräftigen ihre Erklärungen, dass von deutschem Boden nur Frieden ausgehen wird. [...]
Artikel 3 (1) Die Regierungen der Bundesrepublik Deutschland und der Deutschen Demokratischen Republik bekräftigen ihren Verzicht auf Herstellung und Besitz von und auf Verfügungsgewalt über atomare, biologische und chemische Waffen. Sie erklären, dass auch das vereinte Deutschland sich an diese Verpflichtungen halten wird. [...] (2) [...] „Die Regierung der Bundesrepublik Deutschland verpflichtet sich, die Streitkräfte des vereinten Deutschlands innerhalb von drei bis vier Jahren auf eine Personalstärke von 370 000 Mann (Land-, Luft- und Seestreitkräfte) zu reduzieren. [...]" Die Regierung der Deutschen Demokratischen Republik hat sich dieser Erklärung ausdrücklich angeschlossen. [...]
Artikel 7 (1) Die Französische Republik, das Vereinigte Königreich Großbritannien und Nordirland, die Union der Sozialistischen Sowjetrepubliken und die Vereinigten Staaten von Amerika beenden hiermit ihre Rechte und Verantwortlichkeiten in Bezug auf Berlin und Deutschland als Ganzes. [...] (2) Das vereinte Deutschland hat demgemäß volle Souveränität über seine inneren und äußeren Angelegenheiten.

Zit. nach: http://www.bpb.de/nachschlagen/gesetze/zwei-plus-vier-vertrag, BZPB, Bonn

M 4 Das Grundgesetz – normatives Fundament einer Zivilmacht

Präambel: Im Bewusstsein seiner Verantwortung vor Gott und den Menschen, von dem Willen beseelt, als gleichberechtigtes Glied in einem vereinten Europa dem Frieden der Welt zu dienen, hat sich das Deutsche Volk kraft seiner verfassungsgebenden Gewalt dieses Grundgesetz gegeben. [...]
Art. 23 Abs. 1: Zur Verwirklichung eines vereinten Europas wirkt die Bundesrepublik Deutschland bei der Entwicklung der Europäischen Union mit, die demokratischen, rechtsstaatlichen, sozialen und föderativen Grundsätzen und dem Grundsatz der Subsidiarität verpflichtet ist und einen diesem Grundgesetz im Wesentlichen vergleichbaren Grundrechtsschutz gewährleistet. Der Bund kann hierzu durch Gesetz mit Zustimmung des Bundesrates Hoheitsrechte übertragen. [...]
Art. 24 [...] **Abs. 2:** Der Bund kann sich zur Wahrung des Friedens einem System gegenseitiger kollektiver Sicherheit einordnen; er wird hierbei in die Beschränkungen seiner Hoheitsrechte einwilligen, die eine friedliche und dauerhafte Ordnung in Europa und zwischen den Völkern der Welt herbeiführen und sichern.
Art. 25: Die allgemeinen Regeln des Völkerrechtes sind Bestandteil des Bundesrechtes. Sie gehen den Gesetzen vor und erzeugen Rechte und Pflichten unmittelbar für die Bewohner des Bundesgebietes.
Art. 26 Abs. 1: Handlungen, die geeignet sind und in der Absicht vorgenommen werden, das friedliche Zusammenleben der Völker zu stören, insbesondere die Führung eines Angriffskrieges vorzubereiten, sind verfassungswidrig. Sie sind unter Strafe zu stellen.
Artikel 87a [...] **Abs. 2:** Außer zur Verteidigung dürfen die Streitkräfte nur eingesetzt werden, soweit dieses Grundgesetz es ausdrücklich zulässt.

Zit. nach: https://www.bundestag.de/grundgesetz

Aufgaben

1. Interpretieren Sie die Karikatur M2 vor dem Hintergrund von M3 und M4 und führen Sie eine Diskussion zum „konstitutiven Parlamentsvorbehalt" (Autorentext).
2. Erläutern Sie, inwiefern der „Zwei-plus-Vier-Vertrag" den Weg in die außenpolitische Selbständigkeit und zugleich eine „militärische Selbstbegrenzung" Deutschlands markierte (M3).
3. Charakterisieren Sie mithilfe von M4 den verfassungsrechtlichen Rahmen für das außenpolitische Handeln der Bundesrepublik.

Deutsche Außenpolitik – Grundorientierungen

M 5 Deutschland als Zivilmacht

Das außenpolitische Rollenkonzept der Bundesrepublik lässt sich – vor und nach der Vereinigung – als das einer Zivilmacht kennzeichnen. [...] Das Rollenkonzept der Zivilmacht beschreibt eine außenpolitische Grundorientierung, die auf die Zivilisierung der Politik insgesamt und der internationalen Beziehungen im Besonderen abzielt. Zivilmächte sind demnach Staaten, die sich dem Ziel einer Zivilisierung der Politik verpflichtet fühlen und dementsprechend handeln. [...] Faktisch befand sich die Bundesrepublik von Anfang an auf dem Weg zur Zivilmacht – als Ergebnis unabweisbarer außenpolitischer Handlungszwänge, aber auch aufgrund der freiwilligen Neuorientierung der außenpolitischen Entscheidungsträger und insbesondere Konrad Adenauers, der die deutsche Außenpolitik wie kein anderer führender Politiker der Nachkriegszeit prägte. [...]

Nach der Gründung der Bundesrepublik aus den drei westlichen Besatzungszonen 1949 war das wichtigste Ziel der Außenpolitik zunächst die Ablösung des Besatzungsstatuts und die Wiederherstellung voller staatlicher Souveränität. Dies setzte das Vertrauen insbesondere der westlichen Alliierten Deutschlands voraus. Um dieses Vertrauen zu gewinnen, setzte die neue deutsche Außenpolitik unter Konrad Adenauer auf die konsequente Eingliederung der Bundesrepublik in westeuropäische und atlantische Institutionen und den Verzicht auf Souveränität nicht zuletzt im Bereich der Sicherheitspolitik: Die militärische Sicherheit der Bundesrepublik sollte nicht national, sondern multinational gewährleistet werden, um eine nationale Wiederaufrüstung Deutschlands und damit auch eine erneute Gefährdung der europäischen Stabilität zu verhindern. [...]

Die Grundorientierungen des außenpolitischen Rollenkonzeptes der Bundesrepublik fanden ihren Niederschlag in spezifischen normativen Vorgaben des Grundgesetzes wie das Verbot des Angriffskriegs, die Verpflichtung auf die europäische Integration und Systeme kollektiver Sicherheit und die Orientierung der deutschen Außenpolitik am Völkerrecht. Sie wurden ergänzt durch spezifische, zivilmachtstypische Verfahrensregeln etwa die Präferenz für multilaterale, institutionalisierte und verrechtlichte Problemlösungen, für Verhandlungen und Kompromisse sowie notfalls wirtschaftliche Sanktionen statt militärischer Zwangsmaßnahmen und für vermittelnde Politiken des „Sowohl-als-Auch". [...]

Die Vereinigung Deutschlands 1989/90 stellte die Krönung der außenpolitischen Erfolgsbilanz der Zivilmacht Bundesrepublik dar [...]. Wesentlich für die erfolgreiche Umsetzung der Vereinigung und ihre gelungene Einbettung in ein neues Europa waren dabei der Vertrauensvorschuss, den sich die bundesdeutsche Außenpolitik durch ihre konsequente Zivilmachtsorientierung bis 1989 erworben hatte, und die Bereitschaft Bonns, die Vereinigung [...] durch freiwillige Selbstbeschränkungen und Selbstbindungen in eine gesamteuropäische Ordnung einzubetten.

So bekräftigte Bonn mehrfach sein grundsätzliches Bekenntnis zum Gewaltverzicht und die Anerkennung des territorialen Status Quo in Europa. Deutschland blieb auch weiterhin eingebunden in die westlichen Institutionen, insbesondere in die Europäische Gemeinschaft und die NATO, und es zeigte sich bereit, diese Einbindung durch die Fortentwicklung der europäischen Integration, insbesondere durch die Aufgabe der D-Mark im Rahmen der Europäischen Währungsunion, weiter zu vertiefen. Hinzu kam die Bekräftigung des Verzichtes auf Massenvernichtungswaffen und die Selbstbeschränkung der konventionellen militärischen Stärke der Bundeswehr sowie die Beibehaltung ihrer Integration in Bündnisstrukturen. Damit waren völkerrechtlich wie institutionell wesentliche Voraussetzungen für außenpolitische Kontinuität geschaffen. [...]

Aus: Siegmar Schmidt/Gunther Hellmann/Reinhard Wolf (Hgg.), Handbuch zur deutschen Außenpolitik, Springer, Wiesbaden 2007, S. 73–81.

Aufgaben

1. Definieren Sie mithilfe von M5 den Begriff „Zivilmacht".
2. Erarbeiten Sie aus M5 die historischen Ursachen für die Entwicklung Deutschlands zur Zivilmacht.
3. Erläutern Sie Elemente der „Zivilmachtsorientierung" in der deutschen Außenpolitik bis und nach 1989/90.
4. Überprüfen Sie, ob die in M1, Seite 226 genannten Ziele deutscher Außenpolitik einer Zivilmacht entsprechen.
5. Diskutieren Sie zur Frage, ob das deutsche Konzept einer Zivilmacht angesichts der gegenwärtigen außenpolitischen Herausforderungen noch zeitgemäß ist.

Einen Leserbrief schreiben – in Kooperation mit dem Fach Deutsch

Ein Leserbrief ist in der Regel eine **Reaktion** auf eine Darstellung, einen Bericht, eine Meinungsäußerung, ein Interview, einen Kommentar oder sogar einen bereits zuvor veröffentlichten Leserbrief in einem Medium. Die meisten Leserbriefe richten sich an ein Printerzeugnis wie eine Tageszeitung oder eine Zeitschrift, das hierfür feste Rubriken vorsieht.

Der Leserbrief stellt eine **Meinungsäußerung** dar und ist daher auch als ein **Kommentar** zu bezeichnen. Diese Meinungsäußerung kann zustimmender, aber auch widersprechender Art sein.

Der Leserbrief kann sich sowohl auf den **Inhalt**, als auch auf **Stil**, **Sprache** und **Aufmachung** eines veröffentlichten Textes beziehen.

Ein Leserbrief sollte neben der inhaltlichen Komponente auch bestimmte **formale Kriterien**, z. B. hinsichtlich der **Sprache** und des **Aufbaus** erfüllen. Dies erhöht auch die Chancen, veröffentlicht und wahrgenommen zu werden.

Sinnvoll ist es, bereits im **Betreff** den Artikel samt Veröffentlichungsdatum zu nennen, auf den sich Ihr Leserbrief bezieht.

Anschließend erfolgt die **Anrede**, zum Beispiel allgemein „Sehr geehrte Damen und Herren". Wenn der Text, auf den Sie Bezug nehmen, namentlich gekennzeichnet ist, können Sie aber auch den Autor bzw. die Autorin direkt ansprechen.

In der **Einleitung** muss genau benannt werden, auf welches Thema beziehungsweise welche Veröffentlichung Bezug genommen wird. Sie können hier auch bereits anführen, welche Aspekte Sie besonders interessieren und im Leserbrief ansprechen werden.

Im **Hauptteil** beziehen Sie Stellung und argumentieren für Ihren Standpunkt. Dazu werden wie in einer Erörterung Behauptungen aufgestellt, die dann ausführlich begründet und mit Beispielen oder Vergleichen bewiesen werden. Hier sollte aber auch jeweils der Bezug zum Ursprungstext und Ihre zustimmende bzw. ablehnende Position deutlich werden. Um das Gewicht Ihrer Argumente zu untermauern, können Sie auch auf Ihre besondere Expertise zum Thema verweisen.

Im **Schlussteil** fassen Sie Ihre Meinung pointiert zusammen und machen gegebenenfalls weitergehende Vorschläge oder Empfehlungen zur Lösung eines Problems.

Am Ende steht eine **Schlussfloskel**, zum Beispiel „Mit freundlichen Grüßen", sowie Ihre Unterschrift. Beachten Sie auch, dass anonyme Leserbriefe zumeist nicht veröffentlicht werden.

Auch wenn ein Leserbrief eine subjektive Meinungsäußerung darstellt, sollten Sie zwar zugespitzt, aber **sachlich** und nicht polemisch oder gar persönlich verletzend formulieren.

Aufgaben

1. Schreiben Sie einen Leserbrief zu einem aktuellen Artikel oder Kommentar aus Ihrer heimischen Tageszeitung, über den Sie sich zuletzt besonders gefreut oder geärgert haben.

Deutschland und die EU – Selbstverständnis und Erwartungen

M 6 Deutschland gewinnt an Einfluss

Egal ob griechisches Schuldendrama, Ukraine-Konflikt oder [...] die Flüchtlingskrise: Als Land in der Mitte des Kontinents, mit den meisten Einwohnern, mit der stärksten Wirtschaft und inzwischen auch mit dem größten politischen Einfluss hat die Bundesrepublik in der EU eine dominante Rolle. [...] Umso mehr fällt auf, wie ungern man in Berlin über den Gewinn an Bedeutung redet. Zwar ist es – 25 Jahre nach Kohl – Allgemeingut, dass Deutschland international mehr Verantwortung übernehmen soll, will und muss. Aber um die Frage, ob Deutschland nun Regionalmacht ist, Großmacht oder Weltmacht gar, drückt man sich immer noch herum. Als Reaktion gibt es oft nur ein leicht verlegenes, etwas nervöses Lachen. [...]

Ohne die Einbindung in die EU und in die Nato hätte Deutschland in diesen Zeiten der Globalisierung mit Sicherheit viel weniger Einfluss. Und grundsätzlich ist es, gerade für Deutsche, wohl auch ganz vernünftig, die eigene Bedeutung etwas herunterzuspielen. Ansonsten könnte man schnell isoliert und überfordert sein. Aber wahr ist auch, dass sich viele im Moment von deutscher Führung mehr versprechen, als dass sie sich davor fürchten. Das historisch bedingte Grundmisstrauen ist [...] weniger geworden. In Europa hat Deutschland viel von dem Platz eingenommen, den die USA durch ihre Hinwendung in Richtung Pazifik freigemacht haben. [...]

Der Politologe Herfried Münkler hat Deutschland [...] in einem vielbeachteten Buch als „Macht in der Mitte" betitelt. Münkler versteht darunter „keine Macht, die mit hohen Kavalleriestiefeln und klirrendem Säbel daherkommt und sagt, wo es lang geht". Sondern eine „Kombination aus ein bisschen Zahlmeister und ein bisschen Zuchtmeister". [...] Der Direktor der Deutschen Gesellschaft für Auswärtige Politik (DGAP), Eberhard Sandschneider, hält Deutschland sogar für eine „Weltmacht" [...] „Die deutsche Außenpolitik ist in den letzten 25 Jahren viel einflussreicher geworden. Es gibt kaum ein internationales Problem, an dessen Lösung wir nicht beteiligt sind."

So weit würde auf der Regierungsbank wohl niemand gehen. Die Tatsache, dass Deutschland für Länder wie die USA, China und Russland zum wichtigsten europäischen Ansprechpartner geworden ist, registriert man dort mit einer Mischung aus Stolz und Sorge. Grundgedanke: Man will sich nicht größer machen als man ist. Aber neuerdings setzt zum Beispiel Verteidigungsministerin Ursula von der Leyen (CDU) noch einen Satz dazu: „Wir machen uns auch nicht kleiner, als wir sind."

Mit der Bezeichnung als „Soft Power", der in der internationalen Politik gerade wieder schwer in Mode ist, würden sich in Berlin die allermeisten wohl einverstanden erklären. Deutschland – die sanfte Macht? Ein Staat mit Einfluss durch eigene Erfolge, kluge Diplomatie und einiges an Geld? Und nicht durch militärische Drohungen oder den Einsatz von Soldaten? Vielen gefällt das Kompliment. Allerdings wird es dabei nicht bleiben. Die Flüchtlingskrise beweist, wie schwer sich Deutschland mit der gewachsenen Verantwortung noch tut. Nach all den Angeboten zu „mehr Verantwortung" steht die deutsche Politik nun bereits im Praxistest. Nicht nur schneller als erwartet, sondern auch auf anderen Gebieten als gedacht. Strittig ist kein neuer Auslandseinsatz der Bundeswehr. Es geht um viel mehr: Wie lässt sich den Zentrifugalkräften entgegenwirken, die Europa derzeit auf eine Zerreißprobe stellen?

Das bringt vieles durcheinander. Früher war es so, dass man sich in Bonn oder Berlin ziemlich sicher darauf verlassen konnte, von welchem Partner man mit Kritik rechnen musste und von wem man Lob erwarten durfte. Inzwischen hängt das stark davon an, um welches Thema es gerade geht. Griechenland zum Beispiel – wo es an kritischen Stimmen gegenüber Berlin in den letzten Jahren nun wahrlich nicht gefehlt hat – ist mit der deutschen Flüchtlingspolitik ziemlich zufrieden.

Dass die eigenen Entscheidungen umstritten sind [...], das gehört zu einem Land mit Führungsrolle dazu. Die USA wissen das seit Jahrzehnten. In Berlin muss man sich erst noch daran gewöhnen. „Wer Stellung bezieht, muss damit rechnen, dass er Kritik auf sich zieht", sagt Sandschneider. „Gute Außenpolitik bedeutet ja nicht, von allen geliebt zu werden." Heilsbringer zu sein und Buhmann zugleich – das gehört zu den Erfahrungen, die Deutschland in den nächsten Jahren vermutlich noch häufiger machen wird. Zumal Berlin sich immer häufiger auch um wichtige Funktionen bewirbt.

Christoph Sator, Deutschland gewinnt an Einfluss, 30.09.2015; www.mittelbayerische.de/politik-nachrichten/deutschland-gewinnt-an-einfluss-21771-art1288462.html

M 7 „Von Normalität über Übermacht zur Ohnmacht"?

Ulrike Guérot, Professorin für Europapolitik, über Deutschlands Rolle in Europa:

Die deutsche Rolle in Europa ist spätestens seit der Eurokrise national wie international wieder ein viel diskutiertes Thema. Deutschland werden verschiedene europäische Rollenkonzepte zugeschrieben, etwa „Zentralmacht" oder
5 „Macht in der Mitte". Sogar der Topos eines „deutschen Sonderwegs" kommt wieder auf. Will man sich diesem Thema nähern, so sind verschiedene Dimensionen zu berücksichtigen [...] Kurz: Die deutsche Rolle in Europa gibt es nicht. Es gibt [mehrere] Blickwinkel, um zu Antworten auf
10 die Frage nach Gegenwart und Zukunft der deutschen Rolle in Europa zu gelangen.

Der erste Blickwinkel ist der zeitliche Verlauf. [...] Versucht man, die Rolle Deutschlands in Europa über die vergangenen 15 Jahre knapp zu beschreiben, so kann man drei Ent-
15 wicklungsstufen erkennen: zunächst ein zaghaftes Hinauswachsen aus der vorgängigen Ankerrolle Deutschlands für Europa durch den zunehmend artikulierten Willen einer „nationalen Normalität" zwischen 1998 und 2005; danach eine aktive Phase der „nationalen Formation" Deutsch-
20 lands zwischen 2006 und 2009; und schließlich, ausgelöst durch die Eurokrise, eine Phase der deutschen Übermacht oder Hegemonie in Europa. [...]

Der zweite Blickwinkel ist die thematische Dimension beziehungsweise die Unterscheidung von Politikfeldern in
25 Europa. [...] In der Nacht des EU-Gipfels vom 12. Juli 2015 kommentierte der US-amerikanische Ökonom und Nobelpreisträger Paul Krugman [...] nach monatelangen, zermürbenden Diskussionen mit Griechenland über dessen Zahlungsfähigkeit und Kreditwürdigkeit den Höhepunkt einer
30 „deutschen Übermacht" in Europa. Indes konnte schon bei der unmittelbar danach beginnenden europäischen Flüchtlingskrise von einer deutschen Übermacht keine Rede mehr sein. Binnen nur drei Monaten, zwischen August und Oktober 2015, ist aus Übermacht in einer anderen europä-
35 ischen Problemlage ein weitgehend isoliertes Deutschland geworden, ohnmächtig, der Flüchtlingskrise alleine Herr zu werden – und ohnmächtig, seine europäischen Partner für seine Politik der „Willkommenskultur" zu gewinnen. [...] Die deutsche Flüchtlingspolitik und Angela Merkels gewagtes „Wir schaffen das" werden im europäischen Ausland häufig
40 als deutsche Eigentümlichkeit, wenn nicht offen als politischer Fehler bewertet, für den Verantwortung mitzutragen man nicht bereit ist. In einem anderen Politikfeld, nämlich der Energiepolitik [...] ist ein ähnliches Muster erkennbar [...] Die deutsche Energiewende ist für viele europäische
45 Partner [...] eine wenig durchdachte Idee [...]

Die Betrachtung [...] zeigt, dass die deutsche Rolle in Europa nicht auf einen Blick zu fassen ist; es ist eine Art „politischer Kubismus". Die deutsche Rolle in Europa ist zusammengewürfelt, und mit jedem aktuellen politischen Ereignis
50 wird neu gewürfelt. [...] Die entscheidende Frage ist damit nicht mehr die nach der deutschen Rolle in Europa, sondern viel grundsätzlicher: Was bedeutet es eigentlich für Europa zukünftig, wenn Deutschland fast systemisch in die Rolle gerät, für Europa zu entscheiden, wenn Deutschland
55 und Europa also fast deckungsgleich werden? Auch im (nicht-europäischen) Ausland wird Deutschland [...] zunehmend als allein entscheidender Ansprechpartner wahrgenommen. [...] „Germany must rule Europe", äußerte ein US-amerikanischer Gesprächspartner in einer Gesprächsrunde
60 einer Berliner Denkfabrik.

Ulrike Guérot, Von Normalität über Übermacht zur Ohnmacht, 18.12.2015; www.bpb.de/apuz/217306/von-normalitaet-ueber-uebermacht-zur-ohnmacht-betrachtungen-zur-deutschen-rolle-in-europa

Karikatur von Marian Kamensky, Januar 2012

Aufgaben

1. Erarbeiten Sie aus M6 und M7 die Rolle Deutschlands in Europa.
2. Interpretieren Sie die Karikatur in M7 vor dem Hintergrund der Texte M6 und M7 und diskutieren Sie, wo Deutschland in Europa an die Grenzen seines Einflusses gerät.
3. Überprüfen Sie anhand von M6 und M7, ob Deutschland in seiner Europa-Politik noch als „Zivilmacht" (M5) betrachtet werden kann.

Deutschland und die NATO – Tut Deutschland genug?

M 8 „Europa wird mehr zahlen müssen – besonders Deutschland"

Der Tagesspiegel-Journalist Christoph von Marschall über Verpflichtungen in der NATO:

Es wird ernst. [...] Am Wochenende spricht Vizepräsident Mike Pence auf der Münchener Sicherheitskonferenz. [...] Er hat Donald Trumps Forderung im Gepäck, die Europäer soll-
5 ten mehr zu ihrer Sicherheit beitragen und nicht bei den Amerikanern schmarotzen. In der Nato tragen die USA 70 Prozent der Kosten, obwohl das Bündnis in erster Linie Europa vor Angriffen schützt und die europäischen Nato-Staaten zusammen eine größere Wirtschaftskraft haben als die USA. Gerecht ist das nicht.
10 Ja, Europa wird mehr zahlen müssen. Das trifft besonders auf Deutschland zu. Unser Land weicht weit von der Selbstverpflichtung aller Nato-Staaten ab, zwei Prozent des Bruttoinlandprodukts (BIP) für Verteidigung auszugeben. Deutschland wendet nur die gute Hälfte des versprochenen
15 Betrags auf. In entsprechend armseligem Zustand ist das Gerät der Bundeswehr, vom Gewehr über die Panzer bis zu den Transportflugzeugen. Dabei wissen die Partner: Als Exportweltmeister profitiert Deutschland am meisten vom Frieden und von sicheren Handelswegen. Weil es den Deut-
20 schen im Vergleich zu anderen wirtschaftlich gut geht und die Steuereinnahmen sprudeln, täte es nicht mal sonderlich weh, mehr für die Sicherheit auszugeben.
Eins ist noch peinlicher, als sich ständig
25 an die USA zu hängen: die Art der Debatte in Deutschland. Viele Äußerungen klingen so, als sei ein höherer Wehretat in erster Linie ein Entgegenkommen an Trump – verbunden mit der Kritik, warum
30 man ausgerechnet diesem Unsympathen den Gefallen tun solle? Dieser Gedankengang ist, erstens, „postfaktisch". Zweitens macht er die Bundesrepublik unnötig klein. Drittens legt er einen zu
35 engen Sicherheitsbegriff an.
Seit 2014 ist eine Mehrheit der Deutschen laut Umfragen bereit, mehr für Verteidigung auszugeben. Seit 2016 steigt der Wehretat, gemessen als Pro-
40 zentsatz des BIP, nachdem er zuvor über Jahrzehnte gesunken war. Beides geschah also vor Trump. Es war ein Wendepunkt. Auf einmal fühlten sich die Deutschen wieder bedroht – freilich nicht von Trump, sondern von Wladimir Putin. Die Annexion der Krim und der russische Angriff auf die Ukraine waren die Auslöser.
45 Seither sind die Gefahren gewachsen. Die Frage, was uns unsere Sicherheit wert ist, richtet sich in erster Linie an uns selbst. Wir Bürger müssen sie beantworten. Der Maßstab ist die Verantwortung für unser Land und für Europa. Trumps Wünsche sind da zweitrangig. Wie die Dinge heute stehen,
50 ist eine europäische Armee, die Europa ohne Hilfe Amerikas verteidigen kann, ein ferner Traum. Wer mehr europäische Selbstbestimmung und Mitbestimmung bei der Verteidigung will, der sollte fordern: mehr Europa in der Nato, im Idealfall gut 50 Prozent. Dann müssten die USA sich auch
55 mal Europas Wünschen beugen.
Dazu gehört ein erweiterter Begriff von Sicherheit. Er gründet sich auch auf Waffen und Abschreckung, aber nicht nur. Diplomatie, humanitäre Hilfe und Entwicklungshilfe fördern Sicherheit. Sie senken die Risiken unkontrollierter
60 Massenmigration. Wolfgang Ischinger, Chef der Sicherheitskonferenz, hat drei Prozent vom BIP für das Dreifachziel Verteidigung, Diplomatie und internationale Hilfe gefordert. Das ist vernünftig und sollte konsensfähig sein.

Christoph von Marschall, Europa wird mehr zahlen müssen - besonders Deutschland, 15.02.2017; www.tagesspiegel.de/politik/zukunft-der-nato-europa-wird-mehr-zahlen-muessen-besonders-deutschland/19386942.html

Karikatur von Jürgen Janson

M 9 "Deutschland muss eine Führungsrolle übernehmen"

Interview mit der litauischen Präsidentin Dalia Grybauskaite vom Juli 2016

Litauen ist einer der vier direkten Nato-Nachbarn Russlands und sorgt sich angesichts des Moskauer Vorgehens im Ukraine-Konflikt um seine Sicherheit. [...]

Welche Entscheidungen müssen auf dem Nato-Gipfel in Warschau aus litauischer Sicht getroffen werden?
In den letzten Jahren gab es eine Art Realitätswechsel im Sicherheitsverständnis. Wir erlebten eine Verschlechterung der Sicherheitslage rund um die baltischen Staaten und Polen wegen des unberechenbaren und aggressiven Verhaltens von Russland, angefangen mit der Besetzung der Krim und dem Krieg im Osten der Ukraine. Vor zwei Jahren in Wales haben wir deshalb Maßnahmen zur Rückversicherung der Nato-Mitglieder beschlossen. Jetzt in Warschau müssen wir uns um Maßnahmen zur Abschreckung bemühen. Das ist genau das, was wir vom Warschauer Gipfel erwarten.

Deutschland soll ein Bataillon in Litauen anführen. Was versprechen Sie sich davon?
Wir sind sehr glücklich, dass Deutschland zugestimmt hat, eine Rahmennation in Litauen zu sein. Wir haben in diesem Jahr bereits 600 rotierende Truppen aus Deutschland bei uns im Land. Dem Bataillon unter Leitung eines Landes werden auch andere Nato-Staaten angehören – somit wird es auf unserem Territorium sehr viel internationale Präsenz geben. Das ist gut. Denn es zeigt die gemeinsamen Anstrengungen der Nato zum Schutz und zur Abschreckung.

Angesichts der deutschen Geschichte verursacht die Entsendung deutscher Truppen in den Osten allerdings kontroverse Diskussionen in der Gesellschaft.
Wir haben Verständnis für die Empfindlichkeiten, weil wir auch eine sehr schwierige Geschichte haben. Zu Beginn des Zweiten Weltkrieges wurden wir von Russland besetzt. Ich hoffe also, dass Deutschland und auch das deutsche Volk unsere Empfindlichkeiten verstehen. Wir möchten nicht vom gleichen Nachbarn erneut besetzt werden.

Sollte sich Deutschland aus Ihrer Sicht militärisch mehr engagieren?
Es ist ganz klar, dass Europa in Zukunft mehr Verantwortung für seine eigene Sicherheit übernehmen muss, weil sich die geopolitische Lage in der Welt so schnell verändert. Es kann sich nicht vollständig nur auf den Beitrag der USA zum Schutz Europas verlassen. Europa muss die Verantwortung auf seine eigenen Schultern nehmen. Und hier ist Deutschland am besten geeignet, eine führende Rolle bei der Gewährleistung der Sicherheit Europas einzunehmen. Ich denke, dies wird in Zukunft die größte Führungsverantwortung für Deutschland sein.

Andere europäische Länder sympathisieren weniger mit einer deutschen Führungsrolle.
Ich denke, dass eine Führungsrolle Deutschlands notwendig ist und sie – im Gegenteil – immer noch nicht groß genug ist. Objektiv begründet ist sie in Deutschlands Wirtschaftskraft in der EU. Nur ein großes und wirtschaftlich starkes Land kann zusätzliche politische und militärische Verantwortung übernehmen.

Ist Deutschland dazu bereit?
Jemand muss diese Verantwortung übernehmen. Ich denke, für Deutschland ist es an der Zeit, mehr Vertrauen in sich selbst zu haben und nicht dauernd zurückzublicken und nach historischen Empfindlichkeiten zu suchen. Es ist eine neue Ära, eine neue Epoche mit neuen Aufgaben für Europa, sich selbst zu verteidigen. Dies ist eine Herausforderung für Deutschland, eine Herausforderung für Europa. Es ist praktisch Schicksal: Deutschland bleibt kaum eine andere Wahl, als eine Führungsrolle einzunehmen.

dpa: Alexander Welscher mit Dalia Grybauskaite, Deutschland muss eine Führungsrolle übernehmen. 08.07.2016; www.sz-online.de/nachrichten/deutschland-muss-eine-fuehrungsrolle-uebernehmen-3438368.html

Aufgaben

1. Erarbeiten Sie aus M8 und M9 die Rolle Deutschlands in der NATO und die Erwartungen der Partner.
2. Interpretieren Sie die Karikatur in M8 vor dem Hintergrund des Textes und recherchieren Sie zu Ausrüstungsdefiziten der Bundeswehr.
3. Überprüfen Sie anhand von M8 und M9, ob Deutschlands angestrebte und erwartete Rolle in der NATO noch mit seinem Verständnis als „Zivilmacht" (M5) kompatibel ist.

Deutsche Außenpolitik – Zeit für eine Neuausrichtung?

M 10 Forderung nach neuer deutscher Außenpolitik

Im Januar 2014 sprach der damalige Bundespräsident Gauck vor der Münchener Sicherheitskonferenz:

Bundespräsident Joachim Gauck hat Deutschland dazu aufgerufen, in der Welt größeres Selbstbewusstsein zu zeigen und mehr Verantwortung zu übernehmen. Deutschland sei auf dem Weg „zu einer Form der Verantwortung, die wir noch zu wenig eingeübt haben", sagte Gauck zur Eröffnung der Münchener Sicherheitskonferenz […]

Gauck nutzte seine Rede vor der Konferenz […] zu einem Appell für ein stärkeres außenpolitisches Engagement der Bundesrepublik. Deutschland sei „überdurchschnittlich globalisiert" und profitiere daher „überdurchschnittlich von einer offenen Weltordnung". Es sei daher für Deutschland das „wichtigste außenpolitische Interesse im 21. Jahrhundert", diese offene internationale Ordnung zu erhalten und zukunftsfähig zu machen. In dieser Aufgabe liege eine große Herausforderung, da sich die Welt schneller wandele, als es Zukunftsforscher prophezeiten, und die Geschwindigkeit dieser Veränderungen permanent unterschätzt werde.

Gauck umriss die Dramatik des Wandels: Einzelne könnten sich in den Besitz von Nuklearwaffen bringen, ganze Regionen rüsteten auf, im Nahen Osten drohe aus einzelnen Feuern ein Flächenbrand zu werden, ausgerechnet jetzt überdenke „die einzige Supermacht" Amerika Ausmaß und Form ihres globalen Engagements, während Europa mit sich selbst beschäftigt sei. Wer im Zuge dieser Entwicklungen glaube, „man könne in Deutschland einfach weitermachen wie bisher", der überzeuge ihn nicht, sagte Gauck. Die Frage laute also, ob Deutschland „die neuen Gefahren und die Veränderung im Gefüge der internationalen Ordnung schon angemessen wahrgenommen" habe – und ob es „seinem Gewicht entsprechend" handele. Der Bundespräsident fragte weiter: „Ergreift die Bundesrepublik genügend Initiative, um jenes Geflecht aus Normen, Freunden und Allianzen zukunftsfähig zu machen, das uns Frieden in Freiheit und Wohlstand in Demokratie gebracht hat." Und er stellte fest: Deutschland solle sich „als guter Partner früher, entschiedener und substantieller einbringen".

Eine größere internationale Verantwortung könne beides bedeuten: mehr finanzielle Beteiligung zur Lösung der Krisen der Welt, aber manchmal auch den „Einsatz von Soldaten". Gauck sagte, die Lehre aus dem Einsatz der Bundeswehr in Afghanistan sei dabei, dass das militärische Engagement immer nur ein Element einer Gesamtstrategie sein könne. Deutschland werde nie rein militärische Lösungen unterstützen, es werde „politisch besonnen vorgehen", versicherte der Bundespräsident. Aber wenn schließlich „der äußerste Fall diskutiert wird", also der Einsatz der Bundeswehr, dann gelte: „Deutschland darf weder aus Prinzip nein noch reflexhaft ja sagen", mahnte Gauck. Er erkannte an, dass militärische Beiträge von Deutschland wegen seiner historischen Schuld aus der Zeit des Nationalsozialismus lange nicht verlangt worden seien. Doch nun dürfe Pazifismus kein Deckmantel für Bequemlichkeit werden. Er bestritt, dass Deutschland wegen seiner Geschichte dauerhaft ein „Recht auf Wegsehen" erworben habe. Dies führe zu „so etwas wie Selbstprivilegierung".

Der Bundespräsident forderte die Deutschen auf, ihr Selbstbild zu korrigieren. Deutschland sei heute „ein grundlegend gebessertes Land", stellte er fest; es sei „das beste Deutschland, das wir kennen". Seit sechs Jahrzehnten lebe Deutschland in freien und stabilen Umständen. Aus diesem Grund dürften die Deutschen „Zutrauen und Vertrauen" zu sich selbst haben; worin wiederum die Voraussetzung liege, um „verlässlich für die Partner" in der Welt zu sein. […]

Verteidigungsministerin Ursula von der Leyen erneuerte die Bereitschaft der Bundesregierung, sich in den „Krisen und Konflikten" im Nahen Osten und in Afrika zu engagieren. Sie sagte, diese Krisen beträfen Deutschland unmittelbar, sie appellierten überdies „an unser humanitäres Gewissen". Daher gelte, „Abwarten ist keine Option". Wenn Deutschland über die Mittel und Fähigkeiten verfüge, „dann haben wir auch eine Verantwortung, uns zu engagieren". Das bedeute allerdings nicht, „dass wir dazu tendieren sollten, unser ganzes militärisches Spektrum einzusetzen – auf keinen Fall".

Lt.: „Gauck fordert neue deutsche Außenpolitik", 31.01.2014; www.faz.net/aktuell/politik/inland/muenchner-sicherheitskonferenz-gauck-fordert-neue-deutsche-aussenpolitik-12778741.html

M 11 Karikatur nach der Rede Gaucks vor der Münchener Sicherheitskonferenz

Die neue deutsche Außenpolitik…

Karikatur von Klaus Stuttmann (von links nach rechts: der damalige Außenminister Frank-Walter Steinmeier, die Verteidigungsministerin Ursula von der Leyen und Bundespräsident Joachim Gauck)

M 12 Nein zur Zwei-Prozent-Forderung

Außenminister Sigmar Gabriel (SPD) hat dem umstrittenen Zwei-Prozent-Ziel der Nato für Verteidigungsausgaben eine klare Absage erteilt – und sich damit auch gegen Bundeskanzlerin Angela Merkel (CDU) gestellt. Zwar sei es „wichtig,
5 die Bundeswehr zu modernisieren", sagte Gabriel am Sonntag auf dem SPD-Sonderparteitag in Berlin. Er warnte aber vor einer reinen Aufrüstungsdebatte.
Gabriel verwies auf das ebenfalls international vereinbarte Ziel, wonach die OECD-Staaten 0,7 Prozent ihres Bruttoin-
10 landsproduktes für Entwicklungszusammenarbeit ausgeben sollen. Es könne „doch nicht wahr sein", dass gegen Hunger und Elend in der Welt 0,7 Prozent der Wirtschaftskraft und für Rüstungsausgaben zwei Prozent festgelegt würden. „Umgekehrt könnte ich das ja verstehen", sagte
15 Gabriel und fügte hinzu: „In dieser Form werden wir das nicht machen."

Der SPD-Minister wies darauf hin, dass die Einhaltung der Nato-Vorgabe für Deutschland eine Verdopplung des Wehretats wäre. Solche Ausgabensteigerungen könnten schon gar nicht auf Kosten der Sozialausgaben gehen. 20
Das Nato-Ziel sieht vor, dass die Mitgliedstaaten bis 2024 zwei Prozent der Wirtschaftsleistung für die Verteidigung ausgeben. Das betrifft die jeweils nationalen Haushalte. Dies schaffen bisher nur fünf Nato-Staaten, darunter die USA. Deutschland liegt derzeit bei rund 1,2 Prozent. 25
Merkel hatte US-Präsident Donald Trump […] bei ihrem Besuch in Washington versichert, die deutschen Ausgaben für Verteidigung gemäß der Nato-Zusage steigern zu wollen. Trump wiederum warf Deutschland vor, der Nato und den USA „riesige Summen" zu schulden. 30

afp, Gabriel erteilt Zwei-Prozent-Ziel der Nato klare Absage, 19.02.2017; www.welt.de/newsticker/news1/article162982847/Gabriel-erteilt-Zwei-Prozent-Ziel-der-Nato-klare-Absage.html

Aufgaben

1. Beschreiben Sie die „neue deutsche Außenpolitik", die Bundespräsident Gauck forderte (M10), und bewerten Sie sie.
2. Überprüfen Sie, ob die außenpolitische Wünsche der deutschen Bevölkerung (M1) und die Bestimmungen des Grundgesetzes (M4) mit den Forderungen Gaucks (M10) korrespondieren.
3. Interpretieren Sie die Karikatur M11 vor dem Hintergrund von M10.
4. Erarbeiten Sie aus M12 die Argumentation Sigmar Gabriels zur geforderten Erhöhung der Rüstungsausgaben und vergleichen Sie sie mit den Forderungen Joachim Gaucks (M 10).
5. Debattieren Sie darüber, ob Deutschland militärisch aufrüsten sollte.
6. Beurteilen Sie die Rolle Deutschlands in der internationalen Politik und seine Einflussmöglichkeiten innerhalb internationaler Organisationen im Spannungsverhältnis zwischen Anspruch und Umsetzbarkeit (M6–M12).

Charles de Gaulle, 1870–1970
Staatspräsident Frankreichs von 1959 bis 1969

Militärparade in Paris
Am Nationalfeiertag, dem 14. Juli

Französischer Soldat in Mali
Auf dem Marktplatz von Timbuktu

Extrablatt: Frankreich als Interventionsmacht

Frankreich ist anders

Frankreich ist Deutschlands engster Partner in Europa. Beide Regierungen stimmen ihre Politik in regelmäßigen Gesprächen miteinander ab. Dennoch gibt es vor allem in der Außenpolitik markante Unterschiede. Während Deutschland Militäreinsätze als letzte Möglichkeit sieht und stets die Zusammenarbeit mit anderen Verbündeten im Rahmen von EU, NATO oder UNO sucht, sperrt sich Frankreich gelegentlich gegen eine Abstimmung mit den anglo-amerikanischen Bündnispartnern, beschreitet eigene Wege und setzt sein Militär gezielt als Mittel seiner Außen- und Sicherheitspolitik ein. Im Gegensatz zu Deutschland definiert sich Frankreich damit auch als Interventionsmacht.

Frankreich – die Grande Nation

Das Selbstverständnis Frankreichs, Weltpolitik zu betreiben und sich als Großmacht zu verstehen, hat – genauso wie Deutschlands Bestreben, als Zivilmacht definiert zu werden – historische Wurzeln. Es geht zurück auf den Beginn der Französischen Revolution, als die noch fragile und junge Republik nicht nur von innen, sondern auch von den Monarchien Österreichs und Preußens bedroht war. In dieser Zeit entstand das Credo eines auch nach außen starken Zentralstaates. Ebenfalls aus den Errungenschaften der Französischen Revolution abgeleitet ist das „Sendungsbewusstsein" hinsichtlich der Menschenrechte im Sinne von „Freiheit, Gleichheit und Brüderlichkeit". Mit dem Einsatz für den Schutz der Menschenrechte rechtfertigt die französische Regierung, zumeist im Einverständnis mit der Mehrheit der Bevölkerung, auch militärische Interventionen in Drittstaaten, insbesondere in ehemaligen Kolonien.

Charles de Gaulle, von 1959 bis 1969 französischer Staatspräsident, verstärkte die Überzeugung von der weltpolitischen Bedeutung Frankreichs mit seiner Auffassung von der Grande Nation, die gemäß ihrem Rang eine eigenständige internationale Politik betreiben müsse. Dazu beanspruchte das Land nicht nur einen ständigen Sitz im Sicherheitsrat der UN, sondern auch den Status einer Atommacht und verstand sich zudem als eine der beiden in Afrika dominierenden Kolonialmächte als Sprachrohr dieses Kontinents.

Frankreichs Rüstzeug für sein Selbstverständnis

Im Gegensatz zu Deutschland ist Frankreichs Armee nicht nur mit atomaren Waffen ausgerüstet, sondern gilt auch als schlagkräftig und kampferprobt. Dazu investiert das Land in die Modernisierung seiner Streitkräfte und unterhält neun militärische Stützpunkte auf der ganzen Welt, um in Krisenfällen schnell vor Ort sein zu können. Daneben verfügt Frankreich über den zweitgrößten diplomatischen Dienst weltweit.

Seine immer noch bestehenden Überseegebiete, wie zum Beispiel die Insel La Réunion im Indischen Ozean oder Französisch Guyana in Südamerika, sowie das aus 57 Staaten bestehende sprachliche Netzwerk der „Francophonie" – ein Erbe aus Kolonialzeiten – helfen Frankreich dabei, sein weltpolitisches Selbstverständnis aufrechtzuerhalten.

Die französische Armee – Ausstattung und Ausrichtung

M 1 Kurze Befehlskette, gute Ausstattung

Die Meldungen über den Zustand des Militärs aus Frankreich und Deutschland unterscheiden sich derzeit deutlich. Während die Bundeswehr vor allem mit Pannenflugzeugen, defekten Panzern und kaputten Hubschraubern Schlagzeilen macht, fliegt die französische Luftwaffe Angriffe auf Dschihadisten-Stellungen im Nordirak.
Wie kommt es zu diesen Unterschieden? Das Militär in Frankreich hat zum ersten eine ganz andere Rolle in der Gesellschaft. Das fängt schon mit der Befehlskette an: In Deutschland muss der Bundestag nach langen Parlamentsdebatten einem Bundeswehreinsatz zustimmen.
Anders in Frankreich. Wenn [der] Präsident [...] es will, dann schlägt die Armee zu, blitzschnell, auch ohne fremde Hilfe. Das war etwa die Botschaft der französischen Armee nach der Enthauptung der französischen Geisel Hervé Gourdel durch algerische Dschihadisten.
So bombardierten am Donnerstag [18.09.2014] schon zum zweiten Mal in dieser Woche französische Rafale-Kampfflugzeuge Ziele im Nordirak. Sie warfen vier 250-Kilo-Bomben auf angebliche Waffenlager des „Islamischen Staates" (IS) in der Nähe von Falludscha ab, in 60 Kilometer Entfernung von Bagdad.
Die Rafale-Einsätze im Irak begannen vergangene Woche nach einer Entscheidung des französischen Verteidigungsrates. Ihm gehören der französische Präsident, führende Minister und die Militärführung an – die Entscheidung trifft aber der Präsident allein. Danach ging alles sehr schnell: Schon Stunden nach seiner Entscheidung starteten die Rafale.
So war es auch im Januar 2013 beim französischen Militäreingriff in Mali: Fünf Stunden nach der Entscheidung im Verteidigungsrat hoben französische Hubschrauber zum Einsatz ab. Militärexperten sehen in dieser schnellen Entscheidungsfindung und der sehr kurzen Befehlskette deutliche strategische Vorteile der französischen Armee.
Ein weiterer Vorteil ist die Truppenstärke. Frankreich hat zwar bereits im Jahr 2001 die Wehrpflicht abgeschafft – also 10 Jahre vor Deutschland. Dennoch stehen noch immer 222.000 Soldaten unter Befehl des französischen Präsidenten. Dabei sind noch nicht die knapp 100.000 Uniformierten der Gendarmerie mitgerechnet, die auch militärische Aufgaben übernehmen können. Das deutlich bevölkerungsreichere Deutschland leistet sich nur 181.000 Soldaten.

Hinzu kommt die flexible Einsatzfähigkeit. 7.800 Soldaten hat Frankreich derzeit im Ausland stationiert, 3.000 allein in Mali. Darunter zahlreiche Fremdenlegionäre und besonders ausgebildete Spezialeinheiten. Zum Vergleich: Derzeit sind 3.500 Bundeswehr-Soldaten im Auslandseinsatz.

Georg Blume, Kampferprobt, flexibel und entscheidungsfreudig, 17.09.2014; www.zeit.de/politik/ausland/2014-09/frankreich-armee-schlagkraft/komplettansicht

M 2 Zu viel und zu häufig?

In Frankreich nimmt die Kritik an Auslandseinsätzen zu. Aus verschiedenen politischen und gesellschaftlichen Ecken werden Stimmen laut, die davor warnen, dass das Land zu schnell mit dem Militär bei der Hand sei. [...] In den vergangenen Tagen legte der französische Rechnungshof einen Bericht vor, in dem er die Häufung der Auslandseinsätze kritisiert. Natürlich kann der Hof sich kein politisches Urteil erlauben. Doch er weist darauf hin, dass das Land seit 2012 mit 25 OPEX (Auslandseinsätzen) deutlich häufiger militärisch aktiv geworden sei, als es noch im Weißbuch von 2013 als operative Obergrenze vorgesehen war. Seit 2008 stünden ununterbrochen im Schnitt mindestens 8.000 französische Soldaten in einer Operation im Ausland. Zudem seien die Kosten stark gestiegen. Jedes Jahr fielen nun ungeplante Zusatzkosten von 1,1 Milliarden Euro an. Auch pro Soldat im Einsatz werde mit 100.000 Euro zusätzlich doppelt so viel an Mehraufwand geleistet wie noch vor zehn Jahren. Dabei seien in diesen Zahlen noch nicht einmal alle echten Kosten erfasst. [...] [Die] Kritik wird mit budgetären Zahlen und Fakten untermauert, die nur eine Konsequenz zulassen: Frankreich interveniert zu häufig. [...]
Bemerkenswert ist, dass sogar der Generalstabschef Pierre de Villiers vor einigen Monaten in einem Gastkommentar für die Zeitung „Le Monde" für ein ausgewogenes Vorgehen eingetreten ist. „Militärische Macht alleine reicht niemals aus."

Thomas Hanke, Frankreich interveniert zu häufig, 18.11.2016; www.wiwo.de/politik/ausland/kritik-an-auslandseinsaetzen-frankreich-interveniert-zu-haeufig/14864126.html

Frankreich als Interventionsmacht – mögliche Motive

M 3 Was Frankreich im afrikanischen Mali will

2013 schrieb der Spiegel zum französischen Engagement in Mali:

Die Kämpfe im Norden Malis werden heftiger, die französischen Streitkräfte haben zuletzt neue Angriffe gegen islamistische Rebellen geflogen. Auch die Truppenpräsenz am Boden wird ausgebaut, derzeit sind französische Soldaten
5 auf dem Weg in den Norden Malis. Noch ist völlig unklar, wie lange der Einsatz dauern wird. Mali wirkt derzeit wie ein völlig zerrüttetes Land ohne jegliche Ordnung. [...]
Frankreichs Alleingang in Mali hat eine lange Vorgeschichte. Seit Monaten schon drängt Paris auf dem internationa-
10 len Parkett erfolglos um eine multinationale Intervention in Mali, doch bisher konnte die [französische] Regierung [...] dieses Ziel nicht erreichen – von rhetorischer Unterstützung durch EU und USA abgesehen. Als ehemalige Kolonialmacht fürchtet Paris nicht nur eine Gefahr für die rund
15 7000 in Mali lebenden Franzosen. Auch in Frankreich selber lebt eine große malische Gemeinde.
Fiele nun der Norden Malis komplett an die Islamisten und entwickelte sich das Gebiet zu einem neuen Trai-
20 ningslager von al-Qaida, müsste Frankreich auch im eigenen Land Anschläge und neue Terrorzellen fürchten. Die Regierung in Paris hat zuletzt die Sicherheitsvorkehrungen
25 im eigenen Land erhöht. Man müsse angesichts der terroristischen Bedrohung alle „notwendigen Vorkehrungen" treffen, erklärte Hollande. Entsprechend wurden Schutz und
30 Überwachung von Regierungsgebäuden verstärkt, auch der öffentliche Nahverkehr wird stärker überwacht. Daneben verfolgt Paris aber auch wirtschaftliche Interessen. So liegen
35 rund um Nordmali viele der von Frankreich ausgebeuteten Uranminen, die das Land dringend für seine Atomkraftwerke braucht. Der staatliche französische Atomkonzern Areva fördert Uran in Malis Nachbarland Niger, das inzwischen der größte Uranproduzent des Kontinents ist. Auch in Mali selbst wurde Uran gefunden.
40 Die atomare Unabhängigkeit ist in Frankreich mehr oder minder eine Frage der Staatsräson und ganz oben auf der Agenda jeder Regierung. Entsprechend kam in den vergangenen Tagen bei Kritikern der französischen Intervention schnell der Verdacht auf, es gehe Paris nicht allein um die
45 Bekämpfung von Terroristen. Das militärische Engagement Frankreichs diene „auch der Sicherung seiner eigenen Energieversorgung mit preiswertem Uran aus Malis Nachbarland Niger", erklärte etwa die Gesellschaft für bedrohte Völker.
50

Matthias Gebauer/Björn Hengst, Was Frankreich in Mali wirklich will, 16.01.2013; www.spiegel.de/politik/ausland/mali-frankreich-kaempft-gegen-islamisten-und-um-bodenschaetze-a-877679.html)

M 4 Ein Feuerwerk – für wen und was?

Karikatur von Kostas Koufogiorgost

Aufgaben

1. Ermitteln Sie aus M3 die genannten Beweggründe Frankreichs für das Eingreifen in Mali. Interpretieren Sie dazu auch die Karikatur M4.
2. Vergleichen Sie die französische Außenpolitik (Autorentext, M1–3) mit der deutschen (Seite 230ff.).
3. Bewerten Sie die französische Sicherheitspolitik in Form eines Zeitungskommentars.

Konfliktanalyse

Internationale Konflikte in der Außen- und Sicherheitspolitik ziehen medial stets eine hohe Aufmerksamkeit nach sich. Da zudem bei eskalierenden Konflikten Gefahr für Leib und Leben droht, sind häufig rasche Lösungen für die Auseinandersetzungen von besonderer Dringlichkeit.

Bei Konflikten mit einer internationalen Dimension ist die unmittelbare Beteiligung der Bürger noch weniger gegeben als bei innenpolitischen oder gar kommunalen Auseinandersetzungen. Dennoch beschäftigen auch diese Konflikte, die häufig fern der eigenen Heimat ausgetragen werden, die Bürger. Spätestens, wenn es um wirtschaftliche Sanktionen, Reisebeschränkungen oder militärische Optionen geht, sind sie auch unmittelbar betroffen.

Konfliktanalyse

KONFLIKT

- **Genese:**
  - Wie ist der Konflikt entstanden? Auslöser – Anlass – Ursachen – Vorgeschichte ...
- **Stand der Dinge:**
  - Wer sind die Konfliktparteien?
  - Worum geht der Streit?
  - Wer ist in welcher Position?
  - Was macht den Konflikt bedeutsam?
- **Rechtfertigung:**
  - Argumente der Konfliktparteien
  - Religion
  - Ideologie
- **Öffentlichkeit:**
  - Präsenz in den Medien
  - Instrumentalisierung der Medien
- **Recht:**
  - Welche Rechtsgrundsätze sind anwendbar?
  - Wie steht es um ihre Anerkennung?
  - Welche stehen in Konkurrenz zueinander?
- **Intervention:**
  - Verbündete
  - Gerichte
  - Internationale Organisationen
- **Perspektive:**
  - Sieg oder Niederlage einer Partei
  - Auswirkungen
  - Verhandlungslösungen
  - Entscheidung von außen

Unsere Urteilsbildung wird dabei in hohem Maße von den Medien beeinflusst, die filtern, welche Eindrücke und Emotionen wir von einem Konflikt vermittelt bekommen. Umso wichtiger ist es, mithilfe von Fragen und Anhaltspunkten zur einer differenzierten Wahrnehmung des Konflikts und zu Kriterien für seine Beurteilung zu gelangen. Das Schaubild stellt die Leitfragen zur Konfliktanalyse dar.

Wie bei allen politischen Vorgängen zeigen sich auch im Konflikt drei Dimensionen der Politik:

Inhalt (*Policy*): z. B. Gegenstand des Konflikts;
Prozess (*Politics*): z. B. die Auseinandersetzungen zwischen den politischen Akteuren in den Medien oder vor den Gerichten;
Form (*Polity*): Handlungsrahmen, in dem der Prozess ausgetragen wird, z. B. Völkerrecht, Verfassung, Gesetze, ungeschriebene Normen.

Aufgaben

1. Nennen Sie aktuelle Konflikte, die man mithilfe der Konfliktanalyse untersuchen könnte.
2. Diskutieren Sie, ob bzw. inwieweit eine differenzierte Konfliktanalyse sinnvoll ist.
3. Recherchieren Sie im Internet zu einem aktuellen Konflikt (z. B. Syrienkonflikt) und analysieren Sie ihn mithilfe des Modells der Konfliktanalyse. Präsentieren Sie Ihre Ergebnisse auf Lernplakaten in Ihrem Kurs.
4. Diskutieren Sie Möglichkeiten und Grenzen des Eingreifens von internationalen Organisationen in den Konflikt. Ziehen Sie dafür auch die Ausführungen über die Internationalen Organisationen in Ihrem Schulbuch heran.

6. Globale Herausforderungen I: Globalisierung versus Regionalisierung

Historische Formen der Globalisierung

Die Globalisierung ist kein neues Phänomen des 21. Jahrhunderts. Schon in der Antike gab es Kennzeichen einer wirtschaftlichen Globalisierung, zum Beispiel beim Warenverkehr zwischen dem Römischen Reich und Germanien. Und die kultische Verehrung des römischen Kaisers, die Etablierung der lateinischen Sprache als „Weltsprache" der Antike und die Ausbreitung der Weltreligionen können als kulturelle Globalisierung interpretiert werden. Im Mittelalter verstärkten sich die Bezüge: So verband die Seidenstraße Ostasien ökonomisch mit dem Mittelmeerraum und die Hanse trieb Überseehandel. Mit der Entdeckung und Kolonialisierung Amerikas in der Frühen Neuzeit erweiterte sich die Globalisierung auch auf den neuen Kontinent, der sich zu einem Rohstofflieferanten und Absatzmarkt entwickelte, Sklaven aus Afrika ausbeutete und von europäischen Immigranten kulturell geprägt wurde.

Globalisierung im Mittelalter
Nachbau einer Hanse-Kogge aus dem 14. Jahrhundert

Globalisierung heute

Der Unterschied zur Globalisierung heutzutage ist trotzdem immens: Durch den technischen Fortschritt, vor allem im Kommunikationsbereich und dem Transportwesen, und die Entstehung transnationaler Konzerne nimmt im Gefolge der ökonomischen Globalisierung auch die kulturelle, ökologische oder politische Globalisierung weiterhin zu. Globale Umweltprobleme wie etwa die durch den CO_2-Ausstoß bedingte globale Erderwärmung sind nicht nur durch die Weltgemeinschaft verursacht, sondern können auch nur durch das Zusammenwirken aller Staaten bekämpft werden. In diesem Zusammenhang spricht der Soziologe Ulrich Beck von einer „Weltrisikogesellschaft".

Globalisierung heute
Containerschiff im Hamburger Hafen

Ökonomische Dimension der Globalisierung

Aufgrund der gefallenen Kosten für Transport und Kommunikation ist ein Ausmaß an Globalisierung möglich geworden, das noch vor wenigen Jahrzehnten unvorstellbar war. Staatsgrenzen spielen dabei, vor allem für transnational agierende Unternehmen, eine immer geringere Rolle: Sie produzieren und handeln weltweit, vergeben Leistungen an Fremdfirmen (Outsourcing) und orientieren sich dabei an den für sie günstigsten Konditionen, um den größtmöglichen Profit zu erzielen. Dank der durch die Globalisierung erreichten Liberalisierung des Weltmarktes nehmen der weltweite Handel und Wettbewerb kontinuierlich zu. Diese Entwicklung scheint unumkehrbar.

In der Wirtschaft ist das Phänomen der Globalisierung am stärksten zu spüren: Nicht nur große Unternehmen als sogenannte „global player" konkurrieren weltweit um Marktanteile, sondern auch Arbeitnehmer und Selbstständige befinden sich in einem globalen Wettbewerb um Arbeitsplätze.

M 1 Outsourcing der Hausaufgaben
Karikatur von Jeffrey Koterba

Begriff der Regionalisierung

Im Zuge der Globalisierung und „Entnationalisierung", die in Europa durch die Gründung der EU und die damit verbundene Übertragung von Souveränität durch die Nationalstaaten an den supranationalen Staatenverbund initiiert wurde, kommt es zu einem fortschreitenden Verlust nationaler Identitäten. Dieser Verlust wird oft durch eine stärkere Identifikation mit der Heimatregion kompensiert. Das Schlagwort vom „Europa der Regionen" zeigt, welche Bedeutung auch innerhalb der EU dem Begriff „Region" zugemessen wird. Regionen haben nicht zwangsläufig eindeutige politische oder topografische Grenzen, oftmals aber kulturelle Besonderheiten, die sie von anderen Regionen abgrenzen und als mentales Bollwerk gegen die scheinbar nicht aufzuhaltende Globalisierung dienen. Lässt sich Globalisierung mit dem Begriff „Beschleunigung" verbinden, so setzt dem die „Regionalisierung" eine „Verlangsamung" entgegen und bildet ein Gegengewicht zur Globalisierung.

Europäischer Ausschuss der Regionen
Ausschuss der Regionen
Er soll die EU bei der Stärkung der Regionen unterstützen.

Regionalisierung in Bayern

Auch im Freistaat Bayern sollen die Regionen gestärkt werden: Als Reaktion auf die Bevölkerungsabnahme in den ländlichen Regionen und das Anwachsen der Metropolregionen München und Nürnberg hat sich die Bayerische Staatsregierung dazu entschlossen, staatliche Einrichtungen zu regionalisieren. Im Jahr 2015 wurde damit begonnen, staatliche Behörden und Institutionen in die ländlichen Regionen Bayerns zu verlagern, um dort die Attraktivität und das Angebot an Arbeits- und Studienplätzen zu erhöhen

Ökonomische Dimension der Regionalisierung

Die Vorteile der Regionalisierung liegen auf der Hand: Geringe räumliche Entfernungen zwischen Zuliefer- und Verarbeitungsbetrieben reduzieren Transport- und Umweltkosten, die gemeinsame Sprache und Mentalität sowie der persönliche Kontakt erleichtern und verbessern die Kommunikation. Viele Dienstleistungen sind ohnehin nur schwer globalisierbar.

Studieren in der Provinz
European Campus in Pfarrkirchen/Niederbayern als Dependance der TH Deggendorf

Ein wichtiger volkswirtschaftlicher Effekt der Regionalisierung ist die Sicherung und Schaffung von Arbeitsplätzen in bislang strukturschwächeren Räumen. Eine Auslagerung von Arbeitsplätzen in vermeintlich kostengünstigere Regionen unterbleibt, neue Unternehmen siedeln sich an. Dies begünstigt die Entstehung stabiler, in der Region verankerter Strukturen.

Viele Unternehmen haben den Trend zur Regionalisierung aufgegriffen und berücksichtigen bereits bei der Produktion die Bedürfnisse regionaler Märkte.

M 2 **Regional – global**
Karikatur von Bernhard Mohr

Ökonomische Globalisierung – Auswirkungen auf den Einzelnen

M 3 Kindererziehung früher und heute

Karikatur von Carlson

M 4 Deutschland und die Weltwirtschaft

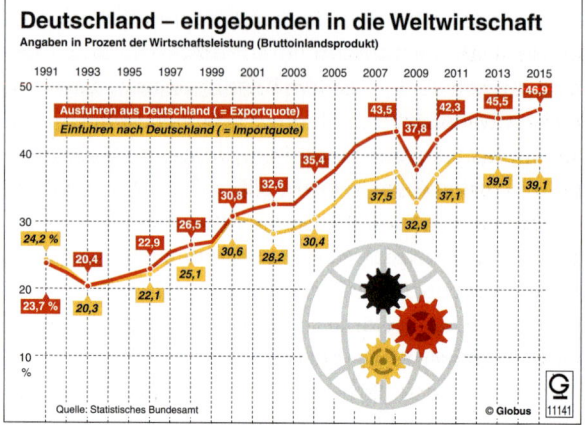

M 5 Warenproduktion und globaler Warenhandel

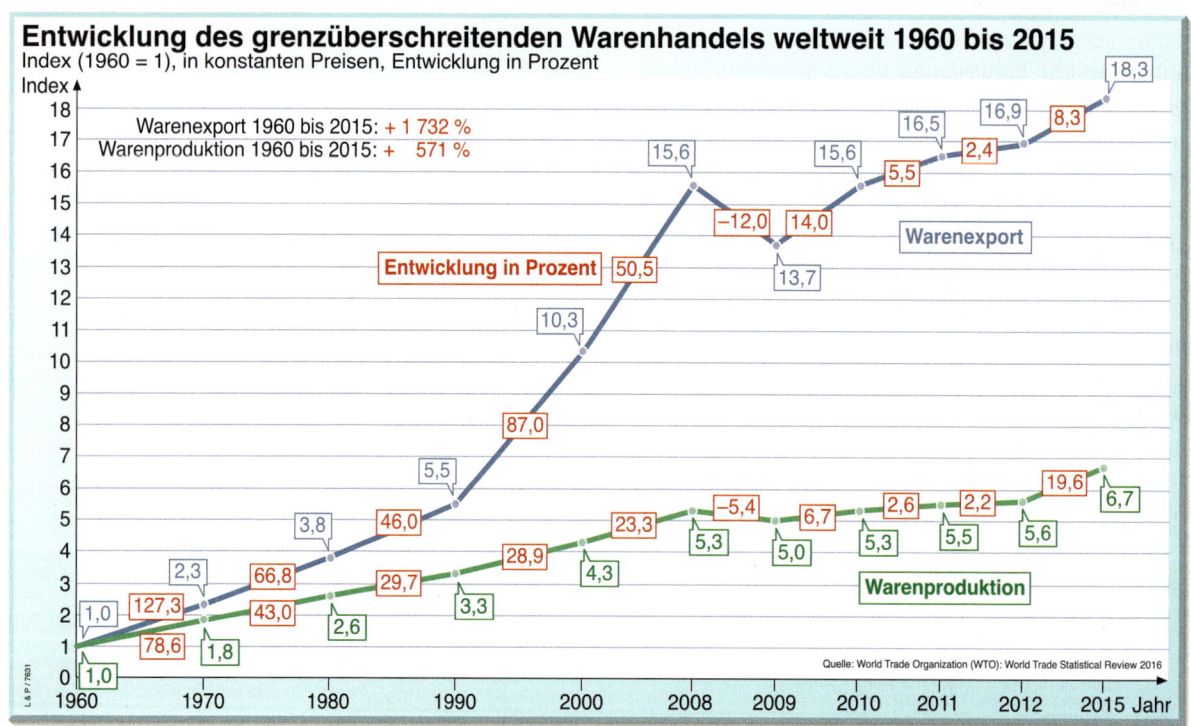

Aufgaben

1. Interpretieren Sie die Karikaturen M1 und M3 und bewerten Sie deren jeweilige Aussage.

2. Analysieren Sie die Grafik M4 und gehen Sie auf mögliche Auswirkungen auf die deutsche Wirtschaft ein.

M 6 Die Weltzahnbürste

Eine elektrische Zahnbürste als Beispiel für globalisierte Produktion:

Perlweiße Haut, schlanker Hals, 161,034 Gramm, schnurrt los wie ein Kätzchen, 130 Euro, das perfekte Spielzeug für die Wohlhabenden dieser Welt, sie heißt Elite. Es wird niemals Nacht in ihrem Reich, im Reich der Bürste, denn acht Prozent Weltmarktanteil sind zu wenig, rund 20 Millionen Käufer, das genügt nicht, wer ihr dient, der muss kämpfen, etwa auf den Philippinen, am Stadtrand von Manila. [...] Die Firma Philips produziert, inklusive Zulieferfirmen, die elektrische Zahnbürste „Sonicare Elite 7000" und ihre Schwestermodelle an zwölf Standorten und in fünf Zeitzonen. Ein- bis zweimal in der Woche verlassen rund 100 000 Platinen mit aufgelöteten Komponenten das Werk in Manila, in dem Mary-Ann arbeitet. Vom Cargo-Flughafen Manilas werden sie via Tokio nach Seattle geflogen; eine Verzögerung von einem halben Tag kann alles durcheinanderbringen, man arbeitet mit einem Minimum an Lagerreserven, an Zeitreserven. Eine Reise durch die Präzisionsmaschine von „Oral Healthcare Philips" ist eine Tour in die globale Gegenwart – fast ohne Europäer und ihre romantischen Vorstellungen von Gerechtigkeit und ihre hässlichen, teuren Arbeitskämpfe, weil die Verlagerung nach Asien nämlich schon größtenteils stattgefunden hat.

Die Zahnbürste besteht im Wesentlichen aus 38 Komponenten. Die Einzelteile für die Energiezelle, ein Nickel-Cadmium-Akku, stammen aus Japan, Frankreich, China. Die Platine, das elektronische Herzstück, kommt vorgeätzt aus Zhuhai, am Perlflussdelta, im Südosten Chinas. Nicht weit von Zhuhai, aus der chinesischen Industriestadt Shenzhen, stammen auch die Kupferspulen, gedreht von Heerscharen von Frauen mit verpflasterten Fingerspitzen – die Globalisierung ist weiblich. Die 49 Komponenten auf der Platine, streichholzkopfgroße Transistoren und Widerstände, wiederum stammen aus Malaysia. In Manila werden sie aufgelötet und getestet, unter anderem von Mary-Ann. Dann ausgeflogen nach Snoqualmie, an die amerikanische Westküste, wo das Mutterwerk ist. Gleichzeitig kommen aus Klagenfurt per Lkw die komplizierteren Kunststoffgussteile nach Bremerhaven, außerdem in Klagenfurt vorgeschnittene Stahlblätter, der Spezialstahl stammt aus Sandviken, Schweden. Von Bremerhaven aus fährt ein Frachtschiff die halbe Bürste über den Atlantik nach Port Elizabeth, New Jersey. Von dort geht es per Bahn weiter, quer durch die USA. Und in Snoqualmie, 40 Autominuten von Seattle entfernt, wird alles zusammengeschraubt, verpackt. Zu dem Zeitpunkt haben die Komponenten 27 880 Kilometer zurückgelegt, zwei Drittel des Erdumfangs.

Philips ist ein niederländischer Konzern. Aber unter etwa 120 Leuten, die man auf einer Reise durch das Karussell der Kulturen und Kontinente trifft, sind gerade mal zwei Niederländer. Der Vorarbeiter im amerikanischen Snoqualmie stammt aus Gambia. Bernard Lim Nam Onn, der Chef in Zhuhai, ist Chinese, aber in Malaysia geboren und in Singapur aufgewachsen. Es gibt Iren, Ukrainer, Inder, Kambodschaner, Vietnamesen, Thailänder. Globalisierung schafft überall auf der Welt neue Biografien und verzahnt sie. [...]

Die Konkurrenz ist hart, auch im hochpreisigen Segment: Es gibt die „3D Excel" des Konkurrenten Braun, die ebenfalls ausgezeichnete Beurteilungen bekommt, die „Interplak", die „Dentasonic", die „Waterpik Sonic Speed" – und die Trends, nach denen sich ein Kunde für dies oder jenes Modell entscheidet, sind kaum vorherzusehen. Selbst in einem Riesenladen wie Philips, mit einem Umsatz von 30,3 Milliarden Euro, muss eine unbedeutende, kleine Zahnbürste Gewinn einspielen. [...]

Etwa 300 Millionen Menschen auf der Welt, schätzt man bei Philips, benutzen bereits eine elektrische Zahnbürste. An die 900 Millionen Menschen können es in fünf bis zehn Jahren sein, das Gesundheitsbewusstsein nimmt zu, das Produkt schmeichelt dem Statusgefühl, es hat ein Hightech-Appeal – und die Differenz zwischen 300 und 900 Millionen, das ist die Mission. Der Kampf kann nur weltweit gewonnen werden.

Ralf Hoppe, Die Weltbürste, 27.06.2005; www.spiegel.de/spiegel/print/d-40872453.html

Aufgaben

3. Analysieren Sie M5 und suchen Sie nach Erklärungen für die Entwicklung.
4. Beschreiben Sie anhand von M5 und M6 das System der weltwirtschaftlichen Vernetzung und erläutern Sie die wirtschaftlichen Dimensionen der Globalisierung.
5. Diskutieren Sie ausgehend von M3–M7 die Auswirkungen der Globalisierung auf den Einzelnen und die Gesellschaft und überprüfen Sie Möglichkeiten, darauf zu reagieren.

Globalisierung versus Regionalisierung – ein neuer Trend?

M 7 McDonaldisierung – Globalisierung mit regionalem Anstrich

Viele global agierende Markenkonzerne haben ihren Ursprung in den USA. Mit ihren Produkten erweitern sie nicht nur das Warenangebot in der jeweiligen Zielregion bzw. verdrängen regionale Produkte. Das Tragen von Nike-Schu-
5 hen, das Trinken von Coca Cola und das Essen bei McDonald's ist immer auch ein kultureller Ausdruck. Im Globalisierungsdiskurs werden einerseits die Dominanz westlicher Kulturen und die damit verbundenen Konsummuster kritisiert.
10 Andererseits wird auf Homogenisierungstendenzen hingewiesen, die im
15 Zuge von Standardisierungs- und Vereinheitlichungsprozessen zu einer
20 Verschmelzung von Kulturen führen: Wenn sich das weltweite Konsum-
25 verhalten und andere Bereiche des Alltagslebens immer weiter angleichen, werden lokale Traditionen schrittweise durch eine Einheitskultur ersetzt.

Für beide Thesen – westliche Dominanz und kulturelle Kon-
30 vergenz – wird der Konzern McDonald's als Beispiel angeführt. Für die westliche Dominanz steht das durch den amerikanischen Soziologen George Ritzer geprägte Schlagwort „McDonaldisierung". Die Fast-Food-Kette McDonald's steht in diesem Zusammenhang für die negativen Folgen der
35 Globalisierung und verkörpert den prototypischen Übergang von traditionellen zu rationalen Geschäfts- und Gedankenmodellen, die auf effizienten, kalkulierbaren, voraussagbaren und kontrollierbaren Prinzipien basieren.

Als größte und wohl bekannteste Fast-Food-Kette der Welt
40 ist der Konzern regelmäßig Ziel von Protestaktionen von Globalisierungskritikern sowie Umwelt- und Verbraucherschützern. [...]

Gleichzeitig ist McDonald's auch ein Beispiel für die These der kulturellen Konvergenz, da McDonald's den Auftritt und die Produktpalette je nach Region den kulturellen Gege- 45
benheiten anpasst. So wird etwa in israelischen Niederlassungen lediglich koscheres Essen angeboten. Alle Restaurants bleiben am Sabbat geschlossen. In Indien werden keine Rindfleischgerichte verkauft und auch in islamisch geprägten Ländern werden die jeweiligen Speisevorschrif- 50
ten eingehalten.

N.N., „Fast Food", 15.9.2017; www.bpb.de/nachschlagen/zahlen-und-fakten/globalisierung/52774/fast-food

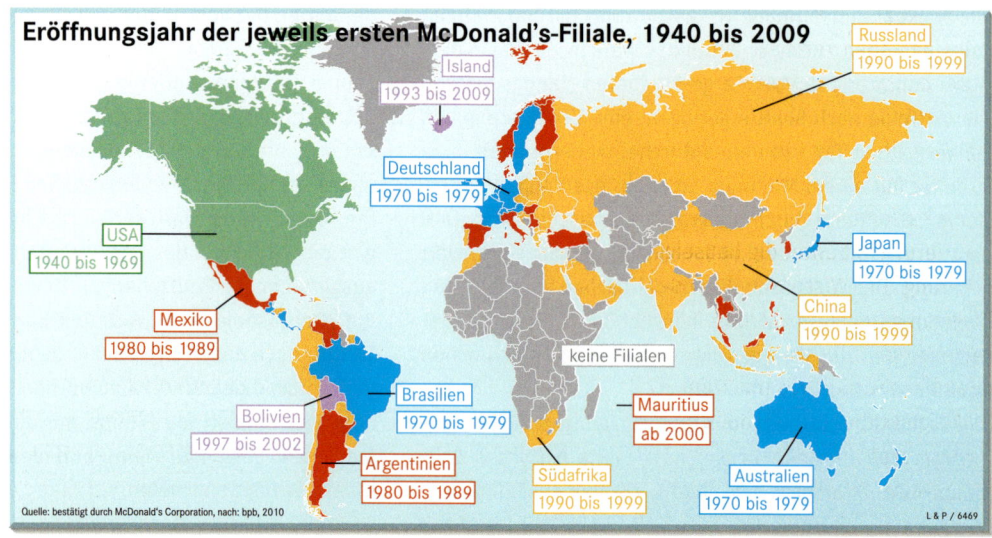

Eröffnungsjahr der jeweils ersten McDonald's-Filiale, 1940 bis 2009

M 8 Globalisierung – nur ein „Mythos"?

Globalisierung ade. So lautet kurz und knapp die These einer ungewöhnlichen Studie aus Oxford. Der Wirtschaftswissenschaftler Alan Rugman hat ein Papier verfasst, in dem er anhand empirischer Untersuchungen zeigt, dass die meisten großen multinationalen Konzerne auf regionaler 5
Basis operieren, anstatt auf globaler. „Altmodisch" findet er die Ansicht, dass multinationale Konzerne die Weltwirtschaft dominieren. Rugman: „Neueste Erkenntnisse zeigen, dass Globalisierung ein Mythos ist".

„In den letzten Jahren ist es zunehmend normal geworden, 10
dass Manager, Analysten und sogar Universitätsprofessoren über die fortschreitende Globalisierung sprechen", bemängelt Rugman. Es gehe um die angebliche „Dominanz von riesigen multinationalen Konzernen, die gleichartige Produkte von Cairo in Illinois nach Cairo in Ägypten und von 15

Lima in Ohio nach Lima in Peru verkaufen." Die so genannten Global Players seien aber alles andere als global. Vielmehr seien sie auf regionale Märkte gepolt. Mit Absicht: Diese „Regionalisierung" steigere die ökonomische Effektivität, schreibt Rugman.

„Es gibt kein globales Auto", so Rugman. „90 Prozent aller in Europa produzierten Pkws werden auch in Europa verkauft. Regionale Produktion und größtenteils lokaler Absatz sind auch in Nordamerika und Japan die Regel." Was für Autos gilt, das gelte auch für die allermeisten anderen Produktsparten, mit Ausnahme der Unterhaltungselektronik.

Wenn nicht schon die Produkte in ihren Eigenarten eine eher regionale Färbung erfahren, so sei doch mindestens die strategische Planung der großen Firmen in den allermeisten Fällen regional geprägt, sagt Rugman. Die Entscheidungsfindung konzentriere sich auf die drei Regionen Nordamerika, Europäische Union und Japan.

Der Begriff „Globalisierung" sei schwer zu definieren, sagt Jörn Kleinert vom Institut für Weltwirtschaft in Kiel. Rugmans Definition ist eher eng gefasst, in Kiel fällt die Regionalisierung mit unter die hauseigene Definition für Globalisierung. Die Wissenschaftler des Instituts stimmen mit Rugman darin überein, dass die multinationalen Konzerne sich stärker auf ihre regionale Umgebung konzentrieren, als auf weltweite Präsenz. Think global, act local – das haben sich schließlich die meisten Multis inzwischen auf die Fahnen geschrieben.

„Für meine Begriffe gibt es Globalisierung also trotzdem, wenn auch die regionale Komponente dominiert", sagt Kleinert. Zur Globalisierung gehöre alles was mit transnationalem Handel, Wissenstransfer und länderübergreifenden Direktinvestitionen zu tun hat. Darunter falle auch der Beitritt Chinas zur Welthandelsorganisation oder die EU-Osterweiterung. [...] Ob nun Globalisierung oder „Regionalisierung": Für die Forscher im Institut für Weltwirtschaft nicht viel mehr als andere Worte für dieselbe Sache.

@nabs, Der „Mythos" der Globalisierung, 02.09.2012; www.faz.net/aktuell/wirtschaft/weltwirtschaft-der-mythos-der-globalisierung-171301.html

M 9 Stehen wir vor einer Trendwende?

Donald Trump ist nicht der Grund. Aber er passt ins Bild: Die Globalisierung ist unbeliebt geworden. Güter mit anderen Ländern zu tauschen, womöglich Menschen aus anderen Ländern aufzunehmen – das kommt selbst in den Vereinigten Staaten aus der Mode, im Heimatland der Einwanderung. [...]

Es ist eine Trendumkehr. Menschen handeln, seit sie leben. Schon in der Bronzezeit vor 4000 Jahren wurde Zinn aus England nach Griechenland gebracht oder Kupfer aus den Alpen nach Skandinavien. Denn die Rohstoffe für die Schlüsseltechnik der damaligen Zeit waren dort rar und wurden gut bezahlt. [...]

Als in den vergangenen Jahrzehnten das Reisen einfacher und die Verständigung leichter wurden, nahm der Handel immer größere Ausmaße an: Es war der Siegeszug der Globalisierung unserer Tage. Mehr als die Hälfte der weltweiten Güter und Dienstleistungen bewegt sich heute über internationale Grenzen hinweg.

Doch jetzt ist diese Globalisierung ins Stocken gekommen. China und viele andere Schwellenländer sind noch gar nicht richtig im Welthandel angekommen, schon dreht sich der Trend. In Amerika sind es die Freihandelsabkommen mit Asien, die besonders unbeliebt sind. In Deutschland ist es aber nicht anders: Bürger stellen sich gegen die Freihandelsabkommen Ceta und TTIP. Die Briten ärgern sich zwar nicht so sehr über Warenhandel, aber über die damit verbundene Bewegung von Menschen – also verlassen sie die EU, die integrierteste Freihandelszone der Welt. [...]

Offenbar hat sich das Gefühl verbreitet, dass es in der Globalisierung nicht mehr viel zu gewinnen gibt und die Gewinne bei wenigen Leuten anfallen, der Handel dafür aber umso mehr Verlierer produziert. So jedenfalls erklärt der handelskritische Ökonom Dani Rodrik die Trendwende.

Martin Hock/Manfred Bernau, Angriff auf die Globalisierung, 11.11.2016; www.faz.net/aktuell/wirtschaft/ttip-und-freihandel/faz-net-schwerpunkt-angriff-auf-die-globalisierung-14522661.html

Aufgaben

1. Charakterisieren Sie das Phänomen der „McDonaldisierung" (M7) und überprüfen Sie, wie sich die kulturelle Globalisierung in Ihrem Leben bemerkbar macht.
2. Beurteilen Sie die Konsequenzen des Phänomens der „McDonaldisierung" (M7) für sich und die Gesellschaft.
3. Erarbeiten Sie aus M8 und M9 den aktuellen Trend bei der Entwicklung von Globalisierung und Regionalisierung und vergleichen Sie Ihr Ergebnis mit den Aussagen von M4–M6.
4. Interpretieren Sie die Karikatur M2 und überprüfen Sie deren Aussage mithilfe von M4–M9.

7. Globale Herausforderungen II: die ökologische Dimension der Globalisierung

Zusammenhang von Globalisierung und Klimawandel

Die durch den Treibhauseffekt verursachten klimatischen Veränderungen auf der Erde können als die wohl gravierendste ökologische Folge der Globalisierung bezeichnet werden. Vor allem der Kohlendioxidausstoß, verursacht durch Industrie- und Autoabgase, aber auch die Verbrennung fossiler Ressourcen und Brandrodungen, ist dafür verantwortlich zu machen. Die Folgen des Klimawandels sind kaum abzuschätzen: Mittel- bis langfristig droht eine dauerhafte Überflutung von Regionen, die nicht hoch genug über dem Meeresspiegel liegen. Dies betrifft nicht nur dünn besiedelte Inselstaaten weit entfernt im Pazifik, sondern zum Beispiel auch alle Länder, die über eine Küstenlinie verfügen, wie etwa die USA, die Niederlande oder Deutschland. Umso größer wird die Bedeutung der Nachhaltigkeit, also des schonenden Umgangs mit der Umwelt, in Politik und Gesellschaft.

Die Notwendigkeit nachhaltigen Handelns ist großen Teilen der Gesellschaft häufig schwer zu vermitteln. Dazu kommt, dass der Ökologische Fußabdruck umso größer wird, je wohlhabender eine Gesellschaft oder ein Individuum ist, da ein hoher Konsumgrad auch eine größere Inanspruchnahme von Ressourcen mit sich bringt. So kommt es zu einem kaum zu durchbrechenden Teufelskreis: Wirtschaftswachstum in den Industrie- und Schwellenländern bringt deren Bevölkerung größeren Wohlstand. Größerer Wohlstand führt zu mehr Konsum, der indirekt einen immer höheren Kohlendioxidausstoß bewirkt. Dieser wiederum verschlechtert die Lebensbedingungen in ärmeren, klimatisch ohnehin schon benachteiligten Regionen der Welt, was wiederum deren Einwohner zu verstärkter Migration in wirtschaftlich prosperierende Staaten zwingt. Dort erhöhen die Migranten den Anteil derer, die durch ihren Konsum den Treibhauseffekt verstärken.

Auswirkungen des Klimawandels

Die Auswirkungen des Klimawandels zeigen sich in vielfältiger Weise. So wird etwa der Wassermangel in vielen Regionen der Erde in den nächsten Jahren zunehmen. Ebenso hat die Erderwärmung nicht nur Folgen für Flora und Fauna, sondern auch für den Menschen, da die Zahl von Wetterextremen und Naturkatastrophen zunimmt.

Eine Folge der Erderwärmung
Abschmelzen des Polareises

Info
Ökologischer Fußabdruck

Mit dem Ökologischen Fußabdruck werden alle Ressourcen gezählt, die ein Individuum oder eine Gesellschaft im Alltag verbraucht. Diese Summe wird in die Fläche umgerechnet, die benötigt wird, um die Energie und Rohstoffe für den Verbrauch zur Verfügung zu stellen.

Naturkatastrophe
Die Innenstadt von Simbach am Inn in Niederbayern nach dem durch Starkregen ausgelösten Hochwasser 2016

M 1 Jäger unter sich
Karikatur von Thomas Plaßmann

Wasser- und Nahrungsmangel – Folgen für Umwelt und Mensch

M 2 Jährlicher Verbrauch des im Land verfügbaren Süßwassers in Prozent

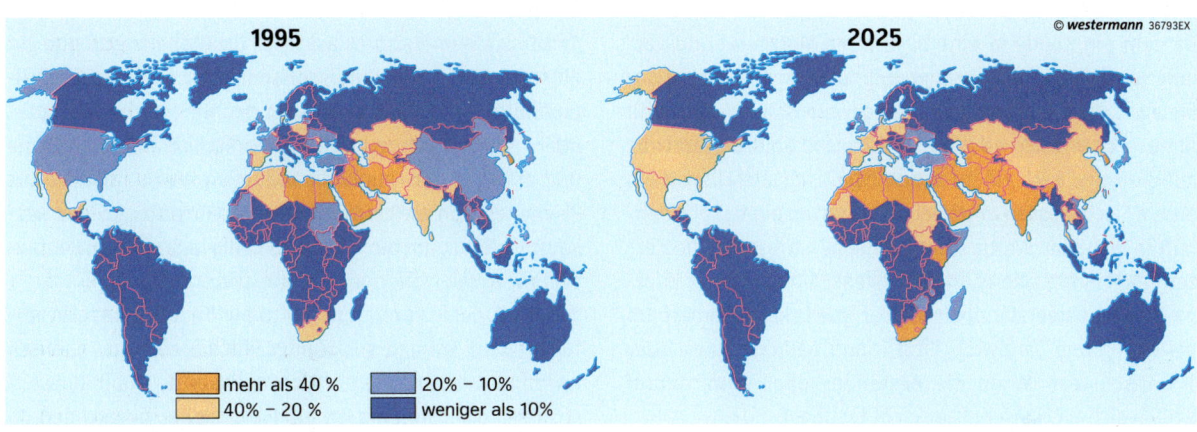

mehr als 40 %
40% – 20 %
20% – 10%
weniger als 10%

Datenquelle: migrosmagazin.ch/World Meteorological Organization

M 3 Globalisierte Risiken

Es ist das wohl größte Dilemma der internationalen Klimapolitik: Während die reichen – und mächtigen – Staaten der Welt die Folgen des Klimawandels kaum spüren, fürchten die Menschen in vielen Entwicklungs- und Schwellenländern wegen der Erderwärmung um ihre Existenz. Der neue Klima- und Umweltatlas der britischen Risikoanalysefirma Maplecroft bestätigt das eindrucksvoll. 32 Länder tragen den Risikoexperten zufolge ein extrem hohes Risiko künftiger Schäden. So gut wie alle befinden sich in Afrika und Südasien. In allen Hochrisikoländern sei auch die Ernährungssicherheit gefährdet, so Maplecroft-Sprecher Jason McGeown. „Das vergrößert die Gefahr von Konflikten und gewaltsame Unruhen." Die Folgen von Wasser- und Nahrungsmangel sowie dem Klimawandel könnten sich gerade in Ländern gegenseitig verstärken, die heute schon unter Gewalt leiden, in denen es etwa Bürgerkriege oder Terrororganisationen gebe. „So kann der Klimawandel künftige Risiken verschärfen und zu Migration und weiteren Konflikten führen."

Für die Bewohner der Industrieländer scheint das alles weit entfernt. Doch das ist ein Trugschluss, denn in einer zunehmend vernetzten Welt treffen solche Krisen auch den reichen Westen. Ein besonders eindrückliches Beispiel dafür ist der Bürgerkrieg in Syrien. Zahlreiche Syrer sind vor ihm geflüchtet, auch nach Deutschland. Der Konflikt wurde durch viele Faktoren ausgelöst. Aber Wassermangel, verursacht durch ausbleibenden Regen und Missmanagement, und die daraus resultierenden schlechten Ernten spielten nach Einschätzung von Fachleuten eine wesentliche Rolle. Zudem trifft der Klimawandel gerade die künftigen Wachstumsmärkte, warnt Maplecroft. In Asien sind das China und Indien. In Afrika gehört die Wirtschaftsmacht Nigeria zu den besonders gefährdeten Staaten. [...]

Was aber die Wirtschaft in China oder Indien trifft, schadet in einer globalisierten Welt irgendwann auch dem Westen. Das ist mit die wichtigste Botschaft des Risikoatlas: Niemand kann sich den Folgen des Klimawandels entziehen. [Der frühere] US-Präsident Barack Obama hat sie [...] so ausgedrückt: „Wir sind die erste Generation, die den Klimawandel spürt, und die letzte, die etwas dagegen tun kann." Bislang entfaltet das Wissen darum in der internationalen Klimapolitik jedoch kaum Wirkung.

Alexandra Endres, Das globalisierte Risiko, 29.10.2014; www.zeit.de/wirtschaft/2014-10/klimawandel-hunger-konflikt-risiko/komplettansicht

Aufgaben

1. Analysieren Sie die Grafik M2 und erörtern Sie mögliche Folgen der prognostizierten Entwicklung.
2. Vergleichen Sie Ihre Überlegungen aus Aufgabe 1 mit der Darstellung in M3.
3. Diskutieren Sie Möglichkeiten, den drohenden Wassermangel zu bekämpfen.

Flora und Fauna – Auswirkungen der Globalisierung

M 4 Die Überfischung der Weltmeere

Da geht ein Kunde in eine bayerische Metzgerei und verlangt ein Kilo Schweinsbraten. „Gibt's leider nicht", sagt der Metzger. „Wussten Sie nicht: Das Schwein ist ausgestorben." Ähnlich überraschend könnte vielleicht bald die Antwort auf die Frage nach einer Portion Thunfisch ausfallen. Nach einem Fisch, dessen zahlreiche Unterarten einmal massenhaft in fast allen Weltmeeren zu Hause waren und die derzeit noch in fast allen Ländern Asiens, Amerikas und Europas wie selbstverständlich auf der Speisekarte stehen. Ob als Sushi, Tuna-Sandwich, Pizza Tonno, Salade Nicoise oder Thunfischsteak. Wann die Bestände kollabieren, darauf wollen sich Wissenschaftler nicht festlegen. [...]
Von exakten Prognosen hält Sergi Tudela nichts. „Entscheidend ist, dass wir handeln müssen", sagt der spanische Leiter vom Mittelmeer-Fischerei-Programm des World Wildlife Funds (WWF). „Wissenschaftler haben klargemacht, dass es ohne drastische Schutzmaßnahmen mit den Beständen im Mittelmeer und im Ostatlantik zu Ende geht." [...] Weltweit, so kritisieren Umweltschützer, pflügten hoch industrialisierte Fischereiflotten mit kilometerlangen Netzen in Wildwestmanier die Meere nach Thunfisch um. [...]
An kaum einem Beispiel lasse sich die Globalisierung so gut illustrieren wie am Thunfischhandel, schreibt der Harvard-Japanologe Theodore Bestor. An den Hafenmolen Kanadas oder Frankreichs begutachten japanische Händler den Fang und erfragen per Handy die aktuellen Preise in Tokio. Die Fische werden tiefgefroren nach Japan geflogen und verkauft – oft nur, um die Rückreise in die japanischen Restaurants von New York oder London anzutreten.
Der Fisch, der in Europas umstrittenen Thunfischfarmen verfüttert wird, stammt aus dem Pazifik; für ein Kilo Thunfisch werden zwanzig Kilo Futterfisch investiert, weshalb Umweltschützer die Farmen gern als Proteinkiller bezeichnen. In den Regalen europäischer Supermärkte hingegen landet meist Bonito oder Weißer Thun aus dem Pazifik. Die billige Verarbeitung in Ländern wie China garantiere derzeit noch Preise von einem Euro pro Dose, sagt der Meeresbiologe Thilo Maack von Greenpeace in Hamburg. „Eigentlich aber müssten wir sagen: Iss die Hälfte und zahl das Doppelte."

Marten Rolff, Thunfisch vor dem Ende, 29.05.2010; www.sueddeutsche.de/wissen/ueberfischung-thunfisch-vor-dem-ende-1.910996

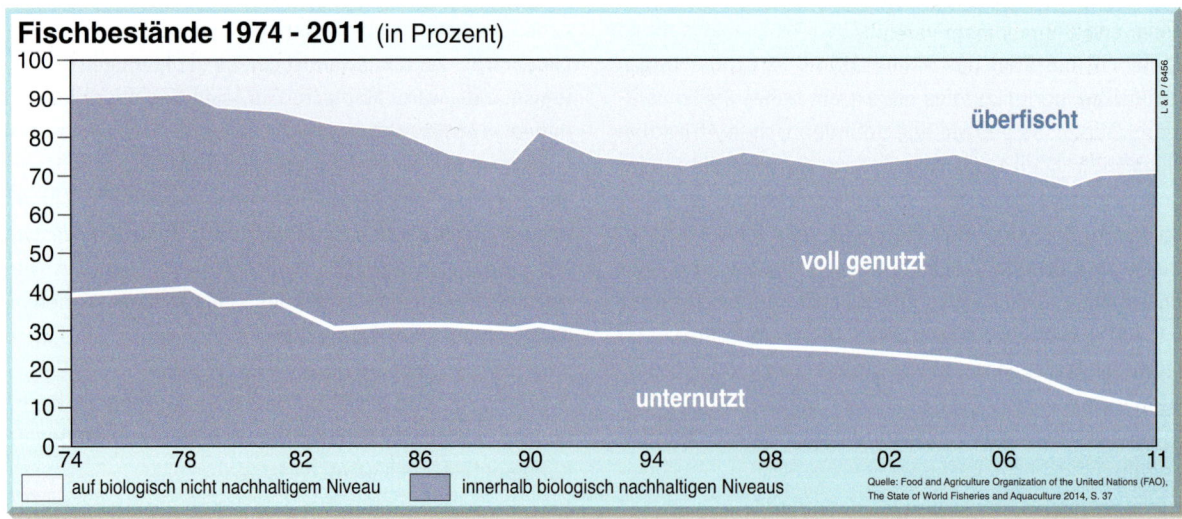

M 5 Umverteilung der Pflanzen

Der Klimawandel hat regional einen sehr unterschiedlichen Einfluss auf die Pflanzenvielfalt: Ausgerechnet in den Industrieländern mit hohen Treibhausgasausstoß könnte die Vielfalt eher steigen, in den ärmeren Südländern dagegen sinken. Zu diesem Ergebnis kommt eine Studie der Universitäten Bonn, Göttingen und Yale. Das bedeute jedoch nicht nur einen Gewinn für die westlichen Länder. Insgesamt werde die Artzusammensetzung den Modellrechnungen nach etwas einheitlicher und einzigartige Pflanzen könnten verschwinden. Somit komme es auch im Pflanzenreich zu einer Globalisierung.

Zusätzliche Arten könnten laut Studie vor allem dort Lebensraum finden, wo es heute noch kühl und feucht ist. In heute trockenen und warmen Regionen wie den Tropen und Subtropen verschlechtern sich dagegen die Aussichten für eine hohe Artenvielfalt. […] Am negativsten könnte sich die Erwärmung auf die Artenzahlen der Pflanzen in den tropischen Amazonas-Regenwäldern Südamerikas auswirken. Für Deutschland erwarten die Wissenschaftler hingegen in Zukunft Klimabedingungen, die mehr Arten Lebensraum bieten. Dies könne aber kaum als Gewinn gewertet werden, heißt es in einer Erklärung […]. „Wenn es zu einer verstärkten Umverteilung von Pflanzenarten kommt, wird sich die Zusammensetzung der Arten in den verschiedenen Regionen der Welt immer mehr vereinheitlichen. Einzigartige, an besondere Standortbedingungen angepasste Arten würden dadurch mehr und mehr verdrängt werden."

dpa, Klimawandel fördert Globalisierung der Pflanzen, 24.03.2010; www.fr.de/wissen/artenvielfalt-klimawandel-foerdert-globalisierung-der-pflanzen-a-1043288

M 6 Ausbreitung von Pflanzenschädlingen

Pflanzenkrankheiten und Schädlinge haben sich seit 1960 im Schnitt fast drei Kilometer jährlich zu den Polen hin ausgebreitet. Das berichten Wissenschaftler im Fachmagazin „Nature Climate Change". Die vom Klimawandel mitverursachte Wanderung könne zu Problemen bei der Nahrungsmittelversorgung führen, warnt das Team um Daniel Bebber von der englischen Universität Exeter. […]
Im ersten Jahrzehnt der Beobachtungen wurden zwei Drittel der Erreger und Schädlinge nur in der nördlichen oder der südlichen Hemisphäre beobachtet, schreiben die Wissenschaftler. Ein Zehntel war nur außerhalb, ein weiteres Zehntel nur innerhalb der Tropen zu finden. Nach Ablauf der 50 Jahre seien mehr als die Hälfte global verbreitet gewesen. „Von den ursprünglich auf die Tropen beschränkten Arten breiteten sich zwei Drittel aus, die meisten global."
Bei der Ausbreitung polwärts gab es von Art zu Art große Schwankungen, schreibt Bebbers Team. Insgesamt aber sei ein klarer Trend erkennbar: Die überwiegende Zahl der Arten in der nördlichen Hemisphäre – etwa Pilze, Bakterien und Insekten – breite sich Richtung Nordpol aus. Fadenwürmer und Viren dagegen bewegten sich offenbar eher Richtung Äquator – warum, müsse noch untersucht werden. Die Ausbreitung gehe hauptsächlich auf den zunehmenden globalen Transport zurück, erklären die Forscher. Der Klimawandel aber ermögliche es Erregern und Schädlingen oft erst, in einem neuen Gebiet Fuß zu fassen, dessen Lebensbedingungen zuvor zu unwirtlich waren. Mit rund 27 Kilometern je Jahrzehnt sei die Verschiebung deutlich größer als die bei vielen Tieren beobachtete von knapp 18 Kilometern. Sie entspreche aber der nach dem Temperaturanstieg zu erwartenden Veränderung.
Wie gefährlich neu eingeschleppte Erreger sein können, verdeutlichen Beispiele wie die Hungersnot in Irland in den 1840ern, als der Pilz Phytophtera infestans Kartoffelernten vernichtete. 1943 habe ein Reispflanzen befallender Schimmelpilz Hunderttausende Menschen in Bengalen verhungern lassen, schreiben die Autoren. Derzeit gingen weltweit jährlich 10 bis 16 Prozent der Ernten verloren – an Pilze, Bakterien und Viren, aber auch Insekten oder Fadenwürmer.

dpa, Pflanzenschädlinge breiten sich weltweit aus, 02.09.2013; www.n-tv.de/wissen/Pflanzenschaedlinge-breiten-sich-weltweit-aus-article11279546.html

Aufgaben

1. Ermitteln Sie aus M4–M6 die Merkmale und Auswirkungen der ökologischen Dimension der Globalisierung auf den Einzelnen und die Gesellschaft.

2. Überprüfen Sie, ob und gegebenenfalls die Politik und jeder einzelne dieser Entwicklung begegnen können.

Der Klimawandel – Realität auch in Deutschland

M 7 Klimaveränderungen in Bayern

Die globale Erwärmung ist längst in Bayern angekommen, auch wenn sie nicht so ausfällt, wie es sich manch Sonnenhungriger erträumt hat: Um fast anderthalb Grad ist die Temperatur bei uns im Jahresdurchschnitt bereits gestiegen – verglichen mit den langjährigen Durchschnittstemperaturen vor Beginn dieses Jahrtausends: Über das gesamte 20. Jahrhundert gerechnet lag Bayerns Durchschnittstemperatur bei 7,5 Grad, seit 2000 ist unser Jahresdurchschnitt im Mittel bei 8,6 Grad, seit 2011 schon bei 8,9 Grad.

Anderthalb Grad, das klingt zunächst nicht viel, bringt aber schon jetzt deutlich messbare Veränderungen mit sich. Skifahrer bekommen das in einigen Regionen bereits zu spüren, denn es ist vor allem in den Wintermonaten wärmer geworden. Bayerns Gletscher sind seit Jahren im Schwinden begriffen und die Jahreszeiten haben sich schon deutlich verschoben. Das Wetter variiert im ganzen Jahr stärker als früher und Extremwetter-Ereignisse wie Stürme, Starkregen, aber auch Dürreperioden haben merklich zugenommen.

Höhere Temperaturen bedeuten aber nicht schöneres Wetter, im Gegenteil: Durch erhöhte Lufttemperaturen verdunstet mehr Wasser. Mancherorts häufen sich dadurch Dürreperioden, wie sie der Norden Bayerns immer häufiger erlebt. Zugleich kann eine wärmere Atmosphäre auch immer mehr Wasserdampf aufnehmen: Mit jedem Grad Erwärmung kann die Atmosphäre sieben Prozent mehr Wasser speichern – und als Niederschlag wieder abgeben. Zugleich vergrößern höhere Lufttemperaturen auch das Gewitterrisiko.

Bayerns Tier- und Pflanzenwelt reagiert längst auf das veränderte Klima. So ist zum Beispiel die Wespenspinne heute in manchen Gebieten des Allgäus die am häufigsten vorkommende Großspinne. Sie ist aus dem Mittelmeerraum zugewandert. Flora und Fauna in den Alpen sind besonders vom Klimawandel betroffen. Auch am Verhalten mancher Vögel lassen sich die Folgen des Klimawandels beobachten: Der einst klassische Zugvogel Mönchsgrasmücke bricht im Herbst schon lange nicht mehr gen Süden auf. An Land- und Forstwirten gehen die Veränderungen ebenfalls nicht vorbei: Während wärmeliebende Pflanzen wie Mais und Zuckerrüben besser wachsen und sich die Bauern über höhere Erträge freuen, nehmen auf der anderen Seite Schädlinge wie der Borkenkäfer zu. Bei warmen Temperaturen vermehrt er sich explosionsartig. [...]

Die stetig steigenden Temperaturen in Bayern betreffen aber nicht nur einzelne Tier- und Pflanzenarten, sondern ganze Ökosysteme – etwa Wälder, Seen oder Graslandschaften. Um den Anforderungen des Klimawandels begegnen zu können, erforschen Wissenschaftler nicht nur, welche Auswirkungen die Klimaerwärmung in Bayern schon hat und zukünftig haben wird, sondern auch, wie bayerische Ökosysteme und die heimische Artenvielfalt geschützt werden können.

N.N., Längst bei uns angekommen, 03.03.2017; www.br.de/klimawandel/klimawandel-bayern-folgen-erwaermung-100.html

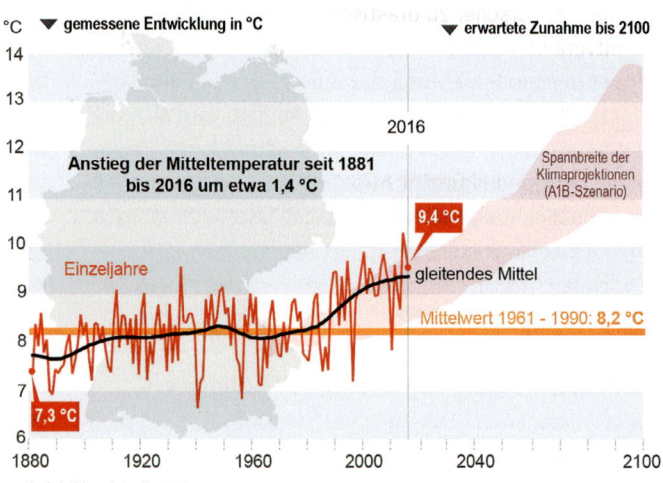

M 8 Das Pariser Klimaabkommen

Alljährlich lädt die UN die Staatengemeinschaft zur Klimakonferenz ein:

Im Dezember 2015 rangen Vertreter von fast 200 Ländern zwei Wochen lang auf der 21. Weltklimakonferenz in Paris um den so dringend benötigten Nachfolger des Kyoto-Protokolls, das 2020 ausläuft. Anders als beim Vorläufer war diesmal eine internationale Klimaschutz-Vereinbarung gesucht, der möglichst viele Staaten zustimmen, und die diese dennoch zu ehrgeizigen Klimaschutzmaßnahmen bewegt. Am Ende feierten die Delegierten schließlich mit einem 31 Seiten langen Dokument den Durchbruch. [...] Beschluss und Unterzeichnung des Vertrages in Paris waren aber nur die halbe Miete. Damit das Klima-Abkommen tatsächliche Wirkung zeigt, war anschließend noch eine selbstauferlegte Hürde zu nehmen: Von den 197 Nationen, die der Weltklimakonferenz angehören, mussten mindestens 55 Länder, die zugleich für mindestens 55 Prozent der weltweiten CO_2-Emissionen verantwortlich sind, den Weltklimavertrag im eigenen Parlament ratifizieren. Anfang Oktober 2016 war auch das geschafft, einen Monat später, am 4. November 2016, trat das Paris-Protokoll in Kraft – weniger als ein Jahr nach der Klimakonferenz von Paris. [...]

Um die schlimmsten Folgen des Klimawandels abzuwenden, soll das Abkommen die Erderwärmung auf deutlich unter 2 Grad begrenzen, wenn möglich sogar auf nur 1,5 Grad beschränken. Hierfür strebt die Weltgemeinschaft im UN-Klimavertrag den Abschied von Öl, Gas und Kohle an. [...] Viele Wissenschaftler halten dann die Veränderungen durch den Klimawandel für gerade noch steuerbar. Erwärmt sich die Erde stärker als diese zwei Grad, kommt es nach Meinung der Forscher zu drastischen und unumkehrbaren Umweltveränderungen.

N.N., Der internationale Klimavertrag - ohne die USA? 02.06.2017; www.br.de/klimawandel/klimaabkommen-paris-protokoll-klimapolitik-klima-wandel-102.html

M 9 Trump verkündet Ausstieg aus Pariser Klimaschutzabkommen

US-Präsident Donald Trump hat den Ausstieg aus dem globalen Klimaabkommen von Paris angekündigt. Seine Regierung wolle in neue internationale Verhandlungen zum Klimaschutz eintreten, um einen „fairen Deal" für die Vereinigten Staaten zu erreichen, sagte Trump. „Ich wurde gewählt, um Pittsburgh zu repräsentieren, nicht Paris."
Mit dem Schritt löse seine Regierung das Wahlversprechen ein, wonach in erster Linie die Interessen amerikanischer Arbeiter zu beachten seien, sagte Trump. „Das Abkommen wurde miserabel von der Obama-Regierung ausgehandelt und aus Verzweiflung unterschrieben." Er hingegen wolle die Interessen des amerikanischen Volkes beschützen, sagte der US-Präsident. Diese würden etwa auch im Kohleabbau liegen. Mit dem Pariser Klimaschutzabkommen werde diese Industrie aber bekämpft.

Trump begründete seine Entscheidung auch damit, dass das Abkommen den Umweltidealen der USA widersprechen würde. China dürfe der Vereinbarung zufolge seine Emissionen bis 2030 weiter steigern. Indien erhalte derweil „Milliarden über Milliarden an Entwicklungshilfe". Insgesamt sei das Abkommen „sehr unfair" und bedeute eine Umverteilung des Wohlstands auf Kosten der USA. Er werde sich daher um einen „besseren Deal" bemühen, sagte Trump.

Die Regierungschefs von Deutschland, Frankreich und Italien wiesen die Forderung nach einer Neuverhandlung zurück: „Wir betrachten die im Dezember 2015 in Paris erzeugte Dynamik als unumkehrbar und sind der festen Überzeugung, dass das Übereinkommen von Paris nicht neu verhandelt werden kann, da es ein lebenswichtiges Instrument für unseren Planeten, unsere Gesellschaften und unsere Volkswirtschaften darstellt", hieß es in einer gemeinsamen Erklärung. Trumps Ausstiegsbeschluss nehme man „mit Bedauern zur Kenntnis". [...]

Trump hatte im Wahlkampf angekündigt, aus dem Klimaschutzabkommen aussteigen zu wollen. Den menschengemachten Klimawandel hatte er als Erfindung bezeichnet. Auch die Umweltbehörde Epa hatte zuletzt für den Ausstieg geworben. In Umfragen sprachen sich etwa zwei Drittel der Amerikaner für einen Verbleib im Abkommen aus. Mit seiner Entscheidung setzt sich der US-Präsident über die Appelle zahlreicher internationaler Verbündeter sowie den Großteil der US-Wirtschaft hinweg.

AFP/AP/Reuters/dpa/jak, Trump verkündet Ausstieg aus Pariser Klimaschutzabkommen. 01.06.2017; http://www.zeit.de/politik/ausland/2017-06/usa-trump-will-pariser-klimaabkommen-aufkuendigen

Aufgaben

1. Analysieren Sie die Grafik in M7 und beschreiben Sie die Auswirkungen der globalen Klimaerwärmung auf Bayern. Interpretieren Sie in diesem Zusammenhang die Karikatur M1.
2. Nennen Sie das zentrale Ziel der Pariser Weltklimakonferenz (M8) und erarbeiten Sie aus M9 die Begründungen des US-Präsidenten Trump für den Ausstieg der USA aus dem Abkommen.
3. Erörtern Sie die Folgen der US-Klimapolitik und diskutieren Sie ausgehend von M9 Maßnahmen, wie die internationale Staatengemeinschaft darauf reagieren kann.

8. Globale Herausforderungen III: die globale Bevölkerungsentwicklung

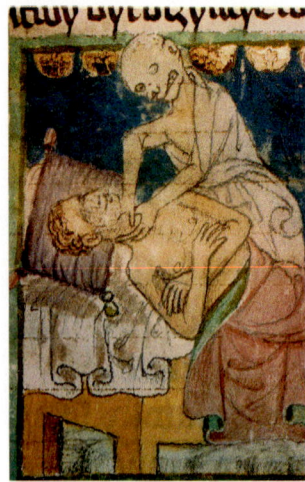

Die Pest bringt den Tod
Buchmalerei aus dem 14. Jahrhundert

Historische Entwicklung

Um Christi Geburt lebten etwa 300 Millionen Menschen auf der Erde, davon eine knappe Million auf der Fläche der heutigen Bundesrepublik. Rund 1650 Jahre später hatte sich deren Zahl in Deutschland zwar verfünffacht, war aber vorher durch die große, europaweite Pestwelle 1350 und den Dreißigjährigen Krieg (1618–1648) stark dezimiert worden. Die Weltbevölkerung hatte sich im selben Zeitraum gerade einmal verdoppelt. Nur weitere 250 Jahre später lebten schon 1,7 Milliarden Menschen auf dem Globus. Dieser globalen Verdreifachung stand eine Verelffachung der deutschen Bevölkerung gegenüber (rund 56 Millionen). Während die Einwohnerzahl in der Bundesrepublik schon seit den 1990er-Jahren bei etwa 80 Millionen stagniert, wächst die Weltbevölkerung jedoch weiter massiv: Heute (Stand 2017) leben circa 7,5 Milliarden Menschen auf der Erde, die Prognosen für 2050 gehen von 10 Milliarden aus.

Folgen der Bevölkerungsentwicklung

Das Wachstum der Weltbevölkerung bringt zahlreiche Folgen mit sich. Am gravierendsten sind vermutlich die Auswirkungen auf unsere Ressourcen: Je mehr Menschen auf dem Planeten leben, desto schneller werden die Bodenschätze, vor allem bei fortschreitendem Wirtschaftswachstum, und die Trinkwasservorräte zur Neige gehen. Auch die Nahrungsmittelproduktion stellt einen limitierenden Faktor dar. Wenn in diesen Bereichen die Kapazitäten knapp werden, wachsen die Verteilungskämpfe und der Migrationsdruck, da die Menschen aus Gebieten, deren Ressourcen die einheimische Bevölkerung nicht mehr ernähren können, in reichere und vermeintlich sicherere Gebiete abwandern werden.

Verstärkt werden die negativen Folgen der Bevölkerungsentwicklung noch durch den Anstieg der durchschnittlichen Lebenserwartung weltweit von heute rund 68 Jahren auf geschätzt 76 Jahre bis Mitte des 21. Jahrhunderts.

Bevölkerungswachstum und Landflucht führen zu einer stetig steigenden Urbanisierung und zur Entstehung sogenannter Megacitys mit erheblichen Versorgungsproblemen.

Mögliche Trendwende

Da die Frauen in den meisten Regionen der Welt jedoch immer weniger Kinder bekommen, könnte sich eine Trendwende bei der Weltbevölkerung abzeichnen: Szenarien der Vereinten Nationen gehen davon aus, dass der Scheitelpunkt der Bevölkerungsentwicklung in der zweiten Hälfte des 21. Jahrhunderts erreicht ist. Ab diesem Zeitpunkt wird nach diesen Berechnungen die Weltbevölkerung wieder abnehmen.

Massenfreizeit
Tausende Badegäste in einem Schwimmbad in China auf engstem Raum

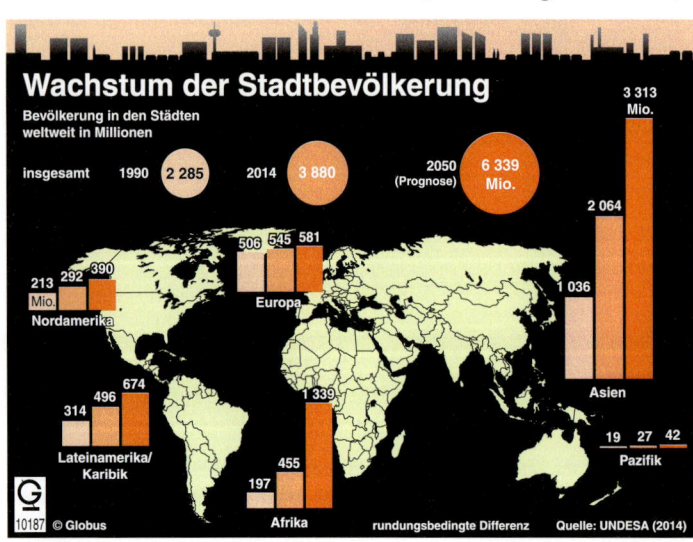

M 1 Urbanisierung weltweit

Bevölkerung im 21. Jahrhundert – Entwicklung und Zusammensetzung

M 2 Deutschland im Jahr 2060

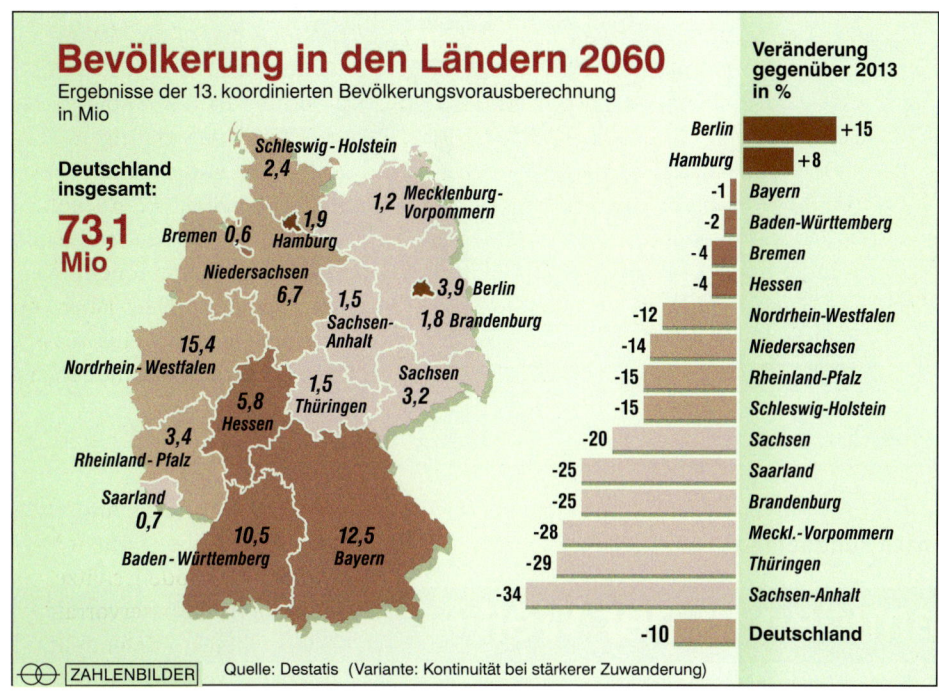

M 3 Europa im Jahr 2080

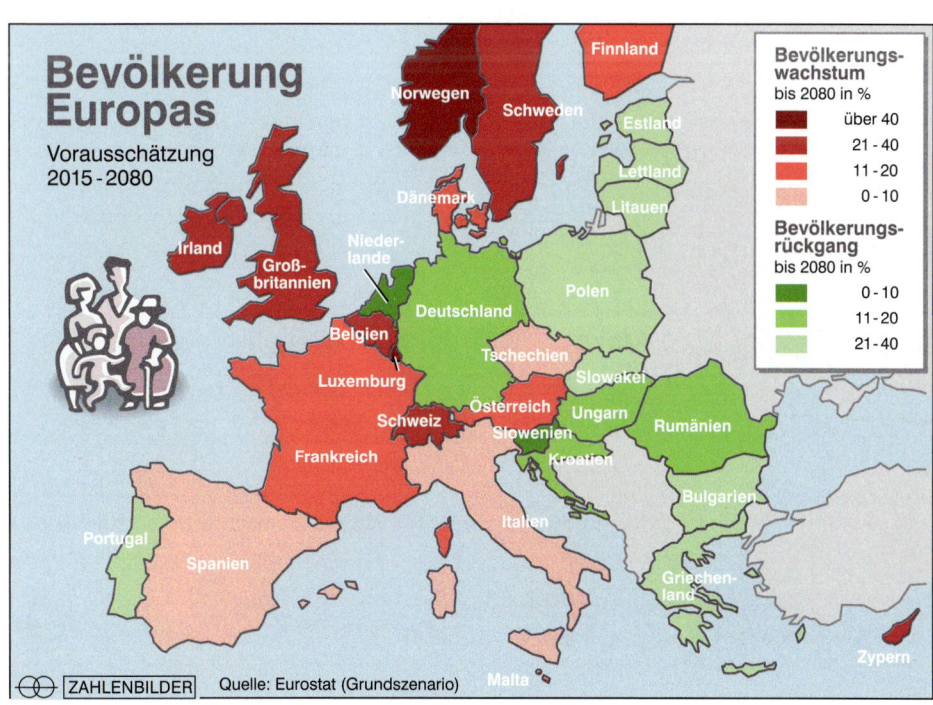

M 4 Die Weltbevölkerung bis 2050

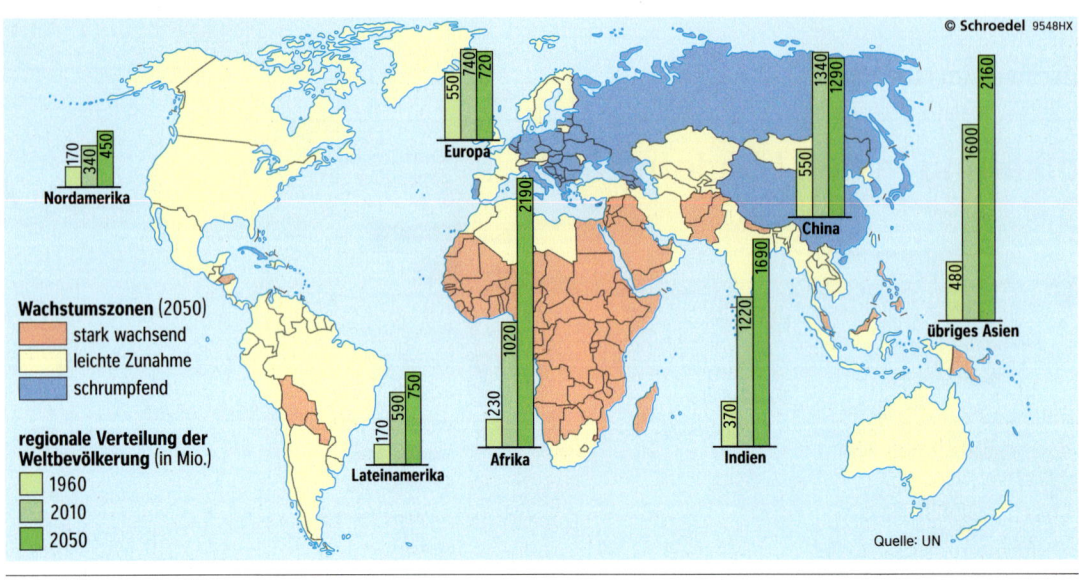

Nach Schätzungen der UN

M 5 Alterspyramiden nach Kontinenten

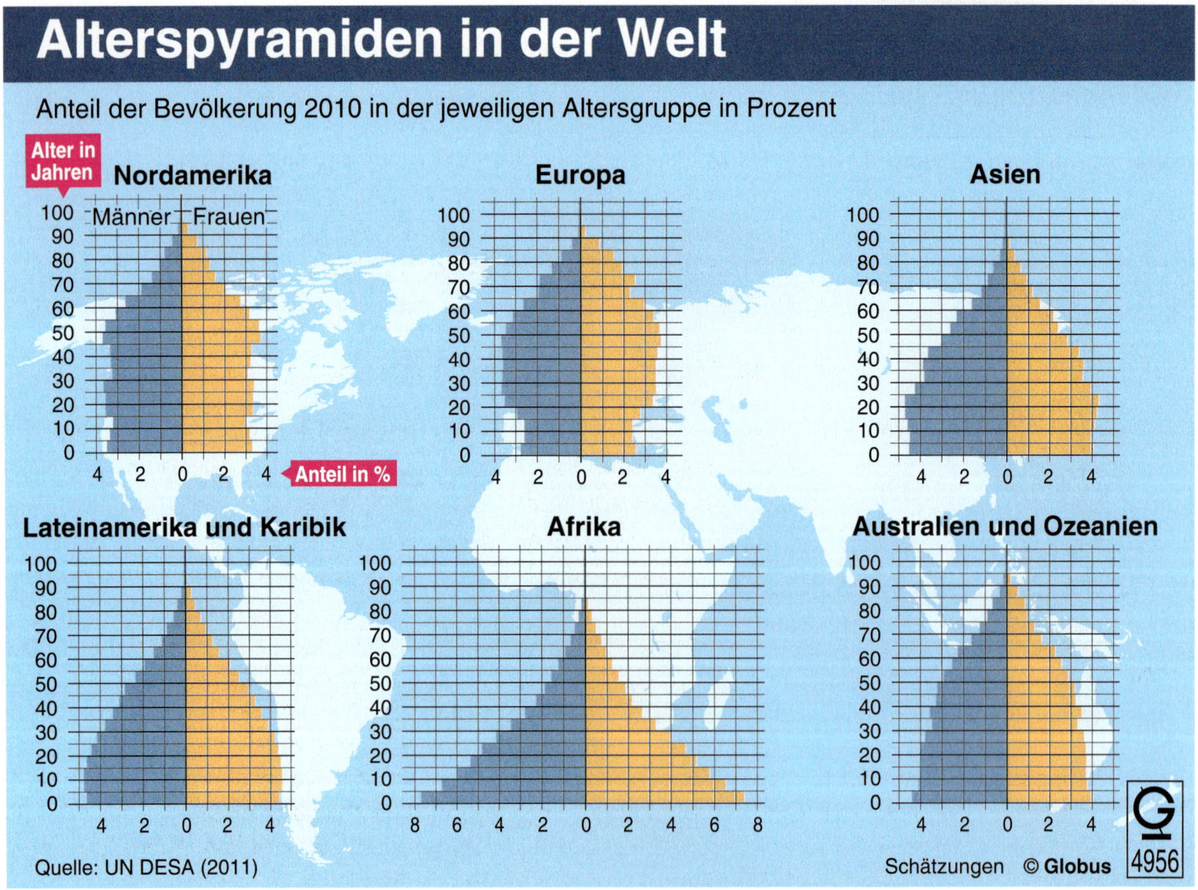

M 6 Fruchtbarkeitsraten

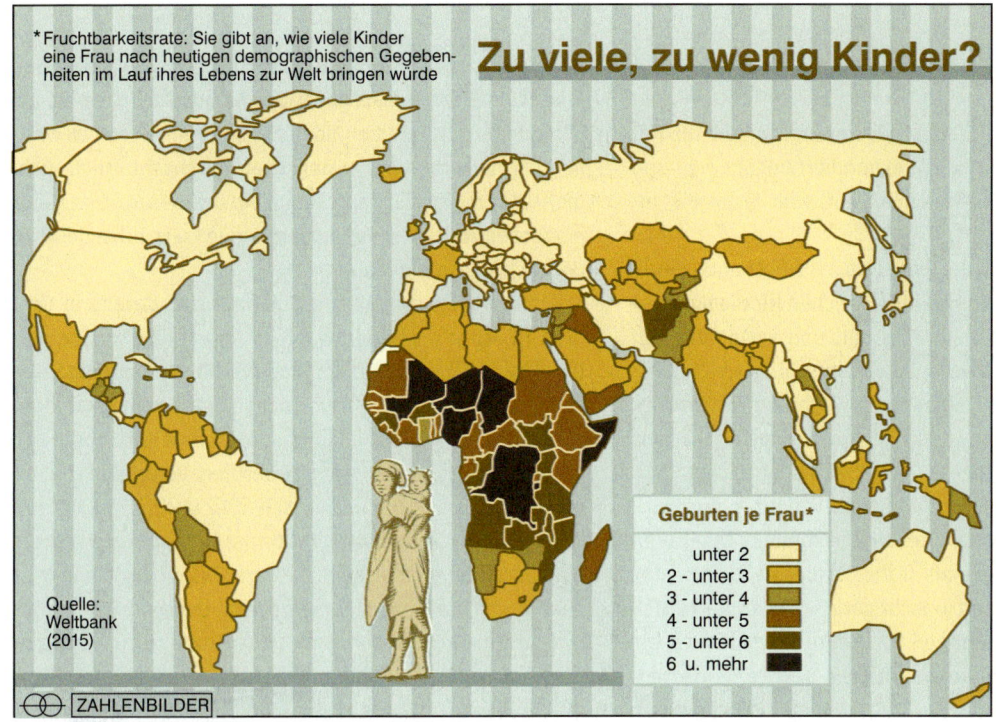

*Fruchtbarkeitsrate: Sie gibt an, wie viele Kinder eine Frau nach heutigen demographischen Gegebenheiten im Lauf ihres Lebens zur Welt bringen würde

Zu viele, zu wenig Kinder?

Geburten je Frau*
- unter 2
- 2 - unter 3
- 3 - unter 4
- 4 - unter 5
- 5 - unter 6
- 6 u. mehr

Quelle: Weltbank (2015)

M 7 Weltuntergang – zwei Sichtweisen

Karikatur von Jupp Wolter

Aufgaben

1. Analysieren Sie die Grafiken M1–M6 und fassen Sie Ihre Ergebnisse in einem Lernplakat zusammen.
2. Interpretieren Sie die Karikatur M7 vor dem Hintergrund von M2–M6.
3. Erörtern Sie die Auswirkungen der globalen Bevölkerungsentwicklung für Deutschland, Europa und die Welt und diskutieren Sie Möglichkeiten, diesen Herausforderungen zu begegnen.

Bevölkerungsentwicklung – ein alternatives Szenario

M 8 Absage an den Untergang

Tatsächlich wächst die Weltbevölkerung zurzeit im Rekordtempo, die Weltwirtschaft expandiert ungehemmt und zehrt die natürlichen Ressourcen auf, vom Erdöl bis zur Ackerkrume.
Wie es weitergeht auf der Erde, ist natürlich unbekannt. Doch bei aller Unsicherheit: Einige Weichen für die langfristige Entwicklung sind schon gestellt. Und sie deuten auf eine Trendwende hin. Nachdem die Menschheit im 20. Jahrhundert ein historisch einmaliges Wachstum erlebt hat, dürfte das 21. Jahrhundert den Beginn des Postwachstums markieren.
Das liegt vor allem am reproduktiven Verhalten der Menschen: In fast allen Ländern der Welt bekommen die Frauen deutlich weniger Kinder als früher, sodass ein Ende des Bevölkerungswachstums in Sicht gerät. Zudem dürfte sich die Zahl der über 60-Jährigen von heute 810 Millionen bis 2050 auf über zwei Milliarden erhöhen. Weniger und ältere Menschen werden weniger produzieren und konsumieren. Addiert man hierzu die ökonomischen Bremseffekte, die durch Ressourcenknappheit, Nahrungsmittelkrisen und Klimawandel zu erwarten sind, dürfte sich das Wirtschaftswachstum mittelfristig abschwächen und irgendwann sogar ausklingen. Damit schwinden auch dessen ungewollte Nebeneffekte, die das Leben auf der Erde erschweren.
Lange Zeit war das Wachstum der Bevölkerung ein wichtiger Antrieb für das Wirtschaftswachstum. Mehr Menschen bedeuteten mehr Arbeitskräfte, mehr Verbraucher und größere Absatzmärkte. Doch ausgerechnet in den reichsten und erfolgreichsten Ländern der Welt, in denen die Lebensbedingungen am besten sind, pflanzen sich die Menschen mittlerweile in so geringem Maße fort, dass ihr heutiger Bestand auf lange Sicht nicht mehr garantiert ist.
Damit eine Bevölkerung ohne Zuwanderung stabil bleibt, braucht sie theoretisch zwei Kinder je Elternpaar. In Wirklichkeit etwas mehr, denn nicht alle Kinder erreichen das Alter, in dem sie selbst Eltern werden können. In hoch entwickelten Industriestaaten genügen im Mittel 2,1 Kinder für demografische Stabilität. In armen, wenig entwickelten Ländern liegt dieses „Ersatzniveau" zwischen 2,2 und 2,6 Kindern.
In etwa 90 (von weltweit rund 200) Ländern bekommen Frauen heute im Schnitt 2,1 Kinder oder weniger. Darunter sind nicht nur alle europäischen Nationen, sondern auch demografische Schwergewichte wie China, Brasilien und Japan. Selbst in gut ausgebauten Sozialstaaten, wo es am einfachsten ist, Familie und Beruf unter einen Hut zu bringen […], bekommen die Menschen durchschnittlich nicht mehr als zwei Kinder. Insgesamt liegt die Geburtenrate aller entwickelten Staaten bei 1,6 Kindern je Frau – also deutlich unter dem Ersatzniveau.
Über die Hälfte der Weltbevölkerung lebt bereits in Ländern, in denen die Geburtenrate nicht mehr bestandserhaltend ist. In einigen Staaten sind die Nachkommenszahlen so niedrig, dass damit im wörtlichen Sinne kein Staat mehr zu machen ist: Japan, Südkorea, Deutschland, Portugal und Italien, die Ukraine, Rumänien, Serbien, Polen und Ungarn vermelden Fertilitätsraten zwischen 1,2 und 1,4 Kindern pro Frau. Jede Nachwuchsgeneration ist dort mindestens um ein Drittel kleiner als die ihrer Eltern. Fast überall in Europa bekommen die Menschen heute etwa ein Kind weniger als ihre Eltern und zwei weniger als ihre Großeltern. In Schwellen- und Entwicklungsländern haben Frauen sogar zwei bis drei Kinder weniger als in der Generation zuvor. In Brasilien ist die Zahl der Kinder je Frau in den vergangenen 30 Jahren von 4,3 auf 1,9 gesunken. In Bangladesch von 6,6 auf 2,3. In der Türkei von 4,2 auf 2,0. In Extremfällen wie dem Iran sogar von 7 auf 1,8. […]
Für den gegenwärtigen Rückgang der Kinderzahlen in Bangladesch oder im Iran gelten die gleichen Erklärungen wie einst in den Industrienationen: Wo sich die Überlebenschancen von Kindern verbessern, können sich arme Menschen weniger Nachwuchs „erlauben", ohne ihre traditionelle Alterssicherung zu riskieren. Wo sich agrarische Lebensgemeinschaften zu Industrie- und Wissensgesellschaften transformieren, werden Kinder von einem Produktions- zu einem Kostenfaktor. Sobald die Staaten eine öffentlich finanzierte Alterssicherung aufbauen, geht ein weiterer Grund für (viele) eigene Kinder verloren. Da im Rahmen dieser sozioökonomischen Entwicklung die Einkommen steigen, verdrängt die „Konkurrenz der Genüsse" den Kinderwunsch gegenüber dem nach Konsumgütern. Und schließlich lösen sich die hierarchischen Unterschiede zwischen Männern und Frauen auf: Wo immer Frauen Zugang zu Bildung erlangen, eröffnen sich ihnen andere Einkommensmöglichkeiten. Damit schwindet die Notwendigkeit, sich als Frau an einen männlichen Versorger zu binden, was traditionell am nachhaltigsten mit vielen Kindern gelang.

Bildung, insbesondere für Frauen, gilt unter Demografen als das wirkungsvollste Verhütungsmittel von allen. […] Überall auf der Welt entwickeln sich die Gesellschaften nach dem gleichen Muster: Bildung, Wohlstand und mehr persönliche Freiheit führen dazu, dass die Menschen Kinder nicht mehr als Schicksalsfügung hinnehmen, sondern sie beginnen, ihre Familien zu „planen". Ab einem bestimmten Bildungsstand gehören zu solchen geplanten Familien im Schnitt weniger als zwei Kinder. Dann wird aus der Bevölkerungsexplosion eine Implosion. […]

Dies bedeutet noch nicht automatisch ein Ende der Bevölkerungszunahme: zum einen werden die Menschen älter, bleiben also länger Teil der Weltbevölkerung. Zum anderen geht das heutige „niedrige" Wachstum von einer Basis von 7,2 Milliarden Menschen aus und damit von mehr als doppelt so vielen Individuen wie in den 1960er-Jahren. Der große Dampfer Weltbevölkerung, der lange mit voller Fahrt unterwegs war, hat einen sehr, sehr langen Bremsweg. Bis er zum Stehen kommt, dürften noch ein paar Jahrzehnte ins Land gehen. Aber dass er es tun wird, gilt als sicher. […] Selbst China wird es kaum schaffen, mit der Lockerung der Einkindpolitik den längst eingeleiteten Schrumpfungsprozess aufzuhalten. Auch dort steigt das Bildungsniveau von Frauen deutlich an. Hochschulabsolventinnen bekamen nach den Daten des letzten chinesischen Zensus bloß 0,4 Kinder. Gleichzeitig steigen die Scheidungsraten, weil sich die Chinesinnen ungestört ihrer beruflichen Karriere widmen wollen. Zudem drängt die Regierung auf eine weitere Urbanisierung, die im Jahre 2030 bereits 70 Prozent erreichen soll.

In den hochverdichteten Stadtungeheuern, in denen Millionen auf engstem Raum in einem Meer aus Beton leben, bekommen die Chinesinnen schon heute sogar weniger Kinder, als sie nach der offiziellen Politik dürften. […] Der Wiener Demograf Wolfgang Lutz glaubt deshalb, dass sich in den ostasiatischen Ländern China, Taiwan, Südkorea und Japan langfristig eine „ultraniedrige" Geburtenrate einstellt, die noch unter jener Europas liegt. Schon für 2200 kann er sich eine Weltbevölkerung von vier Milliarden vorstellen. Langfristig könnte diese weiter schrumpfen – auf nur noch 1,5 Milliarden. […]

Ganz anders sieht es in vielen Entwicklungsländern aus. Sie befinden sich in einer Phase des Aufschwungs mit viel Nachholbedarf. Sie haben die Chance auf eine „demografische Dividende": Wenn dort die Kinderzahlen merklich sinken, wächst die Bevölkerung im Erwerbsalter anteilsmäßig schneller als die Gesamtbevölkerung. Die Menschen werden allein deshalb reicher, weil weniger Kinder nachrücken. Gelingt es in dieser Phase, die vielen jungen Menschen auch mit Jobs und wachsenden Qualifikationen auszustatten, ist ein Wirtschaftsboom gar nicht aufzuhalten. […] Doch auf diesem Weg steigt mit dem Wohlstand unweigerlich auch der Energie- und Rohstoffverbrauch. Ohne Entwicklung gibt es keine sinkenden Geburtenraten, doch ohne Energie ist Entwicklung nicht vorstellbar. Und weil die armen Länder auf absehbare Zeit von fossilen Brennstoffen abhängig sind, dürften schon kleine Entwicklungsschritte die globalen Kohlendioxidemissionen deutlich steigen lassen. Hinzu kommt, dass mit dem sozialen Aufstieg auch die Einkommen und die Konsumwünsche steigen – und damit die negativen Begleiterscheinungen für die Umwelt.

Diese Folgen lassen sich im besten Fall abmildern, aber nicht komplett vermeiden. Sie sind der Preis für ein Ende des globalen Bevölkerungswachstums und deshalb ohne Alternative. Der Weg ins Paradies der Nachhaltigkeit wird deshalb mit Sicherheit durch eine Reihe von ökologischen und demografischen Krisen führen. Und die wird vor allem Afrika zu spüren bekommen, jener Kontinent, in dem das Bevölkerungswachstum am längsten anhalten wird.

Reiner Klingholz, Absage an den Untergang, 13.02.2014; www.zeit.de/2014/07/szenario-schrumpfende-weltbevoelkerung/komplettansicht

Aufgaben

1. Erarbeiten Sie aus M8 die erwartete Entwicklung der Weltbevölkerung und differenzieren Sie dabei nach Kontinenten bzw. Regionen und Entwicklungsgraden.
2. Ermitteln Sie aus M8 die Gründe für den erwarteten Rückgang der Weltbevölkerung und bewerten Sie diese.
3. Diskutieren Sie, ob es wünschenswert ist, der in M8 beschriebenen Bevölkerungsentwicklung gegenzusteuern.

Abgeordnete. Von den Bürgerinnen und Bürgern durch allgemeine, unmittelbare, freie, gleiche und geheime Wahlen gewählte Repräsentanten, die in den deutschen Parlamenten mit keinerlei Aufträgen oder Weisungen (z. B. aus der Partei oder dem Wahlkreis) gebunden werden können (Art. 38 Abs. 1 GG); dieser Freiheit der Abgeordneten steht allerdings faktisch die Fraktionsdisziplin gegenüber. Zur ungehinderten Ausübung ihres Amtes sind die Abgeordneten u. a. durch ihre Immunität und den Bezug von Diäten, die ihren Lebensunterhalt sichern, in der Lage.

Arbeitgeberverbände. Es gibt in Deutschland gut 1000 Verbände von Unternehmenseigentümern bzw. -leitungen, die in der Bundesvereinigung der Deutschen Arbeitgeberverbände (BDA) zusammengeschlossen sind. Die BDA vertritt ihre Mitglieder in der Sozial- und Gesellschaftspolitik, dient als Plattform für die Koordinierung der Interessenvertretung gegenüber den Ländern, dem Bund und der Europäischen Union. Die Arbeitgeberverbände der jeweiligen Branchen sind Verhandlungspartner der Gewerkschaften bei den Tarifverhandlungen (Tarifautonomie, Tarifvertrag). Im weiteren Sinne werden auch die im Bundesverband der Deutschen Industrie (BDI) zusammengeschlossenen Wirtschaftsfachverbände zu den Arbeitgeberverbänden gezählt. Aufgabe des BDI ist die Wahrnehmung der wirtschaftspolitischen Interessen seiner Mitglieder.

Arbeitsmarktpolitik. Summe aller staatlichen Maßnahmen, die die Beziehungen zwischen Angebot und Nachfrage auf den Arbeitsmärkten ordnen und den Arbeitsmarktprozess beeinflussen.

Armut. Begriff, der generell die mangelnde Befriedigung von Grundbedürfnissen wie Kleidung, Nahrung, Wohnung, Gesundheit bezeichnet; unterschieden wird zwischen absoluter Armut und relativer Armut. Als absolut arm gelten nach Definition der Weltbank Menschen, die weniger als 1,90 USD pro Tag für die Befriedigung der existenziellen Lebensbedürfnisse zur Verfügung haben. Demgegenüber basiert der Begriff der relativen Armut auf der Vorstellung sozialer Ungleichheit. So gilt zum Beispiel in Deutschland als relativ arm, wer über maximal 50 % des Medianeinkommens (mittleren Einkommens) einer Bevölkerungsgruppe verfügt. Zusätzlich unterschieden wird zwischen einem Armutsrisiko, das bei weniger als 60 % des Medianeinkommens vorliegt, und einer strengen Armut (weniger als 40 %). Nach den Kriterien der Europäischen Union ist arm, wer 60 % oder weniger des Medianeinkommens zur Verfügung hat.

Asylbewerber. Migranten, die einen Antrag auf Asyl nach Art. 16a GG gestellt haben, der noch in Bearbeitung ist; Voraussetzung für eine Anerkennung ist der Nachweis, persönlich von Verfolgung bedroht zu sein. Nach Anerkennung eines Asylantrages wird der Antragsteller zu einem Asylberechtigten.

Bildungsexpansion. Der steigende Anteil an Menschen mit höherwertigen Bildungsabschlüssen (Hochschulreife, Studium) seit den 1960er-Jahren.

Blauhelmsoldaten. Angehörige der Friedenstruppen der Vereinten Nationen. Für die Entsendung der Blauhelmsoldaten ist die Zustimmung des UN-Sicherheitsrates und aller am Konflikt beteiligten Parteien notwendig. Von den beteiligten Truppen wird strikte Neutralität erwartet. Sie dürfen, außer zur Selbstverteidigung, keine Gewalt anwenden – es sei denn, sie verfügen über ein sogenanntes robustes Mandat. 1988 erhielten die UN-Friedenstruppen den Friedensnobelpreis.

Brexit. (Kurzform von „British exit") Der ehemalige britische Premierminister David Cameron hatte im Jahr 2013 angekündigt, nach seinen Verhandlungen mit der Europäischen Union über Reformen spätestens 2017 ein Referendum zum Verbleib Großbritanniens in der EU abzuhalten. Am 23.6.2016 fand das „Referendum über den Verbleib des Vereinigten Königreichs in der Europäischen Union" statt, in dem 51,9 % der Briten für einen Austritt und 48,1 % für einen Verbleib in der EU votierten. Cameron trat daraufhin als Premierminister zurück. Das Referendum ist zwar nicht bindend, aber die (neue) britische Regierung unter Theresa May hat den Austritt Großbritaniens aus der EU, der zum 29.3.2019 wirksam werden soll, mittlerweile in die Wege geleitet.

Bruttoinlandsprodukt (BIP). Das BIP misst den Wert aller Güter und Dienstleistungen, die in einem Jahr innerhalb der Landesgrenzen einer Volkswirtschaft produziert werden. Das BIP enthält anders als das Bruttosozialprodukt auch die Leistungen der Ausländer, die innerhalb eines Landes arbeiten, während die Leistungen der Inländer, die im Ausland arbeiten, nicht berücksichtigt werden. Unterschieden wird üblicherweise zwischen nominalem und realem BIP. Bei der Berechnung des nominalen BIP werden alle produzierten Güter und Dienstleistungen zu laufenden Preisen, d. h. den Preisen des Erstellungsjahres, einbezogen. Eine Erhöhung des nominalen BIP kann daher nicht nur auf größere produzierte Mengen, sondern auch auf Preissteigerungen zurückgehen. Deshalb werden im realen BIP konstante Preise, d. h. die Preise eines bestimmten Basisjahres, zugrunde gelegt; die Inflationsrate wird also herausgerechnet.

Bundeskanzler/in. Er/sie wird von einer Mehrheit des Deutschen Bundestages auf Vorschlag des Bundespräsidenten/der Bundespräsidentin gewählt und bestimmt die Richtlinien der Politik.

Bundespräsident/in. Von der Mehrheit der Bundesversammlung für fünf Jahre gewählt; eine einmalige Wiederwahl ist zulässig (Art. 54 GG). Seine/ihre Aufgaben sind die völkerrechtliche Vertretung Deutschlands und der Abschluss von Verträgen des Bundes mit dem Ausland sowie die Verkündung und Ausfertigung der Gesetze. Mit dem Amt verbunden ist das Recht, Begnadigungen auszusprechen, und das Vorschlagsrecht für die Wahl des Bundeskanzlers/der Bundeskanzlerin (Art. 63 GG). Er/sie ernennt diesen/diese und entlässt ihn/sie auf Ersuchen des Bundestages.

Bundesrat. Der Bundesrat (offiziell: Deutscher Bundesrat) ist die Vertretung der Bundesländer auf gesamtstaatlicher Ebene. Durch ihn wirken die Bundesländer bei der Gesetzgebung und Verwaltung des Bundes und in Angelegenheiten der Europäischen Union mit (Art. 50 GG). Ihm gehören 69 Mitglieder an, die nicht direkt von den Wahlberechtigten gewählt, sondern als Vertreter der Landesregierungen an deren Weisung gebunden sind. Die Anzahl der entsandten Mitglieder des Bundesrates variiert entsprechend dem Bevölkerungsanteil der Bundesländer zwischen drei und sechs Vertretern pro Land. Die Stimmen jedes Landes können nur geschlossen abgegeben werden.

Bundesregierung. Oberstes deutsches Exekutivorgan, an dessen Spitze der Bundeskanzler/die Bundeskanzlerin steht, der/die von den Bundesministern und -ministerinnen unterstützt wird (Art. 62 GG).

Bundestag. Oberstes Parlament in Deutschland; seine Mitglieder (Abgeordnete) werden in allgemeinen, unmittelbaren, freien, gleichen und geheimen Wahlen (Art. 38 GG) für vier Jahre von den deutschen Bürgern gewählt. Der Bundestag besteht aus mind. 598 Abgeordneten. Zu seinen wichtigsten Aufgaben zählen a) die Wahl (und ggf. Abwahl) des Bundeskanzlers/der Bundeskanzlerin, b) die Kontrolle der Bundesregierung und der ihr unterstellten Verwaltung (Ministerien), c) die Gesetzgebung des Bundes und die Feststellung des Bundeshaushalts, d) die Mitwirkung bei der Wahl des Bundespräsidenten/der Bundespräsidentin sowie e) der Richter/Richterinnen am Bundesverfassungsgericht und f) die Feststellung des Spannungs- oder Verteidigungsfalles. Eine wichtige Funktion bei der parlamentarischen Arbeit der Bundestagsabgeordneten kommt den Bundestagsausschüssen zu.

Bundesverfassungsgericht. Das Bundesverfassungsgericht ist eine Art oberster Hüter der Verfassung in Deutschland (Art. 93 GG). Es ist allen anderen Verfassungsorganen (Bundestag, Bundesregierung, Bundesrat, Bundespräsident/in) gegenüber selbstständig, unabhängig und diesen gleichgeordnet. Die Kompetenzen des Bundesverfassungsgerichts erstrecken sich u. a. auf a) Verfassungsstreitigkeiten zwischen obersten Bundesorganen, b) Streitigkeiten zwischen Bund und Ländern und zwischen den Ländern, c) Verfassungsbeschwerden von Bürgern und den Gemeinden, d) die Überprüfung von Rechtsvorschriften, e) Feststellung der Verfassungswidrigkeit politischer Parteien, f) Wahlprüfverfahren.

Bundesversammlung. Sie besteht aus den Mitgliedern des Bundestages und einer gleichen Anzahl von Mitgliedern, die von den Volksvertretungen der Länder gewählt werden. Einzige Aufgabe der Bundesversammlung ist die Wahl des Bundespräsidenten/der Bundespräsidentin.

Chancengerechtigkeit. Meint die Aufstiegs- und Entwicklungschancen von Individuen gemäß ihrer Begabung.

Chancengleichheit. Bezeichnet das Recht auf eine egalitäre Verteilung von Zugangs- und Lebenschancen; ein wesentlicher Schritt zur Verwirklichung der Chancengleichheit ist es, allen Menschen, unabhängig von ihren persönlichen Voraussetzungen, einen Zugang insbesondere zu Bildungsangeboten zu ermöglichen. Als einzelne Aspekte können die Gleichstellung der Geschlechter oder von Menschen mit und ohne Migrationshintergrund genannt werden.

Demografischer Wandel. Alle Veränderungen in der Zahl und Struktur der Bevölkerung eines Landes, die grundlegender Natur sind, d. h. über eine längere Zeit hinweg die Zusammensetzung nachhaltig und nicht nur vorübergehend ändern; dazu zählen z. B. die sinkenden Geburtenraten oder die Steigerung der Lebenserwartung in den meisten Industrieländern. In Deutschland gehört der demografische Wandel durch die steigende Zahl der Älteren gegenüber dem Anteil jüngerer Erwerbsfähiger zu den wichtigsten gesellschaftlichen Entwicklungen. Er wirkt sich vor allem auf die Arbeitswelt und die Sozialversicherungssysteme aus. Geburtenrückgang und Alterung der Gesellschaft lassen sich nach Berechnungen des Statistischen Bundesamtes durch Zuwanderung verlangsamen, nicht jedoch gänzlich aufhalten.

Demokratie, direkte. (Ggs.: Demokratie, repräsentative) Direkte Demokratie (auch: plebiszitäre Demokratie) bezeichnet eine Herrschaftsform, bei der die politischen Entscheidungen unmittelbar vom Volk z. B. durch Volksabstimmung getroffen werden. Lediglich die Art ihrer Umsetzung wird der Entscheidung einer Behörde überlassen. Rein auf direkter Demokratie basierende Gesellschaftsmodelle gibt es bisher nur in der Theorie (v. a. sozialistischer Rätesysteme). Das Modell der Schweiz ist dadurch gekennzeichnet, dass neben den direktdemokratischen (Volksinitiative, Referendum) auch repräsentative Elemente (z. B. Parlamente) existieren. Grundgedanke dieser Mischform ist es, das Mehrheitsprinzip (der repräsentativen Demokratie) zugunsten einer wesentlich höheren Beteiligung von Minderheiten am Entscheidungsprozess einzuschränken. Auch in Ländern mit repräsentativer Demokratie sind in verschiedenen Verfassungen und Gesetzen (z. B. deutscher Bundesländer und Gemeindeordnungen; US-amerikanischer Bundesstaaten) direktdemokratische Elemente wie Volksbegehren und Volksentscheid vorgesehen.

Demokratie, repräsentative. Eine Form der Demokratie, in der vom Volk gewählte Vertreter die politischen Entscheidungen treffen, die im Namen des Volkes handeln, dabei aber nicht an dessen Auftrag oder Weisung gebunden sind.

Diktatur. Staatsform, in der sich eine Person, Gruppe, Partei oder Regierung anmaßt, „von oben" bestimmen zu können, was dem allgemeinen Wohl der Bürger diene. Es werden zumeist autoritäre und totalitäre Diktatur unterschieden. Letztere, zu denen vor allem der Nationalsozialismus und der Stalinismus gerechnet werden, stehen im schärfsten möglichen Gegensatz zum demokratischen Verfassungsstaat. Kennzeichen totalitärer Diktatur sind eine geschlossene Ideologie, staatlicher Terror gegen Andersdenkende, die Kontrolle der Massenmedien und des wirtschaftlichen Lebens sowie die Konzentration der Macht bei einer hierarchisch strukturierten Massenpartei.

Dschihad. (arab.: sich bemühen) Verteidigung und Verbreitung des islamischen Glaubens mit geistigen und bisweilen auch militärischen Mitteln; meist einseitig als „Heiliger Krieg" übersetzt, bezeichnet Dschihad das „Sichbemühen auf dem Wege Gottes", d. h. vor allem die persönliche Anstrengung, ein Gott wohlgefälliges Leben zu führen.

Einwanderungsland. Bezeichnung für ein Land, in das über längere Zeit größere Gruppen anderer Staatsangehöriger einwandern, um sich dort dauerhaft niederzulassen.

Elite. Personenkreis, der regelmäßig prägenden bzw. steuernden Einfluss auf gesamtgesellschaftlich wichtige Entscheidungen nehmen kann.

Emanzipation. Befreiung aus einem bevormundenden Verhältnis, etwa das zwischen Eltern und Kindern, oder der mittlerweile historischen Hierarchie zwischen Ehemann und Ehefrau. Ziel eines emanzipatorischen Prozesses ist die Erlangung von Eigenständigkeit.

Entwicklungsländer. Staaten, die im Vergleich zu den Industrieländern u. a. ein deutlich geringeres Bruttosozialprodukt pro Kopf, geringe Arbeitsproduktivität, hohe Analphabetenquoten und einen hohen Anteil landwirtschaftlicher Erwerbstätigkeit aufweisen.

Erwerbstätige. Diejenigen Erwerbspersonen, die nicht erwerbslos sind, sondern eine Tätigkeit ausüben; Erwerbstätige können abhängig Beschäftigte sein (Arbeiter, Angestellte, Auszubildende, Beamte, Soldaten) oder Selbstständige bzw. mithelfende Familienangehörige.

Euro. Europäische Währungseinheit, die im Rahmen der europäischen Wirtschafts- und Währungsunion nach dem Vertrag von Maastricht seit dem 1.1.1999 in Europa in Ländern, die die festgelegten Kriterien erfüllen, eingeführt wurde.

Europäische Integration. Bezeichnet die Gründung und die Erweiterung der Europäischen Union durch neue Mitgliedstaaten ebenso wie die Vertiefung der Zusammenarbeit zwischen den Mitgliedstaaten.

Europäische Union (EU). 1957 schlossen sich die Bundesrepublik Deutschland, Frankreich, Italien sowie die Benelux-Staaten zur Europäischen Wirtschaftsgemeinschaft (EWG) zusammen. Nach ihrer Verschmelzung mit der Montanunion und der Europäischen Atomgemeinschaft (EURATOM) entstand 1967 die Europäische Gemeinschaft (EG), der weitere europäische Staaten beitraten. 1992 kam es mit dem Vertrag von Maastricht zu einer grundlegenden Ergänzung, später zum Beitritt zahlreicher osteuropäischer Staaten. Die Europäische Union (EU), wie die Gemeinschaft der 28 Staaten (Stand: 2018) seither heißt, setzte sich neue Ziele: Neben dem zollfreien Binnenmarkt wurde eine noch engere Wirtschaftsunion geplant, weiterhin eine gemeinsame Außen-, Sicherheits- und Rechtspolitik. Fernziel ist die völlige Verschmelzung der Volkswirtschaften.

Europäische Zentralbank (EZB). Unabhängige Zentralnotenbank in „Euroland" mit Sitz in Frankfurt am Main, die das exklusive Recht zur Ausgabe von Banknoten und Geldmünzen (Euro/Cent) hat und die Geld- und die Währungspolitik der Europäischen Union durchführt; geleitet wird die EZB von sechs Direktoren aus verschiedenen Euroländern, denen die Präsidenten der nationalen Zentralbanken aller Staaten der Eurozone im EZB-Rat beratend zur Seite stehen.

Extremismus. Bezeichnet politische Einstellungen, die die freiheitliche demokratische Grundordnung (FDGO) beseitigen wollen; Extremisten vertreten fanatische oder fundamentalistische Haltungen, Ideologien oder Ziele, oftmals auch mit Gewalt. Die Formen des Extremismus lassen sich in die Kategorien „rechts", „links" und „religiös" untergliedern.

Föderalismus. (lat.: foedus = Bündnis, Vertrag) Gliederung eines Staates in mehrere gleichberechtigte, in bestimmten politischen Bereichen selbstständige Teile (Bundesländer), die – in der Bundesrepublik insbesondere durch den Bundesrat – an der Willensbildung des Staates mitwirken.

Fraktion. Organisatorischer Zusammenschluss einer Gruppe von Abgeordneten einer Partei bzw. von Parteien, die nicht miteinander konkurrieren (Fraktionsgemeinschaft), zur gemeinsamen Wahrnehmung parlamentarischer Aufgaben.

Freiheitliche Demokratische Grundordnung (FDGO). Politische Ordnung der Bundesrepublik Deutschland, die nach der Definition des Bundesverfassungsgerichts im SRP-Urteil von 1952 (Verbot der rechtsextremen Sozialistischen Reichspartei) „unter Ausschluss jeglicher Gewalt- und Willkürherrschaft eine rechtsstaatliche Herrschaftsordnung auf der Grundlage der Selbstbestimmung des Volkes nach dem Willen der jeweiligen Mehrheit und der Freiheit und Gleichheit darstellt". Die FDGO ist gekennzeichnet durch „die Achtung vor den im Grundgesetz konkretisierten Menschenrechten, [...] die Volkssouveränität, die Gewaltenteilung, die Verantwortlichkeit der Regierung, die Gesetzmäßigkeit der Verwaltung, die Unabhängigkeit der Gerichte, das Mehrparteiensystem und die Chancengleichheit für alle politischen Parteien mit dem Recht auf verfassungsmäßige Bildung und Ausübung einer Opposition."

Geldpolitik. Alle Maßnahmen, die eine Zentralbank ergreift, um das oberste Ziel, die Sicherung des Binnenwerts der Währung (Preisniveaustabilität), zu garantieren. Durch die Geldpolitik wird die Geldmenge, die im Umlauf ist, gesteuert.

Gemeinsame Außen- und Sicherheitspolitik (GASP). Die GASP wurde 1993 durch den Vertrag von Maastricht als Nachfolgerin der Europäischen Politischen Zusammenarbeit (EPZ) geschaffen, um gemäß den Leitlinien der Europäischen Rates eine gemeinsame Außen- und Sicherheitspolitik zu „erarbeiten" und zu „verwirklichen". Es gilt das Prinzip, dass Entscheidungen bis auf wenige Ausnahmen einstimmig von den Mitgliedstaaten getroffen werden.

Gemeinsame Sicherheits- und Verteidigungspolitik (GSVP). Militärischer Arm der Gemeinsamen Außen- und Sicherheitspolitik der Europäischen Union; ursprünglich unter dem Namen Europäische Sicherheits- und Verteidigungspolitik (ESVP) vom Europäischen Rat im Dezember 1999 gebilligte Übertragung der Fähigkeiten zur zivilmilitärischen Konfliktprävention und Krisenbewältigung von der (ehemaligen) Westeuropäischen Union (WEU) auf die EU. Diese soll damit in die Lage versetzt werden, autonom Beschlüsse zu fassen und in Fällen, in denen die NATO als Ganzes nicht involviert ist, eigene Militäreinsätze in Reaktion auf internationale Krisen einzuleiten und durchzuführen. Mit dem Vertrag von Lissabon wurde die ESVP in GSVP umbenannt.

Gesellschaft. Unter Gesellschaft wird eine dauerhafte und strukturierte Vereinigung von Menschen in einem sozialen Raum zum Zweck der Befriedigung und Gewährleistung der Bedürfnisse ihrer Mitglieder verstanden. Die Gesellschaft umfasst nicht nur die Bürger eines Staates, sondern alle dort Lebenden. Dabei sind die wechselseitigen Beziehungen dieser Menschen von entscheidender Bedeutung. Im Unterschied zu zufälligen Zusammentreffen oder Gemeinschaften sind Menschen einer Gesellschaft dauerhaft aufeinander angewiesen, etwa bezogen auf die Arbeitsteilung in der Wirtschaft.

Gewaltenteilung. Grundprinzip in der Organisation (demokratischer) staatlicher Gewalt; Ziel ist es, die Konzentration und den Missbrauch politischer Macht zu verhindern, die Ausübung politischer Herrschaft zu begrenzen und zu mäßigen, um damit die bürgerlichen Freiheiten zu sichern. Gemeinhin wird zwischen gesetzgebender Gewalt (Legislative), ausführender Gewalt (Exekutive) und rechtsprechender Gewalt (Judikative) unterschieden. Diese Funktionen werden unabhängigen Staatsorganen (z. B. in der Bundesrepublik Deutschland Bundestag, Bundesregierung, Bundeskanzler, Bundesrat, Bundesverfassungsgericht) zugewiesen. In der Praxis ergeben sich Abweichungen vom strikten Prinzip der Gewaltenteilung oder sind Abweichungen sogar vorgesehen (z. B. Verordnungen der Exekutive, Gesetzesinitiativen der Regierung). Auch die Prinzipien des Föderalismus werden als Teil der Gewaltenteilung angesehen.

Gewerkschaften. Vereinigungen, in denen sich Arbeitnehmer/innen zusammenschließen, um gemeinsam ihre Interessen gegenüber den

Arbeitgebern/innen zu vertreten; die relative Schwäche der einzelnen Arbeitnehmer/innen gegenüber ihren Arbeitgebern/innen soll so ausgeglichen werden. Die Hauptziele der Gewerkschaften in Deutschland sind die Durchsetzung von Lohnforderungen, die soziale Absicherung der Arbeitenden sowie die Verbesserung der Arbeitsbedingungen. Auch der Ausbau der Mitbestimmung der Arbeitnehmerinnen und Arbeitnehmer in den Betrieben gehört zu den Zielen gewerkschaftlicher Arbeit. Um diese Ziele zu erreichen, verhandeln die Gewerkschaften mit den Arbeitgeberverbänden (Tarifverhandlungen). Die Arbeitsniederlegung, der Streik, ist das letzte Druckmittel der Gewerkschaften. Die meisten und größten deutschen Gewerkschaften sind im Deutschen Gewerkschaftsbund (DGB) zusammengeschlossen.

Gini-Koeffizient. Der Gini-Koeffizient ist ein statistisches Maß der Wohlfahrtsökonomie und dient zur Quantifizierung der relativen Konzentration einer Vermögens- bzw. einer Einkommensverteilung. Im Falle der maximalen Gleichverteilung der Vermögen bzw. der Einkommen nimmt er den Wert Null an, während er im anderen Extremfall einer maximal ungleichen Vermögens- bzw. Einkommensverteilung den Wert Eins hat. Man kann den Gini-Koeffizienten mit der Lorenzkurve bestimmen. Der Gini-Koeffizient entspricht dabei der Fläche zwischen der Winkelhalbierenden (Gerade der perfekten Gleichverteilung) und der entsprechend ermittelten Lorenzkurve in Relation zur Gesamtfläche unterhalb der Winkelhalbierenden.

Globalisierung. Der Begriff bezeichnet eine Zunahme der Staatsgrenzen überschreitenden wirtschaftlichen, politischen, kulturellen und sozialen Beziehungen v.a. ab den 1990er-Jahren. Insbesondere werden zu den Merkmalen der Globalisierung eine starke Zunahme internationaler Wirtschafts- und Finanztransaktionen, die Ausdehnung der Kommunikationstechnologien (Internet usw.) sowie eine weltweite Ausdehnung (westlicher) Kultur gezählt. Ursachen sind neben der technischen Entwicklung vor allem der Abbau von wirtschaftlichen Schranken durch die wichtigsten Industriestaaten. Eine genaue historische Abgrenzung der Globalisierung von früheren Entwicklungen, z. B. des Weltmarktes, ist umstritten.

Grundgesetz. Die vom Parlamentarischen Rat ausgearbeitete und 1949 in Kraft getretene Verfassung der Bundesrepublik Deutschland wurde Grundgesetz genannt. Damit sollte ihr provisorischer Charakter angesichts der deutschen Teilung deutlich werden, die zu beheben das Grundgesetz gebot. Das GG kann nur mit einer Zweidrittelmehrheit in Bundestag und Bundesrat geändert werden (Art. 79 Abs. 2); für die Art. 1 und 20 besteht eine Bestandsgarantie. Sie dürfen nicht geändert werden.

Grundrechte. Verfassungsmäßige, vom jeweiligen Staat garantierte Rechte, die den Bürger vor staatlichen Übergriffen schützen (Abwehr- bzw. Freiheitsrechte) und ihm die Teilnahme an der politischen Willensbildung garantieren (Teilhaberechte).

G20 (Gruppe der Zwanzig). Die Gruppe der zwanzig wichtigsten Industrie- und Schwellenländer; ein seit 1999 bestehender, informeller Zusammenschluss aus 19 Staaten (USA, Japan, Deutschland, China, Vereinigtes Königreich, Frankreich, Italien, Kanada, Brasilien, Russland, Indien, Südkorea, Australien, Mexiko, Türkei, Indonesien, Saudi-Arabien, Südafrika und Argentinien) und der Europäischen Union; die Gruppe soll als Forum für die Kooperation und Konsultation in Fragen des internationalen Finanzsystems dienen.

Hartz IV. Durch das im Rahmen der Agenda 2010 verabschiedete Hartz-IV-Gesetz wurde 2005 das Arbeitslosengeld II eingeführt. Es führte die bisherige Arbeitslosenhilfe und die Sozialhilfe für arbeitslose Erwerbstätige zusammen. Dies ist heute die Grundsicherung für erwerbsfähige Hilfsbedürftige. Die Leistungen entsprechen dem Existenzminimum in Deutschland. Das Arbeitslosengeld II kann aber auch ergänzend zum Erwerbseinkommen oder anderen staatlichen Leistungen bezogen werden.

Hegemonie. Vormachtstellung eines Staates gegenüber anderen; Hegemonie ergibt sich durch ein tatsächliches militärisches, kulturelles oder wirtschaftliches Übergewicht und ist häufig durch Verträge abgesichert.

Hierarchie. Ein System von über- bzw. untergeordneten Elementen, die unterschiedliche Funktionen ausüben.

Homo oeconomicus. Leitbild der Wirtschaftstheorie, das einen rationalen, ausschließlich wirtschaftlich denkenden und handelnden Akteur beschreibt; dabei wird angenommen, dass der Homo oeconomicus seine Entscheidungsmöglichkeiten kennt und sich für jene entscheidet, die ihm den größtmöglichen Nutzen versprechen (Nutzenmaximierung). Das theoretische Leitbild des Homo oeconomicus dient dazu, komplexe wirtschaftliche Zusammenhänge in Form von Modellen besser beschreiben und prognostizieren zu können.

Ideologie. Im neutralen Sinne die Lehre von den Ideen, d. h. der wissenschaftliche Versuch, die unterschiedlichen Vorstellungen über Sinn und Zweck des Lebens, die Bedingungen und Ziele des Zusammenlebens etc. zu ordnen; im politischen Sinne dienen Ideologien der Rechtfertigung politischen Handelns, wobei eine bestimmte Weltanschauung und bestimmte Interessen kombiniert werden.

Individualisierung. Prozess, in dessen Mittelpunkt die wachsende Bedeutung des Individuums steht, das sich gegenüber den sozialen Gruppen und Herkunftsbindungen zunehmend emanzipiert.

Interessengruppen. Zusammenschluss von Personen mit gleicher Interessenlage, um auf Parteien, Abgeordnete und Regierung Einfluss zu nehmen, ohne sich an Wahlen zu beteiligen oder selbst Regierungsgewalt anzustreben; Interessengruppen sind ein wesentliches Merkmal einer pluralistischen Gesellschaftsordnung (Verbände).

Investitionen. Langfristig gebundenes (Finanz-)Kapital in materiellen oder immateriellen Vermögensgegenständen; im Vordergrund steht die zielgerichtete Verwendung der Finanzmittel. Unterscheiden lassen sich etwa a) Rationalisierungsinvestitionen zum Zweck der Verbesserung bzw. Modernisierung der zur langfristigen Nutzung bestimmten Produktionsmittel, b) Anlageinvestitionen mit dem Ziel der Vergrößerung und Verbesserung des Produktionsapparates, wozu die Ausrüstung (z. B. technische Anlagen, Betriebs- und Geschäftsausstattung) und Baumaßnahmen (z. B. Wohn- und Verwaltungsgebäude, Büros oder Straßen und andere Verkehrswege) gehören, und c) Vorratsinvestitionen, d. h. Investitionen in die Lagerhaltung, unter die die Bestände an nicht dauerhaften Produktionsmitteln wie Roh-, Hilfs- und Betriebsstoffe, unfertige Erzeugnisse, fertige Erzeugnisse oder Handelswaren fallen.

Islamischer Staat. Aus dem zweiten Irakkrieg (2003) hervorgegangene, 2004 gegründete fundamentalistische Terrororganisation, die als Ziel die Errichtung eines islamischen Gottesstaats und Weltreichs (Kalifat) im Nahen Osten mit extremer Gewaltbereitschaft und mittels sozialer Netzwerke (YouTube, Instagram, Twitter) zur Verbreitung von Botschaften und Anwerbung neuer Mitglieder verfolgt.

Kalter Krieg. Bezeichnung für die feindselige Auseinandersetzung zwischen Staaten unterhalb der Schwelle offener kriegerischer Handlungen; als Kalter Krieg wurde v. a. die besondere Form der Beziehungen zwischen den USA und der UdSSR und ihren Verbündeten während des Ost-West-Konflikts von 1946 bis 1989 bezeichnet. Kennzeichen dieses bipolaren Systems waren neben der Rüstungsspirale die „psychologische Kriegsführung" sowie wirtschaftlicher und militärischer Druck und eine entsprechende Bündnispolitik.

Kapitalismus. Besonders durch Karl Marx (1818–1883) und Friedrich Engels (1820–1895) geprägter Begriff für ein System der Wirtschaft. Es zeichnet sich durch Privateigentum an den Produktionsmitteln und Gewinnstreben aus, wobei Letzteres durch das Wirtschaftssystem selbst erzeugt wird (Marktsteuerung, Konkurrenz). Kapitalismus geht von der Freiheit der einzelnen Wirtschaftssubjekte aus sowie von der Annahme, dass deren Austausch auf dem Markt nicht nur ihrem eigenen Gewinn, sondern letztlich dem Wohle aller diene. Marx kritisierte am Kapitalismus demgegenüber besonders die „Ausbeutung der Arbeiterklasse", seine Krisenhaftigkeit sowie seine Neigung zur Verschwendung (durch Konkurse, Krisen usw.) und zur Hervorbringung von Armut. Versuche, eine Wirtschaft statt über den Markt zentral durch den Staat planwirtschaftlich zu steuern, sind in der jüngeren Geschichte allerdings mehrfach gescheitert.

Kartell. Zusammenschluss von Unternehmen, die weitgehend selbstständig bleiben, aber Absprachen treffen, um den Wettbewerb einzuschränken oder gar auszuschalten.

Kaufkraft. Geldsumme, die einem Wirtschaftssubjekt real zur Verfügung steht.

Klasse, soziale. Personen einer Gesellschaft mit vergleichbaren ökonomischen Merkmalen, hauptsächlich den Besitz oder die Verfügung über Produktionsmittel betreffend.

Klimawandel. In den vergangenen Jahrzehnten hat sich die Durchschnittstemperatur der Erdatmosphäre und der Meere erhöht, eine weitere Erwärmung wird erwartet. Die meisten Naturwissenschaftler führen dies auf den vom Menschen verstärkten Treibhauseffekt zurück, besonders seit Beginn der Industrialisierung. Das Verbrennen fossiler Energieträger und die großflächige Rodung von Sauerstoff produzierenden Wäldern reichern den Anteil von Kohlendioxid (CO_2) in der Luft an. Hinzu kommt der erhöhte Ausstoß von Methangas durch eine intensive Viehwirtschaft. Der Treibhauseffekt wird auf Wasserdampf, Kohlenstoffdioxid, Methan, Stickstoffoxid und fluorierte Verbindungen, z. B. FCKW, zurückgeführt. Folgen der globalen Erderwärmung sind schon heute erkennbar: verringerte Schneebedeckung, Inlandeis- und Gletscherschmelze, ein steigender Meeresspiegel, Überschwemmungen und Wetterveränderungen. Der Klimawandel war 1992 erstmals Gegenstand einer UN-Konferenz. Im Jahr 1997 entstand mit dem Kyoto-Protokoll das erste völkerrechtlich verbindliche Abkommen mit konkreten Gegenmaßnahmen.

Koalition. (lat.: coalescere = zusammenwachsen, sich vereinigen) Bündnis zweier oder mehrerer Parteien in einem Parlament, um gemeinsam die Regierung zu bilden und zu stützen und ein politisches Programm durchzusetzen; Koalitionen sind dann erforderlich, wenn eine einzelne Partei nicht über die absolute Mehrheit der Parlamentssitze verfügt und sich deshalb mit (kleineren) anderen Parteien verbünden muss.

Kommunismus. Von Marx und Engels begründete Theorie, welche die Vorstellung einer klassenlosen Gesellschaft enthält, in der das Privateigentum an Produktionsmitteln (Fabriken, Maschinen) in Gemeineigentum überführt worden ist. Eingeleitet wird der Kommunismus durch die Proletarische Revolution. Die Arbeiterklasse errichtet die „Diktatur des Proletariats" und nach der Übergangsphase des Sozialismus entsteht allmählich die kommunistische Gesellschaft. Im 20. Jh. bezeichnete man als K. die Gesellschaftsform, die nach der Oktoberrevolution 1917 in der Sowjetunion errichtet wurde und durch die Diktatur der Kommunistischen Partei (KPdSU) gekennzeichnet war.

Konjunktur. Bezeichnet die zyklischen Schwankungen der wirtschaftlichen Aktivität; ein Konjunkturzyklus kann unterteilt werden in Tief (Depression, Stagnation), Aufschwung (Wiederbelebung, Expansion), Hoch (Boom) und Abschwung (Krise, Rezession).

Marktwirtschaft. Wirtschaftssystem des Wettbewerbs, in dem die Wirtschaftsprozesse dezentral geplant und über die Preisbildung auf den Märkten gelenkt werden; Gewerbe- und Vertragsfreiheit sowie die freie Wahl des Berufs bzw. des Arbeitsplatzes sind Grundvoraussetzungen der Marktwirtschaft (Kapitalismus). In Deutschland ist dies durch das Ziel sozialen Ausgleichs ergänzt (soziale Marktwirtschaft).

Massenmedien. Technische Mittel, durch die Aussagen schnell und über große Entfernungen zu einer großen Zahl von Menschen gebracht werden können; Empfänger und Sender von Nachrichten sind sich dabei nicht persönlich bekannt. Massenmedien sind sehr einflussreich und werden als eine Kontrollinstanz z. B. gegenüber dem Staat angesehen („vierte Gewalt"). Zu den Massenmedien zählen Zeitungen, Hörfunk, Fernsehen und das Internet.

Menschenrechte. Rechte, die jedem Menschen zustehen, unabhängig von Herkunft, Geschlecht, Religion und Vermögen; ihr Inhalt liegt darin, jedem Menschen eine gesicherte Existenz und Entfaltung zu ermöglichen. Im Gegensatz zu anderen Rechten sollen die Menschenrechte jedem Menschen von Natur aus zukommen, also nicht erst durch die Garantie eines Staates. Deshalb „gelten" sie nicht wie andere Rechte, sondern bezeichnen den Anspruch auf ein menschenwürdiges Leben.

Migration. (lat.: migratio = Wanderung) Mit diesem Ausdruck werden verschiedene Formen der Ein- und Auswanderung zusammengefasst (Asylsuche, Arbeitswanderung, Flucht vor Krieg usw.). Das trägt der Tatsache Rechnung, dass alle diese Formen Gemeinsamkeiten aufweisen: einen Migrationsgrund, der in fast allen Fällen irgendeine Art von Zwang beinhaltet, und soziale Probleme, die aus der Situation im Aufnahmeland folgen.

Milieu, soziales. Das soziale Umfeld, in dem ein Mensch lebt und von dem er geprägt wird.

Mitbestimmung. Mitwirkungsrechte der Arbeiternehmervertretung bei unternehmerischen Entscheidungen; zu unterscheiden sind die betriebliche Mitbestimmung und die Mitbestimmung im Aufsichtsrat. Die betriebliche Mitbestimmung in der privaten Wirtschaft ist im Betriebsverfassungsgesetz festgelegt. Wichtigstes Organ der betrieblichen Mitbestimmung ist der Betriebsrat. Die Mitbestimmung im Aufsichtsrat (auch: Unternehmensmitbestimmung) wird durch mehrere Gesetze geregelt. Wesentliches Element ist die Vertretung der Arbeitnehmerinnen und Arbeitnehmer im Aufsichtsrat von Kapitalgesellschaften. Der Anteil der ihnen zustehenden Aufsichtsratsmandate hängt von der Zahl der Mitarbeiter ab.

Mobilität, soziale. Positionell-soziale Bewegung von Personen, Personengruppen, Schichten oder Klassen einer →Gesellschaft; Wechsel der Position, die keine Änderung im Status einschließen, werden als horizontale Mobilität, soziale Auf- und Abstiegsprozesse werden als vertikale Mobilität bezeichnet.

Monopol. Bezeichnet eine wirtschaftliche Situation, bei der ein Akteur (Unternehmen, Hersteller, Händler) als alleiniger Anbieter auftritt und damit über eine besondere Marktmacht gegenüber den (vielen) Nachfragern verfügt (v. a. freie Gestaltung der Menge bzw. des Preises); umgekehrt kann auch ein Nachfrager (z. B. der Staat) eine Monopolstellung und damit große Marktmacht erlangen. Im übertragenen Sinne wird der Begriff auch in politischen und sozialen Bereich verwendet.

Multilateralismus. Prozess oder Zustand in der internationalen Politik, bei dem mehrere oder viele Staaten kooperativ und prinzipiell gleichberechtigt Diplomatie betreiben und gemeinsam handeln; dabei werden die Interessen aller Partner berücksichtigt. Oft existieren schriftliche, in Form von Verträgen vereinbarte Regelungen oder (internationale) Regime, die alle Beteiligten binden.

Nachhaltigkeit. Bezeichnung für das Prinzip, nach dem die wirtschaftliche Entwicklung so zu beeinflussen ist, dass der Umweltverbrauch zunehmend geringer wird und das ökologische System sich erholen kann; die Idee der nachhaltigen Entwicklung geht zurück auf den Bericht der Brundtland-Kommission der Vereinten Nationen von 1987 und insbesondere auf die UN-Konferenz für Umwelt und Entwicklung (UNCED) 1992 in Rio de Janeiro.

NATO (North Atlantic Treaty Organization). Während des Kalten Krieges war die Allianz unter Führung der USA in Europa das Gegengewicht zur militärischen Präsenz der Sowjetunion und des Warschauer Paktes. Das Militärbündnis wurde 1949 in Washington geschlossen; 1955 trat die Bundesrepublik bei. Sitz der NATO ist Brüssel. Heute (Stand: 2018) zählt sie 29 Mitgliedstaaten, darunter viele ehemalige Mitglieder des Warschauer Paktes. Nach dem Ende des Kalten Krieges wandelte sich die Allianz von einem defensiven Verteidigungsbündnis zu einer auch global agierenden Sicherheitsorganisation.

Nichtregierungsorganisation. (engl.: non-governmental organization, NGO) Nicht staatliche Organisation, die sich für bestimmte Belange des Gemeinwohls einsetzt; das Regionale Informationszentrum der Vereinten Nationen für Westeuropa (UNRIC) bestimmt eine NGO als „nicht gewinnorientierte Organisation von Bürgern, die lokal, national oder international tätig sein kann. Auf ein bestimmtes Ziel hin ausgerichtet, versuchen NGOs, eine Vielzahl von Leistungen und humanitären Aufgaben wahrzunehmen, Bürgeranliegen bei Regierungen vorzubringen und die politische Landschaft zu beobachten. NGOs stellen Analysen und Sachverstand zur Verfügung und helfen, internationale Übereinkünfte zu beobachten und umzusetzen. Manche NGOs wurden für ganz bestimmte Aufgaben gegründet, so zum Beispiel für Menschenrechte, Umwelt oder Gesundheit."

Opposition. Minderheit im Parlament; ständige Alternative zur Regierung, die entsprechend den konstitutionellen Regeln (Wahlen, konstruktives Misstrauensvotum) Mehrheit werden will und kann.

Organization for Economic Cooperation and Development (OECD). Die Organisation für wirtschaftliche Zusammenarbeit und Entwicklung wurde 1961 als Nachfolgeorganisation der Organisation für europäische wirtschaftliche Zusammenarbeit (OEEC) gegründet; Sitz: Paris; Hauptaufgaben: Sicherung der Währungsstabilität, Förderung des Welthandels, Förderung des wirtschaftlichen Wachstums in Europa und Koordination der Wirtschaftshilfe für die Entwicklungsländer.

Osterweiterung der EU. Nach der Auflösung des Ostblocks und dem Ende des Kalten Krieges orientierten sich die osteuropäischen Staaten neu. In zwei Runden – 2004 und 2007 – traten viele dieser Staaten der Europäischen Union bei. Probleme waren dabei sowohl die wachsende Zahl der Mitglieder, was politische Entscheidungsprozesse erschwerte, als auch wirtschaftliche und soziale Unterschiede zwischen den „alten" und den „neuen" EU-Staaten.

Parlamentarischer Rat. Am 1.9.1948 in Bonn zusammengetretene Versammlung, die auf Anordnung der Westmächte eine Verfassung für die Länder der westdeutschen Besatzungszonen ausarbeiten sollte. Der Rat umfasste 65 Mitglieder, welche die 11 Landtage delegiert hatten. Zum Präsidenten des Rats wurde Konrad Adenauer (CDU) gewählt. Am 8.5.1949 verabschiedete der Rat das „Grundgesetz für die Bundesrepublik Deutschland", das am 23.5.1949 feierlich verkündet wurde. Nach der Vorbereitung der Wahlen zum ersten Deutschen Bundestag am 14.8.1949 löste sich der Parlamentarische Rat auf.

Partei. Parteien sind auf Dauer angelegte Organisationen politisch gleichgesinnter Menschen. Sie verfolgen bestimmte wirtschaftliche, gesellschaftliche etc. Vorstellungen, die meist in Parteiprogrammen festgeschrieben sind, sowie das Ziel, Regierungsverantwortung zu übernehmen. Politische Parteien existierten bereits in der Antike, die Parteien im heutigen Sinne jedoch erst seit der Entwicklung des Parlamentarismus im 18. Jahrhundert und der Französischen Revolution. In Deutschland ist ihre Stellung im Grundgesetz besonders hervorgehoben (Art. 21 GG).

Partizipation. Beteiligung der Bürger an der Willens- und Entscheidungsbildung im politischen Prozess, u. a. durch Wahlen, Mitgliedschaft in Parteien, Verbänden, Bürgerinitiativen und Vereinen, bzw. Wahrnehmung der in der Verfassung verankerten Artikulations- und Mitwirkungsrechte.

Planwirtschaft. Bezeichnung für ein Wirtschaftssystem, in dem der Staat die gesamte Volkswirtschaft lenkt und kontrolliert. Produktion, Verteilung von Waren und Preisfestsetzung erfolgen nach einem einheitlichen Plan, dessen Erfüllung eine zentrale Planbehörde überwacht. Ein Wettbewerb ist in diesem System nicht vorgesehen und das freie Spiel der Kräfte des Marktes zur Regulierung von Angebot, Nachfrage und Preisen außer Kraft gesetzt. Die Planwirtschaft – auch Zentralverwaltungswirtschaft genannt – ist vor allem in sozialistischen Staaten verbreitet. Das gegensätzliche Modell ist die Marktwirtschaft.

Pluralismus. Auffassung, dass es mehrere, in Voraussetzungen und Zielsetzungen verschiedenartige politische und gesellschaftliche Vorstellungen gibt, die in der Gesellschaft gleichzeitig legitim nebeneinander vorhanden sind, wobei allen das gleiche Recht auf Entfaltung ihrer Interessen zukommt.

Politik. Im weiten Sinne jegliche Art der Einflussnahme und Gestaltung sowie die Durchsetzung von Forderungen und Zielen, sei es in privaten oder öffentlichen Bereichen; im engeren bzw. klassischen Sinne Staatskunst, das Öffentliche bzw. das, was alle Bürger betrifft und verpflichtet; das Handeln des Staates und das Handeln in staatlichen Angelegenheiten (von griech.: polis = Stadtstaat); im modernen Sinne auf die Durchsetzung bestimmter Ziele besonders im staatlichen Bereich und auf die Gestaltung des öffentlichen Lebens gerichtetes Handeln von Regierungen, Parlamenten, Parteien, Organisationen etc.

Produktionsfaktoren. Mittel, mit denen Menschen Güter und Dienstleistungen herstellen: Arbeit, Boden (Natur bzw. Umwelt) und Kapital; inzwischen wird als vierter Faktor z. T. Wissen bzw. der technische Fortschritt hinzugenommen.

Produktivität. Kennziffer für das Verhältnis zwischen dem Produktionsergebnis und den Mengen der eingesetzten Produktionsfaktoren.

Rechtsstaat. Bezeichnung für einen Staat, in dem das Handeln der staatlichen Organe gesetztem Recht (i. d. R. Verfassungen, in Deutschland dem Grundgesetz) untergeordnet ist; den einzelnen Bürgerinnen und Bürgern stehen damit bestimmte unverbrüchliche Grundrechte zu, dem staatlichen Handeln sind bestimmte Grenzen gesetzt. Im Rechtsstaat soll alles staatliche Handeln dem (Verfassungs-)Recht und der Verwirklichung von Gerechtigkeit dienen.

Regime. Im Allgemeinen eine abwertende Bezeichnung für eine Herrschaftsform, die nicht demokratisch legitimiert ist und in der ein Einzelner oder eine Gruppe von Menschen Macht über alle anderen ausüben; dieses Verständnis von Regimen ist von Regimen auf internationaler Ebene zu unterscheiden.

Schengener Abkommen. Abkommen von 1985, in dem die meisten EU-Staaten den Abbau der Grenzkontrollen und u. a. eine verstärkte grenzüberschreitende Zusammenarbeit der Polizeibehörden vereinbart haben.

Schwellenländer. Länder, die aufgrund ihrer fortgeschrittenen Wirtschaftskraft, ihrem (mittleren) Volkseinkommen und ihrer infrastrukturellen Entwicklung aus dem Status von Entwicklungsländern herausgewachsen sind und damit von der wirtschaftlichen Entwicklung her an der Schwelle zu den Industrieländern stehen; vor allem die NIC-Länder oder NIE-Länder („newly industrialized countries" bzw. „economies") gehören hierzu, z. B. Brasilien, China, Indien, Mexiko, Russland, Türkei.

Sektor. In den Wirtschaftswissenschaften wird die Wirtschaft in den primären, den sekundären und den tertiären Sektor eingeteilt: Die Wirtschaft des primären Sektors produziert Rohstoffe (z. B. Bergbau, Fischerei, Landwirtschaft und Forstwirtschaft). Der sekundäre Sektor umfasst das produzierende und das verarbeitende Gewerbe (z. B. Industrie und Handwerk). Im tertiären Sektor werden Dienstleistungen erbracht (z. B. Pflegedienste, Schulen, Universitäten, Krankenhäuser, öffentlicher Nahverkehr, Banken, Polizei, Verwaltung).

Souveränität. Der Begriff ist ein Produkt des modernen Staates und seiner Theorie und bezeichnet die höchste, nicht abgeleitete, umfassende und nach innen wie nach außen unbeschränkte Hoheitsgewalt – im Staatsinneren als staatliches Gewalt- und Rechtsetzungsmonopol, nach außen als „Völkerrechtsunmittelbarkeit", d. h. Hoheit über ein bestimmtes Staatsgebiet und rechtliche Unabhängigkeit nach außen.

Soziale Marktwirtschaft. Sie verbindet das Prinzip der Freiheit auf dem Markt mit dem Prinzip des sozialen Ausgleichs. Der Staat sichert durch Gesetze, dass einerseits der Wettbewerb frei bleibt und andererseits soziale Härten des freien Marktes abgemildert werden; siehe auch den Artikel „Marktwirtschaft".

Soziale Ungleichheit. Unterschiede in den Lebenschancen, die nicht nur durch Kriterien wie Berufs- und Bildungsstatus bzw. Einkommen und Vermögen beeinflusst werden, sondern auch durch Geschlecht, Nationalität, Alter, Generation oder Region etc.

Sozialer Wandel. Beschreibt die grundlegende Veränderung von Gesellschaften; sozialer Wandel findet immer statt, hat aber auch Phasen der Verlangsamung und Beschleunigung und ist oft verbunden mit der Entwicklung neuer Begriffe für die veränderte Gesellschaft, z. B. Dienstleistungsgesellschaft, Informationsgesellschaft, Erlebnisgesellschaft, postmoderne Gesellschaft usw.

Sozialismus. Im 19. Jh. entstandene politische Bewegung, die bestehende gesellschaftliche Verhältnisse mit dem Ziel sozialer Gleichheit und Gerechtigkeit verändern will. Als Mittel hierzu dient die Überführung der Produktionsmittel in Gemeineigentum, die Einführung einer Planwirtschaft und die Beseitigung der Klassenunterschiede. Seit Ende des 19. Jh. bildeten sich gemäßigte und radikale sozialistische Richtungen, deren Ziele von einer Reform der kapitalistischen Wirtschaftsweise bis zum Umsturz der auf ihr beruhenden Gesellschaftsordnung reichten. Nach 1945 unterschied man den realen Sozialismus, wie ihn die Ostblockstaaten praktizierten, und den demokratischen Sozialismus, wie ihn die sozialdemokratischen und sozialistischen Parteien der westlichen Welt vertreten. In der marxistischen Theorie bildet der Sozialismus das Übergangsstadium vom Kapitalismus zum Kommunismus.

Sozialstaat. Eines der vier Grundprinzipien des politischen Systems der Bundesrepublik Deutschland – neben Demokratie, Rechtsstaat und Bundesstaat (Föderalismus); das Prinzip bedeutet, dass der Staat seine Bürger gegen soziale Risiken abzusichern und soziale Ungleichheit abzumildern hilft.

Sozialversicherung, gesetzliche. Die gesetzliche Sozialversicherung umfasst: a) die Gesetzliche Krankenversicherung (GKV), b) die Gesetzliche Pflegeversicherung, c) die Gesetzliche Rentenversicherung (GRV), d) die Gesetzliche Unfallversicherung (GUV), e) die Arbeitslosenversicherung.

Soziologie. Die Wissenschaft von der menschlichen Gesellschaft; sie untersucht verschiedene Formen von Gesellschaften und ihren Untergruppen (z. B. Familien oder Vereine) sowie deren Wandlungen im Zeitablauf.

Staat. Politische Organisation, unter der die Menschen einer Gesellschaft leben; nach der gängigen Definition sind drei Aspekte für einen Staat notwendig: Er muss ein eindeutiges eigenes Territorium haben (Staatsgebiet), in dem Menschen wohnen, die zu diesem Staat gehören (Staatsvolk; Bürger), und eine Regierung, die vom Staatsvolk anerkannt ist (Staatsgewalt). Ein Staat hat Außenbeziehungen zu anderen Staaten, die im Allgemeinen durch das Völkerrecht geregelt werden. Nach innen ist der Staat souverän, d.h., es steht keine Gewalt über ihm. Im Rechtsstaat verpflichtet sich der Staat, seine Gewalt nur gemäß den geltenden Gesetzen auszuüben.

Strukturpolitik. Politische Maßnahmen verschiedener staatlicher Ebenen (Europäische Union, Bund, Länder, Kommunen), die das Ziel verfolgen, die vorhandene Wirtschaftsstruktur so zu beeinflussen bzw. zu verändern, dass sie die rapiden wirtschaftlichen und technischen Veränderungen bewältigen, also insbesondere dem globalen Wettbewerb standhalten kann; die erforderliche Veränderung, Modernisierung oder Anpassung kann sich auf einzelne Industrien oder Branchen (sektorale Strukturpolitik) oder bestimmte Regionen (regionale Strukturpolitik) beziehen; sie kann auf die Verbesserung der Infrastruktur (Verkehr, Telekommunikation) zielen, den Zusammenhalt bzw. die Angleichung von Regionen (Kohäsion) fördern oder auf eine Verbesserung der Bildung bzw. Aus- und Weiterbildung angelegt sein. Die wichtigsten Instrumente der Strukturpolitik sind Steuererleichterungen und Subventionen, Ge- und Verbote sowie die finanzielle Förderung von Forschung, Bildung und Ausbildung.

Strukturwandel. Änderungen im Gefüge der Wirtschaft, die sich auf bestimmte Regionen, Branchen oder ganze Sektoren (z. B. Landwirtschaft, gewerblicher Sektor/Industrie) beziehen können; so brachte etwa der Niedergang des Bergbaus und der Stahlindustrie im Ruhrgebiet vielfältige wirtschaftliche und soziale Veränderungen mit sich. Die Struturpolitik versucht, den Strukturwandel zu beeinflussen, indem sie u. a. die Ansiedlung neuer Branchen für wegfallende Arbeitsplätze fördert.

Subventionen. Finanzhilfen bzw. Steuervergünstigungen zur Unterstützung privater Unternehmen zur Verbesserung ihrer Marktposition.

Supranational. Übernational, überstaatlich; so werden Organisationen, Zusammenschlüsse oder Vereinbarungen bezeichnet, die durch völkerrechtliche Verträge begründet und deren Entscheidungen und Regelungen für die einzelnen Mitglieder (Staaten, Nationen) übergeordnet und verbindlich sind. So steht etwa das Recht der Europäischen Union als supranationales Recht über dem der einzelnen Mitgliedstaaten; bestimmte Entscheidungen supranationaler Institutionen der EU sind für alle EU-Staaten und die gesamte EU-Bevölkerung bindend. Im Gegensatz dazu haben z. B. Entscheidungen internationaler Organisationen nur dann bindende Wirkung, wenn sie von den Mitgliedern ausdrücklich anerkannt werden.

Tarifautonomie. Das aus Art. 9 Abs. 3 GG folgende Recht der Tarifvertragsparteien (Gewerkschaften, Arbeitgeberverbände, Einzelunternehmen), für ihre Mitglieder in Tarifverträgen Arbeits- und Wirtschaftsbedingungen unabhängig von staatlichen Eingriffen verbindlich auszuhandeln und wieder aufzukündigen; die Tarifautonomie umschließt besonders auch das Recht zu Arbeitskämpfen.

Tarifvertrag. Vertrag zwischen Parteien mit Tariffähigkeit zur Regelung ihrer Rechte und Pflichten und zur Festsetzung von arbeitsrechtlichen Normen; sog. Flächentarifverträge regeln, dass in den Betrieben einer oder mehrerer Branchen in einem bestimmten Gebiet gleiche Mindestarbeitsbedingungen gelten; sie sind nur verbindlich für die Unternehmen, die Mitglied im Tarif-Arbeitgeberverband sind, sowie für die Arbeitnehmer und Arbeitnehmerinnen, die der Gewerkschaft angehören. In der Praxis werden die Bedingungen allerdings meist auch für die Nicht-Gewerkschaftsmitglieder übernommen.

Transferleistungen. Staatliche Finanzleistungen an nicht staatliche Stellen ohne die Verpflichtung zu einer wirtschaftlichen Gegenleistung; Transferleistungen an Individuen bzw. an private Haushalte werden auch als Sozialleistungen bezeichnet (z. B. Arbeitslosengeld II, Kindergeld, BAföG), Zahlungen an Unternehmen als Subventionen.

Verbände. Organisierte Gruppen mit bestimmten sachlichen und/oder ideellen Zielen und Interessen; sie unterscheiden sich von Parteien dadurch, dass sie kein allgemeines politisches Programm anbieten und keine Beteiligung an Wahlen anstreben. Stattdessen versuchen sie, politische Entscheidungen der Legislative und der Exekutive in ihrem Sinne zu beeinflussen.

Vereinte Nationen (United Nations Organization, UNO). Gestützt auf die Atlantik-Charta gründeten 51 Nationen am 26.6.1945 in San Francisco die UNO. Die Organisation soll den Weltfrieden sichern und die Achtung der Menschenrechte gewährleisten. Die UNO verfügt über fünf Hauptorgane: Zentrale Beratungsinstanz ist die Generalversammlung, die aus den Vertretern der Mitgliedstaaten besteht. Sie wählt die nichtständigen Mitglieder des Sicherheitsrats, den Wirtschafts- und Sozialrat sowie den Generalsekretär/die Generalsekretärin. Ihre Entschließungen haben den Charakter von Empfehlungen. Der Sicherheitsrat entscheidet über Maßnahmen zur Friedenssicherung. Er umfasst 5 ständige Mitglieder mit Vetorecht (USA, Russland, VR China, Großbritannien, Frankreich) sowie 10 nichtständige Mitglieder. Weitere Organe sind der Wirtschafts- und Sozialrat, der Internationale Gerichtshof in Den Haag sowie der Generalsekretär/die Generalsekretärin als ausführende Instanz. Zahlreiche Sonderorganisationen nehmen sich weiterer Aufgaben der UNO an, vor allem im Bereich der Entwicklungshilfe, der Bildung und Kultur sowie der Gesundheit.

Verfassung (Konstitution). Die politische Grundordnung eines Staates, die alle Regelungen über die Staatsform, die Herrschaftsausübung und die Bildung und Aufgaben der Staatsorgane enthält. Eine demokratische Verfassung wird durch eine verfassunggebende Versammlung (Nationalversammlung) entworfen und direkt dem Volk oder aber seinen gewählten Vertretern (Parlament) zur Abstimmung vorgelegt. Sie enthält das Prinzip der Gewaltenteilung und das Mitbestimmungsrecht des Volkes.

Vertrag von Lissabon. Völkerrechtlicher Vertrag zwischen den Mitgliedstaaten der Europäischen Union, der am 13.12.2007 unter portugiesischer Ratspräsidentschaft in Lissabon unterzeichnet wurde und am 1.12.2009 in Kraft trat; der Vertrag übernahm wesentliche Inhalte der in den Niederlanden und in Frankreich (2005) abgelehnten Europäischen Verfassung und gilt als wichtigster Reformschritt seit dem Vertrag von Nizza (2001). Neu geregelt wurden u. a. Abstimmungsregeln, die Rechte des Europäischen Parlaments wurden gestärkt sowie das Amt eines Hohen Vertreters für Außen- und Sicherheitspolitik sowie eines Ratspräsidenten/einer Ratspräsidentin eingeführt.

Vertrag von Maastricht. Mit dem am 7.2.1992 im niederländischen Maastricht von den Finanz- und Außenministern/innen der zwölf EU-Mitgliedstaaten unterzeichneten Vertragswerk wurde die Europäische Union gegründet. Ferner wurde die Einführung einer gemeinsamen Währung (Euro) beschlossen. Um Haushalts-, Preisniveau-, Zinssatz- und Wechselkursstabilität der gemeinsamen Währung gewährleisten zu können, wurden wirtschaftliche Kriterien für die EU-Staaten formuliert (Konvergenz- oder auch Maastrichtkriterien).

Volksbegehren. Recht der Gesetzesinitiative des Volkes, das dann zu einem Volksentscheid führt, wenn es von einer bestimmten Anzahl wahlberechtigter Bürger durch ihre Unterschrift unterstützt wird.

Volksentscheid. Verbindliche Entscheidung des Volkes zu einer bestimmten Frage.

Volkspartei. Ein Typ von Parteien, der mit einem breit gefächerten Programm möglichst viele Wähler und Mitglieder aus unterschiedlichen sozialen Schichten ansprechen will.

Volkswirtschaft. Alle privaten Haushalte, Unternehmen und Einrichtungen eines Staates bilden zusammen die Volkswirtschaft. Alle, die Güter erzeugen, verteilen und verbrauchen, gehören dazu. Zwei wichtige Merkmale sind eine gemeinsame Währung und ein gemeinsames Wirtschaftssystem.

Wahlen. In einem repräsentativen System werden Volksvertreter gewählt (Demokratie, repräsentative). Die Bundestagswahl ist eine personalisierte Verhältniswahl. Die 598 Sitze im Bundestag werden zur Hälfte über die Erststimme, mit der man einen Kandidaten/eine Kandidatin aus seinem Wahlkreis wählt, vergeben und zur Hälfte über die Zweitstimme, mit der man eine Partei bzw. die Landesliste einer Partei wählt. Die Zweitstimme entscheidet darüber, wie viele Sitze eine Partei im Bundestag erhält. Hinzu kommen die sogenannten Überhang- und Ausgleichsmandate: Erhält eine Partei mehr Direktmandate, als ihr gemäß dem Anteil an Zweitstimmen zustehen, so darf sie diese zusätzlichen „Überhangmandate" in den Bundestag einbringen. Der Bundestag wird dann so lange vergrößert, bis der Partei die entsprechende Anzahl der Sitze gemäß ihrem Zweitstimmenanteil auch zusteht. Ihre Überhangmandate werden also durch Ausgleichsmandate für die anderen Parteien vollständig neutralisiert.

Währungspolitik. Bezeichnet alle politischen Maßnahmen insbesondere der Zentralbank, um für eine volkswirtschaftliche Versorgung mit Geldmitteln, für Preisstabilität und für Wechselkursstabilität (den Wert der eigenen Währung gegenüber anderen Währungen) zu sorgen; seit der Einführung der gemeinsamen europäischen Währung (Euro) liegt die Währungspolitik in Deutschland nicht mehr in nationaler Verantwortung, sondern bei der Europäischen Zentralbank (EZB).

Warschauer Pakt. Im Westen gebräuchliche Kurzform für den am 14.5.1955 als Gegenpol zur NATO gegründeten militärischen Beistandspakts des Ostblocks, dem die DDR am 28.1.1956 offiziell als Mitglied beitrat und der sich im Zuge des Zusammenbruchs der UdSSR am 31.3.1991 auflöste.

Welthandelsorganisation (World Trade Organization; WTO). 1995 gegründet; Sitz: Genf; Sonderorganisation der Vereinten Nationen neben dem Internationalen Währungsfonds und der Weltbank die wichtigste Institution zur Behandlung internationaler Wirtschaftsprobleme; zu den wichtigsten Aufgaben der nach dem Einstimmigkeitsprinzip arbeitenden WTO zählen die Liberalisierung des Welthandels, die Senkung von Zöllen und die Überwachung internationaler Handels- und Dienstleistungsregelungen.

Werte. Werte sind allgemeine und grundlegende Orientierungsmaßstäbe bei Handlungsalternativen. Aus Werten leiten sich Normen und Rollen ab, die das Alltagshandeln bestimmen.

Wertewandel. Werte können sich grundsätzlich wandeln. Das gilt sowohl für institutionalisierte als auch für nicht institutionalisierte Werte. Vor allem letztere sind gemeint, wenn in den vergangenen Jahrzehnten von einem Wertewandel die Rede war. Der Wertewandel hat allerdings inzwischen auf die Institutionen übergegriffen. Zur Erklärung und Bewertung dieses Wandels gibt es sehr unterschiedliche Ansätze.

Westintegration. Bezeichnung für die Einbindung der neu gegründeten Bundesrepublik in wirtschaftliche und politische Organisationen und Bündnisse wie die Europäische Wirtschaftsgemeinschaft (EWG) und den Nordatlantik-Pakt (NATO) in den 1950er-Jahren. Darüber hinaus hatte dies eine gesellschaftliche und kulturelle Orientierung an den USA und Westeuropa zu Folge.

Wirtschaft (Ökonomie). Unter Wirtschaft versteht man die Gesamtheit aller menschlichen Tätigkeiten, die sich auf die Produktion und den Verbrauch von Gütern und Dienstleistungen beziehen. Da unsere Gesellschaft arbeitsteilig organisiert ist, können darunter auch Tätigkeiten fallen, die scheinbar mit der Güterproduktion gar nichts zu tun haben, z. B. Planungs- oder Kontrolltätigkeiten. Häufig werden unter „Wirtschaft" dabei nur die Teilbereiche von Arbeit verstanden, in denen Menschen gegen Bezahlung tätig sind. Tatsächlich aber sind z. B. Arbeiten im Haushalt für eine Gesellschaft von großer Wichtigkeit. Die Art und Weise, in der die Wirtschaft auf gesellschaftlicher Ebene organisiert ist, nennt man Wirtschaftsordnung.

Wirtschaftswunder. Der wirtschaftliche Aufschwung in der Bundesrepublik Deutschland nach den schweren Zerstörungen des Zweiten Weltkriegs; dieser Aufschwung währte von 1949 ununterbrochen bis 1966. Als Grundlage gelten die Währungsreform von 1948, ein großes Reservoir an gut ausgebildeten Arbeitskräften (später auch die sogenannten Gastarbeiter) sowie niedrige Löhne und Lohnnebenkosten.

REGISTER

Adenauer, Konrad 8, 47, 197, 200, 227, 230
AfD, Alternative für Deutschland 53, 144
AKP, Adalet ve Kalkınma Partisi (= Partei für Gerechtigkeit und Aufschwung) 147 f., 154, 156
Alleinlebende, s. Single
Alterspyramide 90, 256
Amnesty International 147, 154 f., 221 f.
Arbeitgeber 29, 158, 174 f., 180, 182
Arbeitslosigkeit 122, 170, 173 ff., 179, 182 f.
Arbeitsmarkt 112, 165, 173 ff., 180 ff., 189
Armut 75, 78, 81, 85, 88 f., 91, 108 f., 126, 192, 200
Armutsbericht 75, 85
Armutsgefährdung 88 f., 109, 126
„Ärzte ohne Grenzen" 195, 223 f.
Atomausstieg 48 f.
Atompolitik 48 f.
Außenpolitik 199 f., 226 ff., 238 ff.

Bayerische Verfassung 21
Bayern 37, 51, 61, 66, 76, 103, 112, 123, 127, 134, 158 ff., 173, 185 ff., 243, 252 f.
Beck, Volker 139
Beitrittspolitik der EU 199, 204
Betreuungsgeld 103
Bevölkerungsentwicklung 254 ff.
Bildung 81 ff., 92, 109, 112, 118, 177 f., 258 ff.
Bildungsabschluss 84, 124
„Bill of Rights" 24
Blog 137
Brexit 199 f., 204
Bruttoinlandsprodukt, BIP 176, 185, 187, 190 ff., 209, 234 f.
Bundeshaushalt 40
Bundeskanzler 32, 36 ff., 40
Bundespräsident 32, 36 ff., 40, 42, 45
Bundesrat 32, 36 ff., 40, 42 f.
Bundesregierung 40 ff., 44, 50
Bundesstaatsprinzip, s. Föderalismus
Bundestag, Deutscher 6, 32, 36 ff., 40 f., 61, 115, 228, 239
Bundestagswahl 65, 68 f.
Bundesverfassungsgericht (BVerfG) 7, 15, 18, 32, 36, 39, 46 ff., 138, 154
Bundesversammlung 40
Bundeswehr 228, 230 ff., 234 ff., 239
Bündnis 90/Die Grünen 52
Bürgerinitiative 71
Bürgerrechte 9 f.

CDU, Christlich Demokratische Union Deutschlands 51 f., 112
CETA, Comprehensive Economic and Trade Agreement 203, 247
Chancenungleichheit 83
Checks and Balances 23
China 131, 134, 146 f., 149 ff., 165, 170 ff., 187, 192, 204, 212, 214, 217 ff., 224 f., 232, 245, 247, 249 f., 253 f., 256, 258 f.
CSU, Christlich Soziale Union 51 f., 64, 76, 79, 141, 160 f., 186
Cyberwar 212

Dahrendorf-Haus 98
Daschner, Wolfgang 12
DAX, Deutscher Aktienindex 174
DDR, Deutsche Demokratische Republik 53, 60, 62 f., 53, 60, 62 f., 81, 84, 106, 164, 167, 208
de Gaulle, Charles 227, 238
Demokratie, direkte 60
Demokratie, indirekte 60
Demokratiebegriff 62
Demokratieprinzip 20, 25
Demokratische Partei (USA), Demokraten 56 ff.
Demonstration, Demonstrationsrecht 7
Demonstrationsrecht 71, 76 f.
Deutscher Gewerkschaftsbund (DGB) 174
Die Linke 52 f.
Digitalisierung 158 f., 188 f.
Dündar, Can 148

Einkommen 81 ff., 86 ff., 110, 114, 122, 164 f.
Erderwärmung 242, 248 f., 253
Erdogan, Recep Tayyip 147 f., 154 ff., 200, 204
Erhard, Ludwig 134, 164
EU, Europäische Union 195 ff., 215, 227, 232 ff., 238, 240, 243, 247
EU-Kommission 198 f., 203, 206 f.
EuGH, s. Europäischer Gerichtshof
Europäische Nachbarschaftspolitik (ENP) 200, 206
Europäische Zentralbank (EZB) 198
Europäischer Gerichtshof (EuGH) 15, 198
Europäischer Rat 195, 198 f.
„Ewigkeitsklausel" 14, 21
Exekutive 10 ff., 36, 38, 44
Export 171 f., 176, 187, 192
EZB, s. Europäische Zentralbank

Facebook 137, 142 ff., 147, 199
Fake News 137, 143 ff., 149
Familie 10, 27, 29, 83, 102 f., 105 f., 111 ff.
FDP, Freiheitlich Demokratische Partei 52
Fernsehen, s. TV
Flüchtlingsbewegung 75, 80, 122 f., 127 f., 186, 195, 199 f., 209, 212, 218, 228, 232 f.
Förderalismus 20 f., 25, 27, 29
Forschung 172, 178, 185, 190
Fragetechniken 120
Fraktionsdisziplin 56
Frankreich 187, 190, 192, 197, 201, 214, 218, 238 ff., 245, 253
Frauenrolle 112 ff.
Freihandelsabkommen 172, 199,203, 222, 247
freiheitlich-demokratische Grundordnung (FDGO) 8 f., 14 ff.
Fünf-Prozent-Hürde 61

Gabriel, Sigmar 237
Gäfken, Magnus 12

Gauck, Joachim 38, 236 f.
„Geißler-Haus" 98
„Gemeinsame Außen- und Sicherheitspolitik" der EU 199 f.
„Gemeinsame Sicherheits- und Verteidigungspolitik" 200
Generationengerechtigkeit 90 f.
Gerechtigkeit 21, 26, 29, 92 f.
Geschlechterrolle 80, 112 f., 114 f., 118 f.
Gesetzgebung, s. Legislative
Gewerkschaft 29, 158, 169, 174 f., 180, 182, 186
Gini-Koeffizient 81, 181
Global Player 242
Globalisierung 86, 147, 172, 176 f., 191, 196, 200, 203, 207, 220 f., 226, 242 ff.
Grande Nation 238
Großbritannien 61, 82, 176, 182, 201, 214, 217 f., 229
Grundgesetz (GG) 8 ff., 14, 16, 20 f., 23, 25, 32, 50, 60, 82, 133, 138, 144, 162, 164, 169, 174, 227, 229
Grundrechte 9 f., 20
Grundsicherung 127
Gülen, Fethullah 148
Guterres, Antonio 215

Hanse 242
Hartz IV 165
Hassbotschaften 137, 143 ff.
Haushaltseinkommen 81, 110
Haushaltsgröße 104, 111
Hindenburg, Paul von 14
Homosexualität 103, 105, 113, 115
Hybride Kriegsführung 212

Individualismus 80, 102 f., 106 f.
Industrialisierung 171, 186, 193
Innovation 178
Integration 122 ff., 186
Internet 54 f., 68, 131, 134 ff., 139, 142 ff., 147 f., 152 ff., 158 ff., 188 f., 209, 222
Internetrecherche 131
Interventionsmacht 238 ff.
Islamismus, Islamisten 7, 18 f., 204 f., 240
Italien 197, 201

Japan 176, 218, 245, 247, 250, 258 f.
Judikative 39
Jugoslawien 125, 208
Juncker, Jean-Claude 198

Kabinettsprinzip 38
Kanzlerprinzip 38
Karikaturenanalyse 67
Kinderlosenquote 104
Klimawandel 196, 221, 248 f., 251 ff., 258
Kollektiveigentum 163
Kommunismus 163, 165
Konfliktanalyse 241
Konformität 102
Kongress der USA 33
KPD, Kommunistische Partei Deutschlands 15

Lagenmodell 96, 99
Länderfinanzausgleich 186, 192
Landesmedienanstalt 136
Lebensform 79 f., 83, 86, 96, 102 ff., 111, 115
Legislative 36 f., 40 ff.
Leyen, Ursula von der 141, 232, 236 f.
Linke, s. Die Linke
Linksextremismus 76
Lissabon, Vertrag von 197 ff., 201 ff.
Litauen 235
Lobbyismus 70 ff.

Maas, Heiko 143 f.
Maastricht, Vertrag von 122, 197, 202
Machtwort 44
Macron, Emmanuel 200
Mali 200, 228, 238 f.
Männerrolle 113 ff.
Mao Tse-tung 165
Marktwirtschaft 52, 82, 133 f., 163 ff., 179, 199, 205 f.
Medienführerschein 158
Mehrheitswahl 64 f.
Meinungsfreiheit 127, 144, 146, 162, 225
Menschenrechte 9 f., 28
Menschenwürde 9 ff.
Merkel, Angela 6, 44, 48, 132, 150, 156, 194, 209, 218, 228, 237
Migration 80, 122, 124 ff., 131, 248 f., 254
Milieus, soziale 75, 96, 99 ff., 177
Militär 208 f., 213, 215, 218, 226, 238 f.
Millenniumsziele 216
Mindestlohn 174, 181
Ministerrat der EU, s. Rat der Europäischen Union
MINT-Fächer 189
Misstrauensvotum 37
Mittelstandsgesellschaft 97
Mogherini, Federica 199
Montanunion 190 f., 197
Moon, Ban Ki 214
Müller-Armack, Alfred 164

Nachrichtenanalyse 162
Nationalsozialismus 8, 18, 21, 62, 134, 146, 236
NATO 195 f., 200, 208 ff., 227 f., 230, 234 f., 238
NATO-Osterweiterung 208 ff.
Nichtregierungsorganisation (NGO) 70, 220 ff.
Nordatlantikvertrag 209, 212
Nordrhein-Westfalen 190 ff.
Normenkontrollverfahren 47
NPD, Nationaldemokratische Partei Deutschlands 7, 15, 18
NSDAP, National-Sozialistische Deutsche Arbeiterpartei 15

Obama, Barack 137, 249, 253
Ökologischer Fußabdruck 90, 248
Opposition 37, 40, 47

OSZE, Organisation für Sicherheit und Zusammenarbeit in Europa 227
Outsourcing 242

Parallelgesellschaft 123
Pariser Klimaabkommen 252 f.
Parlamentarische Kontrollrechte 40
Parlamentarismus 41, 50
Parteien 50 ff., 56 ff.
Parteienerkundung 55
Parteienfinanzierung 51, 53
Parteiprogramm 52 ff.
Parteiverbot, Parteiverbotsverfahren 17 ff.
Partizipation, politische 71
Pazifismus 236
Pest 254
Petitionsrecht 77
Piraten-Partei 137
Planwirtschaft 81, 134, 163 f., 167, 169
Pluralismus 80, 102 ff., 106
Policy 241
Politics 241
Politikdimensionen 241
Politikzyklus 48
Polity 241
Presse 71, 135, 138 f., 146, 148 ff., 154 ff., 162, 171
Pressefreiheit 16, 135, 138 f., 146 ff., 149, 154 ff., 162, 166, 200
Pressegesetz 139
Privateigentum 163 f.
Programmanalyse 55

Rat der Europäischen Union 198 f.
Rechtsextremismus 16 f.
Rechtsstaat 20, 22, 25 f., 29, 82, 129, 154
Rechtsstaatsprinzip 20, 25 f.
Regionalisierung 242 f., 246 f.
Regionalranking 189
„Reichstagsbrandverordnung" 23
Reporter ohne Grenzen 144, 148, 155
Repräsentantenhaus 33
Republikanische Partei, Republikaner 56 ff.
„Responsibility to Protect" 215, 217
Ressortprinzip 38
Röpke, Wilhelm 166
Rotes Kreuz, Internationales Komitee vom 220, 223
Rundfunk 71, 135, 148, 158
Russland 162, 200, 204, 208 ff., 211 ff., 214, 217 ff., 224 f., 227, 232, 235

Salafismus, Salafisten 15, 18 f.
Schengen-Raum 197
Schichtmodell 96 f.
Schily, Otto 138
Schröder, Gerhard 165
Schulerfolg 84 f.
Schulz, Martin 132, 140
Seehofer, Horst 159
Senat der USA 33

Sicherheitsrat der UN 209 f., 214 f., 218 f.
Single 104
Sinus-Milieus 100 f.
Sowjetunion 15, 208
Sozialbudget 94
Soziale Marktwirtschaft 164 ff., 166 ff.
Soziale Medien 71, 136 f., 142
Sozialismus 62, 167
Sozialleistungsquote 94
Sozialstaatsprinzip 20, 25 f., 28 f.
Sozialversicherungswesen 22, 28 f., 94, 182
SPD, Sozialdemokratische Partei Deutschlands 51 f.
Sperrminorität, s. Fünf-Prozent-Hürde
Staatsschulden 90
Start-up 188
Steinmeier, Frank-Walter 38, 237
Stoiber, Edmund 161
Stoltenberg, Jens 208
Strauß, Franz-Josef 186
Strukturwandel 172 f., 176 ff.
Subsidiaritätsprinzip 169
Supranationalität 197 ff., 243
Supreme Court 23, 30, 33
Syrien 19, 128, 156, 207, 209, 214, 219, 241, 249

Taiwan 146 f., 150
Talkshow 136, 140 f.
Tempolimit 74
Terrorismus 9, 19, 34, 134, 142, 148, 194, 209, 218, 226, 228, 240, 249
Textverstehen 184
Tibet 146 f., 150
Transparency International 72, 222
Transsexualität 113
Trump, Donald 6, 33 ff., 74, 131, 137, 200, 204, 209, 213, 234, 237, 247, 253
TTIP, Transatlantic Trade and Investment Partnership 222, 247
Türkei 125, 134, 146 ff., 154 ff., 200 f., 204, 212, 258
Tusk, Donald 198
TV 136, 140 f., 156 f.
Twitter 71, 131, 139, 142 f., 147

Überfischung 250
Ukraine 200, 206, 209, 212, 228, 232, 234 f., 245, 258
UN, s. Vereinte Nationen
Ungleichheit, soziale 80 ff., 86, 88, 90, 92 f., 96, 99, 110
UNO, s. Vereinte Nationen
Urbanisierung 183, 254, 259
USA 23 f., 30 ff., 56 ff., 80, 82, 91, 108 ff., 122, 137, 162, 175 f., 180, 182, 188, 204, 208 f., 213 f., 217 ff., 227, 232, 234 f., 237, 245, 246, 253

Vereinigte Staaten von Amerika, s. USA
Vereinsverbot 15
Vereinte Nationen 194, 196, 208 f.,

214 ff., 220 f., 227, 238, 252 f.
Verfassung der USA 23 f., 30 ff., 56
Verfassungsprinzipien 20
Verfassungsschema 32 f., 36
Verhältniswahl 64 f.
Vermittlungsausschuss 42 f.
Vermittlungsverfahren 43
Vermögen 82 f., 89, 110, 164 f.
Versammlungsrecht 76
Verteilungsungleichheit 83
Vetorecht 215, 218 f.
Vierte Gewalt 71, 135, 146, 153
Volksbegehren 61, 66, 71
Volksentscheid 7, 61, 66, 71
Volkspartei 51, 54, 64
Volkswirtschaft 133 f., 163, 165, 167, 171, 173, 191, 231, 253
Vollbeschäftigung 164, 167, 173

Wachstum, ökonomisches 170 f., 186 f., 191
Wahl 60 ff.
Wahlgrundsätze 60
Wahl-O-Mat 68 f.
Wahltool 68 f.
Warenhandel 244, 247
Warschauer Pakt 208
Washington, George 56
Wasserknappheit, s. Wassermangel
Wassermangel 248 f., 252
Wehrhaftigkeit 14 ff., 28
Weimarer Reichsverfassung 22, 28, 32
Weimarer Republik 8, 14, 22 f., 28 f., 37 f., 51, 61
Welthandel 203, 247
Weltwirtschaft 171, 199, 228, 244, 246 f., 258
Widerstandsrecht 16
Wirtschaftsordnung 29, 166 f., 169

Wissensgesellschaft 173, 177
Wohlstand 81, 83, 86, 89, 103, 168 ff., 172 f., 177, 181, 226, 248, 259
Work-Life-Balance 174

Youtube 19, 137, 147

Zensur 135 f., 144 f.
Zentralverwaltungswirtschaft 163 ff., 170
Zivilmacht 227, 229 ff., 238
Zustimmungsgesetze 43
Zwei-plus-Vier-Vertrag (Vertrag über die abschließende Regelung in Bezug auf Deutschland) 227, 229
Zwiebel-Modell 97

BILDNACHWEIS

acatech, München: BDI 178 M10. |ADAC e. V., München: 70 RS3. |AfD Landesverband Bayern, Unterhaching: 144 M13. |akg-images GmbH, Berlin: 8 o., 146 RS o.; Heinrich Hoffmann 14 RS; Lewis W. Hine 108 RS o. |alamy images, Abingdon/Oxfordshire: Holger Burmeister Titel Hintergr.; Lou Linwei 175 RS u. |Andrews McMeel Publishing, Kansas City: CARLSON © 2005 Milwaukee Journal Sentinel. Reprinted with permission of UNIVERSAL UCLICK. All rights reserved 244 M3. |Baaske Cartoons, Müllheim: Plaßmann, Thomas 103 M1, 112 M4, 113 M5, 115 M10, 119 M18, 128, 248 M1. |Bayerische Landeszentrale für neue Medien (BLM), München: 158 RS3; Bildarchiv/Rolf Poss 21 RS u. |Bayerischer Bauernverband, München: 70 RS4. |Bayerisches Landesamt für Statistik, Fürth: 189 M9. |Bayerisches Staatsministerium für Wirtschaft und Medien, Energie und Technologie, München: 185 u.; Bundesagentur für Arbeit 187 M4, 187 M5, 187 M6. |Bengen, Harm, Norden: 213 M9b. |Bergmoser + Höller Verlag AG, Aachen: 20 M1, 21 M2, 40 M6 a + b, 60 M1, 77 M11, 202 M5, 206 M11, 210 M3, 220 M1, 223 M4, 255 M2, 255 M3, 257 M6. |Bertelsmann Stiftung, Gütersloh: 192 M5. |Bundesinstitut für Bevölkerungsforschung (BiB), Wiesbaden: 105 M5 a, 105 M5 b. |Bundesministerium der Finanzen, Berlin: Helaba Volkswirtschaft/Research 192 M3. |Bundesrat, Berlin: F. Bräuer 37 u. |Bundesverband der Deutschen Industrie e.V., Berlin: 70 RS1. |Bundesverband Deutscher Zeitungsverleger e.V., Berlin: 60 RS. |Bundeszentrale für politische Bildung, Bonn: 69, 71 M2, 112 M2. |CartoonStock.com, Bath: Fray, B. 96 RS; Kamensky, Marian 233 M7. |CSU - Christlich-Soziale Union in Bayern e.V., München: 50 RS1. |ddp images GmbH, Hamburg: Eisele 36 RS u. |Deutscher Wetterdienst (DWD), Offenbach: 252 M7. |DGB Bundesvorstand, Berlin: 70 RS2. |DiG / TRIALON, Berlin: 52 5. |Erl, Martin, Ingolstadt: 13 M7, 82 RS. |Europäischer Ausschuss der Regionen, Brüssel: European Union, 1995-2016 243 RS o. |FDP Freie Demokratische Partei, Berlin: 50 RS4, 52 3. |fotolia.com, New York: 9 u.; fotomek 174 RS1; JFL Photography 72 r.u.; Shake, M. 24 RS u.; Smith, John 71 RS o.; VRD 61 RS o. |Greenpeace Deutschland e.V., Hamburg: 70 RS5. |Hafen Hamburg Marketing e.V., Hamburg: 242 RS u. |Haitzinger, Horst, München: 206 M12. |Hanel, Walter, Bergisch Gladbach: 51 M2, 168 M8. |Hanitzsch, Dieter, München: 67 u. |Haus der Geschichte, Bonn: J. Wolter 211 M4; Jupp Wolter 211 M4, 257 M7. |Imago, Berlin: F. Berger 8 u. |infratest dimap - Gesellschaft für Trend- und Wahlforschung mbH, Berlin: 136 RS u. |Institut der deutschen Wirtschaft Köln, Köln: 189 M10; IW Medien - iwd 4 87 M8a, 87 M8b; © 2015 IQW Medien iwd 20 87 M9a. |iStockphoto.com, Calgary: Milan_Jovic 194 o.; SilviaJansen 190 RS2. |Janson, Jürgen, Landau: 145 M14a, 234 M8. |KAL/Kevin Kallaugher, Glyndon, MD: 57 1. |Koterba, Jeffrey, Bellevue: 242 M1. |Koufogiorgos, Kostas, Stuttgart: 45 M16, 240 M4. |laif, Köln: Steinhilber, Berthold 134 1; Wolf 173 RS u. |LandesFeuerwehrVerband Bayern e.V., Unterschleißheim: 112 M3. |Landeszentrale für politische Bildung Baden-Württemberg, Stuttgart: Bundesarbeitsgemeinschaft Politische Bildung Online 196 RS o. |Langner & Partner Werbeagentur GmbH, Hemmingen: 24 M4, 32 M16, 32 M17, 33 M18, 36 M1, 38 M2, 39 M3, 42 M8, 48 M21, 61 RS u., 65 M10b, 66 M12, 70 M1, 84 M3, 84 M4, 88 10, 88 M11, 90 M14, 90 M14b, 90 M15, 94 M19, 94 M20, 95 M21, 95 M22, 97 M2, 98 M3, 98 M4, 99, 100 M6, 101 M7, 104 M2, 114 M8, 118 M13, 118 M14, 125 M4, 126 M6, 126 M7, 126 M8, 202 M7, 216 M3, 216 M4, 244 M5, 246 M8, 250 M4. |Mester, Gerhard, Wiesbaden: 91 M16. |Mohr, Burkhard, Königswinter: 202 M6, 243 M2. |Pfannenschmidt, Dirk, Hannover: 241. |Pfohlmann, Christiane, Landsberg am Lech: 145 M14c. |Picture Press Bild- und Textagentur GmbH, Hamburg: Stern 44 M14. |Picture-Alliance GmbH, Frankfurt/M.: AA/Aydemir, Dursun 198 RS u., 199 RS;; abaca/Aurore, Marechal 254 RS u.; Agentur Voller Ernst 173 RS o.; akg-images 21 RS o., 164 RS4, 220 RSu.; akg-images/Forman, Werner 254 RS o.; AP Images/ColorChinaPhoto/ Feng Zi 175 RS o.; AP Photo/Blackwell, Rebecca 238 RS u.; AP Photo/Mayo, Virginia 198 RS o.; AP Photo/Medichini, Andrew 220 RS o.; AP Photo/Pitarakis, Lefteris 132 u.; AP Photo/Probst, Michael 157 u.; Arco Images/Kiedrowski, R. 163 RS; augenklick/firo Sportphoto/Fromme, Jürgen 122 RS 2; blickwinkel/McPHOTO 3, 78 o.; Bundeswehr 4, 195 r., 228 RS o.; dieKLEINERT.de/Erl, Martin 145 M14d; dieKLEINERT.de/Koufogiorgos, Kostas 19 M9, 213 M9a; dieKLEINERT.de/Peschkes, Martin 133 u.; dieKLEINERT.de/Schwarwel 27 M9, 207 M14; dpa 132 o.; dpa-infografik 17 M4, 18 M6, 30 M13, 30 M14, 40 M5, 44 M12, 46 M17, 50 M1, 53 M4, 79 mi., 89 M12, 95 M23, 118 M15, 119 M16a, 119 M16b, 119 M17, 133 o., 172 M1, 172 M2, 174 u., 176 M3, 178 M9, 180 M14, 199 M1, 201 M4, 213 M7, 244 M4, 254 M1, 256 M5; dpa/Anspach, Uwe 39 RS o.; dpa/Bäsemann, Hinrich 248 RS o.; dpa/Bradshaw, Adrian 146 RS u.; dpa/Breloer, Gero 4 o.; dpa/Charisius, Christian 7 4; dpa/Deck, Uli 7 1; dpa/Düren, Ursula 158 RS2; dpa/Elsner, Erwin 148 RS o.; dpa/Frye, Bernhard 15 o.; dpa/Gambarini, Maurizio 161 M4, 228 RS u.; dpa/Gebert, Andreas 7 2; dpa/Hanschke, Hannibal 76 M9, 194 u.; dpa/Hase, Tobias 185 RS o.; dpa/Heinl, Alexander 71 RS u.; dpa/Hoppe, Sven 185 RS2, 248 RS u.; dpa/Kappeler, Michael 3, 6 o., 38 RS o.; dpa/Karmann, Daniel 123 RS 1; dpa/Kneffel, Peter 79 u., 103 RS u.; dpa/Mächler, Frank 158 RS1; dpa/Monas, Thierry 208 RS u.; dpa/Nietfeld, Kay 208 RS o., 209 RS o., 209 RS u.; dpa/Pedersen, Britta 135 RS; dpa/Pfeiffer, Wulf 242 RS u.; dpa/Roessler, Boris 12 r.u.; dpa/Say, Linda 156 M3; dpa/Seidel, Caroline 195 mi.; dpa/Smith, Matt 148 RS u.; dpa/UPI 165 RS1; Effner, Jürgen 165 RS2; Eibner-Pressefoto 37 o.; empics 238 RS o.; KEYSTONE/H. Pietsch 208 M1; Koene, Ton 195 u.; Marks, Bodo 122 RS 3; MAXPPP/Dugit, Frédéric 200 RS; MAXPPP/Kyodo 215 RS o.; newscom/Dietsch, Kevin 6 u.; Pacific Press/Lohr-Jones, Albin 215 RS u.; Photoshot 214 RS o.; REUTERS/NASA 196 RS u.; Rothermel, Winfried 103 RS o., 123 RS 2; SIPA/Chamussy, L. 238 RS mi.; Sueddeutsche Zeitung Photo/Haas, Robert 7 3; SVEN SIMON/Annegret Hilse 38 RS u.; SZ Photo/Peljak, Florian 79 o.; The Washington Post 9 o.; United Archives/Roba Archiv/Pilz, Siegfried 102 RS; Vitvit, Alexey 195 o.; WaterFrame/Franco Banfi 81 RS o.; ZB/Kahnert, Sebastian 122 RS 1; ZB/Kalaene, Jens 136 RS o.; ZB/Klöppel, Eberhard 164 RS3; ZB/Schindler, Karlheinz 129 M12, 140; ZB/Settnik, Bernd 197 RS o.; ZB/Steinbach, Sascha 197 RS u.; ZB/Tödt, Matthias 81 RS u.; ZUMAPRESS.com/Ellis, Richard 35; ZUMAPRESS.com/Lopez, G. Ronald 108 RS u. |Piratenpartei Deutschland, München: Landesverband Bayern 137 RS. |pixelio media GmbH, München: Thorben Wengert 20 RS u. |Plaßmann, Thomas, Essen: 123 M1. |Presse-Foto BIK/Martin Kempner, Solingen: 15 u. |Richter-Publizistik, Bonn: 211 M5. |Sakurai, Heiko, Köln: 145 M14b, 228 M7. |Schneider, Brigitte, Gauting: 219 M9. |Shutterstock.com, New York: oneinchpunch Titel Vordergr.; TanyaRozhnovskaya 164 RS2. |SLUB/Deutsche Fotothek, Dresden: 80 RS. |Sozialverband Deutschland e.V. (SoVD), Berlin: © Matthias Herrndorff 20 RS o. |Sozialverband VdK Deutschland e.V., Berlin: 78 u. |SPD-Parteivorstand, Berlin: 52 2. |Stumpp, Ralf, Balgheim: 81 M1. |Stuttmann, Klaus, Berlin: 18 M7, 73 M4, 75, 168 M9, 237 M11. |THD - Technische Hochschule Deggendorf, Deggendorf: 243 RS u. |Tomicek/www.tomicek.de, Werl: 150 o., 150 u. |toonpool.com, Berlin, Castrop-Rauxel: Andreas Prüstel 183 M22; Harm Bengen 138 M2; Markus Grolik 113 M6. |ullstein bild, Berlin: 23 RS, 134 3, 164 RS1; ADN - Bildarchiv 227 RS u.; Archiv Gerstenberg 63; BPA 227 RS o.; H. Christoph 190 RS1; Melde Bildagentur 214 RS u.; sinopictures/Hongwei 134 2. |United Nations - UNRIC Verbindungsbüro in Deutschland, Bonn: UNDP 216 M2. |vario images, Bonn: 24 RS o. |Wegmann, Silvan, Baden/Suisse: 218 M6. |Werner Otto Bildarchiv, Oberhausen: 36 RS o. |Wiemers, Adalbert: 39 M4. |wikimedia.commons: 56 1, 56 2; M Tracy Hunter/CC 0 181. |www.wirtschaftswundermuseum.de, Rheinberg: 112 M1.

Wir arbeiten sehr sorgfältig daran, für den Abdruck aller Bilder die Rechteinhaberinnen und Rechteinhaber zu ermitteln. Sollte uns dies im Einzelfall nicht vollständig gelungen sein, werden berechtigte Ansprüche selbstverständlich im Rahmen der üblichen Vereinbarungen abgegolten.